韓國은 어떻게 原子力强國이 되었나

엔지니어 CEO의 경영수기

나남
nanam

**한국은 어떻게
원자력강국이 되었나**

엔지니어 CEO의 경영수기

2012년 10월 31일 발행
2013년   4월 20일   3쇄

저자_ 李宗勳
발행자_ 趙相浩
발행처_ (주)나남
주소_ 413-756 경기도 파주시 회동길 193
전화_ (031) 955-4601 (代)
FAX_ (031) 955-4555
등록_ 제 1-71호(1979.5.12)
홈페이지_ http://www.nanam.net
전자우편_ post@nanam.net

ISBN 978-89-300-2094-7
ISBN 978-89-300-2064-0 (세트)

韓國은 어떻게 原子力强國이 되었나

엔지니어 CEO의 경영수기

이종훈 지음

나남
nanam

　한 생애의 기록을 책으로 남긴다는 것은 누구에게나 쉬운 일이 아닌 듯하다. 오랜 세월 동안 남아 있는 기억도 부정확하지만 지나간 일들을 문장으로 작성하는 일은 글쓰기에 서투른 나에게 더더욱 어려운 일이었다. 나는 한국전력에서 40년 재직 중 다이어리, 수첩, 회의록 등에 많은 기록을 했다. 특히 1990년대 중반 PC의 보편화로 문서편찬이 편리해지면서부터는 한국전력 사장 재임기간 5년의 일들을 일기체로 컴퓨터에 입력하여 두었다. 퇴임 후 개인자료들을 정리하면서 이런 기록들을 테마별로 정리하여 두면 후일 관련업계나 국가정책결정에 참고할 만한 자료로 활용될 수 있겠다는 생각에 이르러 이 책을 집필하게 되었다.

　나는 고등학교에 입학하자마자 한국전쟁의 참화를 몸으로 겪어야 했다. 포연이 가시지 않은 폐허에 복교하였을 때 포탄 웅덩이 곁 노천에서 거적을 깔고 수업을 하던 기억이 생생하다. 이 무렵에 경성전기학교를 다니다가 피란 온 먼 인척 한 분과 친척집의 한방에 기숙을 하게 되었다. 그로부터 전기가 장차 모든 산업을 이끌어갈 유망분야라는 이야기를 들었다. 나는 이 이야기에 이끌려 공과대학의 전기공학과를 지망하게 되었고 평생을 전력산업과 인연을 맺게 되었다.

　그의 말대로 19세기 말 각종 전기기기가 발명 보급되기 시작한 이후 이제 인류 문명발전이나 문화생활은 전기 없이는 한시도 영위할 수 없는 세상이 되었다. 전기는 인류에게 광명을 선사할 뿐 아니라 모든 산업의 원동력으로, 또 정보전달 수단으로 한시도 없어서는 안 될 물이나 공기와 같은 존재가 되어 있다.

어느 나라를 막론하고 발전설비의 도입은 바로 그 나라 문명과 문화 생활의 시발점이다. 전기를 비롯한 에너지를 풍부하게 이용할 수 있는 사회라야 경제발전 기회가 그만큼 많아지는 세상이 되었다. 그러나 풍부한 전기의 혜택 없이는 빈곤에서 탈출할 수 없다는 사실을 우리는 이미 오래전부터 잊고 살았다. 많은 사람들은 지난 수십 년간 전기를 흔하게 쓰게 되면서 우리 생활에 전기가 얼마나 크게 기여했는지, 그 중심에 전력관련 종사자의 얼마나 큰 노력이 있었는지 잊고 살았다.

나는 휴전되기 전 부산의 서울공대 임시교사에서 전기공학을 배우기 시작하였고, 졸업 후 해군장교로 해군사관학교에서 사관후보생들에게 전기공학을 강의했다. 1960년대 초 4·19 학생의거로 탄생한 장면 정부시절 나는 조선전업에 입사하여 첫 직장생활을 영월화력발전소에서 시작했다. 5·16 군사혁명 후 전력 3사 통합과정을 거치면서 한국전력 직원이 되어 화력발전 전원개발 업무와 원자력발전산업의 기술자립을 위해 평생을 몸 바쳤다.

나는 특히 1973년부터 우리나라의 첫 원자력발전소인 고리원자력 건설업무 종사를 계기로 원자력 기술자립의 장기적 프로그램의 중심에서 일했던 점을 내 생애의 가장 값진 보람으로 생각한다. 회사의 중간간부로서 원자력발전 기획에 참여하였고, 동남해안의 한적한 어촌에서 시작되었던 고리원전 건설현장 근무를 거쳐, 한국전력 본사의 원자력건설처장 5년, 고리원전 본부장 2년, 한국전력에 한 자리뿐이었던 부사장 5년, 자회사인 원전설계회사 사장 3년, 한국전력 사장 5년을 우리나라 원자력발전산업의 중심에 서 있었다. 이 모두가 일반 인사관행보다 장기적인 보직이었다. 이같이 한 개인이 장기적으로 동일업무를 계속 담당하였기에, 원자력 기술자립과 같은 장기계획이 일관되게 집행될 수 있었고 계획이 차질 없이 성사되었다고 나는 생각하고 있다.

이같이 장기적으로 일관된 職域^{직역}의 보직을 유지할 수 있었음은 나 개인에게 큰 영광이었을 뿐 아니라 우리나라 원자력발전 기술자립과 원자력산업의 고도화와 수출의 초석을 다지는 데도 크게 도움이 되었다고 확신한다. 이로써 내가 한국전력에 몸담기 시작한 1961년 이후 전력산업이나 원자력산업의 기술 불모지에서 설계기술을 자립하고 설비용 기자재를 모두 국산화하는 데 성공함으로써 원자력발전소 20여 기를 건설 또는 준공할 수 있었던 것이다.

1990년대 후반에는 해외전력사업에 눈을 돌려 필리핀 발전사업 진출과정에서 외국과의 계약에 대한 어려움을 극복하면서 말라야화력발전소 복구운영사업과 일리한가스발전소 건설수주에도 성공했다. 이 경험을 살려 남북화해의 아이콘처럼 등장한 한반도에너지개발기구^{KEDO}의 북한 원전건설을 한국전력이 수주함으로써 한국표준원자력발전소를 수출 건설하는 개가를 올리기도 했다. 미국의 원자력규제기관의 까다로운 검증을 거쳐 우리가 개발한 한국표준원자력발전소를 북한에 수출할 수 있었던 것은 한국전력의 큰 업적이자 중요한 경험이었다. KEDO사업은 북한 측의 핵개발폐기 약속 위반으로 준공에 이르지 못하고 중단되었으나, 이 경험이 2009년 12월 중동 UAE에 원자력발전소 140만 kW 4기를 건설 운영하는 400억 달러 규모의 세계 최대 프로젝트를 한국전력이 수주하는 데 절대적 기여를 하였다고 후배들이 공언하고 있다.

한국전력 발족 이후 40년의 긴 세월 동안 업무추진과 프로젝트에 참여했던 많은 사람들은 이 책의 내용에서 자신의 노력에 대한 기록이 소홀했음을 섭섭하게 생각할 수도 있다. 한국전력과 한국원자력 산업계의 많은 동료들이 오늘날의 성과를 이루기까지 모두 최선을 다했기 때문에 이 책에 나 혼자 무엇을 이룬 것처럼 기술되는 데 따른 부담이 없을 수 없다. 필자가 가진 기억과 기록 색인의 한계로 설명이 편파적일 수 있고, 중요한 사안이 누락되었을 수도 있기에 미안하게 생각하며 양해를 구한다. 그러나 자료를 준비하는 과정에서 사실탐문을 위해 접촉한 옛 동료들로부터 자기 자신이 남기지 못할 기록을 필자가 대신하여 줄 것이란 기대도 감지할 수 있었기에 이 작업이 나름대로 의미가 있을 것으로 기대한다. 또한 성사되지 못했던 여러 사업도 그 경과를 기록에 남겨둔 것은 관련업무에 참고가 되리라는 점과, 후배들이 이 일을 완수하기 위해 계속 노력해 주기를 바라는 마음에서 내린 결정임을 밝혀 두고 싶다.

기록해 둔 자료들을 정리하면서 많은 분들에게 도움을 받았기에 지면을 통해 감사의 말을 전하고 싶다. 자료의 신빙성을 높이기 위해 원자력 기술자립과 해외사업개발, 정보통신 분야 관련내용은 沈昌生, 朴祥基, 朴用澤, 李起雄, 金暢冀 전 한국전력 임직원들의 도움을 받았다. 누구보다도 이 책의 집필에 많은 격려를 보내며 얼개의 대강을 조언하여 오던 아우 光勳이 불의의 변고로 이 출간을 보지 못해 마음 쓰리게 생각한다. 한국 문학평론의 巨擘거벽이었고 언론계에서도 신망을 받던 아우가 이 원고를 교열했더라면 더 나은 기록물로 남을 수 있었으련만 안타까움을 떨칠 수 없다. 이 허전함을 다행히 아내와 아들 딸 海英 善英 秀英 在晟, 그리고 사위 黃一淳과 매부 李規用이 많은 도움을 주었다.

이 책이 출판되기까지 교열에 도움을 준 한전 출신인 劉宗然 씨에게 감사드리고 책이 나오기까지 정성을 쏟아준 나남출판의 趙相浩 사장과 이자영 과장을 비롯한 편집진 여러분의 노고에도 깊은 감사의 말을 전하고 싶다.

2012년 가을 盆唐郊居에서

8

1. 평소 우리나라 국어교육정책에 한자어의 병용교육을 주장하던 본인의 개인
   적 소신에 따라 어의에 혼돈이 우려되는 어휘는 한자로 표기하고 한글을
   첨자로 표시했다.
2. 우리나라 인명이나 중국 인명은 가급적 한자로 표기하였고, 서구인의 이름
   은 한글로 표기하고 원문을 첨자로 표기했다.
3. 이 책의 편집체제는 다음과 같이 크게 7개부로 나누었다.
   1부에서 3부까지는 연대순에 따라 한국전력 사장 퇴임 시까지 주요 사안
   위주로 서술하고, 퇴임 이후의 사안은 마무리 단계만 다루었다.
   4부에서는 우리나라 원자력발전 기술자립과 한국표준원전, 신형원전개발,
   해외수출을 위한 노력을 주로 다루었다. 5부에서는 국내 전력사업의 성장한
   계를 극복하면서 KEPCO 브랜드를 앞세워 국내 전력산업의 해외진출 지원
   을 위한 해외사업 내용을 주로 다루었다. 6부에서는 한국전력사업 다각화의
   일환으로 光通信網광통신망을 통한 정보통신사업 진출시도를 기록했다. 7부는
   한반도에너지개발기구KEDO를 통하여 북한 원전에 한국표준원전을 채택하도
   록 하고, 이 사업에 한국전력이 주계약자로 참여하기 위한 노력과 첫 원전수
   출을 성사시킨 내용을 기술했다.
4. 마지막에 年譜연보와 人名索引인명색인을 첨부하였다. 등재된 페이지와 등재된
   章 번호를 표시하였고 같은 章에서는 한 번만 표시하였다.

   한국전력 업무와 관련되지 않은 개인사와 초고에서 거두었던 이야기들은 추
후 기회가 닿으면 별도로 자서전 형식으로 출간하려고 생각하나 뜻이 이루어질
지는 장담할 수 없다.

한국은 어떻게 원자력강국이 되었나

엔지니어 CEO의 경영수기

차 례

24

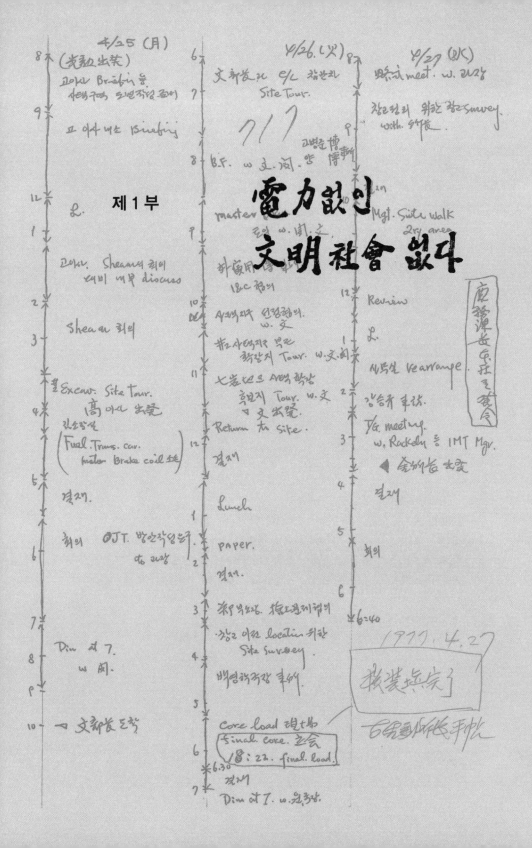

4/25 (月) (光剋 出発)

8 — 고아사 Briefing 웅 / 사업구역 도번작업 죠어

9 — 고 아사 내는 Briefing

제 1 부

12 — L.

1 — 고아사. Shea an 회의 / 대비 내우 discuss

2 — Shea an 회의

3 —

Excav. Site Tour.
高 아사 出袋
4 — 김소장실
(Fuel. Trans. car. / motor Brake coil 土も)

5 — 결재.

6 — 회의   OJT. 방안작성논극. / 高 라강

7 —

Dㅡㅁ at 7.
8 — w. 阎.

9 —

10 — ◁ 文部長 도착

4/26 (火)

6 — 文部発표 e/c 참관리 / Site Tour.

717

8 — B.F. w 文·阎·聖 博新

9 — master / 토의 w. 聞 之 / 화演用□ / 18c 강의

10 — Ay코리3대 인정협의. / w. 文 / 非사여3각 믁은 / 취강지 Tour. w.文.阎

11 — 七岩보르 A여 학강 / 후보지 Tour. w 文 / ◁ 文 出発. / Return to Site.

12 — 결재

1 — Lunch / PAPER.

2 — 결재.

3 — 종7 부보고. 指工묘제검미 / ·장크 아핀 location 위한 / Site survey.

4 — 백영학꼬강 후색2

5 — Core load 현t장 / final. core. 고会 / 18:22. final. load.

6:30

6 — 결재

7 — Dㅡㅁ at 7. w.원3함.

4/27 (水)

8 — 昭介式 meet. w. 라강 / 장로정리 위한 장 survey. / with. 9각長.

9 — 고병준 博新

電力없이
文明社會 없다

Mgt. Site walk / 2ry area

12 — Review

1 — L. / N 토식 Vearrange

2 — 강승개 率試. / T/G. meeting. / w. Racklen 등 IMT Mgr.

◀ 金여告 出袋

4 — 결재

5 — 회의

6 — ★6:40

原籍源安 �🔲莊 3 営令

1977. 4. 27

拔装兵完了

6岳🔲🔲手帖

~~揆紧毛研修 发卫화안범.~~
合同会議   77. 6. 17

1. 초인께 데이. 대관 문목
   대관記录에 선정을 쓰도록 해야함.   以本닦노 記录 장구가 없다.
   대관 서类로 聖로서만 되는것이 아니고. 서류화 되어야 한다.
   친친 하게. Routine 으로 만나되 도와 줄것.

   行政系務에 未熟한 哭이 많다.

2. 初臨界.
   오늘 ACRS meeting. Site 에서도 14시에 몰것. ⟵
   Champain ☞ party 를 위한 장소.
   Visitor's gallery. 에 설명 및 guide. 또 또 앉을자리.
⟶ Control room 에서도 앉을자리 라. 그동안 시간 보내기가
   지루 하지 않게.   식사. 차량 시간보낼장소 등 物色.

3. CIA. 보안 측정
   ~~22~~ 20 일 부터. 5일간 시행

4. House Keeping.
   문제점이 있으면 책임자 에게 보고 하라.
   CV 内는 오늘 모두 청소하고   기시에 재점검 한다.
   오염 가능성 있는것은 오늘 헝거 하라. ⟸
   合板. 청가. 사다리. Solid waste 처리 方法 고려. 전무처가.

5. Fire Extinguisher.
   화재 위험성 있는 곳에노 大型.   소리기 배치 国 배치.
   Charcoal filter. 가 火災 위험이 많다.
⟶ Charcoal filter 가 있는 곳 에노 모두 大型 消化器 를 갖어 둘것.
   소화 hose 길이를 보강할것.

6. floor & Wall paint.
   . New fuel. pit ⟶ chaging pump 사이 계단 및 壁.

1. 電氣工學과의 인연

　나의 주변에는 내가 농림학교를 졸업하고 공과대학에 진학하게 된 동기에 대해 궁금해 하는 분이 더러 있다. 거기에는 내 나름대로의 사연이 있었다. 내가 고등학교 때 특히 재미를 붙인 과목은 수학이었다. 수학담당 禹鳳九 선생님의 교수방법이 나에게 잘 맞았던지 늘 귀에 쏙쏙 잘 들어왔다. 2학년 때 微分미분방정식을 거뜬하게 풀어낼 정도로 실력이 월등했다. 그래서 주변에서는 농과대학보다는 공과대학이 더 적성에 맞지 않으냐는 이야기를 많이 해주었다.

　내가 특히 전기공학에 관심을 가지게 된 동기는 고등학교 재학 중 같은 방을 쓰던 룸메이트의 영향이 결정적이었다. 인연이 있으면 천리 밖에 살아도 쉽게 만나지만, 인연이 없으면 서로 마주쳐도 모른다는 말이 있다. 내가 그분을 만나게 된 것도 하나의 인연이었다. 그분으로 인해 농림학교를 다니던 내가 방향을 크게 바꿔 공과대학 전기공학과를 선택하게 된 것이다. 그 인연으로 인해 나는 60년 긴 여정을 전기와 함께하며 오늘에까지 이르게 되었다. 그분은 서울에서 경성전기학교에 다니다가 전란 통에 낙향해서 안동사범학교 교사연수과정에 다니던 李源喆 씨란 분이었다.

　그분은 도시생활을 모르는 나에게 세상 돌아가는 이야기와 서울의 지리 등 호기심을 끄는 말들을 많이 해주었다. 그분은 전기를 공부하던 학생답게 늘 전기의 신비성과 유용성을 강조하며 앞으로 모든 산업과 문명생활은 전기가 지배하는 세상이 될 것이란 점을 특별히 강조했다. 그의 이런 솔깃한 정보가 나로 하여금 대학의 진로를 결정하는 단계에서 그동안의 전공과는 전혀 다른 전기공학과에 지원하게 된 결정적 동기가 된 것이다.

그런데 유감스럽게도 그 당시 시골 농림학교 교과과정에는 화학과 생물과목은 있어도 물리과목은 없었다. 그러나 공과대학에 응시하려면 독학으로라도 반드시 물리학을 공부해야 했다. 吉田卯三郎 교수가 쓴 《物理學》물리학이란 일본 고등학교 교재 등 몇 권의 물리학 책을 어렵게 입수했다. 몇 번이고 거듭 읽고 익히면서 모르는 부분은 이원륜 씨에게 묻기도 했다. 3학년 2학기 때 일본에 친척을 둔 분으로부터 우연히 《物理學 8週間 完成》물리학 8주간 완성이란 책을 소개받아 입수하게 됐다. 나는 이 책을 깡그리 외우다시피 하며 穿鑿천착했다. 후일 입학 시험지를 받아드니 다행히 이 책에서 다룬 문제가 많이 나왔다. 그래서 나는 물리학에서 예상외의 좋은 성적을 얻어 원하는 학교에 진학할 수 있었다.

入試 정보 없이 대학 응시

6·25 전쟁으로 우리 마을이 겪은 참상은 이루 말할 수 없었다. 더구나 1952년 여름은 전례 없는 가뭄으로 앞 논에는 모 한 포기 심어 보지 못했다. 때늦게 밭작물을 심었으나 그것마저 늦은 장마로 농사를 망쳤다. 이 門前沃畓문전옥답을 황무지로 버려야 했으니 집안 살림은 암담하기만 했다. 이런 형편이라 나는 대학진학의 말을 꺼낼 수가 없었다. 우선 농사일이나 돕고 있다가 형편을 보아서 대학진학을 해야겠다고 마음을 다지고 그 뜻을 어머니에게 말씀드렸다. 그러나 어머니는 크게 꾸짖으시면서 입학등록금 문제는 나중에 생각하고 오로지 대학합격에만

정신을 쏟으라고 하셨다.

이 무렵 서울대는 부산에 피란중이었고 전쟁 중의 혼란 때문에 대학 입학에 관한 정보를 입수하는 방법조차 모르고 있었다. 전시중이라 송금체계도 없었거나 알 수도 없었으니 입학원서를 사기 위한 송금도 어려웠다. 수소문 끝에 우표 20원어치를 사서 동봉하면서 서울대학교 교무처에 우편으로 원서를 보내주기를 부탁하는 편지를 띄웠다. 얼마 후 도착한 입학시험 요강과 원서를 동봉한 우편물에는 '원서값이 30원이지만 더 보낼 필요는 없고 열심히 노력해서 합격되기를 빈다'는 친절한 메모지가 들어 있었다. 참 고마운 분이었으나 재학 중 찾아갈 정도의 마음 여유도 없었다.

1953년 서울대 공과대학은 부산 서대신동 산비탈 가건물이었다. 입학시험을 치던 늦은 겨울, 땅은 얼음이 녹아 진흙투성이였다. 시험 중 휴식시간에 모인 응시생들은 시험문제가 아주 쉽더라는 둥 서로 자랑하는 소리만 뇌까려 시골의 외톨박이인 나를 주눅 들게 했다. 나는 어두운 마음으로 고향으로 돌아가 발표날짜만 기다렸다. 그러나 마음이 놓일 리 없었다. 정보의 흐름도 막혔던 시절이었으니 합격소식을 듣기도 어려웠지만, 합격 후의 후속조치에 대한 정보도 캄캄했다. 할 수 없이 나는 부산행 열차에 다시 몸을 실었다.

서울工大 電氣工學科 입학

긴장된 마음으로 다시 찾아간 산비탈 가교사에는 합격자명단 벽보가 나붙어 있었다. 합격이었다. 기쁜 마음을 어디에 알릴 길도 없어 등록에 필요한 정보와 서류만을 받아들고 부산을 떠나 포항에 계시는 큰외삼촌 댁으로 향했다. 외삼촌은 넉넉지 못한 살림이었으나 나의 대학등록금을 마련해 주시면서 따뜻이 손을 잡아주셨다. 지금 생각해도 그때 그 돈의 무게는 천금처럼 무거운 것이었다.

개학을 앞두고 부산역에 도착했더니 뜻밖에도 고향선배인 문리과대학의 金浩吉[1] 형이 대합실까지 나와 나를 환영해 주었다. 너무나 기쁘고 반가웠다. 그는 그 뒤에도 부산 지리와 생활에 대한 여러 가지 정보를 알려주면서 계속 나를 따뜻하게 챙겨주었다.

서울공대 가교사는 서대신동 구덕산 기슭에 자리 잡아, 자취하던 동대신동 판잣집에서 도보로 약 20분밖에 걸리지 않아 걸어 다니기에 알맞은 거리였다. 부산생활은 무척 단조로웠다. 자취집과 학교를 오가는 일 이외에는 다른 것을 생각할 여유가 없었다. 그러던 중 드디어 휴전이 되고, 공과대학도 1953년 2학기부터 서울에서 수업을 받는 것으로 결정되었다.

공과대학은 양주군 노해면 불암산 기슭의 광대한 캠퍼스에 자리를 잡았다. 거대한 규모의 교사들은 당시 반도호텔 다음가는 큰 건물[2]로서 그 위용을 자랑하고 있었다. 그러나 기대와는 달리 학생들은 노해면 신공덕리 교사로 바로 들어가지를 못했다. 그 건물은 미군이 사용하고 있어서 학생들은 성동역 가까운 사범대학 구내의 교사 일부를 빌려 개강을 하게 되었다.

당시 서울 시가지는 온통 폐허였다. 청량리와 제기동 사이 전찻길 가까이에만 낡은 상가건물 몇 채 서 있었을 뿐 나머지 주변 땅은 모두 논밭 그대로 남아 있었다. 그러한 상태인지라 학교 실험실에서 실습을 한다는 것은 焉敢生心^{언감생심}이었다. 비를 맞지 않고 공부를 할 수 있다는 그 자체만으로 다행으로 생각해야 했다.

---

1 金浩吉(1933~1994) : 서울대학교 물리학과를 졸업하고 영국 버밍엄대학에서 대학역사상 처음으로 2년 반 만에 박사학위를 취득하였으며, 미국 메릴랜드대학 및 캘리포니아 버클리대학 교수를 역임한 핵물리학자이다. 포항공대 설립총장으로 많은 업적을 남겼으나 1994년 3월 불의의 교내사고로 작고하였다.
2 당시의 공과대학 건물은 서울대 관악캠퍼스로 통합 이전된 후 지금은 서울과학기술대학교(구 서울산업대학)가 사용하고 있다.

1955년 가을 과우들과 도봉산에 놀이를 갔다. 옷이 귀한 때라
평상복에 넥타이를 매고 산에 올랐다. 〈맨 뒷줄 왼쪽 끝이 필자〉

노해면 공과대학 본관 收復

신공덕리 본교 교사에 주둔하고 있던 미군부대가 1954년에 이전해
나간 뒤 공대는 본교 교사로 이전했다. 신공덕리는 교통 奧地오지여서
청량리에서 경춘선을 이용하는 기차통학을 하거나 중랑천에서 30분마
다 한 번씩 배차되는 시외버스로 통학을 할 수밖에 없었다.

공대 학생처는 학생들의 주거문제를 도와주기 위해 캠퍼스 안의 4호
관 전기실험실 서쪽 일부를 기숙사로 운영하도록 했다. 말이 기숙사이
지 커다란 시멘트 바닥의 실험실을 각 학과별로 두어 개씩 배정하였을
뿐 다른 시설은 거의 없었다. 잠자리는 각자가 알아서 야전침대를 구입
하여 해결을 해야만 했다.

1953년 입학한 전기과 동기들 중에는 뛰어난 친구들이 많았다. 당시
경기고등학교는 우수한 학생들을 많이 배출했는데 전기공학과 입학정

원 45명 중 이 학교 졸업생이 9명이나 되었다. 이들은 여러 가지 면에서 과내활동을 리드하여 산악회 활동을 하는가 하면, 봄가을 등산모임을 통해 우의를 다지도록 이끌어 전후의 고달픔을 달래 주었다. 또한 몇몇 친구들은 전파공학에 관심이 많아 아마추어무선HAM에 심취하여 아마추어무선연맹KARL 창설에 주도적 역할을 하는가 하면, 개인무선국을 일찍 허가받아 HL1xx 등 앞 국번호를 받아 외국과 무선통신을 하는 친구도 있었다.

敎材 프린트 아르바이트

戰後전후이기도 했지만 이 무렵까지도 이공과 계열의 우리말 대학교재는 거의 없었다. 주로 일본서적과 영문교재를 번역하여 사용하던 때라 교수님들이 원고를 작성하면 이를 등사 프린트하여 학과 수업시작 전에 배포하고 이 교재로 수업을 진행할 수밖에 없었다.

이때 전기공학과에서 교재를 프린트할 마땅한 아르바이트 학생을 찾고 있다는 소식을 듣고 나는 禹亨疇 전기과 주임교수님을 찾아가 나에게 그 일을 맡겨 주기를 부탁드려 이 일을 맡게 되었다. 전기공학 실험실 한 방에 謄寫器등사기와 작업대를 마련하고 청계천변의 인쇄골목에 가서 용지와 등사용품 등을 사서 본격적인 아르바이트 일을 하게 되었다. 등사기는 지금은 사라져 없어진 기구이지만 당시에는 많은 문서를 복사하는 데 유일한 기구여서 학교마다 필수품으로 비치해 놓고 있었다. 전기과의 교재등사는 원지 매수에 따라 수고비를 받았다. 그러나 가끔은 교수님이 완성된 한 권 분량의 원고를 주면 이를 프린트하고 제본까지 완성하여 타 대학에 납품함으로써 여윳돈을 마련하기도 하였다.

인쇄산업의 인프라가 없던 시절이어서 이 프린트실에서는 교재 이외에도 때로는 선배의 석사학위 논문을 프린트하기도 했다. 이 방은 과 동아리 사랑방 구실을 하여 늘 친구들이 드나들었다. 전기공학과 재학생 동아리인 전우회의 주축인 우리 期^기가 중심이 되어 〈電慧〉란 잡지를 발행한 것도 이 프린트실에서 이루어진 일이다. 80여 쪽의 이 잡지에는 전기과 선후배의 글이 주로 실렸지만 교수들이 글을 발표할 지면이 없던 시절이라 전기과 교수는 물론 다른 과 교수들도 좋은 원고를 보내주어 나름대로 좋은 반응을 얻었다.

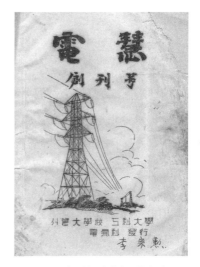

1956년 2월, 전기과 3학년 때 과 프린트실에서 발간한 동아리 잡지

해군사관학교 전기공학 교관

대학 졸업을 앞둔 동료들 간에는 군복무 문제에 대해 의견이 분분했다. 군에 입대하여 3년간 머리가 굳어지면 사회에 진출하여 생존경쟁에서 뒤질 수밖에 없다는 여론이 학내의 주류를 이루었다. 더구나 당시는 병역업무의 부패상이 심했을 때라 졸업을 앞둔 학생들은 병역기피 유혹에 쉽게 넘어갈 수 있는 환경이었다. 마침 해군사관학교 교관요원을 공모한다는 공고를 접하게 되었다. 모집키로 지정된 학과마다 대학교당 한 사람씩만 추천할 수 있도록 하는 조항이 있어 어려운 고비를 맞았으나 응시자 5명 중 다행히도 내가 서울공대 전기과에서 추천받아 합격의 영광을 안게 되었다.

1957년 4월 19일 해군 특별교육대 제 21차 후보생으로 입대했다. 훈련은 무척 엄격하고 고되었다. 훈련을 직접 지도하는 조교를 海士^{해사} 3학년 생도 중에서 발탁했으니 철저하고 엄격하기가 비할 데가 없을 정도였다. 구타행위는 없었으나 동료 중에 규칙을 위반한 자가 발각되면 전원이 연대기합을 받도록 함으로써 범칙자가 정신적으로 견딜 수 없게 만드는 수법을 썼다.

13주간의 고된 훈련을 끝낸 1957년 7월 20일, 제21차 특교대 수료식이 있었다. 후보생 중 군법무관은 중위로, 기타 병과는 모두 해군소위로 임관이 되었다. 동기생 중 나를 포함한 사관학교 교관요원은 해군종합학교 안에 있는 교관학교에 입학했다.

대중 앞에 나서서 말해 본 경험이 별로 없던 나에게 교단에 서서 차분하게 강의나 강연하는 것은 그리 쉬운 일이 아니었다. 교관학교에서는 이런 경험을 쌓게 하기 위하여 단계별로 교육을 시행했다. 강의 도중에 좋지 못한 개인적인 버릇을 보이거나 군더더기 말을 할 경우에는 그 약점을 지적해 주었다. 教案교안 작성방법을 비롯하여 교육보조재의 제작요령과 효과적 사용법, 또 강의에 앞서 청중의 이목을 집중시키는 요령 등도 가르쳐 주었다. 이 교육은 1개월간의 단기교육이었으나 강의 경험이 전혀 없었던 나에게는 교관활동을 하는 데 크게 도움이 되었다.

내가 해군사관학교 교관으로 임명되었던 1957년 당시에는 국내의 대학원을 진학하거나 해외에 유학하여 학위를 소지한 교수요원 인재가 드물 뿐 아니라 해군사관학교 출신으로 배출된 교관요원들도 거의 없는 상황이어서 국내 유수한 대학의 학부졸업생 중에서 선발하여 교관으로 임명하기도 했다. 그리하여 나는 학부만 졸업하고도 사관학교 교단에 설 수 있는 좋은 기회를 가질 수 있었다.

나는 그해 9월 2학기부터 교단에 섰다. 주로 선박용 전기기계에 많이 쓰이는 直流機器직류기기, 同期機동기기 실험실습 등 학과강의를 맡았다. 1주일에 2개 과목의 12시간을 강의했다. 강의 이외의 시간은 교재개발과 자기 啓發계발에 시간을 할애할 수 있었다. 장교로서 병역의무를 다하면서도 전공과목을 깊이 공부할 수 있게 되어 나에게는 대단히 유익한 시간이 되었다. 뿐만 아니라 그때의 해군사관학교 교관 3년간 경

해군사관학교 이공학부 교관 일동
〈뒷줄 중앙이 필자, 앞줄 오른쪽이 金永培 제독〉

험이 그 뒤 직장생활에서도 크게 도움이 되었다.

당시 사관학교 등에서 매년 필요한 실험 실습설비를 요청하면 미국 원조계획에 반영하여 조달되곤 했다. 그래서 전기공학 실험실도 공릉동에 있던 서울공대 전기공학과의 빈약한 실험설비에 비하면 매우 우수한 편이었다. 나는 생도들을 상대로 실험실습 교육도 해야 했으므로 대학에서 이론에만 치우쳤던 부족한 전공공부를 이 학교에서 직접 실습을 통해 보완할 수 있었던 것은 또 하나의 행운이었다.

轉役과 朝鮮電業 응시

해군중위 전역은 임관으로부터 만 3년이 지난 1960년 9월 말로 예정되어 있었다. 그러나 해군사관학교의 교관 입장에서는 7월 말일에 모든 강의가 종강되고 새 학기에는 강의예정이 없었으므로 나는 그곳에 더 머물러 있을 필요가 없어졌다. 당시의 시대상황은 사회혼란으로 산업기능이 거의 마비되다시피 했던 시기였다. 고용을 유발할 새로운 직장은 찾기 힘들었고 투자할 자본도 없었으며 기업을 일으킬 노하우도 없었다.

그러한 시절의 1961년, 조선전업에서 신입사원을 공채한다는 공고가 나왔다. 대졸자격 사원 전기공학 전공 모집정원은 5명이었다. 몇몇 명문 공과대학에 일정 인원을 추천받아 제한된 응시자를 상대로 필기시험을 치게 하는데, 전기전공 응시인원은 총 21명이었다. 서울공대에서 전기공학과 5명을 추천하도록 되어 있었다. 그러나 많은 졸업생이 전력회사 입사를 희망하고 있어 추천받기도 그렇게 쉬운 일은 아니었다.

다행히 나는 학과의 추천을 받을 수 있었다. 지난 3년간 해군사관학교 교관으로 있으면서 전기공학 공부를 계속했기 때문인지 필기시험 5문항의 주관식 문제는 대체로 쉬운 편이었다.

나는 기다리던 조선전업의 입사시험 합격통지를 고향에서 받았다. 드디어 꿈을 이룬 것이다. 어느 정도 예상하지 않은 것은 아니지만 나는 합격했다는 소식에 눈물까지 핑 돌았다. 얼마나 기다렸던 일인가. 내평생을 좌우할 크나큰 일이 내 앞에 현실로 다가온 것이다.

2. 朝鮮電業 입사와 電氣 3사 통합

고향으로 날아든 반가운 전보는 합격소식과 함께 4월 1일부터 근무하라는 내용이었다. 또 며칠 후에는 조선전업 입사날짜가 앞당겨졌으니 1961년 3월 6일 조선전업 인사과에 모이라는 내용의 전보가 다시 날아들었다. 조선전업 인사과를 찾아가니 이미 10여 명의 신입사원들이 모여 있었다. 말끔한 차림새를 하고 나타난 인사과 朴炳鎬 씨가 우리들을 반갑게 맞아 주었다. 대학졸업자 7명과 공고졸업자 10여 명의 신입사원 전원은 영월발전소로 발령되었다면서 다음날 곧 그곳으로 부임하라고 했다. 사령장과 함께 부임비용이란 명목으로 적지 않은 현금을 주었다. 정말 반갑고 고마웠다. 백수로 있던 나에게는 더없이 값진 돈이었다. 그 당시 회사가 베풀어 준 이 조그마한 배려가 그 뒤 나에게는 회사에 대한 고마움으로 마음속 깊이 새겨졌다.

첫 부임지 영월화력발전소

다음날 아침 신입사원들은 청량리역에 모두 집결했다. 중앙선으로 제천까지 가서 그곳에서 영월 가는 차를 갈아타야 했다. 제천에서 영월 가는 열차는 화물차를 임시로 꾸민 대용객차였다. 취직이 되었다는 성취감과 공기업인이 되었다는 기대를 가득 안고 늦은 시간에 영월역에 도착했다.

서무과의 간부가 역두에 나와서 우리 일행을 맞아 주었다. 낯선 고장에 처음 와서 어디에 유숙하고 어떻게 정착할까 걱정이 많았는데 한결 마음이 놓이고 고마웠다. 우리 일행은 덕포 여인숙으로 안내되었다. 다음날 아침 첫 출근하기에 앞서 도시락까지 보자기에 싸서 나눠 주었다. 좋은 직장에 취직이 되었다는 생각에 다시 한 번 마음이 든든해졌다.

첫 직장 부임길에 이런 좋은 이미지를 심어 준다는 것은 참으로 장려할 만한 일이었다. 나는 그때 조선전업 직원이 우리 신입사원들에게 베풀어 주던 고마운 말과 행동들이 회사 전체의 이미지와 충성심으로 연결될 수 있다고 생각했다. 내가 훗날 고리원자력 부소장으로 있을 당시 신입사원이 입사하여 고리로 부임해 왔을 때 직원으로 하여금 역두에 나가 그들을 정성으로 맞이하도록 하고, 방 배치도 미리 챙겨 따뜻이 맞이할 것을 지시한 것도 그때 영월에서 느낀 감회가 그대로 남아 있었기 때문이었다.

첫 직장이라 당연히 발전소 전반에 대한 교육이 있을 것으로 기대했다. 그러나 우리 신입사원들은 이런 훈련과정 없이 바로 1주일씩 현장 순환 운전업무에 배치됐다. 선배 직원들과 직접 현장에서 함께 일하면서 발전소의 설비와 계통을 배워 익히도록 한 조치였다. 대부분의 현장 직원들은 지식보다 경험에 의존해온 분들이어서 기기배치나 운전긴급 조치요령 등에는 뛰어난 능력을 가졌으나 이론적 질문에는 금방 막혀 버리기 일쑤였다. 그러니 교육효과는 그다지 효과적이지 못했다.

나는 첫날 索道下炭設備^{삭도하탄설비}1에 배치되었다. 石公^{대한석탄공사} 마

---

1 索道下炭設備: 영월발전소는 인근의 북면 마차리에서 생산되는 저열량석탄을 소비하여 전력을 생산할 목적으로 건설된 발전소다. 따라서 마차리와 영월 간 약 15km간 석탄수송을 위해 삭도를 이용했다. 이 석탄을 영월발전소에서 쏟아 붓는 설비를 하탄설비라고 한다.

입사하여 처음 부임하였던 구 영월발전소는 1930년대에 건설되고 낡아
환경이 극히 열악했다. 필자가 입사한 후 1961년 복구공사가 시작되었다.

차리 광업소에서 실려 오는 0.7톤들이 석탄바가지를 받아 뒤집어엎어
석탄을 쏟아내고는 다시 바가지를 바로 세워 삭도케이블에 걸리도록
밀어주는 일이었다. 석탄 먼지를 계속 뒤집어써야만 하는 고된 직무였
다. 그러나 이곳에 근무하는 직원이 하는 말은 의외였다. "젊은 분이
어떻게 이런 좋은 직장에 취직이 되었느냐"면서 부러워하는 것이었다.

그런 인사말에 위로를 받으면서 1주일간 고된 일을 계속했다. 일이
고되고 얼굴도 새까맣게 되었지만 처음 맡은 새로운 일이라 재미있었
다. 그 다음에는 微粉機미분기·Ball Mill 운전팀에 배치되었다. 돌아가는
드럼 속에서 무쇠 볼이 석탄과 부딪치며 석탄을 微粉炭미분탄으로 만들
었다. 기계 돌아가는 소리는 매우 시끄러웠고 탄가루가 방 가득히 날아
들어 공기 또한 매우 탁했다. 그런데도 직원들이 역시 만족스럽게 일하
는 모습을 보고 이 회사가 정말 좋은 회사로구나 하는 생각을 다시 한
번 갖게 되었다.

전기작업계

터빈 보일러 배전반 등 순회배치가 끝나면 사무실 배치를 받을 것으로 예상했던 신입사원들 생각은 큰 오산이었다. 우리 모두는 다시 전기작업계(전기설비 보수담당)에 배치된 것이다. 그곳 대기실에 가 보니 철판에 파이프를 용접해 붙인 넓은 테이블에 역시 철판을 용접하여 만든 긴 장의자만 덩그러니 놓여 있었다. 회사재정상 제품화된 집기를 살 수 없어 현장에서 조달가능한 자재로 집기를 만들어 쓰고 있었다.

아침에 출근하여 도시락을 라디에이터 위에 올려놓고 이 긴 의자에 앉아 있으면 주임이 와서 호명하여 작업배치를 했다. 우리는 제대로 된 훈련을 받지 못해 발전소 기기 위치도 제대로 파악하지 못했다. 마땅히 맡길 만한 일이 없어 우리는 늘 기기 청소하는 일에만 배치되었다. 터빈폐유를 걸레에 묻혀 기기를 닦는 일이었다. 발전소 내는 보일러 터빈에서 뿜어내는 열기 때문에 우리는 늘 쩔쩔매며 기름때 묻은 손으로 얼굴에 흐르는 비지땀과 기계를 번갈아 닦아야만 했다.

운전공무계

4개월간의 현장근무 후에 나는 운전공무계에 배치되었다. 비로소 내 책상이 주어지고 일상업무가 부여되었다. 朴潤植 계장은 인품이 온화하면서도 업무지침이 확실해 일을 쉽게 배울 수 있었다. 발전효율을 담당한 나의 일상업무는 아침에 전날의 운전상태를 파악하고 이를 정리기록하여 본사에 보고한 후 그 일이 끝나면 발전소의 효율을 계산해내는 일이었다. 업무가 익숙해지자 업무속도도 빨라졌다. 일상업무가 끝나면 박 계장은 발전소 계통도와 기기배치도 등의 청사진을 찾아주면서 현장에 가서 발전소의 시스템을 익히도록 지도했다.

효율의 기본이 되는 석탄의 소비량이 얼마인지 계량하는 장치가 없어 그날그날의 효율계수는 사실상 별 의미가 없었다. 1년에 한 번 석탄 재고량을 파악하여 1년간의 효율을 수정하여 다음 해의 효율을 槪算^{개산}하고 거기에 맞추어 석탄소비량을 逆算^{역산}해야 했다. 석탄의 재고파악은 당연히 자재부서의 몫이었다.

연말 들어 나에게 저탄장의 석탄을 측량하여 재고를 계산하라는 지시가 내려왔다. 매일매일 불도저로 석탄을 밀어 컨베이어 벨트로 실어 보내는 석탄더미는 그 형태가 나날이 달라지기 마련이다. 따라서 특정 날짜의 정해진 시각에 저탄량이 얼마라고 확정하는 일은 쉽지가 않았다. 연말 추운 날씨에 인부를 데리고 측량용 폴대와 구식 평판측량기로 측량하는 일도 어려웠지만, 앞뒤로 돌리는 타이거식 수동계산기와 주판만으로 부피를 계산하는 일은 더욱 힘든 일이었다. 낮에는 측량하고 밤에는 늦게까지 계산해야 하는 고된 작업이 여러 날 계속되었다. 하루는 계장에게 자재계의 일을 왜 우리가 고생하면서 해야 하는가 하고 불평스런 말을 했다. 이때 박 계장의 말이 걸작이었다. "미스터 리, 여기서 이 복잡한 계산을 해낼 사람이 자네 말고 누가 있어?"였다.

이 한마디가 나의 모든 괴로움과 불평을 한순간에 날려 보냈다. 오히려 일에 대한 의욕이 솟구쳤다. 간부가 부하를 어떻게 다루어야 하는가를 깨닫게 해주는 말이어서 지금까지도 기억에 크게 남는다.

실습생 교재 편집

방학에 대학생이 현장실습을 오게 되었다면서 준비하라는 지시가 떨어졌다. 내 옛날 기억이 되살아났다. 나도 1955년 여름 학생 때 이 영월발전소에 실습 온 일이 있었기 때문이다. 체계적 실습을 받지 못해 아쉬웠던 기억이 떠올랐다. 그러나 수년이 흐른 그때에도 발전소의 계통을 체계적으로 정리하여 교육할 교재는 제대로 준비된 것이 없었다.

나는 교재부터 미리 만들기로 했다. 배정된 예산이 있을 리 없었다.

대학 재학 중에 익힌 숙련된 등사실력을 발휘하여 교재를 만들었다. 그리고 나름대로 열심히 실습생들을 가르쳤다. 실습을 끝낸 뒤 되돌아보니 그런대로 알차게 학생들을 잘 지도했다는 생각이 들었다.

그 후 나는 이 교재를 만들었던 사실을 까맣게 잊고 있었다. 부사장 재직 시 한국전력 역사유물을 수집하기 위해 공고를 내고 전력산업과 관계되는 史料^{사료}를 모은 일이 있었다. 그런데 원주에 사는 한 전직 직원이 바로 이 프린트된 교재를 나에게 보내왔다. 알고 보니 이분은 내가 영월에 근무할 당시 운전공무계 사무직으로 함께 일하던 金完淳 씨였다. 이분이 오래 간직하던 나의 手迹^{수적}을 보내옴으로써 30년 가까운 세월이 지난 영월발전소 직원 때의 그 치열하던 시간을 다시 떠오르게 했다.

안전관리원과 수상

1960년대 초 산업현장에서는 종사원들의 안전사고가 자주 일어났다. 그때만 해도 산업현장에서의 산업재해는 으레 일어나는 불가피한 것으로 인식되고 있었다. 전기 3사가 통합되자 곧 한국전력 본사방침으로 현장의 안전관리에 역점을 두라는 시책이 시달되었다. 안전에 대한 개념이 희박하던 시절이라 그냥 단순히 부소장 책임하에 철저히 시행하라는 지침이 전부였다. 그런데 이 안전관리의 실무적인 일이 운전공무계에 소속했던 나에게 떨어졌다. 안전관리에 대한 개념도 제대로 모르던 나에게 갑자기 안전관리원 직책이 맡겨진 것이다.

난생 처음 출장허가를 받아 서울에 와서 일본서적을 파는 서점들을 뒤진 끝에 10여 권의 관련도서를 구입할 수 있었다. 이 책으로 안전관리에 대한 지식을 넓히는 한편 현업원 교육과 작업절차의 문서화, 장비 보완 등 가능한 모든 노력을 기울임으로써 통계적으로 봐도 괄목할 만한 성과를 거두게 되었다. 그 후 나는 서울로 전근되었고 당시의 文洪

秀 부소장은 소장으로 승진되었다.

　서울 본사의 화력건설부 전기과에 근무하던 어느 날 나는 뜻하지 않게 영월발전소 文洪秀 소장의 전화를 받았다. 지난해 영월발전소가 안전관리 최우수사업소로 평가되었고 상당한 상금까지 받았다는 이야기였다. 영월 출장 올 기회가 있으면 그때 한턱 쓰겠으니 기회를 보아 내려오라고 했다. 까마득히 높은 사업소장이 직접 말단직원에게 하는 덕담 정도로만 알고 황송스럽게만 생각하며 지나갔다.

　얼마 후 직속과장인 화력건설부 李珉煥 전기과장(후일 한국전력 건설담당이사)이 나에게 영월에 하루 다녀오라고 했다. 별 용건도 없는데 웬일인가 했더니 영월의 문 소장으로부터 굳이 나를 한번 내려보내 달라는 요청을 받았다는 것이다. 출장허가를 받아 영월에 도착했더니 그날이 마침 본사 발전부 李東馥 차장(후일 한국전력 발전담당이사)이 영월에 출장 온 날이었다. 문 소장은 이 기회에 나를 이 차장에게 소개도 시키고 아울러 안전관리 최우수사업소로 선정된 것을 본사에 자랑도 할 겸해서 한턱을 쓰기 위해 내려오게 했다는 것이다. 분수에 맞지 않게 소장과 발전소 과장들이 본사의 차장을 접대하는 회식자리에 평직원인 내가 초대되어 여러 간부들로부터 칭찬을 받게 되니 송구스럽기 그지없었다. 어느 일이던 최선을 다하면 그에 따른 보상이 있게 마련이라는 것을 몸소 느낀 안전관리 업무였다.

영월화력 복구공사

　1961년 가을에 영월발전소 복구공사가 시작되었다. 1930년대 중반에 건설된 발전소라 耐用年限(내용연한)이 다하여 廢爐(폐로)로 철거대상이 되었으나 워낙 전력이 부족하던 때라 이를 복구하여 쓰기로 한 것이다. 발전소 수명연장공사는 미국 차관으로 벡텔Bechtel사가 맡아서 추진했다. 발전을 하면서 보일러와 터빈 한 유니트씩을 완전 분해하여 재조립하는 방법을 적용했다.

나는 조선전업에 입사하여 영월로 배치되었을 때 미국 ICA 원조로 건설된 마산이나 당인리, 삼척 등의 신규발전소에 배치되지 못했음을 늘 아쉽게 생각했다. 그러나 영월 복구공사가 시작된 덕분에 해체된 발전설비를 속속들이 파악해 보는 좋은 기회가 됨으로써 내 커리어에 크게 도움이 되었다. 옛말에 운전수가 되려면 헌 차 조수를 하라는 이야기가 있다. 자주 고장 나는 자동차 조수를 해보아야 정비기술을 배울 수 있다는 含意^{함의}를 지닌 이야기다. 내가 바로 이 헌 발전소에 근무하며 이제 복구공사까지 경험하게 되었으니 꿩 먹고 알 먹는 격이었다.

대학선배인 李達雨(현 한국코트렐 회장) 선배는 조선전업 공채 1기생으로서 본사 수력계장으로 근무하다가 5·16 혁명 이후 병역문제로 회사를 떠났는데 이 벡텔사의 시니어 엔지니어로 스카우트되어 당시 한국전력의 영월복구공사에 참여했다. 이분은 영월에 머물면서 후배들에게 직장생활에 필요한 많은 정보를 알려주었다. 특히 그는 미국 기술진이 현장작업을 지도하는 내용을 자세히 파악하면서 무슨 일을 하는 데 어떤 장비가 동원되고 어느 수준의 기술자 몇 명이 며칠 동안 일하는가를 조사하여 자세한 데이터베이스를 만들어 보여주었다. 그는 나에게 이런 데이터와 경험이 후일 발전소를 설계하고 프로젝트를 추진하는 데 중요한 자료가 될 것이라면서 늘 관심을 갖고 현장을 살펴보라고 귀띔했다. 나는 이 충고를 받아들여 미국 엔지니어들이 프로젝트를 조직적으로 추진하는 것을 관심을 갖고 지켜보면서 그들의 업무스타일을 보고 배우게 되었다. 이때의 경험이 후일 업무를 추진하는 데도 크게 도움이 된 것은 물론이다. '좋은 선배는 좋은 후배를 낳는 법'이란 말이 실감나게 하는 선배였다.

사택 주거환경

나는 시골에 두고 온 아내를 영월로 데려오려고 했으나 마땅한 집을 구할 수가 없어 차일피일 늦어졌다. 직원사택이 제법 있었으나 당장 신입사원에게 돌아올 여유는 없었다. 나는 친구와 함께 하숙생활을 하면서 주말에 짬나는 대로 마을을 돌아다녀 보았지만 너무도 허술한 시골집들이라 손을 보아도 부엌으로 꾸밀 정도가 못되었다.

다행히 운 좋게도 두어 달 후 직원용 사택을 배정받았다. 나는 해사교관 경력을 인정받아 입사할 때부터 신입사원인 技補⁽기보⁾보다 한 단계 높은 技員⁽기원⁾으로 대우받고 있었기에 그 점이 고려된 듯했다. 사택의 규모와 수준이 매우 낮은 열악한 수준이었으나 이런 사택이 배정된 것만으로도 나는 감사하다는 생각이 들었다.

당시 배정된 사택은 2세대 연립주택으로 한 세대의 크기가 6평이었다. 이른바 '신사택'이라고 이름 지어진 이 집 구조는 매우 조잡하여 田자로 나누어진 남쪽 두 칸은 각각 1.5평짜리 방인데 방 사이는 일본식 종이 미닫이문으로 방을 나누었고, 북쪽 한 칸은 광이 붙은 현관이었으며 맞은 칸은 부엌이었다. 부엌에 수도나 개수대가 없으니 공동수도 칸에서 주방일을 해결해야 했고, 화장실도 공동으로 사용해야만 했다.

어느 영월 서무과 선배는 이런 불량사택이 지어질 수 있던 이유에 대해 다음과 같이 설명했다. 전쟁 후 발전소를 복구하려다 보니 직원 수가 급격히 늘어났고 주택문제도 함께 대두되어 나름대로의 규모로 100여세대 건설을 위한 예산신청을 했다는 것이다. 그런데 예산이 배정되고 집짓는 사이에 물가가 크게 뛰어 결국 주어진 예산으로 소요세대만큼 집을 마련하다 보니 이렇게 될 수밖에 없었다는 것이다. 당시 우리나라의 시골주택 사정과 생활수준을 말해 주는 일면이라는 점에서 示唆⁽시사⁾하는 바가 큰 사례였다.

자산재평가사무처

영월발전소의 담당계장인 운전공무계 朴潤植 씨가 전기 3사 통합 후의 임시기구인 자산재평가사무처로 전근됨에 따라 나는 그의 추천으로 이 사무처에 파견발령을 받았다. 사무실은 종로 화신 북쪽에 있던 南鮮電氣^{남선전기} 구 사옥이었다. 전기 3사가 한국전력으로 통합되면서 자산을 재평가하는 작업이었는데, 나는 주로 화력발전소의 설비를 실사하는 일을 담당했다.

先發^{선발}요원들은 대만전력에 파견되어 자산평가에 대한 연수를 받고 와서 우리들에게 몇 주 동안 발전소의 자산 분류방법과 실사방법 등을 가르쳤다. 나는 주로 부산 충무동에 있는 부산화력발전소의 설비 실사 및 잔존가치 계산과 영월발전소의 설비 실사를 담당했다. 부산발전소는 폐지된 발전소나 고철의 가치를 계산해야 했으므로 철재의 수량을 일일이 측정하여 계산했다. 내 개인적으로는 가동되지 않는 화력발전소여서 도면을 가지고 발전소의 구석구석을 찾아 모든 설비의 기능과 성능 위치를 파악하는 일은 물론 계통까지 익힐 수 있는 일이었기에 화력발전소의 실태를 속속들이 파악하는 아주 좋은 기회였다.

부산발전소의 실사를 마친 후 나는 다시 영월발전소를 실사하게 되었다. 이 업무는 발전소 자산의 분류와 설비를 구석구석 파악하는 계기가 되었고, 발전소 시스템과 사양서 내용을 숙지하는 기회가 되어 훗날 발전소 건설업무를 담당하는 데 큰 도움이 되었다. 또 건설을 마치고 설비정산을 하는 데도 많은 도움이 되었을 뿐 아니라 이 업무를 통하여 사무직 직원 및 경리직군 직원들과의 좋은 관계를 갖게 된 것을 또한 기쁘게 생각한다. 화력건설부 시절 예산문제 등을 협의할 때에도 이때의 인간관계가 크게 도움이 되었음은 물론이다.

화력건설부 전기과

나는 재산재평가사무처의 업무관계상 영월발전소에 자주 출장을 갔다. 어느 날 영월 근무 당시 많은 도움을 주었던 벡텔사의 李達雨 선배의 부탁으로 본사 화력건설부 李珉煥 과장에게 편지를 전했다. 나는 이 편지가 실은 나를 이 과장에게 강력히 추천하는 편지였음을 나중에야 알았다. 이것이 인연이 되어 나는 재평가 업무가 끝나자 화력건설부 전기과에 발령받았다. 그러고 보면 나의 회사 커리어에 발전소 건설업무가 주특기가 되고 원자력건설 업무를 맡게 된 것도 이 추천편지에서 비롯된 셈이라 할 수 있다.

화력건설부 전기과에서 나에게 맡겨진 업무는 구 영월발전소의 동쪽에 독일 차관으로 들여오는 50MW 2기 석탄발전소 건설공사의 전기설비 전반에 대한 설계와 현장의 감독이었다. 먼저 구 영월발전소로부터 신규 영월발전소의 始動^{시동}용 전원을 확보하기 위해 양 발전소 간에 전력선을 연결하는 고압선로의 설계와 이에 따른 견적을 뽑아 시공하는 일이 떨어졌다. 이 일을 위해 양 발전소 사이에 철탑을 하나 세우게 되었는데 이 철탑설계는 신규 영월발전소 공급과 종합설계를 맡은 독일 업체의 몫이었다.

이때 독일에서 설계되어온 설계가 현장실정과 맞지 않아 이를 조정토록 하는 서신을 내는 것이 내가 작성한 첫 비즈니스 영문서한이었다. 어렵게 문장을 작성한 뒤 계장과 과장에게 리뷰해 보니 잘됐다고 했다. 나는 이를 믿고 화력건설부 辛基祚 부장께 결재를 올렸더니 얼마 안 있어 문안을 새빨갛게 고쳐서 내려왔다. 어찌나 부끄러웠던지 그날 저녁 퇴근하면서 종로 시사영어학원 영작문 새벽반에 등록했다. 그 후 한국전력 업무를 하면서 늘 영어와 밀접하게 관련을 맺을 수밖에 없었는데, 내가 마음을 다잡고 영어를 익히게 된 계기가 이때에 마련되었다고 할 수 있다.

첫 공사설계 견적

두 발전소 간의 154kV 고압전력선을 연결하는 설계는 비교적 간단한 것이었다. 이 설계와 견적에 따라 당시 영월건설 시공업체가 전체공사의 일환으로 시공하기로 되었다. 현장에 출장을 갔더니 몇 해 전 영월에서 전기 작업계에서 함께 일했던 가까운 분이 퇴직한 후 공사업체를 차려 이 일을 현대건설로부터 하청받아 시공중이라고 했다. 내가 나타나자 그는 이 공사의 설계자가 나란 사실을 알고 무척 난처한 표정을 지었다.

그는 설계 기본상 문제점과 현장에서 실제로 고려해야 할 사항 등이 누락되었음을 이야기해 주었다. 아니나 다를까, 살펴보니 처음 시도한 설계라 물정을 모르고 너무 박하게 설계되어 있었다. 더구나 현장의 장애물 제거 복구비 가설비 등 부수되는 일체의 작업에 대한 견적이 누락된 것을 알 수 있었다. 그는 어차피 설계금액에서 일부를 공제하고 하청받은 입장이라 무척 많은 손실을 감수해야 했을 것이다. 미안하고 부끄럽다는 생각이 들었다. 나는 이를 계기로 항시 현장의 사정을 충분히 검토 반영하여 설계를 해야 한다는 값진 교훈을 얻었다.

독일어 공부

신규 영월발전소는 독일의 차관에 의해 도입하여 건설하는 사업으로 전력 제어관련 설계도면은 독일의 표준기호에 의해 그려져 있었다. 미국과 일본의 표준기호에 익숙한 한국 기술진으로서는 이 도면을 이해하는 일이 무척 어려웠다. 뿐만 아니라 설비의 각종 부품이나 차단기 케이블헤드 등이 과거에 전혀 경험하지 않던 구조로 되어 있어 무척 당혹스러웠다.

당시 우리나라는 외국차관이 무척 어려운 시기였다. 박정희 대통령이 서독에 광부와 간호사를 보내는 조건으로 차관을 들여왔기 때문에 독일 설비가 우리나라에 처음 선을 뵌 것이다. 다행히 이 발전설비보다 앞서 나주비료공장이 독일 차관으로 도입되어 건설되었고 영월발전소와 인접한 영월군 쌍룡면의 쌍룡시멘트도 뒤따라 차관으로 도입되어 건설되고 있었다.

나는 생소한 독일 전력설비를 직접 눈으로 보고 와야겠다고 생각하고 나주 비료공장을 찾아갔다. 고향선배 한 분이 이 비료공장에 고위간부로 있다는 말만 듣고 가서 찾았으나 그는 이미 퇴직하고 난 후였다. 사전 양해나 공문서도 없이 덜컥 찾아간 꼴이 되었으니 정문에서부터 출입이 통제되었다. 온갖 노력 끝에 겨우 출입이 허용되어 담당 전기기술자를 만났더니 바로 대학 閔大基 선배였다. 그는 5일간에 걸쳐 설비와 도면 설치에 따른 어려웠던 경험담 등을 들려주며 매우 친절하게 대해 주었다. 비록 짧은 기간이나마 나는 그때 많은 것을 배웠으며, 그 후 업무에 큰 도움이 되었다.

영월화력 공급계약상 모든 문서와 자료는 영문으로 작성하여 제출하게 되어 있으나 도면은 독일어로 된 것을 그대로 복사하여 보낸 것도 많았다. 이를 해결하기 위해 영월담당 직원 申熙容(후일 송변전처장)과 같이 근무시간 후에 을지로의 독일어학원을 다니기로 했다. 그 후에도 나는 독일어에 대해 소홀히 하지 않았다. 우리는 그 뒤 이 학습으로 도면을 읽는 데 많은 도움을 받았고 현장에 온 독일기술자 중에 영어가 서투른 기술자와는 간단한 대화도 나눌 수 있게 되었다.

3. 초임간부 전기보수계장

1965년 초 영월화력 현장건설공사가 마무리 단계에 이르자 발전소 규모가 두 배로 늘어나고, 이에 따라 직제개편을 통해 간부직위도 늘어났다. 그 결과 영월화력의 보수업무는 전기보수계와 기계보수계로 나누어졌다. 당시 한국전력은 초임간부 임용고시제도가 시행되기 전으로 간부직위에 보임된 후 형식적 승급시험을 치던 때였다. 나는 입사할 때에 이미 해군사관학교 교관 3년 경력을 인정받고 있었으므로 사원의 등급으로는 간부가 되기에 충분한 요건을 갖추고 있다고 생각했다. 그러나 어떤 경로를 거쳐야 간부로 승격되는지 그 흐름의 맥은 모르고 있었다. 다만 일만 열심히 하면 승격은 윗분들이 알아서 해결해 줄 것이란 막연한 생각만을 갖고 있었다.

영월화력 전기보수계장

나는 어느 날 하루 용기를 내서 직속상사인 洪淳庚 계장에게 영월발전소 기구확장을 계기로 내가 그 자리에 보임되었으면 좋겠다는 뜻을 이야기했다. 그는 놀라는 표정을 지으면서 그런 시골에 왜 가려 하느냐

초임간부 전기보수계장으로 부임했던 신규 영월발전소.
독일 차관으로 건설하고 1965년 9월 준공되었다.

고 되물어 보더니 과장과 상의해 보겠다는 말을 남겼다. 오후에 과장이
불러서 책상 앞으로 갔더니 앞으로 해외연수 기회도 있고 연수를 마치
면 본사에 계장자리도 나올 텐데 굳이 가족들을 데리고 시골 영월까지
갈 필요가 있느냐면서 은근히 만류했다.

그러나 과장은 앞으로의 내 계획이 무엇인가를 듣고 나서는 어느 정
도 이해하면서 임원 중에 잘 아는 분이 있느냐고 물었다. 그러나 사실
나는 개인적으로 잘 아는 임원은 한 분도 없었다. 과장은 참 딱하다면
서 그런 상황에서는 승격이 어렵다는 뉘앙스의 말을 풍겼다. 그는 화력
건설부장인 辛基祚 부장과 상의할 수밖에 없다는 말을 남기며 기다려
보라고 했다. 그해 5월 나로서는 어떤 경로를 거쳐 결정이 되었는지 알
지는 못하나 영월 電氣補修전기보수계장으로 발령받았다. 교대근무직인
발전소 운전계장을 거치지 않고 바로 낮 근무하는 계장으로 발령받아
주변으로부터 이례적이라는 평을 듣기도 했다.

1965년 5월 가족을 서울에 두고 단신 영월발전소에 부임했다. 직원

때부터 나의 능력을 눈여겨보던 文洪秀 소장이 크게 환영했다. 과장급 간부들도 지난날 직원 때 모시던 분이 대부분이어서 크게 반겨주었다. 田鎬成 전기과장은 나에게 많은 재량권을 주었으며 타부서와의 횡적 협조가 필요할 때에도 적극적으로 지원했다. 그해 10월 제도도입 후 첫 번째로 시행되는 초임간부 임용고시가 실시되었다. 나는 이 시험에 합격했다. 명예로운 한국전력 초임간부 1기생으로 정식으로 승진됨으로써 정통성을 갖춘 한국전력 간부가 된 것이다.

강남 주택마련의 계기

서울의 주택문제가 한창 어려울 때인 1965년 내가 영월 전기보수계장으로 전보된 것은 내 개인적으로는 매우 다행한 일이었다. 같은 과에 理財^{이재}에 밝은 동료가 권유하기를 서울의 먼 변두리에 작더라도 집 지을 터를 하나 마련해 두는 것이 안전하다면서 지방에 가기 전에 땅을 사 둘 것을 권유했다.

그 말에 따라 내가 강남땅에 관심을 가졌던 1965년 당시에는 제3 한강교의 건설계획도 없을 때였다. 그 친구의 소개로 한남동에 한 복덕방을 찾아갔더니 한강 건너 신사동 마을에 작은 텃밭 하나를 소개했다. 그것이 바로 현재의 논현동 6～11번지 (당시에는 신사동 237번지)의 땅이었다. 11만 원을 주고 123평짜리 밭을 계약했다. 그 뒤 이 땅은 1978년 내가 직접 주택을 짓기까지 13년 동안 나에게 미래를 기약해 주는 큰 희망이었고 위안의 대상이었다.

영월에 부임하자 신규화력 건설 몫으로 건설된 새로운 사택을 배정받았다. 사택 규모는 18평이었으나 첫 부임 때 배정받았던 6평 사택과는 비교할 수 없을 정도로 안락한 시설이었다. 이 사택은 신규화력발전소 건설기간 동안 외국인이 입주하기 위해 2동 연립으로 건설된 것으로서 발전소가 준공되면서 간부에게 배정된 것이다. 당시 한국의 주택기준으로 볼 때 아주 쾌적한 문화주택이었다.

직원 교육 훈련

영월발전소에는 1937년경에 건설된 25MW 4기의 구 발전소와 그해에 준공된 50MW 2기의 신규발전소가 있었다. 내 직책은 이 두 발전소의 전기설비 전반에 대한 보수를 책임지는 일이었다. 구 발전소는 1962년부터 미국의 벡텔사에 의해 복구공사가 완료되었고, 신규 발전설비는 내가 건설에 직접 참여한 가운데 건설되어 마무리 단계였다.

구 발전소에는 광복 전부터 이 발전소에서 보수업무를 맡고 있는 베테랑 보수원이 있었다. 또 경험이 많은 보수주임이 복구공사에도 직접 참여하여 보수에 대한 체제가 잘 정비되어 있었다. 그러나 신규발전소에 보직된 인적 구성은 완전히 달랐다. 새로 배치된 보수기술진들은 대부분 신입사원이었다. 더욱 어려웠던 점은 미국과 일본식 도면에 익숙한 한국기술진이 독일에서 공급된 기자재와 설계도면을 읽는 데 어려움이 많았다. 최신기술이 적용된 각종 전기설비 보수경험이 전혀 없었으니 독일 기술진이 남기고 간 지침서에 의존할 수밖에 없었다. 신입사원들은 대부분 공고출신이어서 영문으로 된 보수지침서를 읽는 데 많은 어려움이 따랐다.

그러나 나는 이들을 교육시켜서 지침서만으로 보수할 수밖에 없다고 생각했다. 직원들에게 지침서를 골라주고 퇴근 후 이를 번역하여 노트에 적어 오도록 숙제를 내주었다. 그리고 그날그날 나는 이들이 번역해온 노트를 보고 수정해서 돌려주었다. 처음에는 몇 줄씩 번역하던 그들이 차츰 실력이 향상되어 3개월 정도의 강도 높은 교육을 한 후에는 자기들이 직접 지침서를 보고 기기를 점검하며 수리할 수 있는 수준까지 이르게 되었다. 이들은 나중에 모두 화력발전 분야의 우수한 간부로 성장했다. 동료들끼리 서로 합심하여 새로운 학문을 깨우쳐 나간 결과였다. 아는 것이 힘이란 것을 다시 한 번 절실히 느꼈다.

영월공고 출강과 평화봉사단

지역 특성상 신규 영월발전소에는 영월공고 출신 신입생들이 많이 부임해 왔다. 그런데 工高^{공고}교육이 현장실정과는 괴리가 있어서 간단한 부품이름도 모르는 경우가 자주 있었다. 기계보수계장으로 부임한 金東現 계장과 의견을 나누다가 봉사 차원에서 영월공고에 강의를 해주자고 합의했다. 교장을 방문하여 취지를 설명했더니 대환영이었다. 1주일에 1시간씩 할애받아 주로 발전소 시스템을 가르쳐 주고 간단한 부품을 들고 가서 기능과 용도에 대해 설명도 했다. 학생들의 호응도 좋았고 교장도 매우 만족해했다.

몇 주 지난 후 영월공고 교장이 학교에 평화봉사단으로 와 있는 미국인 선생 한 분을 소개하며 주말에 우리와 영어대화의 시간을 갖도록 주선해 주었다. 우리는 거의 매주 토요일 오후에 두어 시간 정도 자연스런 대화의 기회를 가지게 되었다. 시골에서는 좀처럼 기대하기 어려운 일을 학교 측에서 우리의 수고를 보상하는 차원에서 마련한 것이다. 우리 두 사람에게는 원어민과 영어회화를 익힐 수 있는 아주 좋은 기회가 되었다.

기능직 채용 비리

신규 영월발전소 전기보수원 중에는 건설당시 독일기술진에 의해 고용되어 건설에 참여했던 계측제어계통 기능직 두 사람이 있어서 보수업무에 많은 도움을 받고 있었다. 그러나 이들은 촉탁신분이어서 장래에 대한 보장을 기대할 수 없다는 생각으로 늘 불안해하며 다른 곳으로 옮길 생각을 하고 있었다. 사업장으로서는 매우 요긴한 인물들이라 본사에 기능직 정원 증가를 요청하여 겨우 두 자리를 승인받았다. 이들은 상당히 사기가 올랐다. 나는 당연히 이 두 자리에 이들 두 사람을 추천하였고, 또 그렇게 될 것으로 믿었다. 그러나 결과는 기대와는 달랐다.

본사 인사부서에서 한 사람 채용해서 보낼 테니 영월에서도 한 사람만 추천하라는 전화가 온 것이다. 현장실정을 아무리 설명해도 막무가내였다. 기능직 채용권한은 본사 몫이었다. 하는 수 없이 그 중 선임자 한 명을 추천했다. 그러나 몇 주 후 기능직으로 본사에서 채용되어 발령받고 온 두 사람은 엉뚱한 사람들이었다. 어느 고위경영진 한 사람의 고향 금융조합에서 근무했던 사람들이라고 했다. 참으로 기가 막혔다. 이들을 위험스런 전기보수에 도저히 배치할 수 없어 다른 잡역자리 일을 맡겼다. 기대에 부풀었던 계측제어 기술자들은 한국전력에서의 희망을 접고 그 길로 한국전력을 떠나 당시 독일 차관으로 건설되던 인근지역 쌍룡양회 직원으로 이직했다.

몇 년 후 신규 영월발전소의 터빈발전기가 계측제어계통 정비불량으로 과속 회전되어 완전히 파손되어 버린 사고가 발생했다. 나는 이 사고소식을 접하고 정치적 경영진의 사적인 과욕이 한국전력의 인사부조리를 낳고 그 인사부조리는 다시 현장의 큰 사고로 이어졌다고 생각했다. 이 고위층 인사는 그 뒤 정치계에 입문하여 정부의 상당한 요직까지 지냈다. 한국의 정치가 산업을 멍들게 한 한 가지 사례였다는 생각을 떨쳐 버릴 수가 없었다.

첫 프로젝트 경험

내가 영월화력 전기보수계장으로 근무할 당시 한국전력의 총 발전시설은 100만kW에도 미치지 못했다. 경제개발계획으로 산업이 불같이 일어났으니 전력은 턱없이 부족할 수밖에 없었다. 영월화력에는 보수용

부속품이나 예비설비도 전혀 갖추어져 있지 않았다. 급하면 기존설비를 이리저리 옮겨가면서 활용해야 했다. 그러나 이런 작업을 수행할 외부업체가 없으니 모든 공사나 작업은 사업소 자체 보수계 직원들이 주축이 되어 인근의 노무인력을 불러들여 수행할 수밖에 없었다.

전기보수계의 상용직과 기능직은 50명 가까이 되었으나 직영공사를 하게 되면 많을 때는 100명이 넘는 인원을 동원해야 했다. 따라서 이들을 효과적으로 관리하는 일이 매우 중요했다. 이런 공사는 외부인력에 직접 현금을 지불하게 되는 만큼 부정이 개입될 소지가 많은 업무였다. 나는 투명한 관리를 위해 자금관리는 주임에게 맡기면서 의심받을 여지를 남기지 않도록 몇 단계 철저한 조치를 강구했다. 젊은 나이에 이런 큰 조직을 관리하여 직영공사를 하면서 말썽 없이 성사시키는 훈련을 쌓은 것만으로도 나에게는 큰 소득이었다.

1960년대 후반 우리나라 산업계의 건설장비는 보잘것없었으며 더욱이 영월 같은 시골에서 중량물을 다룰 장비라고는 日帝일제 강점기에 쓰던 구식장비 몇 가지밖에 없었다. 이러한 상황에서 우리는 1966년 영월발전소 서쪽의 66kV 변전소에 개폐장치를 증설하기 위해 추가뱅크를 설치하고 이곳에 변압기와 차단기 등을 옮겨 설치해야 했다. 동쪽의 154kV변전소 곁에 설치되어 있던 66kV 변압기를 서쪽으로 이설해야 하는 작업을 전기보수계에서 직접 시공하라는 다소 무리한 지시를 받았던 것이다.

철 구조물도 외주로 조달이 되지 않으니 현지에서 조립하여 설치해야 했다. 현지에서 빔과 포스트에 걸릴 荷重하중과 필요한 강도, 조립방법까지 설계했다. L形鋼형강 원자재를 구입하여 도면에 맞추어 끊고 뚫고 녹막이제를 발라 볼트 조임으로 철구를 조립하여 설치까지 했다. 그러나 70톤이나 되는 변압기를 이동해야 하는데 장비라고는 유압잭 몇 개가 유일한 공구였으며, 운반용 장비는 물론 윈치도 하나 없었다.

보수계 주임과 장기 근속한 베테랑급 보수원을 모아 작업방법에 대한 대책회의를 열었다. 우선 이 무거운 중량물을 이동하기 위해서는 윈치역할을 할 수 있는 기구마련이 필수적이라는 데 의견이 모아졌다. 그런데 일제 강점기부터 근무하던 작업원 한 사람이 지난날 일본기술자들이 작업하는 광경을 등 너머 보아온 기억을 살려 윈치 대신 가구라^{神樂}機1를 만들어 보겠다고 했다. 주물공장에서 허리가 잘록한 원통 회전축을 만들고 그 상부에 4개의 장대를 끼울 수 있는 틀을 만들어 윈치로 대용하겠다는 것이다.

곧 시행에 들어갔다. 잭으로 변압기를 밀어올리고 이른바 게다라고 하는 나막신을 밑에 넣은 뒤 침목 위에 굵은 파이프를 넣어 가구라에 걸린 로프를 당기니 이 거대한 변압기가 움직였다. 이런 신기한 방법으로 우리는 70톤이나 되는 물체를 성공적으로 옮길 수 있었다. 지금 생각해 보아도 그것은 하나의 기적이었다. 장비 하나 없이 맨손이나 마찬가지인 현장에서 순전히 구성원의 머리 하나로 아이디어를 내어 작업을 완수했던 것이다. 지금도 기억에 생생히 남아 있는 값진 경험이었다.

正陽會

신규 영월발전소 준공에 때맞추어 1965년과 1966년 영월발전소에는 초급간부가 여러 명 전입되어 왔다. 대부분 신혼 가정이었고 같은 지역의 사택에 입주하여 둘레둘레 이웃하며 살게 되었다. 시골생활이 외로웠던 휴일엔 무료하지 않게 주변 나들이도 함께 다녀 가족들 간에도 매우 좋은 관계가 유지되었다. 모두가 학구적인 동료들이어서 토요일 오후에는 돌아가면서 발전소의 운영을 주제로 한 세미나를 갖기도 하고

---

1 神樂機: 허리가 가는 원통기둥 허리에 와이어로프를 감고 상부에 4개의 긴 장대를 끼워 여러 사람이 이 장대를 돌리면 로프를 당기게 되어 중량물을 끌어당길 수 있는 원시적인 윈치기구.

발전설비의 운영 등에 대한 정보도 교환함으로써 서로간의 직무지식을 넓혀가는 데 크게 도움이 되었다.

그 후 이들은 모두 서울본사에 와서 근무하게 되었고 이때의 우정을 유지하기 위해 正陽會정양회라는 모임을 만들어 수십 년간 좋은 友誼우의를 이어오고 있다. 나이 70을 훌쩍 뛰어넘은 지금까지도 매년 부부동반 모임을 몇 차례 갖고 때로는 해외여행도 함께하는 등 좋은 관계를 유지하고 있다. 사람과 사람과의 관계는 서로가 노력하는 만큼 더욱 새로운 관계를 만들어낼 수 있다는 사실을 새삼 느낄 수 있는 그런 모임이 되고 있다.

4. 화력건설부 전기계장과 해외연수

1965년 영월발전소 준공을 계기로 전력이 남아돌자 한국전력은 무제한 송전에 들어갔다. 그러나 경제개발에 가속도가 붙으면서 전력수요가 다시 폭발적으로 증가됨으로써 얼마 지나지 않아 공급을 다시 조절해야만 했다. 영월화력에서 근무하던 나도 부족한 전력공급을 늘리기위해 불철주야 노력했다. 한국전력의 발전설비는 1967년에 100만kW를 돌파했으나 전력공급 부족은 더욱 심각한 상황으로 전개되어 다시 제한송전을 하게 된 것이다. 발전소 건설 프로젝트는 대폭 늘어났고, 화력건설부는 덩달아 다시 바빠졌다.

건설기구 대폭확장을 계기로 영월 보수계장으로 있던 나는 1967년 다시 본사의 화력건설부 간부로 전입하게 되었다. 10여 개의 화력발전소 건설사업을 동시에 추진하던 때라 나는 군산화력 50MW, 서울화력 4호기 137MW, 서울화력 5호기 250MW, 인천화력 250MW 2기, 영동화력 125MW 건설 등 5개의 프로젝트 전기설비를 설계하고 시공계획을 세우며 건설공정과 현장의 기술업무를 지원하는 일을 담당했다.

한국전력은 자체적으로 발전소 건설재원을 마련하지 못함으로써 대부분의 발전소 건설은 외국의 설비공급자가 주선하는 차관으로 건설되었다. 따라서 발전소의 세부설계는 물론 대부분의 기자재도 해외에서

도입하여 건설해야 했다. 국내의 건설업체도 플랜트 시공에 미숙한 시절이라 전기용접기를 비롯하여 크레인도 한국전력이 해외에서 차관으로 도입하여 건설업체에 대여하면서 시공해야 했다. 발전소의 종합엔지니어링은 당연히 차관선인 일본이나 미국의 설계회사가 기기배치를 하고 單線圖^{단선도}·Single Line Diagram 配管計裝圖^{배관계장도}·P&ID 등 기본설계도 그들이 했다. 한국전력은 현장의 시공설계와 발전소 성능에 관련 없는 부대설비의 엔지니어링 업무만을 담당했다.

표준품셈의 개발

당시 본사의 설계부서에서 하는 일은 엔지니어링 업무보다는 발전소의 건설 공사비를 積算^{적산}하는 일에 더 많은 시간을 할애해야 했다. 동일한 작업에 소요되는 工量^{공량}과 작업시간이 설계자의 재량에 따라 자의적인 품셈을 적용했으므로 같은 공량에도 공사비에 많은 차이가 나게 마련이었다.

나는 여러 발전소의 동일한 설비공사비를 적산함에 있어 표준화의 필요성을 절감했다. 미국의 Engineering Estimate, 일본의 전기공사 積算^{적산}자료 등을 분석하여 나름대로의 기준을 만들어 노트 빼곡히 적어두고 이를 활용했다. 그러자 내가 만든 이 자료는 차츰 이용범위가 넓어져 전기과 내에서 통용하게 되었고, 곧이어 프린트해서 나누어 갖는 등의 방법으로 주변 모두의 전기공사 표준품셈으로 자연스럽게 자리를 잡아가게 되었다. 그 뒤 정부 차원에서 품셈의 필요성이 제기되어 이 기준을 만들 때 전력설비의 품셈자료들은 주로 내가 만들었던 화력건설부 자료를 인용했다. 애써 자료를 만들었던 보람을 다시 한 번 느꼈다.

발등의 불 군산화력

1967년 가을, 내가 본사 건설부에 부임하자마자 정부로부터 급한 과제가 떨어졌다. 군산화력 5만kW 발전소를 1968년 4월 1일부터 발전을 개시토록 하는 일이 焦眉초미의 과제로 등장한 것이다. 한시가 급했다. 건설비를 절감하는 일은 뒷전이 되었다. 무슨 수를 써서라도 먼저 목표 전력을 생산해야만 했다. 始動電源시동전원을 확보하기 위해 2개월의 공정을 단축하고자 새로운 변압기를 제작하여 설치해야 했고, 발전기 모선IPB의 공급지연을 만회하기 위해 미국에서 항공기를 전세 내어 단일품목을 항공으로 수송해 와야만 했다. 수송작업은 흡사 군사작전같이 진행되었다. 김포공항에 도착한 Flying Tigers란 화물항공전용기로부터 화물을 내리면 대한통운의 트레일러를 대기시켰다가 곧바로 옮겨 싣고 군산까지 육로수송을 해야 했다. 교통통제를 위해 경찰 패트롤까지 앞장세웠다.

이런 갖가지 비상조치들을 강구했으나 4월 1일 발전을 개시하는 일은 쉽지가 않았다. 그해 3월 주주총회에서 선임되어 새로 부임한 丁來赫 사장은 이날 발전기를 계통에 연결하는 행사를 하기로 되어 있었다. 그래서 같은 날 주총에서 이사로 선임된 辛基祚 이사는 선임되자마자 다음날 바로 현지 지도차 군산 출장길에 나섰다.

신 이사는 출장에 앞서 서울의 기술자로 현장 시운전지원팀을 구성했다. 전기공사 지원팀으로 전기시험소의 邊勝鳳(후일 한국전기연구소 소장), 발전부의 周榮旭 그리고 내가 신 이사와 함께 장항선에 몸을 실었다. 신 이사에게 며칠 후 상경할 것이냐고 내가 묻자 "4월 1일 발전에 실패하면 나는 바로 집으로 갈 생각이다"라고 대답했다. 이날 발전을 못하면 옷을 벗겠다는 뜻이었다. 우리 모두는 그만큼 비장한 각오로 전력의 조기생산목표를 달성할 것을 다짐하면서 군산 현장에 도착했다.

4월 1일 12시 사장 임석하에 계통연결 행사를 하려면 전날 전력계통

시험연결이 성공되어야 했다. 3월 31일 저녁시간, 터빈을 정규속도로 올리고 복수기 진공도 규정치까지 내렸다. 중앙제어실에서는 수십 명의 내외 기술진이 지켜보고 있었다. 同期^{동기}스위치를 넣었다. 아! 그러나 바로 트립이 되고 말았다. 몇 차례 더 시도를 해보았으나 허사였다.

그러나 신 이사는 포기하지 않았다. 본사 지원팀을 불러 제어케이블 연결불량이 원인이 된 것 같으니 밤을 새워서라도 도면대로 케이블이 제대로 연결되었는지를 全數^{전수}조사하라고 지시를 내렸다. 세 사람은 현대건설 기술진의 도움을 받아 케이블 연결포인트를 하나하나 점검했다. 새벽 5시 경에 이르러 드디어 잘못된 연결부위를 찾아냈다. 이를 수정하고 배전반 계기를 체크하니 제대로 작동하는 것으로 나타났다. 아침에 터빈을 다시 돌려 시도하면 틀림없이 系統倂入^{계통병입}이 될 것이란 확신이 섰다. 기쁜 마음에 들떠 신기조 이사와 成壽永 PM이 묵고 있는 여관으로 뛰어가 이 사실을 알렸다. 환호성이 터졌다. 두 분은 무척 기뻐하며 양주를 꺼내 함께 마시자고 했다. 그래서 우리는 새벽부터 때 이른 축하주를 들었다.

4월 1일 사장 임석 하에 군산화력은 예정대로 계통병입을 성공적으로 했다. 모두가 박수치며 축하했다. 전기가 모자라 애쓰던 시절에 있었던 참으로 잊지 못할 추억의 한 토막이다.

첫 난턴키 사업 서울화력 4호기

일본에서 차관으로 공급한 인천화력, 영동화력, 서울화력 5호기 등의 화력설비는 앞서 언급했듯이 모두 일본에서 설계하고 기자재도 일괄하여 일본에서 공급하게 되어 있어 우리의 주요 업무는 공사비 산정 등에 머물렀다.

서울화력 4호기만은 미국 차관으로 도입되었다. 설계는 미국의 길버트사^{GAI: Gilbert Ass. Inc.}가 맡고, 현장건설은 딜링햄사^{Dillingham Inc.}가 담당하면서 주요 기기는 한국전력이 직접 미국시장에서 분할된 패키지로 구입하게 되었다. 그러니 공정관리 공사비관리 등이 한국전력 몫이 되었다. 처음 경험한 사업 추진방식이어서 공정이 거듭 연기되었다. 그러다 보니 4호기는 바로 인접하여 턴키로 늦게 계약된 5호기보다 2년 늦은 1971년에야 준공되었다.

그러나 우리는 이 프로젝트를 수행하면서 많은 것을 얻을 수 있었다. 미국식의 프로젝트 관리기법을 접할 수 있었던 것은 물론, 나는 개인적으로 1968년 말 설계회사인 미국 길버트사에 7개월간 체류하면서 연수 및 도면승인 업무와 함께 미국 엔지니어의 업무스타일도 익힐 수 있었던 것이다. 이때의 어려웠던 일과 실패한 여러 경험들이 그 뒤 1973년부터 원자력사업을 담당하였을 때 많은 도움이 된 것은 물론이다.

서울화력 4호기는 한국전력이 시도한 첫 난턴키 사업이어서 공정이 계속 지연되었다. 1970년 5월 국회의원 선거가 다가오자 정부는 업적 홍보를 위해서도 서울화력 4호기는 때맞추어 준공되어야 한다고 재촉이 대단했다. 그해 부임한 金日煥 사장도 마음이 바빠서인지 당인리 현장에서 리뷰미팅을 한다고 부산을 떨었지만 사장이 공사현장에 와서 도움 될 것은 별로 없었다. 어느 날은 외국인까지 회의실에 모아 놓고 진도보고를 하라더니 몇 분 지나지 않아 급한 일정이 있다면서 자리를 뜨기도 했다.

그러던 중 사장의 특명으로 4월에 대통령을 모시고 준공식을 하라는 엄명이 내려졌다. 현장은 보일러 증기도 생산되지 않는 상황이었으나, 그렇다고 되돌릴 수는 없는 일이었다. 겨우 날짜를 맞춰 예정대로 준공식이 거행되었다. 준공식 날 주빈인 박정희 대통령을 발전기 앞에 모셔 놓고 발전기를 터닝기어로 억지로 돌리면서 설명해야 하는 쇼까지 벌어졌다. 정치권의 뜻에 맞게 한국전력은 대통령을 속였고, 대통령은 알면서 속아 주었으며, 언론은 그런 장면을 준공되었다고 대대적으로 보도하는 해프닝이 벌어진 것이다. 산업화 초기에 있었던 웃지 못 할 사건들이었다.

영어회화 공부

나에게 있어 영어는 평생을 두고도 늘 부족하다고 생각하면서도 이를 극복하지 못해 지금도 노력하는 중이다. 중학교에선 해방정국이라 선생이 없어 제대로 배우지 못했고, 고등학교 때는 전시중이라 영어 좀하는 선생은 통역장교로 차출되어 갔으니 제대로 학습하지 못한 것은 어쩔 수 없는 일이었다. 그나마 해군사관학교에서 영어 녹음재생장치로 공부했던 경험과, 영월화력 간부 때 평화봉사단 선생을 만나 몇 달간 대화해 본 경험이 있어 외국인 공포증은 간신히 면할 수 있었다.

화력건설부에서는 외국 사람과의 업무상 대화도 문제지만 해외연수를 가야 할 경우도 많아 항상 영어공부를 할 수 있는 기회를 찾고 있었다. 그런데 마침 그런 학습을 할 수 있는 아현동의 게스트하우스를 소개받았다. 게스트하우스는 한국 전선에 배치된 미군 장교의 부인과 가족들 숙소로 이곳에서 장교부인들이 영어회화를 가르쳤다. 요즘은 전자제품이 크게 발전하여 녹음기가 만년필 크기로 작아졌지만 그 당시에는 007가방 크기에 2개의 휠을 장착하는 것이 그나마 최신형이었다. 출근 때 이를 들고 와 저녁에는 아현동에 가져가 대화내용을 녹음해 집에 와 다시 틀면서 복습했다.

이에 곁들여 AFKN 방송도 녹음해 두고 학원교재와 대조하면서 방송내용을 익히기도 했다. 그러나 막상 미국에 갔을 때는 대화를 제대로 알아듣지 못해 '파든'하고 되묻는 일이 자주 있었다.

미국 기술연수

서울화력 4호기 건설은 난턴키 방식이어서 이 사업의 성패책임이 모두 한국전력에 귀속되기 때문에 역점을 두지 않을 수 없었다. 미국 설계회사 GAI에서 설계한 도면을 보내오면 이를 검토 승인하는 과정을 거치도록 되어 있었다. 이 업무가 순조롭게 이루어지지 않자 화력건설부 전기과와 기계과의 담당계장이 미국 설계회사에 직접 가서 3개월간 훈련을 받고 계속하여 GAI에서 작성된 도면을 승인하도록 조치되었다. 나는 이런 미션을 띠고 1969년 12월 난생 처음으로 장기 해외출장을 떠나게 되었다.

당시에는 미주 직행항로가 없었다. 그래서 일정도 매우 타이트하고 복잡하게 짜여졌다. JAL로 동경에 도착하여 평생 처음으로 5성급 호텔인 뉴저팬 호텔에서 1박한 후 다시 PanAm으로 샌프란시스코로 향해 새벽 5시에야 그곳에 도착했다. 이어 오전 9시에 TWA편으로 필라델피아로 가야 했으나 항공편 연결이 여의치 않아 8시간이나 기다려 저녁 5시에야 이곳을 이륙해 새벽에 목적지에 도착을 할 수 있었다. 참으로 고단한 일정이었다.

우리는 서울화력발전사업의 설계실이 있는 필라델피아에서 첫 3개월간 훈련을 받고 뒤이어 레딩Reading PA에 있는 GAI사무실에서 훈련과 도면승인업무를 함께 수행했다. 그냥 설계기술진과 함께 일하면서 개인적으로 지도를 받는 것이었다. 두 차례에 걸쳐 그들이 설계하여 건설하는 화력발전소와 원자력발전소 현장을 견학하기도 했다.

이 견학여행에서 우리는 1979년에 원자력 사고로 유명해진 해리스버그의 TMI 원자력발전소 건설현장을 자세히 돌아볼 수 있었다. GAI 엔지니어들은 각자에게 주어진 업무에 따라 늘 바쁘게 움직이고 있어 우리 훈련생에게 많은 시간을 할애하지는 않았다. 그러나 발전소 견학여행과 함께 일상 설계업무와 접할 기회가 많아 여러 가지 도움이 되었다.

훈련을 마치고 돌아오면서 나는 여러 가지 감회에 빠졌다. 새로운 관리기법으로 프로젝트를 잘 관리하는 그들이 부러웠다. 한국은 언제쯤 자체기술로 거대한 프로젝트를 경영할 수 있을까 하는 생각에 마음이 아팠다. 그곳에서 입수한 여러 가지 자료들을 뒤적이면서 나는 나만의 각오를 다졌다. 東道西器^{동도서기}, 우리의 정신을 살리면서 서양기술을 배웠던 옛 선조들의 깊고 높은 뜻을 새삼 되새기며 마음을 가다듬었다.

金浩吉 박사

먼 外戚^{외척}되는 金浩吉 박사는 항상 주변사람에 대한 배려가 두터워서 여러 사람으로부터 존경받는 분이었다. 내가 서울수복 전 부산 피란대학에 입학하여 부산에 도착했을 때 나를 마중 나와 주었고 어려움이 있을 때마다 많은 조언도 해주었다. 내가 해군 특교대에서 고된 훈련을 받던 중에도 空士^{공사}교관이던 김 소위는 가끔 주말에 면회까지 와주었다.

필라델피아에서 지내던 어느 날 메릴랜드대학 교수로 재직중인 김호길 교수의 전화를 받았다. 당장 주말에 워싱턴으로 오라는 것이었다. 주말이면 늘 무료하던 차라 매우 반가웠다. 열차 편으로 워싱턴 D. C.에 도착하니 김 교수가 역까지 마중 나와 워싱턴 시내관광을 비롯하여 메릴랜드대학 캠퍼스와 자기 연구실까지 샅샅이 안내했다. 김 교수는 이 무렵 가속기 분야의 세계적 최고 권위자였다. 대학 구내 지하 수십 미터 깊이에 있는 그의 연구실에 엘리베이터를 타고 내려가 김 교수 전용 가속기 실험장치가 작동하는 현장을 보여주었다. 수천만 달러 연구비를 들여 설치한 것이라 했다. 미국과학재단의 연구비로 일개 대학에서 이같이 거대한 장치를 만들 수 있도록 지원할 수 있는 미국의 국력이 부러웠다. 워싱턴 시내관광을 마치고도 그는 호텔에 묵지 말라며 나를 짐짓 자기 집으로 데려갔다. 부인에게 폐스럽다고 사양했으나 굳이 권하는 바람에 하룻밤을 함께 지내기도 했다.

김 교수는 한국원자력연구소에서 일하던 중 1960년 훈련차 영국에 가 있다가 5·16 군사혁명으로 모든 지원이 끊어지자 할 수 없이 영국에 눌러앉게 되었고 영국 대학 스칼라십으로 박사과정을 마쳤다. 그날 밤 그는 그러한 자신의 지난날 회포를 풀어내느라 시간이 어떻게 가는지도 몰랐다. 너무 밤이 깊으니 자자고 해놓고서는 또다시 이야기가 꼬리를 물어 새벽까지 이어졌다. 그는 내가 미국에 남기를 희망하면 풀 스칼라십을 주선하겠다고 제의하기도 했으나 나는 가정형편과 회사형편을 들어 이를 정중히 사양했다.

주택소유의 꿈

비록 조그마한 주택이라도 자기소유의 주택을 마련한다는 일은 여간 어려운 일이 아니었다. 그러한 주택마련의 꿈이 이루어질 수 있는 기회가 우연히 다가왔다. 내가 미국으로 훈련차 출국하기 전 1968년 봄 한국전력 본사에서 무주택자를 위해 주택조합이 구성되었다. 희망자가 워낙 많아 추첨으로 입주조합원을 구성할 때 다행히 당첨되어 내집 마련에 한걸음 다가설 수 있었다. 성동구 중곡동 한국전력 주택조합이 건설하는 18.5평의 집을 가질 희망을 갖게 된 것이다. 이 조합주택이 건설되는 동안 나는 미국 필라델피아에 기술훈련을 떠나게 됨으로써 조합의 주택건설과 관련된 뒤치다꺼리는 모두 한국에 남아 있던 아내의 몫이 되었다.

미국에 체재하고 있는 기간에 입주할 것으로 기대했던 중곡동 조합주택은 공정이 거듭 지연되었다. 이 무렵 물가상승도 워낙 가팔라서 당초에 계획했던 공사비로는 정상적 마감공사도 어려웠다. 결국 아주 보잘것없는 모습으로 완공된 주택에 내가 1969년 7월 귀국한 뒤인 9월에 입주하게 되었다. 홍은동의 조그마한 서민주택에 살다가 18평짜리 슬

라브 지붕의 붉은 벽돌집으로 이사했으니 그것만으로도 큰 발전이라 할 수 있었다. 그러나 부족한 것이 너무나 많았다. 이사 첫날 창호지가 완성되지 않아 신문지로 막고 하루를 지냈던 일은 당시 고등학교 1학년이던 딸이 생생하게 기억할 정도였다. 건물만 덩그렇게 지어졌지 마당도 고르지 않았고 담도 없었으며 도로는 생흙으로 남아 있었다. 그래서 비 오는 날 을지로 입구 한국전력 사옥 앞은 통근버스에서 내리는 중곡동 입주자의 신발에 묻어온 황토로 인하여 항상 길을 누렇게 물들여 놓곤 했다.

중곡동 지역자원봉사

입주는 했으나 갈수록 더 큰 문제점이 불거졌다. 식수문제였다. 집집마다 우물을 파고 손으로 젓는 펌프를 박았으나 이웃집이 더 깊이 우물을 파면 물이 나오지 않아 가까운 이웃 간에 시비가 벌어지기도 했다. 각 가구의 수도관과 마을 골목길에는 주택조합공사에 포함되어 상수도관은 시공되었으나 상수원이 연결되지는 않았다. 또 상수원에 연결된다 해도 그 구조는 수압이 낮아 물이 나오기 어려웠다.

나는 權重卓, 金奎彙, 金圭炫 제씨 등 몇몇 회사동료와 상의하여 상수도를 끌어올 방안을 강구하기로 하고 추진 봉사단 모임을 만들었다. 나는 상수도 시스템 설계를 맡고 권중탁 씨는 성동구 수도사업소로부터 사설상수도 설치허가를 고생 끝에 해결했다. 이제 團地^{단지} 입구의 도로부지에 지하콘크리트 탱크를 매설하고 구의동에서 2km 정도 수도관을 끌어오면 제 수압으로 물을 흘려 받을 수 있게 되었다. 수압이 낮은 주택단지 뒤편 산기슭에는 콘크리트 탱크를 축조하여 하부탱크에서 전동펌프로 물을 퍼 올리도록 설계했다. 전력도 3상 동력선이 없어 단상모터펌프를 설치했다. 주택조합이 이미 매설하여 둔 수도관을 이용하면 물을 상부탱크까지 퍼 올릴 수 있다는 계산에서 시작한 것이다.

준공이 되자 구의동으로부터 상수도 물을 흘려 하부탱크에서 이를 받아 퍼 올리는 작업을 밤새워 했다. 그러나 상부 탱크에 물이 올라가지를 않았다. 이리 뛰고 저리 뛰며 원인을 찾던 중 하수도 맨홀에서 물 흐르는 소리를 들었다. 조합에서 시공한 수도관 공사가 부실한 탓이었다. 도로 밑에 수도관을 연결하지 않은 채 묻어만 두었던 것이다. 참으로 진퇴양난이었다. 그렇다고 이 막대한 시설을 포기하고 물 공급을 중단할 수는 없었다. 결국 이 사실을 주민에게 알리고 추가공사비를 염출해야만 했다. 다행히 입주자의 7할 이상이 한국전력 본사의 간부들이어서 간신히 일은 진행되었다. 가끔 집이 전매가 되어 주인이 바뀐 가구에서는 온갖 험담을 하면서 끝까지 추가부담금을 내지 않아 고생을 했다.

그러나 끝은 있었다. 우리 봉사단은 어려운 고비를 넘기고 주민들에게 상수도 공급을 할 수 있게 되었다. 그 이후 3~4년이 지나 그동안 이용했던 이 중곡동의 한국전력주택단지 상수도 가설비는 철거되었다. 서울시의 상수도 확장계획에 따라 정상적인 상수도 공급지역으로 편입이 됨으로써 새로운 공급시스템이 이루어졌기 때문이다.

용마테니스클럽

중곡동에 입주한 한국전력 직원은 대부분이 새로 집을 마련하는 나이 또래라 연령층이 비슷했다. 뿐만 아니라 늘 같은 통근버스를 타고 출근했기 때문에 서로의 우의도 매우 돈독했다. 1970년대 초부터 불어닥친 테니스 붐으로 주말이면 그룹을 지어 장충단 시립 테니스코트나 쌍문동 한국전력 코트를 찾아 테니스를 즐겼다. 그러나 갈수록 동호인이 늘어남으로써 테니스를 즐길 수 있는 시간이 짧아 늘 아쉬운 마음을 금할 수 없었다.

그러던 어느 날 나는 아침산책을 나갔다가 주택단지 인근에 있는 한국전력 화양리 변전소 안에 유휴부지가 있는 것을 발견했다. 이곳에 테니스코트를 건설하면 참으로 좋겠다는 생각 아래 몇몇 동료들과 서울지점 변전과장을 찾아갔다. 그러나 그는 대뜸 "뭐 그렇게 사치스런 운동을 하려고 회사 땅을 쓰려 하느냐"면서 거절했다. 생각 끝에 변전부 朴棟槙 차장을 찾아가 다시 부탁했다. 그는 과장과는 달리 호감을 갖고 검토한 후에 쉽게 테니스코트 건설을 승낙해 주었다.

테니스 동호인 약 20명이 모여 용마테니스클럽을 만들었다. 기획관리부의 申君湜 실장이 회장을 맡았다. 기금을 염출하여 모래 5트럭, 붉은 진흙 5트럭을 구입했다. 변전소 바닥배수를 돕기 위해 이미 자갈을 깔아 놓아 그 위에 흙만 덮으면 되었다. 주말에 모든 회원이 모여 모래와 진흙을 반반씩 섞어 채로 치는 작업을 했다. 한 회원은 서울화력 고철장에서 큰 고철파이프를 얻어와 자갈과 콘크리트를 채워 롤러를 만들었다. 다른 한 친구는 부평발전소에서 폐파이프에 네트 引張機인장기를 용접하여 가지고 왔다. 자갈바닥 위에 채로 친 흙을 덮어 펴고 롤러로 다지니 코트배수 문제도 쉽게 해결되었다.

이렇게 비전문가인 우리들 손으로 엮어 만든 코트였으나 회원들이 운동하는 데는 모자람이 없었다. 그 뒤 회사의 도움으로 울타리도 설치됨으로써 완벽한 코트가 되었다. 눈이 오면 녹아 얼어붙어 코트를 쓰지 못하게 될까 봐 모두가 자진해서 눈을 치웠다. 연말에는 가족들까지 테니스를 즐기면서 송년파티도 함께 열었다. 용마테니스코트는 그래서 우리에게는 체련의 장소라기보다 오히려 친목의 광장이었다. 중곡동 생활의 즐거운 추억 한 토막이다.

과장 승격

한국전력과 같은 공기업은 동일직급 동일보수 체계이므로 능력평가는 승격심사에서 진면모가 드러난다. 연말이 되면 승격문제로 모두가 마음을 애태웠다. 1970년 연말 승격심사가 매듭지어질 즈음 辛基祚 이사가 나를 불렀다. 이번 승격심사에서 유감스럽게도 탈락되었다는 이야기를 전하면서, 과장 빨리 된다고 반드시 차장 빨리 되는 것은 아니므로 너무 실망하지 말고 열심히 일하라는 말씀까지 해 주었다. 나는 이 말 한마디가 두고두고 고맙게 생각되었다. 상사로부터 인정받고 있다는 자신감에서 더욱 열심히 일할 의욕이 생겼다. 능력부족으로 승격에서 탈락된 것이 아니라는 확신을 갖게 해준 상사의 한마디 덕분이었다.

그 이듬해인 1971년 말 승격심사가 진행될 때 다시 辛基祚 이사의 부름을 받고 임원실에 들어갔다. 여러 가지를 배려해서 검사실(현 감사실)로 발령을 내려고 하는데 괜찮겠느냐고 물었다. 나는 이사님 뜻에 따르겠다고 대답하고 사무실을 나왔다. 그때까지 나는 검사실에 대해 아는 바가 전혀 없었고 남의 약점을 캐는 부서란 부정적 이미지만을 갖고 있었던 것이 솔직한 그때의 심정이었다. 그러나 나는 연말에 승격과 동시에 검사역으로 발령을 받았다.

나의 후임으로는 영동화력 건설의 전기계장인 金炳玩 씨가 오게 되었다. 김 계장은 본사 근무가 처음이라 내가 여러 가지로 마음을 써 주어야겠다는 생각을 했다. 인수인계가 단순히 자리 책상과 서류만을 물려주는 일이 아니며 일과 사람의 소프트웨어 측면이 더욱 중요한 것임을 그동안 여러 번 느꼈기 때문이다. 나는 대학노트 20여 페이지에 현안문제 한 건에 한 페이지씩 자세히 적고, 그동안의 처리내용과 앞으로의 처리방향까지 자세히 기록하여 그에게 전해 주었다. 그 뒤 이 인계노트는 업무공백 없이 건설업무를 원활하게 진행하는 데 크게 기여했다는 평을 받았다. 김 계장은 이에 대해 두고두고 고맙게 생각했다.

5. 중견간부 검사역 승격과 집중감사

1971년 7월 새로 취임한 金相福 사장을 두고 많은 말들이 나돌았다. 청와대 정무수석비서관으로서 막강한 파워를 가졌던 김 사장은 한국전력을 개혁하기 위해 특별히 사장으로 임명되었다는 것이다. 한국전력에 큰 폭풍이 몰아칠 것이란 소문이 떠돌았으며, 외부의 대대적 감사와 함께 강도 높은 자체감사를 통하여 수백 명을 정리할 것이란 소문도 나돌았다.

내가 검사실로 발령받은 것도 이와 무관치 않다는 생각이 들었다. 신기조 이사가 나를 검사역으로 추천한 것은 이런 시국을 맞이하여 모든 것을 공정하고 무리하지 않게, 한국전력의 우수한 기술진이 억울한 피해를 입지 않게 처리하라는 주문이었을 것이란 생각이 들었다. 이 막중한 일을 어떻게 감당할지 걱정이 앞섰다. 그러나 나는 그 뒤 내 나름대로 주관을 가지고 나의 최선을 다했다. 그러기에 나는 지금도 별다른 후회는 없다. 훗날 신기조 이사는 자신의 회고록 《전력외길 57년》에서 당시의 배경을 아래와 같이 적어 놓았다. 내가 그때 느낀 바와 큰 차이가 없는 내용이었다.

취임 후 김 사장의 경영은 예상했던 대로 폭풍을 몰고 왔다. (중략) 나는 이렇게 나가다가는 많은 사람들이 희생될 것을 예상하고 그 대비책을 강구했다. (중략) 사장이 하는 일에 주관을 가지고 어느 정도라도 제동을 걸 수 있는 그런 사람을 검사역에 임명하기로 한 것이다. (중략) 그래서 발령 낸 사람 중의 하나가 현재 전우회 회장인 이종훈 씨였는데, 그는 나의 의도대로 직원의 징계처리에 많은 역할을 함으로써 희생을 나름대로 줄일 수 있었다.

감사실 咸泰巖 실장

감사실 발전업무담당 부검사역에 李成基 씨가 근무하고 있었다. 나는 부임에 앞서 그에게 감사실 분위기와 상사의 인품 등을 물어보았다. 다행히 咸泰巖 감사실장은 매우 훌륭한 분으로 존경받는 분이라고 했다. 그 뒤 살펴보니 함 실장은 현대경영학 공부를 많이 하신 분으로, 특히 피터 드러커의 저서 《현대의 경영》을 바이블처럼 신봉하고 있었다. 경영은 예술이 아니며, 현대경영이론대로 경영하면 결코 실패하지 않는다는 신념을 가지고 예하간부들을 지도하고 있었다.

나는 1년간의 짧은 검사역 생활이었지만 함태암 실장의 권고로 많은 경영서적을 읽고 또 토론에도 참여했다. 함 실장은 자기의 의도에 잘 따라주는 나를 더욱 열성껏 가르치려 했다. 엔지니어로서 경영학에 소홀하기 쉬운 풍토에서 나는 이 같은 함 실장의 남다른 배려로 경영에 눈을 뜨게 되었으며 또 많은 것을 배울 수 있었다.

이미 고인이 된 함태암 실장은 1950년대에 서울대 정치외교과를 졸업하고 〈조선일보〉에 기자로 몸담았다가 한국전력의 홍보실장으로 스카우트되신 분이었다. 그는 검사실장에 이어 1973년에는 충남지점장에 임명되었다. 그는 지점 과장급 간부를 모두 직접 면담하며 그들의 비전을 들은 후 인사이동을 단행했다. 그런데 지점간부를 영업소로 좌천시키는가 하면 영업소 과장이 일거에 지점간부로 발령이 나니 사업소가 발칵 뒤집힐 것 같은 충격을 받게 되었다. 함 지점장으로서는 경영관리 차원에서 능력위주로 보직을 준다는 원칙 아래 인사를 한 것이지만, 과거의 관행과는 맞지 않아 비난이 크게 일어남으로써 본사의 경영진까지 난처한 입장에 처하게 되었다. 사장은 함 지점장의 행동이 아주 잘못된 것으로 판단하고 곧 직위해제하여 무보직으로 발령을 냈다.

한편 이 무렵 쌍문동에 있던 한국전력연수원은 상공부지정 새마을 연수기관으로 지정되어 있었다. 상공부 산하 기업체의 많은 책임자들이 새마을 연수를 받기 위해 한국전력연수원에 입교하여 훈련을 받았다. 이 연수코스에 국제상사의 양정모 회장이 참여했다가 그 교육내용에 이끌려 국제상사에 새마을운동과 경영혁신을 해야겠다는 생각을 갖게 되었다. 그래서 당시 연수원장인 金秉喆 원장에게 경영혁신을 주도할 좋은 분을 소개해 주도록 부탁을 했고, 김 원장은 함태암 씨를 소개했다.

그는 국제상사의 경영혁신본부장으로 영입되었다. 양 회장은 함 본부장에게 막강한 권한을 부여하면서 국제상사를 국제화된 회사로 만들어 줄 것을 요망했다. 함태암 씨는 취임 후 먼저 핵심 경영간부와 주변 관련회사를 조사한 결과 엄청난 부조리와 비리가 있음을 알아냈다. 그리고 양 회장에게 이런 풍토를 척결하고 새로운 국제상사로 태어나야 한다고 보고했다.

그러나 양 회장은 차일피일 시간만 끌고 결단을 내리지 못했다. 비리간부들이 이 회사의 지난날 구린 뒷사정을 모두 알고 있는 만큼 이들을 섭섭하게 하면 그동안의 비리를 폭로하게 될 가능성이 많고, 그렇게 되면 국제상사가 경영혁신을 하기에 앞서 뿌리부터 흔들리게 될 것이란 점을 우려한 것이다. 회장의 이러한 우유부단함을 간파한 측근들은 즉각 함태암 씨를 온갖 경로를 거쳐 모함했고, 그는 결국 자진해서 국제상사를 떠나고 말았다.

시대상황이 따라주지 않는데 지나치게 급진적인 개혁을 하려다가 실패한 하나의 사례였다. '모난 돌이 정 맞는다'고 하듯 지나치게 앞서가면 장애물도 많다는 것을 보여준 교훈 같은 이야기지만 나로서는 그분의 인간됨을 알기에 지금도 아픈 마음을 금할 수 없다.

영남화력 터빈사고와 직원 기술교육

1972년 5월 영남화력 터빈발전기의 베어링 윤활유계통 문제로 터빈발전기를 통째로 폐기해야 할 정도의 큰 사고가 발생했다. 이 사고는 발전기술상의 문제여서 내가 책임자가 되어 李壽珍 부검사역과 함께 현지조사를 나갔다. 이틀간의 조사 끝에 알아낸 사고의 원인은 어처구니없게도 운전원의 조그만 호기심 때문에 일어난 것이었다.

사고를 일으킨 직원은 공고를 졸업한 후 갓 입사한 신출내기였다. 발전소에 대한 훈련도 전혀 받지 않고, 완전자동화된 발전소에 운전요원으로 배치를 받은 것이다. 그는 그동안은 그저 교대근무를 하면서 자리만 지키고 있었다고 했다. 그러던 중 사고당일 야간근무를 하다가 잠은 오고 무료하던 차에 앞에 있는 전등이 깜박거리기에 무심코 가까운 곳에 있는 스위치를 눌러 보았다는 것이다. 이상한 진동소리가 계속되자 전력반의 모든 스위치를 눌러 보았는데도 회복이 안 되더란 것이었다. 제어계통을 모두 불능상태로 만들어 비상용 직류전원까지 끊어 버리는 愚우를 범한 사고의 원인은 이런 어처구니없는 행동 하나 때문으로 판명되었다. 참으로 어이없는 위기 대처였다.

이 사고에 앞서 그해 2월에 나는 영월 근무 때 함께 지내던 친구 몇 가족과 함께 울산공업단지의 발전상을 보기 위해 갔던 일이 있다. 이때 이 영남화력의 발전과장인 대학동기생 李東祐의 부인으로부터 다음과 같은 이야기를 들은 일이 있었다.

"요즘 남편이 발전소 걱정으로 잠을 못 자고 있습니다. 국가적으로 중차대한 발전소를 거액의 차관을 들여 건설해 운전하는데, 고졸 젊은 이를 뽑아 훈련도 제대로 시키지 않고 그냥 근무발령을 내니 무슨 사고가 언제 일어날지 너무 불안하다는 것입니다."

그러면서 걱정을 태산같이 하고 있으니 이를 지켜보는 자기도 덩달아 불안하다는 것이었다. 그런데 이런 걱정이 현실로 나타난 것이다.

김상복 사장과 경영진이 지켜보는 가운데 내가 사고보고를 했더니 현장간부들을 모두 해임하라는 결론이 내려졌다. 나는 즉각 나의 의견을 개진했다. "이 문제는 발전기술 교육도 제대로 시키지 않고 현장에 투입한 데에 따른 사고인 만큼 경영진이 책임질 사안"이라고 힘주어 주장했다. 일개 검사역이 공적 장소에서 경영진을 비판했으니 아마도 뒤끝이 좋지 않으리란 생각이 들었지만 조사책임자로서 실상을 얘기하지 않을 수 없었다. 그러나 그 뒤 격려차 감사현장에 온 金鍾珠 부사장은 나를 보고 오히려 아주 좋은 지적을 했다며 칭찬했다. 그리고 다른 기술직 이사들도 정확한 진단과 옳은 건의를 했다고 칭찬하더라는 말을 전해 주었다.

사실은 그동안 기술직 경영진들이 발전요원 교육훈련 문제를 놓고 수차 건의했는데도 최고경영자나 외부에서 들어온 비전문직 이사들은 이를 철저히 묵살했다. 기술은 학교에서 다 배워 왔는데 새로 무슨 훈련이 필요하냐면서 예산낭비 하지 말라는 시각이었다는 것이다. 그런데 그렇게 꽉 막혀 있던 이 문제가 이 사건을 계기로 해결되었다. 발전소 운전요원은 제대로 된 교육훈련을 받은 후에 배치하라는 지시가 곧바로 떨어진 것이다. 경영진의 사고능력과 올바른 판단력, 그리고 남의 말도 존중할 줄 아는 '열린 귀'가 얼마나 중요한 것인가를 새삼 일깨워 주는 사건이었다.

전국 停電 조사

서울화력 5호기(현재 지역난방으로 가동중인 발전기는 4호기와 5호기임)는 급박한 전력 수급상의 어려움을 해결하기 위해 일본 사카이코堺港발전소 250MW 설계를 완벽하게 복제 건설하여 1969년 4월에 건설사상 최단공기인 21개월 만에 준공된 발전소다. 다음 얘기는 1972년에 이 발전소와 관련하여 일어난 전국적인 정전사건에 관한 것이다.

발전기의 단위용량이 운영중인 전력계통 용량의 10%를 초과하면 계통을 운영하는 데 안전운전이 위협을 받는다. 정전사건 전년도인 1971년 말 한국의 계통용량1에 비해서도 이 서울화력 5호기는 단위용량이 지나치게 큰 발전소였다. 이 문제를 해결하기 위해 대형 변전소에 低周波繼電器저주파계전기 · UFR를 설치하여 이 서울화력 5호기가 불시 정지했을 시 신속히 변전소 負荷부하를 통째로 끊어 부하를 차단함으로써 전국 규모의 정전을 예방하는 방식을 채택했다.

그렇게 대비했는데도 서울화력발전소가 불시정지를 일으켜 전국 규모의 정전이 일어나고 말았다. 사장은 발전소 간부를 전원 처벌하도록 엄명을 내렸다. 나는 그때 기술담당 검사역으로 이 조사를 담당했다. 조사결과 발전소의 잘못보다는 변전소 운영에 문제점이 있음이 노출되었다. 여러 변전소의 UFR이 작동되지 않도록 불법 조작해 놓은 것이 발견된 것이다. 즉, 전국적인 저주파 현상이 발생하더라도 자기 관할 변전소 하나쯤 정전되지 않게 해놓아도 별 지장이 없을 것이란 안일한 생각에서 여러 변전소가 서로 모르게 이 같은 부당한 조작을 한 것이 발견된 것이다. 따라서 처벌은 발전소의 간부가 아니라 이런 부당조작 행위를 한 변전소 직원이 받는 것으로 바뀌었다.

---

1 1969년도의 한국의 발전시설 용량은 184만kW 였고, 사고 전해인 1971년 말 발전설비 시설용량은 287만kW 였으나 운전중인 최대전력이 177만kW 였고, 평균전력은 120만kW 였다.

보수비 절감에 따른 재앙

서울화력 5호기는 준공 당시 보일러 압력이 가장 높았던 亞臨界^{아임계} 압력 보일러를 채택한 최신형 25만kW 발전소였다. 따라서 운전중에 보일러 튜브 안에 들러붙은 칼슘 등 이물질을 세척하는 酸洗淨^{산세정 · Acid Cleaning}작업은 매우 중요한 보수지침이었다. 자연히 이 산세정 공사를 따내기 위한 전문업계 간의 경쟁이 치열했다. 사장 귀에도 이에 따른 여러 잡음이 들어갔다. 사장은 많은 비리 속에서 불필요한 일을 한다고 생각하고 아예 산세정 예산을 배정하지 말도록 지시했다. 원인을 찾아 비리가 일어나지 않도록 하지 않고 아예 일 자체를 못하게 한 것이다. 필요성을 설득하던 발전부장을 지방발전소장으로 좌천시키기까지 했다. 그래서 결국 산세정 작업은 적기에 이루어지지 못했다.

그 여파는 그 뒤에 나타났다. 김 사장이 떠난 뒤 서울발전소 5호기의 보일러 튜브^{水壁管}가 완전히 못쓰게 된 것이다. 이 수벽관을 전량 교체하는 데는 산세정 작업비용의 몇백 배 예산이 소요되어야 했다. 기술에 문외한인 최고경영자가 실무 기술진의 건의를 의심하고 오기를 부려 초래한 결과는 이렇게 처참한 모습으로 나타났다.

자체집중감사

김상복 사장이 부임할 무렵 한국전력에 대한 대외 이미지는 매우 좋지 못했다. 1971년 사장이 부임하자 뒤이어 들이닥친 軍^군재물조사단이 많은 비리를 지적했는가 하면, 이어서 감사원 감사도 계속되었다. 1972년 새해 들어서도 대대적 외부감사를 하겠다는 압력을 많이 받았다. 이에 김 사장은 일차적으로 한국전력 자체적으로 특별반을 구성하여 감사할 것이니, 그를 지켜본 후에 외부감사 여부를 결정해 줄 것을 감사원에 부탁했다. 그 제안이 받아들여져 시작된 것이 1972년 집중감사였다.

김 사장이 부임하면서부터 예견되었던 강도 높은 자체집중감사가 시작되었다. 우선 전사업소에서 감사요원 130여 명을 차출했다. 감사요원은 도덕성과 합리적 판단력을 가진 직원을 차출한다는 기준을 가지고 선발되었다. 먼저 교육부터 시켰다. 감사원 간부들을 강사로 모셔 교육시키는가 하면 사장도 이들을 직접 면접하면서 이번 감사의 중요성을 주지시켰다. 이런 교육이 주효했던지 요원들은 상당히 고무되었고 약간은 영웅심도 작용하여 나름대로 성과를 올려야겠다는 각오를 다지는 표정들이었다.

나는 발전소를 주로 감사하는 임무를 맡아 마산화력부터 찾았다. 며칠 동안 감사했으나 눈에 띄는 성과가 나오지 않았다. 본사의 감사 지휘부에서는 어느 팀은 벌써 적발금액이 수억 원씩 된다는 말을 퍼뜨려 서로의 경쟁을 부추겼다. 우리 감사팀은 초조한 빛이 역력했다. 일부 요원들은 피감사 부서와 무리한 대화를 나누는 모습까지 보였다. 사실 발전소는 감사해도 크게 처벌받아야 할 비리가 나올 것이 별로 없는 곳이었다. 다만 불가피한 비용조달을 하기 위해 변칙적으로 처리한 서류가 발각된 곳이 두어 곳 있기는 했다.

공사관리규정 제정

나는 이번 감사에서 적발 금액기준으로 성과를 측정한다면 우리 팀이 꼴찌를 할 수밖에 없다는 생각을 했다. 그래서 나는 차라리 이번 감사기회를 통해서 제도적으로 잘못된 것을 찾아내어 바로잡도록 건의하는 것이 좋겠다고 생각했다. 감사반원에게 나의 감사전략을 설명하고 협조를 당부했다. 그렇게 약 2개월에 걸친 감사결과 우리 팀은 예상대로 적발금액 면에서 한참 뒤떨어지는 꼴찌를 했다. 그러나 제도적 문제로 직원들이 잘못을 저지를 수 있는 요인들을 많이 찾아낸 것은 큰 소득이었다. 사장 앞에서 감사결과를 보고할 때 각 팀은 지적금액이 많다는 점을 서로 과시하듯 보고했다. 그러나 마지막 차례에 나선 나는 제도개혁의 필요성을 설명하고 공사관리의 업무처리기준이 애매하여 업무 혼선은 물론 부정이 개입할 소지가 발생한다는 점을 부각시켜 관련 규정의 정비 필요성이 있다고 보고했다. 경영진 모두가 이에 공감했고, 이어 사장의 특별지시로 이 규정을 새로 제정하게 되었다. 나는 검사실을 떠난 뒤 電源部전원부 전기과장으로 보직된 후에도 社規사규담당 간부였던 金澈鎬(전 전북지사장)와 이에 대한 의견을 나누며 '공사관리 규정'을 완성시켰다.

사업소 비자금

나는 발전소 감사를 통해서 본사가 사업소의 필요경비 지원에 얼마나 소홀한지 직접 확인하고 이를 일부나마 해결할 수 있도록 방안을 마련할 것을 건의했다. 동해안의 한 사업장에서는 저탄장을 경비하는 경비실 난방연료로 발전용 무연탄을 곁에 두고 난방용 무연탄을 별도로 조달하여 사용한 사실을 발견하고 이상히 여겨 이를 추궁했다. 그 결과 실제 연료는 저탄장의 석탄을 쓰고 난방용 납품석탄은 사업소 경비조달을 위해 부정하게 조작되었음을 확인했다.

소장도 이런 사실을 시인하면서 실토했다. 이 사업장이 속한 도시에는 매월 정기적으로 돈 뜯어가는 기관이 16개소가 있다고 했다. 기관마다 매월 평균 2~3만 원씩은 보조해야 사업소가 그 도시에서 그럭저럭 견뎌낼 수 있었다. 주변의 권력기관에 그만큼 부패사슬이 남아 있던 시절이라 어쩔 수 없었다는 것이다. 그러나 본사에서 내려가는 소장 판공비는 고작 월 10만 원 수준이었다. 따라서 사업소는 무슨 수를 쓰더라도 이런 돈을 정기적으로 만들어내야만 지역에서 기관장 행세를 할 수 있었고 사내에서도 유능한 간부로 평가받을 수 있었던 것이다.

서울 인근의 한 사업장 경우도 그랬다. 그곳은 가까운 곳에 屠畜場^도축장이 있었다. 발전소에서 나오는 매연으로 피해가 많다면서 발전소를 폐쇄할 것을 검찰에 고발했다. 검찰지휘를 받은 경찰 수사관이 약 2주 정도 인근 여관에 묵으면서 조사했다. 이 고발을 수습하는 데 많은 경비가 발생하였다. 그런데 본사의 경비지원 내용을 조사해 보니 본사에서는 변호사 선임 착수금 30만 원만 달랑 지원하고 모든 비용과 대응은 사업소 자체에서 강구하도록 책임을 미루고 있었다. 결국 사업소는 설비용 자재의 사양을 무리하게 작성하고 그보다 못한 물품을 납품받는 등의 방법으로 비자금을 조성하여 수사비용의 공백을 메워나갔다.

그러나 문제는 그 다음이었다. 이를 모두 정리하지 못하고 소장이 전근하게 되자 다음 부임한 소장이 인수인계 시 정황을 이해하고 이 빚을 떠맡아 역시 같은 방법으로 이 부채를 정리하게 되었던 것이다. 감사결과 비용으로 쓴 정황은 확실하지만 부정자금을 조성한 책임은 면할 수가 없었다. 그것이 당시의 법이었고 현실이었던 것이다.

그 뒤 이 업무에 관여한 간부들은 책임정도에 따라 해임으로부터 정직, 감봉 등 중징계를 받았다. 그러나 나는 이를 경영차원의 문제로 생각하고 감사보고 시 사장과 경영진 앞에서 있는 그대로 낱낱이 보고했다. 그리고 이런 관행은 반드시 시정되어야 할 악습임을 강조했다. 그 뒤 기획예산부서는 사업소의 판공비를 상당 수준까지 인상하게 되었고, 업무상 사업소장이 피고가 된 소송문제는 기본적으로 본사가 대응하도록 제도가 바뀌었다. 隔世之感^{격세지감}이 드는 옛날이야기다.

조직적 비리의 종언

김상복 사장의 지시에 따른 집중감사 결과 300여 명의 직원이 처벌받고 100여 명이 징계로 회사를 떠나야 하는 큰 후유증을 남겼다. 기관장의 지시에 복종하여 부정서류를 만들었던 부하직원들도 억울하지만 가차 없이 처벌받을 수밖에 없었다. 자연히 많은 원성이 뒤따랐다.

그러나 나는 이 집중감사 이후 감사한 동료들로부터 상상을 초월하는 부정사례들이 그동안 많이 자행되어 왔음을 듣게 되었다. 특히 한국전력 지방사업소의 대 수용가에 대한 횡포와 출입업체와의 부정한 결탁 등 부패정도의 실태는 정말 실망스러울 정도로 높았다. 전력 3사 때부터 내려온 조직적 부정은 이 감사로 인하여 상당 수준까지 정화되는 계기가 되었다고 생각한다. 이 대량징계 결과 상사가 부하에게 일방적으로 부정한 업무처리를 지시할 수 없게 되었고, 지시해도 부정한 일이면 부하직원이 동조하지 않는 조직문화가 형성되기 시작한 것이다.

김상복 사장은 청와대 정무수석으로서 복마전 같은 한국전력을 정화하도록 대통령의 특별지시를 받고 취임했다. 따라서 모든 사물을 사사건건 부정적 시각으로만 보고 업무를 처리함으로써 경영상 많은 실책을 남겼다는 시각도 있다. 퇴임 후에도 원한을 품은 여러 해직사원들로부터 많은 협박을 받았다는 이야기도 들렸다. 그분은 그런 속에서 불우한 생활을 하다가 일찍이 별세하셨다. 그러나 나는 김 사장의 행적 모두가 비난만 받을 일은 아니었다고 평가하고 싶다. 김 사장은 한국전력이 나쁜 전통을 척결하고 새로운 건전한 조직으로 거듭날 수 있도록 초석을 놓은 분으로 볼 수도 있었기 때문이다. 2010년이 저물어가는 어느 날, 한국전력이 공기업 중 청렴도 1위를 차지했다는 보도를 보면서 새삼 가슴이 벅차 그때 그 시절을 다시 되돌아보았다.

6. 原子力 가족 : 원자력 건설업무 보임

3직급으로 승격되면서 만 1년의 감사실 근무를 마치고 1973년 1월 친정인 발전소 건설업무 담당 電源部[전원부1]로 돌아와 전기과장에 보임 되었다. 이 무렵에는 전원개발에 대한 급한 불은 끈 시점이라 화력과 원자력건설 업무를 총괄하는 전원부로 조직이 축소되어 있었다.

나는 이렇게 전기과장에 보임됨으로써 원자력건설 업무와 첫 인연을 맺게 되었다. 전임 洪淳庚 전기과장이 미국으로 이민을 감으로써 공석 이 된 자리였다. 건설업무가 한 고비를 넘긴 때라 과장의 보직임에도 2 년 전의 화력건설부 계장 때보다 업무량은 한결 줄어든 듯했다.

나는 1972년의 검사실 근무 때 경영과 관련한 공부를 시작하면서 경 영학의 필요성에 눈을 떠 조직관리와 인사관리를 제대로 배우려면 야 간에 경영대학원 과정을 수학해야겠다고 생각했다.

그래서 전기과장에 보임되자마자 서울대 상과대학을 찾아가 입학정 보를 알아본 후 야간대학원 코스에 응시하기로 마음을 먹었다. 입학시 험장에 나갔더니 수험생들은 모두 갓 대학을 졸업한 학생들로서 40을

---

1 電源部: 1960년대에 원전개발업무가 활발할 때 수력건설부와 화력건설부로 나 누어져 있던 조직이 건설업무가 줄어들고 원자력건설 업무가 추가됨으로써 발 전소 건설업무를 총괄할 부서로 전원부로 조직이 축소 개편되어 있었다.

바라보는 나이 든 사람은 나 혼자뿐이었다. 아니나 다를까, 발표 날 알아보니 낙방이었다. 무척 안타까웠다. 그러나 그 후에 보니 합격이 되었어도 야간학교 수학이 불가능했으리란 사실을 알게 되었다. 4월이 되니 원자력 후속 고리원전 2호기와 內浦내포원전2 건설 등 2개 프로젝트 계약을 위한 준비가 시작되어 눈코 뜰 새 없이 바빠졌기 때문이다. 그때 계획한 대로 야간경영대학원에 합격했더라도 저녁시간에 학교에 간다는 것은 꿈도 꿀 수 없는 상황이었던 것이다.

原電 건설업무 입문

10여 년 동안 화력 건설업무만의 경험이 전부였던 내게 원전의 건설업무는 생소한 면이 많았다. 다행히 대학의 전기공학과 동기인 文熙晟이 전원부 차장으로 있어서 업무적으로 많은 도움을 받았다. 그는 원자력 건설기획 초창기부터 원자력 업무를 다루었으므로 업무내용에 밝아 기회 있을 때마다 내게 계약업무 관계 등을 소상하게 이야기해 주었다.

당시 전원부는 부장의 취향에 따라 아침회의에서 원자력 爐物理노물리·Reactor Physics이론에 대한 아카데믹한 주제가 화제가 되는 경우가 많았다. 그러나 나는 현안처리에 치여 이런 대화에 제대로 끼어들지 못했다. 나는 현장에서 올라온 시급한 현안문제 처리에 대해 지지부진했던 이런 분위기를 현장업무 추진 위주로 바꾸기 위해 문제를 자주 제기했다. 다행히도 화력발전소 건설현장 경험과 검사실 근무경험이 주효했던지 현장공사의 처리방안 등에 대한 나의 의견은 회의석상에서 비교적 잘 받아들여졌고 성과도 이룰 수 있게 되었다.

---

2 內浦원자력: 원전 3호기로 추진된 중수로 부지는 당초 경남 마산시 구산면 내포리로 결정되어 이곳에 사무소 개설까지 하였으나 해군기지 건설계획과 중첩된 사실이 해군 당국에 의해 뒤늦게 알려짐으로써 후일 경북 월성으로 부지를 이전 건설하게 되었다.

假設備의 품질 수준

그때만 해도 우리나라 공사업체의 품질관리 수준은 매우 미숙한 상황이었다. 고리원전 건설의 주계약자인 영국전기회사로부터 현장 시공 공사 일부를 수주한 국내건설업체는 가설건물의 전기공사를 마치고 준공검사에 들어갔으나 이를 통과하지 못했다. 전기 배선관로 파이프 연결의 나사물림 길이를 사양보다 짧게 한 것이 원인이었다. 이 공사를 계속하려면 전선 전량을 빼내 폐기하고 다시 새 파이프로 갈아 끼우는 전반적 재시공이 불가피한 상황이었다.

고리 현장에서는 이 시설이 가설건물이고 전선배선이나 堅實度^{견실도}에도 전혀 지장이 없는 부문인 만큼 공사비를 적정한 수준으로 삭감하고 해결하려는 분위기가 농후했다. 그러나 나는 이런 고질적 병폐를 고치지 않고서는 원자력발전소의 시공 품질기준을 맞추기 어렵다는 생각이 들었다. 현장에 도착하여 전기책임자 포브즈 씨^{Mr. Forbes}와 상의한 끝에 이를 전량 철거하고 재시공하도록 단안을 내렸다. 이 소문은 금방 퍼졌다. 그 이후 이 조치는 원자력발전소 품질관리에서는 조그마한 위반도 용서되지 않는다는 것을 보여준 하나의 기준과 본보기가 되었다.

機資材 국산화

고리원전 1호기의 건설은 영국회사에 의한 턴키방식이어서 모래와 자갈 등 골재 이외의 모든 기자재는 수입해서 사용해야 했다. 그런데도 나는 소관업무 중 가장 손쉽게 국산화할 수 있는 기자재로 조명기구를 선정하여 국산화하기로 마음을 먹었다. 그러나 국산제품의 품질수준은 그때까지만 해도 매우 낮은 수준이었다. 영국의 이 분야 기술진으로 하여금 국내 몇몇 업체의 제품품질을 조사하게 했다. 그리고 엄격한 품질관리기준을 만들어 이에 따라 제작을 시켰다.

몇 차례의 불합격과 시행착오를 거친 끝에 드디어 기준에 합격하는 제품이 생산되자 나는 이를 국산화하도록 영국전기에 강력히 요구하여 관철시켰다. 그 결과 원자력발전소에 소용되는 조명기기 예산의 상당 부문을 우리나라가 차지할 수 있게 되었다. 그 후 고리에 조명기기를 납품한 회사는 원자력발전소에 조명기기를 납품한 실적과 품질수준 합격증명을 가지고 조명기기 수출전선에 뛰어들어 많은 수출을 하게 되었고 기업도 크게 성장하였다는 후문을 듣게 되었다.

생략된 計裝設備

고리원전 1호기의 기본설계는 웨스팅하우스 책임하에 미국 길버트 GAI: Gilbert Ass. Inc.가 기본종합설계를 맡고, 이를 바탕으로 건설계약자인 영국전기EEW가 세부설계를 하여 설치하게 되어 있었다. 전기단선도SLD 에 표시된 보호계통을 자세히 살펴보니 내가 1969년도에 길버트에 훈련갔을 때 배운 기술기준에 비해 너무 부실하다는 생각이 들었다.

그래서 나는 웨스팅하우스가 영국전기에 제공한 길버트 전기도면을 정식으로 요청했다. 그러나 영국전기는 번번이 핑계를 대면서 이를 제시하지 않았다. 나는 회의 때마다 이를 거론한 끝에 웨스팅하우스로부터 직접 GAI의 전기단선도를 받아내 이를 하나하나 살펴보았다. 그리고 영국전기가 작성한 시공도면의 전기단선도에는 길버트 설계에 표시되었던 계측 감시기기들이 대폭 축소 설계되어 있음을 발견해 냈다. 고리원전 사업착수 이후 석유파동으로 인해 국제 자재가격이 인상되자 영국전기는 건설 코스트를 줄이기 위해 길버트가 당초 설계한 내용을 많이 변경해 아주 긴요한 최소한의 설비만 공급하도록 자체설계를 다시 했던 것이다. 나는 이의 시정을 기회 있을 때마다 제기함으로써 누락되었던 전기설비의 감시계측기기 상당 분량을 보강할 수 있었다.

원자력 기초교육 수강

전원부는 1974년 초 화력건설부와 원자력부로 나누어졌다. 나로서는 화력건설 업무는 이미 경험한 분야였기에, 새로운 분야인 원자력부서에서 일하고 싶다고 희망하여 원자력부 機電課長기전과장으로 보임되었다. 지금까지는 전기엔지니어의 일만 했으나 이제는 원자력발전소 1차 계통을 제외한 모든 기계 관련업무까지 맡게 되었으니 나에게는 새로운 의욕을 북돋아 줄 수 있는 일이었다.

나는 우선 같이 손잡고 일할 우수한 계장을 확보하기 위해 노력했다. 기계계장 후보로 金鍾晳을 확보하는 일에는 별 어려움이 없었으나 전기계장으로 낙점한 李禎久는 발전부에서 놓아주지 않아 경영진의 도움을 받아 어렵게 발령을 내게 되었다. 나중에 대우건설 사장까지 역임하였던 그런 우수한 간부들과 같이 일할 수 있었던 것은 당시 나에게는 큰 행운이었다.

한편 나는 원자력 기초이론과 爐노물리학에 대한 지식 부족을 늘 통감하고 있던 차에 그해 원자력 직군 신입사원에게 8주간의 원자력 기초교육반이 개설되는 것을 알았다. 나는 이 기회를 놓쳐서는 안 되겠다는 생각에 부장에게 허가를 받아 이 과정에 등록했다. 이 교육은 쌍문동 한국전력 연수원에서 실시되었다. 나는 아침에 바로 쌍문동으로 출근하여 강의를 듣고 오후 4시 이 과정이 끝나면 본사에 들어와 밤늦게까지 기전과 업무를 처리한 다음 통금시간에 임박하여 귀가했다. 8주 후 전 과정을 수료하고 나니 비어 있던 곳간을 채운 것 같은 충만감이 몰려와 나를 흐뭇하게 만들었다.

유럽 원자력산업 조사단

1975년 김종필 총리가 프랑스를 방문했을 때 그분은 프랑스가 개발한 A-300여객기와, 역시 프랑스가 개발한 원자력발전소 2기를 도입하겠다는 약속을 하고 돌아왔다. 이 후속조치로 한국전력에서는 유럽의 원자력산업 실태를 조사하기 위해 盧潤來 기술역을 리더로 한 7명의 조사단을 파견했고, 나도 그 조사단의 일원으로 유럽 순방길에 참여하게 되었다.

프랑스에 도착하니 프랑스대사관의 李熺逸 경제공사(1990년 동력자원부 장관)가 직접 호텔에서 우리를 맞이했고, EC대사관에서는 姜信祚 참사관(14대 국회의원)이 우리를 안내했다. 벨기에에 도착했을 때는 EC대사관에서 宋仁相 대사를 만날 기회도 있었다. 이 조사에 따라 도입된 원자력발전소가 바로 울진원전 1, 2호기로서, 그 뒤 내가 원자력건설처장으로 재직할 때 건설을 주관하게 된 발전소이다.

이 프로그램은 유럽상공인협의회CECI가 창구가 되어 추진했다. 이 상거래를 성사시키기 위해 노력하는 유럽 관계자들의 모습이 매우 인상적이었다. 당초의 계획과는 달리 프랑스에 국한되지 않고 벨기에와 이탈리아에 이르기까지 관심을 표하는 모든 유럽 원자력산업 기업체를 돌아볼 수 있는 좋은 기회가 됐다. 원자로는 프라마톰Framatome(현재의 Areva)이 공급하게 되어 있었으나 터빈과 보조기기는 유럽 여러 나라가 공급할 가능성이 있었기 때문이다.

당시 프랑스는 방대한 원자력발전소 건설계획을 가지고 있었다. 프라마톰은 새로운 공장을 짓기 위한 거대한 규모의 공장부지로 우리를 안내하는가 하면, 모회사인 크루즈로아 공장에서는 큰 프레스로 원자로 압력용기를 鍛造단조하고 제작하는 현장을 볼 수 있게 해주었다.

터빈 공급을 희망하는 프랑스의 알스톰Alstom을 비롯하여 이탈리아의 안살도Ansaldo, 브레다Breda 등의 공장에도 안내되었고, 보조기기와 계측기 등을 공급하려는 피아트Fiat공장에도 안내받았다. 벨기에서는 원자력 발전소 종합설계 참여를 희망하는 일렉트로벨Electro-Bel이란 회사도 돌아보았다. 이때 우리들은 이러한 여러 나라 제조업체의 공장을 구석구석까지 돌아보면서 우리나라는 언제쯤 이런 거대한 규모의 중공업을 가질 수 있게 될까 부러워했다.

그러나 우리나라도 그 뒤 몇 해 지나지 않아 현대양행(현재의 두산중공업)이 이에 버금가는 거대한 발전설비 제작공장을 건설했다. 원자로를 비롯한 터빈발전기 등 각종 대형 설비들을 생산하는 모습을 보니 우리나라 산업이 얼마나 기대보다 빨리 발전했는지 今昔之感금석지감을 지울 수가 없었다.

7. 古里原電 건설부소장과 原子爐 初臨界

원자력발전소 건설에는 막대한 재원이 필요하다. 그러나 1970년대 초 우리나라는 이를 뒷받침할 재원이 없었다. 차관을 들여오려 해도 국가의 대외신용도가 미약한 데다, 한국전력도 국제적으로 신용을 받지 못하고 있던 때라 자체적으로 차관을 도입하는 일은 매우 힘들었다. 고리원전 1호기를 기획할 당시 한국의 1인당 GNP가 200달러 수준이고 한국전력의 투자예산 중 외자분 전체가 4천만 달러에 불과했는데 총 공사비가 3억 달러나 되는 원자력발전소를 추진한다는 것은 회사 재무구조에도 크게 압박을 가하는 일이었다. 당시로서는 국내 최대 규모의 이러한 외국차관 도입을 교섭하는 일은 선례가 없던 시절이라 이와 관련된 여러 가지 계약을 원만히 추진하는 일은 결코 쉬운 일이 아니었다.

석유파동과 물가폭등

1969년 당시 고리원전 1호기의 건설재원 중 외화 1억 5천만 달러의 借款先차관선을 한 나라에서 이루어낸다는 것은 국가나 한국전력의 신용도로 보아 극히 어려운 일이었다. 따라서 미국과 영국 두 나라와 나누어 도입교섭을 벌인 결과 성공을 거둘 수 있었다. 미국차관으로는 1차

계통설비를 공급받고, 영국차관으로는 2차 계통기기 공급과 함께 발전소 건설시공을 맡도록 했다.

그런데 당시 이 사업을 수주한 영국의 건설업체 EEW English Electric & George Wimpy 컨소시엄은 영국에서 가스냉각 원자로를 건설한 경험은 있었으나 加壓輕水爐가압경수로·PWR 건설경험은 없는 회사였다. 따라서 건설기간 중 많은 시행착오가 발생했고, 이로 인해 공기도 거듭 지연되는 등 계약상의 다툼이 끊이지 않았다.

1973년에 세계를 강타한 석유파동은 국제적인 원자재가격 폭등을 일으킴으로써 우리나라의 첫 원자력발전소 건설사업에도 큰 타격을 주었다. 영국 내 공장의 조업단축, 만성적 노동분쟁, 영·미 간 공업규격 기준의 차이에 의한 세부설계 지연, 계약자 자체 내의 공급책임 한계 불확실성에서 온 누락사항 등 건설 최종단계에서 초래되기 쉬운 여러 가지 불가항력적 지연요인들이 거듭되었다.

이때 우리를 더욱 곤란하게 만든 걸림돌은 바로 계약서상의 물가상승 조항이었다. 물가가 상승하더라도 5% 이상의 가격조정은 하지 않기로 계약을 체결했기 때문이다. 계약 당시는 잘된 계약으로 평가받았으나 때마침 불어닥친 석유파동이 문제가 되었다. 원자재 값이 몇 배씩 폭등했으나 실제적으로는 계약에 묶여 물가상승분Escalation 추가공사비를 지불할 근거가 없었다.

영국 측 계약자인 건설회사 EEW는 계약 공사비를 조정할 수 없는 상황이 되어 큰 손실을 입게 되었다. 그들과의 당초 계약공기는 60개월로 1975년 말에 준공하기로 되었으나 그에 맞추어 준공될 전망은 없어지고 말았다. 그래서 1974년에는 66개월 공기로, 1975년에는 70개월 공기로 늘려 1977년 6월 20일에 준공하기로 조정했으나 그마저 성사될 전망은 없었다. EEW도 자포자기에 들어간 것 같았다. 이 사업을 계속하느니 차라리 건설을 포기하는 것이 손실이 적겠다고 판단한 듯 현장건설 공사에 도무지 성의를 보이지 않았다.

그렇다고 이런 현실을 그냥 두고 볼 수만은 없었다. 이들을 움직일 수 있는 어떤 推動力^{추동력}을 주어 공기를 촉진해야만 했다. 경영층은 그 역할의 수행자로 본사의 機電^{기전}과장이던 나를 고리 현지에 내려보냈다. 본사 과장을 사업소에 전출할 경우 승격시켜 보내는 것이 일반적인 인사관행이었으나 개별적으로 승격발령을 낼 수도 없어 그냥 우선 고리에 가서 근무하라는 지시만 받고 내려가 일하게 된 것이다.

고리원전 건설현장

나는 1975년 11월초에 고리건설사무소에 부임했다. 高重明 건설소장은 나를 반갑게 맞이하면서 공정 촉진을 위해 최선을 다해 달라고 당부했다. 고 소장은 1970년 9월 1일 고리원전 건설사무소가 발족하면서 초대 건설사무소장으로 이곳에 부임했다. 1970년대에 이곳은 교통이 지극히 불편한 오지였다. 그는 시골 여인숙에 건설사무소 간판을 달고 風餐露宿^{풍찬노숙}하는 어려운 나날을 보내면서 현장을 지휘해야 했다. 부지매입 과정에서는 현지 주민들의 강력한 저항을 온몸으로 극복해야 했다.

고 소장은 이로부터 1977년 初臨界^{초임계} 직전 경영진으로 발탁되기까지 사실상 고리원전 1호기의 건설을 끝까지 지휘한 분이다. 웨스팅하우스사와 영국 EEW사가 모든 책임을 지고 시공하는 턴키공사라고는 하지만 공기촉진과 품질관리, 그리고 공사비의 집행은 어디까지나 한국전력의 책임하에 집행되어야 했다.

내가 고리로 부임했을 때는 원자로건물 기초토목공사를 마치고 그 위에 격납용기 건조작업이 막 시작되고 있었다. 고 소장은 나에게 사업소 발령이란 편법으로 機電^{기전}부소장이란 임시직책을 부여하면서 실질적으로 기계과, 전기과, 원자로과, 품질과 등의 업무를 모두 관장하도록 권한을 주었다. 그리고 예우를 갖추는 뜻에서 작긴 하지만 부소장이란 명패가 붙은 독방을 하나 제공하는 등 각별히 배려했다.

고리원전 1호기 사업은 턴키 프로젝트여서 한국전력 직원이 스스로 일을 찾아 나서지 않으면 일거리가 없는 그런 상황이었다. 영국 기술진은 더했다. 겉보기에도 일할 의욕을 잃은 듯 늘어져 있었다. 사무실에 애견을 끌고 오는 등 긴장된 모습과는 거리가 있었다.

공사가 부실하면 궁극적으로 고통받는 쪽은 한국전력일 수밖에 없다. 따라서 이런 상태를 용인하고 있을 수만은 없는 일이었다. 설계도면을 꼼꼼히 따지고 시공상 미비한 부분을 찾아 시정하는 일이 시급했다. 품질관리 업무는 당초부터 한국전력 몫이었다. 그래서 본 계약과는 별도로 미국인 품질관리 전문가인 부스카Boosca 씨를 초빙하여 沈昌生 품질관리과장과 함께 품질관리체제를 강화토록 조치했다.

리더의 決斷

1976년 1월 주주총회에서 새로 선임된 金榮俊 사장이 부임 5일 만에 고리현장에 초도순시를 왔다. 사장은 한국전력이 발전하기 위해서는 전자계산소의 활성화와 함께 석유자원 고갈에 대비한 원자력발전이 반드시 성공해야 할 사업임을 특별히 강조했다. 전날 전자계산소 초도순시에 이어 이곳이 두 번째 방문이라면서 어떤 문제도 풀어줄 터이니 문제점은 모두 제시하라고 했다. 高重明 소장은 이 기회를 이용하여 고리의 현 상황을 설명하면서 영국 EEW와의 계약 공사비를 올려주지 않고는 이 사업을 계속하기 어렵다는 문제를 있는 그대로 보고했다.

김영준 사장은 즉시 이 사태의 중요성을 파악하고 상경 후 곧바로 대책 마련에 들어갔다. 남덕우 부총리를 설득한 후 대통령 내락을 받아 3,170만 달러가 넘는 추가공사비를 책정하게 되었다. 계약상에 없는 추가공사비를 지불하면서 새로운 계약의 이름을 신협정New Agreement이라 붙이고 계약을 갱신한 것이다. 사업관리의 주도권을 1차 계통기기1 공급업체인 미국 웨스팅하우스WECK에 주고 한국기술진과 통합관리반HMT2

을 구성하여 모든 건설관리 관련정보를 한국전력과 공유하면서 건설을 추진하도록 했다.

활기 찾은 건설현장

이 협정에 따라 지나간 공기지연 사유를 모두 수용하는 한편 한국전력은 WECK에 추가비용 810만 달러를 지불하고 준공일자를 1977년 11월 말로 다시 잡았다. 그리고 이 공기를 확실히 보장받기 위해 1977년 6월 30일까지 10% 출력을 내지 못하면 250만 달러를 지체상금으로 한국전력에 지불토록 하고, 11월말까지 100% 성능시험에 실패하면 100만 달러를 한국전력에 지불하기로 약정했다. 이 조치에 따라 모든 자재의 항공수송 조치, 영국에 자재독려요원Expediter 파견, 통관절차 간소화를 위한 保稅보세구역 설치, 설치작업 기간 단축을 위한 현장 突貫作業돌관작업3의 추가보상비 지급 등 여러 곳에 필요한 재원을 확보하게 되었다.

매일 아침 6시에 공정회의를 소집하여 전일의 작업성과를 분석하고 그날의 공정을 지시하면 공사현장 간부와 현대건설 및 동아건설4 팀은 7시에 작업에 착수토록 했다. 그리고 그날그날의 작업목표를 지시하고 이 목표공정을 어기지 못하도록 조치했다. 그러다 보니 건설간부들은 목표공정이 다 된 것을 확인한 후 밤 11시쯤 퇴근하는 것이 일상화되었다.

---

1 1차 계통기기: 원자로를 비롯한 핵 증기발생 장치와 방사능관리 구역의 기기장치.
2 IMT(Integrated Management Team): 발주처인 한국전력 기술진과 공사를 수주한 WECK의 기술진이 같은 사무실에서 모든 공사자료와 데이터를 공유하면서 함께 건설현장을 관리하는 조직.
3 突貫작업: 건설공사의 공정이 지연되는 경우 핵심공정(critical path)에 해당되는 작업이 전체 공정에 지장을 주지 않기 위해 해당작업을 쉬지 않고 24시간 연속하는 작업.
4 현대건설 및 동아건설: 영국 EEW와 미국 WECK의 하청으로 현장시공을 담당한 업체.

이 IMT 구성은 그 뒤 한국전력이 난턴키Non-Turnkey로 건설사업 전반을 관리하는 일에 크게 기여했다. 그리고 당시 계약교섭이 중단상태에 있던 고리원전 2호기와 월성원전 1호기도 1976년에 교섭을 시작하여 성공적으로 체결하게 됨으로써 원자력사업은 다시 활기를 찾을 수 있게 되었다.

웨스팅하우스는 피츠버그에 사업추진 프로젝트기구PSPD를 강화하고 현장에는 WECK의 책임자 쉐어Shea 씨를 수장으로 독려하게 함으로써 활력 넘치는 분위기 속에서 공사를 이끌게 되었다.

紀律部長

신협정이 체결되고 현장공사가 새로운 활기를 띠기 시작하던 1976년 4월 나는 정식으로 2직급으로 승격하면서 고리원전 건설담당 부소장으로 보임되었다. 그리고 金善朝 소장 인솔 하에 발전소 운영요원으로 미국에서 교육훈련을 받고 귀국한 鄭甫憲 차장은 시운전을 전담할 발전 부소장으로 보임되었다.

내가 고리에 임시로 부임하여 처음 3, 4개월 동안 현장에서 느낀 분위기는 한마디로 실망스러운 것이었다. 공사가 지지부진하다 보니 직원들 모두가 긴장이 풀어져 있었고 일에 대한 의욕도 잃은 것 같았다. 그러나 신협정이 이루어진 다음에는 그런 상황이 용납될 수 없었다. 한국전력 기술진이 공정회의에 참석하고 이를 독려해야 했으므로 무엇보다도 먼저 한국전력의 구성원들부터 목표를 뚜렷하게 하고 心機一轉심기일전하는 일이 중요하다고 생각했다.

한 조직의 부책임자는 조직의 수장이 시키는 일만 하고 나서지 않는 것을 덕목처럼 여겨지는 한국기업 풍토에서 나는 그것만이 능사가 아님을 고리 현장에서 절실히 느꼈다. 다행히 고 소장은 나에게 외국 계약자를 다루는 데 상당한 권한을 위양하면서 오히려 내가 적극적으로 앞장서는 것을 격려해 주곤 했다. 나는 우선 직원들의 기강을 바로 세워 분위기를 쇄신해야겠다는 생각 아래 그 악역을 맡을 간부는 새로 부임해온 나밖에 없다고 생각하고 직접 행동에 나섰다.

예를 들어 어느 날 12시, 점심시간 15분 전인데 사택식당에 갈 버스에 벌써 10여 명의 직원들이 타고 있는 현장을 보고 이들을 내리게 하여 따끔하게 훈육했는가 하면, 예비군훈련 참가자의 흐트러진 복장까지 지적하며 주의를 주었다. 특히 미국에 가서 훈련받고 온 직원들 중에는 서양의 자유로운 분위기에 젖어서인지 풀어진 모습을 보여 나에게 혼난 직원이 많았던 것으로 기억된다. 그 뒤 내가 퇴직한 후 당시 고리에 직원으로 근무했던 후배들을 만났을 때 그들은 그때 내가 워낙 엄하게 다그치는 바람에 나에게 紀律部長^{기율부장}이란 별명을 붙였다는 이야기를 웃으며 들려주었다.

공정준수와 夜半作業 동원

현장설치를 완료하고 시운전중이던 1976년 11월 순환수 취수장의 펌프^{CWP}에 사고가 일어났다. 영국의 Weir회사 제품인 이 펌프 로터 베어링 파손에 이어 감속기어 파손까지 4기 모두에서 동일한 사고가 잇따라 일어난 것이다. 영국에서 전문가가 급거 내한하여 국내기술진과 다각적으로 검토한 결과 취수구 토목구조물 설계의 근본문제에 따른 펌프 흡입구의 渦動^{와동}·Vortex현상 때문에 일어난 것으로 판명이 났다. 따라서 해수면 아래의 구조물을 전반적으로 개조할 수밖에 없게 되었다. 이 결정에 따라 1977년 2월 22일 순환수 펌프실 해수면 아래의 구조물 개조공사가 시작되었다. 그런데 문제는 시간이었다. 이 작업은 시각을 다투어 긴급히 추진하지 않으면 안될 핵심공정^{critical pass}작업이었기 때문이다.

이날의 일은 작업장을 모래주머니로 가물막이를 완성하고 밤새 물을 퍼내야 하는 일이었다. 그래야 다음날 아침 철근배근과 거푸집을 짜고 이어 콘크리트를 타설하는 등의 순서로 뒷일을 할 수가 있었던 것이다. 그러나 밤 11시에 이곳을 순찰해 보니 가물막이는 하다가 만 상태로 있었고, 현장작업원 또한 한 사람도 보이지 않았다.

나는 즉각 건설회사 현장책임자 집을 물어 찾아갔다. 잠자는 소장을 깨워 이 작업을 밤새 끝낼 것을 강력히 요구했다. 깊은 밤이라 작업원 동원이 어렵다고 하였지만 나는 양보하지 않았다. 假宿所^{가숙소}에서 자는 간부들을 동원해서라도 이 일을 끝낼 것을 요구했다. 현장에서 작업 지시나 하던 건설회사 간부들이 한밤중에 동원되어 밤새 리어카를 끌었다. 그리고 가물막이를 새벽 4시까지 완성하고 돌아갔다.

이 소문은 금방 현장 전체로 퍼졌다. 나 자신은 욕먹을 일이었던 것을 알고 있었지만 그 뒤에는 무책임하게 일을 마무리하지 않고 끝내는 일은 없어졌다. 당시 고리원전 1호기의 현장공정이 얼마나 긴박하였던 가를 보여주는 한 장면 이야기다. 그 뒤 이 구조물 개조공사는 초임계를 불과 2개월 여 앞둔 3월말에 마무리되고, 이어 착수된 펌프설치 작업도 성공적으로 이루어졌다.

시운전 요원의 훈련

高重明 소장은 7년 가까운 고리의 '독신생활'을 마감하며 서울본사 임원으로 부임해 가고, 그 뒤를 金善羾 소장이 건설업무까지 이어받았다. 김 소장은 이미 1974년에 원자력발전소장직을 맡을 요원으로 발탁되어 미래의 운전요원 후보들과 함께 미국 일리노이스주 자이온^{Zion}원자력발전소와 웨스팅하우스 연수원 등에서 1년간 연수를 받고 귀국한 바 있다.

그러나 김 소장은 당초 고리원전 1호기의 준공 공정에 맞추어 귀국했으나 공정이 거듭 지연됨으로써 발전소장으로서의 직책이 부여되지 않아 교육훈련에만 힘을 쏟고 있었다. 예산도 뒷받침되지 않는 상황이었으니 제대로 된 모의제어반 模擬制御盤·Simulator을 설치할 형편도 되지 못했다. 창고 같은 사무실 공간에 합판으로 제어반 모형을 만들고 제어반 계기들의 사진을 찍어 오려붙인 모의제어반으로 원자로 조종사 요원을 훈련시키는 등 눈물겹도록 열악한 환경에서 힘든 교육훈련을 시켜야만 했다. 건설업무와 시운전업무 전반을 책임진 김선창 소장은 1977년 6월 30일 10% 출력공정을 성사시키기 위해 온갖 아이디어를 동원했다.

한 예로서 정상적인 공정대로라면 원자력발전소의 터빈을 돌릴 증기를 얻으려 할 경우 핵연료를 장전하고 핵반응이 시작하는 初臨界초임계·Initial Criticality5에 도달한 후 원자로 출력을 증가시켜 여기서 생산되는 核蒸氣핵증기로 터빈발전기를 돌리는 것이 순리다. 그러나 당시 핵증기를 생산하기까지에는 너무나 많은 미비항목들이 현장에 남아 있었다. 터빈발전기 계통은 회전기이기 때문에 진동 등 예기치 못한 트러블이 잠재해 있을 개연성이 매우 높은 설비다. 그리고 이에 관련된 수많은 시스템도 신뢰할 정도의 공정이 진척되지 못하고 있었다. 핵에너지에 의한 증기로 터빈을 구동하다가 2차 계통6에 문제가 발생하게 되면 6월 30일까지의 목표인 10% 출력은 불가능하게 되는 것이다.

우선 2차 계통만이라도 운전중에 발생할 문제점을 사전에 찾아 완벽하게 시정해야 했다. 먼저 기계증기Mechanical Steam로 터빈을 돌려보기로 했다. 원자로에 핵연료를 장전하고 초임계에 도달하기 전에 냉각재 펌프를 계속 돌리며 가압기의 히터를 가열하면 냉각재의 수온이 올라가 증기발생기에서 증기가 발생하게 된다. 이 기계증기를 모아서 잠시라도 터빈발전기를 돌려 2차 계통이 제대로 작동되는지를 시험해 보기 위한 것이다.

---

5 초임계: 원자로에 핵연료를 장전한 후 최초로 핵분열이 시작되어 자체 발생하는 중성자로 핵분열이 지속되는 상태.
6 2차 계통: 방사능 관리가 되지 않는 구역으로 원자로에서 발생된 증기를 받아서 터빈과 발전기를 돌리고 전력을 생산하는 시설계통 일체.

5월 23일 2차 계통을 미리 돌려 定格정격속도까지 올리고 터빈발전기의 진동을 체크하는 등 관련시험을 미리 수행했다. 우리는 여러 문제점이 남아 있는 가운데 이런 비상수단까지 동원하면서 6월 30일 지체상금 부과 계약조건인 10% 출력목표에 모든 노력을 집중시켰다.

한국 原電의 最初臨界

1977년 6월 19일 일요일 5시 40분, 고리원전 1호기는 드디어 성공적으로 초임계에 도달했다. 그러나 그 순간을 나타내는 알람신호가 없었기에 사인보드를 별도로 제어반 정면 위에 만들었다. 모든 사람들의 눈이 그 사인보드에 머물렀다. 김선창 소장이 초임계 순간을 포착하여 신호를 보냈고 이어 김영준 사장이 스위치를 눌렀다. 그 순간 초임계 도달 사인보드에 불이 들어왔다. 환호성이 한꺼번에 터지면서 서로 악수를 나누며 뜨거운 축하를 했다. 우리는 이날을 우리나라 최초로 고리원전 1호기에서 원자력 발전용 에너지를 생성시킨 역사적인 날로 기록했다.

그러나 그 기쁨은 오래가지 못했다. 6월 23일 핵증기에 의한 터빈롤링과 26일 밤 10시 반의 系統倂入계통병입 7에는 성공했으나 즉시 트립이 되고 말았다. 다시 몇 차례 시도했으나 10% 출력에 도달하기 전에 또 다시 트립되는 등 여러 차례 속을 태웠다. 그러다가 6월 30일 오후 5시에야 겨우 계통병입에 성공하게 되었다. 이날 7시 10분에 84MW 전력을 출력함으로써 계약상의 10% 출력을 겨우 맞출 수 있게 된 것이다. 마지막 순간까지 손에 땀을 쥐게 하는 초조한 시간을 보낸 끝에 10%의 전력을 생산하게 됨으로써 WECK는 계약상의 지체상금 250만 달러를 면제받을 수 있게 되었다.

---

7 系統倂入(synchronize) : 발전기에서 생산되는 전력의 3相(phase)이 송전계통의 3
  상과 位相(위상)이 일치되게 병렬로 연결하는 작업으로 발전기 전력이 송전을
  시작하게 된다.

고리원전 1호기 준공식에서
필자는 대통령표창을 수상했다.

　10％ 출력을 계기로 고리원전 1호기 공정의 주 관할이 건설 팀에서
발전소 팀으로 이관되었다. 건설 팀은 계속하여 건설 미비점을 보완하
고 수많은 계통을 하나하나 체크하면서 시운전반으로 설비를 이관하기
시작했다. 모든 설비가 건설사무소로부터 발전소로 완전히 인계된 것
은 1978년 4월 29일이었다.

　1978년 7월 20일, 박정희 대통령을 모시고 준공식을 거행했다. 이
준공식에서 成樂正 부사장에게 금탑산업훈장이, 金善昶 이사에게는
은탑산업훈장이 敍勳^{서훈}되었다. 고리원전 건설 초창기부터 7년간 건설
소장으로 애써온 高重明 씨는 준공식 당시 이미 회사를 퇴직하였기에
수상하지 못해 후배들을 안타깝게 했다. 나는 이 준공식에서 대통령표
창을 받았다.

제 2 부

PM. 技術自立의 첩경이다

1983. 5. 16

o HFT Critical.
  BB - PIC - 602. 603. Most 인가든변임. 가동라인으로돌레놓
  吅 공급보. 7/31 ETD. RHR Suction line 用.

o BG FK 122B: charging flow. lust. (Barton 器)
  ESELSP - 02. 03.
ⓒ logic card. HFT 중 350°F 에서 Cold shut/down
  Availability. Demonstration 에 필토함.
  지대노력 12/31 /84.

器 - 6/31 ~ 7/31 에드속리이야참.

  - ESELSP - 02.   OK
  -    "   - 03 ⎫ SSPS (Solid State Protect. Sy)   field chage KIT.
  - ESL ETC - 03 ⎬ STC field change Kit. and. PORV.
  - X1ELMA - 05 ⎭ field Kit. Aux. S/D PNL.

        • 吅   林 配참에게 急話통,   ⊲器

o TPOCW. : But. fly. Valve에 check. ① moving part
  함의 상호묘례 기능심검은 끝

o 5. 15. 21:30. ILRT 5n전 시작. 아침 08시에 Psi

o 51. flow Balancing. 2~3일경도 소요. ILRT 바닭도진예.

o D.G hand baring.

↦ Aux f-w. VendorRep. #375. 환전 전압 #730 온구.
  상호 ① 만정은 나들에 하고. 2일 인에드참. 예겅
↦ Pipe Verif. Equip. 지연. (6/15) 미측방원에서 바빗어감.
  CW discharge 기록 예녀여가있,

            古史本部長 手帖.

8. 프로젝트매니저 수업

나는 고리원전 1호기의 준공에 앞서 1977년 6월 19일 초임계와 6월 30일 10% 발전출력을 하기까지 현장에 머물렀다가 8월 5일 본사로 전근발령을 받았다. 원자력부 차장으로 전근되어 고리원전 2호기의 PM Project Manager으로 임명되었다. 고리원전 2호기는 당초 1974년 10월 웨스팅하우스WELCO와 설비, 건설공급 및 핵연료 성형가공을 하기로 계약을 체결했으나 계약발효 시기인 1975년 11월이 경과되도록 차관획득에 실패함으로써 계약효력이 상실되었다.

1976년 1월 김영준 사장이 부임한 이후 계약문제점에 대한 개선작업에 착수했다. 그러나 그 사이에 국제적 유류파동으로 원자재 가격이 엄청나게 상승함으로써 계약자가 추가비용으로 미국분 7천 4백만 달러, 영국분 6천만 달러를 더 요구하게 되었다. 그렇게 되자 경제적 타당성이 없어져 이 문제는 더 이상 진척되지 못하게 되었다.

고리원전 2호기 계약

1호기의 추가협정 체결 등으로 공사가 본격화되고 국내의 경제불안이 해소되면서 金榮俊 사장이 피츠버그로 가 1호기 조기준공대책과 함

고리원자력 2호기 준공식을 마치고 건설관련 간부들과 함께했다.
〈앞줄 중앙이 필자, 우측에 金琭琜 원전건설처장, 鄭建 행정실장,
필자 좌측이 李承東 노조위원장, 張基玉 건설소장〉

께 2호기 계약문제를 다시 협의하게 되었다. 한국전력에서도 미국
WELCO와 고리원전 2호기 재계약 협상을 추진하기에 앞서 고리원전 1
호기의 불평사례를 교훈삼아 기획단계부터 철저히 준비했다. 朴龍男
과장을 책임자로 하여 고리원전 1호기의 《실패사례집》Lessons Learned을
200여 페이지에 이르는 방대한 영문판 책자로 발간했다. 이 책은 그 뒤
계약자와의 협상과정에서 가격을 유리하게 이끌 자료로도 활용되었고
유사한 실패를 사전에 막아주는 예방역할도 하게 되었다.

김 사장은 웨스팅하우스와의 계약협상을 하면서 잠재경쟁회사인 GE
사장과의 면담시간을 고의적으로 겹치게 만들어 사장실 앞에서 서로
만나도록 하여 긴장을 조성시켰는가 하면, 직접 피츠버그에 참모진을
대동하고 가서 가격협상을 시도하여 계약가격을 깎기도 했다. 밀고 당
기는 협상을 거듭한 결과 미국분 3억 990만 달러와 영국분 1억 5,730만
달러에 최종 합의하고 계약했다.

한편 고리원전 2호기의 공식기록상 계약 발효일은 1977년 5월 25일
로 되었다. 전원개발계획의 시급성을 감안하여 계약 협의중에 이미 부

지공사를 착공했고 변전소 부지 등 일부 토목공사도 완료했을 뿐 아니라 2호기 건설 때의 발파에 의한 충격을 우려해 1호기 건설 시에 이미 기초 암반굴착도 상당부분 진척된 상태였다.

原電건설 제한작업 승인

원자력발전소는 건설착공에 앞서 설비공급자가 결정되어 있어야 하고, 설계가 어느 정도 진척되면 원자력발전소의 설계가 안전함을 입증하는 〈예비안전성 분석보고서〉PSAR를 포함해 정부에 건설허가신청서를 제출하도록 되어 있다. 정부의 원자력규제기관 Licensing Authority1은 이 내용을 세밀히 분석하고 설계내용을 설비공급자와 여러 차례 검토 수정하여 안전성에 확신이 있어야만 건설허가서CP: Construction Permit를 발급한다. 검토기간은 일반적으로 2년이 걸린다.

이 건설허가서를 받아야 비로소 원자력발전소는 최초의 구조물인 원자로 격납용기의 기초콘크리트 공사를 할 수 있다. 이 과정을 '최초 콘크리트 타설'FC: First Concrete이라 지칭하며, 원자력발전소의 공기는 이 시점에서 시작되는 것으로 보는 것이 관례이다. 2009년 UAE원전 건설계약 시 인용된 '프랑스보다 한국의 건설공기가 짧다'는 내용도 이 FC 시점에서 100% 발전출력을 생산하여 상업운전단계로 운영주체에게 인계하기까지의 공기가 짧다는 뜻이다.

고리원전 2호기의 경우 계약 失效실효와 이에 따른 재계약 협상에 많은 시간이 소요되었다. 전원계획상 1983년을 준공목표로 건설하려면 정부의 건설허가를 받기까지 기다릴 수가 없었다. 정부가 건설허가신

1 정부원자력규제기관(Licensing Authority): 원자력 안전성을 전문적으로 검토하여 안전성 여부를 결정하고 건설 또는 운영을 허가하는 규제당국으로 당시 과학기술처, 현재 원자력안전기술원(KINS)이 규제당국을 보좌하여 기술검토를 하고 있으나 1970년대에는 원자력연구소가 기술검토를 하였음.

청을 검토하는 과정에서도 고리 현장에서는 첫 콘크리트를 치기 시작
해야 했다. 이 문제를 해결하기 위하여 건설허가 취득 전에 부지정지
면까지 콘크리트 작업을 수행할 수 있도록 제한작업승인<sup>LWA: Limited Work
Authorization</sup>을 정부에 신청했다.

당시 관계규정상에는 LWA 관련조항이 없었으므로 승인문제를 두고
정부와 한국전력 간에 많은 어려움이 있었다. 당시 원자력국장이 원칙
을 주장하며 강경한 입장을 견지함으로써 공정상 어려움이 예상되었으
나 정부부처 간의 조정으로 '해당 공사로 인하여 인허가 업무상 초래하
는 모든 책임을 한국전력이 지겠다'는 확인서를 제출한 후에 승인을 획
득함으로써 기초콘크리트 작업을 착수할 수 있었고 공정상 위기도 간
신히 넘길 수 있었다.

새 工法 開發의 중요성

고리원전 2호기의 格納容器^{격납용기}2는 기본적으로 1호기와 동일한 디
자인으로 설계되었다. 이 격납용기 구조는 35㎜내지 32㎜ 두께의 철판
으로 구성된 높이 70m 직경 32m의 원통형으로 상하부를 둥근 모양으
로 조립하고 이 격납용기 외부에 콘크리트 방호벽을 건설하는 형식이
다. 이 공사는 고리원전 1호기 경험을 바탕으로 한국전력의 직접 책임
으로 시공하기로 했다. 영국 건설업체의 1호기 공법에 따르면 상부 원
통형을 지상에서 조립하고 이를 잭으로 밀면서 벽면을 한 단씩 용접하
여 붙이고 또 잭킹업^{Jacking-up}을 하는 방법이었다.

고리원전 2호기 건설에서 이 공사를 맡을 업체를 국제입찰에 회부했
는데 이때의 예정가격은 철판가격과 1호기 공사 때 소요된 기술 및 노

---

2 格納容器: 원자로와 증기발생기 등 원자력 주요설비는 사고 시에도 외부와 완
  벽하게 격리되도록 거대한 돔형의 용기 안에 설치한다. 이 격리 설비를 격납용
  기라 한다.

무인력을 적산하여 산정했다. 입찰결과 미국의 CB&I 회사가 예정가격보다 훨씬 낮은 최저가로 입찰하여 계약했다. 그렇게 낮은 가격으로 과연 시공이 가능할까 걱정이 되는 수준이었다.

그러나 막상 그들이 장비를 가지고 와서 일하는 모습을 보니 영국방식보다 훨씬 쉬운 공법으로 작업했다. 공기도 아주 짧은 기간 내에 끝냈는데, 그 원인은 공법 자체가 달랐기 때문이었다. 그들은 1호기 방식과는 달리 높이 140m의 마스트에 붐 길이 60m의 데릭 크레인Derrick Crane을 세우고 철판을 몇 장씩 지상용접한 후 바닥부터 위로 올라가면서 들어올려 그곳에서 자동거즈용접Automatic Girth Welding을 하는 방식으로 작업을 진행한 것이다. 이 과정을 경험하면서 우리는 공사비 절감의 요체는 최적공법 개발에 있음을 실감했다.

國産시멘트 채택

국산시멘트는 품질이 균일하지 않을 뿐 아니라 알칼리 함량이 높아서 이를 그대로 사용하면 먼 훗날 콘크리트에 微細龜裂미세균열·Hair Crack이 생겨 구조물이 취약해질 수 있다는 주장이 제기되었다. 따라서 외국엔지니어들은 시멘트를 수입해 사용할 것을 강력히 요구했다. 당시 국산화율 향상은 우리나라 건설업계의 지상목표처럼 인식되던 때라 국산화율 문제가 초미의 관심사였는데 시멘트까지 수입해 사용하라는 것은 참으로 난처한 일이었다.

한국전력이 나서서 해결책을 모색해 볼 수밖에 없었다. 먼저 품질균일 생산에 무슨 문제가 있으며 저알칼리 시멘트를 생산하려면 어떤 조치가 필요한지 알아보기로 했다. 미국의 콘크리트학회와 접촉하여 시멘트생산 품질전문가를 초빙하여 단양 현대시멘트공장에 보내 이를 조사하도록 했다. 그 결과 몇 가지 중요한 작업절차상의 문제점을 발견하고 이를 개선하였던바 품질이 좋고 균일한 시멘트를 생산할 수 있었다.

저알칼리 문제도 5종 시멘트를 채택함으로써 국산시멘트를 원자력발전소 건설에 사용할 수 있는 길을 활짝 열어놓게 되었다.

자율건설의 첫 Project Manager

우리나라 원자력발전의 큰 물꼬를 튼 金榮俊 사장은 취임 후 바로 대만전력을 방문하여 그들이 첫 원자력발전소인 진산金山프로젝트부터 난턴키Non-Turnkey 방식으로 추진한 내용을 자세히 파악했다. 김 사장은 그 결과 한국도 원자력 기술자립을 위해서는 설계기술을 자립해야 하고, 그 설계기술을 자립하기 위해서는 원전건설을 난턴키로 해야 가능하다는 확신을 갖고 귀국했다.

지난날 한국전력은 발전소 건설용 자금조달 능력이 없어 공급자 신용에 의한 외국차관에 의존할 수밖에 없었다. 그러나 1970년대 후반이 되면서부터 어느 정도 국제금융시장에서의 우리나라 신용도가 높아지고 한국전력 자체의 신용으로도 해외자금 조달이 가능한 단계에까지 이르게 되었다.

김 사장은 먼저 미국수출입은행Ex-Im의 차관 획득에 심혈을 기울여 성공으로 이끌었다. 그러자 이 사업에 대한 성공비전을 본 미국의 민간은행이 수출기금 컨소시엄PEFCo을 구성하여 부족자금을 지원하게 되었다. 이에 따라 고리원전 3, 4호기의 건설은 이 Ex-Im차관으로 한국전력이 주도권을 가지고 건설할 수 있게 된 것이다. 또한 한국전력은 국내 최대의 거대 프로젝트를 난턴키로 추진하기로 정책을 수립함으로써 원전기술자립의 기틀을 마련하게 되었다.

김영준 사장은 간부회의에서 원자력발전소 건설방식을 난턴키 방식 추진을 천명하면서 프로젝트 책임을 맡을 PMProject Manager을 엄선하고 그에게 전권을 주어야 한다는 뜻을 강력하게 피력했다. 이 지침에 따라 경영진에서 검토한 결과 최초의 PM으로 필자가 지명되는 영광을 안게

벡텔사와 프로젝트관리 지원 및 종합설계 계약 서명식 〈앞줄 왼쪽부터 고리 3, 4호기 PM인 필자, 원자력기획부장, 벡텔 댐 부사장, 뒷줄에 이용오, 최장동, 심창생, 심태섭〉

되었다. 1977년 11월이었다. 아마 지난날 고리원전 1호기 건설촉진을 위해 한국전력 기술진을 이끌고 IMT에 참여하여 미국의 선진화된 프로젝트 관리PM업무에 깊숙이 관여할 기회를 가졌던 경험과 실적이 참작되었을 것으로 생각되었다.

　나는 이 사업의 성패 여부에 한국의 원자력기술 자립과 기자재 국산화의 미래가 달렸다는 사명감을 안고 계획단계에서부터 치밀한 정성을 쏟았다. 한국전력이 직접 전체 사업관리를 하고, 미국의 벡텔사는 발전소 종합설계를 담당하는 한편 수입할 보조기기의 구매업무를 대행하면서 시공감리 등 한국전력을 지원하는 역할을 수행하도록 용역계약을 체결했다. 주기기는 한국전력이 직접 조달하여 원자로계통NSSS 3과 핵연료는 웨스팅하우스가 공급하고, 터빈발전기T-G는 영국의 GEC가 공급하게 되었다. 주 기기인 NSSS와 T-G를 제외한 모든 보조기기BOP 4

---

3 NSSS(Nuclear Steam Supply System): 원자로와 핵증기를 발생하는 데 관련된 부속설비.

는 여러 전문제작업체가 공급하며, 현장 기기설치공사와 구조물공사 시공은 현대건설이 담당하도록 한국전력이 직접 선정했다. 시운전은 전호기와 마찬가지로 한국전력의 책임하에 직접 수행하기로 했다. 기술자립 계획은 하나하나 착실히 추진되었다. 한국전력은 사업전체를 직접 관장하게 됨으로써 최종적으로 공사비와 공정, 품질 및 발전소 성능까지 모든 책임을 지게 되었다.

화력발전소 건설 때부터 난턴키 프로젝트 관리에 솜씨를 발휘한 沈昌生 과장을 APM^{Assistant PM}으로 선임했다. 고리원전 3, 4호기 사업시작을 계기로 1978년 4월 원자력부도 대폭 확대 개편되어 원자력기획부, 원자력발전부, 원자력건설부 등 3개 부서를 두게 되었다. 초대 원자력건설부장으로는 文熙晟 부장이 임명되었다.

LA사무소

벡텔사의 종합설계 엔지니어링 代價^{대가}는 실제 투입되는 인원과 시간에 따라 지급하도록 계약되었다. 따라서 적정인원 여부와 근태상황을 감독하는 일은 매우 중요했다. 벡텔사의 지원하에 보조기기 구매단위를 280여 패키지 계약단위로 나누어 구입했다. 기자재 국산화를 촉진하기 위해서는 설계시점부터 기기 사양서^{Specification}가 한국의 제조업 실정에 맞도록 작성되어야 하므로 한국전력은 설계내용의 승인권을 통하여 이를 조정했다. 종합설계^{AE} 5가 이루어지는 벡텔 LA사무소에는

---

4 보조기기(*BOP: Balance of Plants*) : 주된 기기 이외에 발전설비를 구성하는 일체의 설비

5 종합설계(*AE: Architect Engineering*) 발전설비의 기능 발휘와 운영에 편리하도록 기기배치를 결정하고, 보조기기의 구매사양을 작성하여 구매에 기술지원을 하며, 각종 시공도면을 생산하고 관리하여 현장시공의 기준을 제공하는 업무를 말함.

한국전력기술^{KOPEC}(현 KEPCO E&C) 기술진 50명을 파견하여 AE기술 전수와 참여훈련^{OJP} 6을 함께 받도록 조치했다. KOPEC에서 파견된 기술진이 기술전수를 제대로 받는지의 여부를 확인하는 일도 게을리해서는 안 될 부문이었다.

이런 막중한 임무들을 수행하기 위해 한국전력은 閔景植 소장을 책임자로 하여 로스앤젤레스 사무소를 개설했다. 사무실은 실제로 설계업무가 진행되는 벡텔 설계실^{Norwalk, CA}과 같은 층을 쓰게 했다. 해외 기자재는 LA사무소에서 현지조사를 한 후 선정하도록 하고 해외구매 품목은 계약금액의 제한 없이 일체 권한을 전결 처리하도록 했다. 민 소장의 후일담에 따르면 대만전력 경영진이 LA사무소에 들렀을 때 이런 사실을 알고 그들로서는 상상할 수 없는 일이라며 놀랐다고 한다. 나는 한국전력의 이런 과감한 조치들이 원자력건설 기술에 앞섰던 대만전력을 한국전력이 일찌감치 추월하게 된 동력이었다고 생각한다.

他山之石 臺灣電力

대만전력은 원자력 1호기부터 난턴키로 출발한 金山^{진산}원전과 그 뒤를 이은 國聖^{궈셩}원전 등 4기를 모두 BWR로 건설하고 있었다. 그리고 제3기 공사인 馬鞍山^{마안산} 프로젝트는 미국의 PWR을 도입한 것으로서 고리 3, 4호기보다 앞서 계약하고 이미 착공에 들어간 상태였다. 한국전력은 이러한 대만전력의 계약경험과 건설현황을 알아보기 위해 1978년 1월 文熙晟 부장이 나와 沈昌生 과장을 대동하고 대만전력 방문길에 올랐다.

대만전력의 朱寶熙 協理^{협리·전무급}를 비롯하여 沈昌華 건설처장과 林英 차장 등을 만났다. 대만전력은 한국전력과 매년 연수생 교환 등으

---

6 참여훈련(OJP: On the Job Participation): 설계업무를 담당하면서 훈련을 받는 제도.

로 전통적 우의를 다져온 터여서 만나는 사람마다 자세하고도 풍부한 정보를 제공해 주었다. 대만전력 본사의 원전건설 책임부서뿐 아니라 金山과 國聖 원전건설 현장에서도 그들의 협력은 매우 친절하고 자상했다.

대만전력의 최초 원자력발전소인 金山원전 1호기는 1977년 11월에 이미 발전을 개시했고, 2호기는 1979년 1월 핵연료 장전을 목표로 박차를 가하는 중이었다. 金山원전의 종합설계ᴬᴱ는 미국의 Ebasco사가 맡고 있었다. 토건공사는 대만 건설회사가 시행했으나 기계전기 설치 공사는 대만에 경험을 갖춘 회사가 없어 대만전력이 직접 시공함으로써 많은 시행착오를 겪고 있다고 했다.

金山원전에 앞서 방문한 國聖원전은 金山과 달리 AE사로 미국의 벡텔사가 참여하고 있었다. 이들은 엔지니어링뿐 아니라 PM에 대해서도 많은 지원을 했다. 대만전력 임원의 회고에 의하면 國聖원전 건설 시 비용과 공정C&S: Cost & Schedule문제를 대만전력이 직접 관리하는 것으로 계약했더니 오히려 공정이 늦어지고 건설비 또한 예상보다 크게 증가하는 것으로 나타났다고 했다. C&S에 대한 중요성을 간과한 것이 큰 실책이었다면서 한국전력은 이 점에 꼭 유의해야 할 것이라고 강조했다.

그 외에도 朱 協理는 여러 가지 유익한 경험담을 많이 들려주었다. 대만전력은 원전건설 프로젝트를 추진하면서 일반건설과 같은 개념으로 생각한 나머지 프로젝트 관리Project Management의 중요성을 간과하여 사업공정에 크게 지장을 받았다고 했다. 그래서 馬鞍山 사업에서는 벡텔사로부터 이에 대한 프로그램도 도입하기로 했다는 것이다. 그는 또 직원훈련의 중요성을 말하면서, 특히 품질문제의 중요성은 경영진뿐 아니라 현장 노무자에게까지도 확실하게 심어줄 필요가 있음을 강조했다. 비록 짧은 기간의 방문이었지만 이때 우리가 듣고 본 여러 경험담은 그 뒤 내가 원전 건설업무를 추진하는 데 중요한 판단기준이 되었다.

騎虎難丁

朱 協理는, 벡텔사는 회사 자체가 많은 데이터와 설계자료Backup Knowledge 등을 보유한 강점이 있지만 그들이 파견하는 엔지니어들은 모두가 다 최고는 아니더란 말을 했다. 그러면서 한국도 얼마나 우수한 외국 엔지니어를 임명하는가가 사업의 성패를 좌우하는 중요한 요소라면서 근무조건을 좋게 해주는 것도 하나의 방법이라고 했다. 우리는 그 뒤 이들의 조언을 받아들여 고리원전 3, 4호기 건설 시 외국 기술진을 위한 숙소는 45평 아파트를 지어 주고, 사무실의 냉방설비도 갖추어 주는 등 많은 정성을 기울였다. 당시 한국의 일반 사무실은 냉방설비가 없어 그 시설 하나만으로도 큰 인기를 끌었던 시절이었다.

한편 沈昌華 건설처장은 대화중 우리에게 '騎虎難丁'이란 四字成語사자성어를 써주면서 國聖건설의 엔지니어로 참여한 벡텔사와의 업무추진에 상당히 어려움이 있었음을 설명했다. 한 번 계약하고 나면 그들을 다루기가 흡사 호랑이 등에 탄 것처럼 어렵다는 뜻이었다. 그럼 앞선 프로젝트인 金山 원전의 엔지니어인 에바스코Ebasco사는 어떻더냐고 물었더니 역시 사자성어로 '烏一般黑'이라고 써주었다. 까마귀는 어느 까마귀나 다 검다는 뜻이었다. 이 두 마디의 사자성어는 AE의 일반속성을 극명하게 표현한 참으로 의미심장한 글귀였다. 나중에 벡텔사와의 업무를 추진하면서 나는 그의 지적이 적중하였음을 여러 번 실감했다.

벡텔사와 계약할 당시 목표인력을 명시하면서 그보다 적게 쓰면 보너스를 주는 것으로 서로 합의했으나 그들은 적게 쓰기는커녕 오히려 더욱 늘어날 조짐을 보였다. 얼른 '騎虎難丁'이란 말이 생각나서 우리는 새로 에바스코Ebasco사와 감시견Watch-dog 역할을 하도록 하는 계약을 체결하기까지 했다.

벡텔사는 한국전력이 고용한 회사이고 한국전력의 지시를 따르게 되어 있다. 기술진들은 우리들에게 조언할 수는 있어도 어떤 의사결정과 집행권한이 주어진 것은 아니었다. 그러나 벡텔사의 건의에 따라 한국전력의 정책결정에 많은 영향을 미친다는 말이 나돌았고, 그에 따라 국내업계에서는 이들에게 접근하여 각종 로비까지 한다는 풍문들이 계속 이어졌다.

벡텔사의 한 파견책임자는 한국을 마치 후진국처럼 대하며 거들먹거리는 행동을 했다. 특히 비서로 채용한 한국 여성을 희롱한다는 풍문까지 나돌았다. 나는 벡텔 본사에 이 사람을 懲戒性^{징계성} 교체를 하도록 강력히 요구했다. 주요 고객회사인 한국전력으로부터 이러한 문책성 조치를 당하게 되자 그는 귀국한 후 바로 벡텔사를 떠나야 했다. 이러한 일벌백계 조치가 있은 후에 한국에 파견 나온 벡텔사 인사들의 업무자세는 눈에 띄게 열심히 일하고 업무도 투명하게 처리를 하는 모습을 보였다.

건설시공회사 선정

원자력발전소 건설 표준공기는 당시 외국의 관행상 105개월이었다. 그러나 전원계획상 조기준공이 불가피함에 따라 고리원전 3, 4호기를 77개월이라는 초 단축공기 아래 완공해야만 했다. 따라서 시공계약자의 역할이 매우 중요한 요건으로 떠올랐다.

외국업체와 턴키계약 하에서는 국내의 시공업체를 원전 1차 계통인 원자로 구역^{Nuclear Island}과 2차 계통으로 일컬어지는 터빈발전기 구역 ^{Conventional Island}으로 나누어 2개의 업체를 투입해 시공했으나 고리원전 3, 4호기의 경우는 1개 업체만을 투입하게 되었다. 만약 3, 4호기에도 2개 업체를 투입하게 될 경우 구역 간 工種^{공종} 간에 시공범위를 놓고 책임분쟁을 일으킬 우려가 있었고 또 기술관리 요원과 장비, 공구, 가설비 등을 중복투자해야 했으며 공정관리, 품질관리, 하자보증에 일관성 등도 고려해야 했다. 특히 하나의 업체를 선정한 주요한 이유로서는 한국전력이 처음으로 사업관리를 직접 수행함에 따라 요구되는 시공업체의 원전 건설경험 선정조건 때문이었다. 이런 상황에 따라 1979년 6월 18일 현대건설이 단독 시공계약자로 선정되기에 이르렀다.

고리원전 3, 4호기 제한작업승인LWA은 과거 2호기 때 마련된 선례가 있어 쉽게 획득하여 본관기초굴착을 시작할 수 있게 되었다. 1979년 10월 1일 최초 콘크리트 타설을 시작하고 그해 12월 24일에는 정식건설허가도 획득함으로써 건설착수 여건을 모두 갖추게 되었다.

格納建物 建造工法 개선

고리원전 2호기 격납건물 건조방법을 보면서 터득한 적정공법의 채택은 공사비 절감과 적기 건설의 성패에 매우 중요한 요소이다. 격납건물 건설공기는 전체공정에 직접 영향을 미치는 切迫工程절박공정·Critical Path에 해당되기 때문이다. 벡텔사로 하여금 격납건물 설치공법을 연구케 하여 몇 개의 選擇枝선택지를 제시하게 하고 그중에서 가장 합리적이고 저렴한 공법을 선택하기로 했다. 고리원전 3, 4호기는 1, 2호기 설계와는 달리 격납건물 내부를 Steel Lining7으로 하고 외부 콘크리트는 Tendon8으로 건물의 강도를 유지하는 설계를 채택했다. 라이닝 플레이트 조립방법에 대해서는 벡텔사와 여러 가지 공법을 놓고 검토한 끝에 600톤 링거크레인을 도입하여 지상에서 Plate-Ring을 용접 조립, 이를 크레인으로 들어 올려 Girth9용접을 하는 공법을 채택했다. 외부 벽체도 Jump Form 방식을 채택하여 거푸집을 계속 밀어 올리며 사용함으로써 공사비를 크게 절감할 수 있었다.

이 과정에서 링거크레인 값이 너무 비싸 초기투자비가 문제점으로

---

7 Steel Lining: 콘크리트 안쪽 강판을 붙여 氣密(기밀)을 유지하는 공법.
8 Tendon: 콘크리트 구조물이 張力(장력)에 견디도록 鋼線(강선)으로 조여 매는 공법.
9 Girth: 몸통의 둘레, 원통형구조물의 圓周(원주)를 따라 용접하는 공법.

제기되었으나 앞으로 6기 이상을 건설하면 경제성이 있다는 평가에 따라 이를 도입하기로 결정했다. 이 공법은 그 후 영광, 울진 등 표준화된 원전에 계속 채택되어 14기를 이 공법으로 건설했으며, 신고리 건설 등 후속기 건설에도 계속 채택하고 있어 이때의 공법채택은 매우 현명한 결정인 것으로 나타났다.

이러한 공법개선은 다른 곳에도 계속 사용되었다. 고리원전 3, 4호기의 취수구 구조도 深層取水심층취수를 하기 위해 케이슨caisson 공법을 도입하기로 하고 현대조선소 도크에서 콘크리트 케이슨을 제작, 이를 바다에 띄워 끌고 와서 가라앉히는 방법을 사용하여 성공적으로 완공할 수 있었다.

9. 原電建設의 總責任者

　1978년 10월 원자력사업의 총책임을 金善昶 이사가 담당하게 되면서 원자력 간부들의 승진과 인사이동이 잇따라 이어졌다. 나는 이때 1직급으로 승격되면서 바로 원자력건설부장으로 임명되었다. 따라서 나는 고리원전 2호기 및 월성원전 1호기 프로젝트와 함께 고리원전 3, 4호기까지 3개 프로젝트를 총괄하는 직무를 맡게 되었다. 이어서 APM이던 沈昌生 과장을 차장으로 승격시켜 고리원전 3, 4호기 PM을 맡겼다. 김선창 이사는 나의 건설현장 경험을 중시한 듯 큰 방향만 제시해 주고 세부적 업무내용에는 간섭 없이 많은 권한을 위임했다.

　나는 이러한 좋은 업무협조 관계와 경영진의 호의적 평가 속에서 1983년 9월까지 만 5년 동안 한 부서의 업무를 책임 맡았다. 돌이켜 보면 유례없는 장기간 보직을 통해 원자력 건설부서의 업무기준과 절차를 자리 잡게 하고 원자력 기술자립의 기틀을 마련하는 일에도 많은 역할을 할 수 있었던 것을 흐뭇하게 생각한다.

원자력건설의 업무典範 수립

고리원전 3, 4호기 사업은 최초의 난턴키 사업으로 이 사업의 관리형태는 후속기 건설에도 계속 이어질 것으로 예상했다. 따라서 나는 원전건설 프로젝트의 기준이 될 이 사업의 성패에 역점을 두지 않을 수 없었다.

沈昌生 PM은 내가 고리원전 3, 4호기 PM을 맡았을 때부터 사업의 책임APM을 함께 맡아왔기에 업무공조가 잘 이루어졌다. 그는 지난날 서울화력 4호기 화력발전소 건설과 고리원전 1, 2호기의 공정관리 및 품질관리에 많은 경험을 가지고 있어 사업초기 계획수립에 많은 도움이 되었다. 아이디어도 많고 사고의 순발력도 비상하여 협조가 잘되는 파트너였다. 그는 나의 뒤를 이어 고리 3, 4호기의 PM업무를 처음부터 끝까지 맡은 것은 물론, 고리 3, 4호기가 완성될 무렵엔 고리건설소장을 거쳐 원자력 건설처장으로서 프로젝트를 마무리함으로써 한국전력에서는 드물게 한 프로젝트를 처음부터 끝까지 끌고 나갔다. 그 뒤 고리 3, 4호기의 이러한 업무 스타일은 후속기에도 계속 이어져 프로젝트 매니지먼트에 대한 고리 3, 4호기의 절차와 규범은 원자력건설 프로젝트 관리업무의 典範^{전범}처럼 자리를 잡게 되었다.

KOPEC 기술전수

전력에너지의 해외의존도를 줄이는 첩경은 원자력발전소의 기술자립과 설비의 국산화다. 원자력발전 설계를 국내에서 수행할 능력이 있어야 기자재의 仕樣^{사양·Specification}도 국내산업 실정에 맞게 작성될 것이고 국산화도 제고될 수 있다. 그동안 추진한 고리 1, 2호기 및 월성 1호기 등 3개의 원전 프로젝트는 모두 외국기술에 의지한 턴키방식이었다. 그러나 1978년에 착수한 고리원전 3, 4호기 건설프로젝트부터는 프로젝트관리를 한국전력이 직접 관장하기로 한 만큼 장차 종합설계AE업무도 한국기술진이 주도하기 위해 KOPEC으로 하여금 벡텔사 설계업무에 부분적으로 참여시키면서 기술을 습득하도록 조치했다.

이를 효과적으로 성취하기 위해 기술지원과 기술훈련 주체를 미국의 벡텔사로 정하고 계약을 체결했다. 계약에 따라 KOPEC 기술진 50여 명을 미국Norwalk CA.의 벡텔사 설계진에 합류시켜 고리원전 3, 4호기의 설계에 직접 참여토록 했다. 또 많은 벡텔사 엔지니어가 한국에 와서 KOPEC 설계실과 한국전력 건설현장에서 한국 기술진과 책상을 맞대고 설계와 프로젝트관리업무를 함께 수행하도록 조치하기도 했다.

國産化 지원

1970년대 당시 정부에서는 화력발전소뿐 아니라 원자력발전소의 설비 기자재도 국산품을 사용하도록 장려했다. 고리 3, 4호기 건설 당시 기계공업 육성법에 따라 발전소기자재를 수입할 경우 정부의 승인이 필요하였으며, 정부는 국산화를 장려하기 위해 국산 가능성이 있는 품목은 아예 수입을 승인하지 않았다. 이런 정책에 맞추어 나도 발전소 건설사업을 통하여 국내 발전설비 기자재 생산업을 육성해야 한다는 어떤 사명감으로 늘 업무에 임했다.

1978년 8월 31일 관련 제조업체와 한국전력 관련회사들이 '제 1차 원자력 5, 6호기[1] 국산화대책위원회'를 소집하여 동 위원회의 규정을 심의 확정하고 서로 정보를 교환하는 한편 기기사양을 사전에 공시하기도 했다. 국내업체와 외국 기술보유회사와의 기술협력 및 공동입찰을 유도하고 국산화된 설비나 기자재를 프로젝트팀에서 구입할 수 있도록 이끌었다. 또한 한국전력의 비용으로 국산화품목 품질관리QC활동에 외국기술진을 대거 투입시켜 많은 노하우가 전수되도록 하는 등 국내업체가 외국업체와 제휴하여 기자재 국산화에 적극 참여할 수 있는 환경

1 '고리 3, 4호기'의 당시 공식호칭은 '원자력 5, 6호기'였다.

을 만드는 일에 많은 정성을 기울였다.

회사의 조직운영 원칙상 건설부서는 프로젝트를 총괄하지만 기획, 관리, 구매업무는 각각 그 담당부서에서 집행하는 것이 원칙이다. 그러나 원자력발전소에 사용될 국산 기자재의 구매를 당시 한국전력의 일반품목 구매규정에 따를 경우, 수의계약의 제약과 저가 위주의 구매 등으로 품질관리활동에 여러 가지 어려움이 따를 것으로 예상되었다.

나는 자재부서를 찾아가 원자력 기자재 구매는 프로젝트에서 요구하는 여러 가지 특례규정을 적용해 줄 것을 특별히 요청했다. 그러나 자재부장은 그런 요구대로 자재를 구매할 경우 수반되는 책임의 위험을 감당할 수 없다며 강력히 반대했다. 그러면서도 그는 특례규정으로 자재를 구매 계약할 수 있는 방법이 있다면서 원자력건설부나 원자력기획부에 계약부서를 신설하여 이를 맡도록 하는 절충안을 제시했다.

나는 이 안을 긍정적으로 생각하고 업체선정과 기술내용 평가 등 리스크가 많은 일들은 원자력건설부 機電課기전과에서 맡고, 계약조건과 가격협상, 계약행위 등은 원자력기획부가 담당토록 업무담당을 조정하려 했다. 그러나 국내 구매조달 업무는 외부영향으로 위험요인이 많은 현실을 고려해 규정대로 자재부서가 계약권을 행사하도록 협의하라는 윗선의 지시를 받았다. 이에 따라 원자력건설부와 자재부서 간에 여러 차례에 걸쳐 협의한 결과 입찰대상자의 선정, 원가산정, 입찰평가 및 계약대상자의 추천 등 리스크가 있는 부분은 원자력건설부에서 담당하고 이를 자재부서에 통보하면 자재부서는 계약을 체결하기로 합의 조정했다.

공정한 購買업무 처리

보조기기의 구매사양에 대한 국산화 적정성 여부는 필요 시 벡텔사의 조언을 받았으나 대부분의 결정권은 원자력건설부의 韓太洙 기전과장에게 부여되었다. 그는 이 어려운 업무를 아주 성실하게 잘 수행했다.

일처리가 정확하고 빈틈이 없기도 했지만 어떤 유혹에도 끄떡하지 않는 그의 돌부처 같은 성격은 유달리 돋보였다. 원자력발전소 기자재는 곧 원자력 안전성으로 연결된다는 생각에 사양의 채택이나 품질관리 활동에 추호의 허점도 없었다.

국내 몇몇 업체들이 한 과장의 이러한 성실성을 알지 못하고 가끔 무리한 요구를 하는 경우가 있었다. 그런가 하면 업체끼리 경쟁이 있을 때는 기전과가 어느 특정업자의 편을 들어주었다는 등 억지 주장을 하는 경우도 많았다. 한때는 녹음된 증거를 가지고 있다면서 감사실에 투서를 하여 조사받는 일도 있었다. 그러나 제시된 통화내용은 오히려 원칙을 지키는 대화들로 판명되었다. 원자력 간부의 바른 자세를 객관적으로 증명시켜 준 해프닝이었다.

이러한 업무자세는 오늘날 원자력부서 모든 직원들의 정직한 문화로 정착될 수 있는 초석이 되었다. 지난 30여 년간 해마다 조 단위의 예산을 집행하면서 그 어떤 비난받을 잡음과 비리가 없었던 것도 이런 업무자세와 조직문화에서 비롯된 것이 아닌가 생각한다. 나는 지금도 지난날 원자력관련 직원들이 성실하고 정직한 업무처리로 조직문화를 안착시켜온 점에 대해 감사한 마음을 잊지 못하고 있다.

영광원전 건설立地의 先確保

金榮俊 사장은 기회 있을 때마다 우리나라 경우 원자력 전원의 개발만이 유일한 에너지의 해결방안임을 강조했다. 특히 그는 석유는 화학원료로 써야 할 인류의 귀중한 자원으로서 이를 발전용으로 태워 없앤다는 것은 후손들에게 큰 과오를 범하는 것과 다름없는 일이란 말을 자주했다.

고리원전과 월성원전 이후의 후속기 부지는 당초 전남 신안군 청계면 복길리로 잡혔으나, 1977년 8월 정부방침에 따라 한국전력은 영광군 홍농면 계마리로 대체할 것을 검토하고 있었다. 1978년 가을 용지선정의 책임을 맡은 全然郁 차장은 계마리의 기초조사를 끝내고 발전소 배치도까지 대충 마련한 후 金榮俊 사장을 모시고 원자력건설 관련 참모와 함께 계마리 현장을 답사했다. 이때 김 사장은 현장을 돌아본 후 간부의 近視眼^{근시안}을 지적했다.

"장차 국민들의 권리의식이 크게 신장되게 되면 원전 부지를 확보하는 일이 얼마나 어려워질지 생각해 보았느냐?"면서 김 사장은 이곳에 최소한 6기의 건설에 필요한 부지를 함께 매입하라고 지시했다. 전원입지의 지원금 관련법규도 제대로 마련되지 않았던 때였다. 부지매입 과정에서 영광지역 주민들의 저항은 타 지역에 비해 훨씬 더 강렬했다. 한국전력은 홍농면의 도시계획에 필요한 비용을 모두 한국전력이 부담하는 안을 제시하는 등 지역주민들의 반대정서 무마를 위해 많은 노력을 기울임으로써 영광원전 부지를 계획대로 확보할 수 있었다.

지난날 국영기업의 속성상 불요불급 예산의 조기집행은 감사지적의 대상이었다. 뿐만 아니라 예산부처에서도 先投資^{선투자}를 위한 지원에는 늘 인색하였던 것이 당시의 일반적 현실이었다. 그러나 김 사장의 영광원전 부지매입 지시가 있자 정부의 예산부서에서도 이에 적극적으로 협조해 주어 100만 평이 넘는 부지를 일시에 매입할 수 있었다.

울진원전 건설立地

영광원전 건설과 병행하여 동해안에 원자력발전소를 건설할 입지도 물색했다. 최종적으로 울진군 북면 부구리 立地^{입지}가 추천되어 金桂輝 차장과 담당자 4명이 현지답사를 한 후 동해안 원전의 부지도 사장 방침 그대로 6기분을 계획하여 이에 필요한 광대한 부지를 매입, 대단지 계획을 수립할 수 있었다.

이 조사과정에서 부지 경계선을 대충 정한 후 이곳을 통과하는 동해안의 7번 국도를 이설할 노선도 조사했다. 상수원 댐을 건설할 부지를

찾아냈고 수몰될 구역조사도 마쳤다. 건설용 골재와 호안방파제에 쓸
대형석재를 구하기 위한 석산개발 현장까지 모두 탐사하여 확정했다.

그 뒤 1980년대 이후에는 환경단체의 반대와 그 영향을 받은 지역주
민들의 원전에 대한 부정적 시각 때문에 추가부지의 확보는 거의 불가
능해졌다. 높이 나는 새가 멀리 본다고 했다. 돌이켜보면 그때 김영준
사장의 미래를 내다본 慧眼ᵉ²과 경영전략이 그 뒤 국가적 사업계획에
얼마나 크게 기여하게 되었는가를 다시 한 번 평가해 보게 된다.

이러한 장기적 안목에 기반을 둔 영광원전 부지결정의 용단을 본받아
나는 부사장 재임 시 인천시 영흥도에 대단위 화력발전단지를 탐사 결정
한 바 있다. 미래를 내다본 부지결정이라는 측면에서 석탄화력 발전소
용 영흥도 부지선정은 오늘날 영광원전 입지 선정보다도 더 값진 결정이
었다는 평가를 받고 있다. 영흥도 화력발전 대단지의 구상과 부지확보
에 얽힌 이야기는 13장에서 자세히 다루기로 한다.

영광원전 마스터플랜

원자력건설부장을 맡아 이른바 신규부지사업Green-field Project으로 처음
부터 시작한 원자력사업이 영광원전이다. 영광에 6기의 원자력발전소
를 건설할 부지를 확보했으니 이에 대한 마스터플랜을 작성하는 일은
바로 나의 몫이 되었다.

먼저 설비배치 계획과 함께 취수로 및 배수로를 어떻게 배치할 것인
가, 해안쪽 낮은 구릉을 들어내고 이 자리의 좋은 암반에 원자로를 앉
히면 어떻겠는가, 구릉을 살리고 계마리 골짜기에 6기를 배치하면 어
떻겠는가 등의 경제성과 지질조사에 대한 여러 가지 문제를 놓고 많은
고심을 했다. 그 결과 벡텔사의 조언을 구하면서 여러 차례에 걸친 관
계자들의 논의를 거쳐 현재의 배치구도로 확정했다. 특히 보안전문가
들이 늘 원자력발전소는 너무 해안에 노출되어서는 안 된다고 강조했기

영광원자력발전소 6기 전경

에 이런 의견도 반영하면서 해안구릉을 이용하는 등 많은 배려를 했다.

고리원전 건설계획 당시에는 초중량물인 원자로 壓力容器^{압력용기}나 증기발생기 등을 揚陸^{양륙}할 부두가 필요했다. 그러나 영광원전 건설단계부터는 원자로 등 초중량물을 한국중공업에서 최종 조립한 후 선적하여 수송해올 것으로 상정했기에 값비싼 부두건설 계획을 지양, Barge-Slip을 만들어 바로 기자재를 인양하기로 했다. 한국전력은 이 공법을 시행함으로써 예산을 크게 절감할 수 있었다.

하루 1,500톤이나 필요한 공업용수 공급을 위하여 상수원을 찾아 헤매다가 전남 고창군 안산면 용계리 인천강 상류에서 댐 건설에 적합한 후보지를 찾아냈다. 그러나 이곳에는 조선조 巨儒^{거유} 金宗直 선생의 사당과 서원 등의 유적이 있어 이를 이전하는 문제로 주민들의 반발이 크게 일어남으로써 이 유적을 그대로 살리도록 다시 설계했다. 그리고 이곳에 길이 300m 높이 21m의 수원지 댐을 축조하면서 상수도용 일부의 물을 이곳 주민을 위한 상수원으로 제공하는 절충안을 냄으로써 간신히 주민들의 동의를 얻어낼 수 있었다.

프랑스 기술기준과 국산화

울진원전 1, 2호기 건설 기자재는 정부방침에 따라 프랑스에서 도입하기로 한 사업이었다. 앞서 언급했듯이 1975년에 김종필 총리가 프랑스를 방문하여 프랑스 원자력발전소 2기를 한국이 구입할 용의가 있다는 언질을 줌으로써 시작된 프로젝트였기 때문이다.

공급계약에 따라 대부분의 기자재를 프랑스 설계에 맞추다 보니 기술기준도 낯설었지만 코드도 미국과 다르고 사양도 한국 실정에 생소한 것이어서 국산화 목표를 달성하는 일이 매우 어려웠다. 더욱 힘들었던 일은 국산화 가능품목을 국내 조달을 요구하면 그 반응은 늘 프랑스에서 구입하는 것보다 더 비싸니 그만큼 차액을 한국전력이 보전해야 가능하다면서 공사비 증액을 요구하는 일이었다. 그도 그럴 것이 프랑스는 기자재의 기술기준이 RCS-M 기준으로 되어 있어 원자재의 금속성분까지도 국내에서 생산되는 원자재와 달랐다. 그러니 원자재 구하기도 어려웠을 뿐 아니라 국산화에 따른 생산원가도 높아질 수밖에 없었다. 그러나 한국전력은 이런 시비에도 불구하고 이곳에서도 고리 3, 4호기와 영광 1, 2호기 수준에 이르는 국산화율을 달성할 수 있었다.

聲東擊西

김영준 사장 취임 이후 영광원전에 이어 울진원전 사업까지 연달아 공사에 착수하게 됨으로써 원자력건설부의 업무는 크게 확장되었다. 자연히 조직이 신설되고 인원과 예산도 대폭 늘어날 수밖에 없었다. 그러나 정부에서 승인된 직원 정원과 예산에는 한계가 있고 보니 조직과 예산을 담당하는 부서로서는 이를 뒷받침하기가 매우 어려웠다.

나는 이런 사정을 알면서도 담당부서와 교섭하지 않을 수 없었고, 담당부서는 그들대로 조직과 정원을 쉽게 늘려 줄 수 없어 고민해야 했다. 매주 개최되는 간부회의에서 김 사장은 늘 원자력건설의 추진상황에 대해 깊은 관심을 보임으로써 본사의 다른 기구도 이에 관심을 갖지 않을 수 없게 만들었다. 김 사장은 공식회의 석상에서 원자력건설부장인 나를 질타하는 일이 많았다. 그러나 이 질타가 나의 업무추진에는 오히려 도움이 되는 일이 많았다. 지적이 있은 후 지원부서를 찾아가 사정하면 훨씬 긍정적으로 받아들이고 협조를 해주어 일이 잘 풀려 나간 일이 한두 번이 아니었다.

특히 고리원전 3, 4호기는 첫 난턴키 사업이어서 조직과 인원도 지난날 턴키공사 때와는 달리 크게 늘어나게 되었다. 몇 차례 실무적 교섭을 했지만 그 문제는 여전히 잘 풀리지 않았다. 할 수 없이 나는 崔相得 기획부장을 찾아가 어려움을 호소했다. 그는 나의 프로젝트 운영체계 설명을 듣고 곧 담당과장을 불러 원자력건설부의 요구를 수용하도록 지시했다. 담당과장이 이견을 내놓았는데도 최 부장은 두말 하지 말고 적극 협조하라고 단호히 말했다.

지내 놓고 보니 聲東擊西성동격서란 고사성어가 떠올랐다. 김 사장이 기획관리부서의 비협조를 나무라지 않고 나를 꾸짖은 것은 기획관리부서의 협조를 끌어내게 하기 위해 동쪽에서 소리 내어 서쪽을 치게 하는 의도적 숨은 뜻이 있었던 것을 나는 뒤늦게 깨달은 것이다. 수십 년이 지난 지금도 잊혀지지 않는 참으로 유능한 경영자의 일면이었다.

國保委의 韓電개혁 구상

박정희 대통령 시해사건 후 정치적인 소용돌이를 거쳐 1982년은 전두환 씨가 대통령에 취임하고 국내의 각종 개혁이 강력히 추진되던 때였다. 경제기획원이 한국전력의 전원개발문제에 제동을 걸기 시작했다. 천문학적 예산을 쓰고 있으니 이 부문에 개혁의 소지가 있다고 판단한 듯했다. 건설 假計定가계정으로 계상된 이 부문의 예산을 효율적으로 집행한다면 상당한 절감이 가능할 것으로 보았던 모양이다.

이러한 생각에 기름을 부은 것이 현대건설(주)이었다. 당시 건설업계에는 정주영 회장의 경부고속도로 건설 이야기가 한국 건설산업의 神話신화처럼 전해지던 때였다. 현대에게 맡기면 월등히 싼값으로 고속도로를 건설할 수 있다고 건의함으로써 박정희 대통령에게 용기를 심어주었고, 결국 그 장담대로 성공적으로 완공할 수 있었던 것은 그 후의 건설사업에도 많은 영향을 끼쳤다고 볼 수 있다.

한국전력의 발전소 건설에도 이런 루머들이 비켜가지 않았다. 여러 제조업체와 공사업체가 참여하게 되는 전원개발사업을 아예 현대건설 한 곳에 모두 떠맡기면 3분의 2 예산 정도로 해낼 수 있다고 호언장담을 하고 다닌다는 이야기까지 파다하게 나돌았다.

原電건설업무 이관 논의

이러한 때에 한국에서 유일하게 발전설비를 제작하는 한국중공업韓重 사장에 朴正基 씨가 취임했다. 박 사장은 韓重한중의 경영정상화 방안을 놓고 다각적으로 검토한 결과 한중이 발전설비 제작에만 국한할 것이 아니라 발전소 건설 EPC[2]를 모두 맡게 되면 훨씬 저렴하게 발전소를 건설할 수 있으며, 그렇게 되면 현대건설 측의 무리한 논리도 잠재울 수 있을 것으로 생각하였던 듯하다. 그래서 한국전력의 발전소건설 부서를 한중으로 이관한다면 바로 한중이 EPC사업을 할 수 있다고 주장하기에 이르렀다. 경제기획원에서는 이 정책을 뒷받침하기 위해 일련의 계획을 강행하려 했던 것 같았다.

한국전력에서는 즉각 이에 저항하는 분위기가 일었다. 그러자 경제

---

2 EPC: 프로젝트를 추진하면서 Engineering, Procurement, Construction을 일괄하여 한 업체가 책임지고 수행하는 계약방식.

기획원에서는 한국전력 건설관련 부서에 대한 강력한 감사를 감사원에 요청하는 것으로 확산되었다. 원자력건설부장을 4년째 담당하던 나는 자연 긴장하지 않을 수 없었다. 그러나 감사원은 한 달 넘게 강도 높은 감사를 했으면서도 뚜렷한 부실요인이나 예산낭비를 찾아내지 못했다.

한국전력은 곧바로 정부를 설득하기 위한 대책반을 구성했다. 昔成煥 차장과 兪甲濬 과장 등이 주도하여 한국전력이 계속 건설업무를 담당해야 한다는 당위성 논리를 마련했다. 미국이나 유럽의 건설업체는 민간이 EPC를 담당하여도 투명성이 보장될 수 있으나 한국의 건설업체는 투명성 보장이 미흡할 것이란 점을 들었다. 원전은 안전이 가장 중대하므로 건설부터 품질관리가 철저해야 하는데 30~40년간 운전할 조직이 책임지고 감리해야 하고, 차관도입 문제도 한국전력이 맡게 되면 안정된 재정기반을 내세워 이자조건을 매우 유리하게 협상할 수 있으며, 공기업은 잦은 감사를 통해 투명하게 관리되기 때문에 일반건설업체보다 오히려 건설원가 면에서도 불리한 요인이 적다는 등의 이유를 소상히 들었다.

경제기획원의 金英泰 정책조정국장은 이해가 빠른 분이어서 즉시 이에 동의했고 청와대의 金在益 경제수석도 의견을 같이했다. 이로써 한국전력의 건설부서를 이관하려던 정책은 없던 이야기로 끝났다.

朴正基 한국전력 사장 취임

한국중공업과 한국전력 간의 발전소 건설업무 이관에 관한 정책이 일단락되면서 관리체제에 변화가 일어났다. 1983년 3월 朴正基 한국중공업 사장이 한국전력 사장으로 부임하고 成樂正 한국전력 사장이 한국중공업 사장으로 자리를 맞바꾸게 된 것이다.

박 사장이 부임하자 곧바로 한국전력 앞에는 큰 행사가 기다리고 있었다. 전력설비 1,000만㎾ 돌파 및 월성원전 1호기 준공기념식이 4월

월성원전 준공과 전력설비 천만kW 돌파 기념비 앞에서
〈은탑산업훈장을 수상한 필자〉

22일 전두환 대통령 임석하에 거행하게 된 것이다. 1978년 고리원전 1
호기에 이어 두 번째인 이 월성원전 준공식에서 나는 은탑산업훈장을
받는 영광도 함께 안았다.

　박정기 사장이 한국전력 사장으로 취임하자 한국전력의 사내문화에
는 많은 변화가 왔다. 그동안의 한국전력 직원은 국영기업체 직원으로
서 다소 관료화된 문화가 자리 잡고 있었던 게 사실이었다. 박 사장은
이 점에 유의하여 가장 먼저 직원의 의식과 습관을 개혁하기 위한 행동
지침을 정하고 이를 따르도록 유도했다.

　박 사장의 조직문화를 바꾸기 위한 과정에서는 이런 일도 있었다.
박 사장이 원자력산업회의 총회에서 회장으로 선출된 후 있었던 리셉
션에서의 일이었다. 한국전력은 국영기업의 틀 속에서 늘 검소한 씀씀
이가 관행처럼 되어 있었다. 이 행사장에서도 종전대로 비스킷에 콜라
정도 검소한 차림을 놓고 리셉션을 진행했다. 행사가 끝나자 박 사장은
출구에 서서 참석자와 일일이 악수하며 인사를 나눈 후 돌아서더니 상
당히 불쾌한 얼굴로 말했다. "오늘 이 행사를 주관한 책임자가 누구냐.

대 한국전력이 위상에 맞지 않게 리셉션 차림이 어떻게 이렇게 초라할 수 있느냐"고 질책했다.

이런 일이 있은 후 한국전력이 주관하는 모든 리셉션은 상당히 격식이 높은 수준으로 바뀌었다. 지금 생각해 보면 당시 한국전력의 외빈접대 수준이 지나치게 초라했던 것은 사실이다. 그러나 직원들은 이를 당연한 덕목으로 생각했을 뿐 그 누구도 접대문화에 대한 시대의 흐름을 깨우치지 못하고 있었다. 박 사장은 취임 이후 한국전력뿐 아니라 에너지 관련 모든 모임의 수준을 완전히 바꿔놓았다.

首長의 대화와 德談

박정기 사장이 부임하고 얼마 되지 않았을 때 벡텔사 사장이 예방했다. 한국전력은 그 당시 기술자립의 첫 조치로서 고리원전 3, 4호기 건설을 난턴키 방식으로 추진하면서 미국의 벡텔사를 프로젝트 매니지먼트 지원과 발전소 종합설계^{AE} 계약자로 선정하던 때였다.

그러나 원자력 건설업무의 책임을 맡던 나로서는 그동안 벡텔사에 대해 많은 불만이 쌓여 있었다. 예상한 계약목표 인력보다 지나치게 많은 엔지니어를 투입함으로써 사업비의 증가요인이 되고, 기술전수문제도 기대에 훨씬 미치지 못하고 있었다. 대만전력 경영진을 만났을 때 그들이 나에게 일러준 警句^{경구}대로 미국 엔지니어 회사는 '烏一般黑', 모두가 다 똑 같은 까마귀들이었다. 나는 벡텔 사장이 한국전력을 방문하는 기회에 이를 따져 보려고 단단히 벼르고 있었다.

나는 박 사장과 면담하는 자리에 배석했다. 그러나 박 사장은 화기애애한 분위기에서 덕담으로 일관한 후 면담을 끝내려 했다. 나는 일어나려는 벡텔 사장을 막으며 별도로 만나서 이야기하려 했으나 그는 일정이 여의치 않다면서 나를 피하려고 했다. 나는 박 사장에게 양해를 얻은 후 그 자리에서 벡텔사의 부당사항을 조목조목 들어가며 강력히 항의했다.

 박 사장은 귀빈에게 너무 무례하다면서 짐짓 말리는 척했다. 나는 이에 개의치 않고 벡텔사의 이런 행태가 계속되면 국제회의 석상에서 불성실성을 공개할 수도 있으니 세계적 대회사의 자존심을 걸고 문제를 해결할 것을 촉구하면서 이야기를 끝냈다. 새로 부임한 사장 앞에서 불편한 상황이었으나 나는 이런 기회를 그냥 놓칠 수 없다는 생각이었다. 박 사장은 그러한 나의 행동에 그 자리 내내 불쾌한 표정이었다. 그러나 면담을 끝내고 엘리베이터 앞에서 벡텔 사장을 배웅한 박 사장은 문이 닫히자마자 곧 표정을 바꾸어 말했다.

 "자알 했어, 잘했어! 원래 조직의 수장끼리는 덕담만 하는 것이고, 불편한 대화는 아랫사람이 하는 것이야."

 한 수 높은 경영자의 모습이 어떤 것인가를 배울 수 있는 기회였다.

10. 對國民弘報 위한 原電시설 공개

朴正基 사장이 한국전력 사장으로 부임하였을 당시 나는 이미 원자력건설부장 직책을 5년이나 연속으로 맡고 있었다. 한국전력의 인사관례상 전례가 없을 정도의 오랜 기간이었다. 1973년 원자력기전과장으로 원자력과 인연을 맺은 후 고리원전 1호기의 부소장과 원전건설 프로젝트매니저를 거쳐 원자력건설부장이 되었으니 원자력업무만도 10년을 넘어서게 되었다. 그동안 추진하던 원전기술 자립정책도 새로 부임한 사장이 수용했고 회사의 경영진도 교체되었으니 이젠 내 직책에도 변화가 있을 수밖에 없다고 생각하고 있었다.

마침 閔景植 고리원자력 본부장이 1983년 6월에 이사로 선임됨으로써 그 뒤를 이어 나는 9월 1일 고리본부장에 임명되었다. 본사에서 기획업무를 통해 원자력건설을 총 지휘하다시피 하며 앞만 보고 달려왔으므로 이제는 사업소 근무도 한번 해봄 직하다는 생각이 들었다.

내가 고리원자력 본부장으로 부임하던 날은 고리원전 2호기(65만kW) 준공식을 1주일 앞둔 때였다. 전두환 대통령 임석하에 거행하도록 예정되어 있던 터라 고리 현장은 모두가 숨 돌릴 틈 없이 바빴다.

사택지역 정비

그동안 사택지구를 돌아보지 않은 것은 아니지만 막상 이 사업장 책임을 맡고 보니 사택 주변의 환경정비 상태가 마음에 걸렸다. 준공식 행사 경호요원과 외빈들이 잠시나마 이곳 사택에서 머물 것을 생각하니 더더욱 그러했다. 아파트와 주택 주변은 여름 동안 웃자란 잡초가 우거져 금방 뱀이라도 나올 것 같은 그런 스산한 분위기였다. 그러나 입주 직원 누구 하나 신경 쓰는 사람이 없어 보였다. 나는 준공식을 사흘 앞둔 시점에서 사택의 동별 책임자를 소집하여 우선 자기 마을은 자기 책임하에 가꾸는 식의 환경정비운동을 실시할 것을 지시했다. 다음 날 아침, 사택에 거주하는 직원들이 모두 나와 잡초를 제거하고 도로청소를 했다. 지저분한 머리를 이발한 듯 온 동네가 금방 훤해졌다. 그 후 이런 환경정리를 회사에서 맡아 정기적으로 제초를 하고 청소하도록 제도화했다.

그 뒤 나는 이런 환경정리 분위기를 사택의 생활환경에까지 확대시켰다. 우연한 기회에 한 직원의 가정을 방문했다가 사택관리가 매우 좋지 않은 모습을 보게 되었다. 자기가 소유한 집이 아니라고 해서 이렇게 지저분하게 쓸 수 있을까 하는 생각이 들었다. 일반직원의 사택은 사업소 간 이동을 하며 오갈 때 회사에서 도배를 해주니까 비교적 깨끗한 편이었지만, 기능직 직원들은 이동 없이 한번 입주하면 장기간 사용하게 됨에 따라 대부분 지저분한 상태 그대로 쓰고 있었다.

나는 직원들 주거생활의 질을 높여야겠다는 생각으로 집안 깨끗이 가꾸기 운동을 벌일 것을 유도했다. 정기적으로 주택상태 검사를 받는 세대는 회사비용으로 최소한의 지원을 하고, 그래도 험하게 쓰는 세대는 사택배정에서 배제시켜 퇴거시킬 것을 제도화했다. 그 결과 주택관리 상태가 눈부시게 달라졌다. 물론 그 뒤 퇴거당한 집은 하나도 나타나지 않았다.

고리원전 3, 4호기의 시운전반이 새로 발족함에 따라 사택부족 문제가 아주 심각한 과제로 떠올랐다. 부산 해운대는 거리가 너무 멀었다. 길천과 월내 등 주변마을은 이미 노무자들이 입주해 있어 셋집 구하기도 쉽지 않았다.

참모들과 노조 간부들이 모여 수차례 상의한 결과 컨테이너하우스를 설치하여 입주시키기로 의견을 모았다. 그러나 전기와 상하수도, 난방 등은 갖추었으나 여름햇볕에 지붕이 달아오르면 더운 것이 문제였고 단열재에서 방출되는 유해가스는 더욱 위협적이었다. 지붕에 遮日차일을 설치하고 밤낮으로 환기를 해야만 했다. 그러나 다행이도 해운대나 주변마을의 열악한 주거보다는 좋다면서 다투어 입주했다. 지금 생각하면 회사가 주거 하나 제대로 해결하지 못한 채 이런 奧地오지에서 일하도록 한 것에 대해 참으로 미안한 마음을 금할 수 없다.

직원가족 건설현장 견학

한국전력 직원들은 국내 최대의 공기업인 자신의 직장에 대해 은근한 자부심을 갖고 있다. 더구나 최첨단 산업인 고리원전에 근무하는 직원들은 더 말할 나위 없다. 자신의 땀과 정성이 이 나라를 움직이는 에너지가 되어 공장을 돌리고 불을 밝히는 것에 더할 수 없는 긍지를 느끼며 힘든 일을 참아나가는 것이다. 그러한 자신의 일터를 가족들에게 보여주고 싶은 것은 人之常情인지상정이다. 방대한 시설을 보여주며 그 역할의 의미를 인식시켜 준다는 것은 가장으로서의 권위를 세워주는 일인 동시에 직원들의 사기를 진작시켜 주는 첩경이기도 한 것이다.

가족들의 남편이며 아빠인 직원들은 아침 일찍 출근하고 늦게 퇴근하며 걸핏하면 시도 때도 없이 회사에 불려나간다. 그러나 가족들은 그런 모습을 보면서도 뭣 때문에 저렇게 바쁜지, 또 얼마나 대단한 일을 하는지 잘 알지를 못한다. 그래서 나는 가족들에게 남편과 아빠가 회사에서 무슨 일을 하며 그 성과가 어떤 것인지를 직접 눈으로 볼 기회를 주기로 한 것이다. 직원들을 자랑스럽게 만들고 가족들도 진정한 한국 전력가족으로 만들고 싶었기 때문이었다.

1984년 1월 17일부터 27일까지 11일간 부녀회 조직을 통해 경제교 육과 현장견학을 실시했다. 매일 약 40세대 정도씩 9개 팀으로 나누어 정성들여 안내했다. 나는 가족들이 방문할 때마다 직접 인사를 하고 직 원들의 희생적인 노고를 치하하며 그들을 자랑했다. 그리고 내조에 감 사하며 가족들도 긍지를 가질 자격이 있다는 점을 특별히 강조했다. 우 리 경제의 현주소를 소개하는 것이 국가시책에도 호응하는 일이란 생 각에서 경제교육도 아울러 실시했다.

下都給업체의 애로 청취

고리원전 3, 4호기는 앞서 기술한 바와 같이 공정부터 성능품질까지 한국전력이 모든 책임을 지고 추진하는 난턴키 사업이다. 건설공기도 전원개발계획에 맞추어 77개월이란 초긴축공기로 추진되는 만큼 나는 항상 어떤 시행착오도 있어서는 안 된다는 무거운 책임감 속에서 지냈 다. 건설담당 張基玉 소장은 고리 3호기의 기초공사부터 시작하여 5년 이상 이 업무를 맡아 전체적인 조직장악에는 별다른 문제가 없었고 직 원들 또한 사명감을 갖고 열심히 일했다.

그러나 문제는 1만여 명에 이르는 현장 기술노무자들의 자세였다. 그들의 작업에 임하는 정성과 협력여부가 곧 공기준수와 품질제고에 많은 영향을 줄 수 있기 때문이다. 나는 그들을 이끌고 있는 사람은 현 장 하청업체의 팀장격인 이른바 '오야지'[1]들이며, 그들의 사기를 올려

---

1 오야지: 일본어에서 아버지(親父)란 뜻으로 사용되나 뜻이 바뀌어 건설현장에 서 하청받은 전문업체의 수장을 속칭 오야지라고 일컬었다.

주는 것이 곧 기술노무자들의 협력을 유도하는 첩경이라 생각했다. 그리고 시공업체 간부를 거치는 것보다 전문하청업체 책임자를 만나 직접 대화를 나누는 것이 더 정확하고 효율적이란 생각 아래 나는 이들과의 대화를 위해 저녁식사 자리를 마련했다.

그러나 가볍게 식사대접을 하면서 격려하고 협력을 요망하며 끝내려던 나의 생각은 빗나갔다. 수많은 애로사항과 건의사항을 들고 나오다 보니 대화의 시간은 무려 4시간 이상 늘어났다. 대부분이 시공업체인 현대건설에 대한 불평이었으나 현대건설 측은 이를 한국전력의 공사비에 반영되지 않은 탓으로 돌렸다. 나는 이때 나온 문제점을 전부 취합하여 해결책임자와 해결시한을 정한 후 그 결과를 보고하고 통보하도록 했다. 한국전력으로서도 추가 계상해야 할 항목이 있으면 합리적인 정당한 금액을 지불하도록 했다.

이 같은 모임이 있은 후 현장 기술노무자들의 사기가 상당히 올라 작업의 성과가 높아졌다는 보고를 받았다. 비록 1회성으로 끝난 모임이었으나 그 효과는 매우 컸을 것으로 생각한다.

경비원 생활환경 지원

고리원전의 경비원들은 청원경찰로 한국전력 직원신분이 아니다. 따라서 대우도 한국전력 직원들이 받는 혜택과는 다른 낮은 대우를 받고 있다. 내가 고리건설 부소장으로 근무하던 1976년 당시 김영준 사장이 현장을 돌아본 후 경비원의 후생문제에 관심을 표명했을 때 나는 그 후속조치로 그들의 삶의 터전을 한국전력이 뒷받침해 주는 일이 현실적으로 필요하다고 건의한 바 있다. 그리고 이 건의가 받아들여져 고리원전 3, 4호기 건설자재 야적장 인근에 세대당 9평짜리 간이숙소를 마련해 주게 되었다.

그 뒤 내가 본부장으로 부임하여 1984년 2월 경비원 사택촌을 순찰한 일이 있었다. 나는 그때 그들의 생활상을 보고 경악을 금치 못했다. 연탄가스 냄새가 가득한 9평 반의 좁은 집은 청소마저 엉망이어서 지저분하기 이를 데 없었다. 진입로는 비포장도로여서 바람이 불면 사방에서 먼지가 날아들었다. 아이들의 놀이터도 궁색하기 이루 말할 수 없었다.

이곳 가족들이 한국전력 직원 아파트단지와 비교하면서 어떤 생각을 할 것이며 자식들을 둔 부인들의 마음은 또 얼마나 아플 것인지 생각하니 마음이 편치 못했다. 그러나 그동안 이들의 후생문제에 대해 걱정하는 사람은 별로 없었다. 예비군 대대장도, 보안과장도 그들의 후생문제에 대해 이야기한 적은 한 번도 없었다. 다들 그렇게 어렵게 살아가는 것 아니냐는 체념 섞인 생각들만이 당시의 분위기였다.

그러나 나라고 별다른 방법이 있을 리 없었다. 그래서 우선 주변을 포장하고 연돌에 환풍기를 달아주는 일부터 시작했다. 그리고 서무과장으로 하여금 청원경찰 사택의 애로사항을 파악해 쉬운 일부터 시작할 것을 지시했다.

그 뒤 나는 제한구역2 내의 회사소유 농지 약 3,600평을 별 연고권도 없는 사람들이 임대하여 경작하고 있음을 알고, 이를 청원경찰이 경작하도록 조치하여 사기진작과 소득증대사업에 활용할 수 있는 방안을 모색해 보도록 지시했다. 이와 함께 조경담당 계장에게는 부인들이 사역할 일이 있으면 일차적으로 이들 청원경찰들의 가족들을 우선 고용토록 했다. '시작이 반'이란 생각으로 시작한 일이었다.

---

2 제한구역: 원자력발전소의 주민 안전대책 상 원자로에서 일정거리(600~900m)에 지역을 설정하고 여기의 모든 토지는 사업자인 한국전력이 매입함으로써 일체의 민간 거주나 시설 설치를 제한하는 구역.

경제기획원 예산실장의 돌연한 고리 방문

원자력발전소는 국제원자력기구의 엄격한 감시하에 건설하여 운영되고 있다. 그러므로 원자력발전소는 핵무기 생산과는 연계되지 않는 평화적 이용의 대표적 설비인 것이다. 그러나 원자력발전 과정에서 우라늄이 핵 분열하여 핵무기를 만들 수 있는 플루토늄이 생성되므로 원전 설비는 안보상의 '가'급 중요설비로 분류되어 있다. 따라서 이 설비의 종사자들은 엄격한 신원조회를 거친 직원만이 보직되었다. 또 1984년 이전까지는 설비의 배치도 개요와 발전원리뿐 아니라 건설공정조차도 민간에게 공개가 금지되어 있었다. 나는 이 설비를 이렇게 계속 베일 속에 가려만 두면 공연히 의혹을 증폭시켜 어느 때인가는 反原電^{반원전} 세력에 의해 어려움을 겪을 수 있을 것이란 우려를 떨쳐 버리지 못하고 있었다. 그러던 중 우연한 기회에 이러한 문제점을 정부 要路^{요로}에 전달할 수 있는 길이 열렸다.

고리원자력 본부장으로 부임한 후 몇 달 지나지 않았을 때인 12월 어느 날 점심식사를 하기 위해 막 일어서려는데 정문경비로부터 경제기획원 예산실장이 내방했다는 연락이 왔다. 정부고위관리가 사전연락도 없이 사업장을 방문하는 일은 없었기에 뭔가 잘못 전달된 것이 아닌가 하는 생각으로 혼자 정문으로 나갔다. 경제기획원 文熹甲 예산실장이었다. 그분은 방문하게 된 동기를 다음과 같이 이야기했다.

"1984년도 예산의 국회의결을 끝낸 후 국민경제교육의 필요성을 느껴 지방순회 경제교육을 다니는 중입니다. 마침 오늘 하루 시간이 비었기에 부산 수산대학교에 계시는 매부 내외분과 동해안 횟집을 찾아가던 중 커다란 돔을 보게 되었습니다. 이곳이 바로 공사비가 그렇게 많이 들어간다는 원자력발전소 건설현장이란 생각을 하니 한번 보고 싶은 마음에서 찾아왔습니다."

아무런 사전준비도 없이 중요한 손님을 맞이하게 된 셈이다. 점심시간이라 간부들에게 연락을 해도 별 도움이 될 수 없을 것 같아 내가 직접 현장을 안내했다.

먼저 전시실로 들어가 원자력발전에 대한 개념을 설명한 후 건설현장으로 안내했다. 문 실장은 가는 곳마다 여러 가지 질문을 쏟아냈다. 일일이 건설현장을 보자고 해서 구석구석을 찾아 다녔다. 건설사무소 옥상의 바라크 사무실에서는 많은 기술자들이 설계에 여념이 없는 모습이 보였으며, 비학리의 자재창고와 옥외 야적장에서는 수십만 종의 자재가 어떻게 관리되는가를 생생히 볼 수 있었다. 콘크리트 품질관리를 어떻게 하는지를 보기 위해 콘크리트 생산공장을 가 보았으며, 격납건물 내부를 비롯하여 원자로건물 내의 조립상황도 샅샅이 돌아보았다. 3시간 30분이란 기나긴 시간 동안 현장을 누비고 다녔다.

그는 현장을 돌아본 다음 감격어린 표정으로 소감을 말했다.

"1만 2천 명이 투입된 현장이라는데 어느 한 구석 어느 한 사람도 눈빛 흐린 사람을 보지 못했습니다. 그만큼 모두가 하나같이 열심히 일하고 있었습니다. 이렇게 큰 현장에서 어떻게 이같이 일사불란하게 일들을 하고 있는지, 내 평생 최고로 감명받은 현장입니다."

문 실장은 내 손을 잡으면서 극찬을 아끼지 않았다. 참으로 흐뭇했다. 나는 내가 일하는 곳을 놓고 불시에 시험을 치렀고, 그 결과 아주 우수한 성적을 거두어 칭찬을 받은 느낌이어서 마음이 매우 흐뭇했다.

원전설비 민간공개의 계기

나는 문희갑 예산실장과 현장을 돌면서 시설안내뿐 아니라 원자력에 관한 여러 가지 대화를 나눌 수 있었다. 국제적인 반원전 활동의 심각성에 대해 이야기하면서 우리도 미리미리 국민에게 이를 제대로 알려 대처해야 할 일임을 특별히 강조했다. 문희갑 실장의 종백형은 文胎甲

한국신문협회 임원진이 고리를 방문하여 방호복을 입고 격납용기 내부를 참관했다.
〈앞줄 왼쪽 두 번째가 필자, 앞줄 중앙이 문태갑 회장〉

씨로 당시 서울신문사 사장이면서 한국신문협회 회장이었다. 이런 현장의 의견이 언론계에 반영되기를 기대하면서 이에 앞장서 줄 것을 요망했다. 늦은 시간에 문 실장 일행과 점심을 하고 헤어졌지만 나는 피곤한 줄도 몰랐다. 그저 이렇게 장시간 관심을 가지고 보아준 문 실장이 고맙기만 했다.

그 뒤 1984년 1월 본사 출장길에 비서실장을 만났더니 박정기 사장이 만나보기를 원한다고 해서 찾아갔다. 박 사장은 일전에 문희갑 예산실장 요청으로 만난 일이 있었는데 문 실장이 지난 연말 고리원전을 불시 방문하고 매우 깊은 감명을 받았으며, 이때의 느낌을 박 사장에게 꼭 전하고 싶어 일부러 만나자고 했다는 이야기였다. 그리고 박 사장도 이 이야기를 들은 후 기뻐서 격려하고 싶어 나를 만나자고 했다는 것이다.

문 실장은 그 뒤 경제기획원 차관을 거쳐 청와대 경제수석 등의 주요 직책을 섭렵했다. 그 뒤 들려온 얘기로 그는 기회 있을 때마다 원자력 사업의 필요성은 물론 원자력 종사자들의 노고에 대한 덕담을 여러 사람들에게 홍보했다는 것이다.

일은 항상 꼬리를 물고 일어나는 법이다. 문 실장의 고리 방문은 또 다른 일들을 낳았다. 1984년 3월 16일 박정기 사장은 한국신문협회 임원진인 일간신문사 사장 일동을 초청하여 고리원전을 시찰하는 행사를 마련했다. 나는 이 귀빈들을 최선을 다해 안내했다. 우리나라 원자력 건설기술의 자립노력과 그 현주소, 그리고 장래 에너지안보의 한 축으로서의 원자력의 중요성을 강조하고 또 강조했다.

민간공개 실현 有備無患

한국신문협회 이사들의 고리방문 성과에 힘입어 박정기 사장은 원자력발전소 공개문제를 행동으로 옮겼다. 안전기획부 등 정부 요로와 깊이 있게 논의한 끝에 개방에 대한 합의를 이끌어냈다. 그리고 이를 무리 없이 실현하는 방법으로 각 지역 여론주도층 인사들을 선별하여 이들을 고리원전에 안내하는 계획을 수립했다.

우선 시범적으로 1984년 4월에 대구와 광주시의 지역유지 각각 80명씩을 고리에 초치했다. 그리고 현장견학을 통해 원자력의 안전성과 에너지 안보에 대해 설득력 있게 설명을 했다. 그들은 이때까지 몰랐거나 오해했던 많은 부문들을 바로 알게 되었다는 표정들이었다. 저녁에 호텔에서 가진 토론회에서도 그런 분위기가 역력했다. 참석자들은 이미 대부분 친원자력 팬으로 돌아서 있었다.

첫 번째 행사는 이렇게 대성공이었다. 한국전력은 이를 근거로 더욱 적극적인 플랜을 마련했다. 전국 각 지역의 유지들뿐 아니라 반원전단체의 구성원들까지 초청계획을 세워 매주 2개 팀씩을 고리현장에 초청했다. 역시 결과는 좋았다. 그 성과는 머지않아 더 큰 효과로 나타났다.

1987년 6월 6·29 선언에 따른 민주화의 돌풍을 타고 사회 전반적으로 각종 불만들이 표출되기 시작했다. 원자력분야도 예외가 아니었다.

방사성물질의 처리 부실문제는 원자력에 대한 부정적 여론을 확산시켰다. 그러나 더 크게 이어지지는 않았다. 지난 3년여에 걸친 여론주도층 및 반원전 세력들에 대한 국민수용PA 3노력이 주효함으로써 극단적 저항을 완화시키는 데 큰 도움이 되었던 것이다.

이런 노력을 게을리하고 원전을 계속 비공개 상태에 두었더라면 원자력이 더욱 어려운 경우를 당하였을 것은 明若觀火명약관화한 일이었다. 1987년 이후의 원자력 개발이 벽에 부딪혀 에너지 안보에 심각한 상황을 초래했을 수도 있었을 것이란 생각을 하니 아찔한 마음을 금할 수 없었다. 有備無患유비무환, 소 잃기 전에 외양간을 고치는 일은 아무리 강조해도 지나치지 않는 일임을 새삼 절감했다.

執行幹部 고리본부장

1985년 6월 정부의 공기업 구조조정의 일환으로 집행간부제도가 시행되었다. 정부의 경영자율화 정책에 부응하여 경영간부이던 이사제도를 없애고, 직원신분인 집행간부를 신설하는 제도가 마련된 것이다. 이에 따라 공기업의 경영진에는 으레 군인출신이 이사로 내려오던 낙하산 인사에 종지부를 찍고 사장 책임하에 사내에서 경영진을 발탁하도록 하는 책임경영체제를 갖추게 되었다.

본사의 소식통으로부터 고리본부장도 집행간부가 될 것이란 이야기가 들렸다. 나는 본사 기획실장에게 전화를 걸어 동일한 업무에 格격만 올리게 되면 바쁜 시기에 서울 오가느라 할 일 다 못하게 될 것 같으니 고리본부장은 집행간부로 격상되지 않게 해달라고 일러두기도 했다. 그러나 내 뜻과는 달리 1984년 6월 국영기업의 경영진이 집행간부로

---

3 국민수용(PA: Public Acceptance) : 원자력발전소와 같은 주민이 기피하는 설비를 건설 운영하면서 적극적으로 설비의 정보를 공개하여 국민의 이해를 증진시키는 일련의 활동.

변경되면서 고리원자력 본부장도 함께 집행간부로 격상되었다.

막상 집행간부가 되고 보니 예상과는 달리 업무추진에 상당한 추진력이 실리게 됨을 실감할 수 있었다. 우선 현장간부들의 업무자세도 집행간부로서의 나의 위상을 인정한 탓인지 눈에 띄게 달라졌고 본사와의 업무협조도 더욱 효율적으로 바뀌었다.

反核운동의 태동

반핵운동은 1970년대 말부터 본격화되기 시작했다. 오스트리아의 노벨수상자인 후반 로렌츠 박사가 1978년 준공예정인 오스트리아 최초의 원자력발전소 가동을 막기 위해 NGO를 동원하여 반대운동을 벌임으로써 원전가동을 중단시킨 사태가 있었다. 그 후 1979년에 미국의 TMI 원전사고가 일어나자 반핵단체는 원자력발전소 건설중단뿐 아니라 가동중인 발전소에 대해서도 갖가지 부정적 여론을 조성하여 국민들을 불안하게 만들었다. 그러나 그때까지만 해도 국내에서는 반핵단체의 활동이 활발하지 못했고 과격한 행동도 별로 없었다.

1982년 유엔개발계획UNDP과 세계은행IBRD의 지원을 받은 샐러먼 레비 박사가 '한국의 원자력 안전성 검토'를 보고한 일이 있었다. 이는 어디까지나 원자력발전소 운영상의 안전성 제고를 위해 작성된 보고서에 불과했다. 그런데 미국의 한 원자력 비판단체가 이 내용을 과장하여 한국의 원자력발전소에 심각한 안전상의 문제가 있는 것처럼 잡지에 보도했다. 비중 있는 언론이 아니었음에도 이 기사가 외신을 타고 들어오자 한국 언론은 이를 일제히 크게 보도하기 시작했다. 한국의 반군사정부 단체는 이를 계기로 정부에 타격을 가하는 도구로서 한국의 원전에 대한 안전성 시비를 촉발하게 되었다.

환경오염 왜곡 보도

1984년 10월 환경청이 국회 보사위원회에 〈고리원자력발전소 주변 해수온도와 생태변화〉란 보고서를 제출한 일이 있었다. 그런데 이 보고서가 중앙지에 잘못 과장 인용되어 마치 고리원전 해역이 심각하게 오염된 것처럼 보도되었다. 고리해역의 오염여부를 판단하려면 여타지역 기준과 비교하여 평가해야 함에도 지구상에서 가장 깨끗한 북해지역 자연방사선 준위의 수치를 인용하여 몇 배나 더 높다고 보도한 것이다. 한국전력에서 이를 해명하는 자료를 돌렸으나 언론보도의 속성상 대부분 무시되고 그 피해는 고스란히 고리 인근지역에 큰 영향을 미치게 되었다.

고리원전 인근인 기장군 해역의 '기장미역'은 전국적인 특산물로 유명하다. 일본 등에 좋은 가격으로 수출되던 이 미역은 보도 이후 수출상담이 완전 중단되고 말았다. 그날그날 해조류를 채집하여 생계를 이어가던 이 지역 아주머니들은 해조류의 시장거래가 완전히 끊어짐으로써 큰 아픔을 당해야만 했다. 그러다 보니 주민들이 고리원전으로 몰려와 대책강구를 요구하는 등 문제는 더욱 확산되었다.

나는 사태의 심각성을 느끼고 해결책을 찾았다. 대책방향을 왜곡된 내용의 해명에 두기보다 일반 서민이 당하는 고통에 초점을 두기로 했다. 먼저 부산의 MBC를 찾아갔다. 한국전력 부산지사 尹熙宇 지사장의 협조를 얻어 고리인근 어민들의 보호차원에서 이를 적극 해명하는 보도해 줄 것을 간곡히 청원했다. MBC는 이의 심각성을 금방 이해하고 고리원전에 기자들을 파견하여 신문에 인용된 기준내용의 오류와 고리원전의 안전성에 대하여 7분간이나 방송했다. 주요 TV의 〈9시 뉴스〉에서 7분간을 한 테마에 할애하기란 쉽지 않았을 터인데도 크게 배려한 것이다. 언론의 힘은 컸다. 이 방송의 영향은 즉각적으로 여론에 반영되어 다시 미역수출 상담을 시작하게 되었고 어민들이 채취한 해조류의 거래도 곧 정상화되기에 이르렀다.

국민수용(PA) 기능

전력사업을 추진하는 과정에서는 한국전력 사업소 조직의 인맥이 주효할 경우가 많다. 이번 고리원전을 홍보해 준 MBC의 경우도 그랬다. 尹熙宇 부산지사장과 張珽圭 영도지점장, 그리고 고리본부의 朴源泰 행정실장의 적극적인 노력이 크게 뒷받침되었다.

사실 고리원자력 본부장은 원전건설과 발전소 운영의 책임을 다하고 있었을 뿐 부산지역의 기관장과는 거의 연대가 없었다. 이런 상황에서 부산 MBC와 접촉해 보았자 처음부터 무시되었을 수도 있다. 그러나 한국전력 사업소장들이 평소 지역인맥을 통해 방송국에 고리원전의 실상을 전달할 수 있었기에 그런 협조적 보도가 나갈 수 있었고 또 국민을 바로 설득함으로써 사회의 안정을 기할 수 있게 됐다고 생각한다.

한국전력이 원자력발전소를 20기나 건설하여 운영하는 동안 크건 작건 지역민과의 마찰이 불가피한 경우가 많았다. 또 환경단체의 억지주장으로 몇몇 지방수령은 이런 단체에 부화뇌동하여 국가적 대역사인 원자력발전소 건설추진에 지장을 준 일이 있었던 것도 사실이다. 특히 1987년 민주화운동이 득세한 이후 원자력발전소에 대한 반핵단체의 훼방이 집요했던 것은 모두가 잘 아는 사실이다.

그러나 그때마다 우리는 그 고비를 잘 이겨냈다. 그런 배경에는 전국적인 한국전력 조직망의 힘이 있었다. 특히 배전 영업망에 종사하는 한국전력 직원들이 원자력사업에 대한 홍보를 마치 자기일처럼 적극적으로 해낸 일들은 높이 평가를 받아야 마땅한 일들이었다.

직원 포상기준

信賞必罰신상필벌, 상을 받고 벌을 주는 것은 사람을 관리하는 데 매우 중요한 사안이다. 그러기에 그것은 모자라지도 넘치지도 않아야 한다. 표창을 주는 것은 사기를 진작시키는 일이지만 남발하면 희소가치가 줄 어들어 효과가 반감된다. 또 포상자의 결정은 누구나 공감할 수 있는 것 이어야지 부정적인 것이 되면 역효과가 나타나게 마련이다.

고리원자력본부에는 인원이 많다 보니 표창인원 또한 많을 수밖에 없었다. 그래서 본사에서는 이에 대해 자주 견제했다. 마침 1984년 봄 에 고리 5호기의 원자로 냉각재 수압시험 성공에 관한 포상심사와, 고 리 1호기의 1983년도 원가절감 유공 및 터빈보수 공헌 표창심사를 위 한 인사위원회가 열리게 되었다.

나는 이 기회를 이용하여 내가 평소에 생각하고 분석했던 내용들을 본사에 건의했다. 사장의 공로표창 1%와 사업소장상 1.5~2%를 합해 도 직원포상은 연간 불과 3%도 되지 않는다. 이렇게 되면 30년을 계 속 근무하면서 표창장 하나 받지 못하는 직원이 많이 생길 수밖에 없 다. 따라서 나는 어떤 중요한 성과가 있을 때 포상을 대폭 늘려 연간 4% 정도는 되어야 할 것이란 생각이 들었다. 그렇게 해도 25년간 근 무하면서 사업소장 표창장 하나 받지 못한 사람이 나오게 된다는 수학 적 결과가 나왔다.

이렇게 포상에 대한 적정수준 논리를 상세히 밝혀 모든 사업장을 대 상으로 그 폭을 크게 늘려줄 것을 본사에 건의했다. 그 후 이 기준이 본사에서 이의 없이 받아들여짐으로써 포상기회가 크게 늘어나게 되었 다. 직원들의 사기진작에 큰 도움이 되었을 것으로 생각한다.

11. 韓國電力公社 副社長과 88 서울 올림픽

고리원자력 본부장으로 집행간부가 된 지 1년도 채 되지 않은 1985년 초 부사장으로 내가 선임될 것이라는 풍문이 돌았다. 당시의 부사장은 1980년 8월 이사로 선임되어 연임된 후 1984년 6월에 부사장에 취임했으니 새로운 부사장 선임설은 잘못된 루머로 생각하고 나는 믿지 않았다. 설사 부사장을 한 명 더 선임한다 하더라도 나보다 선임으로 이사가 된 선배도 몇 분 계셨으므로 나는 그 소문에 별로 개의치 않았다.

예상 밖의 부사장 승진

나의 예견은 틀렸다. 부사장 임명에 앞서 정부에 제출하는 사전동의 요청 공문에 내 이름이 추천되었다는 소식이 들려왔다. 결국 나는 집행간부로 승격된 지 9개월 만에, 그리고 고리본부장으로 부임한 지 1년 반 만인 1985년 3월 20일에 부사장으로 발령을 받게 되었다. 재능도 경륜도 능력도 부족한 나로서는 실로 벅찬 중책이 아닐 수 없어 무척 당혹스러웠다. 나는 본사에서 이사도 집행간부도 경험하지 않은 채 바로 부사장으로 취임했으므로 여러 가지 일에서 서투를 것으로 생각되었다. 그러나 모든 업무에 최선을 다하는 것만이 사장을 바르게 보필하는 방법이라고 마음을 달래면서 업무에 임했다. 朴正基 사장은 공식적인 행사에 갈 때는 나를 대동하고 참석하는 경우가 많았다. 대외인사와의 접촉이나 매너 등 많은 분야에서 본받을 만한 점이 많았다. 후일 한국전력 사장이 된 후 이런 경험은 나에게 많은 도움이 되었다.

나는 한국전력 부사장이 된 후 5년이란 짧지 않은 기간 사장을 세 분이나 모셨다. 이 기간 동안 나는 또 세 차례에 걸쳐 자회사의 사장 물망에 오른 일이 있었으나 그 중 두 차례는 모두 임기 전에 퇴임하는 경우여서 나는 이를 희망하지 않았다. 그러다 1990년 6월 15일에 이르러 나는 집행간부 두 임기를 마치고 한국전력 부사장직을 퇴임, 자회사로 轉任^{전임}되었다.

子會社 사장 천거

나는 1990년 6월 한국전력 자회사인 한국전력기술(주) 사장으로 부임했다. 그러나 이보다 몇 해 앞선 1985년 12월 퇴임한 자회사의 사장 후임으로 나를 천거하려 한다면서 사장이 나의 의사를 직접 타진해온 일이 있었다. 그러나 이 무렵은 원자력 핵심기술 도입과 자립을 위한 프로젝트로서 영광원전 3, 4호기 건설을 위한 국제입찰 등이 한창 준비되던 매우 중요한 시기였다. 나는 자회사 사장으로 승진되는 일보다 한국전력 부사장으로 있으면서 원자력의 기술자립 기반을 확실히 다지는 일이 더욱 중요하다고 생각했다.

나는 박정기 사장에게 한국전력 부사장으로 더 일하기를 원한다는 의사를 분명하게 표명했다. 내가 자회사 사장으로 가 원자력 기술자립의 일을 돕는 것보다는 한국전력 부사장으로 있으면서 진행중인 핵심적인 일에 직접 관여하는 것이 기술자립에 더 도움이 될 것이란 점을 자세히 설명했다. 결국 여러 번의 설득과 해명을 거쳐 나는 한국전력 부사장으로 남아 임기 동안 계속 원전기술자립에 전념할 수 있게 됐다.

부사장 연임

1987년 4월 하순, 나의 집행간부 3년 임기를 몇 달 앞둔 어느 날 박정기 사장은 나의 진로문제를 놓고 다시 나와 마주 앉았다. 박 사장은 한국핵연료주식회사KNFC의 사장을 에너지연구소 소장이 겸임하고 있다는 사실을 거론하면서, 혹시 내가 KNFC 사장으로 부임을 희망한다면 연구소와 경영을 분리하는 문제에 대해 어떻게 생각하느냐고 나의 견해를 물었다.

나는 핵연료주식회사가 공장을 준공하고 첫 생산이 될 때까지는 연구소장이 겸무하는 것이 바람직하다는 의견을 피력했다. 박 사장은 그런 반응을 기다렸던 듯 영광원전 계약문제 때문에 웨스팅하우스사가 크게 반발하여 한국전력이 지금 어려운 처지에 놓여 있으니 부사장이 이 문제에 중심을 잡고 일을 추진해야 할 것이라고 말했다. 이 말은 곧 나를 부사장직에 유임시킬 것이라는 언질로 나는 받아들였다.

이런 배려로 나는 부사장직 5년 동안 나름대로 많은 일을 할 수 있었다. 원자력 기술자립을 위한 원전노형 표준화 정책을 확정지었고, 국제입찰을 통해 원자로 설계의 핵심기술인 계통설계 기술도입을 성사시킴으로써 원전기술자립의 기초를 확실히 다졌다. 원전기술자립과 관련된 내용은 제4부에서 다시 다루고자 한다.

돌이켜보면 1987년 연초부터 민주화운동 열기가 점차 높아지고 시국이 어수선해지자 박 사장은 이미 4월에 퇴임할 것을 각오하고 나를 연임시키기로 내정한 상태에서 정부와 이를 협의하였던 듯하다. 그해 6월 29일 노태우 민정당 총재의 대통령 직선제 수용선언이 있은 뒤 7월에 박정기 사장은 홀연히 한국전력 사장직을 사퇴했다.

나는 박 사장 후임으로 취임한 韓鳳洙 사장을 모시고 화력발전소 표준모델 선정과 국산화 기반을 확실하게 구축할 수 있었고, 1989년 1월 부임한 安秉華 사장을 모시고는 영흥도 대규모 화력발전단지 개발계획

을 확정하는 한편, 전력산업기술기준KEPIC을 제정하는 기틀을 마련하는
등 많은 일을 추진할 수 있었다.

기초전력공학 공동연구소 설립

흔히들 기초과학은 과학의 뿌리라고 했다. 기초 없는 건물을 두고
砂上樓閣사상누각이라 했듯이 기초 없는 과학 또한 허상이나 다름없었기
때문이다. '工業立國'공업입국 구호를 내걸고 조국건설을 부르짖던 당시
우리나라 과학 역시 많은 부문이 허상이었다. 내가 몸담고 있던 전력부
문 역시 그랬다. 그래서 나는 항상 그것이 마음 아팠다. 언젠가는 어떤
변화가 있어야겠다는 마음을 떨칠 수가 없었다.

1980년대 당시 한국전력과 관련된 전력분야의 대학연구 활동은 너무
나 초라했다. 국내 전력시설이 1천만 kW를 돌파했고 전기제조업의 해외
수출도 괄목할 만하게 증가했으나 이러한 외형적 발달은 대부분 외국
의 기술을 도입하여 조립 생산하는 경우였다. 따라서 기술자립의 필요
성이 시급히 요구됐으며 유능한 인력의 확보가 절실히 요청됐다.

한국전력은 1986년부터 기술자립과 인재양성이 우리나라의 선진화를
추진하는 첩경이라는 모토 아래 연구개발과 인재양성에 정책의 역점을
두었다. 이런 사내의 분위기와 때를 맞추어 1986년 봄 어느 날, 서울
공대의 李承院 교수와 梁興錫 교수 두 분이 사무실로 나를 방문했다.
그리고 위기에 처한 전력공학을 위해 대학에 전력연구소를 설립하도록
한국전력의 지원을 희망했다. 전력산업 분야의 고급인재 양성을 위해
공과대학 교수들과 대학원 학생들이 연구를 할 수 있는 최신 연구기자
재의 확보가 시급한 실정이라는 것이다. 그러나 연구용 기자재가 점차
대형화되고 고가화되면서 대학의 연구재원으로서는 도저히 이를 충당
할 수 없다는 애로사항도 함께 이야기했다. 나 역시 속으로 절실히 느
끼던 문제들이라 우선은 반가운 마음을 금할 수가 없었다.

두 분이 간 뒤 나는 곰곰이 생각했다. 두 분 교수의 희망대로 서울대만 지원할 경우 공기업으로서의 형평성 명분이 약해질 것이 우려되었다. 그렇지만 조금 방법을 달리하면 이러한 문제는 극복될 수 있는 문제라고 생각했다. 서울대 구내에 연구소를 설립하되 이를 개방하여 전국의 대학과 기업체의 전력분야 연구인력이 공동으로 이용할 수 있게 된다면 지원에 대한 명분은 충분히 있을 것으로 생각되었다.

나는 이 문제를 긍정적으로 검토하기로 했다. 기초전력을 연구하는 공동연구소 설립을 검토하고, 또 석·박사 수준의 고급인력을 양성하며, 국내외 과학기술 정보를 수집하여 이를 활용할 수 있도록 한다면 산·학·연 모두에게 얼마나 좋으랴 싶었다.

그래서 나는 이를 박 사장에게 건의했더니 다행히 적극 수용되어 서울대 구내에 전국대학의 전기공학 교수들이 공동으로 연구할 수 있는 기초전력공학 공동연구소 설립의 문을 열 수 있게 되었다. 필요는 공급을 불러오고 간절한 기원은 이루어질 수 있게 마련인 모양이다.

기업의 大學研究所 설립 嚆矢

연구소의 출연을 위해서는 그 타당성이 입증되어야 하고 한국전력 사장과 정부의 승인을 획득할 근거가 뒤따라야 했다. 1986년 6월 한국전력 기술연구원으로 하여금 서울대 생산기술연구소에 의뢰하여 연구소 설립의 타당성 조사용역을 시행했다. 약 5개월간의 조사용역은 당연히 연구소 설립이 시급하다는 결론이었다. 한국전력의 지원출연 규모는 약 80억 원이었다. 처음에 두 교수가 계획하여 요청한 40억 원보다 배로 증액된 것이다. 기왕에 한국전력이 지원한다면 그 목적을 충분히 수용할 수 있는 번듯한 연구소를 지어야겠다는 생각 아래 그렇게 추진한 것이다. 최신 연구기자재를 도입하여 설치하고 산·학·연 대표로 구성된 재단법인을 설립하기로 했다. 또 이 연구소를 운영하기 위한

기초전력공학 공동연구소 준공식 현장. 〈오른쪽에서 2번째가 KOPEC 사장인 필자, 5번째가 안병화 한전 사장, 6번째가 박영문 서울대 교수〉

비용도 이 기회에 기금에서 확보하도록 10억 원을 추가 출연하여 그 이자로 초기운영을 하도록 조치했다.

그 당시는 국내의 기업체에서 대학에 연구소를 설립하는 사례가 없었던 시기였다. 그래서 이 연구소 설립으로 기업체들의 관심을 이끌어내고, 추후 이 연구소를 활용하도록 하는 유인책으로 한국전력과 관련 있는 민간기업체에게 기금지원에 참여하도록 유도했다. 한국전력 출자기업인 한국중공업과 한국전력기술(주)을 비롯하여 국제전선, 금성전선, 대한전선, 선도전기공업, 신아전기, 일진전기공업, 효성중공업 등 업체가 2억 원 남짓을 부담하기로 했다. 물론 설립기금의 대부분인 80억 원은 한국전력이 출연하기로 했다.

이에 근거하여 1988년 4월 19일 기초전력공학 공동연구소는 드디어 햇빛을 보았다. 설립목적은 첫째 전국 대학의 전력산업 관련학과의 교수와 산업계 등의 연구인력을 조직화하여 미래지향적 연구를 통하여 산학협동체제를 구축하는 것이고, 둘째 최신 연구설비 및 기자재를 확보하여 개방함으로써 전국의 관련 연구인력이 공동으로 이용할 수 있는 체제를 마련하는 것이며, 셋째 관련분야 석·박사 수준의 고급인력 양성과 함께 국내외 과학기술 정보의 수집과 활용을 목적으로 하는 것 등이었다.

이로써 전국 대학 전력산업 관련학과의 교수와 산업계 등의 연구인력을 조직화할 수 있었다. 한국전력이 이러한 전례를 만든 이후 서울대에는 대기업들이 앞다투어 연구소를 설립하기 시작했다. 기초전력공학 공동연구소가 기업이 대학에 연구소를 설립하는 嚆矢효시가 되었던 것이다.

이 연구원은 그 후 2004년에 이름을 기초전력연구원으로 개칭하고 발전을 거듭했다. 현재는 전력시스템연구실을 비롯하여, 전기에너지 변환시스템연구실에는 전력전자연구센터, 전기기기설계센터, 신재생에너지변환 연구센터를 두었고, 고전압 및 전기재료연구실에는 레이저 및 광기술연구센터를 두었으며, 원자력연구실에는 원전성능관리 연구센터와 원자력안전연구센터를 두고 있는 등 그 규모를 크게 넓혔다. 명실공히 우리나라 기초과학의 産室산실이 된 것이다. 21세기 전력산업 선진화를 위한 노력이 지금도 그곳에서는 쉼 없이 움직이고 있는 것을 보면 기쁘기 이를 데 없다.

대한육상경기연맹

정부의 체육단체 지원육성계획에 따라 한국전력이 육상경기연맹을 후원하게 되면서 박정기 사장이 대한육상경기연맹 회장으로 선임되었다. 그리고 나도 1985년 부사장으로 임명되면서 육상경기연맹 부회장 직을 함께 맡게 되었다. 그 무렵은 86아시안게임과 88서울올림픽을 성공적으로 개최하기 위해 범국가적 노력을 기울이던 시기였다.

박정기 사장은 대한육상경기연맹 회장을 맡으면서 육상경기 진흥에 대단한 열정을 쏟았다. 마라톤 선수를 육성하기 위하여 일본의 유명한 마라톤지도자인 高橋進^{다가하시} 씨를 초청, 제주도에 마라톤 캠프를 설치하고 김재룡, 이춘근 등 4명의 선수 지도를 맡기기도 했다. 또 장재근, 임춘애 등 단거리선수의 육성에도 힘써 아시안게임과 서울올림픽 경기에서 황영조, 임춘애, 장재근 선수 등이 큰 성과를 거양하는 데 결정적인 기여를 했다.

박정기 사장은 육상의 진흥을 위하여 기금을 모았으며, 이러한 열정이 효과를 발휘하여 1992년 바르셀로나올림픽 마라톤에서는 황영조가 우승하는 쾌거를 이루기도 했다. 박 사장은 이런 공로를 인정받아 1990년대 초 국제육상경기연맹 집행이사로 선출되었다. 그 뒤 박 사장은 4년 임기의 집행위원을 6번째 연임하는 등 육상계의 국제적 거물로 인정받고 있다. 세계 3대 스포츠행사의 하나인 2011년의 세계육상선수권대회를 대구로 유치하게 된 것도 박 사장의 결정적 역할이 있었기에 가능했던 것임을 유치노력에 관여한 분들은 잘 알고 있다.

서울올림픽 마라톤 코스 선정

육상경기의 꽃은 마라톤이다. 마라톤이 진행되는 2시간여 동안은 세계의 모든 이목이 이 중계방송에 집중되게 마련이다. 그러기에 마라톤 코스는 바로 한국의 얼굴을 세계에 알리는 좋은 배경이다.

나는 육상경기연맹 부회장과 올림픽육상운영위원장으로서 이 코스를 선정하는 업무까지 맡게 되었다. 처음 해보는 일이라 갖가지 방안을 구상하면서 코스 노선을 답사했다. 하늘에서 내려다본 코스 주변의 풍경과 마라토너 따라 펼쳐질 도시풍경을 생각하면서 나는 여의도와 63빌딩, 한강둔치, 노량대교, 압구정동 등을 여러 차례 돌아보았다. 그 결과 내가 설계한 코스가 아시안게임과 올림픽마라톤 코스로 채택되는 영광을 안았다.

당초 노량대교와 현충사 앞은 연결되는 도로가 없었다. 그러나 서울시에 특별히 요청하여 불가능하다는 연결도로 공사를 겨우 설득하여 완성시킬 수 있었다. 이 도로는 지금은 올림픽도로에서 노량대교를 경유하여 바로 현충사에 이르게 되는 중요한 구실을 하고 있다.

참고로 서울올림픽 마라톤 코스를 살펴보면 다음과 같다.

올림픽 스타디움 - 테헤란로 - 선릉로(5㎞) - 남부순환로 - 강남대로 - 사평로(10㎞) - 노량대교(15㎞) - 여의동로 - 여의도광장(20㎞) - 마포대교 - 강변북로(25㎞) - 반포대교 - 신반포로 - 잠원로(30㎞) - 압구정로 - 성수교 남단 - 올림픽대로(35㎞) - 잠실대교 남단 - 송파대로 - 올림픽로(40㎞) - 올림픽 스타디움 결승점(42. 195㎞)

월드컵 마라톤 유치

서울올림픽 마라톤코스가 결정된 후의 일이다. 1985년 8월 그리스 아테네에서 개최되는 국제육상경기연맹IAAF 집행이사회에서 1987년 월드컵마라톤대회 개최도시를 결정하게 되어 있었다. 그런데 이 월드컵 마라톤을 서울올림픽과 연계시켜 반드시 유치하라는 대통령의 지시가 떨어졌다.

사장은 나를 불러 유치가 성사되도록 IAAF 집행이사회에 다녀오라고 했다. 이런 로비를 해본 경험이 없는 나는 그저 막막하기만 했다. 그렇다고 한숨만 내쉬고 있을 수는 없었다. 연맹 부회장을 함께 맡고 있던 金昊鍾, 金昌根 부회장을 대동하고 가야겠다고 생각했다. 김창근 부회장은 배재중고등학교 교장으로서 육상선수 출신이다. 올림픽대회 선수로 참가했던 경험도 있지만 오랫동안 대한육상경기연맹에 관여했던 분이다. 또 IAAF 회의에 자주 출장을 다닌 경력도 있어 로비활동을 하는 데 많은 도움이 될 것으로 생각했다.

우리 세 사람은 IAAF 집행이사회가 개최되는 그리스 아테네로 달려 갔다. 그리고 곧바로 호텔 로비에 앉아 로비를 했다. 김창근 부회장의 말에 따라 오가는 집행이사들을 붙들고 한국에서 월드컵 마라톤이 개최될 수 있도록 지지해 줄 것을 간곡히 부탁했다.

이때 만들었던 브로슈어에는 선수와 임원들의 관심을 끌 만한 서울의 풍광과 올림픽 마라톤 코스가 담긴 사진과 설명들이 들어 있었다. 그러나 브로슈어는 연맹사무국 아마추어들의 솜씨로 만들어진 것들이어서 지금 생각하면 그 당시의 편집수준은 얼굴이 붉어질 정도로 조잡한 것이었다. 지금처럼 PC 편집 소프트웨어가 개발되지 않았던 때라 그냥 수동타자기로 찍어낸 설명내용 사이사이에 마라톤 코스의 사진을 붙여 놓은 것에 불과했다.

경쟁도시였던 런던 대표들이 내놓은 브로슈어는 우리보다 훨씬 높은 수준이었다. 뿐만 아니라 그들은 비디오로 마라톤 코스를 촬영한 화면을 내레이션을 곁들여 상영하면서 홍보했다. 이때만 해도 우리의 견문이 런던 수준을 따라갈 수도 없었지만 이처럼 많은 돈을 들일 수 있는 형편도 되지 못하던 때였다. 할 수 없었다. 우리는 우리가 설정한 방안대로 "선수들로 하여금 올림픽 마라톤 코스를 실제로 미리 달려보는 기회를 주는 것이 바로 마라톤 신기록으로 연결될 수 있는 가장 좋은 기회가 될 것"이라는 마케팅 포인트를 내세워 설득하고 또 설득했다. 투표하기 바로 전날에는 숙소까지 찾아다니며 간절하게 부탁했다.

그 이튿날 우리는 승리했다. 얼굴을 맞대며 설명하는 스킨십 노력이 주효했던지 투표결과는 서울이었다. 모처럼 해본 로비활동이 성공을 함으로써 나는 또 하나의 새로운 세계를 직접 체험할 수 있었다.

화합과 전진을 모토로 한 제 2회 IAAF 월드컵 마라톤대회는 세계 56개국에서 244명의 마라토너가 참가한 성대한 행사였다. 1987년 4월 11일 여자부문 경기가 있었고 다음날에는 남자부문 경기가 있었다. 서울종합운동장에서 출발하여 여의도를 돌아오는 코스를 따라 경기가 펼쳐졌다. 그 결과 남자부문에서는 지부티의 아미드 살레Ahmed Saleh가 2시간 10분 55초로 우승했고, 여자부문에서는 소련의 조야 이바노바Zoia Ivanova

월드컵 마라톤대회를 마친 후의 기념촬영
〈중앙 오른쪽이 필자, 왼쪽이 김창근 부회장〉

가 2시간 30분 30초로 1회 월드컵대회의 기록을 3분 44초나 단축하면서
월드컵 신기록을 수립하여 우승을 거두었다. 한국선수 김미경은 2시간
32분 40초로 역시 1회 월드컵의 기록을 갱신하면서 6위로 입상했다.
내가 직접 답사하고 추천한 이 마라톤 코스에서 아시안게임에 이어 두
번째 월드컵 행사를 성공적으로 치르고 보니 흐뭇하기 이를 데 없었다.

88서울올림픽 육상운영위원장

나는 대한육상경기연맹 부회장직에 이어 서울올림픽 육상운영위원장
직까지 맡게 되었다. 잠실 주경기장의 전력공급 중요성으로 보아 한국
전력 부사장이 직접 맡아야 한다는 구실 때문이었다.

당시 한국전력은 서울올림픽의 완벽한 성공을 위하여 모든 노력을
다 기울였다. 그중 전력은 잠실운동장과 전국 곳곳 경기장 행사를 위한

서울올림픽대회 무정전 전력공급 달성을
축하하는 시가행진을 하고 있다.

주된 동력으로서의 역할이 주어졌다. 올림픽 전력대책본부를 발족시키고 각 사업소마다 상황실을 설치하여 설비를 보완했다. 직원을 대상으로 특별교육을 시키는가 하면 전력설비의 안보를 위한 경비도 강화해야 했다.

16일간의 60억 인류잔치는 성공적으로 끝났다. 전국적으로 단 한 건의 정전도 없는 완벽한 전력공급이 이루어졌다. 전 세계 160개국 1만 3천여 선수단과 1만 5천여 보도진 모두가 만족했던 16일간의 서울올림픽이었다. 정부에서도 한국전력의 무정전 올림픽을 위한 노력과 성과를 높이 평가했고, 올림픽 성공행사에 특별히 초청하여 격려했으며, 한국전력 내부에서도 쾌거를 자축하는 행사를 가졌다. 값진 경험이었다. 올림픽문화와 전력문화를 성공적으로 조화시킨 이 거대한 행사에 내가 참여할 수 있었던 것은 개인적으로도 큰 영광이었고 보람이었다.

12. 標準火力發電 사양의 정립

　원자력발전소 설계 표준화사업이 정부정책으로 결정되자 1984년 3월 석탄화력발전소도 주요 기기를 표준화하려는 정책이 확정되었다. 한국전력은 이를 근거로 국내외 석탄화력발전소의 기술사항을 종합 분석하여 추후 건설될 석탄화력 발전설비의 표준화를 위한 기술용역을 한국전력기술KOPEC과 체결했다. 이 용역을 통해 발전소 용량은 500MW급으로 결정하고 표준화될 보일러와 터빈 등 주기기는 표준원자력 노형처럼 반복 건설하는 것을 목표로 잡았다. 그렇게 하여 설계용역비를 절감하고 국산화율을 제고시키며 보일러와 터빈의 설계기술 자립을 통해 궁극적으로 완전 국산화를 이룩해 나가기로 한 것이다.

표준화력발전의 사양

　내가 한국전력 부사장으로 취임하자 이 용역의 내용을 확정하는 절차가 기다리고 있었다. 보일러의 유니트당 용량은 50만kW로 정하고 주증기 조건은 貫流型관류형 超臨界壓초임계압으로 하며 보령화력 3, 4호기부터 이 새로운 표준화 개념을 도입하기로 결정했다.
　곧이어 2단계 용역으로 기본설계와 주기기 표준구매사양서 등을 결정하는 용역을 KOPEC과 체결했다. 보일러와 터빈의 공급자는 한국전력의 출자회사인 한국중공업이 제조, 조립, 공급하도록 했다. 한국중공업과 주기기 공급계약을 체결하더라도 표준화 초기에는 외국의 핵심기술과 주요 기자재 도입이 불가피했다. 외국 공급부분인 노형의 선정, 기술전수비용 등은 발전소 건설비용과 직결되는 사항이어서 제조업체인 한국중공업이 선정하지 않고 한국전력이 업체를 선정하게 되었다. 1986년 9월 입찰안내서를 발급했고 다음해 2월에 3개 회사가 입찰을 하여 이에 대해 평가했다.

대형설비를 구매함에 있어 입찰하는 기기사양^{Specification} 내용이 구매자의 사양에 100% 일치하는 일은 거의 없다. 따라서 대부분은 공급자와 기술사항에 대한 절충을 위해 확인회의^{Clarification Meeting}를 거치게 되어 있다. 여기서 구매사양과 공급조건이 조정되면 이에 맞추어 입찰가격을 개봉하는 것이 일반적 관행이다.

한국전력도 이에 근거하여 실무기술진의 평가내용을 1차 협상대상자와 가격과 사양에 대한 협상을 시작했다. 새로 선정되는 표준화 기종이니만큼 입찰에 참여하지 않은 외국의 저명한 보일러 메이커에게 기술자문도 구하고 기술진으로 하여금 외국발전소에 출장 확인도 하여 모든 것이 별 잡음 없이 순조롭게 진행되는 듯했다.

표준화력발전 사양의 표류

표준화력발전 사양에 대한 사내의 최종결정을 목전에 둔 1987년 7월에 사장이 퇴임하자 사내의 일부 기술진에서 기술사항 평가에 대해 이의를 제기했다. 가격개봉에 절차상 하자가 있다고 하는가 하면 실무기술진에 대해 불신을 드러내는 등 사내 분위기가 좋지 않게 돌아갔다. 이러한 상황이 되자 신임 사장도 결정을 미뤘다.

입찰평가 과정은 물론 기술사양에 대한 재검토가 거듭되었다. 담당부서의 결정을 뒤흔드는 세력들의 공세가 심해지자 1988년 9월 감사실은 사양작성 배경과 입찰평가과정 등을 감사하게 되었다. 감사실은 사소한 절차상의 문제까지 크게 부각시켜 실무진을 징계하도록 사장에게 건의하기에 이르렀다. 나는 실무진을 보호해야겠다는 생각으로 이들을 징계하면 안 된다는 의견을 사장에게 건의하기에 이르렀다.

사내에서 의사결정이 지연되자 이 문제가 정치권으로 비화될 것을 우려한 동력자원부는 기존 입찰과 평가를 무효화시키고 재입찰을 검토하기에 이르렀다. 그러나 보령화력은 1993년에는 반드시 준공되어야 하는 프로젝트였다. 사내의 의견분규로 이미 1년 이상이나 공정이 지연되고 있는데 다시 재입찰을 하게 되면 1993년 이후의 전력수급에 막대한 지장을 초래하게 될 것은 너무나 明若觀火^{명약관화}한 일이었다. 나는 재입찰에 따른 전원계획상 차질 문제를 부각시켜 재입찰을 막는 일이 무엇보다 시급한 일이란 생각이 들었다.

화력발전 사양과 공정 표준화

1988년 9월, 사장의 특별결재를 받아 기획처장과 전원계획처장 등 10명으로 구성된 특별검토반 ^{TF}이 재검토에 들어갔다. 그 결과 1988년 11월 검토반의 결과를 바탕으로 한국전력과 한국중공업, KOPEC 책임자들이 모여 몇 차례의 회의 끝에 파악된 내용은 재평가를 해도 당초의 계약자에는 변화가 없다는 결론이 나왔다.

당초 1987년 12월에 체결되어야 할 계약공정은 이미 1년 이상 허송되고 있었다. 이 이상 결정을 지연시키면 1994년에는 전력수급 부족으로 한국전력이 큰 어려움을 겪게 될 것이 예견되기 때문에 기술문제는 부사장인 내가 책임을 질 수밖에 없다는 뜻을 확실하게 밝히면서 사장이 결재해 줄 것을 진언했다.

1988년 12월 사장의 결재가 끝나자 모든 잡음은 안개처럼 사라졌다.

한국 첫 표준석탄화력인 보령화력 3, 4호기의 계약 서명 현장

이때까지 마음고생을 하며 감사에 시달리고 외압을 이겨내면서 끝까지 소신을 굽히지 않고 견디어낸 실무진은 吳仁澤 기술역과 元昇載 부장이었다. 이들은 그 후 오 처장은 한전전무를 거쳐 필리핀 현지사장을 역임하였고, 원 부장은 중부발전회사의 전무를 역임하였다. 표준화력 발전소의 사양이 결정된 것을 계기로 1989년 4월 15일 공급계약을 체결하고 사전작업지시서^{ATP}를 발급하는 등 공기를 만회하기 위해 온갖 노력을 다 쏟아부었다. 결국 보령화력 3, 4호기는 1993년 6월말 준공되고 5, 6호기도 1994년 4월 20일 별 탈 없이 준공되었다. 많은 사람들의 박수 속에 거행되는 준공식을 바라보며 나는 남다른 감회를 느끼지 않을 수 없었다.

준공 3개월 후 1994년 7월 일찍이 볼 수 없었던 장기간의 酷暑^{혹서}가 몰아닥쳤다. 전력예비율은 2%대까지 내려가 비상사태가 벌어졌다. 그러나 우리가 그때 제한송전 없이 그 위기를 극복할 수 있었던 것은 그해 4월의 보령화력 6호기 준공이 있었기 때문에 가능한 일이었다.

돌이켜 보면 당시 재입찰을 결정했더라면 1994년 전력위기 때 화력발전설비 4기 200만kW가 더 부족하였을 것이니 제한송전은 불가피했을 것이다. 그때 여러 가지 정치적 위험을 각오하고 사장의 결심을 유도한 것은 참으로 다행스런 일이었음을 다시 한 번 절감했다.

그 후 한국전력은 보령화력 3, 4호기를 표준기종으로 하여 종합설계를 표준화하고 건설공정도 표준화해서 20여기의 석탄화력발전소를 무난히 복제로 건설하게 되었다. 이때 기종결정은 20년이 지난 지금 평가해도 잘된 것으로 나타나고 있다. 세계적으로 가장 효율이 좋고 성능이 우수할 뿐 아니라 고장도 적어 이때의 실무진들이 사심 없이 참으로 잘 선택한 것임을 실증적으로 보여주고 있다.

13. 영흥화력발전소 大團地 선정

발전설비의 보안은 아무리 강조해도 지나치지 않는 일이다. 중앙정보부는 1980년대 후반까지 오랜 기간 북한으로부터의 간첩침투와 전력설비 파괴를 우려하여 발전소의 입지를 북위 37도 이북에 정하지 못하도록 규제했다. 북한 게릴라부대가 수중침투 파괴를 일삼던 시기였으니 그 결정을 누구도 부당하다고 생각지는 않는다. 그러나 당시 수도권의 전력부하는 계속 늘어나고 영남과 충남 이남에서 발전한 전력을 수도권까지 수송하기 위한 전력계통 운영의 어려움은 거의 한계에 도달했다. 남쪽에서 수도권까지의 송전선을 계속 추가건설해야 했고, 송전선 건설은 線下地선하지 민원을 유발하여 경과지를 결정하는 일조차 어려워졌다.
설상가상으로 민주화 물결을 타고 몰려온 부동산 땅값 상승과 송전선 기피여론이 송전선 건설을 더욱 어렵게 했다. 덩달아 화력발전소가 기피시설로 인식되면서 발전소 입지를 마련하는 일도 아주 어려워졌다.

영흥도 발전 대단지

내가 부사장으로 재직하던 1988년, 국정의 여러 분야에서 지나친 규제를 풀려는 정책방향이 감지되었다. 이러한 階梯계제에 발전소 입지규

166

제도 풀어야겠다는 생각이 들어 안전기획부와 교섭을 벌인 끝에 어느 정도 목적을 달성할 수 있었다. 이에 따라 한국전력은 수도권에 가까운 화력발전소 건설입지를 마련하기 위해 광범위한 조사작업에 들어갔다.

조사결과 입지담당부서의 보고에 의하면 발전소를 건설할 만한 북위 37도 북쪽의 서해안지대는 이미 대기업들이 臨海^{임해}공단부지로 먼저 차지하고 있었다. 이 일을 방치하면 갈수록 어려워지는 것은 자명한 일이므로 나는 이 문제를 한시도 늦출 수 없다는 생각으로 마음이 조급해졌다. 즉각 현지답사에 나섰다. 석탄화력발전소 입지는 28만 톤 석탄선의 吃水線^{흘수선}1을 고려할 때 수심 18m 이상의 항로가 보장되어야 한다. 기존 외항선의 항로에서 너무 멀지 않아야 항로굴착과 준설비용을 절감할 수 있다. 주변에 석탄회를 버릴 수 있는 매립 公有水面^{공유수면}도 있어야 한다.

이런 조건을 맞춰 입지부서에서 적합한 지역을 선택해 보면 이미 대기업에서 공단계획을 갖고 있어 양보받을 처지도 못되었다. 땅값도 알아보니 이미 천정부지로 솟아 있었다. 따라서 육지와 경제적으로 陸續^{육속}공사가 가능한 섬을 찾아볼 수밖에 없었다.

자세한 海圖^{해도}를 구해 헬기답사에 나섰다. 입지업무를 총괄하던 全然郁, 南浩基와 토목의 수장격인 金桂輝 처장과 함께 이틀간 서해안을 샅샅이 뒤졌다. 남쪽으로는 충남의 소난지도와 대난지도를 비롯하여 영흥도와 선재도, 북으로는 교동도까지 검토대상에 올려 상세한 검토를 했다. 이때 조사된 난지도 부근은 조력발전단지 후보로 계획하는 한편 원자력발전소 입지로 쓸 수 있는 곳도 함께 물색했다.

---

1 吃水線: 화물선이 하물을 만재하였을 때 배가 잠기는 한계선. 이 한계선 아래 船底까지의 깊이를 고려하여 항로의 깊이를 확보해야 한다.

영흥도 종합개발계획 수립

영흥도가 가장 타당성이 있는 입지로 떠올랐다. 인천항으로 가는 해로가 4km 정도의 가까운 거리에 있어 석탄부두까지의 海底浚渫해저준설량도 적어 항로확보 비용이 절감될 것이고, 수도권에 송전할 송전선은 시화방조제 안쪽을 경유하여 건설하면 선하지의 보상문제도 쉽게 해결될 수 있는 이점을 지니고 있었다. 또 시화호의 북단 안산에 공업단지가 조성되면 이곳의 전력부하가 크게 늘어나도 이를 충분히 감당할 수가 있을 것으로 보였다.

육지에 가장 인접한 대부도는 이미 육속이 되어 있었으나 대부도와 선재도, 선재도와 영흥도 사이의 두 곳에 대규모의 교량을 건설해야 하는 건설비가 문제되었다. 개략적 추정으로 약 2천억 원이 소요될 것이란 판단이 나왔다.

육지 해안의 쓸 만한 부지 매입가격과 영흥도의 땅값을 비교하면 대규모 발전단지를 조성할 경우 이 정도의 교량건설비는 감당할 수 있었다. 즉시 용역을 주기로 했다. 영흥도의 서쪽해안 약 백만 평과 서북쪽 해안 약 백만 평을 모두 매입할 계획을 세웠다. 이 부지를 확보하면 화력발전소 약 20기를 충분히 수용할 수 있어 수도권의 화력발전입지문제는 완전 해결될 것이란 생각이었다. 안병화 사장의 내락을 받아 사내의 의사결정을 거쳐 대단위 화력발전단지로 확정했다.

나는 이와 더불어 색다른 꿈을 꾸었다. 이 영흥도를 개발하면서 발전소만 건설하는 것이 아니라 섬 전체를 이상적인 시범지역으로 만들면 얼마나 좋겠는가 라는 꿈이었다. 이에 발전소 입지만의 계획이 아니라 이곳 주민들을 위한 도시계획을 포함하는 영흥도 종합계획안을 수립하도록 KOPEC과 계약을 체결했다.

환경단체와 주민

나는 1990년 6월 KOPEC 사장으로 자리를 옮기면서 바로 이 영흥도 개발용역을 담당하는 책임자가 되었다. 영흥도는 원래 경기도 옹진군에 속한 섬이다. 발전소 건설문제를 옹진군수와 협의하는 과정에서 군청 공무원과 영흥도 선재도 주민들은 지역지원사업에 큰 기대를 걸면서 전폭적으로 환영했다. 나는 목표로 잡은 이상적 시범지역 구상에 따라 주민들을 위한 교육시설과 위락시설 등도 포함하여 기획했다. 그 뒤 1993년 나는 한국전력 사장에 취임하게 됨으로써 영흥도의 개발사업은 더욱 힘이 붙었다. 부지를 매입하고 교량을 건설하는 등 계획이 예정대로 진행되었다.

1995년 3월 지방자치제 개편법안의 입법으로 영흥도가 속한 옹진군이 인천광역시로 편입되었다. 여기서 문제가 생겼다. 영흥도의 화력발전소는 인천시에서 보이지도 않고 공해와는 무관한 시설인데도 인천시 환경단체들이 반대운동에 나서기 시작한 것이다.

환경단체가 영흥도의 주민태도를 바꾸는 데는 그리 많은 시간이 걸리지 않았다. '국민의 정부' 발족 이후 환경단체에 힘이 실리자 주민들의 태도는 돌변하기 시작했다. 반대운동은 날이 갈수록 치열해져 건설사무소장이 린치를 당하는 사례까지 벌어졌다. 안타깝기 그지없었지만 발전소의 건설을 중단할 수는 없었다. 때로는 강하고 때로는 부드럽게 온갖 작전을 펴면서 영흥화력발전소 1, 2호기 건설을 계속 강행했다.

영흥화력발전소 준공

온갖 우여곡절 끝에 영흥화력 1, 2호기가 준공되었다. 2004년 12월 23일 나는 영흥화력발전소 80만㎾ 2기의 준공식에 초대되었다. 어느 발전소 준공식보다 감회가 컸다. 영흥도 답사에 동참했던 南浩基 씨가

영흥화력 준공을 축하하는 필자 한시 詩板

영흥화력발전소 본부장으로 있어 더욱 의미가 있었다.

　나는 이 준공식의 감회를 漢詩[한시]2로 읊어 남 본부장에게 전한 적이
있었다. 그 뒤 영흥화력발전소 3, 4호기 준공식에 참석했더니 놀랍게도
나의 한시를 전망대의 정자에 시판으로 제작하여 게시해 놓고 있었다.
부끄러움과 영광스러운 마음이 함께 몰려왔다.

2　壯志雄飛黃海平,　竭誠電廠夜天明,　群僚珠汗爲宗國,　靑史須銘難事成.

14. 原電 종합설계의 産室, KOPEC

한국전력기술주식회사KOPEC는 우리나라에서 유일하게 원자력발전소의 종합설계 능력을 갖춘 회사이다. 이 회사는 1977년 김영준 사장의 경영방침에 따라 원자력 기술자립의 핵심기관으로 육성한다는 목표를 갖고 한국전력이 전액 출자하여 설립한 회사이다. 내가 한국전력 원자력건설처장 재임 시 기술진 훈련과 슈퍼컴퓨터 도입 등 전폭적인 재정지원이 있었는데 오늘날 기술자립을 이룩하여 세계적 수준의 회사로 성장하기에 이르렀다. 또한 1990년에는 원자력발전소 설계를 시장경제 원리에 맡기려는 과기처 정책을 중단시키는 데 앞장섰던 나였기에 KOPEC은 나에게 있어 한국전력의 어느 자회사보다도 정성과 애정이 깃든 회사였다.

KOPEC 연혁

KOPEC은 1975년 10월에 한국원자력연구소가 미국의 Burns & RoeB&R 회사와 50％씩 출자하여 한국의 원자력발전소 종합설계기술AE 자립을 목표로 설립한 회사이다. 초대 대표이사로는 한국전력의 金鍾珠 전 부사장이 취임했다. 이 회사는 처음에는 'Korea Atomic Burns

& Roe'^{KABAR}란 이름으로 자본금 5천만 원의 조그마한 규모로 발족했다. 그러나 그 이듬해 합작사인 B&R이 한국에서 철수하자 회사명을 '한국원자력기술주식회사' KNE로 바꾸었다.

그 후 1977년에 한국전력은 고리원전 3, 4호기 건설을 난턴키 방식으로 추진키로 하면서 이 회사를 AE업체로 선정, 집중 육성하기로 방침을 세웠다. 이 같은 방침에 따라 한국전력이 출자하면서 원전관련 11개 민간기업도 출자에 참여케 하여 자본금을 2억 원으로 증자하고 그후에도 증자를 거듭하여 종합설계를 위한 기관으로 육성했다. 1978년 5월 한국전력이 고리원전 3, 4호기 건설기술용역 계약을 체결하면서 KNE의 기술진 50여 명을 미국 벡텔사에 보내 원전 AE훈련과 함께 설계에도 참여토록 했다.

창립 이후 KNE의 대표이사는 원자력연구소 소장이 겸임했으나 1982년 7월 미국에 있던 鄭根謨 박사를 초치하여 6대 대표이사로 선임했다. 이와 함께 한국전력이 KNE의 보유지분 중 원자력연구소분을 제외한 민간회사 소유지분을 모두 인수하면서 회사이름도 '한국전력기술주식회사' KOPEC로 바꾸었다. 1985년 12월 閔景植 사장이 취임하였고, 그 뒤를 이어 1988년에는 辛基祚 사장이 취임했다.

KOPEC 사장 취임

나는 한국전력 부사장을 퇴임하고 1990년 6월 16일 KOPEC 대표이사 사장에 취임했다. 나는 취임사에서 다음과 같이 당부했다.

"이 회사는 국내 최고의 엔지니어 엘리트 집단이 모인 회사이며, 이 나라의 가장 고도기술인 원자력발전소 종합설계를 하는 자랑스러운 회사다. 우리 모두 이런 긍지를 갖고 공동체 의식에 투철한 높은 인격의 기술인이 되자. 국내의 엔지니어링 업무에 만족하지 말고 세계시장을 개척해야 한다. 설계, 구매, 건설을 총괄하는 미국의 벡텔사 같은

최초로 LAN 회로망을 준공, 시연하고 있다. 〈앞줄 왼쪽에 車洙貞 감사,
다음이 필자다. 앉은 뒷줄에 金三坤, 徐祥源 전무와 홍순경 고문이 보인다〉

회사가 될 수 있도록 전 직원이 협조해 나가자."

　1990년 10월 2일 회사 창립 15주년을 맞이하여 한국전력기술의 미래
를 향한 개혁과 의지의 표상인 社章ᵃ사장 로고를 개정했다. 그때까지 사
용되던 심벌마크는 CI라는 전문적 개념이 없을 때 만들어진 것으로 한
국전력의 前 社章전 사장인 3개의 번갯불 상징이 들어간 도안을 기본으로
제정된 것이었다. 그러나 새 사장은 태양모양의 붉고 둥근 원으로 에너
지의 원천을 상징하고, 두 개의 기둥은 설계의 기본인 선과 그 결과물
인 구조물이 빗살을 받고 있음을 상징하는 내용으로 제정되었다. 또한
'간부행동규범'과 '한기인의 자세와 예절'을 제정하는 등 품위 있는 社員
像사원상 확립을 위한 갖가지 환경을 조성하기도 했다.

부설연구소 설립과 EPC 기반조성

　나는 1990년에 KOPEC 부설 전력기술개발연구소를 개설했다. 전문
분야별 연구인력을 전담 배치하여 CAD^Computer Aid Design 활용 및 컴퓨터

센터의 소프트웨어를 PC에 적용할 수 있도록 개발하는 한편, 사내의 LAN 네트워크를 구성하고 직무발명 보상제도를 실시하는 등 연구개발 체제를 강화하는 데 주력했다.

1992년 2월 22일에는 K-SPEC 2000 선포식을 갖기도 했다. 정부의 우루과이라운드^{UR} 협상에 따른 기술용역 영역 개방에 대비하여 직원들의 경영효율 의식 제고와 창의적이고 진취적인 社風^{사풍}을 조성하기 위해 마련한 행사였다.

1992년 12월 29일에는 일반건설업 면허를 취득함으로써 KOPEC이 발전소 설계위주의 체제를 넘어 종합건설업^{EPC: Engineering Procurement Construction} 기업으로 발전할 수 있는 토대를 마련했다. 이 경영방침은 다음 경영진에게도 계승되어 1993년에는 감리전문회사로 등록을 했다. 또한 후임 張基玉 사장은 1994년의 장기경영계획에 세계적인 EPC회사로 발전하는 것을 비전으로 설정하기도 했다. KOPEC의 EPC를 향한 사업영역 확대 정책은 2009년 취임한 安承奎 사장이 계속 역점을 두고 추진하고 있으며, 한국전력의 金雙秀 사장과도 협의하여 2010년에는 회사 이름을 'KEPCO E&C'로 바꾸었다.

社屋 건설계획

KOPEC은 1979년 6월부터 한국전력의 본격적인 자본증자(1979년 20억 원, 1980년 32억 원)를 통하여 한국전력의 전력기술 창구역할을 하게 되었고, 고리원전 3, 4호기와 후속 원전의 종합설계를 계속 담당하게 됨으로써 인력도 급속도로 증가했다.

내가 사장으로 취임했던 1990년에도 이 회사는 사옥이 없어 많은 어려움을 겪고 있었다. 경기고등학교 건너 현재의 I-Park 아파트 위치에는 전 한국중공업 본사건물이 있었다. 이 건물 대부분을 임대하고도 모자라서 휘문고등학교 인근 두 개 건물을 임대하여 사용하는 등 몇 개의 빌딩에 분산되어 있었다. 내가 부임한 후에도 업무량이 계속 늘어, 1991년 4월 역삼동의 한 종교단체건물 전체를 전세로 얻어 추가로 입주해야 했다. 사무실 간의 이동도 쉽지 않던 시절이어서 업무가 무척 비능률적이었으나 일시에 많은 재원이 소요되는 사옥을 건설할 계획은 전혀 하지 못하고 있었다.

나는 고심을 거듭했다. 이런 상태로는 더 이상 발전하는 데에 많은 지장을 줄 수밖에 없다고 생각했다. 이 회사는 그때까지도 부채 없이 운영되는 회사이기도 해 일부 은행차입을 하면 사옥건설이 반드시 불가능한 일만은 아니라고 생각했다.

첫 관문은 사옥부지 구입을 위한 자금마련이었다. 부지예산을 절감하기 위해 한국전력이 보유한 토지의 현물출자를 검토하고 한국전력 관재담당 실무진과 교섭하기도 했다. 그러나 법인세의 부담 증가 등으로 불가능하다는 결론이 나왔다. 할 수 없이 자체적으로 부지를 구입하기 위한 대상지를 물색하기로 했다. 1990년 9월 사옥건설 추진을 위한 프로젝트팀을 구성했다. 외부회사로부터 사옥부지 선정용역을 수주받은 경우를 상정하고, 서울 주변에 1만여㎡ 정도의 매물을 찾아 조사 평가하여 최종 2개 지점으로 압축되면 나에게 보고하도록 했다. 현 사옥 위치인 용인시 구성면 마북리와 레이크사이드 골프장 인근의 광주시 오포면 능평리 두 곳이 마지막 후보지로 선정되었다. 마북리 농지는 모 제약회사의 소유였고, 능평리 임야는 포은선생 후손들의 宗中^{종중} 땅이었다. 마북리 후보지가 접근성도 좋지만 상대가 법인이라 구입교섭 등에서 취득 절차가 용이할 것 같아 사옥부지를 마북리로 결정했다.

사옥부지 매입

부지가 마북리로 결정되자 담당간부가 용지교섭 결과 평당 80만 원에 합의되었다고 보고했다. 그러나 이 필지만으로는 계획된 부지면적보다 부족하여 인접부지 약 1,500㎡를 추가 확보토록 했다.

하루는 책임자가 직접 와서 매입하기로 된 부지는 농지이므로 대지로 지목변경을 해야 하는데 對官^{대관}수속을 위해 비자금이 필요하니 거래과정에서 자금을 좀 마련해 두는 것이 좋겠다고 건의했다. 나는 크게 꾸짖고 그런 부정자금 마련하려는 생각을 가졌다면 당장 사표를 쓰라고 하였더니 죄송하다는 말을 남기고 나갔다.

토지를 매각하는 주체는 모 제약회사 법인체였으므로 추호의 의혹도 갖지 않고 실무자에게 모든 업무를 일임했다. 1991년 1월 9천여㎡의 토지를 약 26억 원에 거래하기로 계약하고 토지대금 지불도 끝맺었다.

이런 행정절차가 끝난 후 그해 7월이었다. 감사원에서 부지구입과 관련하여 조사를 나온다는 보고가 들어왔다. 부지구매책임자가 제약회사 간부와 부정결탁하여 계약서를 이중으로 작성하고 차액을 착복한 사실이 판명됐다는 것이다. 계약서 등 관계서류는 완벽했으나 감사원이 제약회사에서 입수한 그 회사 경리장부에는 사실로 나타나 있었다.

사장으로서 감독책임을 면하기 어려운 상황이 되었다. 그러나 담당자가 부정자금 마련 시도를 강하게 꾸짖었던 사실을 조사과정에서 실토함으로써 사장의 감독책임은 면하게 되었다. 그들은 결국 변상과 실형을 선고받는 처벌을 받았다.

그 후 추가구입하려던 뒤편 1,500여㎡ 부지는 결국 다른 업체에 매각되었고, 이곳에 연립주택이 미리 건립됨에 따라 매입 또한 불가능하게 되었다. 연립주택은 법률상 수십 년이 경과되지 않으면 철거할 수 없었기 때문이다. 결국 좁은 부지에 사옥을 건설할 수밖에 없었는데, 이는 나에게는 두고두고 아쉬움을 남겨주는 일이었다.

건물규모의 축소

사옥 건설부지에 대한 지목변경 허가가 계속 지연되고 있어 나는 1992년 2월 경기도 李在昌 지사를 직접 방문하여 상황을 설명했다. 한국전력기술이 한국전력 자회사인 공공기업이며 세계적으로 정평 있는 원자력발전소 설계회사로서 세계 진출을 위해 수도권에 자리해야 할 수밖에 없다는 점을 강조하면서 사옥건설에 협조를 부탁했다. 이 지사는 내가 떠난 후 한국전력 노조 경기지부 박우봉 위원장을 비롯한 주변 인사들에게 KOPEC의 회사내용에 대해 상세히 알아본 모양이었다. 그리고 시원스럽게 지목변경을 승인했다. 철저히 따지는 대신 과단성 있게 처리하는 모습이 인상적이었다.

한편 그 당시 국영기업 관련 본사는 수도권에 지을 수 없게 묶여 있었다. 수도권의 과밀방지를 위해 제정된 공공기관 수도권 본사 신축금지규정에 따른 것이다. 경기도와 교섭한 결과 본사 신축은 허가해 줄 수 없으나 수도권의 부속기관으로 건설허가를 신청하면 가능하다고 했다. 그 한 예로 포항제철도 테헤란로에 본사를 신축하면서 정보센터 등의 이름으로 허가를 받았다는 것이다. 한국전력기술도 이를 본 따 그 뒤 '한국전력 기술정보센터 및 전력기술개발연구소'란 긴 이름으로 허가를 받았다.

또 한 가지의 제약은 7,500평을 넘는 건물은 수도권정비위원회의 별도심사를 받아야 하는데 이 심사를 통과하기가 극히 어렵다는 것이었다. 시급한 사안임을 감안하여 먼저 허가되는 평수만 짓고 추후 제약이 풀릴 경우에 대비하여 7층 건물 위에 3층을 증축할 수 있는 설계 강도와 모든 예비조치를 강구하도록 설계에 반영했다. 부속공간이 좁은 것을 감안하여 지하실에는 장차 주차공간을 더 확보할 수 있게 층간 높이를 두 배로 키워 지하 3개 층을 필요시 6개 층으로 늘릴 예비조치도 강구했다.

한국전력기술(KOPEC) 사옥 전경

1993년 4월 나는 한국전력 사장으로 임명되고, 후임에는 張基玉 전 한국전력 부사장이 임명되었다. 그해 5월 21일 사옥을 기공하고 장 사장 임기중인 1995년 10월 사옥의 준공을 보게 되었다. 그런데 이 사옥과 관련하여 KOPEC 직원들은 출퇴근의 편이성 때문에 분당과 용인지역에 주택을 마련하여 이사한 직원이 많았는데, 다행히 이 지역의 아파트 가격이 많이 올라 직원복리에도 상당한 도움을 주었다고 했다.

15. 전력기술 해외진출 嚆矢
중국 베트남 러시아

한국전력의 경영수준은 세계의 전력회사 중에서 최고의 회사에 버금 가는 평가를 받고 있다. 세계 최고의 전력품질(정격전압과 정격주파수), 세계 최저의 전력손실률, 세계 최저의 고장정전율, 29개 OECD국가 중 최저의 요금 등 모든 부문에서 최고의 수준으로 전력을 공급하고 있 다. 그럼에도 그 실상은 일반대중에게 잘 알려지지 않는 것이 사실이 다. 공기업으로서 국내에서만 독점적으로 서비스를 제공하고 있으니 외국 전력회사와 비교하여 얼마나 경쟁력이 있는지 알 수 있는 기회가 없었기 때문이다. 따라서 나는 그 당시 국제적으로 잘 알려진 KEPCO 란 브랜드 파워를 가지고 해외시장에 진출한다면 한국전력은 충분한 경쟁력이 있음을 확신하고 있었다.

한국전력기술 사장으로 부임하자 나는 조직을 정비하여 해외사업팀 을 구성하고 그 책임자로 李正熙 상무를 발탁했다. 즉시 진출이 가능 한 국가의 시장현황을 조사하게 하는 한편 한국전력 부사장 재직 시에 교분관계에 있던 외국 엔지니어링 회사와도 접촉하여 그들이 수주한 설계업무의 일부를 수주받는 방법도 강구토록 했다.

중국의 原電市場 첫 진출

중국의 첫 대단위 원자력발전소는 프랑스에서 도입하여 홍콩 가까운 深圳市 大亞灣에 건설하는 중이었다. 한국전력은 이와 똑같은 설계의 프랑스 발전설비를 경북 울진에 건설하여 우리 기술로 운영하고 있었다. 나는 중국과의 기술교류를 위해서는 바로 이 大亞灣 원전을 건설하는 中國廣東核電公司CGNPC와 접촉을 강화해야 할 것으로 생각하고 몇 차례 경영진을 초청했다.

1991년 12월 중국의 중국광동핵전공사 Peter Chow 부사장 등 2명이 KOPEC을 방문했다. 한 사람은 홍콩투자회사를 대표하는 호주 국적의 부사장으로 상당히 개방적이며 비즈니스 마인드도 강했다. 그들은 大亞灣원전과 동일 노형인 울진 원전을 둘러본 후 CGNPC 품질관리 기술진을 2주간 정도 교육해 줄 것을 요청하면서 이번 방문 중에 협약을 체결할 것을 희망했다. 상당히 고무적인 제의였다. 廣東원전의 기술진이 한국에 와서 교육받고 귀국하게 되면 우리 원전건설과 운영관리 능력을 직접 확인할 수 있어 중국에 원자력기술을 수출하는 계기가 될 것으로 생각했기 때문이다. 나는 기꺼이 그들의 제의해 응했다.

나는 광동원전과의 교류 성과내용을 한국전력 李東昊 기술본부장에게 알리면서 앞으로의 협조를 요청했다. 며칠 후 이동호 전무로부터 전화가 왔다. 집행간부회의에서 安秉華 사장에게 KOPEC이 중국광동핵전공사와 품질관리훈련을 시키기로 계약을 체결했다는 보고를 하자 안 사장은 뜻밖에도 역정을 내면서 집행간부들을 크게 꾸짖었다고 했다. 그러니 중국과의 계약체결 문제는 일단 접어두는 것이 좋겠다는 것이었다.

의외의 장벽에 부딪친 나는 곧바로 한국전력 사장실을 방문했다. 나는 그동안의 광동원전과의 협약과정을 설명하면서 "장차 한국전력의 기업활동 주 무대가 세계 전력시장이어야 하며, 이를 위해서는 조그마한

건이라도 소중하게 추진할 필요성이 있다"는 점을 간곡하게 말했다. 그러자 안 사장은 "옳은 말이다. KOPEC 사장의 결정은 아주 잘된 것이니 그대로 계약을 집행하라"는 것이었다. 나는 예상외의 답변에 조금 놀라 집행간부회의에서의 꾸중으로 전무들이 많은 걱정을 한다는 이야기를 했더니, 안 사장은 "그 계약이 잘못되었다는 게 아니라 KOPEC 같은 조그마한 회사가 국제적 활동을 통해 이렇게 성과를 올리는데 한국전력의 전무들은 그런 발상도 의지도 없이 뭐하고 있느냐"면서 분발하라고 나무랐을 뿐이라고 했다. 오해에 따른 해프닝이었다.

협약은 즉각 이루어졌고 곧 광동원전의 품질관리요원 7명이 내한하여 2주 동안 교육을 받았다. 이들이 귀국한 후 한국 원전운영의 秀越性수월성을 크게 선전함으로써 한국전력에 대한 인식을 새롭게 한 것은 물론 대 廣東원전의 기술협력 범위를 크게 확대시켰다.

베트남 남부지역 전력시장

중국의 원전시장 진출을 위한 노력 못지않게 나는 동남아시장을 향한 전력설비 설계기술의 수출에도 상당한 업무비중을 두고 추진했다. 세계시장을 향해 문호를 개방한 기간이 일천한 베트남 시장은 한국이 접근하기에 가장 매력 있는 시장이었다. 더욱이 한국은 전후 폐허에서 단기간에 전력공급의 안정을 이룩한 경험을 쌓았으니 이 나라의 정책수립에도 참고가 되기에 충분했으므로 베트남도 한국에 호의적일 것으로 판단했다.

1992년 11월 베트남의 시장조사를 위해 이정희 상무와 함께 호치민시와 하노이를 방문했다. 전쟁의 폐허를 딛고 오랜 기간 사회주의 체제를 유지하다가 갓 개방한 베트남 사회상은 매우 궁핍하고 처량한 모습이었다. 당시 베트남의 전력회사는 셋으로 나누어 하노이를 중심으로 한 북부지역은 제1전력회사(PC-1)가, 호치민시를 중심으로 한 남부지

베트남 남부지역 전력회사(PC-2)를 방문했다.
〈필자의 왼쪽이 이정희 상무, 오른쪽이 Quyet 기술 부사장, 대외경제 이사〉

역은 제2전력회사(PC-2)가, 후에를 중심으로 한 중부는 제3전력회사
(PC-3)가 각각 담당하고 있었다.

우리는 코오롱상사 현지 지사장 심상호 씨의 안내를 받아 제2전력회
사(PC-2)를 방문했다. 사장은 공석중이어서 Tran Trong Quyet 기술
부사장과 대외경제이사가 우리를 맞았다. 나는 한국의 전후 부흥과정
에서 전력회사가 한 역할과 성과를 설명한 데 이어 KOPEC의 업무내
용과 전력회사의 전원개발 업무경험을 설명하고 한국전력 산업계와의
교류를 희망했다.

그들은 발전소의 건설도 중요하지만 송배전 손실이 현재 20%를 상
회하고 있어 매우 심각한 실정이라고 했다. 이번 새로 부임한 장관이
내년까지 손실을 2%p 낮추고 점차적으로는 1995년까지 15%까지 내
리도록 목표를 설정했다고 했다. 베트남을 방문하기 전까지는 나는 발
전소 건설 프로젝트에만 관심이 있었으나, 이들의 설명을 듣고 보니 송
전과 배전손실에 대한 조사사업도 KOPEC으로서는 한번 해볼 만한 사

업이라는 생각이 들었다. 특히 이런 성격의 조사활동에 소요되는 자금
은 한국정부의 KOICA 원조기금에서 지원을 받을 수도 있으므로 아주
적정한 프로젝트인 것 같았다. 나는 한국정부의 KOICA 자금내용을 설
명하고 무상지원 형식의 이 자금으로 베트남의 손실저감 조사사업을
펼칠 것을 제의했다. 베트남 외무부에 신청하면 곧바로 도움을 받을 수
있을 것이라는 설명까지 덧붙였다.

한 시간여에 걸친 설명으로 KOPEC에 대한 신뢰를 크게 높일 수 있
었다. 그들은 외무부를 통해 한국에 재정지원 신청을 하겠다고 약속했
다. 그러나 그들은 이런 자금을 끌어오는 절차조차도 미숙한 듯, 그 뒤
사장도 바뀌어 그랬는지 손실저감 사업개발은 끝내 이루어지지 않았
다. 지금도 그런 상태에 그대로 있는지 궁금하다.

같은 출장길에 우리는 호치민 시의 동쪽 교외에 있는 Baria 발전소
건설현장도 방문했다. 33만kW의 Thu Duc 화력발전소는 1967년 준공되
었고 66만kW 2기는 1972년에 준공된 발전소들이었다. 발전소의 청소상
태는 매우 깨끗했고 관리도 잘되고 있었다. 제어계통은 1930년대에 건
설된 영월발전소에서나 쓰이던 형식으로서 기록계기도 圓盤원반형의 구
형이었다. Baria발전소는 영국의 John Brown J.B. 이라는 회사가 건설하
고 있었다. J. B. 가 이곳 가스터빈 시장을 독점하는 듯했다. 이 회사는
GE가 만든 가스터빈 부품을 들여와 가공 조립하여 공급하고 있었다.
발전소 종합설계는 물론 공사감리도 그들이 철저하게 하여 상당수준을
유지하고 있었다.

하노이지역 전력산업 시장

호치민시에서 하노이로 이동하기 위해서는 공항에서 별도의 여행허
가를 받아야 했다. 아직도 남북 간의 여행에는 상당한 제약이 있는 것
같았다. 하노이에서는 일정상 전력기계회사 VEC를 먼저 방문하였더니

Lam Quang Huyen 사장이 맞이해 주었다. 이 회사는 베트남 국내에서 생산되는 케이블, 변압기 등 기본적 전력기자재를 생산하고 있었다. 나는 그곳에서 한 나라의 산업화 단계에서 국산화 추진은 매우 어려운 과제이기는 하나 한국에선 KOPEC이 설계단계에서부터 이를 적극 추진함으로써 국산화 제고에 크게 성공할 수 있었다는 경험담을 설명했다.

우리는 이어 베트남의 북부 일대를 영업구역으로 하는 PC-1 전력회사를 찾았다. Dang Duc Ha 부사장은 한국이 Pha Lai 발전소 건설사업에 참여해 주기를 희망하면서, 베트남의 공업화계획에도 한국의 경험이 매우 도움이 될 수 있을 것이라고 했다. 부사장과의 면담은 매우 진지하게 2시간이나 계속되었다. 이 회사도 남부전력회사와 마찬가지로 송배전 손실문제에 깊은 관심을 표명하면서 KOPEC의 기술전문가가 가까운 기일 내에 PC-1을 방문하여 설명회를 가져주기를 희망하였다.

에너지부, 중공업부와 국가계획위원회

에너지부의 Liem 차관을 예방했다. 그는 전문관료답게 자국의 석탄, 석유, 가스생산량 등을 계수를 인용하면서 현황 및 개발계획을 자세히 설명했다. 그는 한국이 베트남발전소 프로젝트에 참여하려면 3가지 방법 중 하나를 택해 줄 것을 희망했다. 즉, 합작투자Joint Venture 방식의 참여나, 100% 자본의 회사를 통한 참여, 또는 유리한 차관조건에 의해 BOT 1 형식으로 참여하는 것 중에서 택일할 수 있을 것이라고 했다. 나는 한국정부가 제공하는 공공차관의 이자율 관례가 3.5~4%

---

1 BOT(*Built Operate and Transfer*) : 발전소 건설 재원이 부족한 나라에 투자자가 건설재원을 가지고 가서 발전소를 건설한 후 일정기간 운영하며 전력판매를 통한 이득을 취한 후에 그 나라의 전력사업자에게 넘겨주는 발전소 건설계약방식.

정도라고 말했더니 한마디로 너무 비싸서 쓸 수 없다고 했다. 한 시간여에 걸쳐서 KOPEC의 성장연혁과 현황을 소개하고 한국정부가 제공하는 무상원조재원 KOICA 자금으로 전력손실 감소조사를 할 수 있을 것이라면서 외무부와 협의할 것을 권유했다.

다음날 국가계획위원회를 방문했다. 부위원장인 Vu Ngoc Xuan 박사를 만나 한국 경제발전의 초창기에 한국전력이 발전소 건설에 기여한 성과를 설명했다. 베트남이 경제개발을 위하여 외국에서 각종 차관과 시설을 도입할 예정이라는 설명을 듣고, 나는 베트남의 산업화과정에서 가장 시급한 것이 발전소 건설 기술자립으로서 산업에 대한 파급효과도 가장 높다고 설명했다. 그리고 한국이 단기간에 이룩한 성과경험은 베트남 경제발전에도 크게 도움이 될 것임을 강조했다.

이어 중공업부의 Pham Quoc Tuong 차관을 예방했다. 그는 명함에 자기이름은 '范國鳳'이라고 한자를 달필로 써주었다. 베트남은 19세기 프랑스 식민지가 되면서 한문을 강제로 폐지하고 알파벳을 빌려 베트남어를 쓰도록 강제되었으나 지금도 전통가문에서는 이름을 한자로 짓는다고 했다. 유교문화권인 한국과 베트남의 동질성과 식민지시대의 동병상련에 대한 많은 이야기를 나누면서 서로의 친근감을 확인했다.

나는 한국에서의 화력발전소 설비 국산화 성공사례를 설명하면서 설계단계에서부터 엔지니어가 국내산업의 국산화를 유도해야 국산화가 촉진될 수 있다는 것을 강조했다. 나는 Pham 차관의 인품에 상당히 호감이 갔다. Pham 차관도 한국에 대해 매우 호의적인 반응을 보였다. 서로가 화기애애한 가운데 만찬을 함께하면서 여러 분야에서 양국이 협력하는 일에 관심을 기울이기로 했다.

러시아 한국공단 조사단

한·러 경제협력의 일환으로 러시아의 나호드카에 한국산업공단을 건설하는 계획이 정부차원에서 논의되면서 이곳의 전력부족이 현안과제로 제기되었다. 한국에서 발전소를 건설해야 할 필요성이 대두되자 곧바로 1992년 7월 12일부터 1주일간 현지조사를 하게 되었다. 조사단은 주식회사 高合의 張致赫 회장이 주선하면서, 발전설비를 제작하고 건설할 한국중공업의 安千學 사장이 대표격으로 하여 10여 명의 조사단을 이끌었다. 나도 KOPEC의 책임자로서 발전소 설계의 기술적 타당성을 검토하기 위해 조사단의 일원으로 러시아 연해주 일원을 돌아보는 기회를 갖게 되었다.

러시아의 항공사 아어로푸로트Aeroflot 전세기편으로 블라디보스토크 공항에 도착한 후 나호드카시로 이동했다. 이 출장의 특징은 하나부터 열까지 생활에 필요한 모든 물품을 미리 준비해 가는 것이었다. 그곳에는 음식점이 없고 호텔에서도 음식제공을 하지 못한다는 것이었다. 전기밥솥에서부터 쌀과 반찬, 심지어 밥 지을 음료수까지 준비해 가야 했다.

일행은 나호드카에서 유일한 호텔에 밤 11시 넘어 도착했으나 뒤따라오던 큰 버스는 도중에 고장이 나서 새벽 3시나 되어서야 도착했다. 먼저 도착한 팀 일행은 갈증을 느꼈으나 물을 싣고 오는 버스가 오지 않아 참을 수밖에 없었다. 수도꼭지에선 녹이 슨 붉은 물만 계속 나와 마실 엄두를 내지 못했다. 호텔의 화장실 좌변기는 변기 몸통만 있고 좌판이 없었다. 샤워 수도꼭지를 트니 호스의 중간에서 붉은 녹물이 사방으로 튀어 얼른 잠가야 했다. 창문은 페인트칠을 거듭한 나머지 제대로 닫히는 창문이 없었다. 침대는 삐걱거리는 것은 고사하고 너무 좁아 돌아누우려면 몸을 들어서 옮겨야 했다. 이튿날 아침 일행 모두가 밥을 하기 위해 비슷한 시간에 전기밥솥을 전원에 연결했더니 정전이 되고 말았다. 참으로 한심한 수준이었다. 이런 정도의 인프라와 경제력을 가지고 어떻게 미국과 군비경쟁을 했는지 도무지 믿어지지가 않았다.

우리 일행은 공단부지 예정지를 돌아보았다. 이 지역은 넓고 평평하여 공단조성에 최소한의 토목공사로 부지정지를 할 수 있겠다고 생각했다. 전력공급문제는 110kV 송전선 1회선이 부지에서 멀지 않은 거리를 지나가고 있어 도움이 될 것으로 생각했다. 그러나 러시아 측은 전력공급이 워낙 불안정하고 불규칙하여 이 송전선에서 전원 공급받을 계획은 아예 생각지 말고 공사용 발전설비를 한국에서 도입해야 할 것이라고 말했다.

러시아 화력발전소

한국공단의 전력공급용 발전소를 건설할 곳으로 예정되어 안내된 곳은 팔치산스크 발전소였다. 4기의 소용량 발전소는 운전중에 있었으며 2기는 내부 보일러와 터빈발전기 설비를 철거한 상태로 건물과 터빈기초Pedestal만 그대로 남아 있었다.

한국 측이 인접한 대지에 발전소 200MW 2기를 건설하겠다고 제의했다. 그러나 러시아는 보일러를 뜯은 기존건물 안에 건설하겠다는 주장만을 되풀이했다. 딱한 생각에 기존발전소 효율을 물어보았다. 그러나 그들은 그 자리에서 답을 주지 못할 정도로 효율에는 관심이 없었다. 간부 한 사람이 나가서 자료를 갖고 왔는데 20%대의 아주 낮은 수준이었다.

러시아 발전소가 이처럼 효율에 대해 극히 무관심하다는 사실은 참으로 놀라운 사실이었다. 이들에게는 생산목표대로 연간발전량(kWh)을 달성하는 것이 제일 큰 과제였다. 석탄은 필요한 만큼 정부가 책임지고 공급해 주므로 사용하는 석탄의 열량과 효율은 관심 밖이었다.

이어서 한 석탄광산에 안내되었다. 이 탄광은 30년 전에 개발되었다고 했다. 탄광은 제법 중장비도 갖추었고 30톤급 대형 덤프트럭이 오가는 모습도 보였다. 이 석탄탄광은 露天掘노천굴이었는데 選炭선탄설비를 갖추지 않고 있었다. 연간 할당된 생산량 목표에만 관심이 있고 석탄의 품질에는 관심이 없었다. 그래서 흙과 돌이 석탄과 함께 섞여 실려 나가다 보니 발전소에 입하되는 석탄열량이 그렇게 낮을 수밖에 없었던 것이었다.

러시아의 개인농장과 市場

귀국길은 하바로프스크를 경유했다. 항공편 연락이 늦어 무료하던 차에 안내원의 권유에 따라 공항 인근의 개인농장을 가볼 기회가 있었다. 이 지역은 아무르 강변에 발달된 퇴적층 평야로 토질이 좋은데다 때로는 강의 범람으로 상류의 비옥한 퇴적토가 유입되어 땅을 더욱 기름지게 한다고 했다. 농장 안에는 수동펌프도 있고 두엄도 만들어서 알뜰하게 영농을 잘하고 있었다. 작물은 주로 채소류였고 딸들이 친정에 들렀다가 가져간다면서 흐뭇한 표정을 지었다. 이 농장에서는 시장에 내다 팔지는 않는다고 했다. 전날 하바로프스크 공영시장을 가본 일이 있었는데 그곳에서 팔던 농작물이 바로 이런 곳에서 생산되는 것이었다. 시장에서는 테이블 높이의 콘크리트 좌판에 1m 간격으로 흰 줄로 구획하고 그 구획 안에서 보잘것없는 농산물을 앞에 놓고 고객을 기다리고 있었다. 사려는 고객은 보이지 않는데 하염없이 손님을 기다리는 아주머니들의 모습이 이채롭고 조금은 애처롭기도 했다. 시장에 나와 앉아 있는 이들은 시장 메커니즘의 극히 초보적인 단계에서 변화를 체험하고 있었다.

우리 일행의 방문 이후 러시아 대표단도 여러 차례 한국을 방문하면서 한국공단 추진을 위한 회의를 갖기도 했으나, 이 계획은 끝내 성사되지 못했다. 따라서 한국전력기술의 해외발전사업 설계용역 시도도 끝내 이루어지지 못했다.

해외사업 기반조성

나는 이들 나라 이외에도 스리랑카, 필리핀 등 동남아 여러 나라를 방문하면서 시장을 개척하려 노력했으나 KOPEC이란 낮은 지명도로는 능력의 한계가 있음을 느꼈다. 우선 기업체 규모가 작으니 장관급을 만나려 해도 격을 따지는 어려움이 있었다. 나는 이런 과정을 거치면서 KEPCO의 브랜드파워를 가지고 해외에 나가 한국전력의 성공경험을 내세우면 성과도 있을 것이란 확신을 갖게 되었다.

비록 내가 KOPEC 사장 시절 베트남이나 러시아 등에서는 한 건의 계약도 성사시키지 못했지만, 그때의 경험이 후일 한국전력 사장으로 임명된 후 곧바로 해외사업을 시작하고 성공할 수 있었던 토양이 되었다고 생각했다. 그러기에 그 시도는 나에게 있어 실패가 아니라 시작이었으며 경험의 축적이었고 자산이었다.

16. Project Management 기술 宣揚

건설현장에서 흔히 쓰는 프로젝트란 말은 '제한된 기간 내에 특정한 대상목적을 정해진 예산으로 완성시키는 업무행위'로 정의할 수 있다. 따라서 일상적인 연속성 업무와는 그 뜻을 달리한다. 지금의 프로젝트 관리기법은 미국 국방성에서 신무기 연구개발사업의 효율적 관리를 위해 처음 개발된 후 NASA의 우주개발사업과 에너지성의 에너지개발 사업에 활용되면서 크게 발전했고, 그 이후 민간부문의 건설, 신약개발, 소프트웨어개발, 스포츠나 문화행사의 기획 및 관리 등 전 산업분야로 확대되어 활용되고 있다.

프로젝트 관리기법 선도

개발도상국에서 가장 먼저 도입되는 산업은 발전소의 건설과 운영이다. 한국전력의 건설부서도 1960년대에 이미 화력발전소를 건설하면서 다른 어느 기업보다 먼저 프로젝트관리PM: Project Management의 중요성과 효용성에 눈을 뜨게 되었다.

나는 대학 전기공학과 재학중이던 1956년에 당인리발전소(현 서울화력) 건설현장을 견학한 일이 있었다. 미국의 ICA 원조자금으로 마산과 당인리 삼척에 25MW 발전기 4기를 건설하고 있을 때였다. 미국의 벡텔사 엔지니어가 청사진 도면과 공정표를 벽에 걸어놓고 헬멧을 쓰고 공사를 진행하는 현장을 보면서 우리도 언젠가는 저런 일을 우리 힘으로 해낼 수 있어야겠다는 생각을 했다. 그 뒤 한국전력에 입사하여 영월화력에 배치되었을 때 미국 벡텔사가 구 영월화력 복구공사를 하는 현장을 유심히 관찰했다. 나는 본사 화력건설부로 발령받고 신규 영월화력 건설업무를 관장하면서 본격적으로 PM에 눈을 뜨게 되었다.

그 당시 나는 PM의 필요성만 인식하였을 뿐 프로그램도 없고 기술력도 가지고 있지 못했다. 그러니 자연 구체적으로 적용해 볼 기회도 없었다. 1960년대 말 서울화력 4호기를 난턴키^{non-turnkey}로 건설하면서 PM 개념이 도입되었으나 한국전력 기술진의 참여는 매우 제한적이었다.

원전건설의 PM 참여

내가 고리원전 1호기 건설 부소장으로 근무할 당시였다. 석유파동으로 현장공사가 지지부진해지자 한국전력은 추가비용을 지불하면서 웨스팅하우스로 하여금 고리원전 1호기 준공을 책임지도록 했다. 이미 언급했듯이 새 계약에는 계약자인 웨스팅하우스와 한국전력 두 회사 기술진이 통합관리조직^{IMT}을 구성, 머리를 맞대고 건설관리하도록 못을 박고 있었다.

이 과정에서 나는 날마다 공정관리와 품질관리 업무를 직접 경험하는 기회를 갖게 되었다. 그리고 한국에서 처음으로 시도된 난턴키 프로젝트인 고리원전 3, 4호기의 첫 프로젝트매니저로 임명되었다. 벡텔사와 함께 IMT 조직 속에서 우리나라에서 가장 어렵고 복잡한 건설사업인 원자력발전소의 PM을 맡아 운영하게 된 것이다. 그러나 나는 이를 통해 미국의 체계적인 PM기법과 여러 전산 프로그램을 접하게 되는 행운을 아울러 얻게 되었다.

PROMAT(현 KPMA)의 결성

지금은 한국의 건설업체가 세계 곳곳에서 EPC설계, 구매, 건설 주계약자로 참여하여 크게 진출하고 있으나, 1980년대에는 제대로 PM능력을 갖추지 못함으로써 해외에서 EPC의 주계약자로 참여할 수가 없었다.

돌이켜보면 1970년대 중동특수 때에 국내의 건설업체가 대대적으로 진출할 수 있게 되었으나 한국의 건설업체는 제대로 행세하지 못했다. 미국과 유럽의 큰 EPC업체들이 주계약자로 참여하고 한국건설업체는 이들의 하청을 받아 공사하는 수준을 면하지 못했었다. 나는 한국의 건설업이 국제적으로 주계약자가 되려면 무엇보다 먼저 PM기법을 익혀야 한다고 생각했다. 한국전력과 KOPEC의 간부가 주축이 되어 외국의 PM기법을 도입하고 이를 국내에 보급하는 것이 급선무였다. 개방화 국제화의 시대적 요구에 따라 프로젝트 관리분야의 상호협력과 이에 관한 지식, 기술 및 정보를 보급하고 진흥시키는 일이 절실했던 것이다.

이러한 시대적 요구에 따라 1989년 11월 28일 한국전력과 KOPEC이 주축이 되어 대우엔지니어링, 현대건설, 선경건설, 경영정보연구소 등 6개 기관의 대표자들이 첫 모임을 가졌다. 유관기관 간의 기술교류와 국제협력에 기여할 목적으로 PM단체 설립추진에 합의했던 것이다. 1990년 1월 16일 발기준비위원회를 개최하였고 이어서 발기실무위원회를 구성하여 10여 차례 모임을 가진 끝에 만 1년 만인 1990년 11월 27일 30개 기관의 46인 발기인에 의하여 뉴월드호텔에서 '한국프로젝트관리기술회'PROMAT 창립총회를 열고 초대 임원진을 구성했다.

이 자리에서 회장은 KOPEC 사장인 내가 맡고, 부회장에는 張基玉 한국전력 부사장과 南正鉉 대우엔지니어링 사장이 선출되었다. 이사진으로는 선경건설 高錫文, KIST 金文鉉, 대우엔지니어링 김인균, KOPEC 金弘泰, 삼성건설 성정일, 한국전력 심창생, 현대건설 이성출이 선임되었고, 감사는 경영정보연구소의 허기만 소장이 맡았다.

한국프로젝트관리기술회(PROMAT; 현 KPMA) 현판식을 마치고.
〈왼쪽부터 김문현, 고석문, 필자, 과기처 서정욱 차관, 장기욱, 심창생〉

그 뒤 1991년 3월 14일에는 KOPEC 회사 내에 마련된 PROMAT 사
무실에서 과학기술처 徐廷旭 차관 입회 아래 현판식을 가졌다. 6월 19
일에 가진 프로젝트관리기술회 창립총회 및 기념세미나에서는 金鎭炫
과학기술처 장관과 趙南煜 건설협회장이 참석하여 격려했으며, 여러
신문들이 관심을 갖고 회장 인터뷰 내용을 게재하는 등 크게 다루어 주
었다. 1991년 8월 17일에는 PROMAT 회지인《프로젝트 管理技術》
창간호를 발간하여 현재까지 이어오고 있다.

미국 PMI와 협력약정

PROMAT 설립목표의 하나가 해외단체와의 기술교류와 협력을 통하
여 선진기술을 습득하고 이를 국내에 널리 보급하는 일이었다. 이를 위
해 나는 미국의 PMI^Project Management Institute 및 유럽의 IPMA^International
Project Management Association와 기술협력을 추진했다. 1992년 6월 이탈리아
피렌체에서 개최된 IPMA 제12차 World Congress에 KOPEC이 단체회

원사로 등록하고 공정관리부 송필배 차장을 참석토록 했다. 그리고 IPMA와 여기에 참가한 미국의 PMI 회장에게 PROMAT 설립과 활동 상황 등을 소개하면서 상호 기술협력을 타진해 보도록 했다.

1992년 9월 18일부터 6일간 미국 피츠버그시Pittsburgh, PA에서 개최된 제23차 PMI 연차 심포지엄에 나는 KOPEC 공정관리부 陳金澤 부장과 함께 참석했다. 9월 21일에 가진 PMI의 Ms. D'Brian 회장과의 논의가 순조롭게 진행되어 본래의 목표였던 상호협력 합의를 넘어 양 기관 간의 '일반협력약정'General Cooperation Agreement을 하고 그날 오후 PMI 이사회를 개최하여 약정서 서명식을 가졌다. 그때까지 PMI가 협력약정을 체결한 기관은 PROMAT와 유럽의 IPMA, 일본의 ENNA, 미국의 AACE 및 IIE 등 모두 5개 기관에 불과했다.

PM 적용분야

6일간의 PMI 연례 심포지엄 참석자 규모는 사전 등록한 숫자만도 21개국의 800여 명에 이르렀다. 기술심포지엄에서는 모두 100편 가까운 논문이 발표되었는데 어떻게 하면 프로젝트를 수행하는 데 신속하고 편리한 방법으로 관리할 수 있느냐에 대해 사운을 걸다시피 노력하고 있음을 역력히 느낄 수 있었다. 그때까지만 해도 국내에서는 PM에 대한 개념을 기껏해야 건설분야나 연구개발분야에 적용하는 정도로 이해했는데, 미국에서는 모든 산업분야에 적용하고 있어 그 응용분야가 매우 넓다는 것을 실감할 수 있었다.

미국의 프로젝트 관리기술은 역사도 깊지만 인적 자원도 무척 많았다. 우리나라에서는 겨우 건설공사에서 이 기법을 쓰고 있었으며 기타분야에서는 아예 그런 개념조차 없었다. 반면 미국은 이용분야가 무척 넓어 기술심포지엄도 Professional Development, Engineering/Construction, Pharmaceutical/Defence/Aerospace 등 여러 분야로 나누어서 동시에 진행되었다.

부대행사로 프로젝트관리 관련상품 전시회가 열렸다. 주로 PM 관련 전산 소프트웨어와 교육훈련 및 책이 전시되었는데 소프트웨어는 과거의 메인프레임 컴퓨터 중심체제에서 벗어나 새롭게 등장한 PC와 LAN^{Local Area Network} 체제로의 전환, 그리고 다운사이징에 의한 솔루션 등을 선보여 새로운 전산 툴의 트렌드를 감지할 수 있었다. 그리고 전시된 다양한 교육훈련 프로그램과 전문서적을 통하여 미국의 PM분야에 대한 연구개발의 정도와 깊이를 실감할 수 있었다.

국내 PM수준에 대한 반성

PMI 심포지엄 참관을 통하여 느낀 소감은 미국사회는 명실 공히 시장원리에 의한 경쟁에 뿌리를 두고 모든 활동이 합리성에 근거하여 발전하고 있다는 것이었다. 더 나은 소프트웨어를 개발하고 더 많은 교육과 훈련을 시키려 하며, 더 나은 사업관리를 하는 길만이 경쟁에서 살아남을 수 있다는 지극히 합리적인 사고에 바탕을 두는 그런 여러 모습들이 매우 인상적이었다.

그러나 당시 우리나라의 프로젝트 관행은 어떠했는가. 연구개발은 그 규모가 워낙 작은 것들이어서 PM기법 도입 자체에 별다른 관심이 없었다. 건설공사의 사업관리와 시장경제체제도 대부분 합리성과는 거리가 멀었다. 비용을 절감하고 공기를 합리적으로 관리하며 최선의 방법으로 과제를 완수하는 문제에는 큰 관심이 없었다. 대부분의 공사수주는 발주자의 설계가액을 기준으로 입찰하는 것이 관행이었고, 발주 공사비가 낮으면 부실한 공사를 통해서 손실을 보전하려는 행태만이 횡행하고 있었다.

이러한 관행으로 인한 폐해가 낮은 공사비, 짧은 공기, 편법적 품질관리 등으로 이어져 그 부작용이 수년 후에 나타나도 원인과 책임이

숭실대학교 PM 아카데미 최고경영자과정 개설.
〈필자의 좌측이 魚允培 숭실대 총장〉

제대로 규명되는 일 없이 그냥 넘어가 버리고 마는 게 예사였다. 신행
주대교의 붕괴사고도 따지고 보면 불합리에 근거한 공사발주 방식과
부실공사에 대한 전 국민의 불감증이 초래한 재앙이었다고 할 수 있다.
　나는 이러한 선진국들의 모습을 보면서 한국에도 정당한 프로젝트
관리기법으로 경쟁하고, 높은 수준의 관리기법으로 승부하는 풍토가
하루빨리 정착되어야겠다는 생각을 절감했다. 프로젝트관리기술회
PROMAT를 발족한 것도 이런 취지에서 나온 것이고, 연차 심포지엄에 먼
길 마다않고 참석한 것도 프로젝트 관리기법의 효율적 아이디어를 얻
기 위해 강행한 것이었다.

숭실대 PM과정 신설

　프로젝트 관리기술의 중요성에 비해 이를 학문적으로 연구하는 국내
대학이 하나도 없는 현실이 너무 안타까웠다. 몇몇 대학교와 접촉하면

서 연구활동과 인력양성의 중요성을 호소했다. 숭실대의 魚允培 총장이 제일 먼저 이에 동조했다. 이 학문의 필요성을 깊이 이해하고 최고경영자과정을 개설함으로써 국내 PM사상 최초로 1998년 봄에 1기생 26명이 입학했다. PM전문가를 공적으로 인정받기 위해 자격증 취득에도 나섰다. 국내에서는 아직 자격제도가 확립되지 않았던 때여서 우선 미국의 PMI가 시행하는 PMP^Project Management Professional 자격증을 취득하기로 했다. 그 결과 현재의 KPMA[1] 회장을 맡고 있는 金鍾信 한국수력원자력 사장과 지금은 아시아개발은행에 근무하는 KOPEC 공정관리부 송필배 차장이 1993년 PMI 연례 심포지엄에 참가하여 한국인으로서는 처음으로 PMP 자격을 취득했다.

한편 국내에서도 PMP 자격자를 배출하기 위하여 PMI와 교섭한 끝에 PROMAT가 PMI로부터 문제지를 우송해 와 국내에서 시험을 보는 PBT^Paper Based Testing 방식으로 자격시험을 대행하여 1995년에 처음으로 14명의 PMP 합격자를 배출했다. 그 후 2001년부터는 PMI가 직접 운영하는 컴퓨터에 의한 시험방식^CBT: Computer Based Testing을 적용하면서 각자가 PMI에 직접 응시하게 되었다.

최근의 PMI 발표자료에 의하면 2010년 8월말까지 한국에서 프로젝트관리전문 기술자격^PMP을 획득한 사람은 무려 1만여 명에 이른다. 오늘날 우리나라 기술진이 해외건설사업에서 EPC사업을 활발하게 수행하는 저변에는 이들의 활약이 있었기에 가능했다고 생각한다. 한국의 PMP는 PROMAT/KPMA를 발족한 지 불과 20년 만에 완전히 자리를 잡게 된 것이다.

---

1 KPMA: 한국프로젝트관리기술회 (PROMAT) 는 2009년에 그 명칭을 한국프로젝트경영협회 (KPMA) 로 개칭하게 되었다.

17. KOPEC 개혁과 勞使 갈등

한국전력기술KOPEC은 원자력발전소의 설계기술 자립을 위하여 한국
전력이 정책적으로 육성한 업체로서 한국에서 유일한 원전설계능력을
갖춘 회사다. 그뿐 아니라 수준면에서도 전 세계 원전설계시장에서 최
고의 경쟁력을 가진 회사로 높이 평가되고 있다. 따라서 이 회사의 직
원들도 대부분 상당한 수준의 전문지식과 업무에 대한 식견을 갖춘 엘
리트 집단이다.

1987년 한국사회에 풍미하던 민주화 바람을 타고 이 회사에도 노조
가 결성되었다. 이 무렵에 결성된 노조는 시대의 흐름에 따라 대부분
민주노총 산하단체로 가입했다. 노조와 회사경영진 간은 협조적 관계
라기보다는 대립적 긴장관계가 대세를 이루고 있었다. 또한 이런 분위
기에서 노조의 주장이 많이 반영되다 보니 다소 무리한 단체협약도 자
주 이루어졌다.

내가 이 회사의 사장으로 취임하여 업무를 파악하면서 대 노조관련사
항으로 가장 불합리하다고 생각한 것이 두 가지가 있었다. 첫째는 급여
체계가 능력과 성과를 보상할 수 없는 체제였으며, 다른 한 가지는 각
종 계약이 노조의 동의를 받아야 체결할 수 있게 된 단체협약이었다.

단일호봉 급여체계

한국전력기술은 엔지니어링 회사이기 때문에 인사제도나 급여체계가 일반회사와 같을 수 없더라도 노력과 성과에 대한 정당한 보상방법과 동기부여의 인센티브는 직원들에게 있어야 했다. 그러나 KOPEC의 직급제도는 입사 후에 일정기간이 경과하면 근무성적에 관계없이 선임급, 주임급, 책임급으로 자동 승급되고 이에 따라 보수체계도 일률적으로 지급하도록 되어 있었다. 대부분의 체계가 서로 나누어 갖는 시스템이었다.

이러한 제도를 도입한 배경에는, 승급의 과열경쟁을 유발하는 인사제도는 직원들 간의 위화감을 조성하게 되어 근무분위기를 해친다는 노조 측의 논리가 영향을 끼쳤다. 따라서 직급 및 승급체계를 폐지하고 총 100개에 이르는 단일호봉제를 채택하여 근무평점과 관계없이 6개월이면 1호봉씩 자동 昇號^{승호}토록 한 것이다. 이에 더하여 직원간의 임금격차가 너무 적어 업무성과에 대한 인센티브가 거의 없었다. 경쟁유도를 노동착취로 간주하는 노동조합의 强請^{강청}에서 비롯된 시스템이라고 생각되었다. 열심히 일하는 직원이나 요령껏 시간만 보내는 직원이나 세월이 가면 급여와 직급은 같이 올라가고 근무성적이 불량해도 정년까지 퇴출당할 염려는 없는 그런 제도라면 회사의 발전을 기대하기 어려운 것은 자명한 일이다.

나는 부임하자 곧바로 업무성과에 따른 보상을 확대하는 방향으로 인사제도를 바꾸는 일에 착수했다. '일류 한기촉성위원회'를 구성하고 회사 운영관리 개선방안을 수립하는 등 경영전반에 대한 혁신방안을 마련했다. 그러나 급여체계와 직급 호봉제도 개정은 노조와의 협의가 전제되어야 하기 때문에 사장의 의지대로 바꿀 수는 없었다.

급여차등제의 시행과 저항

나는 어떤 형태로건 능력과 성과에 대한 보상이 되는 제도를 시행해야겠다는 일념 아래 한 아이디어를 도입했다. 각 부서별로 그해의 우수직원 5%를 선정하여 이들에게 다음 해에는 급여의 10%를 가산 지급하는 제도였다. 나는 이 제도의 시행을 위해 과거의 공개되던 급여 지급내용을 비공개로 하여 첫 급여를 지급했다. 그러자 노조 측에서 급여담당자에게 인센티브를 받게 된 5%의 직원명단을 요구했고 담당자는 이를 거절했다. 그러자 노조 상무집행위원들이 각 부서를 돌아다니면서 개개인에게 탐문 조사하여 이들 이름을 대자보로 공개하면서 '조직을 와해하는 악덕직원'으로 매도했다. 이런 일이 있게 되자 직원들은 오히려 우수직원으로 차별대우 받기를 기피하는 풍조가 일게 되었다.

일반적 노사관계에서 한번 노조 요구대로 유리한 제도를 도입하게 되면 그 규정을 다시 되돌린다는 것은 매우 어려운 일이다. 더구나 경쟁체제를 부활시키겠다는 나의 주장은 노조의 가장 큰 저항을 받아 관철되기가 힘들었다. 그나마 다행이었던 것은 이를 계기로 그동안 회사의 경영진이 직원들을 늘 가족처럼 아끼고 격려하면서 '목표설정에 의한 자기통제관리제도'MBO를 정착시킴으로써 동료직원에게 폐를 주지 않겠다는 생각이 사내에 뿌리를 내리게 된 것이다. 조직관리와 동기부여 측면에서만 본다면 이런 조직이 성과를 거양할 것 같지 않았으나 각자가 이렇게 자기능력을 배양시켜 일함으로써 이런 단점을 많이 극복할 수 있었던 것이다. 결국 나는 이 제도를 단념하기로 마음을 먹었다. 矯角殺牛교각살우, 무리하게 소뿔을 빼려다 자칫 소를 죽이는 우를 범할까 두려워서였다.

노조 눈치 보는 간부맹원

이 무렵 KOPEC은 전력산업 관련회사 중에서 유난히 노사 간의 갈등이 많기로 정평이 나 있는 회사였다. 내가 이 회사의 사장으로 부임했을 때 취임반대와 같은 극한적 행동은 없었으나 그 후 1990년대 말부터는 사장이 취임할 때마다 이를 방해하는 등 노조 본연의 기능보다는 경영권을 흔드는 일이 非一非再^{비일비재} 했다. 나는 이러한 풍조가 당시 민주화란 사회여건상의 여러 가지 요인이 작용한 점이 있겠으나 노조가 처음 태어날 때 초석을 잘못 놓고 가는 길도 잘못 길들여진 때문이 아닌가 생각을 했다. 일반 회사조직에서 조직의 책임간부는 노조에 가입하지 않는 것이 관행이다. 그러나 이 회사는 처장급 10~20명을 제외한 모든 간부가 노조맹원이다. 그러므로 이들 간부들이 노조의 전임자들에게 휘둘리기 일쑤였다. 자연 간부의 업무지시에 따르기보다 노조간부의 입김이 훨씬 강한 분위기가 되었다.

나는 과장급 이상 직원을 노조맹원에서 제외시키기 위해 단체협약 때마다 여러 가지 협상조건을 걸고 시도했으나 끝내 성사시키지 못했다. 노조와의 단체협약상 너무 많은 권한을 그들에게 부여함으로써 회사업무가 제 기능을 발휘하기 어려운 경우도 많았다. 그중 한 예가 외부와의 계약 시 노조의 동의를 받아야 하는 것이다. 이 때문에 프로젝트를 맡은 책임간부는 노조와 합의하기 위해 노조집행부의 눈치를 살피고, 노조 전임 常執^{상집}에게 계약내용을 설명하는 데 많은 시간을 빼앗겨야 했다. 나는 이런 불법적 협약은 원천무효라고 주장하면서 첫 단체협약 때 이 문제는 절대로 양보하지 않겠다고 선을 그었다. 그리고 앞으로 불투명한 계약이나 부당한 계약이 발견되면 즉각 사장직을 내놓겠다고 천명했다. 그렇게 하여 나는 그들의 양보를 받아냄으로써 계약에 대한 노조 사전동의제도를 시정할 수 있게 되었다.

노조위원장과의 갈등

노조와의 갈등이 깊어지면서 가장 참기 어려웠던 일은 걸핏하면 공식석상에서 경영진을 인격적으로 모욕하려는 노조위원장의 태도였다. 이는 의도적으로 사장의 권위를 깎아내려 자기들의 세를 과시하기 위한 책략으로 이런 행동을 하고는 영웅적 행동을 한 것처럼 분위기를 조성하고 위세를 부렸다. 노사위원회 회의 때도 직원들의 복리후생문제보다는 주로 간부들의 약점 등을 침소봉대하여 폭로하는 일을 일삼았다. 그런 태도에도 불구하고 첫 집행부와는 화합을 다지기 위해 1991년 덕유산의 大同祭^{대동제}를 화합분위기 속에서 치렀다.

그러나 직급제와 급여차등제 문제가 나온 후부터는 노사 간 관계가 계속 삐걱거려 다음 해 6월에 계획된 대동제 행사문제가 진척되지 않았다. 개최시기도 賃團協^{임단협 : 임금협약과 단체협약}을 끝낸 후 화합된 분위기에서 치르자는 경영진의 의견이 무시되었다. 자기들 계획대로 하지 않으면 임단협도 합의할 수 없으며, 개최장소도 일방적으로 정해 강행하겠다고 했다.

결국 이 문제는 경영진과 노조 간의 힘겨루기 양상으로 변했다. 노조는 자기들 계획대로 강행하기로 하고 전 직원에게 동원령을 내렸다. 차장급 이상이 모두 맹원이었으니 세 싸움에서도 이길 수 있다는 확신을 갖고 나를 압박했다. 나도 이 문제에 관한 한 밀릴 수 없다는 자세로 대동제에 참석하는 간부는 모두 무단결근 처리하고 징계하겠다며 맞섰다. 대동제 전날까지도 노조는 자기들 나름대로 참석 가능인원을 체크했고, 경영진은 경영진대로 참석을 만류하는 설득을 거듭했다. 결국 노조 측은 출발 몇 시간 전인 밤 11시에 자진철회를 선포했다. 참으로 어처구니없는 한판 대결이었다. 이런 비생산적이며 부끄러운 일이 또 있을까 싶어 내 마음은 끝난 후에도 계속 우울했다.

나는 이것으로 끝내지 않았다. 이 기회에 노조의 기를 꺾지 않으면 계속 끌려 다닐 것이라 생각하고 대책마련에 나섰다. 나는 그동안 직원 복리 차원에서 회사가 노조에게 지급한 예산이 제대로 집행되지 않고 있다는 사실을 직원들의 불평을 통해 잘 알고 있었다. 나는 이에 착안 하여 대동제가 무산된 바로 그날 감사실로 하여금 노조의 예산집행 내역을 감사토록 지시했다. 그 결과 위원장이 상급노조의 접대용으로 예산을 낭비한 사실이 밝혀졌다. 즉각 징계위원회를 구성하여 위원장을 공금횡령으로 해임조치하고 직원들에게 돌아갈 혜택을 노조가 유용한 사실을 낱낱이 공개했다. 직원들이 이에 분개하여 위원장을 성토하는 분위기가 되자 위원장은 어쩔 수 없이 물러나고 말았다.

이런 일이 있은 후 1992년 8월에 새로운 노조집행부가 구성되었다. 노사 모두가 새로운 마음이 되어 9월에 노사화합 대동제를 갖는 등 갈등 없는 노사관계를 이룸으로써 회사경영도 나의 의지대로 어느 정도 순탄하게 수행할 수 있게 되었다.

協力 中企 技術支援.

- 보위기술 무상제공, 민주계약적 지원, ──→ 기술自主기반마련
- 技術共助 관계 형성. ──→ 한전의 역할 제고
- 국산기자재의 (確保) ㅂ. 전기돌라 고(?) ... (外換감)

제 3 부

世界의
電力産業을
先導하자

자원체계. 절차

기본대행급 ── 심명리 ── 기존지원신청 ─ 지원신청 접수 ──→

──→ 의견조회. ┬─→ 실태조사, 다방면영향. ─→ 심의일정 (I)
　　　　　　 └→ 지원(II)

──→ 심의신청. 지원결정 ─┬─→ 사후평가 ──→ 항목반영.
　　　　　　　　　 지원(III)

지원기간. 신청제 등기연체 대가는 13.6 ── 99.12.

지원대상.

중소기업. 8040개社. ──→ 등록업체 1127개 ──→ 최종담 704개

704개병 분포.

제어계측기 135개. 발전동력 127개. 애자류 60개
동진동류 54개. 변압기류 41개. 전기동류 37개
전주류 38개. 전선류 35개

선정원칙.

핵심 전력설비 구성기자재제조, Blr. Tbn. Gen. Ptr. Bkr.
광역전화 목록 기자재 : 애자, 옥스, 더비. 전력 Cable. 변압기/R. 가공선
일반기자재. ─ 기능원료, 환답, 전주. 기계류.

技術研究院

신기술

- 研究開發 : 연구비 先給金. 84. 初에 支給결정.
  下部보고 時에 支拂지연 에의한 不平 상당.

- 研究評價 方法 改善. 計數化. 평가위원재가 하려면 문제
  많다. 某社를 demo 사업.

- 河東. 발전 用水문제에 역삼투압 净水설비 활용

- 물로 海水 脫塩 에 membrane 式. Energy 적게든
  商業化時 Ton 당 1000원 소요.
  Closed Cycle system 文을 드림. 文要 [85부터라도]

- 특허 8件   S/W 6件

[85 計劃.]

- 海外 中. 露 연구원. 回籍조치. 보증등에 곤란.

- 博士級. 연구원 보강.

- 自償연구 148과제. 183억원. 그中 400개원 次原硏

- 路電사서 中소제품. 중산학연구.

[昇格時 비리]

研究職 이기에 不利益 받는점도 考. 구체.
  原子力 側. 85. 以前승격자 18名。4점당. 중기등고비임원
研究職는 一般職보로 전환 가능하고록 제도고치 렸는

18. 韓國電力 사장 취임과 의식개혁

　나는 대학졸업 후 한국전력을 선택함으로써 공직자의 길을 걷게 되었다. 입사하자마자 영월발전소로 가 탄재를 뒤집어쓰고 건설현장의 飛階^{비계}틀을 오르내리면서도 앞으로 한국 최대의 공기업에서 나의 꿈을 펼칠 수 있으리란 신념을 갖고 열심히 일했다. 특히 기술의 불모지에서 원자력발전소 건설기술을 자립하고 오늘날 해외에 진출하기까지 함께한 동료와 후배들의 노력에 감사하며 묵묵히 일했다.

　전기는 어둠을 밝히는 빛이며 산업을 일으키는 동력이다. 그리고 공기업은 어느 개인의 치부를 위한 회사가 아니라 국가경제와 국민생활의 향상을 위해 봉사하는 서비스기관이다. 따라서 나는 이러한 공기업에서 나의 꿈을 펼칠 수 있게 된 것을 늘 감사하게 생각하며 오늘에 이르렀다.

한국전력 사장 선임 배경

　1993년 김영삼 대통령이 취임하고 조각이 끝나자 많은 사람들의 관심은 국영기업체의 首長^{수장}이 누가 될 것인가에 쏠렸다. 나는 김영삼 대통령과는 일면식도 없었을 뿐 아니라 대선기간 중에도 한전 자회사인 한국전력기술KOPEC 사장으로서 정치권과는 아무런 연관이 없었기에 정치적으로도 내가 한국전력 사장이 될 조건은 하나도 갖추어져 있지 않았다. 그러나 김영삼 대통령이 합리와 정도로 인사원칙을 세워나간다면 나에게도 기회가 있으리란 기대만은 저버리지 않고 있었다.

그런데 그 기대가 기대만으로 끝나지는 않았다. 1993년 3월 26일 당시 상공자원부로부터 한국전력공사 사장에 내정되었다는 통보를 받았다. 그리고 3월 29일 한국전력 주주총회에서 11대 사장으로 선임된 것이다. 나는 그 뒤 김영삼 대통령이 정치적으로도 아무런 연고가 없는 엔지니어인 나에게 국내 최대 공기업인 한국전력 사장 CEO라는 중책을 맡긴 배경과 관련하여 당시 한국전력 사장 選任선임업무에 직접 관여했던 상공자원부 차관으로부터 다음과 같은 이야기를 전해 들었다.

1993년 2월 문민정부의 조각이 완료된 후 3월에 있을 국영기업체의 주주총회를 앞두고 상공자원부는 각 기업체의 대표이사 임용후보를 대통령에게 천거했다. 그런데 김 대통령이 "3대 국영기업인 한국전력과 포항제철, 한국중공업의 최고 경영자는 정치인 중에서 뽑지 말고 그 분야의 전문가를 발탁하여 상신하라"는 지시를 내렸다고 했다. 그때 상공자원부는 자기 부 출신으로 장관을 지낸 관료 한 사람을 다시 천거했으나 이 역시 반려되자 한국전력 내부기용으로 가닥을 잡았다는 것이다. 당시 金喆壽 상공자원부 장관은 이 문제를 상의하기 위해 차관보급 이상의 간부회의를 열었으며, 이때 검토하는 과정에서 나의 부사장 시절 국회에서 보인 위기돌파 능력이 높은 평가를 받아 落點낙점될 수 있었다고 했다.

1988년 발족한 13대 국회에서 한국전력과 미국 원자로 공급회사인 CE사와의 계약문제가 야당의 공격목표가 되어 5共 非理5공비리로 몰아 정치권에서 규명하려던 일이 있었다. 당시 한국전력의 韓鳳洙 사장을 대신하여 부사장인 내가 국회 동력자원위원회에서 국회의원 질의에 답변을 하게 되었다. 이때 나는 야당의원의 예리한 질의에도 잘 대응하여 위기를 넘겼던 일이 있었다. 이런 일련의 대처성과가 정부 고위간부들에게 좋은 이미지로 남아 사장 후보로 나를 적극 천거하게 되었다는 후일담이었다.

사실 그 당시는 영광원전 3, 4호기 계약문제가 5공비리의 한 의제로 결정됨에 따라 나는 국정조사와 검찰의 수사로 매일매일 살얼음판 걷는 심정으로 지냈다. 그러나 그때의 어려웠던 문제해결이 나의 위기대처 능력으로 정부인사로부터 인정을 받는 결과가 되었다니 그야말로 轉禍爲福전화위복이 된 셈이었다.

한국전력 사장 취임

1993년 4월 1일, 나는 청와대에서 김영삼 대통령으로부터 한국전력 사장 임명장을 받았다. 그러나 취임식도 하기 전에 국회의 정책질의에 답변하기 위해 여의도로 달려가야 했다. 내가 한국전력 사장에 내정되었다는 발표가 있던 바로 다음날인 1993년 3월 29일 부산 구포에서 열차가 전복되는 대형사고가 발생했는데, 그 원인이 한국전력이 시공 중이던 지중선용 전력터널 공사방법의 부실로 철도노반이 침하됨으로써 발생한 것으로 밝혀졌기 때문이다. 그날 국회의 정책질의를 통해 한국전력은 많은 질책을 받았다. 국회의 답변을 끝내고 부산 사고현장으로 출발하기에 앞서 한국전력으로 돌아가 황망중에 간소한 사장취임식을 가졌다. 근무시간이 지난 저녁시간이었다.

나는 취임식에서 실로 감격스럽고 두려운 마음으로 연단에 섰다. 그리고 3만 6천여 한국전력 가족을 향하여 취임사를 했다. "뜻이 있는 곳에 길이 있다. 한마음 한뜻으로 세계의 바다를 향해 새 출발을 하자. 그리하여 우리 모두 세계 전력사업을 선도하는 초일류 기업을 만들자"고 호소했다.

사원들 중에는 국내 일류도 되기 어려운데 어떻게 세계 초일류가 되

김영삼 대통령으로부터 한국전력 사장 임명장을 수령했다.

느냐고 속으로 웃어넘기는 직원도 있었을 것이다. 하지만 이날의 나의 외침은 훗날 '세계전력사업을 선도하는 초일류기업'이라는 미래비전으로 구체화되었고, 나의 경영철학은 한국전력과 진로를 같이하면서 숱한 기록들을 세워나갔다.

1995년 *Business Week* 7월호는 한국전력을 주식시가 총액 기준으로 신흥시장에서 세계 1위로 선정했으며, 미국의 리먼 브라더스 증권사도 한국전력을 세계 최우수 전력회사로 선정했다. 또한 한국전력은 한국기업으로는 유일하게 영국의 *Financial Times*가 발표한 '1997년 세계 500대 기업'에 선정되는 한편, 1997년 6월에는 아시아에서는 최초로 세계 유수의 전력회사들을 제치고 미국 에디슨전기협회가 수여하는 최고의 영예인 '97에디슨대상'을 수상, 국내 최고기업으로서 위상을 확고히 하고 세계적 전력회사의 면모를 과시했다.

나 개인으로서도 1996년에 공기업으로선 처음으로 한국전력 사장이 '한국의 경영자상'이란 상을 수상하는 영예를 안았다. 이 경영자상은 1969년 한국능률협회가 '한국의 존경받는 經營者像경영자상'을 제시하기

1997년 6월 미국 에디슨전기협회로부터 '에디슨상'을 수상했다.

위해' 제정한 상으로서 한국을 대표하는 '경영자 명예의 전당'으로 자리 잡아왔다. 우리나라의 유명 기업인인 김우중, 구자경, 최종현 회장 등 기라성 같은 CEO들이 수상한 명예로운 상이었다.

이렇게 하여 한국전력은 이제 세계전력시장에서 일본의 동경전력과 함께 선두다툼을 벌이게 되었다. '세계전력사업을 선도하는 초일류기업', 불가능할 것처럼 보였던 그 꿈들이 하나씩 현실로 나타나게 된 것이다.

새 韓電暢達, 의식을 바꾸자

의식이 바뀌면 행동이 바뀌고 행동이 바뀌면 운명이 바뀐다는 말이 있다. 기업도 치열한 경쟁에서 살아남기 위해서는 시대상황과 기업환경에 맞춰 스스로 변화해야 한다. 그것이 適者生存^{적자생존}의 법칙이다. 내가 한국전력 사장에 취임하던 1990년대 초기의 시대상황은 문민정부가 들어서고 지방자치제가 실시되는 등 민주화와 지방화가 추진되던 시기였다. 官界^{관계}와 사회 전반에 걸쳐 강력한 의식개혁과 사회정화가

1996년 한국능률협회로부터 '한국의 경영자상'을 수상했다.

요구되었고, 정부와 언론에서는 국영기업체의 민영화와 구조조정 문제가 끊임없이 논의되던 시기이기도 했다.

한국전력은 역사의 뿌리가 깊고 조직이 커서 직원의 사고가 보수적일 뿐 아니라 변화에 적응하는 기민성이 부족한 것이 실상이었다. 사장 부임 초기에 '새韓電^{한전}'의 기치를 내걸고 의식개혁과 부조리의 척결을 강력히 추진했던 이유도 바로 스스로 개혁하지 않으면 살아남을 수 없다는 절박한 시대상황을 반영한 것이었다.

나는 당시 '새한전 창달'의 기본정신을 다음 4가지로 생각하고 있었다. 첫째가 도덕성으로서 투명한 경영과 깨끗한 회사를 만들고자 함이요, 둘째가 효율성으로서 생산적 경영으로 국제경쟁력을 높이는 일이었다. 셋째는 봉사정신으로서 진정한 봉사와 합리적 서비스를 통해 고객만족을 이루는 것이었으며, 넷째는 주체성으로서 전 사원이 주인의식을 갖고 경영혁신에 동참하는 것이었다.

이러한 나의 경영관과 '새한전 창달' 의지는 취임 초부터 실천으로 옮겨져 整風運動^{정풍운동}을 펼친 결과 1994년과 1995년 2년 연속 정부투자기관 경영평가 최우수기관으로 선정되어 대통령 표창을 수상하는 영광을 안게 되었다.

새 行動規範의 시달

취임 후 첫 새해 집행간부회의 석상에서 나는 비리척결을 제일 먼저 꺼내 들었다. 아직도 사업소장 중에는 업무추진비는 자기수입으로 챙기고 대외경비는 총무과장을 통해 조달받는 경우가 있다는 투서를 공개하면서, 그 비리근절대책으로 다음과 같은 행동규범을 만들어 지시했다.

첫째, 새해부터 직무권한규정이 대폭 하부로 이양되는데, 이를 계기로 간부들의 업무태도가 일신되어야 한다. 결재서류 내용이 미흡하거나 의견이 다를 경우에는 돌려보내지 말고 토론을 거쳐 해결토록 한다.

둘째, 간부는 권위적으로 군림하지 말라. 去來先거래선이나 사내 조직 간에 자기주장을 독선적으로 밀어붙이거나 강제해서는 안 된다.

셋째, 업무추진비의 집행은 간소함을 기본으로 하고 사내직원 상하 간의 회식은 반드시 검소해야 한다.

넷째, 골프는 사외의 동창이나 친척과의 운동은 무관하지만 상사접대나 거래선과의 골프는 금지한다. 단, 동료 간의 골프는 비용을 분담토록 한다.

다섯째, 모든 간부는 직원의 애로사항을 경청하여 그 해결에 힘쓰고, 노동법과 관련하여 불법적 행동을 하는 간부는 불이익이 돌아가도록 한다.

나는 특히 '오얏나무 아래서 갓을 고쳐 쓰지 않으며, 참외 밭에서는 신을 벗어 넣지 않는 법'(李下不正冠 瓜田不納履)이라는 옛 잠언을 항상 명심하도록 당부했다. 모든 간부는 이 행동규범을 준수하여 남으로부터 의심받는 일이 없도록 해야 한다는 점을 특별히 강조한 말이다.

문화체육부 주관 '대한민국 기업문화상' 행사, 공기업 최초로 한국전력이 최우수상을 수상했다.

기업문화의 혁신

직원의 의식구조 혁신을 위해서는 기업의 문화가 달라져야 한다는 신념으로 기업문화 활동에 박차를 가했다. 1994년에는 기업문화 전개를 위한 마스터플랜을 수립하고 세계최고를 지향하는 운동을 전개했다. 'NOW Number One in the World 운동'이란 이름 아래 기업문화 추진실적을 사업소 내부평가에 반영하고 결과를 직원들의 승격추천 인원수에 반영토록 함으로써 모든 직원의 참여를 유도했다. 이로서 회사의 외형적 규모뿐 아니라 효율 면에서도 세계적 최우수기업으로 도약할 수 있는 기폭제가 되었을 것으로 생각한다. 또한 '관리자 100일 운동'을 전개하여 관리자가 새로운 직무를 부여받으면 100일 동안에 새 직무의 내용을 신속 정확히 파악하고, 도출된 문제는 개선방안을 마련하도록 하는 운동을 추진했다.

이 같은 운동이 대외적으로도 인정받아 1995년 9월 문화체육부가 주관하는 '대한민국 기업문화상' 행사에서 공기업 최초로 최우수상을 수상했고, 그해 12월에는 총무처와 상공회의소가 주관하는 '민관사무혁신대회'에서 은상을 받은 데 이어 1996년에는 이 부문의 금상을 수상하기도 했다.

사장 連任 배경

1996년 3월 11일, 한국전력 주주총회는 3년 임기를 끝낸 나를 연임하도록 의결했다. 국영기업체장의 단임제가 상식처럼 여겨지던 그 시절, 나의 연임소식은 관가의 화제가 되었다. 주주총회 시즌도 거의 끝나가던 3월 하순 어느 날, 통상산업부 장관과 차관이 산하 기관장들을 초대한 만찬석상에서 나의 연임배경에 대해 공개적으로 이야기를 해 줬다.

"3월초까지도 관가의 분위기는 정치적으로 자리를 마련해 주어야 할 인사가 많아 국영기업체장은 전원 단임으로 한다는 가닥이 잡혔습니다. 그러나 한국전력이 가장 먼저 주주총회를 열게 되자 문제가 되었습니다. 이종훈 사장은 그동안 많은 경영실적을 올렸는데 굳이 바꿔야 할 이유가 없지 않느냐는 의견이 대두되었기 때문입니다. 그래서 전원교체 방침이 변경되었습니다. 임기가 되었다고 해서 일 잘하는 사람도 내보낸다는 사실이 알려지면 대통령의 인사방침에 실망할 사람이 많아질 것이며, 또 이번에 임기를 마치게 된 사장들은 모두 문민정부가 발탁하여 임명한 분들인데 이들을 모두 다 내보낸다면 당초 인선이 잘못되었음을 자인하는 것이 아니냐, 그러니 선별적으로 임명하자는 설명이 설득력을 얻어 그런 방향으로 진행된 것입니다."

이리하여 나는 다시 '한국전력호'란 거함의 선장을 맡아 계획한 일들을 그대로 밀고나갈 수 있게 되었다.

19. 公正人事制度 확립과 인사청탁 근절

'인사가 만사'란 말이 있다. 나는 그래서 조직구성원들의 통합과 사원 개개인의 능력신장은 경영자가 앞장서 이끌어야 할 가장 중요한 덕목이라고 생각했다. 이를 위해서는 조직구성원들이 가치공유는 물론 화합을 통한 통합을 해야 하고, 그 열쇠는 사내 인사의 공정성에서 찾아야 하며, 열심히 일한 자에게 기회가 주어지는 그런 인사제도가 정착되어야 한다고 생각했다. 하지만 이제까지의 한국전력 인사는 종종 정부의 간섭과 외부 정치권의 청탁에 의해 어쩔 수 없이 영향을 받아왔던 일이 많았던 만큼 공평무사한 인사관행을 확립하는 일은 그만큼 멀고 힘든 과제였다.

그러나 나는 여기에 도전했다. 내가 사장으로 있는 동안 최소한의 초석은 다져 놓아야겠다고 다짐했다. 한국전력은 4만 명 가까운 대가족을 거느리고 있음에도 직급별 정원의 증원은 극도로 억제되어 있어 승격문제는 직원의 사기와 직결된 가장 큰 문제로 등장되어 있었다. 특히 당시에 한국전력은 몇 안 되는 안정적인 직장이어서 이직률이 낮은 데다 1980년대 이후 설비가 급속도로 늘어남에도 간부정원은 억제되어 있어 승격경쟁은 더욱 심화되고 있었다.

昇格인사 불만

직원의 정년퇴직이 한 해에 두 번 시행되기 때문에 충원을 위한 직급 승격도 1년에 두 번씩 이루어지는 것이 그동안의 관행이었다. 승격심사 발표 후의 파장은 항상 심각했다. 승격된 사람은 환호했지만 탈락한 더 많은 사람들은 좌절감에 빠져 많은 후유증을 겪었다. 그런데 문제는 승격결과의 공정성에 대한 불신이 크다는 데 있었다.

나는 1985년부터 1990년까지 한국전력 부사장으로 재직하는 동안 인사위원회 위원장을 맡고 있었다. 사실상 인사에 대한 실권이 없음에도 외부의 승격청탁은 나를 통해 끊임없이 들어왔다. 오죽하면 당시 동력자원부의 어느 고위관료가 한국전력 인사청탁의 심각성을 털어놓으면서 공정성의 문제를 제기하기까지 했겠는가.

나는 그동안 청탁한 사람들의 신분과 연락처를 일일이 대학노트에 빽빽이 적어놓고 있었다. 결과가 공식적으로 발표되기 전에 청탁한 외부 실력자들에게 미리 죄송하게 되었다는 말을 전해 주어야 했기 때문이다. 이를 위해 어떨 때는 하루 또는 이틀 동안 발표를 늦추기도 했다. 그들에게는 승격이 되고 안 되고보다는 자기가 부탁받은 사람을 위해 애썼다는 생색을 내는 일이 더 필요했던 것이다. 그러기에 자기가 노력한 사실을 그 직원이 알도록 해주기 위해서 발표 전에 그 결과를 미리 통보해 줄 수 있도록 배려해 달라는 것인데, 이런 간곡한 부탁마저 묵살할 수는 없었던 것이다.

訓令 제1호

나는 한국전력의 공정한 인사를 위해서는 외부청탁의 관행을 근절하지 않으면 안 된다는 생각을 오래전부터 굳게 지니고 있었다. 그런데 1993년 4월 1일 내가 사장으로 취임했을 때 공석중인 집행간부 임명과 직원의 승격절차가 처리해야 할 첫 번째 과제로 나를 기다리고 있었다.

내가 사장으로 취임하기 수일 전 電力溝전력구1 건설에 따른 경부선 구포역 인근의 열차전복 사고문제로 나는 임명장을 받자마자 곧바로 국회 상공자원위원회로 달려가 이 질의에 응답해야 했다. 집행간부 임명과 승격 및 인사이동을 앞둔 시기라 정치권에서 가만히 있을 리 없었다. 국회에 도착하자마자 위원장을 비롯한 상공자원위원 몇 분이 인사 청탁 메모지를 건네면서 꼭 관철시켜 줄 것을 강청했다. 국회에서 회사로 돌아온 나는 취임식을 마치자마자 또 곧바로 구포 열차사고 수습차 부산으로 내려가야 했다.

그날 밤 유가족 위문 등 일정을 마친 뒤 나는 밤늦게 호텔에 도착하여 인사문제에 대해 직접 공문을 기안해서 서울로 팩스를 띄웠다. 밤잠을 못 자더라도 이 일만은 해야겠다는 생각이 나를 지배했기에 단 한 시간도 미룰 수 없었던 것이다. 나는 이 팩스로 일체의 인사청탁을 하지 못하게 한 것은 물론 기왕에 외부청탁을 했던 직원은 즉각 이를 취소토록 조치했다. 그리고 이 훈령에도 불구하고 추후 청탁이 들어오면 당사자에게 크게 불이익을 주겠다는 내용도 함께 담도록 했다. 새 사장의 경영의지를 강조하기 위해 '사장 訓令훈령 제1호'라는 다소 위압적인 제목을 붙여 전 사업소에 시달하게 하고 결과를 확인하라는 지시까지 내려보냈다.

이는 외부 인사청탁 근절을 위한 나의 의지를 전 직원에게 강하게 표현한 공식업무의 첫 조치였다. 나는 또 전무들에게도 외부로부터 인사청탁을 받은 사실이 있으면 그 명단을 제출하라면서, 이에 어긋난 대상자는 심사위원회로 넘겨 불이익을 주도록 하겠다고 천명했다.

---

1 電力溝(전력구) : 전력을 송·배전하기 위해 일반적으로 架空 線路를 사용하지만 미관과 안전을 위해 도시중심지나 주요 간선은 지중에 포설한다. 전력구는 이 지중선로를 포설할 지하터널을 일컫는다.

昇格제도의 확립

훈령 제 1호를 뒷받침하기 위해서는 투명하고 객관성 있는 승격심사 제도를 신속히 마련해야 했다. 나는 해당부서의 검토보고를 기다리지 않고 내가 과거 부사장 때부터 갖고 있던 인사정책 복안을 긴급 구성된 태스크포스 팀에게 넘겨주고 토론을 거쳐 보완하도록 지시했다. 지난날 내가 부사장으로 있으면서 사장에게 건의했던 이 방안들은 사장도 그 합리성은 인정했으나 정치적 배려 때문에 불가피하게 시행하지 못한 것들임을 나는 잘 알고 있었다. 그러기에 지금부터는 내 자신이 그 승급규정에 묶여 외부청탁을 들어줄 수 없게 스스로 창살을 만듦으로써 바람막이 역할을 할 생각을 굳힌 것이다.

승격심사규정의 골자를 요약하면 2직급과 3직급으로의 승격은 사업소장이 서열명부를 작성하되 추천심사위원 갑·을반 두 갈래로 나누어 심사하고 사업소장이 별도로 서열을 매긴 자료를 포함한 3개안을 본사 심사위원회 자료로 쓰도록 한 것으로, 이를 본사에서 승격 심사위원이 심사하여 사장에게 2배수 인원을 천거하는 제도였다. 사업소장도 독자적으로 추천하게 한 것은 사업소장의 지휘권 강화 차원에서도 절대적으로 필요하다는 평소의 생각을 반영한 것이다. 그리고 3직급 이하 간부의 보직 이동인사는 1차 사업소장에게 모든 권한을 위임했다.

사업소의 추천심사위원 명단의 사전유출을 철저히 방지하기 위해 추천위원은 본사에서 선발, 추천위원회의 소집 직전에 통보하도록 했다. 그 명단을 봉인하여 지사장 입회하에 개봉하고 추천위원은 입시출제위원들처럼 외부접촉이 금지된 곳에서 심사하도록 했다. 본사의 명단작성은 기밀유지 차원에서 비서실이 기준을 정하고, 그 기준에 맞춰 명부를 만들되 출신지역과 출신학교 등이 한쪽에 치우치지 않게 선정하도록 했다.

본사의 승격심사위원도 이와 같은 요령으로 선임하여 갑반과 을반이 독립적으로 평가한 후에 다시 종합반에서 최종 후보자를 선정하고, 그 결과를 토대로 종합점수 서열을 매겨 사장에게 보고하도록 했다. 이렇게 되자 이 범주에 들지 못하는 직원은 근본적으로 승격이 될 수 없게 되었다. 이 2배수 서열명부를 기초자료로 하여 집행간부 참여하에 지역안배, 사업소안배, 입사자격(대졸자격과 고졸자격 입사직원)의 배려 등을 감안하여 최종 승격대상자를 결정하도록 했다.

한편 나는 승격인사 철을 앞두고 지사장들을 불러 단독면담도 가졌다. 나는 그 자리에서 지사별 경영관리 평가를 놓고 그 원인을 분석하는 한편 사업장 내 직급별 최우선 승격대상자를 추천하도록 했다. 이러한 만남은 그 자체만으로도 지사장의 통솔권을 강화하고 인사의 공정성을 기하는 데 큰 도움이 될 것으로 생각했다. 나는 이러한 다단계 심사방법으로 승격자를 선정한 결과 다음과 같은 결론을 얻게 되었다.

첫째, 객관적으로 자격미달인 사람이 승격한 사례는 완벽히 막을 수 있었다. 다만 능력의 차이가 비슷한 경우 탈락된 사례는 불가피한 것으로 수용되었다.

둘째, 사장이 마음대로 하지 않는다는 사실이 대내외에 알려짐으로써 외부청탁을 거절하는 분명한 구실이 되었다. 그 결과 극소수이긴 했지만 청탁했던 사람이 탈락되어도 사외에서 사장을 원망하는 소리는 자연스레 없어졌다.

셋째, 유능한 인재는 승격에서 탈락되어도 다음 기회에는 자기차례가 될 것이라는 희망을 가지게 됨으로써 승진발표 후의 여러 가지 후유증이 줄어들게 되었다.

그 후 이 제도는 인력개발처 秋廷燁 부처장을 책임자로 한 승진제도 개발팀에서 골격은 그대로 유지한 채 미비점을 보완함으로써 더욱 체계가 잡힌 제도로 발전되었다. 고참사원에게 좋은 평점이 주어지는 온정주의를 배제하고 발탁인사가 이루어지도록 승격대상을 연도별로 분류토록 했다. 승격대상 진입연도를 설정하여 젊은 엘리트층의 발탁인사 길을 열어준 것이다. 그리고 거듭 승격에 누락되면 차츰 평점이 감소되어 아예 승격을 체념하도록 유도하는 장치도 마련했다.

1직급 승격심사

1직급 인사는 또 다른 문제점이 있었다. 공정성에 대해 나의 평소 편견이 작용할 수 있고, 외부 인사청탁에 영향을 받아 공정성을 상실할 우려도 있었다. 또 새 인사제도 도입 이후 1직급 승격을 사업소의 추천이나 인사위원회 협의를 거치는 경우 인사기밀이 사전에 누설되면 외부의 압력을 초래할 가능성도 배제하기 어려워 공정성을 지키기 어렵다는 판단도 있었다. 승격대상인 2직급 간부라면 20년 이상 경영층과 직·간접적으로 업무연계가 있어 어느 정도 개인별 능력을 평가할 식견을 가질 수 있다. 1급 승격까지도 위원회에서 결정한다면 사장의 조직 장악력의 약화를 초래할 우려도 있다고 생각했기에 나는 공정성을 잃지 않으면서 사장의 인사에 대한 권한을 유지하기 위해 다음의 방법을 시행하기로 했다.

우선 인사부서로 하여금 직군별 2직급의 명단을 평가하기 쉽도록 승격연도 퇴직까지 남은 햇수 등 인사자료를 도표로 만들어 집행간부와 1급 직원 20~30명에게 人秘^{인비}사항으로 나누어주고 직군별로 정해진 인원만큼을 추천하도록 했다. 이들이 추천한 내용을 종합해 본 결과 승격할 대상인원이 거의 확연히 구분되어 있어 승격의 잡음을 없앨 수 있었다. 사장이 직접 낙점하는 형식이지만 내용적으로는 1직급 직원의 의견을 최대한 반영할 수 있는 제도였음이 드러났다.

인사에 사장의 자의성이 배제된다는 사실을 직원들이 인식하게 됨으로써 외부를 통한 인사청탁은 눈 녹듯 사라져갔다. 공정한 인사를 위한 제도는 이런 과정을 거쳐 마련되었다. 남은 문제는 경영자와 관리자들이 이 제도를 얼마나 공정하고 투명하게 운영하느냐에 달려 있다. 아무리 좋은 제도를 만들어 두어도 최고경영자의 의지가 실리지 않으면 공평무사한 인사가 될 수 없기 때문이다.

20. 電子행정과 營業窓口 개혁

내가 고리본부장으로 취임하던 1983년경에는 일반직원들이 퍼스널 컴퓨터PC를 제대로 업무에 활용하지 못하던 시절이었다. 특수분야에 근무하는 몇몇 직원만 컴퓨터를 사용했고 소프트웨어도 일반문서를 편집하는 단계까지는 개발되지 못했다. d-Base-Ⅱ 프로그램으로 겨우 데이터를 입력하고 索引색인하는 수준이었다. '업무를 전산화하라'고 말들은 쉽게 하지만 막상 어떤 과정을 거쳐야 하며 무엇을 어떻게 전산화해야 하는지 잘 모르는 경우가 대부분이다. 모든 직원이 직접 전산기에 입출력 처리를 하려면 우선 전산기를 다루는 기본은 알아야 가능한 일이다.

電子行政에 박차

머지않아 컴퓨터시대가 온다는 것은 누구나 예측하고 있었다. 따라서 나는 하루라도 빨리 전산화교육을 시켜야겠다는 생각 아래 원자력 직군부터 이에 앞장서기로 했다. 고리본부장으로 있던 1984년 1월에 나는 PC 10대를 구입하여 교육장을 차렸다. 그리고 1, 2직급 전원을 대상으로 2주간 매일 3시간씩 교육을 시켰다. 강의를 맡은 金成鎰 전산보수계장은 직접 PC를 조작하면서 시행하는 교육을 병행함으로써 큰 효과를 거두었다. 그러나 개인용 컴퓨터 사용은 훨씬 후인 1990년대에 보급되기 시작했다.

한국전력기술KOPEC이 전산 시스템을 본격적으로 갖춘 것은 1987년경으로 영광원전 3, 4호기의 설계용역사업의 주계약자로 참여하게 된 것이 계기가 되었다. 1990년에 내가 KOPEC 사장으로 부임하여 대용량 전산설비와 개인장비의 확충이 계속 이루어지던 중, 도면을 컴퓨터화하기 위한 CAD와 LAN을 설치함으로써 그동안 개별사용자가 독립적으로 보유하던 각종 파일이나 프로그램을 공유할 수 있게 되었다.

1993년에 한국전력 사장으로 취임하여 보니 한국전력의 PC보급은 전혀 확충되지 못한 채 3년 전 수준 그대로였다. 모회사인 한국전력이 자회사 KOPEC보다 PC보급률이 몇 해나 뒤처져 있음을 뒤늦게 알게 되었다. 사업소를 초도순시하는 도중 직원들의 책상위에 있어야 할 PC를 서무과 타자실에 모아두고 전문타자수가 문서를 편집하고 있어 나는 그 업무의 후진성에 놀라움을 금치 못했다. KOPEC에서는 대부분의 직원이 PC를 사용할 뿐 아니라 LAN으로 연동되어 있어 업무능력이 월등히 제고되고 있을 때였기에 더욱 그러했다.

나는 그러한 모습을 보고 하루 속히 대대적으로 PC를 보급해야겠다는 결심을 굳히게 되었다. 전 직원에게 일시에 PC를 보급하기 위해서는 초기 재무부담이 너무 크기 때문에 우선 자회사인 KDN으로부터 리스방식으로 보급하도록 했다. 그 무렵 IT산업의 활황이 기대되는 1993년까지도 한국전력의 일반 행정은 서류문서에 의존하는 페이퍼워크 수준에 머물렀다. 나는 부임하자마자 우선 전자행정의 실현을 위해 본사 부서간은 물론이고 본사와 사업소 간 문서유통시스템의 완성을 강력히 추진했다. PC보급이 어느 수준에 도달하자 1994년 6월 30일 전자우편 전자결재 게시판을 위한 소프트웨어 개발을 완료했다. 나는 전자우편과 전자결재가 보편화하도록 갖가지 방법으로 직원들을 훈련시키고 앞장서서 컴퓨터 이용을 촉진했다.

KBS 시청료 공동수금제도 도입

1993년 8월 17일 KBS 洪斗杓 사장과 만찬을 함께했다. 그 무렵 한국전력 전기요금과 KBS 시청료, 수도요금 가스요금 등 공과금은 내무부에 의해 47개 시 행정기관에서 검침과 수금을 담당하는 통합공과금제도를 운영하고 있었다. 이 통합공과금제도는 수금실적에 따른 인센티브가 별로 없어 실적이 매우 저조했다. 이에 따라 KBS나 한국전력은 재정운영에 어려움을 겪고 있었으니 同病相憐^{동병상련}이랄까, 이 제도에 대한 불평으로 많은 대화를 나누었다.

회사에 돌아와서 판매사업단 金棋洙 전무와 이 문제를 상의하였더니 판매사업단도 전기요금 수금부진으로 아주 어려움이 크다고 했다. 내무부가 통합공과금 정책에 워낙 완강하게 집착하고 있어, 한국전력 혼자 힘으로는 문제를 해결할 수 없으니 KBS와 공조하면 쉽게 해결될 수도 있을 것이라는 의견을 제시했다. 그는 이 제도의 폐지를 위해 이미 KBS와 공동노력하기로 실무선에서 대화하고 있다고 보고했다.

나는 9월 21일 이 문제로 KBS의 홍 사장과 황규환 본부장을 만나 제도변경을 위해 공동노력 하기로 뜻을 모았다. 여러 채널을 통해 정책변경을 시도하였으나 별로 진전이 없어, 1994년 1월 28일 최형우 내무부장관을 방문하여 양 회사의 어려움을 호소하고 당위성을 설득하여 어렵사리 반승낙을 받아냈다. 이를 근거로 실무교섭을 구체화하여 총리 행정조정실에서 부처 간 의견을 조율한 결과 통합공과금제도를 폐지하기로 하고, 1994년 6월 1일 한국전력이 신문공고를 통하여 알리기로 했다. 이 제도변경에 따른 혼란을 방지하기 위해 통합공과금에서 전력요금과 시청료를 분리시행하는 데 따른 국민의식조사를 시행한 후 그 결과를 공보처에 보내어 1994년 7월 19일 차관회의에도 보고했다.

이 제도변경은 10월 1일부터 시행하되 전기요금과 TV시청료만 분리하여 한국전력이 징수하기로 했다. 이에 수반하여 내무부 산하 검침원

KBS 시청료에 전기요금 부과 징수협약을 했다.
〈洪斗杓 KBS 사장과 필자, 왼쪽은 朴炳斑 영업처장〉

3,800명 전원을 한국전력이 인수했는데, 이들의 처우에 불이익이 없도록 하라는 정부지시도 함께 받았다. 1994년 8월 1일 통합공과금 폐지에 따른 내무부와의 회의에서 47개 시별로 정산위원회를 구성하고 검침인원 이적에 따른 설명회를 개최하며 검침원에 불이익 없게 조치할 것에도 합의했다. 내무부에서 인수받을 인원 3,800명 이동일자를 9월 15일로 결정을 하였으나 본인의 희망에 따라 실제로는 2,100여 명만 이적되어 왔다.

  이런 과정을 거쳐 1994년 10월 1일 정부지침대로 KBS 시청료를 한국전력 전기요금과 함께 징수하게 되었다. 시청료 수금에 따른 수수료 문제에 KBS와 합의하고 11월 28일 한국전력과 KBS가 합의 서명식을 거행함으로써 1년여에 걸친 노력에 대단원의 막을 내리게 되었다.

판매사업 SI 도입

한국전력 업무 중 특히 영업분야는 단순반복 업무가 많다는 점에서 판매사업단의 김기수 전무가 일찍부터 전산화에 심혈을 기울였다. 그리고 그의 후임으로 전산업무에 전문성을 지닌 李海守 단장이 부임함으로써 더욱 박차를 가하게 되었다. 1997년에는 판매사업단에 宋正鈺을 팀장으로 하여 SI 추진팀을 발족시키고 배전과 영업업무의 통합전산화 방안을 마련하기에 이르렀다. 이는 그 무렵까지 분산처리되던 자동검침, 배전자동화, 수요관리, 요금처리 등의 프로그램을 하나로 통합관리하려는 시도였다. 이는 과거 전자계산소 소장으로 근무했던 李海守 전무가 경륜을 살려 새로이 시도하는 큰 사업이었다. 나는 흔쾌히 이 사업추진을 승인하고 관계자들을 격려했다.

한국전력은 이와 같이 다른 기관보다 한발 앞서서 전자행정체제를 갖추기 시작했다. 이에 따라 행정시간이 크게 단축된 것은 물론 문서의 송달 및 저장이 용이해지는 등 행정 전반에 대변혁을 이루게 되었다.

오늘날 우리나라는 세계 최고의 IT기술과 서비스, 그리고 인프라를 통하여 IT 강국으로 부상해 세계 최강의 디지털국가 건설을 꿈꾸고 있다. 나는 이를 위해서는 정부나 공공기관이 앞장서서 전자행정을 실현하는 것이 시대적 요구라고 생각했다. 다행히 한국전력은 전력설비의 계통운영을 위한 전국적 광통신망을 확보하고 있어 IT와의 접속이 매우 용이한 이점을 지니고 있다. 하드웨어와 소프트웨어 모두 국내 정보통신사업을 선도할 수 있는 매우 유리한 조건을 갖추고 있는 것이다.

영업창구 업무개혁

한국전력은 그동안의 경영개선 노력으로 국제적으로는 우수한 경영주체로 인정받고 있으나 국내에서는 여전히 구태의연한 국영기업체로서 관료적이며 군림하는 이미지로 남아 있었다. 그 이유는 바로 수용가와 직접 상대하는 영업창구의 직원이 오랜 관행에서 벗어나지 못해 나타난 서비스정신의 부족에 기인한 것이라 할 수 있다.

1993년 내가 사장으로 취임한 지 얼마 되지 않아 감사원 감사가 있었다. 당시 감사책임을 맡은 李今福 감사반장이 내방하여 지난날의 여러 가지 한국전력의 비리나 경영상의 문제점을 지적했다. 사장이 새로운 이미지를 가지고 회사를 개혁하는 데 도움을 줄 자료가 될 것이란 말도 덧붙였다. 나로서도 한국전력의 영업창구가 안고 있는 문제점을 감사원의 감사를 통해서 밝혀내는 것이 바람직하다는 말을 전하고 경영진도 협조하고 감사관들도 철저히 감사해 줄 것을 요망했다.

감사를 마친 후 감사결과를 보고받는 자리에서 이금복 감사관과 단독 면담시간을 가졌다. 이 과정에서 나는 상당히 중요한 개선점을 찾아낼 수 있었다. 그는 부산지사 감사 시에 한국전력의 직원복장을 빌려입고 전력을 비교적 많이 쓰는 대 수용가를 방문했다고 한다. 사업주에게 인사하고 거짓으로 '이번에 새로 부임한 한국전력 영업부장'이라고 자기소개를 했더니 많은 공장이나 건물 주인이 촌지봉투를 건네주더라는 것이다. 당시 요금제도에서 최고사용량이 한번 초과기록되면 전력사용량과 관계없이 1년 동안 정액분인 需用^{수용}요금을 이 기준에 의해 증액부담하기 때문이라는 것이다.

나는 즉각 수용요금제를 개선하여 월 사용량과 연계시킴으로써 일선 영업담당자의 재량권을 없애도록 조치했다. 또 전기사용의 위약사항을 조사하러 다니는 천용 조사원이라는 직책도 폐지하여 이런 커넥션이 생길 여지를 근원적으로 없애도록 했다.

24시간 내 送電 제도화

내가 부사장 재직 시 한국전력 업무와 관련하여 외부로부터 부탁받는 내용의 대부분은 전력공급 개시가 늦어 어려움이 많다는 내용이었다. 지점에 전화 한 통화만 하면 대개의 경우 특별한 어려움 없이 즉시 송전이 개시되었고 곧 고맙다는 전화를 받은 경우가 왕왕 있었다. 전력수용가 입장에서는 공장이나 건물의 전력시설이 준공되었는데도 전력선을 연결해 주지 않으면 시설물을 사용할 수 없으니 한국전력에 목을 맬 수밖에 없었던 것이다. 전력회사가 장사를 하기 위해 전력선을 연결하고 신속히 송전해 주는 일은 전력사업의 기본의무임에도 수용가의 절박한 상황을 악용하여 시공한 업자가 중간에서 농간을 부리는 경우가 있었기 때문이다.

나는 해결방안으로 '24시간 내 송전제도'를 도입했다. 고객이 전력수용 신청을 하면 전주건립을 수반하지 않는 수용가에게는 반드시 24시간 내에 송전을 완료하도록 한 것이었다. 만약 불가피한 사정이 있으면 그 사유를 본사에 보고하도록 했다. 이에 더하여 행정기관 건축과와 협조하여 건축허가가 나가는 시점부터 잠재 수용가로 상정하고 공사진도를 파악하여 필요한 시점까지 전주를 건설하건 변압기용량을 키우건 반드시 전력이 공급되도록 사전에 고객과 협조하도록 했다.

방문고객 제로화 운동

나는 또한 궁극적으로 고객이 불편사항이 있어도 사업장을 방문하지 않고 전화와 팩스 등으로 민원을 해결하도록 하는 '방문고객 제로화 운동'을 전개하도록 했다. 내가 1960년대 말 미국 체류기간 중 엔지니어링 사무실이 필라델피아 시청 바로 곁에 자리 잡고 있었다. 당시 우리나라 같으면 시청에 드나드는 사람이 수없이 많을 터인데 내 눈에 시청을 방문하는 사람을 거의 볼 수 없었다. 알아보았더니 미국은 이미 모든 민원처리를 우편과 전화로 처리하기 때문에 시민이 시청을 방문할 일이 없다는 이야기였다.

나는 한국전력도 이에 앞장서서 민원문제를 전화로 해결하는 제도를 도입해야겠다고 생각했다. 그러나 직원충원에 한계가 있었다. 창구직원이 내방고객 응대와 전화 응대를 동시에 수행하게 되면 내방고객이 대기하게 되는 불만이 있었다. 나는 이를 해소하기 위해 필요한 전화상담원은 파트타임 임시직원제도를 도입하여 해결토록 했다. 직원의 부인 등을 단기간 교육시켜 전화폭주 시간대에만 근무시키는 제도를 도입했더니 호응이 대단히 좋았다. 사장이 너무 소소한 업무에 간섭한다는 비난을 받을 것도 생각해 보았지만 이렇게 하지 않고는 관행을 깨뜨리기가 쉽지 않았기 때문이다. 고객만족을 향한 큰길 하나가 또 열리게 되었다는 생각을 하니 흐뭇해지는 마음을 금할 수 없었다.

末端사업장 폐지와 반발 수습

친절하고 신속한 고객봉사는 한국전력 직원의 가장 중요한 덕목이다. 전국 방방곡곡 불을 밝혀야 하는 한국전력은 그래서 서비스 단위가 많을수록 좋은 곳이었다. 그러나 오늘날은 각종 최신 기자재와 기법으로 더 효율적으로 서비스를 할 수 있는 여건을 갖추고 있다. 전국 방방곡곡 도로가 포장되고 통신망이 완벽하게 소통되는데도 과거의 조직과 관행을 그대로 고집할 필요가 없어진 것이다.

전기원 관리에도 문제가 많았다. 나이가 40대 중반을 넘으면 昇柱^{승주}를 안 하려 들고 출장소장으로 보임되어 관록만으로 군림하려는 경향이 그대로 남아 있었다. 과거에도 말단 출장소를 郡^군 단위 지점으로 통합하여 장비를 현대화하고 서비스를 기동화하면서 출장소를 폐지하려는 시도가 있었으나 쉽게 이루어지지 않았다. 출장소장이 그 지역 정치인을 동원하여 본사의 시도를 좌절시키기 일쑤였기 때문이다.

1993년 내가 사장으로 취임할 때는 사회적으로 개혁의 분위기가 무르익던 시기였다. 그래서 나는 이 기회가 출장소를 폐지하기에 가장 적절한 기회라고 생각했다. 역대 사장의 고민거리였던 한국전력 출장소 폐지문제는 내부출신 사장이 취임 초에 하지 않으면 하기 어려운 개혁이었다. 나는 취임하자마자 1개월의 검토를 거쳐 電光石火전광석화식으로 전국 약 300개 사업장을 폐지하는 단안을 내렸다.

이 방침이 전해지자 전국의 지방출장소 관할지역은 큰 소동이 일어났다. 지방사람을 부추겨 연판장 서명을 받아 청와대, 국회, 감사원 등에 제출할 준비를 하고 있다는 정보가 들어왔다. 나는 이를 방치하는 경우 개혁의 저항이 전국 규모로 확대되고 결과적으로 정치권이 시끄럽게 나오게 되면 한국전력의 개혁은 근본부터 흔들릴 것이기 때문에 이에 강력 대응하기로 했다.

제일 먼저 연판장을 완성하여 제출한 출장소는 인천지사 산하의 K출장소였다. 나는 인천지사장으로 하여금 이 출장소장을 징계 해임하고 보고토록 지시했는데, 이 소문은 사내의 통신망을 통해 즉각 전국으로 퍼져 나갔다. 두 번째 확인된 곳은 영남지역의 A출장소였다. 이곳에도 같은 명령을 내리자 한창 연판장을 작성중이던 전국의 다른 출장소장들이 조금씩 근신하는 자세로 돌아서기 시작했다.

사장과의 정면대결 사태가 일어날 수도 있었던 연판장 파동은 이렇게 하여 비교적 쉽게 수습할 수 있었다. 이 출장소 폐지조치는 전국의 900개 사업장에서 3분의 1의 사업장을 폐쇄하는 혁신적인 조치였으므로 주위로부터 '한국전력 개혁의 상징'이란 높은 평가를 받기도 했다.

그러나 나는 이 문제를 사업소 폐쇄조치만으로 끝내지 않았다. 전력 고객에 대한 신속한 봉사와 정전에 따른 불편을 초래하지 않기 위해 지체 없이 장비를 보강해 주었다. 오토바이로 이동하던 전기원에게 경승용차로 안전하게 출동할 수 있게 차량을 대폭 증가 배치하고, 전주보수용 바게트 트럭을 공급했으며, 새로운 보수공법을 도입하여 일을 더 수월하게 처리할 수 있게 했다. 고령 전기원들도 쉽게 보수작업을 하게 되었으니 젊은 전기원을 충원할 필요성이 감소되고 인력활용 면에도 크게 도움이 되었다. 또 폐지된 출장소장들도 섭섭하지 않을 정도의 예우를 갖추어 지점으로 배치했다. 奧地^{오지}의 출장소 직원이 도시의 지점에 와서 근무하게 되자 남편 따라 이사 온 가족들은 자녀교육에도 도움이 된다면서 오히려 좋아들 했다. 이리하여 300개의 사업소 폐쇄조치는 큰 후유증 없이, 또 원망하는 사람도 별로 없이 마무리되었다.

이때의 여담 하나를 소개해 본다. 출장소를 폐지하는 과정에서 수십 명의 국회의원들이 자기출신 지역만은 재고해 줄 것을 요구했다. 그러나 이런 요구는 수용할 수 없는 일이었다. 오히려 이런 분위기는 한국전력이 무척 어려운 개혁을 하고 있다는 이미지를 정치권에 강하게 부각시킨 결과가 되었다. 그 뒤 김영삼 대통령 임기중에 정부는 끊임없이 조직의 개혁을 드라이브했으나, 한국전력은 사업장의 3분의 1을 폐쇄했다는 명분이 작용했는지 조직개편에 대한 정부의 압력을 거의 받지 않고 무사히 지나갈 수 있었다.

21. 電力需給 위기와 전력설비 확충

　전력사업의 1차적 책무는 누구나 전력이 필요할 때 언제 어디서나 원하는 만큼의 전력을 안전하게 쓸 수 있도록 수급의 안정을 기하는 것이다. 이를 위해서는 정확한 수요예측에 맞추어 충분한 공급설비를 갖추고 있어야 하며 적정한 예비전력이 확보되어 있어야 한다.

　그러나 급작스런 불경기로 전력수요가 기대만큼 증대되지 않으면 剩餘^{잉여}전력으로 인해 전력회사의 경영이 어려워져 전력요금 인상요인이 되고 결국은 국민의 부담으로 돌아간다. 이와 반대로 예상치 못한 경기호전이나 이상고온으로 전력수요가 비정상적으로 증대하면 전력부족으로 제한송전이 불가피해진다. 더욱이 오늘날처럼 최고도의 품질이 요청되는 정밀·화학공업이나 IT산업이 발달된 사회에서는 순간의 정전도 산업과 사회생활에 막대한 영향과 손실을 끼치게 된다. 이런 점을 고려하면 여유 있는 전력시설을 갖추고 있는 편이 국가 산업안보 차원에도 크게 유리한 것이다.

異常기온과 전력 需給非常

1994년 7월에는 계속되는 가뭄과 異常^{이상}고온에 더하여 월드컵 축구 경기 중계방송까지 피크시간과 겹쳤다. 1994년 7월 11일에 전력부하가 전년 대비 18% 이상 증가하자 시간 최대부하가 2,566만 8천kW로 사상 최대치를 기록했다. 이날의 최대전력부하 기록갱신을 시작으로 전력수요는 나날이 증가하고 불볕더위는 보름 이상 계속되었다. 겨울추위도 1주일 이상 계속되면 지표의 냉기가 축적되어 한강이 결빙된다. 여름 더위도 불볕더위가 수일간 계속되면 蓄熱^{축열}현상으로 건물온도나 地熱^{지열}이 누적되어 올라간다. 이를 식히기 위한 냉방용 에너지도 그만큼 크게 증가하니 전력수요도 暴暑^{폭서}가 계속되면 그만큼 누진적으로 증가하게 된다. 전력소비가 사상최고기록을 갱신한 그 다음날도 불볕더위는 기승을 부려 대구지방의 수은주는 섭씨 39.4℃를 가리켰다. 최대전력도 새로운 기록을 갱신하여 2,567만 3천kW로 상승했으며, 공급예비율은 5.4%로 떨어졌다. 7월 13일에도 불볕더위는 계속되어 초목도 말라 들어가고 예비율은 3.5%로 떨어지니 언론의 질타와 함께 청와대로부터도 걱정하는 소리가 들려왔다.

일주일이 지난 18일에도 폭서는 그치지 않아 여전히 전력 비상사태는 누그러지지 않고 사상최대의 전력수요 기록만 거듭 경신되고 있었다. 발전사업단장 崔在昊 전무를 필두로 하여 발전소 직원들은 조금이라도 더 많은 발전출력을 내기 위해, 가스터빈의 입구 온도를 낮춤으로써 출력을 증가시키겠다면서 발전기 주변에 소방호스로 물을 뿌리는 등 모든 직원이 제한송전을 막기 위해 피 말리는 노력을 계속했다. 2천여 명의 직원들은 전국 대형건물을 방문하여 냉방온도 28℃를 유지하도록 권유했다. 그러나 그 효과도 자연이변에는 당할 수 없어 최대전력수요는 또다시 2,651만 4천kW로 치솟았고 예비전력은 80만kW 수준까지 떨어졌다. 만약 원자력발전소 1기라도 불시정지를 하게 되면 곧바로 전국정전을 유발할 수도 있는 긴급한 상황이었다.

상공자원부에서는 예비전력이 최소한 100만kW는 유지될 수 있도록 부하조절을 실시하자고 요청했다. 부하조절은 결국 일부 고객의 전력을 제한하는 일로 20년 지속된 무제한 송전기록을 깨는 羞恥^{수치}이기에 나는 이에 동의하지 않고 다음날 오전 11시까지의 부하상태를 보고 그때 결정하기로 했다. 그러나 이런 비상조치가 7월 27일까지도 계속되어 전력 예비율은 나날이 내려갔다. 7월 26일 당시의 공급능력이 2,743만 1천kW인 데 비해 최대수요는 2,669만 6천kW까지 치솟아 예비전력이 73만 5천kW이고 예비율은 2.8%에 불과한 긴박한 상황이 되었다. 20여 년 동안 전력을 안정적으로 공급하던 한국전력이 보름 이상 계속되는 불볕더위로 이렇게 매우 위급한 상황까지 맞게 된 것이다.

이런 와중에 7월 27일 김영삼 대통령이 고리원전을 시찰하겠다는 전갈이 왔다. 나는 급히 울산행 항공편으로 고리원전에 도착해 모든 준비를 끝내고 대통령께 보고할 내용을 검토하고 있는데 부산지방에 돌풍이 불면서 집중호우가 내렸다. 위급한 시기에 내린 참으로 소중한 단비였다. 대통령의 고리 방문도 자연히 취소되었다. 왕조시대에 큰 가뭄이 들어 임금이 祈雨祭^{기우제}를 지내고 나면 금방 비가 내렸다는 고사를 많이 들었지만 이번이 바로 그와 같은 경우가 아닌가 하는 생각이 들었다. 계속된 가뭄과 불볕더위로 온 나라가 큰 걱정을 하고 있을 때 대통령이 원자력발전소를 시찰할 계획을 세우니 부산에 큰 소나기가 내려 달아올랐던 온 나라를 순식간에 식힌 것이다. 우연의 일치라고나 할까. 후련한 날씨가 마음까지 서늘하게 식혔다.

발전설비 4천만kW 달성

비록 위기를 제한송전 없이 넘기기는 하였으나 이번 가뭄은 현대 산업사회에서 전력공급이 부족하면 어떤 결과를 가져오게 되는가를 새삼 되돌아보게 하는 계기가 되었다. 한국전력이 투자를 대폭 늘려 예비전력을 충분하게 확보해야 한다는 사회적 공감대를 어느 정도 형성하게 된 것이 소득이라면 소득일 수 있었다.

한국전력 발족 이래 정부와 한국전력은 일체가 되어 전원개발을 위해 많은 재원을 집중시켜 왔다. 부족한 투자재원을 조달하기 위해 정부가 지급보증으로 해외차관이나 채권을 발행할 수 있었다. 이러한 노력의 성과로 1970년 이후 공급부족에 의한 송전제한 없이 20여 년간 산업계와 가정에 안정적으로 전력공급이 이루어질 수 있었다. 전력사용량은 GNP^{현재의} GDP 증가율보다 훨씬 높게 증가하는 추세여서 전원개발을 계속하여도 잉여전력이 우려되는 그런 단계는 오지 않았다.

돌이켜 보면 한국전력이 통합 발족한 1961년 7월, 36만kW에 불과하던 전원설비를 꾸준히 확충하여 1967년 100만kW를 돌파하였고 1983년 4월 월성원자력발전소 준공을 계기로 발전설비 용량은 1천만kW를 넘겼음은 앞서 밝힌 바 있다.

내가 사장에 취임했을 때 국내의 발전설비의 총용량은 2,800만kW였다. 그럼에도 1년 후인 1994년 7월 空前^{공전}의 이상기온으로 공급능력이 부족하여 앞에서 밝혔듯이 매우 어렵게 전력공급 중단 없이 고비를 넘겼던 것이다. 20여 년 만에 처음으로 일어난 위급사태였다.

내가 취임한 이후에도 전원개발에 꾸준히 정책적 우선순위를 두고 추진했다. 1995년 영광 3호기를 준공하면서 발전설비용량 3천만kW를 넘겼고, 1997년 8월 태안화력 4호기를 준공하여 4천만kW를 달성함으로써 국민 수만큼의 전력설비를 갖게 되었다. 나는 이 회포를 한 수의 시1에 담아 붓글씨로 남겼더니 첫 두 구절을 돌에 새겨 태안화력 구내에 세웠다. 그해 11월 11일 거행된 태안화력 3, 4호기 준공식에서는 李相榮 발전사업단장에게 동탑산업훈장이 수훈됨을 비롯하여 이해수,

---

1 民數當量電力成　雄飛韓電萬邦行　潤生興業曾先導　爲國丹誠功不輕.
　앞의 두 구를 태안화력 구내 돌에 새겼다.

태안화력 준공으로 발전시설용량 4천만kW 돌파를 기념한 휘호석 앞에서.
李相榮, 李海守, 崔記正 전무들을 비롯한 동탑·철탑산업훈장 수훈자들과 자리를 함께했다.

최기정 전무 등에게 산업훈장이 수훈되었고 이를 축하하는 조촐한 행사를 가졌다.

나의 임기동안 영광원전 3, 4호기를 비롯하여 무주 양수, 삼천포화력, 일산 부천 분당 등의 복합화력발전소 등 대형발전 설비만으로도 41기를 준공함으로써 설비용량을 1, 370만kW 증가시켜 1997년 말 총 설비용량을 4, 530만kW로 확충했다.

빈번한 停電事故

배전선의 사소한 고장으로 인한 공급지장은 가끔 있어도 광범위한 정전을 유발하는 송전선사고나 변전소사고는 자주 일어나지는 않는다. 그러나 하필이면 전력수급 비상대책으로 가슴 졸이던 1994년 7월, 한국전력이 제한송전을 실시하지 않고 버티던 보름 사이에 전력계통에서 설상가상으로 3건의 사고가 있었다.

7월 14일에는 현대건설의 탄천 도시고속도로 공사장에서 154kV 송전선로 이설공사 중 덤프트럭에 설치된 크레인이 살아 있는 송전선로에 닿아 동서울변전소 변압기의 뱅크가 정전됨으로써 광역 정전사고가 발생했다. 이 사고로 동서울변전소에서 공급받는 16개 변전소가 20분 내지 70분간 정전되고 강남과 강동, 송파 일대의 도시기능이 일시 마비됐다. 또 7월 22일 13시에는 동서울변전소 변류기 고장으로 또다시 강남 일대 62만호에 2분에서 20분간 전력공급이 중단되는 사태가 발생했다. 동서울변전소 관내에서만 같은 달 들어 두 번째로 일어난 정전사고였다.

7월 26일에는 인천 초고압 송전선의 단선으로 서인천화력과 보령화력 5, 6호기가 동시에 비상 정지하여 전력계통이 混調^{혼조}됨으로써 전국 정전을 誘發^{유발}할 위기를 맞았다. 그러나 급전지령소에서 비상상황 C-5조건 시행명령을 긴급 시달하여 전국 정전으로 파급되는 위기는 겨우 면했다. 그동안의 송변전 설비에 대한 투자부진과 평소의 예방정비 부실, 위급시 대응지연 등의 결과가 이러한 현실로 나타난 것이라 생각되었다.

變電설비 1억kW 달성

1994년 7월의 酷暑^{혹서}가 한 달 가까이 지속된 기상이변은 아주 이례적인 현상이었다. 이 기간 중 한국전력 직원은 있는 힘을 다해 제한송전이라는 치욕적 기록을 막을 수 있었다. 그러나 한국전력은 이 과정에서 송변전 설비에 대한 취약점을 뚜렷이 드러냈다. 송변전 투자는 발전설비 투자재원 조달에 항상 순위가 밀려 부진을 거듭했던 것이 사실이었기 때문이다. 이런 전력부족 현상은 일반국민은 감각적으로는 느낄 수 없는 분야였기 때문에 정책수립자들의 관심을 끌지 못했다. 그동안 변전소나 송전선의 부실에 의한 사고로 정전이 되어도 으레 정전은 불가피한 사고로만 인식되었기 때문이다.

그러던 중 1988년 8월 29일 내가 부사장으로 재임시 성북구 월계변전소에서 대형 화재사고가 발생했다. 노원구, 성북구, 동대문구, 종로

구 일대가 짧게는 28시간, 가장 늦게 복구된 지역은 1주일 가까이 암흑천지가 되었다. 1970년 이후 일어난 최장기 정전기록이었다. 나는 한국전력 입사 이래 발전과 원자력분야의 건설운영만 담당하다 보니 송변전 설비의 설계기준이나 설비운영의 실정은 소상히 알지 못하는 편이었다. 그러나 나는 이 월계변전소의 사고현장을 돌아보고 설비의 낙후성에 놀라움을 금치 못했다.

발전설비는 도입 초창기에 해외에서 설계하여 도입한 것이었으니 예산부족과는 관계없이 외국의 기술기준이나 안전기준에 맞게 설계되었다. 나는 이러한 설비가 당연히 일반적인 설계기준인 것으로 생각하고 있었다. 그러나 송변전 설비는 설계와 설비제작이 비교적 일찍 국산화된 부문이다. 따라서 항상 빠듯한 예산으로 설비를 증설해야 했으니 시설의 안전설비 설계가 소홀할 수밖에 없었을 것이다. 나는 월계변전소 사고를 계기로 변전시설의 안전설비 설계기준이 너무나 소홀했음을 직접 체험했다. 공사비를 적게 들이려고 애쓴 흔적이 완연했던 것이다. 참으로 안타까운 마음을 어찌할 수 없었다.

1994년 혹서기간에 일어난 동서울변전소 사고 등 전력계통 사고도 결국은 송변전 설비의 투자부진과 설비보수의 부실에 기인한 것이었다. 또 1995년 12월 27일에 있었던 순화동 중부변전소의 화재사고로 중구 일대가 암흑천지가 되고 〈조선일보〉, 〈동아일보〉 두 신문의 윤전기가 멈추는 사고도 마찬가지 이유였다. 李壽成 국무총리가 화재현장을 순시할 정도로 심각했던 이 사고로 나는 한국전력 사장으로서 사회적인 비난을 한 몸에 받게 되었다.

그때 돌아본 순화동변전소의 설비배치와 케이블 헤드는 1935년도에 건설된 영월발전소의 설비와 비슷한 구 설비형식 그대로였다. 나는 이때부터 발전설비보다 변전설비의 현대화가 더 시급함을 다시 한 번 절감했다. 송변전 설비의 예산배정을 꾸준히 늘려 대대적인 정비와 설비를 확충했다. 1996년 5월에 송전전압을 765kV로 승압하는 건설사업을

변전설비용량 1억kVA 달성 및 최초 345kV 지중 송전선로 준공식장.
〈왼쪽부터 朴棟楨 전 한전 송변전담당 임원, 金泰成 한전 전무, 韓埈晧 통상산업부 자원실장,
申芝秀 전 발전담당 임원, 필자, 金甲鉉 전 송변전담당 임원〉

착공하는 한편, 1997년 1월엔 우리나라 최초로 국내에서 자체 개발된 345kV 유압케이블로 남양주시 미금변전소에서 성동구 성동변전소 구간을 지중화하는 데 성공하였고, 같은 해 6월 변전설비 총용량 1억kVA를 달성할 수 있었으며, 10월에 345kV 옥내변전소 준공을 계기로 옛 전력 관련 선배님들을 초청하여 준공식을 가졌다.

　이런 과정을 거쳐 정전은 으레 있는 것이란 시민의 의식을 불식시켰고, 그 결과 戶當^{호당} 정전시간도 획기적으로 줄일 수 있게 되었다. 임기 동안 발전설비와 송변전 설비확충 등으로 1992년 말 결산 총자산 18조 8천억 원이 1997년 말에는 46조 8천억 원으로 약 2배 반이나 크게 늘어났다.

22. 勞組와 퇴직금 알력 타결

기업은 자본과 노동이 유기적으로 협력하여 새로운 가치를 생산, 판매, 서비스하는 경제활동 조직체라고 말할 수 있다. 때문에 한 기업이 건실히 발전하려면 자본을 투자한 사용자와 노동력을 제공하는 노동자가 상호이해와 신뢰를 바탕으로 손잡고 나가야 하는 것이 첫 번째 요건이라 할 것이다.

전국전력노동조합(이하 전력노조)은 우리나라의 노동운동을 이끌어온 선구적 단체로서 勞使노사관계에서도 조화로운 노선을 견지하고 있음을 나는 늘 자랑스럽게 생각했다. 그런 전력노조가 한때 경영진과 퇴직금 문제를 둘러싸고 긴장감을 조성한 일이 있었다.

退職金 累進制 마찰

한국전력의 퇴직금제도는 10년 이상 근속하면 1년에 4개월 급여에 해당되는 액수가 퇴직금에 적립되는 것으로 노사 간 협약이 되어 있었다. 1980년대 초 전두환 정부가 각종 개혁을 단행하면서 한국전력의 퇴직금 累進率누진율이 너무 과다하니 법정수준인 1년 1개월로 낮추도록 강요했다. 당시의 정치사회 분위기에 눌려 이에 저항하지 못하고 정부

240

방침대로 누진율을 하향조정하여 단체협약을 체결했다. 그러나 1987년 민주화 분위기가 고조되면서 당시 제도변경은 정부의 '강압'에 의하여 이루어진 것이므로 원상회복되어야 한다는 직원들의 주장이 점점 힘을 얻게 되었다.

퇴직금문제가 본격적으로 거론되기 시작한 것은 1990년 전력노조 위원장 선거가 한창일 때로서 정부 일각에서는 보수적 노조를 도와야 한다는 분위기가 일고 있었다. 이때 정치권에서는 한국전력 노조의 억울한 사연에 동정적이었고 보수노조를 지키려면 무엇인가 보상해야 한다는 여론이 있었다. 민자당의 정책실장과 정책의장까지 퇴직금 보상의 불가피성에 동조했고, 전임 사장도 어쩔 수 없이 이에 묵시적으로 동조했다. 정부에서도 이런 희망적인 언질을 주자 崔泰鎰 전력노조 위원장이 이를 선거공약으로 내걸고 당선되어 이때부터 문제가 본격화되기 시작했다.

정부방침과의 조정

퇴직금 환원문제는 당초 정부의 지침에 따른 결정이었으므로 한국전력 경영진 단독으로 해결할 문제가 아니었다. 한국전력의 노사 간 합의는 다른 국영기업체와 민간기업까지 영향이 미치는 큰 사안이었으므로 정부와 긴밀히 협조를 해야만 했다. 퇴직금 환원문제를 갖고 1994년 10월 31일 정부와 협의하기 위해 경제기획원 차관을 찾아갔다. 그는 노동부 차관을 지낸 경력이 있어 노조의 생리를 잘 알기 때문에 참고가 되는 말을 들을 수 있을 것 같아 방문한 것이다.

차관과의 논의과정에서 도출된 해결책은 대충 다음과 같았다. 첫째, 정부는 절대로 이 문제에 개입하지 않을 것이다. 둘째, 어떤 경우에도 노조원 아닌 회사간부에게 보상이 주어져서는 안 된다. 셋째 퇴직금 보상금 총액은 1,500억 원을 초과할 수 없으며 5년 이상의 기간에 걸쳐 분할지급한다는 것 등이었다. 그것이 정부의 확고한 입장이었다. 나는 이 정도의 수준으로는 도저히 노조를 설득할 수 없다고 생각하면서도 일단 노조와 협상에 임하기로 하고 돌아왔다.

전력노조의 대형집회 대책

정부의 절충안에 대해 전력노조 측은 완강히 거부하며 이를 받아들이지 않았다. 퇴직금제도 환원투쟁도 점차 강화되어 갔다. 1994년 11월 첫 주말에는 1만여 명의 조합원이 본사에 집결하여 시위한다는 정보가 들어왔다. 노조 측에서는 평화적인 시위라고 공언했지만 많은 사람들이 모이다 보면 군중심리가 작용하여 의외의 불상사가 발생할 수도 있어 경영진으로서는 조금도 긴장을 늦출 수 없는 상황이었다.

1994년 11월 3일 내가 통일원 장관과 통일원 고문단 일행을 모시고 영광원전 시설을 안내하는 도중 청와대 경제수석으로부터 긴급전화가 걸려왔다. 대통령이 전력노조원 1만여 명의 시위계획을 보고받고는 모든 수단을 동원해서라도 이를 막으라는 지시가 있었다는 연락이었다. 그러면서 1만여 명이 나서 시위하려는 판국에 사장은 한가하게 지방에 가 있느냐면서 질책하듯 불평했다. 나는 전력노조와 그동안 협조를 잘 해왔으니 설사 집회를 해도 큰 불상사가 벌어지지는 않을 것이라는 확신을 갖고 있다고 안심시킨 후 급히 상경했다. 관리본부장인 朴萬潤 전무와 집행간부, 崔泰鎰 노조위원장을 불러 숙의했으나 대세는 이미 지방에서 상경할 버스까지 다 예약된 마당이라 어떤 극적인 타협 없이 노조위원장 마음대로 좌지우지하기에는 어려운 상황이었다.

대형집회를 하루 앞둔 1994년 11월 4일 오후 청와대로 김정남 교문수석을 찾아갔다. 이미 한국전력 노조문제 내막을 잘 알고 있던 그는 모든 문제는 물 흐르듯 풀어야지 강제적으로 막다 보면 오히려 일을 그르칠 수 있다고 경고했다. 나는 내친걸음에 金光琳 기획담당 비서관을 만나 청와대 비서실의 기류를 파악해 보니 개략적인 청와대 분위기는 다음과 같았다. 다음날로 예정된 시위는 절대로 막아야 하고, 퇴직금 문제는 그 이름을 내세우지 말고 사장 책임하에 다른 명목으로 해결방안을 찾아서 시행하되, 그것이 사회적으로 시끄럽지 않으면 비서실은 묵인할 것이라고 귀띔했다.

나는 귀로에 金和男 경찰청장을 방문하고 협조를 부탁했다. 다음날 지방에 있는 노조원들이 대거 상경할 때 현지 경찰서장의 직권범위 내에서 이들 관광버스 상경을 저지하도록 요청하자 그도 적극 협조할 것을 약속했다.

기대치를 낮추자

회사를 대표한 박만윤 전무와 노조와의 마라톤협상은 다음날 밤까지 이어졌다. 그 결과 하나의 협상이 이루어졌다. 퇴직금 환원에 관한 단체교섭을 11월 22일까지 완료하고 그 내용을 30일 이사회에 부의하기로 합의하면서 11월 5, 6일로 계획되었던 궐기대회는 취소하기로 합의한 것이다. 참으로 어려운 숙제 하나가 풀린 셈이었다. 그러나 이것은 결정을 잠시 뒤로 미루어 발등의 불을 끈 것일 뿐 끝난 것은 아니었다.

노사 간에 퇴직금 문제에 대한 단체교섭을 완료하기로 약속했던 시한인 1994년 11월 22일이 다가왔다. 노조의 기대는 부풀어 있었으나 국내 여론뿐 아니라 여타 국영기업체와 민간 대기업에 미칠 영향 등을 고려할 때 노조의 요구를 들어준다는 것은 계속 어려운 상황이었다.

문득 노동부 최 차관의 말이 생각났다. 노조와의 협상에서 유의해야 할 사항은 '그들의 기대심리를 낮추는 것이고, 해결할 때는 기대 이상으로 소득이 있는 모양새를 갖추어 양보하는 것이 교섭의 요체'라는 뜻의 말이었다. 참으로 정곡을 찌르는 적절한 조언이라 생각되었다.

절충안에 대한 정부의 거부

11월 22일부터 시작된 노사 간 협의는 11월 23일 새벽까지 이어졌다. 날이 샐 무렵 하나의 안이 만들어졌다. 내용은 다음과 같다. ① 1981년 이전 입사자는 1994년까지 퇴직금 산정기준 개월 수 차이에서 발생하는 차액의 25%를 장기근무 보조금조로 금년과 내년에 지불한다. ② 퇴직금 산정의 기준이 되는 평균임금은 현행 수당에 추가하여 가족수당과 체력단련비 300%를 합산 계산한다. ③ 전력수당 10%와 작업수당 10시간 해당액을 기본급으로 전환함으로써 약 8%의 임금을 인상한다. ④ 매월 15시간 한도 내에서 지급하던 잔업수당을 25시간까지 확대한다.

이 안은 즉각 정부 측에 보고되어 검토와 절충을 거듭한 끝에 다음과 같이 합의를 보았다. 즉 ①항은 4직급 이하 직원은 30%, 3직급 20%, 1, 2직급 10%로 조정되었으며, ②항은 가족수당만 포함한다. ③항은 기본임금의 4%를 인상키로 하고, ④항은 시간외 수당을 임금의 4%까지 추가하는 내용으로 수정한 것 등이다. 이를 기준으로 단체협약 체결을 준비하는 동안에 루마니아 공업부 장관이 찾아왔다. 그들이 건설하다 중단한 중수로원전 프로젝트의 재추진을 한국전력이 맡아달라는 용건이었다. 그와 두어 시간 대화를 나누다 보니 단체협약 체결이 오후 6시 이후로 미루어졌다.

그런데 단체협약체결 행사 직전 청와대 경제수석으로부터 전화가 걸려왔다. 강경한 어조로 한국전력 노조와의 단체협약 안에 대하여 이의를 제기하는 것이었다. "한국전력 퇴직사원들이 냈던 퇴직금 추가지급 청구소송이 법원에서 패소했는데도 노조원들이 떼를 쓴다고 해서 퇴직금을 추가지급하면 이 나라의 법질서가 어떻게 될 것이냐"며 사장이 책임을 져야 할 것이라고 질책했다. 수화기를 내려놓기가 바쁘게 또 전화가 걸려왔다. 이번에는 상공자원부 장관이 같은 내용의 반대의견을 제시했다. 이렇게 되니 전력노조와의 단체교섭은 중단할 수밖에 없게 되었다. 루마니아 장관과의 면담으로 시간을 끌었기에 망정이지 만약 단체협약에 서명한 뒤 이런 전화를 받았더라면 정말 수습이 어려웠을 상황이었다.

결국 단체협약은 무산되고 전력노조의 집행부는 강성 조합원들에 의하여 온건파가 몰리는 내홍에 휩싸이게 되었다. 회사는 정부요로와 집권 민자당 수뇌부를 찾아다니며 문제의 전말을 설명하고 타개책을 논의했으나 별다른 효과가 없었다. 이제 남은 것은 어떻게 직원들을 설득하고 코너에 몰려있는 노조 집행부에게 출구를 열어 주느냐 하는 일이었다. 노조는 회사 경영진의 이러한 고충을 아는지 모르는지 절차에 따라 쟁의신고를 추진하고 있었다.

쟁의신고 中勞委 반려

전력노조가 중앙노동위원회에 제출한 쟁의신고는 1995년 1월 7일 반려되었다. 당일 신문에는 한국전력이 파업과 같은 불법행위를 하면 즉각 사법처리하겠다는 검찰의 강경방침이 보도되었다. 그만큼 전력노조의 동향에 대하여 각계에서 비상한 관심을 가지고 있었다. 이번 사태로 정부가 전력노조에게 밀리면 앞으로의 노동정책에도 큰 차질이 올 것으로 보고 온 시선을 한국전력에 모으고 있었다. 특히 청와대에서는 사장이 한국전력 내부출신이어서 너무 직원들을 옹호하고 있으며, 사장이 최태일 위원장의 정년을 57세에서 58세로 연장함으로써 위원장이 1년 더 자리를 지키며 퇴직금 환원투쟁을 지휘하고 있다고 비난했다. 이는 사장의 판단착오가 원인을 제공한 결과인 만큼 사태가 더 악화되어 파업이라도 하게 된다면 사장에게 책임을 물을 것이라는 소문까지 들려왔다. 그러나 나는 전력노조를 굳게 믿어 파업 같은 불법행위는 결코 하지 않을 것이라는 확신을 가지고 있었다. 이러한 뜻을 정부 관계관에게도 여러 채널을 통해 전달을 하며 사태의 추이를 지켜보았다.

단체교섭권 위원장이 受任

쟁의신고가 반려되자 1995년 1월 13일부터 전력노조 쟁의대책회의
가 열렸다. 회의결과는 기대했던 대로 모든 것을 최 위원장과 본부에
위임하는 것으로 결론이 났다. 교섭대상에서 퇴직금문제는 빠지고, 근
로조건 개선과 임금인상 문제가 단체교섭에 포함되었다. 또 쟁의돌입
은 위원장에게 위임하되 4월 대의원대회까지 가시적 성과가 없으면 현
집행부를 불신임한다는 조건을 달았다. 강경일변도이던 대의원으로부
터 모든 권한을 위임받은 최태일 위원장은 원래 온건한 입장이었고 그
에게 전권이 위임되다시피 되었으니 이로써 그동안 勞心焦思^{노심초사}해온
노조문제는 잠시 숨을 고를 수 있게 되었다.

다음날 청와대 비서실장을 찾아가 전력노조 쟁의대책회의 결과를 보
고하고, 경제수석에게도 한국전력 노조가 큰 타협을 이루어낸 경위를
설명했다. 특히 이번 노조문제는 경제수석이 중심을 잡고 정부의 확실
한 입장을 정립하였기에 잘 정리가 되었다고 생각하면서, 앞으로도 이
런 문제는 정부가 확실한 지침만 마련하면 노조설득에 큰 도움이 될 것
이라는 의견을 피력했다. 문제가 잘 풀린 탓인지 그날은 비서실 분위기
도 매우 부드러운 모습들이었다.

퇴직금문제의 대타결

최 위원장은 직원들의 기대치를 낮추기 위해 각고의 노력을 펼친 끝
에 4월 대의원대회에서 불신임 받는 일 없이 무난히 정상화되었다. 그
러나 새로 임명된 文海星 관리본부장과 최 위원장은 이것으로 끝내지
않았다. 정부요로에 계속 이 문제를 제기하면서 그냥 넘길 성질의 사안
이 아니며 꼭 해결하고 넘어가야 할 사항이란 점을 계속 설득했다.

1995년 11월 3일 퇴근하는 차 안에서 청와대 추준석 비서관의 전화

1980년대 강제 폐지된 퇴직금 누진율의 보상문제로 1987년 이후 쟁점이 되어온
노·사간의 쟁점을 해결한 1995년도의 전력노조 임금협약 조인식.

를 받았다. 한국전력의 임금협상과 관련하여 퇴직금 계산 시 평균임금
에 체력단련비를 가산하는 문제가 미해결로 되어 있었으나 그동안 반
대입장을 고수하던 한이헌 수석이 노조 전임자 수를 현재의 3분의 1로
줄이는 조건으로 양해했다는 전갈이었다. 순간 문제의 실마리가 풀릴
것 같은 생각이 들었다.

　그것이 발단이 되어 문제는 쉽게 풀려나갔다. 1995년 11월 8일 전력
노조와 회사 그리고 정부 사이에 오랜 기간 밀고 당기던 퇴직금 문제가
드디어 대타협을 이루어 이날 단체협약과 임금협약에 서명하게 되었
다. 퇴직금 산정의 기본이 되는 평균임금에 체력단련비를 가산함으로
써 1980년 이후 입사자까지도 퇴직 시 약 2천만 원의 퇴직금을 더 받게
된 것이다. 한편 전력노조는 현재 77명의 전임자를 25명으로 줄이는
데 합의했다. 이는 노조조직에 상당한 부담으로 작용되나 현안문제의
타결을 위한 고통분담 차원에서 수락한 것이다. 이로서 장기간 끌어온
퇴직금 문제와 단체협약에 종지부를 찍고 한국전력은 노사화합의 새
지평을 열게 되었다. 참으로 험난하고 힘든 고비였다.

한때는 한국전력 사장이 직원들을 너무 옹호하여 사태를 키웠다는 비판도 있었으나 나는 그 같은 일에 다시 직면할지라도 직원 편에 서서 해결의 실마리를 찾고자 노력했을 것이다. 노사는 동반자이다. 경영진은 노조 편에 서서, 그리고 노조는 회사의 입장에 서서 문제를 생각하는 易地思之역지사지야말로 노사화합의 큰길을 열 수 있는 관건이기 때문이다.

勞勞갈등의 태풍

한국 노동계의 선구자 역할을 한 전국전력노조는 그동안 보수적이고 타협적인 노선을 견지했으며, 최태일 위원장이 이끄는 노조 집행부 또한 온건노선을 지켜 노사화합의 본보기가 되고 있었다. 그러나 조직이 크다 보면 그 가운데 강경파도 있고 집행부와 대립되는 세력이 있기 마련으로 이것이 때로는 勞勞노노갈등의 태풍을 몰고 오기도 했다.

1996년 1월 12일 경주문화회관에서 개최중인 전력노조 중앙위원회 석상에서 큰 불상사가 발생하여 퇴직금문제 타결 이후 조용하던 전력노조에 태풍을 몰고 왔다. 전력노조는 그동안 노조 집행부의 지시를 어기고 반대행동을 주도한 한일병원 지부위원장에 대한 停權정권문제를 중앙위원회에서 논의하고 있었다. 그 순간 정권문제 당사자가 회의장에서 焚身自殺분신자살을 시도하여 중태에 빠지는 사건이 발생한 것이다.

노조 내부의 갈등에서 빚어진 노노문제라고는 하나 너무나 끔찍한 일이었다. 목숨을 던질 만큼 큰 이슈가 있는 것도 아니었고, 그럴 만한 명분도 없었는데 분신자살을 기도하고 끝내는 사망한 것은 아무래도 배후가 있는 것이 아닌지 의심되었다. 그 전해까지 퇴직금 문제 등으로 노사갈등이 첨예할 때 숨죽이고 있던 극렬 재야세력이 온건 전력노조 공략 이슈가 사라지자 다른 공격수단으로 이 같은 큰 사건으로 확대를 시킨 게 아닌지 의심되었다.

그해 4월로 예정된 임기 개편대회는 현 위원장이 정년퇴직함으로써 반대세력이 승세를 잡을 호기로 생각했는데, 노사협약이 이루어지고 조직이 안정되며 사내 불만세력이 줄어들자 위기의식을 느끼고 이 같은 돌출행동을 일으켰을 가능성도 있을 수 있다고 생각되었다.

在野勢力의 개입 차단

1996년 1월 14일 아침, 최태일 위원장과 노조 중앙위원들이 한일병원에 가서 유족들과 지부장 분신에 따른 후속조치를 협의하려 했다. 그런데 갑자기 재야 학생단체 회원들이 난입하여 최 위원장을 납치하여 린치를 가하는 바람에 갈비뼈가 부러지고, 그런 상태에서 노조위원장직 자진 사퇴서를 받아내는 불상사가 일어났다. 다음날 관계자 회의를 열고 우선 재야권이 장악한 영안실 내의 유족과 접촉하기 위해 이쪽 창구역할을 金侊會 한일병원장이 맡도록 하고, 유가족과 상의하여 장례를 빨리 치르도록 노력하도록 했다.

나는 노조집행부와 협조하여 재야단체가 이 기회를 노동해방투쟁에 이용하려 한다는 사실을 직원들에게 주지시켜 경거망동을 삼가도록 지시했다. 이 사태를 주동하는 분신대책위원회가 각 사업소에 유인물을 보내 사업소 분향소 설치와 조합원 검은 리본 달기를 권장하고 있으나 이에 동조하지 말 것도 아울러 당부했다. 특히 이번 사태는 勞勞노노갈등에서 비롯된 것이므로 이를 勞使노사 간, 또는 勞政노정 간의 문제로 비화되지 않게 언행을 극히 조심할 것을 지시했다.

다행스러운 것은 서울지역 지부장들이 재야와 손을 잡지 않았으며 분신대책위에 이름을 올렸던 3명도 탈퇴를 선언함으로써 서울지역 직원들은 별다른 동요가 없다는 점이었다. 다만 일부 지방사업소에서 강경입장을 보이고 있었으나 大勢대세는 아니었다.

영안실을 대책위가 점거한 상황이라 해결책 없이 며칠을 보내던 중

1996년 1월 19일 한일병원 지부위원장 사태가 새로운 국면으로 접어들게 되었다. 이날 새벽 경찰이 출동, 영안실을 점거하던 분신대책위 관계자들과 노조위원장을 집단폭행하여 중상을 입힌 재야세력 일당을 연행하여 구속하기에 이른 것이다. 이로서 재야세력에 의하여 유가족과의 접촉을 차단했던 장벽은 제거되었으나 유가족들의 흥분은 계속 가라앉지를 않았다.

사태의 수습

이날 낮 12시부터 한국전력 본사 앞 광장에서 분신대책위와 재야단체가 합동으로 추모제를 거행했다. 그러나 본사 직원들의 호응은 매우 저조했다. 1시가 되자 한국전력 직원은 7명만 남고 모두 업무에 복귀함으로써 행사 자체는 김빠진 모양새가 되었다. 이런 현상을 미루어 보아도 추모행사는 주로 외부세력이 주도한 것이 확실해졌다.

노동계를 대표한다는 金末龍 의원이 몇몇 대표자들을 대동하고 면담을 요청했다. 나는 재야세력과는 만날 수 없다는 입장을 밝히고 김 의원만 만났다. 그는 최태일 위원장의 퇴진만이 이 문제를 해결하는 요건이라고 주장했다. 나는 사장이 뽑은 위원장이 아닌데 퇴진하란다고 물러나겠느냐면서, 다만 사태수습을 위해 나도 노력하겠다고만 말하고 돌려보냈다.

1월 21일 한일병원에 나가있던 文海星 전무로부터 전화가 걸려왔다. 유족과 대화의 통로가 열려 장례문제를 협의중이라는 것이다. 1주일 이상 끌어온 사건이라 유가족도 지칠 대로 지치고, 또 재야 쪽을 편들어 주던 지부의 모씨도 분위기가 역전되자 입지가 불안하여 장례를 끝내는 쪽으로 유족을 달래게 된 것이다. 그러나 재야권에서는 장례를 완강히 거부하면서 다음날 정오에는 파고다공원에서 재야단체와 민노총이 모여 항의집회를 가지겠다고 했다. 더 이상 시간을 끌 수 없는 상황이 되었다. 그러나 한일병원 지부위원장의 분신문제는 1월 22일 문해성 전무와 유가족 간의 합의로 오후에 장례를 치르게 됨으로써 일단락되기에 이르렀다. 문 전무가 이번 기간 내내 적극적으로 나선 결과 파고다공원 항의집회를 막을 수 있었던 것도 다행이었다.

한편 나는 이번 사태로 그 연결고리가 부각된 재야연대 세력은 명단을 작성하여 사업소장에게 배부하도록 했다. 그리고 이제는 화합차원에서 노조집행부와 반대세력이 손을 잡도록 유도하고, 재야와 연결된 직원들은 사업소장이 잘 선도하여 그릇된 길로 들어가지 않도록 노력할 것을 독려하도록 했다.

1996년 2월 14일, 전력노조와 1996년도 단체협약 및 임금협상을 마무리 짓고 이날 서명행사를 가졌다. 최태일 위원장은 한일병원에서 입은 부상으로 한 달 가까이 입원했다가 퇴원하여 이날 행사장에 나와 협약서에 서명했다. 참으로 다행스런 일이었다. 이 협약이 4월에 발족할 다음 집행부로 넘어갈 경우 예측할 수 없는 일이 발생할 수도 있었고, 또 새 집행부는 늘 인기를 의식하여 강경해지는 것이 통례였고 보면 이번에 조기에 협약이 체결된 것은 참으로 잘된 일이었다는 생각이 들었다.

그리고 한일병원 지부위원장 분신사건을 겪으면서 드러난 사실은 극렬한 노동운동의 배후에는 반드시 재야세력이 있다는 것과, 노사 간의 문제보다 노노갈등이 훨씬 더 두렵다는 사실이었다.

23. 세계적 電力研究院 지향

한국전력의 전력연구원은 1961년 전력 3사 통합 이전의 京電^{경전}전기시험소에 그 뿌리를 두고 있다. 1983년 박정기 사장이 취임하여 전력기술의 연구개발을 전담할 기술연구본부로 확대 개편했으며, 1984년 기술연구원 체제로 발족한 후 1986년에 대전으로 이전했다. 정부의 대덕연구단지 조성계획에 적극 부응하고 타 연구기관과의 원만한 기술교류 효과를 거두기 위한 조치로 변신을 거듭한 것이다.

한국전력 기술연구원 준공

서울지역에 자리 잡고 있던 많은 연구소의 경우 부지가 좁은 데다 부적합한 연구환경 때문에 타 지역으로의 이전이 불가피했다. 때맞추어 추진된 수도권 인구분산 정책과 공공기관의 지방이전 추진이라는 정부정책의 일환으로 서울 밖으로의 발전적 이전이 필요하게 되었다. 대덕연구단지는 1973년 1월 박정희 대통령의 지시로 '科學立國'^{과학입국}의 命題^{명제} 아래 '제 2연구단지 건설기본계획'이 확정되었고 5년간의 造成^{조성}공사 끝에 1978년부터 연구기관들의 입주가 시작된 곳이다.

내가 부사장 재직 마지막 해이던 1990년, 대덕의 한국전력 기술연구원 단지 조성을 기획하여 부지 기공식을 하고 이어 연구동 건물을 착공한 뒤 KOPEC 사장으로 부임했다. 3년이 지난 후 다시 사장으로 돌아오니 1993년 10월의 대덕 기술연구원 준공식이 기다리고 있었다. 깊은 감회 속에 준공식에 참석하여 '이치 추궁에 힘을 다한다'는 뜻의 '窮理力行'^{궁리역행}이란 휘호를 썼더니 관련부서에서 이 글을 새겨 돌을 세웠다. 이날의 준공식에서 나는 기술연구원을 쾌적한 환경과 번듯한 건물 못지않게 내용적으

대덕단지 내 전력연구원에 세워진
'窮理力行' 휘호석.

로도 알차고 수준 높은 세계일류 연구원으로 키워나갈 것을 몇 번이고 다짐했다. 그리고 그렇게 하려면 조직과 시스템에 대한 대대적 개편이 필요함도 아울러 느꼈다.

개혁 위한 맥킨지 용역

내가 부사장으로 재직할 당시 한국전력 기술연구원은 부사장 직속기구였다. 연초가 되면 연구실적에 대한 보고와 평가가 있었는데, 나는 그때마다 늘 연구원의 실적이 만족스럽지 못하여 아쉽다는 생각만 마음속에 가득 묻어두고 있었다. 한국전력이란 위상에 걸맞게 세계적 연구원으로 키우고 싶었으나 부사장으로서의 능력엔 한계가 있었다. 그러던 중 한국전력 사장으로 부임한 나는 연구원을 중요한 개혁대상으로 삼은 것이다.

해외의 유명 컨설팅회사와 '한국전력 기술연구원의 진단과 처방'을 도출하기 위한 용역계약을 준비했다. 지난날에도 한국전력은 국내에서 이

와 유사한 용역을 여러 번 시행했으나 용역은 용역보고서만으로 끝나는 경우가 대부분이었다. 따라서 이번 기술연구원 용역만큼은 반드시 실행에 옮길 것을 마음속에 다지면서 세계 최고의 컨설팅회사와 프로젝트 계약을 맺고자 했다. 그래야 감독기관인 정부나 내부조직원 모두가 컨설팅 용역결과에 대해 시비하지 않고 그대로 수용할 것으로 생각되었기 때문이다. 그래서 나는 당시 자타가 인정하는 세계적 경영자문회사인 미국의 맥킨지Mckinsey컨설팅회사를 알아보기로 했다. 계약경험이 있는 연세대 宋梓 총장을 만나 만족도를 알아보니 용역비는 매우 비싼 편이지만 그만한 가치가 있었다며 긍정적으로 평가했다.

나는 1994년 9월 세계적 경영자문회사인 미국 맥킨지회사와 3개월간 '한국전력기술연구원의 진단과 처방'을 도출하기 위한 용역을 체결했다. 용역비는 9백만 달러로 타 컨설팅사보다 훨씬 비쌌다. 이 기회에 조직의 진단과 분석 평가기법을 배워야겠다는 생각 아래 權寧武 종합조정실장과 權重哲 처장 등으로 하여금 전담조직을 만들어 용역회사와 함께 연구소 진단을 하도록 했다.

용역결과가 나왔다. 그러나 이 용역결과를 근간으로 하여 대대적 개혁작업을 이끌어나갈 책임자를 구하는 일이 더욱 큰 과제였다. 국영기업체의 체질에 길들여진 한국전력의 기존인물에게 맡긴다는 것은 적당치 않은 것으로 판단했다. 따라서 연구원장은 해외연구소 경험과 연구인맥이 넓은 것은 물론 학식과 도덕성, 경륜과 리더십을 두루 갖춘 분이어야 한다는 생각 아래 후보 물색에 많은 정성을 기울였다.

연구원장에 해외인사 초빙 시도

미국에서 한국인 과학기술협회 회장을 역임했고 미국 과학기술자의 인맥도 탄탄한 포항공대 金浩吉 총장에게 연구원장 초빙문제를 상의했다. 그는 펜실베이니아 주립대학 석좌교수인 咸仁英 박사를 소개했다.

김 총장은 이분이라면 연구관리 경험이 풍부할 뿐 아니라 국내에 폭넓은 인맥도 유지하고 있어 연구원장으로 모실 수만 있다면 충분히 개혁을 이끌어갈 수 있을 것이라고 했다.

함 박사는 마침 그때 서울대 객원교수로 서울에 체류 중이었다. 1995년 3월 10일 만났더니 그분은 홍콩대학으로 자리를 옮기기 위해 비자를 신청해 놓고 기다리는 중이었다. 나는 한국전력이 꿈꾸는 기술연구원의 미래상과 개혁의 불가피성, 맥킨지의 용역결과 등을 자세히 설명하면서 기술연구원의 개혁을 효과적으로 추진할 분으로 함 박사를 모시고 싶다는 뜻을 전했다. 나는 또 연구원의 인사와 예산, 그리고 연구과제의 결정 등 주요 권한을 원장에게 전적으로 위임할 것과 연구비의 규모, 원장에 대한 예우 등도 적절히 할 것을 자세히 설명했다.

함 박사는 나의 제안에 대해 상당한 관심을 표명하면서 몇 가지 희망조건을 제시했다. 우선 연구원의 전모를 파악하기 위해 4월부터 6월까지는 한국전력 비상임 고문으로 발령하고, 연구원의 편제는 기술본부장 감독 하에 두지 말고 사장 직속으로 할 것, 사내의 예우는 부사장급으로 할 것 등이었다. 나는 함 박사의 요구를 긍정적으로 받아들였으나 함 박사는 대학의 형편 등을 들어 그 결정을 5월 말로 미루자고 했다. 그렇게 헤어진 후 비상임 고문이 된 함인영 박사를 4월 13일에 다시 만났다. 홍콩대학이 마침 봄방학이라 시간이 있어 귀국했다면서 한국전력에서 마련한 기술연구원 개혁안에 대해 몇 가지 시정의견을 제시했다.

첫째, 원장은 사장 직속으로 되어 있으나 연구심의위원회를 기술본부장이 관장하면 사실상 자율권이 없어지는 셈이니, 이를 원장이 참석하고 연구원 간부가 과반수 참여하는 위원회로 조정하자는 것이었다. 그리고 또 하나는 연구 추진내용을 분기별로 본사에 보고하는 일은, 연구라는 것이 단시일 내에 금방 성과가 나타나는 것이 아니고 또 보고거리가 없을 수도 있는 만큼 반기별로 보고하도록 하자는 것이었다. 모두 일리가 있는 말이라 생각하고 긍정적으로 검토할 것을 약속했다.

1주일이 지난 4월 17일 원장직 수락 여부를 확정하기 위하여 함 박사와 다시 만났다. 그러나 그는 매우 조심스러운 표정으로 사실상 거절하는 뜻의 말을 했다. 몇 가지 대안을 제시했으나 그것은 수용하기 어려운 내용들이었다. 그런 요구사항을 수용한다면 그가 미국에 가서 한국전력 연구원장 후보를 물색할 것이나 내년 초까지 마땅한 사람이 나타나지 않으면 그때 가서 본인의 취임을 고려하겠다는 답변이었다. 나는 이러한 요구 때문에 날짜를 마냥 끌 수도 없어 일단 거절의 뜻으로 받아들이면서 함 박사 영입문제는 어려운 것으로 간주했다.

金瀚中 박사 영입

연구원장을 맡을 책임자를 구하지 못해 애태우는 동안 기술연구원 개혁 진단용역을 맡았던 맥킨지의 한국책임자 비모스키Bemoskey 씨가 찾아왔다. 그는 그들이 권고한 내용 중에는 새로운 원장이 부임하기 전이라도 추진할 수 있는 시급한 내용들이 많이 있음에도 현장을 살펴보니 모든 것이 정체상태에 있더라면서 그 이유를 물었다. 나는 그러한 지적이 일리가 있다고 판단, 朴祥基 기술본부장에게 원장이 부임하기 전이라도 가능한 개혁부터 수행할 것을 지시했다. 1995년 7월 1일 한국전력은 기술연구원 명칭을 '전력연구원'으로 개칭하고, '전력기술의 새 지평을 열어가는 세계 정상의 연구소'라는 자체 비전을 설정하는 등 본격적인 개혁에 착수했다.

그러면서 연구원장 물색에도 게을리하지 않았다. 당시 미국 MIT의 기계공학부장으로 재직중이던 徐南杓 교수(현재 KAIST 총장)에게 요청한 결과 미국 GTE회사 연구소에 근무중인 金瀚中 박사를 추천받았다. 1995년 7월 25일 나는 지체 없이 그분과 만났다. 그리고 김 박사로 하여금 한국전력의 내부실정을 알아보고 대덕연구단지의 연구소 실태와

전력연구원장 김한중 박사를 영입한 뒤 정문 앞에서 악수를 하며 발전을 다짐했다.

주거환경도 돌아보게 했다. 그 후 다시 만나 이야기를 나누어 보니 신
뢰감이 들고 연구관리 능력도 있어 보여 일단 영입하는 쪽으로 마음을
굳혔다. 그리고 채용조건 등은 되도록 김 박사의 뜻을 받아들이는 방향
으로 조정하기로 했다.

인사제도特例 정부 승인

김한중 박사에게 제시한 연구원 운영의 주요 골자는 다음과 같았다.

- 원장의 급여와 초빙되는 고급 우수연구원은 사장 연봉을 상회하더
  라도 미국 연봉에 버금가도록 우대한다.
- 한국전력 정규직원 연구원의 인센티브를 강화하기 위해 특별수당
  을 대폭 증액한다.
- 경쟁의 원리를 철저하게 도입, 매년 성과를 공정하게 평가하여 하
  위성적 5%의 인원을 반드시 연구소에서 일반부서로 전보시킨다.

그러나 이러한 제도를 시행하기 위해서는 먼저 유치인력의 파격적인 처우문제와 연구분위기 조성을 위한 사규의 특례적용이 불가피했다. 그리고 정부와의 사전협의도 필요한 사항이어서 한국전력은 곧 경제기획원에 사전보고를 하고 검토를 요청했다. 이 문제는 국영기업체의 처우와 인사제도에도 상당한 영향을 미치게 되는 획기적 조치여서 경제기획원에서도 쉽게 결론을 내리지 못했다. 경제기획원 고위간부회의에까지 상정되어 갑론을박 논의한 결과, 한국전력의 개혁을 지원하는 차원에서 전력연구원에 한정하여 제한적 적용조건으로 이 안을 승인했다.

전력연구원 발족

새로운 모습으로 탄생한 전력연구원은 1995년 11월 1일 대덕에서 뜻 깊은 개원식을 가졌다. 1996년 1월 5일에는 첫 외부 전문연구경영자인 金翰中 박사가 원장으로 부임했다. 김 원장은 첫 과업으로 2직급 직원 중 연구원으로 부적격한 직원에 대해서는 적성에 맞는 다른 자리로 옮겨주고 이를 해외 연구인력으로 충원하기로 했다.

김 원장이 중심이 되어 우수연구원 초빙작업에 들어갔다. 외국에서 받던 연봉에 버금가는 수준으로 예우하기로 했는데, 이는 한국전력 경영진의 연봉을 초과하는 파격적 조건이었다. 그 결과 전력연구원은 70명에 이르는 우수 연구기술진을 초빙할 수 있었다. 미래의 우리나라 전력기술을 위해 큰 업적을 이룰 인재들이란 생각이 들었다. 이들에게는 어차피 한국전력 정식직원과는 별도의 차별적 대우를 해야 했기에 계약직으로 초빙하기로 했다.

연구평가단의 권고

김한중 원장의 권고에 따라 연구실적 평가를 위한 기준을 새로 만드는 한편 이를 객관적으로 공정하게 평가하기 위한 전력연구원의 경영자문위원회를 구성했다. 첫해의 자문위원으로는 MIT의 서남표 교수, 노스캐롤라이나대학의 서문원 교수, 미시간대학의 이재승 교수, 미국 CE연구소의 이민영 박사, 캘리포니아대학의 임홍철 교수, 그리고 KAIST의 김재관 교수 등 斯界사계의 전문가들을 위촉했다.

1년이 지난 1997년 7월 9일 경영자문위원회를 열어 1년간의 연구성과를 평가토록 했다. 자문위원들은 지난해와 비교하여 괄목할 만한 변화를 보이고 있다면서 몇 가지 권고를 했다. 장기적인 연구개발을 위하여 2년 단위 예산제도를 도입하고, 원장에게는 연구인력 확보의 자율권을 주어 인력을 양성할 수 있게 하며, 광범위한 프로젝트는 다른 연구기관과도 협력 수행할 수 있게 할 것 등이었다. 또 연구과제에 대한 심사단계가 많아서 연구능률이 떨어진다는 의견제시와 함께, 일상적 아이디어의 간단한 검증을 위해 원장의 재량으로 쓸 수 있는 연구비의 여분을 배정하면 좋겠다는 의견을 덧붙였다.

나는 자문위원들의 이러한 건의를 모두 수용하기로 했다. 단, 계약직 연구원들의 계약이 끝날 경우 일반직으로 전환하는 기회를 주면 좋겠다는 의견에 대해서는 한국전력에 편법으로 입사하는 틈새를 만들 우려가 있어 채택하지 않기로 했다.

김한중 박사가 원장으로 부임한 지 1년이 지났을 즈음 한국전력의 전력연구원은 피나는 자기개혁을 추진하고 있었다. 세계적 연구기관으로 태어나려는 모습들이 곳곳에서 감지되었을 뿐 아니라 연구실적도 착실히 늘어났다. 흐뭇한 마음 이루 말할 수 없었다. 돌이켜보면 원장 적임자를 영입하기 위해 곡절도 많았으나 그 정도의 고생은 오히려 행복인 것 같았다. 제갈공명과 같은 인재를 얻을 수 있는 일이라면 三顧草廬삼고초려가 아니라 사고초려, 오고초려도 마다할 수 없는 일 아니던가.

개혁의 중도 폐기

개혁에는 저항세력이 있을 수밖에 없다. 먼저 평가에서 탈락되어 한국전력 일반부서로 발령 난 직원들의 불만을 들 수 있다. 개혁의 물결이 도도히 흐르던 때는 잠잠하던 불만의 목소리가 일단 흐름이 중단되면 수면 위로 떠올라 개혁 주도세력을 매도하게 된다. 그것이 그동안의 常例^{상례}였다.

1998년 4월 나는 사장직에서 물러났다. 연구원의 개혁조치는 완벽하게 제도화되었기에 그대로 지속될 것으로 믿었다. 그러나 사기업의 경우는 일반적으로 오너가 健在^{건재}하는 한 쉽게 변질되지 않으나, 공기업의 경우는 경영책임자 경질에 따라 제도도 쉽사리 바뀌는 경우가 많았다. 전력연구원장의 임기는 계약직이기 때문에 절차상 일단 3년으로 계약했으나, 암묵적으로는 적어도 6년은 지속될 것으로 서로가 양해하고 있었다. 그러나 새로 부임한 사장의 생각은 많이 달랐다. 각종 개혁을 공개적으로 매도했다. 전력연구원 제도를 1995년 이전으로 복귀토록 조치하고 미국에서 초빙된 70여 명의 계약직 연구원도 1998년 말까지 모두 떠나도록 방침을 정했다. 미국에서 가족을 데리고 귀국한 엘리트 연구원들은 갑자기 갈 곳을 잃게 되었다. 집단으로 진정서를 내는 사태가 벌어져 일부는 유임되기도 했으나 많은 엘리트 연구원은 불신과 실망을 안고 외국으로 되돌아갈 수밖에 없게 되었다. 김한중 원장도 전력연구원장을 사퇴하고 대우그룹이 운영하는 고등연구원 원장으로 자리를 옮겼다. 그러나 대우그룹도 곧 해체되는 상황이 됨으로써 그는 결국 다시 미국으로 돌아가게 되고 말았다. 덧없는 개혁이었고 서글픈 雄志^{웅지}였다.

研究風土의 변화

전력연구원은 이렇게 큰 혼란을 겪음으로써 한동안 갈피를 잡지 못했으나 그동안 정착된 연구중심 문화는 많은 실적으로 연결되었다. 전력연구원은 1998년 8월 개혁 3년의 실적과 함께 연구개발의 변천사를 정리하여 《전력연구원 개혁백서》 발간준비를 완료했다. 그러나 한국전력 새 경영진의 반대에 부딪쳐 간행직전 유보되고 말았다. 전력연구원의 개혁성과 홍보도 상당기간 터부시되는 분위기로 이어졌다.

그러나 2004년 韓埈皓 사장이 새로 부임하자 전력연구원의 개혁성과는 재평가를 받게 되었다. 1998년에 편집되었던 《개혁백서》는 전력연구원 柳台桓 원장에 의하여 2005년 4월 上梓^{상재}됨으로써 빛을 보게 되었다. 류 원장은 발간사를 통해 "그동안 전력연구원은 IBC[1]가 선정한 세계 100대 과학자에 2명의 연구원이 발탁되었고 《세계인명사전》에 13명이 등재되는 쾌거를 이룩했다"라고 적었다. 유난히 가슴에 와 닿는 구절이었다. 남다른 보람을 느끼게 된 것은 나 혼자만의 심사일까?

---

1 IBC(International Biographical Center)는 《국제저명인사 명부》를 매년 발간하고 있다.

24. 發電事業 분산과 민간 참여

1960년대 말 우리나라 경제발전이 급속도로 이루어지자 전력수요 또한 계속 늘어났다. 따라서 한국전력은 전원개발에 소요되는 막대한 투자재원 부담과 조달의 한계로 어려운 국면을 맞은 일이 한두 번이 아니었다. 정부는 이와 같은 한국전력의 투자재원의 부담을 줄이기 위하여 발전소 건설 및 운영에 민간자본의 투자를 유도하기 시작했다. 한국전력 독점체제로 운영되는 전력사업을 경쟁체제로 전환하는 방안으로 民資^{민자}발전사업이 도입된 것이다. 그러나 이들 민자발전업체들은 한국전력의 건설기술과 운영기술에 필적할 만한 성과를 올리지 못함으로써 결국 설비를 한국전력에 이관하고 물러나거나 근근이 유지할 수밖에 없는 처지가 되고 말았다.

실패했던 民間發電 3사

우리나라에서 민자발전이 처음 등장한 것은 1968년 2월 30일 정부가 쌍용그룹이 중심이 되어 추진한 동해전력개발주식회사의 설립을 인가한 데서 비롯되었다. 동해전력은 울산시 남하동 및 용잠동 연안에 시설용량 22만kW 3기의 油專燒^{유전소}발전소 건설에 착수했다. 그 뒤를 이어

한국화약과 미국 유니온오일사가 합작하여 경인에너지개발주식회사를
설립, 인천시 율도에 16만 2천kW 2기의 유전소발전소를 건설했고, 이어
서 호남정유가 주축이 된 호남전력주식회사가 여천군 광양만 연안에 30
만kW 2기의 건설에 착수했다. 이것이 이른바 民電^{민전} 3사의 설립이다.

정부의 민간자본 유치정책으로 건설된 민전은 건설공사비가 한국전
력보다 높아 발전원가 또한 한국전력 자체 발전원가보다 높을 수밖에
없었다. 설상가상으로 전력수요가 둔화되자 발전설비의 공급과잉을 초
래, 한국전력의 자체설비만으로도 공급이 수요를 크게 상회하게 됨으
로써 민간발전전력 구입량도 차츰 감소되기에 이르렀다. 그 뒤 갈수록
경쟁에서도 뒤지고 존립가치도 희박해짐에 따라 동해전력과 호남전력
은 결국 한국전력이 인수하게 되었고, 경인에너지만이 남아 민전으로
서의 명맥을 유지하게 되었다.

민간발전사업자 선정기준

민간에 의한 발전사업 참여가 실패한 후 30년 가까이 지났을 때 민
간발전문제가 다시 검토되었다. 민간의 투자여력이 넘치게 되자 대형
민간기업이 발전사업에 관심을 기울였고 정부도 다시금 민간에 발전사
업을 개방하는 정책을 채택하게 된 것이다.

1996년 정부는 이 계획에 따라 가스복합화력 2개 사업자와 석탄화력
1개 사업자를 선정하기로 했다. 이 사업자 선정은 한국전력이 주관하
여 입찰안내서를 발급했다. 가스복합화력 민자발전 참여업체로 현대,
LG 등 4개 업체가 참여했고 석탄화력 발전사업 참여업체로는 포항제철
이 단독 참여했다.

민자 발전사업자의 입찰이 마감되자 적격자를 심사하기 위한 심사위
원은 공정성을 유지하기 위해 외부인사로 구성했다. 가격입찰은 계수
화가 가능하므로 시비의 여지가 없으나 非計量^{비계량}부분은 심사위원의

주관이 개입될 수 있어 외부인사로 선임한 것이다.

1996년 7월 3일 朴龍男 전원계획처장이 심사에 앞서 민자 발전사업자 선정을 위한 평가기준을 보고했다. 입찰가격의 덤핑방지와 적정가격의 기준으로 삼을 참조발전소를 1989년에 한국전력이 직접 국제입찰에 부쳐 건설한 서인천복합화력 1, 2호기로 했다는 것이다. 이 발전소 건설공사비의 88% 해당액을 기준으로 이를 최고점수로 해서 저가와 고가에 대해 페널티를 부과하여 고가인 입찰자는 당연히 불이익을 받지만 저가 입찰자도 덤핑을 방지할 수 있게 했다는 것이다.

그러나 보고를 받고 난 나는 이 기준안에 몇 가지 모순점이 있다는 생각이 들었다. 즉, 1993년에 계약해 건설하는 서인천복합화력 3, 4호기의 주기기 가격은 1, 2호기의 거의 반값으로 공급계약을 했었으며, 이번 민전사업 참여목적은 한국전력보다 더 효율적으로 저렴하게 발전소를 건설하는 데 전제를 두고 있기 때문이다. 또 가장 최근의 설비와 건설비를 기준으로 內定價내정가를 정해야 한국전력이 더욱 저렴하게 전력을 구입할 수 있는 면도 있었다. 따라서 1989년에 계약한 발전소를 기준으로 한 것은 결과적으로 비싸게 건설하도록 부추기는 잘못된 평가기준이 되고 있다는 생각이 든 것이다. 나는 이런 이유를 들어 기준을 서인천화력 3, 4호기로 바꾸도록 지시했다. 그러나 실무진의 의견은 조금 달랐다. 이 평가기준은 이미 입찰안내서의 조건으로 제시되었으므로 지금 이를 바꾸면 참여업체로부터 비난의 소지를 야기할 수 있으니 그대로 처리하는 것이 좋겠다는 것이었다.

나는 전력요금을 낮추는 일이 더 중요하다는 입장이었는데, 종합조정실 崔記正 전무가 "요금을 낮추는 일은 추후의 일입니다. 입찰과정에서 시끄러워지면 더 곤란해지니 입찰안내서의 조건을 수용하는 것이 최선입니다"라며 사장이 이를 수용할 것을 간곡히 건의했다. 나는 그의 말에도 일리가 있어 그 의견을 받아들였다. 그리고 기준을 변경하지 않고 당초의 기준에 따라 심사했다. 일이 끝난 후 보니 그것은 분명 잘된 결정이었다. 만약 내 주장을 고집했더라면 나는 아주 난처한 입장에 몰릴 수도 있었는데 나의 주장을 접고 참모의 건의를 수용한 것은 참으로 다행한 일이었다.

適格者 발표

민간발전사업자 심사결과 LNG복합화력 사업자로 동아그룹과 한국중공업의 합작사인 동한에너지(주)와 LG에너지가 선정되었고, 석탄화력 발전사업자로 단독 입찰한 포스코에너지는 입찰가격이 기준내가를 초과하여 실격되었다. 단, 포스코에너지는 추후 가격협상이 이루어지면 계약하겠다는 조건을 붙였다. 1996년 7월 12일 신문기자들이 지켜보는 가운데 吳仁澤 전무가 이 결과를 발표했다.

그 뒤 현대중공업 劉在皖 사장이 1996년 7월 27일 내방하여 동아그룹이 참여한 동한에너지(주)가 민자발전사업자로 선정된 데 대하여 음해성 소문이 나돈다는 말을 전해 주었다. 그리고 이 음해성 투서에 현대그룹이 관여된 것처럼 전해지고 있으나 이는 전혀 사실이 아니라는 해명도 아울러 했다. 누군가 밖에서 잡음을 일으키는 정황이 감지되었다. 유재환 사장은 현대가 배경이 아닌 증거로 투서내용에 동아그룹이 인천 간척지에 발전소를 지을 수 없다는 내용이 포함되어 있음을 들었다. 동아가 간척지에 발전소를 지을 수 있게 되면 이것이 선례가 되어 현대그룹도 서산 간척지에 발전소를 건설할 수 있게 되므로 현대는 동아가 선정됨을 오히려 환영할 상황이라는 취지로 설명했다. 한국전력에서는 아무도 묻지 않았는데 이 같은 해명을 솔선해서 하고 다니는 그 자체가 뭔가 석연치는 않았으나 그 말에도 일리는 있다고 생각했다.

그날 오후에 통상산업부 韓埈皓 자원정책실장으로부터 전화가 왔다. 이번 민간발전사업자 선정에 동아가 포함된 데 대하여 장관께서 의혹을 갖고 있다면서 이에 따른 잡음이 정부로 비화되지 않기를 바란다고 했다. 다음날 장관을 만나 민간발전사업자 선정과 관련한 전말을 보고 했더니 오해가 풀린 듯 별 말없이 수긍했다. 다만 인천 간척지에 동아 건설이 발전소를 건설하는 것은 농수산부가 허가하지 않을 것이므로 동아가 스스로 사업을 포기해야 할 것이라고 했다. 그리고 앞으로 민자 발전사업자는 건설부지를 확보한 업자를 상대로 경쟁에 붙여야 할 것 이라는 의견을 피력하기도 했다.

동아그룹의 자진 철회

동아그룹이 인천 청라도 인근 간척지에 민자발전소를 건설하려는 신 청내용은 朴在潤 장관의 말대로 농수산부 측의 강력한 제재에 부딪쳤 다. 이어 동한에너지(주)가 민자사업자 선정을 자진 철회하겠다고 한 국전력에 통보했다. 동한에너지(주)가 발전소 입지로 사용하기로 한 사업부지는 농지조성 조건으로 간척사업을 허가한 토지여서 발전소를 건설할 수 없다는 농수산부의 유권해석 때문이었다.

이 사실을 장관에게 보고하고 언론에도 알리려 하자 참모들이 내일 통상산업부와 합동으로 다음 순위 후보업체인 현대의 건설입지에 문제 가 없는지 확인해 본 후 보도자료를 내보내는 것이 좋겠다고 하여 이에 따르기로 했다. 그러나 동한에너지(주)의 발전사업 자진철회 문제는 언제 어떻게 정보가 새어 나갔는지 연합통신에 보도되고, 계속해서 통 상산업부와 한국전력을 싸잡아 비난하는 보도가 잇따랐다.

현대그룹 음해

1996년 8월 12일 스리랑카 쿠마라퉁 대통령을 환영하는 청와대 만찬 장에서 박재윤 통상산업부 장관을 만났다. 박 장관은 이 자리에서 민간 발전사업자로 선정됐다가 자진철회한 동한에너지(주) 대신 현대에너지

(주)를 선정했는데 그 역시 부지확보 문제로 논란이 있으니 재검토해 보라는 말을 했다.

청와대 만찬이 끝나고 밤 10시에 회사에 와 보니 모든 경영진이 남아서 나를 기다리고 있었다. 통상산업부가 민간발전사업자 선정문제로 또다시 언론에 보도되지 않도록 철저히 대비하라는 지시가 있어서 대책을 협의하고 있었다는 것이다. 이 업무를 담당하는 黃河水 전무가 태평양법률사무소의 오 변호사와 상의하여 해명자료를 준비했는데, 그 내용이 매우 간명하게 잘 정리되고 내용도 설득력이 있어 다음날 아침까지 보도준비를 하도록 했다.

다음날 아침 박 장관에게 현대를 발전사업자로 선정한 경위를 자세히 설명했다. 결론적으로 현대를 발전사업자로 선정한 것은 하자가 없으나 이번 기회를 통해 관련업무를 법률적으로 따져보고 문제제기에 대비할 태세를 갖춘 것은 보탬이 되는 일이었다. 그날 오후 선경그룹의 油公유공 이사가 부사장을 찾아와 아직도 민전에 대한 미련을 버리지 못하고 현대가 선정된 데 대하여 의문을 제기하더라는 말이 들렸다. 결국 그동안 국회와 청와대에 투서한 업체가 바로 선경인 것으로 드러났다. 그동안 선경에 대해 지니고 있던 좋은 이미지가 한순간에 사라지는 느낌이었다.

선경그룹

1996년 8월 29일 생산성본부 사무실에서 박 장관을 다시 만났다. 장관은 민자발전사업자 선정에 油公유공이 계속 반발하고 있는 데 대해 우려를 표명하고 다시 한 번 현대를 사업자로 지정한 것에 하자가 없는지 검토하라고 당부했다. 유공이 제기하는 허위문서 문제는 서류상의 사소한 타자실수에 지나지 않는 것으로, 심사평가에 전혀 영향을 미치지 않는 사항이었다. 그로부터 한 달 뒤 선경 부회장이 찾아왔다. 그는 민자발전사업자 선정에 불만을 토로하고 현대가 한국전력에 제출한 서류 상의 발전소 부지는 현행법상으로는 부지로 사용하기 어려운 곳이라고 말했다. 그러나 선경은 더 이상 한국전력을 괴롭히는 일은 없을 것이니 다음 사업자 선정이나 서둘러 줄 것을 부탁하면서 돌아갔다.

한편 그동안 선경이 제기했던 의혹이 모두 규명되었음에도 1996년 10월 1일에 열린 통상산업부 국정감사에서 한 의원이 한국전력에서 시 행한 민간발전사업자 선정과정에서 동한에너지(주)와 현대에너지(주) 의 건설부지 확보문제에 부정이 개입되었다는 내용의 질의를 했다. 그 의원은 다음날에도 계속 끈질긴 질의를 했다. 처음에는 건설부지 확보 에 대한 의혹을 제기했다가 그것만으로는 부족했던지 다시 內價^{내가}산 정 근거를 제출하라고 요구했다. 나는 산정서류를 열람할 수는 있으나 복사해서 가지고 가는 것은 곤란하다고 맞서 위원장이 정회를 선언하 는 등 혼선을 거듭하다가 참으로 어렵게 국정감사를 끝낼 수 있었다.

外換위기

그 후 나는 그 의원과 우연히 사석에서 만찬을 함께하며 민자발전에 대해 허심탄회하게 의견을 나눔으로써 그동안의 의혹을 깨끗이 씻을 수 있었다. 선경 측의 오해도 어렵사리 풀었다. 현대에너지는 사업권 을 획득하여 여수지구 자동차 공장부지에 발전소를 건설하려고 했다. 한국전력과는 전력수급계약^{PPA}을 체결함으로써 전력판매도 보장을 받 게 되었다.

그러나 사업추진과정에서 외환위기를 맞았다. 현대건설은 투자여력 을 잃고 2000년 8월 벨기에 국적회사 트렉터벨에게 사업권을 매각하기 에 이르렀다. 이 사업권은 그 뒤 다시 미국계의 밀란트를 거쳐 최종적 으로 홍콩의 MPC 홀딩스 코리아에 이양되었다. 그 뒤 MPC 율촌전력 (주)이 순천시 해룡면에 519MW 복합화력을 건설하여 오늘날까지 운영하고 있다.

선경은 그 뒤 2차 민자발전사업자 선정에서 대구지역의 저전압 해소를 위한 사업에 선정되었다. 그러나 대구 인근에는 발전소 입지확보가 적당하지 않아 현재의 부지인 광양으로 이전했다. 당초 독자적으로 시행하기로 했던 투자계획을 바꾸어 35%는 영국석유BP회사의 투자를 받아들여 회사명도 K-Power로 바꾸었다. 2002년부터 전력거래소를 거쳐 전력을 한국전력에 공급하게 됨에 따라 이 발전회사도 PPA계약을 해지하고 전력시장 경쟁에 참여하게 되었다.

민영 원자력발전회사 설립안

화력발전소의 민간참여 정책이 추진되자 정부는 원자력발전소의 민간참여까지 고려하게 되었다. 1997년 9월 4일 정부가 마련한 장기 전원개발계획안에 의하면 2015년까지 민간발전사업자가 원자력발전소를 건설하고 운영하는 안이 들어 있었다. 기술본부의 자료에 따르면 미국 등 선진국에서는 실제로 민간이 원전을 건설 운영하고 있어 우리나라도 이 제도 도입을 검토한 것이라 했다. 그러나 이 계획은 아주 잘못된 정책이었다. 한국은 원전기술진 인력풀이 크지 않은 상황임을 고려했어야 했다. 미국의 경우는 기술진의 고용구조가 일을 따라 움직이게 되어 있으나 한국은 평생직장 개념이 강하여 민간기업이 한국전력 직원이 아닌 경험 있는 원자력 기술진을 모으는 일은 사실상 불가능한 상황이었기 때문이다.

또 원자력발전소는 부지 내에 방사성폐기물 보관시설도 공동으로 마련해야 하기 때문에 4기 내지 6기를 건설해야 경제성이 있다. 민간이 이 4~6기의 원전을 건설하기엔 그 많은 재원을 감당하기가 결코 쉬운 일이 아니다. 더구나 공기업이 투명하게 원전을 운영해도 일부 환경단체들이 정보를 공개하지 않는다고 의심하는 형편인데, 사기업이 원전을 운영하게 되면 환경단체의 압박은 더욱 거세질 것은 자명한 일이다. 그럼에도 불구하고 준비된 자료에는 2015년에 가서 원전 2기를 민간 참여로 건설하는 것으로 되어 있었다. 나는 이처럼 중요한 국가정책을 충분한 검토도 없이 전원계획에 포함시키는 것은 극히 위험한 발상임을 지적하면서 대 정부 설득과정을 거쳐 준비된 자료는 모두 회수하고 민간 원전사업 참여문제는 더 이상 거론되지 않도록 했다.

石炭火力 민영화 방안

1998년 3월 19일 정부의 경영정책 토론회에서 2015년까지의 장기 전력수급계획을 놓고 의견을 교환했다. 이날 토론회를 거쳐 장기 전원개발계획을 확정하고 4월 말에 통상산업부 장관이 이를 공포할 계획이었다. 제출된 원안에는 2010년까지 복합화력 45만kW 12기와 석유화력 50만kW 2기를 民電^{민전}으로 추진하게 되어 있었으나 이를 복합화력과 석유화력을 줄이고 석탄화력 4기를 민전으로 추진하는 것으로 개정했다. 가스복합화력보다 석탄화력은 초기 투자비가 더 많이 소요된다는 점을 고려한 것으로 한국전력의 투자재원 부담을 줄이기 위한 조치였다. 민간전력회사 투자에는 외국인의 참여도 예상되므로 외자유치의 극대화를 위해서도 석탄화력은 가급적 민간에 맡기는 것이 좋다는 의견을 내놓았다. 다행히 앞서 논의되었던 원자력발전소의 민영회사 참여문제는 한국전력의 강력한 이의신청을 받아들여 원안에서 제외되었다.

이렇게 하여 전력사업의 독점시대는 가고 발전사업의 경쟁시대가 다가오게 되었다. 외국 전력회사와의 경쟁, 공기업과 민간기업의 경쟁, 공기업 내부에서의 경쟁 등 바야흐로 전력사업에도 雌雄^{자웅}을 겨루는 치열한 경쟁시대의 막이 오르기 시작한 것이다.

落島발전소 한국전력 이관

농어촌전화촉진법이 1965년 12월 30일 제정 공포됨에 따라 추진된 農漁村電化事業농어촌전화사업2은 1984년 12월 법을 개정하여 30호 이상의 낙도까지 전력공급대상지역으로 지정하고, 한국전력은 500호 이상의 도서 자가발전시설을 인수하도록 규정했다. 뿐만 아니라 한국전력은 자가발전시설의 설계감리 및 운영기술 지원도 부담하게 되었다. 이 취지에 따라 도서 벽지까지 전력공급설비를 건설하고 송전을 완료함으로써 1991년의 電化率전화율은 99.9%에 이르렀다. 전력이 공급되지 않는 지역은 육지에서 멀리 떨어진 낙도와 새로이 형성된 촌락뿐이었다.

1993년 행정쇄신위원회는 50호 이상 도서의 자가발전시설도 한국전력이 인수하도록 의결했다. 이에 따라 한국전력은 需用戶數수용호수 500호 이상의 자가발전시설이 완료된 도서에 대하여 시장 군수가 수용가의 동의를 얻어 한국전력에 무상 인수를 요청하면 이를 받아들이도록 했다. 그러나 이를 인수 관리하는 일은 한국전력으로서는 경제적 부담뿐 아니라 島嶼發電도서발전에 종사하는 직원에 대한 노무관리문제 등이 큰 과제로 대두되지 않을 수 없었다. 도서발전소의 현업직원이 한국전력 직원으로 이관되면 도서근무를 기피하고 모두 육지근무를 희망하게 될 터이니 그 뒷감당을 하는 일은 결코 쉬운 일이 아니었기 때문이다.

---

2 電化事業(전화사업 · *electrification*) : 전력을 공급하는 사업을 말한다. 口語上 電話사업과 同音異語이다. 일본은 이를 두고 電氣化사업은 '뎅가'로 발음하고 電話는 '뎅와'로 발음하여 혼돈 없이 쓰고 있는 것을 한국정부에서 무비판적으로 용어를 차용해 쓴 데 기인한다. 국내에서 한자 表出시에는 문제가 되지 않았으나 한글을 전용하면서 부적절한 용어가 되었다.

한국전력 電友會

도서발전소의 노무관리를 위해 합당한 방안을 마련하던 중 1995년 12월 22일 한국전력 電友會^{전우회}의 辛基祚 회장과 崔相得 전우실업 사장, 朴源泰 사무총장이 내방하여 전우회의 발전방향에 대하여 의견을 나누었다. 전우회는 한국전력에 다년간 근무하다가 퇴직한 직원들의 친목을 도모하기 위해 만들어진 모임이다. 1960년대부터 이 모임이 있었으나 운영재원이 없어 유명무실하게 명맥만 유지되었다.

그러던 중 1983년 朴正基 사장이 부임하여 전우회 실상을 파악하고는 우리나라 전력사업의 초석을 다진 공로를 가볍게 보아서는 안 된다며 전우회 운영기금 마련 대책을 강구하게 되었다. 박 사장은 그 한 방안으로서 장차 전우회원이 될 현업직원에게 준회원 자격을 주어 회비 갹출운동을 편 결과 약간의 기금을 마련할 수 있었다. 전우회는 이를 종자돈으로 하여 전우실업(주) 설립에 출자하여 몇 가지 사업을 하게 되었다. 그러나 이들이 쌓아온 경륜을 활용할 만한 업무에는 제대로 손을 대지 못하고 있었다.

이러한 때에 나를 찾아온 세 분은 낙도의 발전설비를 한국전력이 직접 운영하는 데는 비용이 많이 들 것이고, 특히 인사 노무행정에 어려움이 많을 터이니 이를 전우회에 위탁 운영하면 어떻겠느냐는 제의를 했다. 그렇게 되면 한국전력은 낙도 근무를 꺼리는 직원 인사의 어려움에서 벗어나게 되고, 전우회는 경륜이 높은 퇴직사원들의 일자리 확보와 함께 전우회의 운영재원을 마련할 수 있어 상호공영을 할 수 있는 정책이 아니냐는 것이었다.

한국전력은 얼마 전에 인수한 낙도 발전설비의 운영을 위해 새로 직원을 상주시켜야 할 판국이었는데 이런 말을 들으니 반가웠다. 낙도에 배치된 직원은 육지로 나오고 싶어 인사청탁을 할 것이고, 육지의 직원은 낙도배치를 꺼려하는 경향이 있어 기피를 할 텐데 전우회가 이 사업을 맡으면 비용도 절감되고 노무관리에 대한 부담도 덜 수 있겠다는 생각이 들었다. 그래서 나는 이를 긍정적으로 검토해 보기로 했다.

落島 전력사업 위탁

한국전력은 1996년 10월 28일 제주도와 울릉도를 제외한 직영 6개 도서의 전력설비를 효과적으로 관리 운영하기 위하여 도서전력사업을 전우실업(주)에 위탁하기로 결정했다. 발전과 배전 등 전력설비는 한국전력 소유로 하되 설비의 운영과 유지관리, 검침 및 수금을 포함한 모든 영업업무를 아웃소싱으로 전우회에 맡기기로 한 것이다.

한국전력과 전우실업은 업무위탁 발효에 앞서 9월 1일부터 2개월간 도서 전력설비에 대한 합동 운영을 통하여 업무를 익혔으며, 11월부터는 전우실업 단독 운영으로 들어갔다. 이때 위탁한 업무는 전력설비의 운영 외에 검침, 수금, 5kW 이하의 신규 수용업무 등 영업업무까지 포함되어 있어 사실상 한국전력의 도서출장소 기능을 하게 되었다.

전우회는 전력사업에 종사했던 전력인들의 모임이어서 이 분야의 식견과 경험, 그리고 기능을 갖춘 인재들이 많이 가입해 있다. 따라서 현직과 퇴직사원 간에 돈독한 연대를 도모하고 선배들의 기술과 경륜이 死藏^{사장}되지 않도록 일자리를 제공하는 일은 전력사업의 발전을 위해서도 매우 효율적이고 값있는 일이라 할 수 있다. 그 뒤 전우회가 출자한 전우실업과 전우종합기술회사는 퇴직간부들의 경륜을 활용하여 많은 성과를 올렸고, 덩달아 전우회의 친목활동도 매우 활발해졌다. 인력의 효율적 관리로 상호협조체제를 이룬 좋은 본보기였다.

25. 中小企業 기술개발 지원사업

　나는 한국전력 30년의 경험을 쌓으면서 마음속에 새겨두었던 3가지의 정책이 있었다. 첫째는 전력사업의 해외진출이고, 둘째는 정보통신 분야 진출을 통한 사업의 다각화이며, 셋째는 전력설비 관련 중소기업의 육성이었다. 나는 그 정책을 사장에 취임하자마자 실행에 옮겼다.

　내가 한국전력 사장에 취임하던 무렵 세계의 교역질서는 개방과 국제화가 키워드였다. 우루과이라운드 등 다자간 자유무역 협정이 진행되는 맥락에서 정부의 각종 산업지원제도가 제한되거나 폐지될 기미를 보여 중소기업의 앞날은 매우 어려운 형편에 놓이게 되었다. 특히 국내 전력설비 제조업체는 대부분 영세하여 국내 수주에만 안주하는 경향이 있어 체질강화를 이루지 못했다. 이러한 상황에서 국내의 공기업 구매시장이 세계시장에 개방되는 경우 국내 전력산업은 해외시장에 잠식될 수밖에 없는 위기에 놓여 있었다.

중소기업 기술지원 방침의 태동

　당시 국가정책상 한국전력은 중소기업 협동조합에 수의계약 또는 제한경쟁으로 설비를 구매하고 있었다. 전력사업에서 차지하는 중소기업체의 납품비율은 60%를 상회하여 전력설비 구성의 많은 부분을 차지

했다. 따라서 전기공급 품질의 향상은 중소기업제품의 품질향상과 직결된 문제였다. 또한 중소제조업은 산업용 전력의 35%를 사용하고 있으니 그들은 한국전력의 주요 고객이기도 했다.

그러나 많은 중소기업들은 신기술과 좋은 아이디어를 제품화하지 못하여 기업의 성장으로 연결시킬 수 없는 실정이었다. 이들은 보유기술에 대한 경제성과 수익성을 분석할 능력이 취약하고, 제품과 工程^{공정}의 하자에 대한 기술상 해결능력도 부족했다. 그리고 신용이 빈약하니 투자재원 조달에 제약이 많았으며, 소비자의 국산제품에 대한 신뢰부족과 수요예측의 불확실성 등 기업화 전략도 여러 가지가 미약했다.

한편 문민정부는 집권초기에 '신경제 100일 계획'을 세우는 등 국내 산업의 활성화를 위해 각종 정책을 쏟아내고 있었다. 나도 이들 중소기업의 기술수준 향상과 품질개선이 한국전력의 설비 신뢰성과 직결되어 있고 구매원가도 낮출 수 있다는 사실에 초점을 맞추어 중소기업 지원에 뛰어들기로 했다.

첫발을 내디딘 것은 한국전력 사장 취임 직후인 1993년 4월이었다. 나는 관계부서에 중소기업에 대한 기술 및 R&D자금 지원방안을 수립하여 보고하도록 지시했다. 이 무렵 중소기업은 한국전력의 구매가 늦어져 어려움이 가중되고 있었으나 그렇다고 구매를 조기집행하면 재고가 늘어나는 문제가 뒤따르게 되어 구매를 늘릴 수도 없는 형편이었다.

중소기업 지원팀 발족

여러 가지 방안을 찾던 중 전력기자재를 납품하는 중소기업 중에서 기술개발과 생산라인을 개선할 의욕이 있는 업체를 선정하여 한국전력의 R&D 과제로 처리하면 실질적인 지원이 될 수 있을 것으로 생각되었다. 그래서 나는 기술개발 의욕이 있고 지원에 따른 효과가 극대화할 수 있는 업체를 우선 선정하도록 했다.

중소기업 기술지원정책 시행과 관련 중소기업체를 방문했다.
〈필자 오른쪽이 林都洙 보성파워텍 사장〉

　이 방침에 따라 5월 14일 중소기업기술지원팀을 발족하고 宋秉權 팀장으로 하여금 기술지원 정책 및 기본전략의 개발, 인력과 장비 및 자금의 지원대책 수립, 그리고 기술지원제도 및 관리운영개선 기본방향제시 등 지원사업의 체제를 먼저 준비하도록 했다. 이어서 6월 29일부터 한국전력의 보유기술 및 산업재산권 등을 협력 중소기업에 無償^{무상}으로 내주면서 공유하도록 했다.

중소기업체 방문

　나는 송 팀장을 대동하고 7월에 몇 개의 중소기업과 관련단체를 직접 방문했다. 필요한 지원이 무엇이며 어떤 지원체제를 구축해야 효과적일지 등에 대해 현장파악을 위해서였다. 그리고 같은 달 협력 중소기업 대표자들을 한국전력 강당에 초청하여 간담회를 열어 중소기업 기술지원정책의 상세한 내용을 설명하고 의견을 청취했다. 다음날은 전력그룹사 관계자들이 모여 그룹차원에서 중소기업에 대한 기술지원을 하기로 결정했다. 한국전력은 이의 추진을 위하여 기술연구원을 협력연구사업의 주관부서로 정하고 본사와 지사 지점 등 모두 140여개 사업장에 중소기업 지원을 위한 창구를 개설하여 그들의 애로사항을 파악하는 등 기반을 갖추었다.

기술지원 대상업체 선정은 핵심전력설비 구성 기자재 제조업체와 중요 전력설비 기자재 제조업체, 그리고 제어 및 보호장치와 중요 정보통신용 기자재 제조업체 등에 우선순위를 두도록 했다. 전력용 일반기자재 제조업체 등은 후순위로 지원하기로 했다.

연구개발 자금의 지원

지원기간은 우선 5년으로 정했다. 1993년부터 1997년 말까지 1,230억 원 상당액을 지원하면서 자금과 인력, 기술력이 취약한 중소기업의 자생력을 배양하기로 했다. 지원사업은 단순히 자금난 해소를 돕는 것이 아닌 기술문제의 보완 및 실질적 경쟁력 강화에 목표를 두었다. 전력설비 확충과 설비의 진단, 자동화, 정보화 부문 지원은 물론 한국전력의 전문기술 인력을 현장에 파견하여 직접 기술을 지도하고 연구개발을 돕기도 했다. 나는 이러한 과정을 거치면 한국전력은 중소기업을 통해 값싸고 품질이 우수한 전력용 기자재를 적기에 확보할 수 있을 것이며 전력원가도 절감할 수 있을 것으로 확신했다.

중소기업 지원을 위한 자금확보를 위하여 지난날 내정가격 그대로를 자재대금으로 지불하던 관행을 폐지했다. 원가절감을 유도하기 위해 계약금액을 내정가격에서 5%를 삭감해 그 차액을 지원재원에 충당하도록 했다. 넉넉한 가격에 수주를 받아 납품하던 그동안의 관행을 깨고, 제조원가는 절감하면서 R&D투자에 적극 나서도록 하는 相生協力體制(상생협력체제)를 구축하기로 한 것이다.

중소기업 제품의 구매확대를 위해 개발선정품목 지정제도를 새롭게 운영했다. 그리고 우수연구개발제품은 2년간 구매를 보장하고 개발된 제품은 신속히 구매할 수 있도록 조치했다. 또한 투명한 운영을 위해 경쟁입찰 시행 시 규격입찰서 평가기준을 사전 공개토록 했다. 한편 기술이전 확대를 위해 보유기술설명회를 개최하고, 이전기술의 상용화를 위해 별도로 5억 원 한도의 개발비를 지원하는 방안도 마련했다.

해외 판매망 확보 지원

한국전력의 중소기업 지원사업은 이것으로 그치지 않았다. 판로의 확보와 제품의 구매까지 연결되도록 했다. 해외진출의 기회 및 기반이 취약한 중소기업들에게 수출환경을 조성하고 세계 최고의 KEPCO 브랜드와 결합하여 해외마케팅 효과를 높일 수 있는 방안을 적극 추진했다. 시장개척단 파견 및 국제전시회 참가를 각각 연간 6회까지 시행하여 해외판로까지 확보하도록 지원하는 한편, 한국전력이 직접 주관하는 해외시장 개척활동을 연간 1~2회 시행하기도 했다. 또 중소기업 자체적으로도 한국전력의 브랜드를 활용해 폭넓은 활동을 할 수 있도록 교두보도 마련해 주었다.

지원사업의 성과

1997년 12월 2일 전력산업 중소기업발전 촉진대회를 개최하여 기술지원 5년간의 실적평가보고회를 가진 후 중소기업 기술지원 1단계사업을 종료했다. 나는 이 사업의 성과를 확신했고 지원에 소요될 자금도 물품구매가격 차이에서 어느 정도 보충을 함으로써 이 사업의 합리성과 合規性^{합규성}을 뒷받침했다. 그러나 한편으로는 중소기업 지원이야말로 정부의 예산으로 정부가 해야 할 사업인데 한국전력이 독주한다는 평가를 우려한 것도 사실이었다. 중소기업 지원사업 시작 1년 후인

1994년, 문민정부가 중소기업청을 발족시키면서 중소기업 지원을 대폭 강화하는 정책을 펴기 시작했다. 이렇게 되자 한국전력이 앞장서기를 잘했다는 생각이 들면서 스스로도 보람을 느꼈다.

이 사업의 시한을 5년 기한인 1997년 말로 정한 것도 문민정부 이후 다음 정권에서 이 사업에 대한 진행을 어떻게 할 것인지에 대한 우려가 있었기 때문이었다. 그러나 다행스럽게도 1998년 김대중 정부가 발족하고 경영진이 모두 교체되었음에도 별다른 조치 없이 중소기업 기술 지원사업은 계속되었다. 2012년 현재까지도 계속되고 있어 당시의 지원사업이 한 시대 앞선 결정이었음을 스스로 자부하고 있다.

대전 EXPO와 전기에너지관

우리나라 최초로 국제박람회기구^{BIE}의 공인을 획득한 세계박람회가 1993년 8월 7일부터 11월 7일까지 대전 대덕연구단지에서 성황리에 개최되었다. 1989년 2월 정부가 이 박람회의 개최를 결정하자 한국전력도 이곳에 전기에너지관을 설치하여 운영하게 되었다. 약 4년 남짓한 준비기간 동안 한국전력은 박람회장의 건설과 홍보 그리고 운영준비에 혼신의 노력을 기울였다. 한국전력이 이 박람회에 참여한 목적은 전력의 안정적 공급과 고객 편의를 위하여 끊임없이 노력해온 실상을 소개하고, 청소년들에게 미래의 첨단기술에 대한 비전을 심어주어 한국전력의 이미지를 부각시키자는 데 그 의의를 두었다.

나는 당시 부사장으로서 박람회 준비를 책임지고 기획하는 임무를 맡아 1989년 5월에 전력에너지관 추진반을 발족시켰다. 개념설계를 위하여 한국전력기술^{KOPEC}에 용역을 주었고 그 뒤 나는 KOPEC 사장으로 취임하여 임기 동안에도 이 업무를 계속 담당했다.

1990년 11월에 전기에너지관 기본설계를 수립하여 내용을 확정했다. 전시관 설비는 많은 관람객이 일시에 몰리므로 안전에 특히 중점을 두

대전 EXPO 에너지관 개관 행사 〈오른편에서부터
金泰坤 상공자원부 자원실장, 필자, 吳明 EXPO 조직위원장, 李載泰 한전감사〉

고 설계해야 했고 환기와 공기조화설비, 전력설비, 통신설비, 심지어
승강설비 등 어느 한 가지도 소홀히 할 수 없었다. 구조물을 비롯한 설
비도 중요했지만 전시될 내용과 영상물 등은 관객유치에 절대적인 영
향을 주는 항목이어서 외국의 홍보전문회사 IWERKS에 영상제작을 의
뢰했다. 내용은 '희망의 빛', '미래의 힘', '에너토피아'Enertopia를 주제로
한 원자력에너지의 유용성에 중점을 두었다. 전시물 설계는 KOPEC이
담당했으나 시설물의 시공은 (주)슈퍼텍이 담당했다.

금탑산업훈장 수훈

내가 한국전력 사장으로 와서 치른 첫 대형행사가 바로 대전엑스포
행사였다. 당시 이 업무를 맡은 鄭元溶 전기에너지관장은 지친 모습이
역력했다. 그만큼 많은 일들이 아직도 겹겹이 쌓여 있었다. 관객에 대
한 서비스 부문은 전문업체에 맡기기로 했다. 그러나 회사 이미지의 부
각과 외국관람객 접대 부문은 한국전력이 직접 관장하기로 하고 안내

요원을 선발하여 교육훈련을 시켰다.

문을 연 전기에너지관은 큰 성공을 거두었다. 가장 관심을 끈 행사장이 되었고 총 관람객이 3백만을 넘어서는 성과를 거두게 되었다. 후에 나는 이 행사의 공로를 인정받아 금탑산업훈장을 수여받았다.

금탑산업훈장 수상 기념으로 아내와 자리를 함께했다.

26. 韓電株 뉴욕 證市 상장

전력사업을 흔히 성장산업이면서 설비산업이라고 표현한다. 전력수요가 경제성장과 더불어 해마다 10% 이상 증가했으므로 발전설비와 송전, 변전, 배전설비도 그 수요성장에 맞추어 계속 확충해 나가야 하며, 이들 설비의 확충에는 막대한 투자재원이 소요되기 때문이다. 이러한 재원을 기업이윤만으로 충당한다는 것은 매우 어려운 일이다. 외부차입은 불가피한 필수조건이다. 그 자금을 가장 안전하게 장기 저리로 조달받는 방법으로는 흔히들 주식발행으로 자본을 증자하거나 채권을 발행한다. 1990년대에도 늘어나는 전력수요에 대비하여 발전설비와 송변전 설비를 증설해야 했으나 이를 위한 국내자금 조달에는 한계가 있었다. 어쩔 수 없이 해외에서 외화를 조달해야 했고, 유리한 조건의 차입이나 채권발행을 위하여 동분서주하지 않을 수 없었다.

양키본드 발행

내가 부사장 시절이던 1980년대 들어 해외자금 조달을 위한 기업설명회가 몇 차례 있었다. 일본에서 채권 사무라이본드를 발행하면서 한국전력이 100% 정부출자기업이란 점을 발행조건에 삽입함으로써 상당히 좋은 신용평가를 받아 유리한 조건으로 채권을 유치할 수 있었다. 그러나 1989년 정부방침에 따라 한국전력주식의 일부를 민간에게 매각함으로써 국제 채권시장에서의 한국전력 신용도에 상당한 타격을 받게 되었다. 1993년에는 국내기업 최초로 뉴욕에서 미국의 양키본드를 발행하려 하자 사무라이본드의 발행조건 違約^{위약}이 문제가 되었다. 이의 해결을 위해 자금담당 간부들이 일본에 흩어져 있는 채권자를 일일이 방문하여 설득하고 채권자회의를 개최함으로써 계약 위반, 즉 디폴트 상태를 무사히 해소할 수 있었다. 이로서 양키본드를 발행할 시점에서는 Moody's와 S&P[1]의 두 국제신용평가기관으로부터 각각 A1과 A+의 신용등급을 받게 되어 1993년 7월에는 3억 달러의 양키본드를 쉽게 발행할 수 있었다.

한국전력 주식 뉴욕證市 상장

1994년에는 정부가 국내 상장법인에 대해 해외증권시장 상장을 허용함에 따라 한국전력도 이 방식을 검토하게 되었다. 그동안 주로 해외채권 발행 위주로 어렵게 외화를 조달하던 방식에서 벗어날 수 있었기 때문이다. 1994년 10월 27일 한국전력 역사상 처음으로 뉴욕증권시장^{NYSE}에 주식을 등록하고 그 첫 거래를 시작했다. 이에 앞서 약 3억 달러의 주식을 有償增資^{유상증자}하여 미국시장에 상장하고자 정부 승인을 받고 9월 16일 이사회를 열어 증자안을 심의 의결했다. 이어서 崔大鎔 부사장이 뉴욕에 미리 가서 발행대리인 리만브러더스^{LB}회사와 증권발행조건과 상장할 주식의 가격을 책정하는 회의를 했다.

10월 6일에는 이 회의시간에 맞추어 한국에서는 조찬 이사회를 개최하여 국제전화로 뉴욕의 협의내용을 전달받으면서 증시발행 가격을 정했

---

1 유수 국제 신용평가기관인 Moody's는 등급을 A1, A2, A3으로 분류하고, S&P는 A+, A, A-로 분류한다.

한국전력 주식의 뉴욕증권시장 상장 협약서에 서명하는 필자.

다. 국내 증시가격 및 미국 증시의 종가실적 등을 감안, ADR[2] 한 구좌당 21.50달러로 정하고 그 자리에서 이사회의 승인도 얻었다.

그러나 발행조건을 결정한 후 실제로 뉴욕 證市증시에 상장되는 날 사이에 국내의 주식가격은 계속 내리고 있었다. 성수대교 붕괴사고 등의 여파로 시장의 투자열기도 급속도로 냉각되었다. 또한 이 기간 중에 정부가 일반기업의 외국인 투자한도를 풀어주었는가 하면 2주 전 포항제철이 한국기업으로는 처음으로 뉴욕 증시에 주식을 상장했는데 그 가격이 수직 하락하고 있었다. 이러한 여러 가지 국내외적 여건이 악재로 작용하여 한국전력의 주식 뉴욕증시 상장가격 결정에도 크게 영향을 미쳤다.

나는 증권시장 증시상장 전날 저녁에 경리처장과 실제 상장될 최초 거래가격을 결정해야 했다. 증시에 상장하기 전날까지 한국 증시의 5일간 평균 주식가격에 5%의 프리미엄을 붙이는 것으로 하여 $20\frac{1}{8}$ 달러에

2 ADR(*American Depositary Receipts*) : 국내 주식을 미국 증시에 상장하기 위해 본 주식은 국내에 두고 미국 거래단위 금액에 알맞게 1주를 2주로 분할한 별도 증권(ADR)을 뉴욕증시 NYSE(*New York Stock Exchange*)에 상장함.

결정하여 상장했다. 이는 한국에서 거래되는 0.5주에 해당되는 가격이다. 미국에서의 거래규모에 증시가격을 맞추기 위해 한국에서 거래되는 하나의 주식을 두 개의 DR로 나누어 상장하기 때문이다. 1994년 10월 27일 드디어 한국전력 주식은 뉴욕시장에 KEP란 약호로 상장되었다.

뉴욕 증시에 상장하기 위해서는 높은 신용도뿐만 아니라 투자자 보호를 위한 매우 까다로운 절차를 밟아야 했다. 한국전력도 이를 소홀히 할 수 없었다. 투자자 관심을 유도하기 위하여 8개국 22개 도시에서 70여 회의 투자설명회를 갖는 등 혼신의 노력을 기울였다. 한국전력 주식을 뉴욕시장에 상장하는 날, 나는 증권시장 상장 서명을 위해 NYSE 소장의 안내를 받으며 증권거래소에 입장했다. 세계 자본주의의 종주국이요, 자본거래의 현장인 최대 증시의 거대하고 분주한 모습은 아직도 강렬한 이미지로 내게 남아 있다.

글로벌 본드 발행

1994년 11월 전 세계시장을 대상으로 한 13억 5천만 달러 글로벌 본드 Global Bond 발행에 성공했다. 지난날 한국 금융신용이 낮을 때 차입한 금리가 높은 기존채무를 금리가 낮은 외화로 조달하여 조기 상환함으로써 기업의 이자부담을 줄이기 위한 것이었다. 글로벌 본드는 외국정부나 IBRD같은 신용등급이 최고인 기관만이 발행하던 본드이다. 기업체로서는 미국의 포드Ford와 일본의 미쓰비시三菱만이 발행에 성공한 사례가 있을 뿐이었다. 한국전력의 국제금융시장에서의 신용등급이 그만큼 좋기 때문에 기업체로서는 세계에서 3번째로 발행할 수 있었던 것이다.

이 글로벌 본드를 발행할 시점에 북한이 NPT를 탈퇴한다는 성명이 나와 어려움이 많았으나 북한에 영향력이 큰 중국이 상당한 몫으로 이 본드에 참여하게 됨으로써 북한문제는 비교적 쉽게 해결될 수 있었다. 이 본드 발행에는 孫奉業 본부장과 洪德和 경리처장, 金煐洙 부장, 孫元吉 과장 등 주요 간부들의 아이디어와 노력이 크게 도움이 되었다.

세계은행 보증제도

조지워싱턴대학의 朴潤植 박사는 세계은행에서 장기간 근속한 바 있는 국제금융의 전문가이다. 이분이 한국을 방문한 기회에 국제자금문제에 대한 의견을 들어보기 위해 1996년 3월 4일 조찬강연회를 가졌다. 한국전력이 장차 해외사업의 대폭적인 진출과 확장을 할 경우, 프로젝트 파이낸싱PF: Project Financing 등으로 해외에서 자금을 조달하는 경우와 해외진출국의 지불보증을 받는 문제 등에 대해 매우 중요한 정보들을 얻을 수 있었다.

그의 설명에 의하면 인도나 중국 등의 지방정부는 국제금융시장에서 신뢰도가 낮아 투자유치가 매우 어려운데도, 세계은행의 투자사업 보증제도를 활용하여 큰 어려움 없이 자금을 조달하고 있다고 했다. 이 세계은행의 보증으로 투자자들은 투자금을 떼이는 사고를 예방할 수 있게 되어 자금조달이 용이하다는 이야기였다. 그리고 이 보증에 따르는 수수료는 0.5%이어서 신용등급에 따라 이자율의 차이가 매우 큰 국제금융 특성상 이를 보험으로 생각하면 크게 부담되는 비용은 아니라는 것이었다. 그러니 한국전력도 이 제도를 잘 활용하여 국제금융 조달의 난관을 해결할 것을 권고하는 것이었다. 발전설비를 위한 투자나 자금조달도 해외로 눈을 돌려야 하는 시대가 다가오고 있다는 확신을 더욱 굳힐 수 있었다.

百年債券의 발행

1996년도의 해외차입 규모는 약 8억 달러로 추정되고 있었다. 효율적 조달방안을 찾아 금융비용을 절감해야 경영효율도 그만큼 높일 수 있다. 국제금융시장에서의 자금조달방안 중 미국에서 발행하는 100年債연채 양키본드를 저금리로 마련하는 방안을 검토했다. 국제자금시장의 특성을 익혀가면서 자금을 조달하기 위한 사내 합의를 도출하고자 1996년 3월

百年債券의 발행 행사장에서 솔로몬브라더스사 로버트 덴함 회장과 서명하고 있는 필자

14일 이의 발행에 대한 정책토론회를 개최했다. 국가와 회사의 신용이 아주 좋지 않으면 100년 후에 상환하는 이 양키본드를 발행한다는 것은 결코 쉬운 일이 아니며 발행한 예도 그렇게 많지 않았다.

1996년 3월 22일 나는 100年債 발행인수 서명을 위하여 월드트레이드 센터(9·11 테러로 무너진 빌딩)에 있는 솔로몬브러더스사를 방문하여 로버트 덴함Robert Denham 회장과 정중하면서도 간소한 서명식을 가졌다. 한국전력이 시도한 이번 채권 발행은 세계적으로 3번째인데다 규모면에서도 2억 달러나 되는 대규모여서 한국전력의 위상과 신용이 세계적으로 그만큼 크게 높아지게 되었다.

株式轉換 社債 발행

뉴욕 증시에서 국내 최초로 시도되는 주식전환 가능사채 발행은 리만브러더스사LB가 주간사역을 맡기로 했다. 1996년 7월 17일 그날 뉴욕 주식시장의 장세는 아주 불안하여 다우지수가 급락했고, 한국전력 주식 ADR도 20달러 대에서 움직이고 있어 전환사채를 계획대로 발행할 것인지는 신중한 판단이 필요했다. 나는 현지에서 상황판단을 신속히 하기 위해 뉴욕에 도착하여 미리 와 있던 金鎭成 경리처장과 상의하여 하루만 더 관망한 후 다음날의 시세를 보아 최소한 24달러 이상이 되면 발행키로 하고 그날 결재를 하지 않았다.

이 문제를 협의하기 위한 회의가 저녁 9시 반까지 이어져 LB사 레위스_{Lewes} 부회장과의 만찬은 10시 이후로 미루어졌다. 만찬에는 LG증권의 진영일 사장과 한국전력 김진성 처장이 합석했으나 두 사람 모두 처음 당하는 일이라 일부 일의 진행이 매끄럽게 처리하지 못한 데 대하여 미안해하는 분위기였다. LB사의 레위스 부회장 역시 이날 결재를 하지 않는 데 대하여 불편한 심기를 감추지 못했다. 날이 바뀌고 다음날 저녁까지 기다렸으나 한국전력 주식 時價^{시가}는 워낙 나빠서 부득이 전환사채 발행을 연기해야만 했다. 발행계획을 세웠다가 취소하면 신용이 떨어진다는 우려로 LB사는 반대했으나 손해 보면서 발행할 수는 없었다. 더욱이 내가 여기까지 온 것은 예기치 못한 이런 일이 있을 때 그에 대처하기 위해 온 것 아닌가. 나는 작심하고 그들에게 연기할 것을 통보했다.

1996년 7월 27일 한국전력 주식 값이 정상을 찾아가는 중이어서 조찬 이사회를 열어 전환사채 발행에 대한 의견을 나누었다. 지난번에는 시장 상황이 좋지 않아 연기했는데 이날 다시 발행규모를 2억 달러로 정정하고 7월 26일자로 가격을 산정하여 발행하기로 한 것이다. 발행가격은 프리미엄을 붙여 24달러 50센트로 했다. 지난번 LB사의 불만에도 불구하고 발행시기를 연기함으로써 20%나 유리한 조건에 발행할 수 있게 되는 등 매우 좋은 결과를 가져온 것이다. 이 轉換社債^{전환사채}는 3년 후에 가격이 오르면 주식전환을 명령하는 조항을 넣기로 하고 발행한 것으로서, 한국전력이 해외에서 유리한 조건으로 起債^{기채}한 하나의 사례로 기록되었다.

27. 韓電 사장과 社會團體 활동

한국전력은 공기업 중에서 자산규모나 매출규모에서 가장 큰 기업이
며 또한 전체 국민을 고객으로 서비스를 제공하고 있어 사회적 지명도
가 매우 높은 국영기업이다. 1995년까지 국내의 민간기업을 포함해도
매출규모 면에서도 단연 으뜸인 기업체였다. 이런 사회적 위상으로 한
국전력 사장은 공공적인 사회단체의 장으로 추대되는 경우가 많았다.
이를 일일이 거론하기는 어려워 한국엔지니어클럽 회장과 한국공학한
림원의 이사장으로 활동한 내용만을 기술하고자 한다.

한국엔지니어클럽 회장

사단법인 한국엔지니어클럽은 1974년 10월 2일, 기술인의 사회적 지
위향상과 권익을 옹호하고 회원 상호간의 지식교류와 기술협력으로 국
가 공업기술의 진흥과 산업발전에 기여함을 목적으로 설립되었다. 회원
은 이공계 대학을 졸업하고 10년 이상 공업기술계에 근무한 경력을 가
진 자들로 구성되었는데, 초대 회장은 馬景錫 전 충주비료 사장이 맡았
다. 전공분야에 따라 과학, 건축, 광산, 금속, 기계, 섬유, 전자, 조선
항공, 토목, 화공 등 11개 분과위원회3를 두고 있으며 회원 수는 약 1

천여 명이 가입되어 있다. 클럽운영은 회원의 회비와 회원사의 후원으로 운영된다. 주요 업무로는 산업기술 자료의 수집과 조사연구 및 토론회 개최, 과학기술 시책에 대한 대 정부 건의 및 답신, 과학기술인의 사회참여 알선과 포상 추천, 회지발간 및 각종 자료의 간행 등이다.

나는 1995년 2월 27일 저녁 엔지니어클럽 정기총회에서 11대 회장으로 선출되었다. 중견 과학기술인 모임인 이 클럽의 회장으로 뽑힌 것은 개인적으로는 매우 명예스러운 일이었다.

회장업무를 맡고 보니 클럽의 시급한 현안문제는 회관 이전이었다. 성북동 클럽회관은 창립회원들이 기금을 모아 구입하였는데 발족 당시엔 행정의 중심이 광화문 일대여서 삼청터널을 거치면 바로 접근할 수 있는 편리한 곳에 자리 잡은 것이다. 창립초기부터 운영하던 클럽 식당은 양식당이 보편화되기 전이라 희소가치도 있어서 인기 있는 레스토랑이었다. 그 무렵에는 클럽 회원들 대부분이 기사 딸린 승용차를 이용할 수 있었다.

그러나 경제 중심이 강남으로 차츰 이동됨에 따라 교통도 불편해졌고 자가운전하는 회원이 차츰 늘어남에 따라 접근성도 떨어질 뿐 아니라 주차장이 구비되지 않아 골목에 주차해야 하는 불편이 많았다. 더욱이 1990년대에는 일반 호텔 등에 고급양식 레스토랑이 속속 개업하게 되자 클럽 레스토랑의 명성도 시들어져 회원의 이용도도 낮아짐으로써 해마다 적자를 내는 형편이 됐다.

따라서 이 건물을 매각하고 서울의 중심부에 회관을 마련하면 회원들이 자주 이용할 수 있고 빈번히 만나 클럽활동을 활성화하는 데도 도움이 될 것이라는 의견이 전임회장 때부터 공론화되어 있었으나 결행이 미루어지다가 다음 회장의 임기로 넘겨져 온 것이다.

---

3 본분과는 2006년 건설 교통, 에너지, 자원 환경, 기계 재료, 정보 통신, 물리, 지구 과학, 화학, 원자력 등 11개 분과위원회로 재편성되었다.

클럽회관 매각과 강남 이전

내가 엔지니어클럽 회장에 취임하고 첫 신년인사회가 열린 1996년 1월 26일 임시총회를 개최하여 성북동 회관을 매각하고 강남에 새 회관을 마련하기로 했다. 클럽 사무국에서 시장조사를 하였던바 지하철 강남역에 인접한 미진플라자 빌딩 1개 층을 다음해에 분양받는 조건으로 1년간 임대하기로 하고 1996년 2월 26일 임시총회에서 성북동의 클럽회관 매각을 의결했다.

1996년 6월 25일 조찬 이사회에 성북동 회관을 14억 1천만 원에 매매계약 체결하였음을 보고하고 미진플라자 20층을 전세로 임대하여 1996년 10월 31일 회관 현판식과 창립 22주년 기념식을 열게 되었다. 10년 넘게 회관이전 논의가 있었으나 실현되지 못하다가 마침내 이전이 이루어짐으로써 모든 회원이 기뻐했다.

그 후 강남역 미진플라자는 해가 바뀌어도 소유주가 매매계약을 계속 미루고 있어 클럽으로서도 이 건물을 마냥 믿고 기다릴 수는 없었다. 나는 陳道鉉 클럽사무국장에게 지시하여 구입할 수 있는 회관을 조속히 물색하도록 했다. 1998년 9월 진 국장으로부터 테헤란로 선릉역 1번 출구에 있는 샹제리제센터의 오피스텔을 물색하여 구입할 것을 건의했다. 그 무렵 외환위기의 후유증으로 부동산 가격이 크게 하락하여 91평에 4억 5,500만 원이면 매입이 가능할 것이라고 했다.

1998년 9월 26일 샹젤리제센터 20층 사무실에 대한 매입계약을 체결하고 1998년 10월 8일 클럽에서 이사회를 개최하여 매입계약 승인을 받았다. 1998년 12월 21일, 클럽회관을 샹젤리제센터로 이전하고, 저녁에 이전 기념식 및 송년행사를 가졌다. 1백여 명의 회원이 참석하여 성황을 이루었으며 모두가 새 회관에 만족하면서 집행부를 격려했다.

한국공학한림원 설립

우리나라가 1960년대 초 국민소득이 1백 달러도 되지 못하던 나라로부터 1995년 1만 달러의 소득국가로 발돋움하기까지의 과정은 모든 국민이 이룬 노력의 결정이라 할 수 있으나 그 중에서도 엔지니어의 역할이 가장 컸음을 많은 국민이 공감하고 있다. 이러한 과정에서 공학기술계 산업인력과 연구인력이 성장하면서 사회 속에서 차지하는 엔지니어의 비중이 점차 증가하였으나 엔지니어에 대한 사회적 인식과 위상은 기대만큼 개선되지 못하였던 것도 부정할 수 없다.

이같이 공학기술 인력의 양적 팽창에도 불구하고 공학교육에 대한 장기적 전망수립이나 산업기술정책의 수립에 참여하는 기회는 위상에 걸맞게 신장되지 못하고 있어 엔지니어들의 적극적 의견개진과 이를 취합하고 조직화하기 위한 기구가 필요하다는 의견이 여러 분야에서 제기됐다.

한편 경제협력개발기구OECD 회원국 등 대부분의 선진국들에는 이미 공학원 또는 공학한림원이 설립되어 정책자문과 개발, 산·학·연 연계 등의 활동을 하고 있었다. 이에 우리나라도 1995년 서울대 李基俊 전 공과대학 학장이 주도하여 전국공과대학 학장협의회와 공학계열 대학 교수들의 의견을 모아 통상산업부에 이러한 기관의 설립을 요청했다.

통상산업부 朴雲緖 차관과 秋俊錫 실장이 이에 적극 호응하여 '공업 및 에너지기술 기반조성에 관한 법률'을 개정함으로써 한국工學翰林院 (처음 설립당시 명칭은 한국工學院)을 특별법인으로 설립하게 된 근거를 마련하게 되었다. 이 법안은 국회와 법안공포의 절차를 거쳐 1995년 7월 1일을 시행일로 결정했다.

이 무렵 한국전력도 이 취지에 적극 동조하여 설립추진위원으로 참여하게 되었다. 1995년 7월 18일 통상산업부 차관 주관으로 '공학한림원 설립추진위원회'가 과천 청사에서 첫 회의를 열고 발족하였으며 그 해 10월 30일 재단법인 설립허가를 취득했다.

한국工學翰林院 初代 이사장

이 설립추진위원회에서 나는 설립에 필요한 기금조성의 책임을 맡게 되었다. 한국전력이 30억의 기금을 출연하여 앞장서고 포항제철, 삼성전자 등이 거금을 출연하여 초기에 50억의 기금을 조성했다. 이 공학원의 초대회장으로는 설립에 주도적 역할을 한 서울대 화학공학과의 李基俊 전 공대 학장(후일 서울대 총장과 교육부 장관 겸 부총리 역임)이 선임되었다.

한국공학한림원의 창립이사회가 1996년 4월 15일 개최되었다. 초대 이사장에 내가 선임되었고, 이사회는 서울대 이기준 교수, 고려대 白燮鉉 교수, 연세대 金雨植 교수, 포항제철의 金鍾辰사장, 한국중공업의 朴雲緖 사장, 삼성전자의 尹鍾龍 사장, 현대전자의 金柱瑢 사장, 귀뚜라미 보일러의 崔鎭玫 사장, 생산기술연구원의 李軫周 원장 등으로 구성되었다. 이날 이사회에서 기구의 기본 운영방안을 확정했다.

한국공학원의 회원은 산업계와 학계에서 각각 50%씩 선발하기로 하고 역동적 젊은 기관으로 자리매김하려는 의지를 살려 정회원은 65세까지로 했다. 회원이 되기에 앞서 후보회원으로 2년 이상 되어야 정회원으로 선발될 자격이 주어지도록 했으며, 정회원은 산업기술 분야에서 15년 이상 활동한 국민으로서 학문 및 기술분야별 평가에 따라 분과위원회의 심사를 거쳐 이사회에서 가입여부를 결정토록 했다. 명예회원은 회원자격이 있는 연령 65세 초과 원로인사가 대상이 되도록 했다. 이 방침에 따라 이날 창립 정회원으로 학계 56명과 산업계 52명 명예회원 32명을 초기회원으로 확정했다. 이런 절차를 거쳐 1996년 6월 19일 신라호텔에서 李壽成 국무총리 참석하에 한국공학한림원 발족행사를 성황리에 거행함으로써 첫 모습을 나타내게 되었다.

한국공학한림원 大賞을 수상한 필자가 젊은 공학인상 수상자 및 원로들과 함께했다.
〈필자의 우측이 한국공학한림원 尹鐘龍 회장, 우측 끝이 許鎭奎 이사장〉

한국공학한림원 大賞

창립 첫 사업으로 '한국공학기술상'을 제정했다. 1997년부터 공학기술 분야에서 산업발전에 크게 공헌한 사람에게 매년 '대상' 1명과 '젊은 공학인상' 2명을 시상하기로 한 것이다. 대상은 우리나라의 공학분야에서 노벨상과 같은 위상과 권위를 가진 상으로 정립하기로 했는데 이 상금은 귀뚜라미 문화재단의 崔鎭玖 회장이 매년 2억 원씩을 기부하여 마련하기로 했다.

한국공학한림원 발족 이후 대상을 수상한 사람으로는 1회의 崔亨燮 科總 회장을 비롯하여 金善弘 기아자동차 회장, 吳明 동아일보 사장, 李晩榮 교수, 李富燮 동진 사장, 朴松培 교수, 金相周 교수, 徐廷旭 전 장관, 이재성 교수, 여종기 LG연구원장 등이었다.

필자는 초대 이사장을 퇴임한 이후 몇 차례 대상후보로 거론되기도 하였으나 초대 이사장이 이를 받는다는 것이 부자연스럽다는 생각에서 여러 차례 사양하다가 이사장을 떠난 지 8년이 지난 후인 2007년에 대상을 수상하는 영광을 안았다.

다. 연구개발 추진조직

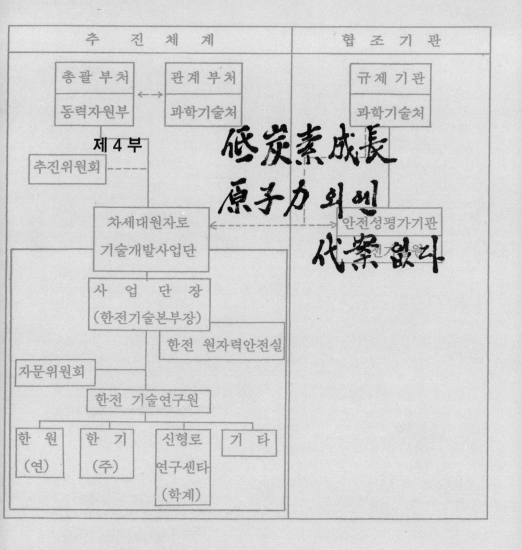

제 4 부

低炭素成長
原子力 외에
代案 없다

라. 재원조달 방안

○ 본 연구개발 사업은 범국가적 연구개발 사업으로서 국가의
  적극적 지원을 필요로 하는 사업임.

○ 본 사업에 대한 재원조달 방안은 '92. 4. 15일 차세대원자로 연
  구개발 추진위원회에서 논의되어 정부재원 30%, 한전재원 70
  %로 충당하는 방안을 정부에 건의키로 함.

日 時　1988年7月22日 (金)
場 所　動力資源委員會

이에 대한 對答을 해주시기 바랍니다.

○韓國電力公社副社長 李宗勳 지금 저희들이 原子力發電所를 建設할 때는 대개 美國의 기준을 따르고 있읍니다. 그러나 그렇다고 해서 美國의 기준을 따른다고 해서 우리들이 전부 美國에서 모든 設計를 하도록 기다리고 있을 수는 없읍니다. 우리나라가 이러한 기준을 우리 자체로서 整備를 하고 유지를 하기 위해서 막대한 技術人力이 필요하고 또 우리나라가 몇個 되지 않는 原子力發電所를 建設하기 위해서 그러한 기준을 別途로 設定하느냐 하는 문제에 대해서는 지금 檢討를 하고 있읍니다.

○曺喜澈委員 그렇다면 美國의 ACRS의 確認書를 받아야 할 것 아닙니까?

○韓國電力公社副社長 李宗勳 ACRS라고 하는 것은 常設機構가 아니고 아까 말씀드리려고 했더니 그냥 두라고 해서 들어갔읍니다마는 NRC가 바로 美國의 規制機關입니다. 規制機關에서 어느 發電所가 原子力發電所를 지으려고 安全性分析報告書를 가지고 오면 그것을 審査해서 이것을 最終的으로 괜찮으냐 하는 것을 협의하는 機構가 바로 原子爐安全審議委員會입니다. 그렇기 때문에 ACRS라는 것은 어떤 점에서 보면 常設機構는 아닙니다.

우리나라도 지금 安全「센터」에서 安全檢討가 끝난 다음에 建設許可를 내 줄때는 ACRS와 비슷한 原子爐安全會議를 거쳐서 建設許可가 發行될 것으로 알고 있읍니다.

○曺喜澈委員 그런데 美國의 職責 機能上을 보면 NRC라고 하는데는 분명히 行政的인 견해만 밝히는데고 ACRS는 실험을 통해서 「디자인」「테크니칼」「테스팅」「쎄이프티」-이런 견해를 밝히는데라고 알고 있읍니다.

다음 質問으로 넘어가겠읍니다.

韓電은 과연 入札者들에 대한 經歷을 엄격히 審査해 보았읍니까?

는 取消로 그후 發注받는 ⋯⋯ 일이⋯⋯ 니다. 原電業界에서는 매우 생소한 회사⋯⋯ 다.

CE는 輸出경험이 全無합니다. 1981年 ⋯⋯ 原電 7・8號機에 價格上 1位로 올라 갔으나 在 本委員이 이야기한 여러가지 이유로 취⋯⋯ 고 1983年 「애집트」에서도 豫備審査에서 탈⋯⋯ 읍니다.

CE의 새 모델의 첫 作品은 언제나 말썽을 ⋯⋯ 으켰던 것입니다.

1965年度에 착공한 CE의 첫 作品 Palisag⋯⋯ 電도 運轉도중 2年 6個月이나 중단했고 197⋯⋯ 에 착공한 Palo Verde는 工事中에 24個月⋯⋯ 사고로 인해 지연됐읍니다.

그후 運轉中에는 진동이 심하여 蒸氣發生⋯⋯ Tube가 파손되었읍니다.

이상을 結論으로 말하면 만약 韓電이 ⋯⋯ 한 사항들을 모르고 契約했다면 중대한 勤⋯⋯ 慢이요. 만일 韓電이 알고도 그랬다면 이는 ⋯⋯ 명히 피치못할 사정이 있을 것인데 그 사정⋯⋯ 上部의 지시인 것으로 本委員은 생각합니다.

따라서 韓電은 확실하게 밝히시오.

勤務怠慢 職務遺棄였는가 아니면 上部의 ⋯⋯ 였는가 上部의 지시였다면 누구의 지시입니⋯⋯ 대답해 주시기 바랍니다.

○韓國電力公社副社長 李宗勳 入札價格審査⋯⋯ 저희들이 「컴버스천 엔지니어링」은 「웨스팅⋯⋯ 우스」와 마찬가지로 美國에서 原子力發電⋯⋯ 供給할 수 있는 業體로 늘 평가를 하고 있⋯⋯ 다.

그것으로서는 저희들이 5・6號機를 發注할 ⋯⋯ 에도 「컴버스천 엔지니어링」은 역시 資格⋯⋯ 業體로 入札에 초대가 되었었읍니다. 그때⋯⋯ 濟的인 이유로해서 그때 탈락이 되었었읍니⋯⋯

다음에 輸出에 대해서 말씀을 드리겠읍니⋯⋯

아까 長官께서 잠간 말씀이 계셨읍니⋯⋯ 저희들이 지금 사려고 하는 것은 原子爐의 ⋯⋯ 技術과 그 部品 일부입니다. CE는 外國에 ⋯⋯ 건설하는 會社가 아닙니다. 그렇기 때문에 ⋯⋯ 에 輸出했느냐 안 했느냐 하는 것은 美國內⋯⋯

28. 원자력발전의 黎明期

원자력의 평화적 이용문제가 공식적으로 제기된 것은 1953년경이었다. 그해 12월 유엔총회에서 아이젠하워 미국대통령이 원자력기술의 평화목적(*Atom for Peace*) 개방을 선언하고 이듬해인 1954년 유엔총회에서 국제원자력기구IAEA의 설치를 결의함에 따라 원자력의 평화적 이용에 대한 기대는 전 세계적으로 확대되었다. 당시 우리나라는 과학기술수준이 낮은 데다 경제적으로도 戰後전후 복구에 여념이 없던 때라 원자력에 정책적 비중을 둘 형편이 되지 못했다. 그럼에도 우리나라는 1956년부터 1969년까지 총 310명의 원자력기술자를 해외교육기관에 보내 훈련시킨 바 있다.

시슬러 씨의 '에너지 박스'

한국에 원자력발전의 씨앗을 전파하는 데 가장 큰 역할을 한 사람은 미국 디트로이트 에디슨전력회사의 시슬러Walker Lee Cisler 사장이었다. 그는 1948년 북한의 5·14 斷電단전으로 한국이 위기에 빠져 있을 때 자신이 2차 대전 당시 미국 전쟁물자국에서 비상대책용으로 건조해 놓았던 발전함 2척을 한국에 보내줄 것을 당국에 건의하면서 한국과 인연을 맺기 시작했다. 전란 후에도 그는 마산, 당인리, 삼척에 10만kW 용량의 발전소를 미국 원조자금^AID^으로 건설하도록 앞장서 주선하기도 했다.

그는 1957년 이승만 대통령을 방문한 자리에서 우라늄과 석탄이 든 조그만 '에너지 박스'를 보여주면서 1그람의 우라늄으로 석탄 3톤에서 나오는 에너지를 생산할 수 있다고 설명했다. 이 대통령이 이에 관심을 보이자 원자력발전소 건설을 위한 준비를 적극 권유하고 원자력 전담기구 설립을 당면과제로 제기하면서 지금부터 인력양성에 힘쓰면 20년 후에는 원자력발전소를 갖게 될 것이라고 조언했다.

한편 한국전력의 전신인 조선전업 초청 강연에서도 이 '에너지 박스'를 보여주며 이 나라의 에너지문제를 해결하는 첩경은 바로 원자력발전이라면서 이 문제해결에 발전회사가 적극적으로 앞장설 것을 촉구했다.

원자력법 제정과 원자력원 발족

1958년에 원자력법이 공포되고 다음해 1월 전담기구로서 대통령 직속 원자력원이 발족되었다. 그리고 그 산하에 원자력위원회와 원자력연구소를 설립하고 원자력 행정의 중추역할을 수행하도록 했다. 이렇게 되자 미국 원자력기술훈련기관^ISNSE^에 매년 2~3명씩 보내던 해외훈련인원도 10명 수준으로 크게 늘어나게 되었으며 IAEA, ICA, USOM 등의 원조자금으로 영국, 미국, 프랑스 등에도 원자력 기술훈련을 보내게 되었다. 그러나 이때의 훈련은 주로 농학, 의학, 방사선 응용에 치중했으며, 원자력발전 관련 해외기술훈련은 원자력발전소의 사업을 한국전력이 주관하기로 결정되던 1968년부터 집중적으로 시행되었다.

한국원자력연구소가 발족되던 1959년 당시 국내는 정치적으로 극히 혼란스러웠고 산업도 보잘것없는 수준이었으며, 성적이 우수한 대학졸업생들도 갈 곳이 없던 그런 어려운 시절이었다. 이러한 때에 그래도 원자력연구소는 미래의 과학기술 발전을 위해 무한한 가능성을 열어

놓음으로써 당대 최고급 기술엘리트들이 이에 호응하여 연구소로 몰려들었다. 대학의 원자핵공학과도 이 무렵에 창설되었다. 1958년의 한양대에 이어 1959년에는 서울대에도 신설되었다. 당시 공과대학을 지망하는 젊은 공학도들에게 원자핵공학은 미래가 약속되는 최고의 선망학문이었다. 뿐만 아니라 이때 원자핵공학을 전공한 졸업생들은 미국의 MIT등 우수한 학교의 장학금을 받아 유학의 길을 떠날 수 있었고, 그후 이들이 귀국하여 한국 원자력산업의 발전에 크게 기여했다.

한국전력, 원자력발전 업무 담당

1965년에는 국무총리 직속으로 원자력발전심의회가 설치되었다. 1960년대 초 혁명정부가 경제개발계획을 수립하면서 검토되던 조직이 드디어 실행에 옮겨진 것이다. 1968년 1월 정부는 원자력발전소 건설계획을 발표하고 건설추진위원회를 구성했다. 당시 원전건설은 정부가 주도했으나 한국전력도 기술부에 원자력담당 主務^{주무}직책을 신설하고 업무를 시작한 것이 원자력발전사업의 첫 출발이었다고 할 수 있다. 이어 원자력실을 발족하면서 金晳鎭 실장과 閔景植 기술과장, 文熙晟 기획과장 체제로 조직을 강화했다.

정부와 한국전력 간에 서로 경합을 벌여오던 원자력발전 추진주체문제는 1968년 4월 9일 원자력발전 추진위원회의 결의에 따라 한국전력이 사업주체로 결정되기에 이르렀다. 이렇게 된 배경에는 그동안 한국전력이 화력발전소를 건설관리하면서 많은 경험과 기술을 축적했을 뿐 아니라, 원자력발전도 전력사업의 일환으로 추진되어야 한다는 논리가 감안되었기 때문이다. 뿐만 아니라 한국전력은 재정기반이 튼튼하기 때문에 외국차관을 도입할 때 차관선의 신용평가에 유리하게 작용할 수 있을 것이라는 점도 고려되었다.

原子爐型의 선택

한국전력은 1968년 원자력 기기공급자를 선정하기 위해 미국의 3개 회사와 영국 1개 회사에 예비견적서 제출을 요청했다. 그 뒤 공급조건과 차관조건 등을 놓고 수차례의 조정을 거친 끝에 그해 10월 예비제안서를 접수했다. 당시 영국의 BNEE가 제시한 노형은 흑연감속 가스냉각방식의 AGR로서 일본 최초의 원자력발전소인 도카이무라東海村 1호기와 프랑스 부제이Bugey원전 1호기가 채택한 노형이었다. 한편 미국의 웨스팅하우스가 제시한 노형은 가압경수로PWR였다. 영국 AGR 노형의 국내 에이전트는 당시 정권과 밀착되었던 아이젠버그였다. 그의 회사는 우리나라의 기간산업 건설에 필요한 차관을 마련해 주는 회사로서 매우 큰 영향력을 지니고 있었다.

원자력설비 입찰서를 놓고 사내평가에 이어 전문가를 통한 외부평가를 시행한 끝에 가압경수로PWR로 노형을 결정하려 하자 AGR을 판매하려던 아이젠버그가 이를 가로막았다. 그러나 당시 太完善 경제기획원 장관은 한국전력 金鍾珠 기술이사를 중립적인 인물로 보고 그에게 판단을 맡겼다. 김 이사는 사내평가와 전문위원회의 평가를 수용하여 PWR를 선택, 1969년 1월 29일 웨스팅하우스를 계약대상자로 선정하기에 이르렀다. 돌이켜 보면 이때 노형을 PWR로 결정한 것은 미래를 내다본 매우 훌륭한 선택이었다.

29. 標準原電 爐型戰略 개념 정립

한국전력이 원자력발전소의 사업관리 능력을 보유하게 되고 종합설계 능력도 축적되어 기술자립 범위가 확대되자 기자재의 국산화 품목도 획기적으로 늘어났다. 그러나 새로 건설될 원자력발전소 건설프로젝트마다 설계와 기자재 사양을 새로 작성한다면 건설코스트를 줄일 수 없게 될 것은 자명한 일이었다. 따라서 우리나라 실정에 맞는 원자력발전소 설계를 개발하고 이를 표준화해야 한다는 논의가 사내외에서 활발히 전개되기 시작했다.

원자력발전소의 설계 표준화와 爐型노형의 일관성을 유지해야 한다는 말들은 일찍부터 있어왔다. 그러나 당시에 원자력사업은 계속 확장되고 있었고 원전인력 또한 제한되어 있었기 때문에 미래를 위한 새로운 정책수립에 쏟을 시간적 정신적 여유가 없었다.

장기 原電정책 구상

1980년대 초 국내의 정치적 혼란과 경제불황으로 전력수요 증가율이 급감함에 따라 전원개발계획도 재조정할 수밖에 없게 되었다. 이러한 상황에서 1980년에 착공된 울진원전 1, 2호기의 건설이 계획대로 추진되어 1988년에 준공된다면 오히려 전력설비의 과잉이 예상되므로 정치권 일각에서는 건설을 중단해야 한다는 주장마저 나오기 시작했다.

이 무렵 원자력건설 업무를 총괄하던 나는 이 시점에서 건설을 중단하면 오히려 얻는 것보다 잃는 것이 더 많다는 점을 조목조목 들어 정부와 정치권을 설득시키려 노력했다. 이미 투입된 사업비에 대한 금리부담이 늘어나는 것은 물론 중단된 프로젝트를 관리하기 위한 비용도 금리부담을 훨씬 초과하게 된다는 점과, 원자력발전소의 건설공기가 10년임을 감안하면 현재의 공급과잉은 수년 내에 해소될 것이 분명한데 현재의 수급 잣대로 5, 6년 후의 수급을 豫斷예단한다는 것은 있을 수 없는 일이라는 점을 특별히 강조했다. 이런 논리로 나는 울진원전의 건설은 계획대로 계속하되 다만 후속 원전이 될 영광원전 3, 4호기는 당초 계획보다 늦추어 착수하겠다고 약속하면서 동분서주했다.

그러나 때로는 위기危機가 호기好氣가 될 수 있고, 한발 후퇴가 더 큰 도약대가 될 수도 있는 법이다. 원전 후속기의 신규발주는 어쩔 수 없이 늦추게 되었으나 이것이 오히려 한국 원자력발전산업계에 긍정적인 방향으로 작용하게 되었다. 원자력 기술자립과 원전 爐型노형의 전략수립을 위한 절호의 기회가 된 것이다. 원자력계의 많은 사람들은 가뭄에 물을 만난 듯 원전 기술자립문제를 놓고 외국설비와 외국설계 일변도의 원전건설 기본 틀을 재검토하는 일에 열정적인 시간들을 보낼 수 있게 되었다.

原電 기술자립 장기 비전

원전사업의 원천기술을 확보하고 발전시키기 위해서는 현재 원전사업에 관여하는 각 사업체별로 역할 분담을 해야 했다. 그리고 각 사업체별 장기적 기술개발 계획과 장기 비전을 확실히 해둘 필요가 있었다.

1982년 한국전력 사장으로 취임한 成樂正 사장은 전임 金榮俊 사장의 경영방침을 크게 바꾸지 않고 원자력 기술자립에 대한 정책기조를 그대로 유지했다. 성 사장은 원자력발전 건설의 기본 틀을 기술자립과 국산화에 두고 원자력건설부가 구체적인 안을 다시 준비하라는 지시를 내렸다. 이에 따라 1982년 Levy조사단과 한국의 원자력발전사업 현황을 조사분석하는 용역을 체결하여 이른바 〈Levy보고서〉[1]라는 원자력 안정성 검토보고서를 받게 되었다. 이 보고서에는 원자력발전소의 안전규제제도 개선을 비롯하여 종합적인 원자력정책 수립과 업무협의 기구의 설치 등 현실적으로 필요한 여러 내용들이 들어 있었다.

원자력발전소의 기술을 자립하기까지 단계를 살펴보면 원자력발전소 운전능력, 건설프로젝트 관리능력, 발전소 종합설계능력, 구조물 건설, 보조기 기자재 국산화, 터빈발전기 국산화, 원자로 주요부품 국산화를 거쳐 마지막 단계로서 원자로 계통설계기술NSSS-System Design[2]을 자립하여야 한다. 그런 과정을 거쳐야 원전의 기술자립과 국산화가 완성되는 것이다.

한국전력은 고리 1호기를 외국기술진에 의해 턴키로 건설하였으나 운전기술은 건설초기단계부터 훈련을 거쳐 자립을 이룩했다. 앞서 언급하였듯이 金善昶 소장(후일 한국전력 부사장과 한국전력 KPS 사장 역임)이 시운전요원을 이끌고 웨스팅하우스의 자이온Zion, Illinois 훈련센터에 가서 철저한 훈련을 받고 귀국 후에도 거듭되는 교육훈련을 거쳐 고

1 〈Levy보고서〉: 1982년 유엔개발계획(UNDP)과 세계은행(IBRD)의 지원을 받은 샐러먼 레비 박사가 원자력발전소의 운영상 안전성을 제고하기 위해 한국전력에 건의한 '한국의 원자력 안전성 검토' 보고서.
2 NSSS-System Design 기술: 원자로계통의 전반적인 설계기술로서 원전연료와 노심의 설계, 핵분열을 조정하는 제어방법과 안전 정지 수단, 원자로 냉각재의 체적과 화학적 기준, 생성된 열의 수송수단 설계, 고온 고압 및 고방사선을 견디는 원자로 기기 설계, 사고 시 영향완화를 위한 안전설비의 설계, 방사선의 조사정도와 안전성 확보기준 요건, 이에 수반되는 기자재의 사양결정 등 원자력발전소의 핵심기술로서 국가 간의 이전이 강력히 통제되는 주요기술임.

리원전 1호기는 시운전단계부터 우리 기술진이 참여하였고 준공 후 외국기술진 한 사람의 지원 없이 발전소를 운영할 수 있었다.

한국전력은 고리원전 3, 4호기 건설 프로젝트를 통하여 벡텔사의 지원 아래 한국전력 자체의 프로젝트관리 능력을 상당 수준까지 끌어올릴 수 있었고, 발전소종합설계 능력도 한국전력기술주식회사^{KOPEC}(현 KEPCO E&C) 기술진이 미국^{Norwalk, CA} 벡텔사에 파견되어 공동설계에 참여함으로써 상당한 수준의 성과를 거둘 수 있었다. 또한 국산화 증대를 위해 기자재 사양을 국내산업 수준에 맞도록 설계하여 국내산업과의 협조기반도 단단히 구축하여 보조기와 원자로의 대형부품도 국산화할 능력을 갖추게 되었다.

그러나 그때까지도 갖추지 못한 기술이 있었다. 바로 원전기술자립의 마지막 단계이자 사업의 핵심인 원자로 계통설계기술이었다. 이 기술까지 자체적으로 수행할 능력을 갖추게 되어야 궁극적으로 원자력발전소 설계와 건설의 기술자립을 완성시킬 수 있었던 것이다.

설계의 표준화

1982년 한국전력은 고리원전 2호기와 월성원전 1호기의 시운전에 돌입하였으며 고리, 영광 울진 등에 6기의 원전을 건설하고 있었으나 노형 및 용량이 서로 다르고 기술도입선이 다양하여 다국적 인허가 기준을 적용함으로써 어려움이 많았다. 기자재 구매사양도 다양하고 기술인력의 분산도 기술자립의 장애요인으로 지목되고 있었다. 조속한 기술자립을 위해서는 기존 원자력발전소의 건설과 운전경험을 集大成^{집대성}하고, 한국 실정에 맞는 爐型^{노형}의 원자로 계통설계기술을 도입하여 자립한 후 이를 기준으로 표준원자력발전소를 개발, 동일한 설계의 발전소를 다른 부지에도 반복 건설할 수 있어야 완성되는 것이다.

표준원자력발전소 개념의 채택과 반복건설을 실현하게 되면, 공기단축과 건설비의 절감, 기자재의 국산화 촉진, 주요 부품의 호환성 제고, 예비품 재고의 감축, 인·허가기간의 단축, 발전소의 신뢰성과 이용률 향상 등을 이룩함으로써 궁극적으로 해외시장 진출도 조기에 달성할 수 있는 많은 이점이 기대되었다.

이를 위해 앞으로 발주할 영광원전 3, 4호기(당시 호칭은 원전 11, 12호기)의 원자로 공급자는 원자로 계통설계기술 및 기자재 제작기술까지 전수해 주는 조건을 붙여 구입하기로 했다. 또 종합설계를 표준화한다면 표준설계에 적용할 기준과 규격Code & Standard을 최소한 10년간 또는 6기의 설계까지 동일한 기준을 적용하여 정부의 건설허가를 받는 것이 전제되어야 했다.

이러한 구상은 정부 측과의 협의과정에서 金世鍾 전력국장의 적극적인 뒷받침 아래 상당히 구체화되었다. 1982년 6월 동력자원부 崔東奎 장관은 원자력관련기관 대표들을 모아 기술자립 등 원자력발전 전반에 대한 전망을 논의하고 대책을 수립하기로 뜻을 모았다.

1982년 11월 한국전력 원자력건설부는 〈원전건설 확대에 따른 현황과 대책〉이란 정책자료를 만들어 사내정책으로 확정했다. 이 대책에는 후속기로 건설될 원자력발전소 爐型노형은 900MW급의 가압경수로PWR3를 기본 노형으로 하고, 영광원전 3, 4호기 국제입찰을 통해 원자로 계통설계기술을 확보, 이를 표준화하여 6기 이상 반복 건설한다는 계획과, 원자력기술 수출 능력을 배양하는 방안 및 핵연료 확보방안 등을 명시한 정책자료를 담고 있다. 캐나다 CANDU 중수로도 보조적으로 검토하기로 했다.

---

3 加壓輕水爐(PWR: *Pressurized Water Reactor*): 원자핵분열 시에 생성되는 고속중성자의 속도를 감속시키는 감속재로서 일반 純水, 즉 輕水(重水D$_2$O에 대비되는 개념)를 원자로에 채우고 약 150기압의 압력을 가하면 물이 350도 이상 되어도 沸騰하지 않는다. 이 고온경수를 냉각재로 하여 원자로에서 발생한 열을 증기발생기로 전달하고 다시 원자로로 순환하는 원리를 채택한 원자로형이다.

한국전력은 이 정책을 정부정책으로 확정하기 위해 동력자원부에 보고했다. 당시 김세종 전력국장은 이 내용을 리뷰하면서 한국전력이 수립한 정책 중 가장 마음에 든다는 찬사를 써가며 정부차원에서 적극 추진하겠다고 다짐했다. 김 국장은 이를 위해 1983년 2월에 원자력발전 관련 유관기관 실무책임자들을 동력자원부로 불러 차관주재로 '원자력발전 대책협의회'를 열고 현황 및 대책을 협의하기도 했다.

한편 미국 유치과학자로 초빙되어 1982년 7월 한국원자력기술KNE 사장으로 취임한 鄭根謨 사장(후일 과학기술부 장관)은 회사명을 한국전력기술주식회사KOPEC로 바꾸고, 원자력발전소 설계 표준화에 상당한 관심을 쏟았다. 표준원자력발전소 설계에 관한 연구사업을 과학기술처 연구비로 검토하도록 1983년 4월에 협약을 체결함으로써 한국전력의 표준화 방침을 구체화하기에 이르렀다.

原電 기술자립촉진회의

1983년 4월 새로 취임한 朴正基 사장도 원자력 기술자립과 국산화에 대해 확실한 신념과 비전을 갖고 있었다. 한국 표준형 원전개발에 대해서도 전임 사장의 정책안을 그대로 추인함으로써 새 사장의 정책으로 확실하게 자리 잡게 되었다.

그해 7월 6일 한국전력 文熙晟 이사가 소집한 '원자력발전 기술자립촉진회의'에서 한국전력을 비롯한 KOPEC 등 관련회사와 한국에너지연구소KAERI(현 한국원자력연구원), 한국중공업, 건설회사, 기기제조업체 등을 망라한 첫 회의를 소집했다. 원자력건설 안전관련 인·허가와 수의계약의 사전 양해 등을 고려하여 동력자원부와 과학기술처 간부도 이 회의에 참석하도록 했다.

한국전력은 이 회의에서 원자로 설계기술 및 제조기술의 축적개발과 경제성 제고를 이룩한다는 목표 아래, 후속 원전노형은 적어도 6기까지 900MW급으로 고정시켜 이를 한국 표준형 원전설계로 한다는 방침을 다시 한 번 천명했다. 노형 복제에 따른 정부의 인허가 과정도 단순화시키고, 반복설계 및 주요 기자재의 제작을 수주하게 될 KOPEC과 한국중공업에 수의계약으로 발주해야 한다는 내용도 이견 없이 채택했다. 또한 기술전수에 따른 비용은 일체 한국전력이 부담키로 하고 관련업체는 추가비용 부담 없이 기술지원을 하는 조건을 붙여 영광원전 3, 4호기의 국제입찰을 수행한다는 원칙을 확정지었다.

한편 기술자립과 국산화 계획은 단계별로 1989년까지 90% 이상의 국산화율을 달성할 것을 목표로 설정했다. 또 원가절감 방안으로 안전규제요건의 정립과 기술의 표준화, 그리고 부품산업의 계열화를 추진하기로 했다. 건설단위 基別^{기별} 경쟁발주를 지양하고 한번 채택된 기자재는 후속 프로젝트에서도 공급을 보장하기로 의견일치를 보았다. 그래야 업체가 예측 가능한 공급물량을 보장받고 양산체제를 위한 투자 등 공급을 위한 대비를 할 수 있게 되는 것은 물론 기술도 정착되고 생산원가도 줄일 수 있기 때문이었다. 한편 이날 회의에서는 핵연료도 표준설계에 맞게 국산화 개발을 추진하기로 결정했다.

사업추진체제의 정립

원자력발전 기술자립촉진회의에서는 또 설계 표준화사업의 진척상황에 맞추어 기자재의 제작과 건설시공 및 운전보수의 표준화사업도 병행함으로써 시너지 효과를 극대화할 수 있는 기본방침을 수립했다. 관련업체들에 대해서는 수의계약으로 계속 구매를 보장한다는 전제하에서 기술도입과 개발에 최대한의 노력을 기울이기로 했다.

이 회의에서는 이러한 정책을 차질 없이 수행하기 위해 동력자원부 주관으로 원자력발전 관련기관이 총망라된 범국가적 합의체로서 정책협의회(1984년 4월 전력그룹협력회로 개칭)를 구성하여 주요 정책과제를 협의 결정하기로 했다. 이 회의에서 기술자립의 촉진을 위한 분업체제를 다음과 같이 확실하게 정립했다.

- 한국에너지연구소(현 한국원자력연구원의 당시 명칭)는 핵 관련기술 개발 연구와 핵증기발생설비NSSS 4설계를 지원하며, 한국전력은 원자력발전 설비에 대한 기술개발을 위해 한국에너지연구소를 지속적으로 지원한다.
- 한국중공업은 주기기NSSS & TG 및 주요 보조기기의 설계, 제작, 설치시공 및 유지 보수를 담당한다. 원자로 노형은 PWR-1000MW의 설계제작 기술을 전수받아 계속 공급할 것을 보장한다.
- 계열화업체는 보조기기 제작 및 설계를 담당하되 사전에 국산화 계획을 세워 국산화가 되면 이의 계속 사용을 보장하기로 한다.
- 한국전력기술(주)은 발전소 종합설계AE 및 NSSS 계통설계SD를 담당하며, 다만 NSSS 계통설계는 한국중공업의 능력이 축적되면 한국중공업으로 이관한다.
- 한국핵연료(주)KNFC는 初期爐心초기노심 5 가공과 교체핵연료의 기술을 전수받아 핵연료를 가공하여 계속 공급한다.
- 한국전력은 원자력발전 건설사업의 관리 및 발전소 운영을 담당하고, 사업주체로서 장기적인 기술개발의 비용부담과 전반적 프로젝트 관리를 담당한다.

---

4 핵증기발생설비(*NSSS: Nuclear Steam Supply System*) : 원자로와 그 부속설비로 원자로, 증기발생기, 가압기, 냉각재펌프, 연결관, 원자로 관련안전설비 등을 포함한 일체의 설비를 말한다.

5 초기노심(*Initial Core*) : 초기 장전하는 핵연료를 말한다. PWR형 원자로의 원전연료는 교체주기(12개월 내지 18개월)마다 1/3씩을 교체한다. 처음 장전되는 초기 핵연료는 교체될 햇수에 따라 3개 영역별 우라늄 농축 정도를 달리하여 설계 제작되는 연료를 장전한다. 3년차 교체핵연료부터 수명기간 동안은 동일설계로 제작된다.

- 계열화업체로 지정되지 않고 발전설비의 성능에 직접 영향을 미치지 않는 보조기기^{BOP}는 업체를 미리 지정하지 않고, 표준화 설계 示方^{시방}에 맞게 공급할 수 있는 업체로부터 경쟁을 통하여 구입토록 한다.
- 시공을 담당할 건설회사는 현대건설과 동아건설뿐 아니라 그 범위를 차츰 확대하기로 하며, 화력발전소 건설능력이 입증된 회사를 선정하여 그 능력을 신장시켜 원전 참여를 확대토록 한다.

한국전력은 이 회의에서 합의된 의견들을 종합하여 1983년 7월 〈원자력발전소 건설사업 장기추진방향〉이란 문건을 만들어 동력자원부의 장·차관에게 보고, 표준형 원전추진에 대한 정부의 승인을 받았다. 이어 이 안은 1983년 7월 19일 청와대에도 보고함으로써 사실상 우리나라 표준형 원전개발의 기본전략으로 확정되기에 이르렀다.

이렇게 하여 원전의 건설은 에너지의 국산화란 차원에서 외자를 가능한 한 줄이고 내자에 의해 건설하고 운영한다는 큰 틀을 만들 수 있게 된 것이다. 에너지계 모든 사람의 꿈이 어린 참으로 장대한 설계이며 비전이었다.

나는 당시 한국전력의 원자력건설부장으로서, 그리고 정책결정의 담당부서책임자로서 역사적 현장의 중심에 서 있었다. 그해 9월 나는 고리원자력 본부장으로 부임하면서 잠시 정책결정 라인에서 한발 비켜 있었지만 1983년의 이 중요한 결정은 우리나라 원자력발전의 기술자립과 국산화 및 해외진출의 기틀을 마련하게 된 매우 중요한 과정이었다고 생각한다.

이 후속조치로 정부는 원자력산업계와 협의하여 '원자력발전 장기종합대책'을 성안했고, 1984년 4월에는 '원자력발전 기술자립계획'도 마련했다. 이어서 관계부처와의 협의를 거쳐 '원자력발전의 경제성 제고방안'이란 정책을 수립하여 그해 7월 28일 시행하기에 이르렀다. 동력자원부는 그해 10월 18일 '표준원전 설계사업 추진계획'을 확정하고 이를 한국전력에 시달했다. 이로서 한국전력에서 성안한 원전기술자립계획과 경제성 제고방안 그리고 이를 위한 원전 표준화와 반복건설 정책은 정부안으로 확정되어 더욱 강력한 추동력을 갖게 되었다.

1983년에 결정된 이 정책기조와 역할분담 정책은 근 30년이 지난 지금까지도 일관되게 그 원칙이 유지되기 때문에 우리나라 원자력산업이 오늘날 별다른 혼란 없이 이 수준까지 발전할 수 있었다고 생각한다. 우리나라처럼 정책이 朝變夕改^{조변석개}하는 현실에서 이같이 한 정책이 오랫동안 지속될 수 있었던 것은 당시의 정책이 매우 치밀하고 합리적이었으며, 주요 간부가 장기적으로 이 업무를 계속 담당했기 때문이 아닌가 생각한다.

30. 한국 標準原電 PWR 爐型 확정

영광원전 3, 4호기부터 표준화한 PWR 900MW급 노형을 채택하고, 최소한 6기 이상 복제 건설한다는 방침을 세우자 세계의 원자력 공급업체들은 자기회사의 노형을 채택시키기 위해 치열한 경쟁을 벌이기 시작했다. 그 중 당시의 정치적 격변기를 틈타 한국표준형 노형을 沸騰式^{비등식}경수로^{BWR} 1로 변경하려는 세력이 끈질긴 공세를 취하기 시작했다. 지난날 한국이 이미 6기의 웨스팅하우스 PWR를 도입하였으면서도 원자로 설계 핵심기술을 이전하지 않았던 점을 부각시켜, BWR를 표준노형으로 채택하면 원자로 원천기술 전체를 완벽하게 한국에 이전한다는 조건을 제시하면서 한국전력에 적극적으로 접근하기 시작했다.

1983년 4월 한국전력 사장에 새로 취임한 박정기 사장도 원자력발전의 기술자립에 대한 의지가 매우 강했다. 웨스팅하우스가 원자로설계를 위한 원천기술을 전수하지 않은 데 대해 불만스럽게 생각한 박 사장은 이 BWR 기술전수 제의에 상당히 관심을 가진 것처럼 보였다.

---

1 沸騰式경수로(*BWR: Boiling Water Reactor*): 원자핵분열에는 중성자의 속도를 줄이기 위한 감속재가 필요한데 이 감속재로서 일반 純水 즉 輕水(重水D₂O에 대비되는 개념)를 사용하는 점은 PWR과 동일한 輕水爐이나, 별도의 증기발생기 없이 원자로에 압력을 가하지 않고 물이 沸騰할 때 생성된 증기로 터빈을 구동하게 하게 설계된 원자로형이다.

표준원전 爐型 논란

당시 원자력건설부 업무를 총괄하고 있던 나에게 박 사장은 수차례에 걸쳐 한국 원전의 완전기술자립을 위해 BWR 노형 도입을 긍정적으로 검토하라는 지시를 내리기도 했다. 그러나 한국은 월성 중수로와 함께 이미 두 가지 노형을 채택한 마당에서 또다시 제 3 爐型노형을 선택하면 지금까지 축적된 PWR 기술은 死藏사장될 것이 불을 보듯 뻔했다. 더욱 그 당시는 영광원전 3, 4호기 원자로를 도입하면서 반드시 원자로 계통설계의 소스코드를 활용한 실제 설계를 해보아야 우리 기술로 자리 잡을 수 있는 상황이었다. 게다가 BWR 공급자가 모든 원천기술 자료를 다 넘겨준다 하더라도 한국기술진이 BWR 원자로를 설계할 기술 바탕을 갖추고 있지 않은 것이 큰 문제점이었다. 나는 이러한 여러 가지 상황을 들어 박 사장의 지시를 곧바로 이행하지 않은 채 버티다가 그해 9월 고리원자력 본부장으로 전보됨으로써 노형 결정 책임문제에서 한발 물러서게 되었다.

마침 내가 고리원자력 본부장으로 부임한 후 1983년 12월에 대만에서는 미국원자력학회ANS가 주최하는 전력계 고위경영자회의가 개최되었다. 1년 전부터 계획된 이 회의에서는 한국전력 사장이 주제발표자로 선정되었고, 나 또한 원자력건설부장으로서 사장과 함께 발표자로 참석하게 되어 있었다.

박 사장의 대만방문은 국제회의 참석보다 한국전력과의 기술연수교환협정을 맺고 있는 대만전력의 경영진과 만나 정보를 교환하는 일이 사실상 더 중요했다. 결과적으로 이 여행이 한국전력의 원전 爐型노형결정 정책수립에 많은 영향을 끼쳤다고 생각한다.

한국전력 사장의 臺灣電力 방문

臺灣電力公社 방문 때의 회의장에서.
〈오른쪽부터 朴正基 사장, 陳蘭皐 이사장, 朱書麟 사장, 필자, 李允哲 고문〉

12월 5일 우리 일행이 도착했을 때 공항에는 대만전력의 朱書麟사장을 비롯한 경영간부들이 대거 공항에 나와 우리 일행을 영접했다. 이어 대만전력의 신축청사인 대만전력 빌딩으로 이동, 사내 상황실에서 대형 스크린과 복식 슬라이드 프로젝터를 통해 현황설명을 들었다. 대만전력이 그들 나라의 경제부흥과 국민생활에 얼마나 많이 기여했는지 설명해 주는 감동적 내용이었다. 특별히 우리 일행을 배려하여 한국말로 녹음까지 해 방영하는 정성을 보여주었다.

우리는 몇 개월 전 개관했다는 이 사옥 시설을 두루 돌아보았다. 임원실마다 컴퓨터 터미널장치가 설치되어 있어 사무기계화 현황의 일면을 볼 수 있었다. 특히 한국전력과의 연수교환계획에 사용되는 전용 사무실이 별도로 마련되어 있어 한·중 간의 전력기술 협조를 그들이 얼마나 중시하는지 알 수 있었다. 바로 길 건너에 내려다보이는 靑華대학의 캠퍼스는 원자력발전사업을 추진하는 데 필요한 많은 인재를 배출하는 곳이라고 주 사장이 설명했다.

박 사장은 대만전력 주 사장의 안내를 받아 자유중국의 孫運璿 행정원장을 예방했다. 그는 대만전력 초창기에 사장을 역임했던 분으로 전후의 폐허 속에서 전력회사를 일으켜 세운 전력계의 선구자였다. 따라서 손 행정원장은 지금도 전력계에 각별한 관심을 갖고 있었다. 한국 전력사업의 각종 계수를 소상히 물으며 대만의 현황과 비교하는 것으로 보아 전력계에 대한 관심도를 짐작할 수 있었다.

ANS 고위층회의 참가

'國際核能電力 高層會議'국제핵능전력 고층회의라고 이름 지은 ANS- 고위경영자회의는 미국에서 매년 개최되는 행사였다. 이번 대만에서 열리는 이 회의는 북미주 밖에서는 처음으로 열리는 회의였다. 대만원자력학회와 ANS-대만지부가 주최하여 초청자 위주의 참석으로 계획되었고 세계의 16개국에서 전력계 경영진을 비롯하여 원자력산업계, 연구소, 규제기관 등의 책임자급 200여 명이 참석했다.

개회 첫날 대만전력의 朱사장이 개회연설을 했다. 대만전력은 그동안 원자력의 비중을 꾸준히 높였으며, 지금은 40%의 전력을 원자력발전소에서 공급하고 있어 연료대체로 얻어지는 이익이 연간 5~6억 달러에 이르고 있다고 했다. 그는 일본의 전력요금보다 연간 10억 달러 정도를 싼값으로 산업계에 공급할 수 있음을 자랑하면서 이는 오로지 원자력발전소 건설을 꾸준히 추진한 덕분으로 생각한다고 말했다.

회의 첫날 나는 "경수로와 중수로의 건설경험 비교"에 대해 발표했고, 다음날 회의에서는 박정기 사장이 "한국의 원전개발 현황과 접근방법"이라는 제목 아래 주제발표를 했다. 원자력기술기반이 미흡한 상황에서 오늘에 이르기까지 많은 원자력사업을 성공시킨 경험과 접근방법이 주된 내용이었다. 개발도상국이 갖고 있는 독특한 환경에서 얻은 우리의 경험이, 경우가 비슷한 다른 나라에서 똑같은 실수를 되풀이되지 않도록 하기 위한 정보들이 가득 들어 있는 내용들이었다. 박 사장은 여기서 한국은 능동적으로 협조할 의지를 갖고 있음을 천명하여 많은 참석자들의 관심을 끌었다.

馬鞍山 원자력발전소

셋째 날 12월 9일은 대만전력 陳蘭皐 회장을 방문하고, 이어서 대만전력의 약 200여 명 간부들이 모인 본사 강당에서 박정기 사장의 강연이 있었다. 演題^{연제}는 '지도자와 용기'였다. 지혜는 참모로부터 빌릴 수 있지만 용기는 누구에게서도 빌릴 수 없는 지도자만이 갖는 덕목이란 점을 강조하면서, 조직의 크고 작음에 관계없이 지도자는 용기를 길러야 한다는 내용의 연설이었다. 장내를 메운 직원들로부터 많은 박수가 쏟아졌다.

오전의 대만전력 본사방문을 마치고 계획된 일정에 따라 대만의 최남단에 자리 잡은 馬鞍山^{마안산} 원자력발전소 건설현장을 방문했다. 朱書麟 사장의 안내로 ANS 회장인 레빈슨^{Milton Levinson} 씨도 동행했다. 朱사장은 馬鞍山발전소에서 원자력발전사업 추진경위와 대만전력의 원자력사업 조직 등을 직접 설명했다. 그들은 처음부터 대만전력 주도로 BWR 원전을 약 4년 간격으로 착수하여 지금 모두 4기의 300만kW 원자력발전설비를 운전중에 있고 마안산 원전 2기는 노형을 바꾸어 PWR 원전을 건설중에 있었다.

귀로에는 高雄에서 台北까지 함께 철도여행을 하는 일정이 잡혀 異國^{이국}에서의 색다른 정취를 즐길 수 있었다. 특히 4시간 남짓한 이 기차여행은 깊이 있는 대화를 나누기에는 아주 좋은 기회여서 레빈슨 박사는 원자력에 대한 그의 폭넓은 경험에 대해 많은 이야기를 했다.

標準爐型 PWR로 확정

무엇보다 우리에게 중요했던 일은 주 사장과 레빈슨 회장의 원자로형에 대한 숨김없는 평가와 경험담이었다. 박정기 사장이 BWR 노형에 대한 미련을 아직 버리지 못하던 상황에서 이 같은 두 사람의 얘기는 값진 정보가 되기에 모자람이 없었다.

주 사장은 대만전력의 원자력발전사업 추진경위와 여러 가지 실패담을 생생하게 들려주었다. 대만전력이 첫 원자력발전소인 金山 2기와 두 번째의 國聖 2기를 모두 BWR 노형으로 건설했으나, 운전중 1차계통의 핵연료 손상에 의해 방사능물질이 2차계통인 터빈까지 오염시키는 바람에 고생했던 생생한 경험을 들려주었다. 주 사장은 그런 이유로 마안산 원전 건설부터는 PWR로 노형을 바꾸었다는 점을 설명했다.

레빈슨 박사의 견해도 비슷한 내용이었다. 특히 그는 세계 원전 노형의 대세가 PWR란 점을 강조해서 말했다. 박정기 사장은 이 여행기간 동안 두 사람의 이러한 설명을 듣고 원자로 설계의 원천기술을 꼭 전수받아야겠다는 의지를 다진 것은 물론, 장차 한국의 원전 노형도 PWR로 해야겠다는 확신을 갖게 되었던 것으로 생각한다.

이 여행을 통하여 한국전력은 대만전력과의 우의를 깊이 다졌을 뿐 아니라 원전에 대한 지식을 넓힌 것은 물론 자유세계 여러 나라 전력회사 경영진과의 대화를 통해 우리나라의 능력을 널리 소개할 수 있었다. 실로 뜻 깊고 실속 있는 여행이었다. 그 뒤 박정기 사장은 표준노형을 PWR로 확정했다. 이 결정은 한국 원자력발전 기술발전사에 매우 중요한 획을 긋는 획기적 조치였다.

31. 標準原電 開發 위한 核心기술 도입

내가 원자력건설부장으로 재임 시에 수립했던 표준원전 선정과 반복 건설에 의한 기술자립 개념은 동력자원부의 안으로 격상되어 나중에는 청와대에까지 보고하여 확정을 지은 사안이었다. BWR노형 채택에 대한 외부압력도 박정기 사장의 대만출장을 계기로 사실상 사라졌다.

내가 고리원자력 본부장으로부터 부사장으로 부임한 1985년 3월, 전원개발계획과 함께 영광원전 3, 4호기의 건설계획도 PWR 원전노형으로 확정되었다. 당시 박정기 사장은 에너지 자원이 부족한 한국의 실정으로 보아 원자력만이 이 문제를 해결할 수 있다면서 'Enertopia(에너지의 유토피아)를 건설하자'는 기치를 내걸고 이를 앞장서 이끌었다. 에너토피아 추진실적을 점검하고 이를 강력히 뒷받침하기 위하여 추진위원회를 만들어 전력그룹협력회와 그 산하의 원자력건설추진위원회의 활동상황을 일일이 보고받았다. 이러한 상황에서 한국전력은 영광원전 3, 4호기(당시 호칭은 원전 11, 12호기) 건설과정을 통해서 원자력발전소의 종합설계기술과 원자로 계통설계기술을 비롯하여 원자로 제작기술과 원전연료 기술까지 확보해야겠다는 강한 집념을 가지고 원자로공급계약 추진계획을 수립하기에 이르렀다.

원자로 설계 원천기술 도입 준비

원전건설을 위한 핵심기술은 그 특성상 기술도입 주체가 어디가 되건 상관없이 한국전력이 모든 비용을 부담하고 도입해야 효과적으로 성과를 거둘 수 있는 사안이었다. 한국전력 경영진과 정부는 가장 핵심인 이 문제를 놓고 많은 검토를 거친 끝에 의견일치를 보았다. 따라서 이 원전건설을 위한 각종 공급계약 입찰은 원자력 계약사상 매우 중대한 사안으로 대두됨으로써 입찰사양 작성 때부터 신중에 신중을 기해야 했다.

원전건설을 위한 각종 공급계약은 한국전력이 국내업체와 체결토록 하고, 원천기술을 제공할 외국업체는 한국기업의 하청업체로 참여하도록 조치했다. 그 이유는 기술전수를 받을 업체가 한국전력이 아니라 한국전력과 계약할 국내업체, 즉 한국중공업, 한국전력기술, 원전연료(주)와 한국에너지연구소 등이기 때문에 이들이 외국업체의 기술을 효과적으로 전수받기 위해서는 강력한 권한을 행사할 수 있도록 힘을 실어줄 필요가 있었기 때문이다. 따라서 입찰안내서에 포함될 기술사양서는 한국전력과 계약할 업체로 하여금 작성하도록 조치했다.

한국중공업은 원자로 설비 및 터빈발전기 제작관련 기술사양서를, 한국에너지연구소는 NSSS-SD과 초기노심^{IC} 관련사양서를, KOPEC은 발전소종합설계^{AE}를, KNFC는 핵연료 가공관련 기술사양서를 각각 작성토록 했다. 이는 입찰안내서의 기술사양서 작성부터 입찰평가 업무까지 외부의 영향력을 배제하고 기술적 입장에서 업무를 처리하려는 배려가 들어 있었다.

종합설계와 터빈발전기업체 선정

앞서 설명한 바와 같이 원전 표준화 전략은 1985년에 시작되는 영광원전 3, 4호기부터 추진하기로 확정되었다. 프로젝트 매니지먼트 기술은 1978년도에 시작한 고리원전 3, 4호기 건설 때 이미 도입하여 영광원전 1, 2호기에서 기술자립 성과를 확인하였기 때문에 새로 도입할 필요가 없었다.

원자력발전소를 건설하는 데 있어 원자로나 터빈 등 주요 기기의 구매제작 못지않게 중요한 업무는 발전소의 종합설계AE라 할 수 있다. AE 기술도 KOPEC이 고리원전 3, 4호기 프로젝트를 통해 상당한 수준의 기술과 각종 베이스데이터를 전수받고 필요인력을 훈련시켜 자체설계 능력을 어느 정도 갖춘 상태였으나, 어떤 원자로 공급자에게도 부합할 수 있는 범용설계Generic Design 능력을 갖추기에는 미흡했다. 새로운 노형을 도입하게 되면 이에 맞는 설계지원이 필요하며, 또 다양한 노형에 대한 AE기술을 새로 습득하여야만 했다. 이에 따라 영광원전 3, 4호기의 노형이 고리 3, 4호기와 다를 경우 이 노형의 AE지원을 위한 외국의 업체도 다시 선정해야 했다.

종합설계 AE의 입찰안내서ITB를 발송한 대상업체는 미국 벡텔사를 비롯해 에바스코Ebasco, 스톤 앤 웹스터S&W, 서전 앤 런디S&L, 길버트GAI와 프랑스 EDF, 캐나다 AECL, 독일 KWU 등 여러 회사였다. 입찰결과 독일의 KWU를 제외한 7개 업체가 모두 응찰했는데 응찰한 업체들은 모두 세계적으로 지명도가 높은 회사들로 서로 힘든 각축전을 벌였다.

1978년 고리원전 3, 4호기 건설당시 AE로 참여한 벡텔사는 그 후 영광원전 1, 2호기에도 AE회사로 참여하는 등 7~8년간 한국 원전사업에 참여하면서 KOPEC에 종합설계 기술을 상당수준까지 전수했다. 따라서 영광원전 3, 4호기의 계약에도 당연히 자기네가 최적임자일 것으로 생각했을 것이다. 그러나 평가결과는 그들의 생각과는 달리 S&L사가 제1 협상대상자로 선정되었다. 그 결과 한국으로서는 벡텔사의 AE기술과 함께 S&L사의 AE기술까지 모두 전수받게 됨으로써 자체 설계능력의 향상에 더욱 큰 도움을 얻게 되었다.

터빈발전기의 제작기술을 전수해야 할 업체로 ITB를 발급받은 회사는 미국의 GE와 Westinghouse, 스위스 BBC, 프랑스 Alstom, 영국의 GEC, 일본의 Hitachi, MHI, 독일의 KWU사 등이었다. 그 중 일본과 독일 3개 업체는 응찰하지 않았다. 응찰한 5개 회사를 놓고 평가한 결과 GE사가 선정되었다.

종합설계회사와 터빈발전기 설계기술 전수업체 선정에 있어서 미국의 벡텔사가 탈락하고 S&L사가 선정된 것은 예측을 벗어난 선택이었으나 큰 잡음 없이 수용되었다. 그러나 원자로 계통설계$^{NSSS-SD}$ 기술과 초기노심^{IC} 설계기술을 전수받을 국내업체 선정과 기술을 제공하고 전수할 공급업체 선정에는 많은 어려움이 뒤따랐다.

원자로 계통설계 기술전수 주체의 선정

원전 설계부문의 핵심인 NSSS 계통설계^{SD}기술과 초기노심^{IC}설계기술을 전수받을 국내의 주체기관으로 한국에너지연구소가 결정되기까지에는 논란이 있었다. 앞에서 언급했듯이, 1983년 청와대에 보고한 표준형 원전 개발의 기본 전략상 NSSS-SD 업무분장은 한국전력기술^{KOPEC} 소관으로 되어 있었다. NSSS-SD 업무가 R&D 성격보다는 엔지니어링 업무에 가까운 것이어서 당초 업무를 분장할 때 KOPEC으로 결정된 것은 바른 선택이었다. 그러나 당시 KOPEC은 종합설계^{AE} 기술전수도 받아야 할 입장이어서 이를 감당하기가 어려운 형편이었다.

외국의 예로 보아서는 원자로 제조업체가 NSSS-SD기술을 보유하는 것이 정상이다. 그러나 원자로 제조를 전담하게 될 한국중공업은 모든 측면에서 SD기술을 전수받을 기술수준이 못되었을 뿐 아니라 언젠가는 민간에게 불하될 업체라는 전제를 갖고 검토를 해야 했다. 민간에게 이전 될 가능성이 높은 기업체에게 한국전력으로서는 NSSS와 터빈발전기 제조기술 전수비용을 부담하는 것만으로도 족했다. 영광 3, 4호기 건설 총예산 중에서 기술전수비로 책정된 6억 달러를 효율적으로 집행하기 위하여서도, NSSS-SD기술을 한국중공업에 전수하는 것은 바람직하지 않다는 전제에 따라 검토대상에서 제외시켰다.

한편 한국에너지연구소KAERI는 우수한 원자력 기술인력을 보유하고 있으면서도 정부로부터 연구비를 충분히 지원받지 못해 많은 연구인력이 과제를 찾지 못하는 상황이었다. 따라서 KAERI의 韓彌淳 소장은 자신들의 인적 자원을 원전기술자립에 참여케 함으로써 기술전수 주체기관으로 자리 잡기 위해 적극적으로 나섰다.

원자력연구원 원자로설계 참여

한 소장은 1982년 KAERI 부소장으로 임명되어 한국핵연료KNFC사장을 겸임하면서 CANDU형 월성원전의 원전연료 국산화 연구를 담당했다. 이 연구개발이 제품화에 성공하여 성능시험까지 합격함으로써 월성원전에는 그 후 이 국산화된 원전연료를 주로 사용하게 되었다. 그는 일찍부터 원자력발전 기술자립에 상당한 관심을 가지고 있었다. 1984년 4월 소장으로 임명되자 취임식에서 상업용 원전의 기술자립 참여에 강한 의욕을 천명하기까지 했다. 한 소장은 노심설계와 NSSS-SD 업무를 연구소로 유치하기 위해 한국전력과 과학기술처 그리고 동력자원부를 동분서주하면서 많은 노력을 기울였다.

KAERI는 소속 직원의 대부분이 원자력공학, 기계공학, 전기공학 등을 전공한 석·박사급 고급인력으로서 NSSS-SD를 수행할 기본적 소양을 갖춘 국내 최고의 원자력 기술진을 보유하고 있었다. 당시 KAERI는 연구자금에 목말라 있었기 때문에 원전사업 참여로 돌파구를 찾으려는 한 소장의 노력과 KAERI 연구원들의 능력과 가능성은 부인할 수 없으나, 연구에 몰두해야 할 연구소가 설계사업을 하는 것은 적합하지 않다는 異論이론도 무시될 수 없었다.

한국전력은 절충 노력을 벌인 끝에 NSSS-SD와 초기노심IC 설계는

KAERI에 맡기기로 정리를 했다. 현실적으로는 KAERI 측의 우수한 인력을 적기에 이 업무에 투입시켜 활용하는 것이 기술전수에 더 효과적일 것으로 판단했기 때문이다. 그러나 한국전력은 여기에 단서를 달았다. 연구소 인력이 주체가 되어 NSSS-SD기술을 전수받아 영광원전 3, 4호기의 설계를 추진하되 기술전수가 완료되면 이 기술을 일체의 자료와 함께 KOPEC에 이관한다는 조건을 붙인 것이다. 그리고 KAERI가 전수받은 기술을 차세대 원자로개발에 활용하기로 하는 조건에도 합의를 했다. 연구소는 어디까지나 연구본연의 일에 충실해야 된다는 이유를 달은 것이다.

이 안을 두고 정부부서간의 정책조정과정을 거친 후 당초의 방침 변경을 확정하기 위하여 1985년 6월 25일 한국전력이 전력그룹협력회를 소집했다. 원자로설비는 한국중공업이 공급 주계약자가 되고, 에너지연구소는 NSSS-SD설계기술을 전수받아 설계결과물을 한국중공업에 공급하도록 했다. 그리고 초기노심의 기술전수문제에 대해서도 한국전력은 KNFC와 공급계약을 체결하고 KAERI는 하청계약을 통해 초기장전연료IC의 설계기술을 전수받아 KNFC에게 설계용역을 제공하도록 하는 업무조정안을 확정했다.

이로써 지난 1983년 7월 정책협의회에서 KOPEC이 NSSS-SD설계기술을 전수받기로 했던 방침을 변경한 것이다. 후속조치로 1985년 7월 29일 제217차 원자력위원회에서 한국에너지연구소가 영광원전 3, 4호기의 NSSS-SD설계기술과 IC설계기술 전수의 주체로 참여하도록 하는 안을 의결했다.

원자로 핵심기술 전수 국제입찰 안내

영광원전 3, 4호기의 원자로 공급업체를 선정하기 위한 입찰안내서ITB의 기술사양서 초안은 KAERI에서 작성했다. 1985년 10월 31일 발급된 입찰안내서 내용에는 공급업체는 반드시 그 원자로설계 원천기술을 한국에 이전하기 위해 영광 3, 4호기의 원자로는 한국기술진과 자국 및 한국에서 공동설계JSD를 하여야 한다는 조항과, 설계기술도입TT을 위해 일체의 프로그램과 데이터베이스 등 소스코드를 한국에 이전해야 한다는 내용이 들어 있었다. 이와 함께 본 입찰 서류의 평가기준까지도 미리 작성하여 추후의 입찰평가에 공정성을 기하도록 준비했다.

ITB는 NSSS를 공급하면서 계통설계SD기술을 전수할 수 있는 PWR 기술 보유업체인 미국의 웨스팅하우스WH와 컴버스천 엔지니어링CE, 그리고 프랑스의 프라마톰現 AREVA과 독일 KWU, 일본 MHI사 등에 발급되었고, 월성원전에 원자로를 공급한 실적이 있는 중수로형 CANDU 원전공급업체인 캐나다의 AECL사에게도 발급되었다.

그때까지 한국은 미국의 웨스팅하우스WH사로부터 6기를, 프랑스의 프라마톰으로부터 2기의 PWR을 도입하였으나 NSSS-SD의 기술전수는 체계적으로 이루어지지 않았다. 1979년의 미국 TMI원전 사고 이후 세계적으로도 원전의 신규발주가 없어 원자력발전설비 산업계는 그야말로 신규사업 수주에 목이 말라 있는 상황이었다. 특히 PWR의 미국 내 경쟁회사인 CE사는 당시 10년 이상 새로운 설비공급계약 실적이 없어 회사가 존폐의 기로에 서 있는 상황이었다. 따라서 우리나라의 원전 신규 발주는 기술전수를 보장받을 수 있는 절호의 기회였다고 할 수 있었다. 이런 상황에서 펼쳐진 국제입찰인지라 PWR설비 공급자인 미국의 두 회사와 프랑스 프라마톰사 간의 3파전은 매우 팽팽하게 진행되었다.

원자로설비 업체의 입찰

PWR 입찰대상 6개 회사에 대한 조사 작업이 본격적으로 이루어지면서 한국전력과 에너지연구소 및 KOPEC 기술진으로 구성된 조사반은 이들 회사를 방문하여 그들의 설계능력과 기술전수 내용을 알 수 있는 자료들을 조사했다. 이 회사들은 이 사업의 공급자 채택 여부가 앞으로의 한국 원자력산업에 대한 주도권을 좌우하는 열쇠가 된다는 생각 아래 치열한 경쟁을 벌였다.

WH사는 한국에 이미 6기의 원자로를 공급한 실적을 보유하던 터라 다소 여유 있는 생각을 갖고 있었을 것이다. 경쟁사인 CE사는 유럽의 거대기업인 ABB사와 통합되기 이전으로 지명도가 비교적 낮은 회사였던 터라 WH사는 경쟁상대가 없다고 생각했던 듯 기술전수에 대해 매우 소극적이었다. 반면 CE사는 한국시장 진출에 회사의 死活^{사활}을 걸었다. 이번 한국의 입찰에 실패하면 회사의 문을 닫을 수밖에 없는 絶體絶命^{절체절명}의 위기상황이었기 때문이다. 따라서 모든 기술을 다 한국에 전수하는 한이 있더라도 이번 계약은 반드시 성사시켜야겠다는 각오가 행동 하나하나에 역력히 나타났다.

1986년 3월 31일, 입찰마감일이었다. 응찰서를 접수한 결과 PWR에는 미국의 WH와 CE사, 그리고 프랑스의 프라마톰사 등 3개사가 응찰하고, 독일의 KWU사와 일본의 MHI사는 입찰에 응하지 않아 PWR노형의 경쟁은 3파전으로 전개되었다. CANDU형 중주로의 공급업체인 캐나다의 AECL사도 입찰에 응하였으나, CANDU형은 용량이 650MW로서 2000MW 발전출력을 위해서는 3기의 원자로를 공급하여야 하므로 경쟁에서 일찌감치 탈락했다.

입찰서에 대한 평가가 시작될 무렵인 1986년 4월 26일 구소련의 체르노빌 원자력발전소^{Chernobyl NPP} 폭발사고가 발생했다. 미국 TMI 사고에 이어 더욱 참혹한 체르노빌 사고에 접하게 되자 전 세계는 원자력발전의 암흑기 도래를 예측하는 전파로 가득했다. 정치권에서도 원자력발전소 건설을 계속 추진하는 정책에 대한 우려의 목소리가 나오기 시작했다. 그러나 한국전력은 이에 아랑곳 하지 않았다. 오히려 이를 원전기술자립에 절호의 기회로 생각하고 추호의 흔들림 없이 그대로 계획을 밀고 나갔다.

입찰평가 발표

입찰평가는 일차적으로 기술을 전수받을 회사에서 각각 검토했다. 원자로 설비관계 입찰서는 KAERI의 발전용원자로사업팀^{PRSD}에서 林昌生 부소장과 金炳九 박사가 주축이 되어 검토했다. 모든 과정을 거쳐 입찰서를 검토한 결과 기술이전 문제는 예상대로 나타났다. WH사는 기술전수에 상당히 인색한 편이었다. 그러나 CE사가 제의한 System-80은 당시로서는 가장 앞선 기술인데다가, 발전용 원자로 설계를 위한 광범위한 기술까지 모두 전수하겠다며 매우 적극적이었다. KAERI에서는 입찰안내서 발급 당시에 미리 작성했던 평가기준을 그대로 적용함으로써 공정성에 만전을 기했다고 후일 검찰조사에서 밝혔다. 평가결과 CE사가 제1협상대상자로 추천되어 1986년 7월 10일 한국전력에 접수되었다.

새로 구성된 한국전력 신규사업추진반은 이 평가업무를 총괄했다. 崔大鎔(후일 한국전력 부사장), 鄭建, 林漢快 씨가 영광원전 3, 4호기의 원자로 설비를 비롯한 터빈발전기 그리고 종합설계를 위한 해외 기술전수 업체선정을 위한 내부종합검토를 진행했다. 원자로 설비는 KAERI의 기술 평가결과에 따라 추천한 대로 CE사로 선정되었다. KOPEC에 종합설계 기술을 전수할 회사로는 미국의 S&L사, 그리고 터빈발전기는 미국의 GE사가 각각 선정되어 1986년 9월 30일 종합적인 입찰평가 결과가 발표되었다.

이 발표가 있자 한국에 이미 6기의 원자로를 공급하여 국내 기반을 다져둔 WH사는 강력히 반발했다. 이들은 한국이 계약협상자로 선택한 CE사의 원자로는 운영실적이 없는 '非實證'^{Unproven Design} 원자로이므로 장차 큰 위험요인을 내포하고 있다는 항의성 공문을 보내왔다. 그러나 이 문제는 입찰평가 과정에서 충분히 검토된 내용이므로 재고의 가치가 없는 것으로 결론지었다.

원자로 설계기술 도입 계약서명

웨스팅하우스WH사가 주장한 '비실증' 원자로라고 주장하는 근거는 CE사는 1천 MW 원자로를 설계해서 건설한 실적이 없다는 내용이었다. 다만 미국 애리조나주의 팔로버디Palo Verde, Az. 원자력발전소에 1,270MW PWR 3기를 공급한 실적만 있었다. 이들은 1,270MW 원전설계 데이터와 소스코드를 사용하여 1천 MW 원자로를 새로 설계하여 공급하겠다고 했다. 이런 경우 1천 MW 실적이 없는 것이 시빗거리일 수도 있으나 1000 MW 원자로를 한국기술진과 CE엔지니어가 공동으로 직접 설계한다면 오히려 더욱 완벽한 기술전수를 받을 수 있는 장점도 있었다. 처음부터 소스코드만 가지고 다른 용량의 원자로를 설계하면 이 과정에서 얻게 되는 노하우는 추후 또 다른 용량의 원자로도 설계할 수 있는 능력까지 확보하게 되는 이점이 있었던 것이다.

WH사의 한국전력에 대한 항의와 정치문제화하려는 의도를 감지한 CE사는 미국 원자력규제위원회USNRC에 이 문제에 대한 유권해석을 의뢰했다. USNRC는 답신에서 CE사의 System-80 노형은 미국에서 안전성 검토 결과 이미 인허가 된 노형이므로 적절하게 실행된다면(*If Properly Implement*) 인허가가 가능하다는 유권해석을 회신해 왔다. 이 USNRC의 유권해석은 한국전력이 WH사의 항의와 정치적 저항에 대응하는 데 큰 힘이 되었고, CE사의 기술성에 더욱 확신을 갖고 계약협상을 진행할 수 있게 되었다.

낙찰업체가 결정되자 계약협상 업무는 신규사업추진반으로부터 한국전력 원자력건설처로 이관되었다. 1986년 10월부터 책임자 沈昌生 처장과 朴用澤(후일 KOPEC사장), 李重載(후일 한국수력원자력 사장) 부처장 등이 참여하여 계약협상에 들어가 이듬해 3월경에 협상을 완료하기까지 약 6개월에 걸쳐 불철주야 강도 높은 협상을 벌였다. 이들은 전례 없이 어려운 이 계약을 조목조목 철저히 확인한 덕분에 1996년 10

영광원전 3, 4호기 원자로공급 및 기술도입 계약서명
〈서명하는 필자의 좌측이 成樂正 한국중공업 사장, 우측 끝이 閔景植 KOPEC 사장〉

월 영광 3, 4호기 건설프로젝트 계약종결 시까지 10년 동안 계약자와의 쟁점항목이 거의 없이 마감을 할 수 있었다.

또한 처음 의도했던 바처럼 영광원전 3, 4호기 원자로NSSS 계통설계SD 기술과 관련된 일체의 프로그램과 데이터를 지원받고, 한국전력과 CE 사가 공동으로 1천 MW 원자로를 처음부터 완벽하게 설계하는 조건을 붙임으로써 기술자립의 큰 문을 활짝 열 수 있게 되었다. 1987년 4월 9일, 한국전력은 드디어 미국 CE사와 원자로 공급 및 기술도입 계약을 체결하고 그 첫발을 내딛게 되었다.

돌이켜 보면 이때 전두환 대통령의 절대적인 신임을 받던 박정기 사장이 아니었더라면 이렇게 정치적으로 민감한 부문을 결단 내린다는 것은 결코 쉽지 않았을 것이다. 경쟁자였던 웨스팅하우스사는 당시의 정치권과 연결되어 있었을 개연성도 있던 터라 CE사를 1천 MW 실적이 없는 공급자로 매도하면서 계약을 방해할 가능성도 배제하기 어려웠던 상황이었기 때문이다. 그러나 박 사장은 국내 원자력 전문가들의 결정을 수용하고 이를 용기 있게 밀어붙였다. 박 사장은 그 후 정권교체기에 들어 입찰에서 탈락된 회사의 저항으로 정치적으로 상당한 어려움을 겪었으며, 1987년 7월 한국전력을 떠나야 했던 후유증을 남겼다.

적지 않은 산고를 겪고 이루어진 이 계약의 성사로 우리나라는 원자력발전소의 핵심기술인 원자로 계통설계기술을 보유할 수 있는 큰 자산을 갖게 되었으며, 전력산업도 오늘날 세계 최고의 수준으로 몇 단계 크게 올라설 수 있게 되었다.

32. 原子力事業에 대한 정치권 저항

영광원전 3, 4호기 원자로설비의 공급계약 제1협상 대상자로 CE가 결정되자 그동안 한국에서 6기의 원자력발전 설비를 공급했던 웨스팅하우스^{WH}로서는 불만이 대단했다. 계약 협상자 선정 후 한국전력에 보낸 항의공문으로 문제가 해결되지 않자 WH 사장은 전두환 대통령에게 탄원서를 제출하기까지 했다. 한국전력이 채택하려는 원자로는 안전성이 입증되지 않은 非實證^{비실증} 설계이므로 재설계에 따른 건설비 증가와 공기지연의 위험을 거론하고 계약을 재고할 것을 간청하는 내용이었다.

CE사와의 계약서명이 이루어지던 시기는 1987년 민주화 항쟁의 열기가 달아오르던 때였다. 입찰에서 낙오된 업체는 청와대 탄원도 효력이 없자 정치권을 향해 한국전력과 5공 정부가 정치적 압력을 가해 부당하게 업체를 선정했다는 쪽으로 여론을 몰아갔다. 이같이 되자 감사원에서는 1987년 5월부터 약 한달 간 한국전력 감사에 착수하여 입찰과정과 협상의 세부사항 등을 집중 감사한 후 계약업무 처리가 부실하다며 '비위통보' 조치를 내렸다. 한국전력은 곧바로 재심 청구를 했다. 감사원에서는 이를 받아들여 다시 심의한 끝에 비위사실 통보를 철회하는 등 우여곡절을 거친 끝에 일단락되었다. 그러나 감사원 감사 결과에도 불구하고 정치권에서는 한국전력 사장과 전두환 대통령과의 개인

329

적 친분관계를 내세워 이 문제를 크게 부각시키며 全 정권의 부도덕성
과 연계시키려 했다.

한국전력에 대한 정치권의 압박

정치권의 압박이 점점 거세어지면서 1987년 7월 박정기 사장은 한국
전력 사장 자리에서 내려오기에 이르렀다. 그해 12월 대선결과 제5공
화국 정부가 물러나고 6공화국 정부가 발족되었으며, 국회는 1988년 5
월 총선을 통해 야당이 다수로 구성되었다. 여소야대의 국회가 개원하
자 영광원전의 계약문제는 이른바 '5共非理'5공비리의 리스트에까지 오르
게 되었다.

제13대 국회가 새로 구성되자 야당 의원들이 국회 동력자원위원회
에서 집중적 질문공세를 펴기 시작했다. 계약내용의 적정성을 따지기
에 앞서 전력예비율 과다를 이유로 영광원전 3, 4호기를 건설할 필요가
없다는 주장을 펴서 계약자체를 파기하도록 종용했다. 실제로 1987년
말 발전설비의 총 용량은 1,900만kW였으나 그해 최대전력은 1,100만kW
여서 적정치보다 크게 초과하고 있었던 것은 사실이었다.

그러나 전력수요 문제는 현실을 기준으로 한 단순논리만으로 결정되
어서는 안 되는 것이 원칙이다. 1981년 이후 전력수요의 증가율은 연
간 평균 10%를 훨씬 상회했다. 이런 추세라면 7년 후에는 약 2배의
수요가 예상되기 때문에 원자력발전소의 건설공기를 감안한다면 이 전
원개발계획은 그대로 계속되어야 할 상황이라 영광원전 3, 4호기의 준
공시기는 1996년으로 잡혀 있었다.

안정적 전력공급의 무한책임을 지고 있는 한국전력으로서는 만약 이
영광원전 3, 4호기의 계약협상이 정치적인 이유로 파기되는 경우 1990
년대 후반부터는 제한송전이라는 극한상황을 걱정하지 않을 수 없게 될
것이다. 더욱 걱정되는 것은 원자력 기술자립이란 절호의 기회가 사라

지게 된다는 점이다. 뿐만 아니라 만약 부당한 의혹문제로 계약이 이루어지지 못한다면 한국도 필리핀의 바탄원전 운명처럼 원자력발전사업을 영영 포기해야 할 蓋然性개연성마저 배제할 수 없게 되는 상황이었다.

국회의 의혹 제기와 논쟁

국회 동력자원위원회는 1988년 7월 22일 아침 10시부터 밤 11시가 넘도록 趙喜澈 의원 등 여러 위원들이 번갈아 가면서 영광원전 3, 4호기 계약을 매도했다. 전력예비율, 안전성, 경제성, 기술자립도 측면에서 용납할 수 없는 사업이라며 李鳳瑞 장관과 한국전력을 싸잡아 몰아붙였다. 黃珞周 위원장도 야당의 위원장답게 무자격업체와 계약한 이유를 따지며 한국전력을 공격했다.

특히 조희철 의원은 이 문제에 대해 작심하고 준비한 듯 원자력 안전성과 기술적 사항에 대해 많은 질문을 던졌다. 그는 기술자립에 대해서도 "기술왕국 일본조차도 조심스럽고 겸손하게 기술자립을 추진하는 마당에 한국은 마치 '돈키호테' 같이 순서도 없이 덤빈다"면서 한국전력의 원전 기술자립 의지를 나무라기까지 했다.

그러나 한국전력을 대표해 답변할 韓鳳洙 사장은 1987년 7월 취임했기 때문에 계약당시의 책임자가 아니었을 뿐 아니라 추진내용에 대해서도 잘 모르는 처지였다. 따라서 한 사장은 당시 실질적 추진책임을 졌던 부사장이 기술적인 측면이나 배경에 대해 소상히 알고 있으므로 대신 답변토록 하겠다며 물러났다.

답변대에 나선 나는 심호흡을 하며 마음을 가다듬었다. 나의 말 여하에 따라 자칫 우리나라 원자력의 미래가 바뀔 수 있음을 내 자신이 너무나 잘 알고 있었기 때문이다. 일문일답식으로 진행된 정책질의에서 나는 소신대로 답변했다. 기술적 판단에 따른 결정이었고 핵심기술 전수에 중점을 둔 선택임을 강조하면서 안전성에 관한 한 절대로 문제

될 것이 없다며 오히려 자신에 찬 설득을 했다.

조 의원과의 일문일답 논쟁이 한차례 지난 후 마지막으로 散會^{산회}에
앞서 李鳳瑞 장관은 "지금 제가 말씀드린 대로 비기술자이기는 합니다
마는 여러 가지 측면에서 조 의원님이 질의하신데 대해서 한국전력 부
사장이 기술자 입장에서 대답한 것을 듣고 보니까 그만한 측면에 그만
큼 모든 것을 준비하고 거기에 대응했다고 하면 기술적 측면에서 모든
준비를 했구나, 그런 감을 받았다는 말씀이 되겠습니다"[1]라고 소감을
피력한 후 위원장의 마무리인사를 끝으로 산회했다.

검찰 수사와 무혐의 처리

1987년의 헌법 개정으로 1988년부터 국회의 국정감사권이 부활된 터
라 그해 9월 시작된 동력자원부와 한국전력의 국정감사에서도 CE사와
의 계약문제가 다시 집중적으로 거론되었다. 영광원전 3, 4호기에 대한
의원질의에 그때마다 부사장이었던 나는 답변대에 나서야 했다. 국정
감사에서도 의혹을 캐내지 못하자 야당은 1988년 10월에 검찰에 고발
하기에 이르렀다. 이에 따라 '5공 비리' 특별수사부로부터의 집중적인
수사가 시작되었다.

의혹사항은 "한국전력이 고위층의 압력으로 기술성과 안전도 등에서
뒤떨어진 미국 CE사와 S&L사를 선정하고, 그 과정에서 입찰평가보고
서가 변조되었을 개연성이 있고, 공사 착공할 기간이 많이 남아 있음에
도 현대건설과의 시공계약도 수의계약으로 체결한 것을 보면 거액의
금품이 오간 것으로 추정된다"는 내용들이었다. 3개월에 걸쳐 한국전력
과 에너지연구소 직원 등 업체선정에 참여했던 거의 모든 관련자가 서

---

1 국회질의답변 속기록 참조자료. 〈제143회 國會 動力資源委員會會議錄〉(1988
년 7월 22일 17시 45분 繼續 開議, 23시 03분 散會)

소문 검찰청사에 소환되어 특별수사부의 조사를 받았다. 그러나 1989년 1월 이 의혹사항은 범죄혐의 발견 없이 수사종결 처리됨으로써 1년 반의 소용돌이는 대단원의 막을 내리게 되었다.

일단 검찰수사가 무혐의 처리된 후 나는 전력국장 주선으로 담당검사와 자리를 함께했다. 그는 모두 150여 명의 인원이 참고인으로 소환 조사를 받았다는 사실을 거론하며 자기 평생 이같이 많은 인원을 조사하고서 무혐의 처리된 사건은 아마도 전무후무할 것이라고 평가했다. 나는 그에게 철저한 조사를 무리 없이 마무리하였음에 감사하고 무혐의 처리한 그의 처사를 높이 평가했다. 후일 그 담당검사는 검찰총장의 직위까지 올라갔다.

본 계약 건에 대한 검찰수사가 일단락됨에 따라 야당의 공격을 잠재울 수 있었으며, 그 후 핵심기술 도입을 위한 영광원전 3, 4호기 사업도 차질 없이 추진될 수 있었다. 원전기술 전수와 표준원전 개발의 기초도 흔들림 없이 추진되었고 영광원전 3, 4호기 건설도 정치권에서 염려하던 사태 없이 순조롭게 진행되었다. 이러한 우여곡절을 겪으며 건설된 한국 표준형 원자력발전소도 현재까지 건전하게 세계 최고수준의 높은 이용률을 보이는 큰 성과를 거두며 가동되고 있다.

反核운동과 야당

원자력발전 설비는 초기에는 對外秘^{대외비}의 대상이었으나 앞서 거론했듯이 내가 고리원자력 본부장 때 사장에게 건의함으로써 1984년부터 민간에게 개방하기 시작했다. 이에 따라 지방의 소도시까지도 여론 주도층을 초청하여 고리원전을 견학토록 하고 또 토론을 유도하여 국민들로 하여금 원자력에 대한 이해를 넓혀가게 되었다. 이 계획의 일환으로 반핵단체들도 여러 차례 초청했다. 원자력의 실상을 적나라하게 보여주고 토론회도 가짐으로써 논리적으로는 이들도 원자력의 안전성과 불가피성을 내심 인정하게 되었다. 그러나 이들은 어떤 도그마에 빠져 표면적으로는 좀처럼 자기들의 반원전 입장을 바꾸지 않았다. 이들의 원전반대는 자칫 자기들 조직의 존재이유가 사라질 것으로 판단했기 때문인 것으로 생각한다. 대 국민이해PA를 위한 꾸준한 노력 덕분으로 일반 국민들의 반핵기류는 크게 확산되지 않았으나 지역주민들을 대상으로 한 반핵단체들의 활동은 더욱 극성스러워졌다.

국회의원들 또한 마찬가지였다. 현지조사를 나와서도 한국전력 측 설명보다는 주민들과 반핵단체의 목소리에만 귀를 기울였다. 이런 환경으로 인하여 한때 최첨단 기술업무에 종사한다는 자부심을 갖고 일하던 원자력발전소 종사 직원들의 사기가 바닥까지 떨어지는 어려움을 겪어야만 했다.

趙喜澈 의원 소신의 변화

당시 야당이던 평민당은 한국의 원자력 개발정책에 대하여 1989년까지 묵시적으로 반대 입장에 서 있었고, 이 노선을 지지하는 추종자들은 원자력발전소 건설을 극렬하게 반대했다. 국회 동력자원위원회에서는 평민당의 조희철 의원이 반핵의 선봉이었다. 원자력 공격수로서의 그의 행동은 집요했다. 어디서 입수했는지 모를 많은 자료들을 인용하면서 계속 CE사와의 계약파기를 앞장서 주장하였고 국정감사에서도 끊임없이 한국전력을 압박했다. 그는 원자력발전의 기술부문까지 깊이 연구한 듯 했다. CE사와의 계약문제는 물론 반원전 자료도 많이 수집하여 보유하고 있었다. 그런데도 조 의원은 미국 현장의 실태를 파악하기 위해 CE사 방문 길까지 오르기도 했다.

그는 방미 도중에 워싱턴에서 현지 물리학자인 兪鎭午 박사의 아들을 만났는데, 유 박사는 조 의원과 대화하면서 원자력의 긍정적인 면을 주로 얘기했다고 한다. 한 시절 야당의 당수를 지낸 분의 아들 말이라

조 의원은 어느 정도 설득이 된 듯 반신반의하는 수준까지 생각이 움직였던 것 같았다.

이어서 조희철 의원은 국회 경제과학위원장 柳晙相 의원과 함께 1989년 11월 CE 본사에 도착하여 당시 기술전수를 위해 이곳에 파견된 한국기술진과 만나 토론회를 가지기도 했다. 그 결과 참으로 큰 변화가 일어났다. 많은 사람들로부터 원전에 대한 긍정적 말을 들은데 이어 이곳 한국기술진들의 자신에 찬 설명을 들으면서 그의 철벽같은 반원전 마음은 원전을 지지하는 편으로 급속히 변화하기에 이르렀던 것 같았다.

그는 귀국하면서 많은 원자력관련 서적을 사왔고, 그 후에는 원자력정책을 지지하는 일본책 한 권을 번역하여 출판하기까지 했다. 이 책은 일본의 사회당 참의원 후쿠마 도모유키福間知之 의원이 쓴 《원자력의 시비를 묻는다. 원자력은 악마의 앞잡이인가》原子力は 惡魔の 手先か란 서적이다. 한 정치인의 변신을 보면서 愛憎애증으로 점철된 지난날의 고된 역정을 되새겨보게 된다.

金大中 총재의 原電 支持

조희철 의원은 1년여의 연구조사를 한 끝에 원자력이 우리나라 에너지원으로서 불가피한 선택이라는 정부정책을 인정하고 원자력 개발정책을 지지하는 입장으로 선회하기에 이르렀다. 조 의원은 그의 변화된 소신과 원자력 선택의 불가피성을 金大中 평민당 총재에게 보고하고 설득하는 노력을 기울였을 것으로 생각한다. 이어서 동력자원위원회의 평민당 洪起薰 의원도 많은 자료를 요구하면서 원자력의 필요성에 대해 연구했으며, 그 결과를 김 총재에게 보고했던 것으로 짐작된다.

이러한 다각적 탐색과정을 거쳐 김 총재는 그의 원자력에 대한 입장을 밝히게 되었다. 1989년 11월 목포대학의 종합대학 승격 축하행사에 참석하기 위해 목포를 방문한 김 총재는 이날 목포 신안비치호텔에서 개최된 리셉션에서 당시의 뜨거운 쟁점이던 영광원전 3, 4호기 건설에 대해 질문을 받게 되었다. 질문한 사람은 신안군 압해면 환경보전위원회 회장이며 6개 지역 핵추방 공동투쟁위원회 회장이었던 김기상 씨였다. 김대중 총재는 이 질문에 답변하는 형식으로 원자력개발을 지지하는 입장을 취했다.

"우리나라는 부존자원이 적어 원자력에너지의 개발은 불가피한 실정이다. 최근 프랑스 대사를 만났는데 그 나라에는 55개의 원자력발전소가 있지만, 지방마다 서로 원전을 유치하려 한다고 했다. 왜냐하면 원자력이 문화교육시설을 만들어 주고, 지역사람에게는 고용증대의 기회를 주기 때문이라는 것이다. 내가 전문가를 만나서 이야기를 들어보았는데 생각처럼 위험하지 않기 때문에 자원빈국인 우리나라의 사정에서는 원전을 건설할 수밖에 없다고 본다. 그러나 안전문제에 신경을 써서 건설해야 할 것이다. 석유나 석탄 등 타 발전소도 공해가 많다. 평민당 내에도 동자위원은 찬성하고 보사위원은 반대하는 처지에 있다. 따라서 아직 당론 결정은 못 내리고 있다."

이날 이후 평민당과 반핵단체 세력의 조직적인 원전반대운동은 상당히 누그러졌다. 원자력계에서는 김 총재의 이 원자력발전 지지 입장천명이 우리나라 원자력정책의 국민수용[PA]에 중요한 분기점을 이룬 중요한 선언으로 지칭하고 이를 김대중 총재의 '목포선언'이라고 이름 붙이기까지 했다. 그 뒤 '국민의 정부' 발족 이후에도 원자력개발이 순조롭게 추진됨으로써 오늘날 국제 에너지가격의 폭등에도 우리나라가 전력요금을 인상하지 않고 버틸 수 있게 되었다고 하겠다. 이날의 '목포선언'의 효과가 이 같은 오늘을 올 수 있게 한 하나의 큰 요인이었음을 많은 관계자들은 잘 알고 있다.

原電설계시장 개방 저지

1990년 2월, 과학기술처에서 원자력발전소 종합설계 용역을 개방하려는 움직임이 있다는 정보를 입수했다. 張相鉉 동력자원부 차관에게 전화로 알아본 결과 그 정보는 사실이었다. 나는 먼저 동력자원부 장·차관과 대책을 협의한 후 과학기술처 장관에게 직접 문제제기를 해야겠다고 생각했다. 며칠 후 나는 마침 르네상스 호텔에서 개최된 정부출연 연구기관 합동세미나에서 과학기술처 장관을 만날 수 있었다. 나는 이 기회를 놓칠 수 없다는 생각에서 장관에게 원전설계 개방의 부당성을 자세히 설명했다.

"원전 설계를 경쟁체제로 유도하는 이유가 건설원가를 줄이기 위한 일이라면 그것은 동력자원부와 한국전력이 할 일입니다. 그렇지 않고 원전의 안전을 제고하기 위한 일이라면 경쟁체제는 도움이 안 됩니다. 질이 낮은 값싼 설계가 채택될 경우 안전에는 크게 역행하게 됩니다. 설계시장을 개방하지 않는다고 불평하는 회사는 재벌그룹에 속하는 엔지니어링회사뿐일 것이며, 이 개방으로 영향을 받는 곳은 동력자원부와 한국전력일 것입니다. 시장개방이란 한번 결정하고 나면 돌이킬 수 없는 정책이 되게 마련인 만큼 신중한 검토가 필요합니다. 한국전력과 동력자원부의 의견을 존중하여 정책을 결정해 주시기 바랍니다."

그 뒤 과학기술처 장관은 원전설계 개방문제를 놓고 더 이상 거론을 하지 않아 나의 설득이 주효했던 것으로 생각했다. 그러나 그것으로 끝난 일이 아니었다. 상당히 절박한 순간 장관이 경질되고 신임 鄭根謨 과학기술처 장관의 순발력으로 시장개방을 막게 된 일이 있었음을 나는 뒤늦게 알았다. 그 전말은 다음과 같다.

과학기술처 장관과 나의 대화가 있은 지 오래지 않아 장관이 경질되었다. 새로 부임한 鄭根謨 장관은 KOPEC 사장을 역임한 바 있어 원전설계시장의 개방에 대한 문제점을 나보다도 더 잘 알고 있었다.

정 장관이 취임 후 첫 국무회의에 입장하려는데 장관비서로부터 긴급전화가 왔다. 원전설계 시장개방 정책이 관보에 게재될 직전단계에 들어갔다는 통보였다. 정 장관은 큰일 났다 싶어 즉각 이 내용이 게재되지 못하도록 강력하게 저지시켰다. 정 장관이 극적인 순간에 이 원전설계 시장개방을 저지한 것이다. 만약 이때에 이를 저지하지 못했더라면 돌이키기 어려운 국면을 맞이할 뻔했다. 아마도 우리나라의 원전 설계기술자립은 상당한 혼전을 면치 못했으리라 추측하면서 놀란 가슴을 가라앉혔다.

33. 靈光原電 3,4호기 건설과 標準原電 개발

1978년에 착공한 고리원전 3,4호기 건설사업은 한국전력이 외국의 주기기 공급 및 종합설계 업체를 각 분야별 주계약자로 선정하고 국내 업체를 일정 부분 하청업체로 참여하게 함으로써 기술전수와 국산화 제고의 토대를 마련하였다면, 1985년에 시작한 영광원전 3,4호기는 한 국표준원전의 嚆矢효시로서, 각 분야별 국내업체가 기술도입을 위해 외 국업체를 하도급업체로 참여토록 함으로써 외국의 핵심기술을 도입할 수 있는 기틀을 마련한 건설사업이었다.

영광원전 3,4호기는 건설사업과 기술자립을 병행 추진하는 어려움 속에서도 工期공기를 당초보다 3개월 단축하고 총공사비는 계획대비 15%를 절감하여 사업을 마감했다. 막중한 외국기술도입 비용을 한국 전력이 전액 부담하였으면서도 사업에 소요되는 재원의 외자의존도를 17% 수준으로 대폭 축소하여 원자력에너지를 준국산 에너지로 자리매 김하는 데 기여한 것이다. 이 사업은 미국 TMI 사고와 소련의 체르노 빌 원전사고 이후 강화된 안전기준을 준수하면서도 획기적 성공을 이룩 하여 세계 전력계와 원자력계의 이목을 집중하게 했던 프로젝트였다.

전력그룹협력회 권한

영광원전 3, 4호기 사업은 국내의 업체와 기술을 전수할 외국의 여러 하청업체가 참여하는 계약인지라 한국전력은 여러 회사와 32개에 이르는 방대한 양의 계약서에 서명해야 했다. 업체선정에 따른 정치적 오해로 곤욕을 치렀을 뿐 아니라 당시 일부 언론은 '이같이 복잡한 계약구조는 지구상에 처음이자 마지막일 것'이라면서 우려의 시선과 냉소적 보도를 하기도 했다. 이러한 계약구조를 원만하게 추진함에 있어 전력그룹협력회는 그 기능을 강력하게 작동시켰다. 전력그룹협력회는 1983년 7월 6일 한국전력 文熙晟 이사가 소집한 '원자력발전 기술자립촉진 대책회의'를 계기로 KOPEC, KAERI, KNFC, 한국중공업 등 원자력발전 관련기관을 총망라한 범국가적인 정책협의체로 구성하고 이를 1984년 4월 '전력그룹협력회'로 개칭하였음은 위의 제 29장에서 밝힌 바 있다.

한국전력은 이 협력회를 통해 영광원전 3, 4호기 사업추진과 원자력 관련 인력의 효율적인 활용대책을 수립하여 원전기술자립을 성공적으로 달성할 수 있었다. 그 산하에 원자력건설 추진위원회를 두고 주기적으로 워크숍 등을 운영하여 정보를 교환하고, 참여 주체간의 분규사항을 사전에 조정하며, 때로는 기술적 문제를 심의하여 건전한 판단을 내릴 수 있는 권한을 행사하기도 했다.

이 협력회에서 논의된 주제들은 매우 다양했다. 원전 기술자립과 표준화 진도 및 전략, 원전 주요 부품과 원전연료의 국산화 추진실태 파악 및 장애요인 해결, 원전 폐기물의 처리와 안전성에 대한 검토, 원전 규제와 안전성 강화방안, 반원전 활동에 대한 한국전력의 조직적 대응방안과 국민수용 제고방안, 건설기술 제고와 공기 지연요인 분석해결 등 사업추진에 관련되는 거의 모든 사항에 대해 협의했다. 그 외에 증기발생기의 열 출력과 CE사의 성능보장 책임항목이나 주요 기자재의

공급 스케줄에 따른 납품 촉진활동, 한국규제기관과의 인허가 보장 등
도 협의의 대상이었다.

원전 건설사상 최초의 기록들

영광원전 3,4호기 프로젝트는 원전건설 역사상 많은 새로운 기록을
가지고 있다. 이 건설사업은 1979년 미국 TMI 원전사고 이후 미국 원
자력규제위원회USNRC가 제정 공포한 대폭 강화된 새로운 규제지침New
Reg. Guide과 안전규제 조치항목, 미국전력연구소EPRI의 개량형 경수로 설
계요건ALWR-URD(Utility Requirement Documents)연구결과 등을 설계에 반영하여
안전성을 대폭 강화한 첫 사업이었기 때문이다. 이에 따라 원자력발전
소의 안전성을 선진국 기존 원전의 10배 수준으로 향상시킴으로써 당
시로서는 세계최신기술이 적용된 사업이었다. 뿐만 아니라 건설에 참
여하는 종합설계와 주기기 공급 계약자를 모두 국내업체로 하고, 국내
계약자가 기술 전수할 외국 하청업체의 평가 및 선정에 직접 참여하였
을 뿐만 아니라, 건설기간 중 이들에 대한 통제권을 행사한 첫 사업이
되기도 했다.

이 사업은 한국전력 프로젝트매니저PM를 정점으로 하여 전력그룹협
력회를 통해 회원사는 船團선단식으로 일사 분란하게 사업추진 방안을
기획하고 주요 현안사항을 협의 결정하며 건설이 집행되었다. 뿐만 아
니라 기존 원자력안전규제기관보다 전문화되고 조직적으로 강화된 기
관으로부터 심사받은 첫 원전건설 사업이었다. 과학기술처는 원자력안
전규제를 위한 전문기술 지원조직으로 1984년 KAERI 내에 원자력안전
센터를 설립하였고, 1990년에 한국원자력안전기술원KINS을 설립하여
한층 전문화되고 심도 있는 안전성 심사체제를 만들었던 것이다.

이 사업은 사업 초기에 발생한 체르노빌 원전사고 이후 세계에서 건
설허가 된 첫 사업이어서 원자력안전에 대한 우려가 극심한 환경에서

추진되었다. 이와 더불어 1987년 6월 민주화운동으로 정치 사회 모든 분야의 행정업무처리가 공개리에 이루지는 등 국내 환경의 급격한 변화 속에서 추진된 첫 대규모사업이기도 했다. 업무절차에 편법이 추호도 용납되지 않아 적절한 절차와 투명한 결정이 필수적이어서 자연히 집행에 많은 시간이 소요되었음에도 공기를 단축해 준공한 사업이다.

사업 책임자의 보직관리 典範

원자력발전소를 설계하고 건설하는 일은 고도의 기술과 복잡한 프로젝트 관리가 차질 없이 집행되어야 한다. 수천 명의 고도로 훈련된 기술진과 수십 개의 서로 다른 조직에서 차출된 각양각색의 전문가들이 자기분야의 전문지식을 활용하며 참여하기 때문이다.

영광원전 3, 4호기 프로젝트는 전례 없는 새로운 환경 하에서 집행되는 중요한 프로젝트이므로 담당할 간부가 자주 경질된다면 순조롭게 진행될 수가 없다. 정부도 이 점을 강조하여 과학기술처는 영광 3, 4호기 건설을 허가하면서 '영광원전 3, 4호기 사업은 처음 시도되는 국내주도 사업으로 다수업체가 참여하여 국산화가 추진되는 점을 감안, 품질보증 및 안전성 확보에 지장이 없도록 프로젝트관리체계 및 책임자의 권한과 책임을 강화하여 건설 완료 시까지 일관성 있게 추진토록 할 것'이라는 내용으로 PM의 자격요건을 제시했다.

副處長부처장급 인사는 본부장과 협의하여 처장이 제청한 대로 임명한 것이 관행이었으나 영광원전 3, 4호기 첫 프로젝트매니저PM는 특별히 사장의 재가를 받아서 임명토록 했다. 이 PM으로 朴用澤(후일 한국전력 부사장 및 KOPEC 사장 역임) 부처장이 기용되어 그가 일관되게 책임지고 이 사업을 기획 추진하게 되었다. 박 PM은 1직급이 된 후에도 줄곧 본사에서 이 사업의 PM을 맡아왔는데, 현장건설업무가 절정에 이른 1993년 4월에 영광원전 3, 4호기 건설소장으로 임명되었다. 1995

년 3월 첫 3호기 상업운전을 완성한 후 5월에는 원자력건설처장에 보임되어 울진원전 3,4호기, 영광원전 5,6호기 등 원전 건설 업무를 총괄하게 됨으로써 고리 3,4호기 건설과정에서의 심창생 PM 역할과 비슷한 커리어를 쌓게 된 것이다.

이 같은 인사방침은 한국전력에만 국한되지 않고 전력그룹사 전반에 걸쳐 유사하게 채택되었다. KAERI는 한필순 소장을 필두로 林昌生, 金炳九 박사가 일관되게 원자로 설계기술전수 책임을 맡았고, 그 후임으로 韓基仁 박사가 이 사업을 끝냈다. KOPEC에서는 柳周永, 한국중공업에서는 鄭正運 부사장과 홍영수 PM, KNFC는 金在豊 처장에게 이 업무가 일관되게 맡겨졌다. 그 외에도 건설업체로 참여한 현대건설도 차인환 씨가 시종 본 업무를 담당했으며, 원자로기술 공여업체인 CE회사의 기술책임자Engineering Manager인 내이턴Tom Natan 씨도 사업 초기부터 처음부터 끝까지 이 업무를 담당했다. 이같이 전력그룹의 사업 책임자를 각각 한 두 사람이 10년 이상 계속 담당토록 함으로써 사업의 성공에 크게 도움이 되었음은 典範전범이 될 만한 사례라고 생각한다.

공동설계요원의 미국 파견

NSSS-SD기술을 전수받기로 된 에너지연구소KAERI 핵심요원들은 그동안 기초 R&D에 종사해옴으로써 NSSS 설계경험이 없는 것은 물론 원자력발전소 내부에 가보지도 못한 요원이 대부분이었다. 따라서 원자력발전소 기본개념과 NSSS의 기능, 장치의 구조, 현장배치 상태, 운영 실태 등을 파악하는 일이 시급하게 됨으로써 우선 한국전력 연수원과 고리원자력본부에 파견되어 교육훈련을 받도록 했다. 정식계약이 체결되기에 앞서 1986년 12월 14일 KAERI의 NSSS-SD 설계요원, 초기노심 설계요원, 한국중공업의 원자로 기기설계요원 등 약 50명을 6개월간의 연수목적으로 미리 미국으로 출발시켰다. 이들은 미국 코네

티컷주 윈저Windsor시에 있는 CE본사에 체류하며 설계훈련을 받은 후 원자로 시스템 공동설계에 직접 참여하였는데, 정식계약이 체결되자 에너지연구소 핵심요원은 120여 명으로 크게 늘어났다.

제31장에서 이미 언급한 바와 같이 CE사와의 계약이 한국의 원전기술자립에 더욱 유리했던 것은 CE사가 1천 MW의 원자로 설계 실적이 없었다는 사실이다. 영광원전 3, 4호기 원자로 공급계약을 수행하면서 이 1,270MW 설비의 설계 소스코드와 데이터를 갖고 1천 MW 원자로를 한국 기술진과 함께 직접 공동설계를 해야 했다. 이 같은 상황에서 에너지연구소의 핵심요원들은 새로운 원자로를 처음부터 직접 설계해 볼 수 있게 됨으로써 더욱 완벽한 기술전수를 받을 수 있었다.

우리나라 기술진은 이러한 과정을 통한 엔지니어링 능력과 PM능력을 제고하여 원자로 계통설계업무를 담당할 정도의 기술능력을 길렀던 것이다. 기술전수 내용은 모든 기술자료를 비롯하여 설계 소스코드와 전산프로그램, 모든 특허권의 실시 許與허여, 컴퓨터 제어용 장비의 구매지원, System 80+설계를 위한 연구개발R&D지원, 영광 사업 완료시 95%의 기술자립 보장 등이었다.

KAERI 요원들은 윈저Windsor Ct.에서 기술전수를 받고 공동설계에 참여하면서 많은 실적과 에피소드1를 남기고 1988년 12월말 귀국했다. 국내에서의 공동설계에는 CE사 기술진이 한국으로 파견되어 와서 KAERI 설계팀과 함께 영광원전의 원자로 계통설계를 완성했다.

---

1 미국 동부의 작은 도시에 외국인 100여 명의 기술진이 가족을 대동하고 2년여 머물렀으니 사상 전무후무한 주택부족 현상과 초등학교 학생 수용문제로 어려움이 많았을 뿐 아니라 이 도시에서 출생한 아동이 70여 명에 이르렀으니 윈저시 입장으로선 커다란 사건으로 기록되었을 것이란 전언이었음.

영광원전 3, 4호기 프로젝트의 성과

이 사업은 1987년부터 시작된 정치사회적 민주화 분위기 때문에 초기 노형 선정과정에 많은 시비와 논란이 제기되었고, 안전성과 신뢰성에 대한 부정적 시각이 한때 표출되기도 했다. 그러나 국내외 전문기관의 철저한 검토와 건설, 시운전과정을 거치면서 성공적으로 준공하여 오늘날까지 우수한 운전실적을 시현함으로써 지난날의 정치적 논란은 근거 없는 것으로 확인되었다.

사업시작 직후 1986년 소련의 체르노빌 사고로 반원전 분위기가 전세계를 풍미하였으나 한국전력은 이를 전화위복의 기회로 활용하여 기술자립에 박차를 가했다. 1989년 12월에 첫 콘크리트FC: First Concrete2를 치기 시작한 후 5년 3개월(63개월) 만인 1995년 3월에 첫 호기의 상업운전을 개시하여 당초의 계획공기보다 3개월이나 앞당겨 준공했다.

일반적으로 대형 장기 프로젝트는 당초 예산금액을 초과하고 공기가 遷延천연되는 경우가 많다. 영광원전 3, 4호기 건설공사는 당초 수립된 총공사비 예산 3조3천억 원에서 기술전수비로 약 6억 달러의 막대한 예산을 한국전력이 부담 지원하였음에도, 준공 정산결과 2조 8천억 원(kW당 건설단가는 1,768달러)3에 사업을 완성함으로써 15% 정도 절감된 성과를 거양했으며, 기술자립목표 95%도 무난히 달성했다.

뿐만 아니라 이 사업은 미국 Penn Well사가 발간하는 전력전문지인 'Power Engineering'이 전 세계 프로젝트를 대상으로 시상하는 '95년도

---

2 First Concrete(FC) : 원자력발전소는 설계상 안전규제요건 충족여부를 정부규제기관이 검증한 후 건설허가를 받고 본격적인 공사로서 첫 콘크리트를 치도록 제도화되어 있다. 통상 이 FC시작부터 100% 출력성능시험의 종료 시점까지를 원자력발전소 건설공기로 간주하고 있다.

3 그 무렵에 최근 준공(1993년) 된 미국 달링턴(Darlington) 원전 건설단가는 2,447달러/kW 였고, 외국평균 원전 건설단가는 2,512달러/kW(1993년 OECD 자료) 였다.

최우수 프로젝트상'을 수상하였고, 미국 일리노이Illinois 기술용역협회가 선정한 '95년도 세계 우수설계기술상'을 연이어 수상하기도 했다. CE사의 영광원전 기술책임자인 내이턴 씨는 일찍이 미 해군 잠수함 건조사업 등 평생을 원자력관련 프로젝트에만 종사한 분이다. 그는 수년 전 CE사를 정년퇴임하면서 30년 동안의 프로젝트 경험 중 영광 프로젝트가 가장 인상적이었다고 술회했다고 한다. 참여조직 간의 분쟁이 가장 적었을 뿐 아니라 이 같은 대형프로젝트가 스케줄대로 차질 없이 일사불란하게 진행되는 것을 처음 경험했으며, 본인평생 가장 행복하게 참여했던 사업이었다는 이임사를 남겼다는 것이다.

영광원전 3, 4호기의 성공은 그동안 몇몇 선진국이 독점하던 원전 건설의 핵심기술에 대한 기술자립을 의미하며, 명실공히 한국표준원전의 기틀을 확고히 구축하는 동시에 우리나라를 세계에서 몇 안 되는 원전기술 자립국의 대열에 올려놓는 큰 의미를 지니게 되었다. 4

한국 표준형 원전 설계의 완성

영광원전 3, 4호기 원자로의 설계는 외국인과 한국 기술진의 합동작업에 의해 새로이 개발된 것이다. CE사의 1,270MW 노형을 1천 MW로 다시 설계했기 때문에 이 노형이 고유한 모델이라고 할 수는 있으나 우리나라 표준형 원전으로서는 국내산업 실정이 제대로 반영되지 못한 아쉬운 점도 있었다. 그래서 영광원전 3, 4호기의 세부설계 과정에서 전수받은 설계 데이터와 설계프로그램 등 소프트웨어를 활용하여 안전성과 신뢰성을 더욱 향상시키기로 했다. 울진원전 3, 4호기 설계를 계기로 국내 실정에 맞게 설계하면서 이러한 문제점을 하나씩 보완하기로 한 것이다.

4 한국엔지니어링진흥협회 편, 《한국엔지니어링의 궤적》에서 인용.

한국원자력연구소KAERI 5와 KOPEC이 한국전력 주관 아래 시도한 표준화 3단계사업도 그 일환이었다. 1989년 1월부터 시도된 이 사업은 외국의 최신 안전요건과 기술발전 내용을 적용하고, 국내에서 개발되는 설계표준에 맞추어 적절히 그 설계내용을 변경해 〈표준형 원전 설계요건과 표준안전분석 보고서〉SSAR를 1991년 4월까지 작성했다.

이어서 우리 기술진의 주도하에 한국 독자설계의 표준형 원자력발전소를 지향하면서 종합설계를 추진한 결과 우리 산업실정에 맞는 한국표준형 원전을 탄생시킬 수 있었다. 울진원전 3, 4호기가 바로 그것이다. 그 이름은 한국 고유의 표준발전소란 뜻에서 KSNP Korea Standard NP 로 지었다. 이 노형은 한반도에너지개발기구KEDO가 국제적 검증을 거쳐 북한 함경도 신포시 인근의 금호지구에 건설하던 프로젝트6에 채택되기도 하였던 노형이다. 한국 최초의 원전으로 국제기구에서 그 성능과 안전성을 인정받고, 한국전력의 프로젝트 관리능력도 인정받아 남한 이외의 지역에 처음으로 건설됨으로써 턴키형 원자력발전소 수출 제1호가 된 셈이다.

이 노형의 명칭은 2000년대에 와서 OPR-1000으로 명명되었다. 한국수력원자력 관계자의 말에 따르면 KSNP란 명칭은 해외에 수출하려 할 때 한국 고유모델이란 점이 지나치게 강조되어 바이어들의 거부감을 불러일으킬 수 있다는 의견이 대두되어 수출 지향적 이름으로 최적화된 1천 MW 가압경수로Optimized Pressurized Water Reactor란 뜻을 담아 OPR-1000으로 명명했다는 것이다.

원자력연구소의 NSSS-SD업무는 기술도입이 완료된 후 당초의 약속

---

5 현 한국원자력연구원(KAERI)은 1958년 한국에너지연구소로 발족하였으나 1980년 한국에너지연구소로 개칭했다가 1987년 다시 한국원자력연구소로 명칭이 환원되었음.

6 이 사업은 북한 핵무기 개발 의혹과 연관되어 2006년 중단되었다. 상세내용은 제7부 참조.

대로 내가 한국전력 사장 임기중인 1997년에 다시 KOPEC으로 이관되었다. 원자력연구소 측 저항이 생각보다 심각했으나 이 정책결정 당시 나는 한국전력 부사장으로서 당초의 약속한 과정을 모두 소상히 알고 있었으므로 자초지종을 설명하면서 설득하여 이 업무를 성공적으로 이관할 수 있었다(제36장 참조).

차세대 신형원자로 개발

미국 TMI 원전사고와 소련의 체르노빌 원전사고 이후 경수로 설계에서 간과되었던 중대사고Severe Accidents에 대한 대처능력을 제고하기 위해 더욱 안전성이 강화된 차세대 원자로의 개발이 필요했다. 이 무렵 양대 원전사고로 원전산업이 위축되어 세계적 암흑기를 맞이하였으나 이 고비를 지나면 필시 원자력발전이 더욱 활성화될 것이란 예상에 따라 해외수출을 위한 전략으로도 대형화된 원전개발이 필요했다. 그러나 막대한 연구재원과 연구인력 문제로 사내 추진이 어려워 적절한 시기를 찾지 못하고 있었다.

내가 KOPEC 사장으로 재임중이던 1991년, 정부는 기술선진국의 기술보호정책 강화를 극복하고자 2001년까지 집중 개발할 주요 국가선도 기술개발사업을 계획하여 7개 제품기술과 7개 기반기술과제G-7 Project를 선정하기로 목표를 잡고 있었다. 이에 한국전력은 기반기술과제의 하나로 '한국 차세대 원자로'KNGR: Korea Next Generation Reactor 기술개발 연구계획을 수립하기 위해 '차세대원자로 기술개발사업단'을 구성하고 1991년 12월부터 '차세대원자로 기술개발연구계획서'를 작성하여 1992년 4월 이를 과학기술처에 제출했다. 이 연구계획 작성은 한국전력이 주관하여 한국원자력연구소KAERI, KOPEC, 한국원자력안전기술원KINS, 학계를 주축으로 한 신형원자로연구센터CARR가 협동연구기관으로 참여했다.

한국전력은 이 연구계획을 범정부적 연구과제로 채택하게 함으로써 기술개발사업의 지속성 유지와 불확실성을 배제하도록 했다. 또한 과학기술처의 프로젝트로 수행하면 인허가 문제 협조도 원활히 이루질 것을 아울러 기대했다. 그러나 어차피 대부분의 연구비는 한국전력이 부담해야 할 연구사업이었다. 2001년까지 총 2,300여억 원의 예산이 소요되는 것으로 나타나자 한국전력 예산부서로부터 단일 연구프로젝트로 예산이 너무 방대하다는 반대의견이 나왔다.

그러나 나는 당시 KOPEC 사장으로서 한국전력 安秉華 사장의 지원과 기술개발부처와 협조를 받아 이 연구의 필요성을 설득하는 데 앞장서서 이를 관철시켰다. 초기에 너무 많은 예산을 책정받기 어려워 연구사업을 3단계로 나누어 추진하기로 하고 우선 1단계로는 200억 원 이내에 차세대 개발 노형만 확정할 계획으로 연구에 착수하기로 했다. 이 계획이 정부에 의해 쉽사리 채택된 것도 정부부담을 덜기 위해 한국전력이 70%의 재원을 부담하는 방안까지 제시했기 때문으로 생각한다.

차세대 신형원자로 개발 1단계사업

신형원자로 기술개발 1단계 연구의 주된 목표는 국내 기술능력 보완과 차세대 개발노형 확정이었다. 1992년 12월 한국전력은 한국전력기술연구원(현 한국전력연구원)을 중심으로 KAERI, KINS, CARR, KOPEC 과 '신형원자로 기술개발' 1단계 용역협약을 체결하고 차세대원자로 개발을 시작했다.

오늘날까지 나라마다 수많은 원전 설계개발이 이루어졌으나 주로 원자로 제작자Vendor나 플랜트 종합설계회사AE 위주로 설계되어 발전회사 같은 설비운영자 입장에서 보면 설비의 최적화가 미흡하여 운전 및 정비보수 편의성이 다소 부족했다. 이는 발전소 설계자와 운전을 담당하는 설비운영자가 서로 달라 운전 및 보수경험이 설계단계부터 체계적으로 반영되지 못했기 때문이다. 그런 배경 및 필요성에 따라 한국전력

실무진은 EPRI URD7의 기본 철학에 영향을 받아, 장차 원자로 판매자NSSS Vendor가 아닌 원자력발전소 수출업체Nuclear Plant Vendor가 원전운영자(utility)의 요건을 충족토록 설계된 원전 위주의 해외시장 개척을 구상했다. 이것이 한국전력이 주도한 기술개발의 주요 동기가 되어 운전편의성 및 보수성이 체계적으로 반영되고, 인간공학 측면에서도 고려되도록 설계개발이 진전되었다.

연구개발에 소요되는 막대한 예산과 기간 및 노력을 생각할 때 노형개발의 방향설정과 설계기본요건의 설정은 이 연구개발의 성패를 좌우하는 중요한 요소이다. 기술개발 1단계의 평가결과 차세대 원자로는 가압경수로PWR 1400MW 용량으로 결정하고, 계통구성 개념 설정과 일반설계 및 계통설계 기준, 발전소 배치개요GA: General Arrangement 등 검토를 거쳐 1994년 12월 이를 확정했다.

한국 신형원자로 APR-1400 개발

1단계 연구가 완료되자 이 방대한 연구사업의 계속 여부에 대하여 한국전력 내에서 논란이 일었다. 2천억 원 이상의 막대한 재원을 투입한 연구결과가 실용성이 없게 되면 책임문제가 거론될 수 있는 프로젝트였기 때문이다. 그러나 이 사업은 내가 한국전력 사장으로 부임한 후 결정해야 할 사업이었다. 나는 이 사업은 반드시 성공할 것으로 확신했다. 예산담당자를 설득하고 그대로 추진하도록 지시하면서 그 책임은 내가 진다는 사실을 분명히 했다.

설계기본요건으로 설계수명을 60년으로 늘렸다. 원전의 해외수출 시 한반도보다 열악한 지진지대에도 포괄적으로 적용될 경우를 상정하여

---

7 EPRI URD(Utility Requirement Document for Next Generation Nuclear Plant): 미국전력연구소(EPRI)가 차세대 원전을 설계함에 있어 원전운영주체(utility)의 설계요건을 명백하고 완벽하게 제시하기 위해 개발된 기준 문서.

안전정지 내진강도^{SSE}도 더 강화(0.3g, 리히터 지진강도 약 7.3도) 했다. 건설공기도 48개월로 단축하고, 노심 손상빈도는 10만년에 1회 미만으로 여건을 강화했다. 특히 전원상실시 대처여유시간 목표를 8시간으로 정한 것은 획기적 설정이었다.

1995년부터 착수한 2단계 기술개발은 1998년 말까지 입지와 관련되지 않는 포괄적인 기본설계 개발과 표준안전성 분석보고서^{SSAR} 개발을 목표로 정했다. 이를 위해 그해 11월 CARR과 핵심기술연구 출연협약을 체결하고 이어서 2단계 사업을 총괄하기 위해 한국전력은 1996년 1월 신형원전 개발센터를 발족하며 崔永祥 처장을 신형원전 개발책임자로 임명했다. 그해 7월에 KOPEC과 발전소 종합설계^{AE} 용역계약을 체결하였고, 1997년 5월에는 원자로 계통설계$^{NSSS-SD}$개발용역을 체결했다. 2단계 추진과정 중 원자력산업 업무조정에 따라 1996년 말 원자로 계통설계부문의 기술개발도 원자력연구소로부터 KOPEC과 KNFC에 이관되었기 때문이다. 업무이관에 대한 내용은 제36장에서 자세히 다루기로 한다.

같은 달 한국원자력연구소^{KAERI}와는 NSSS 기초기반 연구협약을 체결하는 한편 한국원자력안전기술원^{KINS}과는 설계안전성 검토협약을 체결함으로써 추후 건설허가시의 원자로 안전성 분석평가에 적합한 기술개발이 되도록 대비했다. 1998년 4월 13일 개최된 과학기술부의 G-7 전문평가회에서 한국전력의 차세대원자로 개발 프로젝트 2단계까지의 성과는 우수하다는 평가를 받았다.

이 연구프로젝트 완료 후 정산결과 과학기술부와 산업자원부의 부담은 약 12%에 그쳤고, 한국전력이 약 88%인 2,060억 원을 부담했다. 정부가 채택한 G-7 프로젝트 연구개발과제 중에 괄목할 성과를 거둔 것은 사실상 본 신형원자로 개발과제뿐이란 평가를 받고 있다. 10년에 걸쳐 연구개발된 한국형 차세대 신형원자로는 1998년 2월 6일에 개최된 제18차 원자력심의위원회에 보고되었다.

'한국형 신형경수로 설계 및 건설기술'이 한국 경제발전에 기여한
'대한민국 100대 기술과 주역'으로 선정되었다.
〈사진은 시상식에 참가한 필자(오른쪽에서 두 번째)와 최영상(오른쪽 끝)〉

신형원자로 APR-1400의 완성

내가 1998년 4월 한국전력 사장에서 퇴임한 후에도 이 연구개발 사업은 한국전력 전력연구원 주관으로 계속 추진되었다. 설계인가를 위한 대정부 노력 끝에 원자력안전위원회의 심의를 거쳐 2002년 5월 정부로부터 표준설계인가SDA를 취득했다. 이로써 'APR-1400'으로 명명된 이 차세대 신형원자로는 이른바 제3세대(G-Ⅲ) 원자로로 인정받아 세계 G-Ⅲ설계의 5대 원전의 하나로 자리매김했다. 이 연구개발은 초기 단계부터 설계인가를 획득하기까지 崔永祥 처장이 시종 연구개발책임을 담당했다.

정부로부터 설계인가를 취득한 APR-1400 원자로는 2006년 신고리 3, 4호기로 건설허가를 받아 건설중에 있으며, 2009년 12월 29일에는 한국전력이 이 노형으로 UAE와 턴키건설 수출계약을 체결하기에 이르렀다. 세계의 유수한 원전건설 수출업체인 미국의 GE, 프랑스의 아레

바Areva, 일본의 도시바, 미쓰비시, 히타치사 등의 쟁쟁한 경쟁자를 물리치고 이룩한 쾌거였다. 페르시아만에 140만kW 원자력발전소 4기를 건설하고, 향후 60년간 운영을 지원하는 이 계약은 400억 달라 규모로서, 세계 단일 프로젝트 계약으로는 유사 이래 최대 규모이다. 이 계약을 성사시킴으로써 한국의 원전산업은 그 우수성을 세계에 알리는 계기가 되었고 한국전력의 위상도 크게 창달되는 성과를 거두었다.

한국공학한림원은 2010년 12월 16일, 한국 경제발전에 기여한 100대 기술을 선정하고 그 주역을 발굴 현창하는 행사를 개최했다. 여기서 'APR-1400'원자로 기술개발은 '한국형 신형경수로 설계 및 건설기술'로 선정되었고 이 개발의 주역으로 필자와 최영상 씨가 표창을 받게 됐다.

34. 電力産業 技術基準 제정

1970년대에서 1980년대 초까지 원자력발전소를 턴키방식으로 건설할 때 건설에 소요되는 수많은 전기 기계 구조물 관련 기자재는 외국에서 설계 제작되고, 공급국의 기술기준에 따라 검증된 품목을 도입해서 건설해야 했다. 원자력발전소의 기술자립과 국산화를 위한 단계별 접근 방법으로 첫째 구조물의 설계와 시공기술을 자립하고, 다음 단계로서는 非安全性비안전성부품Non-Safety Item기자재의 국산화를 거쳐 안전관련 부품과 설비의 국산화, 터빈발전기 같은 대형설비 기기들의 기술자립과 국내생산을 단계적으로 추진해야 한다. 이런 과정을 거쳐 핵연료와 원자로 압력용기 및 증기발생기 등 주요부품의 국산화를 이룩하면서 원자로계통의 계통설계 능력까지 보유해야 원자력발전소 기술자립이 완성되고 해외 수출의 길도 열리게 된다.

1985년 내가 한전 부사장으로 취임하던 무렵 이미 고리원전 3, 4호기 건설을 통하여 비안전성 품목의 기술자립과 국산화는 상당 수준으로 진척되었고 후속 영광원전과 울진원전 건설을 통해 안전관련 품목도 그 범위를 차츰 넓히고 있었다. 그러나 원자력 안전관련 설비의 기술기준은 특히 엄격하여 당시 국내 산업수준이 미처 따르지 못해 국산화 제고에 어려움이 많았다. 고리원전 3, 4호기 건설 사업부터 정부의 강력한

국산화정책에 따라 외국회사와 기술제휴를 하여 국산화에 성공하더라도 해외에 반출하여 제품검증을 받아야 했으니 원가상승은 불가피했다.

원자력발전소의 표준설계에 대한 정책이 확정되고 기술자립을 이룩할 바탕이 마련되자 이제 기자재를 국산화하는 과정상 남은 가장 큰 걸림돌은 국내 제조업계가 적용할 기술기준이었다. 그동안에는 국산화정책을 뒷받침할 국내 기술기준이 없어 막대한 로열티를 부담하면서 외국 기술기준을 그대로 적용할 수밖에 없었던 것이다.

기술기준은 정부가 제정하고 관리하는 것이 正道^{정도}다. 그러나 그 당시는 정부에게 원자력설비의 기술기준을 제정하고 관리할 인력과 예산까지 요청할 형편이 되지 못했다. 따라서 원자력발전소를 건설하고 운영할 주체인 한국전력이 그 비용을 부담하면서 기술기준을 개발할 수밖에 없었다.

한국전력의 이러한 제의에 과학기술처도 적극 찬동했다. 1986년 과기처 원자력정책과 林在春 과장과 한국전력기술의 金南河 부장이 힘을 모아 '원자력발전소 기술자립을 위한 기술기준 개발방안'을 성안했다. 한국전력이 개발에 대한 모든 비용을 부담하는 것을 전제로 하여 1987년 3월 기술기준 개발방안을 확정함으로써 이 사업이 출발할 수 있었다.

기술기준 개발財源 부담 시비

한국전력은 원자력산업기술기준에 대한 연구검토 용역계약을 1987년 10월 KOPEC과 체결했다. 그리고 1988년 11월 이 연구사업을 성공적으로 완성했다. 그런데 이와 비슷한 시기에 화력발전소의 표준화계획이 완성되어 보령화력 3, 4호기부터 10여기를 복제 건설한다는 정책이 채택되었다. 따라서 원자력발전용 기자재를 대상으로 기준을 제정하려던 당초의 계획은 화력발전용 기자재도 포함시킨 '전력산업기술기준'^{KEPIC: Korea Electric Power Industry Code}을 제정하는 것으로 확대하게 되었다. 원자력발전용 기자재와 화력발전용 기자재는 동일한 기준을 적용할 품목이 너무나 많기 때문이다.

기술기준제정 범위의 확대는 결과적으로 한국전력의 부담을 크게 늘리게 됨으로써 사내 예산부서의 많은 반발을 불러 일으켰다. 이런 환경에서 1989년 1월 한국전력에 安秉華 사장이 새로 부임하여 불요불급 예산의 지출을 억제하는 정책을 폄으로써 계획된 여러 사업들이 취소되기에 이르렀다. 따라서 '전력산업기술기준' 제정 자체도 재검토가 불가피하게 되었다.

한국전력 예산부서는 기술기준 제정 같은 사업은 원칙적으로 정부예산에 의해 집행될 일이라면서 비용부담을 정부에 떠넘겼고, 정부는 예산의 우선순위가 뒤로 밀려 언제 성사될 것인지 예측하기 어려운 상황이라면서 서로 미루는 상황이 되고 말았다. 부사장으로서 이 사업을 기획했던 나에게는 보고도 되지 않은 채 실무선에서 밀고 당기는 사이에 시간은 흘러만 갔다.

기술기준 개발사업의 위기

1990년 내가 한국전력기술KOPEC 사장으로 부임한 이후 업무를 파악하다 보니 전력산업기술기준 제정작업이 예산배정이 되지 않아 사실상 중단된 상태에 있음을 발견했다. 나는 한국전력이 자체의 경영개선을 위해 예산을 절감하는 것은 이해할 수 있으나 이와 같이 중요한 사업이 중도 폐기된 사실을 보고 나니 놀랍고 안타까움을 금할 수 없었다.

나는 이를 되살릴 방안을 강구해야겠다고 생각했다. 한국전력의 許淑 원자력건설처장을 만나 사업의 추진방안을 협의했다. 한국전력이 국가의 대표적인 공기업으로서 전력사업 전체의 발전을 생각해야 하고, 또 기자재의 국산화를 촉진하는 일에도 계속 관심을 기울여야 한다는 사실에 서로 의견을 같이했다. 그 뒤 허숙 처장은 나름대로 문제해결방안을 찾아냈다. 1991년 12월 당시 R&D 충당금으로 한국전력과 KOPEC 간에 이미 체결되어 추진중이던 영광원전 3, 4호기의 설계 개발 엔지니어링용역 계약금액 내에서 KOPEC이 용역비를 절감하고 그 차액을 전용하여 이 사업을 계속하자는 데 합의했다. 나는 이 안을 가지고 한국전력 사장을 만나 기술기준 제정의 중요성과 한국전력이 이 일에 앞장서야 할 당위성을 설명했다. 그러나 안 사장은 이미 예산이 확정되었다면서 새로운 사업 추가에 난색을 표명했다. 나는 허숙 처장과 합의한 내용대로 한국전력의 예산추가 없이 KOPEC의 영광원전 3, 4호기 설계개발 용역금액을 절약하여 추진하겠다는 의사를 밝혀 안 사장의 양해를 받아냄으로써 이 사업은 다시 정상궤도에 오를 수 있게 되었다.

전력산업기술기준 개발 2단계사업도 KOPEC과 계약을 체결했다. 원전기술기준위원회 내에 産·學·研^{산·학·연} 각계를 대표하는 인사로 품질, 기계, 전기, 토목구조, 화재예방, 원자력, 환경 등 분야별 전문위원회와 전문분과위원회 등을 구성하고 위원장에는 원자력계의 원로인 원자력연구소의 李昌健 박사를 영입했다.

1993년 내가 한국전력 사장으로 부임한 후에 이 사업은 더욱 박차를 가하게 되었다. 1995년에 전력산업기술기준 2단계 사업이 종료됨으로써 그 첫 작품으로 한국전력산업기술기준《KEPIC-1995년 판》33권을 간행하기에 이르렀다. 서가에 꽂아 둔 파일의 폭이 2m에 이르렀다. 그 파일의 부피가 던져주는 양만큼 느끼는 감회도 깊었다.

대한전기협회의 참여

전력산업기술기준을 제정하는 일도 중요하지만 주기적으로 발전되는 기술을 반영 수정해야 하기 때문에 5년에 한 번씩 이를 개정토록 하는 원칙을 세웠다. 그리고 이에 따른 행정적 뒷받침을 위한 관리기구가 또

한국전력산업기술기준 첫 발간된 《KEPIC-1995년 판》 33권을 놓고 관계자들이 모였다.
〈좌측부터 崔大鎔 한국전력 부사장, 尹熙宇 협회 부회장, 辛基祚 전우회 회장,
金桂輝 한국전력 부사장, 필자, 田載豊 한국전력 처장〉

한 절대적으로 필요했다. 나는 한국전력 사장으로서 대한전기협회 회
장직을 맡게 된 것을 계기로 전력사업기술기준을 지속적으로 개발하고
관리하기 위한 전담기관으로 대한전기협회를 지정했다. 또 산업계의
적용 확대를 위한 교육과 홍보에 대한 계획도 수립하여 이를 협회로 하
여금 담당하도록 했다.

대한전기협회는 1995년 6월 이에 대한 정부의 전담기구 설치승인을
계기로 위원장을 맡은 이창건 박사와 협의, 전력산업기술기준의 중·
장기 계획을 수립하고 산·학·연 대표에 정부도 참여하는 전력산업기
술기준위원회를 구성했다. 그리고 8월에는 이와 관련한 위원회 구성
및 운영 안을 확정하고 상설위원회를 만들었다. 3단계 사업은 1996년
부터 5개년 계획으로 대한전기협회와 계약을 체결했다. 예산도 대폭
늘려 156억 원을 책정하면서 대상 분야를 더욱 확대하여 송배전분야의
기술기준도 개발하기로 했다.

미국 기술기준과의 협력

원자력발전소의 기기사양 중 안전관련 설비는 미국의 규제기관인 USNRC의 지침을 따를 수밖에 없었다. 한국의 KEPIC 개발도 미국기계학회ASME의 기술기준인 ASME Code와 불가분의 관계에 있었던 만큼 이를 근거로 하여 한국의 기술기준을 개발했다고 할 수 있다. 이런 이유로 KEPIC-1995년 판 중에 원자력기계 및 원전 가동중 검사와 관련된 기준에 대해서는 ASME에 저작권료를 지불하는 협정도 체결했다. 또한 같은 이유로 구조물의 기술기준에 관련되는 설계하중 분야는 미국토목학회의 기술기준인 ASCE와, 전기분야는 미국전기학회IEEE와 각각 저작권료를 지불하는 협정을 체결했다. 이렇게 후속조치까지 완벽히 처리함으로써 KEPIC의 기술기준은 이제 세계적 기준에 부합되는 내용으로 자리를 잡게 되었다.

지금 생각해 보면 1990년 당시 이 전력산업기술기준이 예산관계로 제정되지 못했더라면 원자력기자재의 국산화문제는 진척이 매우 어려웠을 것이다. 대한전기협회가 주관이 되어 기준을 보완하고 정부기준으로 격상시켰기에 국산화가 획기적으로 증대될 수 있었으며, 내용도 미국기계학회의 ASME Code에 준하는 기술기준을 갖추어 품질 면에서 손색없는 발전소를 건설할 수 있게 된 것이다.

35. 使用後 核燃料 재처리 향한 로비

우리나라는 1956년 미국과 처음으로 한·미 원자력협정을 체결했다. 그리고 최초의 원자력발전 설비인 고리원전 1호기의 핵연료를 미국으로부터 도입하면서 1974년 5월 한·미 간에 원자력협정이 개정되었다. 그 후 한국은 20기의 원전을 가동하는 오늘날까지 한 번도 이 협정에 대한 개정이 이루어지지 않았다. 이 협정에는 미국의 우라늄 精鑛^{정광}을 수입하거나 원자력 설비를 수입하여 사용하는 나라는 사용 후의 핵연료를 이동할 때 미국 정부의 사전동의를 받도록 명시하고 있다.

1994년 12월 북·미 간에 체결된 제네바협정에 따라 한국이 북한에 원자력발전소를 건설하게 되었고, 북한 원자로에서 제거 封印^{봉인}한 사용후 핵연료를 영구적으로 제거하기 위한 정책도 고려해야 할 시점이 되었다. 이를 계기로 한국도 사용후 핵연료의 재처리 및 MOx연료[1]의 시험사용을 위한 연구를 해야 할 때가 되었다. 그러나 이런 문제는 국

---

1 MOx연료(*Mixed Oxide Fuel*) : 이산화 우라늄과 이산화플루토늄의 혼합물을 주 원료로 한 핵연료로 경수로에 일반 교체연료와 함께 장전하여 사용할 수 있다. 사용후 핵연료를 재처리하는 과정에서 순수플루토늄을 추출하면 핵무기로 전용될 우려가 있어 NPT 조약에 위배되나, 이 혼합된 원료로는 핵무기 개발이 불가하므로 조약 위반이 아니라고 주장하고 있다.

제적 역학관계로 보아 극히 민감한 문제였기 때문에 한·미 원자력협정 개정에 앞서 충분한 시간을 갖고 미국 정계와 사전 정지작업을 하는 일이 필요했다.

영국 John Major 수상과 주한 영국대사

영국의 쉘라필드Shelafield에 건설되던 BNFL[2]의 사용후 핵연료 재처리 공장THORP 3 준공식이 1995년 4월 26일 거행되었다. 이 공장은 영국뿐 아니라 모든 원전 보유국의 사용후 핵연료도 재처리하여 폐연료에 잔존한 有用유용자원인 우라늄 96%와 플루토늄 1%를 회수하여 MOx 연료로 가공하여 원자로에 재사용하고, 잔재물인 고준위 폐기물 3%는 공장 내에 저장해 두는 역할을 한다.

이 준공식에는 일본의 원자력발전소를 운영하는 전력회사 사장 전원이 초청되고 한국전력 사장도 그 일원으로 초청받아 내가 참석했다.

준공식 행사 다음날에는 런던에서 영국 헤셀타인Michael Heseltine 통상장관과 에가Jim Egger 산업에너지 장관이 주최하고 메이저Sir John Major 수상이 임석한 만찬에 초대되었다. 이 자리에는 나와 안면이 있는 전 주한 영국대사였던 라이트Wright 외무부 동아시아 담당 차관보가 참석하여 같은 테이블에 합석했다. 그는 한국도 사용후 핵연료를 재처리하여 MOx 연료로 만들어 사용하기를 권하면서 이를 위해 한미 간의 원자력협정 개정이 필요할 것임을 강조했다. 그러면서 한국이 개정을 원하면 미국을 설득하는 일에 영국이 적극적으로 측면지원을 하겠다고 했다. 라이트 차관보는 나를 특별히 메이저 수상에게 소개하면서 한국의 사용후 핵연료 재처리문제와 관련, 한·미 원자력협정의 개정이 전제되어야

2 BNFL(British Nuclear Fuels plc): 영국원전연료주식회사
3 THORP(Thermal Oxide Reprocessing Plant): 사용후 핵연료를 재처리하여 U과 Pu을 회수하는 공장.

영국 THORP 준공 후 만찬장에서 영국 메이저 수상과 함께 자리를 했다.
수상은 한·미 원자력협정 개정추진 노력에 후원할 것을 약속했다.

한다는 점을 설명하고, 영국정부가 이를 적극 지원해야 할 당위성을 설명하자 수상은 매우 긍정적인 반응을 보였다.

귀국 후 1995년 5월 25일 영국대사 해리스$^{Thomas\ Harris}$씨가 한국전력으로 내방했다. 몇 주 전 영국 THORP 준공식 후 통상장관 초청만찬장에서 메이저 영국수상과 내가 함께 찍은 사진을 전해 주면서 라이트 차관보와 이야기했던 사용후 핵연료 재처리문제를 더 구체적으로 논의하자면서 다음과 같이 제의했다.

"북한이 흑연로에서 빼낸 사용후 핵연료의 처리문제는 미국정부로서도 걱정거리일 것입니다. 이를 해외로 반출하여도 보관장소가 마땅치 않고 받아줄 나라도 없으니 이를 재처리하여 플루토늄과 U-235로 재생한 후 북한 경수로에서 태워 버리는 것이 상책입니다. 영국이 사용후 핵연료의 재처리와 플루토늄을 이용한 MOx 연료를 만들어 KEDO를 통하여 북한에 공급하면 북한도 연료비를 절감할 수 있고 미국의 걱정도 덜게 될 것입니다. 이를 위해 시범적으로 한국의 경수로에 영국이 MOx 연료를 제공할 터이니 시험적으로 연소해 보기를 권합니다."

나는 해리스 대사에게 부탁했다.

"현재 한·미 원자력협정은 플루토늄 연료의 사용을 금지하고 있으므로 한국이 앞장서 이 문제를 거론하면 국제사회가 한국의 의도를 핵무기 개발과 연계하여 의심할 수도 있습니다. 영국이 먼저 미국을 설득하여 한·미 원자력협정을 개정할 수 있도록 整地^{정지}작업을 해 주기 바랍니다."

해리스 대사도 이에 적극 동의하면서 추진해 볼 것을 약속했다. 그러나 한·미 원자력협정 개정은 현실적으로 한국이 앞장서지 않으면 한걸음도 더 나갈 수 없는 정책적 논의에 불과했다.

마포포럼의 NDI

1996년 8월 3일, 鄭根謨 장관 및 안기부장과 함께 저녁식사를 하는 기회가 있었다. 나는 이 자리에서 작년 영국에 갔을 때 주한대사를 지낸 라이트 차관보와 나눈 이야기와 현 주한영국대사와 나눈 대화내용 등을 상세히 설명했다. 국내 경수로에 플루토늄이 들어가는 MOx 연료를 도입하여 사용하는 문제는 국제정치관계나 국가안보와 관련되는 중요한 사안인 만큼 정부차원에서 추진할 것을 건의했다.

내 설명을 들은 정 장관은 이 문제는 한국전력이 독자적으로 처리하기에는 정치적으로 민감한 사항이니 마포포럼의 국가발전연구원^{NDI}과 협조하도록 朴寬用 전 비서실장(후일 국회의장) 및 金始中 전 과학기술처 장관 등과 협의하는 것이 좋겠다는 의견을 내놓았다. 마포포럼은 김영삼 정부 장·차관에서 퇴임한 사람들을 중심으로 만든 정책토론의 자리이며, NDI는 이 마포포럼의 부설로 설립된 연구기관이다. 나는 그 후 박관용 전 실장과 김시중 전 장관을 만나 자초지종을 설명한 후 NDI가 앞장서 이에 적극 협조할 것을 약속받았다.

나는 한·미 원자력협정 개정에 앞서 미국 정계의 분위기를 사전에 조정할 적당한 로비회사를 찾아보기로 했다. 한국전력 기술개발본부의 朴祥基 본부장이 미국 민주당 산하 연구소인 국가정책센터CNP: Center for National Policy 소장이며 변호사인 마이클 반스Micheal Barnes 전 미 하원의원을 소개했다. CNP는 소장으로 국무장관을 지낸 매들린 올브라이트Madeleine K. Albright와 하원의장을 지낸 토마스 폴리Thomas S. Foley 등 민주당의 핵심인사들이 거쳐 간 기관이다. 반스 변호사는 사용후 핵연료 재처리를 위한 로비회사로 미국 내의 유력 로펌인 호건 앤 하트슨Hogan & Hartson: H&H을 소개했다.

1996년 연말 CNP 소장인 반스 변호사가 찾아와 한국의 원전계획, 동남아 원전시장 전망, 사용후 핵연료의 재순환문제 등 문제를 놓고 광범위한 대화를 나누었다. 그는 1997년 1월 20일 클린턴 대통령 2기 취임식에 초청받도록 주선하겠다면서 이때 한국의 NDI 주요 인사들과 함께 워싱턴을 방문하면 워싱턴의 정계인사들과 자연스럽게 면담을 주선하겠다고 했다.

미국 대통령 취임식

나는 NDI 주요 인사 일행과 함께 대통령 취임식 전날인 1997년 1월 19일 워싱턴에 도착했다. 워싱턴은 이 무렵 수십 년 만의 혹한이 닥쳐 완전히 동토처럼 보였다. 도착 당일 만찬에는 한국 측의 박관용 전 실장, 김시중 전 장관, 정근모 전 과학기술처 장관, 주미 한국대사와 미국 측 CNP의 반스 변호사를 비롯해 스타인버너Maureen Steinbuner 소장, 전 백악관 안보비서관 등이 초대되었고, 영국 BNFL의 라이크롭트Jeremy Rycroft 씨도 합석했다. 1월 20일 박관용 전 실장, 김시중 전 장관 등 NDI 요원과 함께 클린턴 대통령 취임식에 참석했다. 의사당 앞에서의 행사가 끝나고 일행은 반스 변호사 사무실이 있는 워싱턴 시티클럽으로 자리를 옮겼다. 이 자리에서 반스 변호사를 비롯한 관계자들과 다음날 있을 고위관계자들과의 회합내용에 대해 의견을 나누었다. 당시 NDI는 미국 민주당의 정책산실인 CNP와의 공동연구를 통해 한국정책을 미국정책에 반영하는 역할을 하고 있어 한국전력이 추진하는 한·미 원자력협정 개정에 대해서도 협조하고 있었다.

다음날 한국에서 온 NDI 인사와 CNP의 많은 정계인사들이 모인 회의에서 한·미 간의 정책조율이 있었고 이어서 한국원자력산업에 대한 논의가 시작되었다. 나는 이 자리에서 한·미 원자력협정을 개정하여 사용후 핵연료를 재처리하고 플루토늄 연료를 쓸 수 있도록 해야 한다는 당위성을 설명할 기회를 가졌다. CNP의 스타인버너 씨는 냉정한 입장에서 볼 때 이 문제의 해결은 그렇게 쉽지 않을 것이라면서 지금부터라도 이에 대한 여론을 조성하는 것이 중요하다는 점을 강조했다.

로비 협정 체결

1997년 4월 2일 반스Barnes 변호사가 페트로Michael Petro 부원장 등 CNP 관계자들과 함께 한국원자력산업회의 연차대회를 계기로 한국의 여러 정책기관 인사와의 교류를 위해 방한했다. 이들은 한·미 원자력협정 개정방침이 미국 정책에 반영되도록 로비계약을 의뢰하려는 기관의 중요 멤버들이기에 이들에게 한국의 실상을 자세히 알리는 일은 매우 중요했다. 한국전력의 현황을 소개한 후 원자력산업의 정책방향에 대하여 많은 대화를 나누었다.

다음날 원자력산업회의와 원자력학회의 연차대회에 참석차 내한한 영국 BNFL의 부회장 쳄버린Chamberlain 씨가 아일랜드Ireland 서울지사장을 대동하고 한국전력을 내방했다. 한국의 MOx 연료 도입을 BNFL과 계약하는 것으로 가정하고 정부가 승인만 한다면 그들은 당장 한국전력의 사용후 핵연료를 반출해 가서 그 몫으로 MOx 연료를 4다발씩 3년간 리스 방식으로 먼저 공급하고, 장차 한국 것을 재처리하여 재고를 충당하는 방식을 택할 수 있다고 했다. 또 재처리 후 남는 폐기물은 계약에 따라 10년 또는 20년간 영국에 저장하는 것도 가능하다고 했다. 그리고 영국은 한국전력의 한·미 원자력협정 개정을 미국이 수용하도록 최대한의 노력을 기울일 것이라고 다짐하기도 했다.

이와 같은 전후 사정을 감안하여 미국 정계의 로비를 담당할 기관으로서 미국 민주당의 정책수립기관인 CNP와도 연관이 있는 H&H 법률사무소와 미국의 대중국 원전수출금지 해제 및 사용후 핵연료의 해외재처리문제 해결하기 위한 용역계약을 1997년 4월에 체결하게 되었다.

미국 하원의원과 NRC 위원장 예방

1997년 10월 29일 워싱턴 시내의 Columbia Square 서관 13층에서 한국전력의 박상기 본부장과 함께 반스 변호사 일행을 만나 오후에 계획된 몇몇 의원과의 회합대책을 협의한 후 오후에 국회의사당으로 해밀턴^{Lee Hamilton} 의원을 찾아가 면담했다. 나는 그 자리에서 한국 원전의 중국 진출문제와 사용후 핵연료 재처리의 불가피성을 설명했다. 이어서 버먼^{Howard Berman} 의원도 만나서 약 20분 동안 같은 취지의 대화를 나누었다. 이들 의원들은 모두 나의 설명을 긍정적으로 받아들이면서 계획이 성공되기를 바란다는 협조적 입장을 표명했다.

다음날은 미국 원자력규제위원회^{NRC}의 잭슨^{Shirley Ann Jackson} 위원장을 NRC사무실로 찾아가 만났다. 1996년도 한국원자력산업회의 연차대회 때 만난 적이 있는 그는 아주 반갑게 맞아 주었다. 그는 한국에서 플루토늄 연료인 MOx 연료를 사용하는 문제에 대해서는 상당히 강경한 입장이었다. 한반도는 남북한이 대결하고 있어 미국정부가 이 문제는 논의조차 기피한 것이 사실이고, 아직도 북한문제가 불투명한 상황에서 이 같은 한국의 재처리문제는 시기상조라는 입장이었다.

나는 북한의 KEDO문제 해결 일환으로 한반도의 새로운 질서를 만들 필요가 있고, 그러한 차원에서 미국정부가 지금부터 논의를 시작해야 할 시점임을 강조했다. 한 시간 가까운 토론 결과 그는 한국의 어려운 실정과 딱한 사정을 고어^Al Gore 부통령과 상의하여 관계부처로 하여금 검토를 시켜보도록 하겠다는 약속을 받아냈다. 그러나 앞으로 북한에 대한 핵 규제제도의 확립과 실천 여부가 이 사안에 상당한 영향을 미칠 것이란 생각이 드는 것은 어찌할 수 없었다.

오후에 에너지부의 몰러^Elizabeth Anne Moler 차관을 예방했다. 차관은 나의 설명을 들은 후 한국의 실정을 충분히 이해하지만 이 문제는 대단히 중요한 사안인 만큼 안보수석실 및 국무부와 협의가 필요하고, 또 DOE 내의 검토와 IAEA와의 협조가 있어야 할 사안임을 강조했다. 지난번에 한국을 방문했을 때 청와대 만찬에서 나와 만난 적이 있는 로스^Stanley Ross 국무부 동아태담당 차관보도 이 자리에 합석하였는데 알고 보니 그 사람이 이 문제 해결의 실질적 담당자였다.

하버드대학 Joseph Nye 학장

다음날 1997년 10월 31일 나는 하버드대학 케네디스쿨 조지프 나이^Joseph S, Nye, Jr 학장을 방문했다. 그는 미국 민주당 외교정책의 뿌리인 '소프트 파워'이론의 주창자로서 클린턴 행정부의 국방부차관보와 국가정보위원회 의장을 역임한 이론과 실무를 겸비한 분으로서 새뮤얼 헌팅턴, 헨리 키신저 등과 함께 미국 외교정책에 가장 큰 영향을 미치는 학자이기도 하다. 미국 H&H 회사가 한국전력 사장이 직접 미국의 정치인을 비롯한 원자력 핵심인사들을 만나 호소해 보는 것이 큰 도움이 될 수 있다면서 나에게 소개했기 때문에 그의 영향력을 도움받기 위해서 찾아간 것이다. 그는 우리의 방문에 앞서 1997년 9월 11일 한국을 방문하여 김영삼 대통령을 면담하고 마포포럼의 인사들과도 만나 상호 협조사항을 협의한 후 한국전력을 방문하기도 했던 분이다.

왼쪽부터 하버드대학 케네디스쿨 조지프 나이 학장, 김종선 사장, 필자.

그는 BCSIA^{Belfer Center for Science and International Affairs}의 설립목적을 설명하면서 한국의 경우에 북한의 붕괴나 한반도 통일이 왔을 때를 대비하여 지금부터 연구해 두어야 한다는 점을 강조했다. 나는 한국의 원자력 현황과 한·미 원자력협정의 개정 필요성을 설명하면서 많은 대화를 나누었다. 그는 한국의 입장은 이해하나 사용후 핵연료 재처리를 위한 미국의 정책변경은 어려울 것이란 전망을 표명했다.

미국 정계인사 접촉성과

H&H 변호사 사무실에 돌아와서 지금까지의 추진사항을 정리하기 위한 회의를 가졌다. 그동안 의회 지도자나 정부 고위층을 만나본 결과 미국의 대 한국 플루토늄문제는 우리가 예측했던 것보다 훨씬 강경한 입장에 있다는 것이 공통된 의견이었다. 다만 이들에게 한국전력이 전력사업을 추진하는 과정에서 사용후 핵연료의 저장설비 부족이 중대한 장애가 될 것이란 점은 이해하도록 했으며, 이에 대한 어떤 대책이 필

요하다는 인식을 심어준 것도 확실하다는 점에 의견을 같이했다. 또 잭 슨 위원장으로부터 고어 부통령에게 이 문제를 보고하고 논의하겠다는 답을 받아낸 것과 앞으로 이 문제를 놓고 미국, 영국, 한국 간에 어떤 논의를 할 수 있는 계기를 마련했다는 것은 큰 소득으로 생각했다.

같은 자리에서 한국전력의 洪壯熹 처장도 미국 정부의 입장은 한국 이 사용후 핵연료 저장조에 문제가 있어 해외에 반출이 불가피하다면 일단 해외로 반출하여 저장하는 문제만을 추진한 후에 MOx 연료의 도 입문제는 별도협상을 통해 해결해야 될 것 같은 분위기로 분석했다. 그 러나 이렇게 될 경우 저장조 문제는 해결이 되지만 재생연료 사용은 또 다른 하나의 고비를 만들게 되는 셈이다. 또한 그 자리에 있었던 모든 관계자들은 한국전력이 당사자로서 앞으로도 자주 워싱턴에 나타나 설 득작업을 계속해야 할 것이라는 점에도 의견을 같이했다.

새 정권 핵심인사 설득

1998년 2월 24일 김대중 대통령이 이끄는 '국민의 정부'가 발족했다. 한·미 원자력협정 개정문제나 대 중국 원전 수출문제는 정권이 바뀌 더라도 지속적으로 노력해야 할 분야였다. 그러나 여야가 완전히 바뀐 마당에 전 정권에서 수행하던 대외적 업무가 순조롭게 연결되리란 보 장은 없어 보였다. 따라서 이 문제에 대해 미국의 로비회사 입장에서도 새 정권의 의중을 탐색할 필요는 있었을 것이다.

H&H의 반스 변호사가 중간 연락책임을 맡고 있던 金鍾宣 씨를 대 동하고 1998년 2월 26일 내한했다. 그는 한국전력을 방문하여 미국에 서 활동한 로비내용에 대해 보고했다. 며칠 후에는 李東馥 자민련 의원 이 국무조정실 鄭海溯 장관에게 전화하여 한국전력에서 추진중인 대미 로비문제를 설명하도록 연결해 주었다. 1998년 3월 19일 나는 정 장관 을 방문하여 핵연료 재처리의 당위성과 현재 추진중인 대 미국 협상을

한국전력이 주도적으로 추진하고 있다고 설명했다. 위탁재처리는 영국 정부도 큰 관심을 가진 사안으로서 영국정부와 영국의 BNFL이 관여하고 있다는 설명도 했다. 또 미국 하버드대학 케네디스쿨에서 미국의 핵정책에 대한 재검토가 있을 예정인데 이 검토회의에 반영되어야 할 우리 의견에 대해서도 보고했다. 그러면서 정 장관이 조율해서 국무총리와 현 정권이 이 활동을 계속 지원해 줄 것을 요망했다.

3월 24일에는 국회의원 회관에 가서 이동복 의원을 만났다. 핵연료 주기문제를 비롯하여 북한의 폐기핵연료 처리와 KEDO와의 연계문제 등에 대해 설명하고 의견을 나누었다. 이동복 의원은 핵연료 주기문제에 대해서는 매우 적극적인 반응을 보이면서 안기부 羅鍾一 차장에게 직접 전화를 걸어 한국전력 사장을 만나 현황을 들어보라고 권유했다.

나종일 차장과 시간 약속을 하려던 참에 李鍾贊 안기부장 비서실에서 연락이 왔다. 나는 안기부의 나종일 차장을 먼저 만난 후 이종찬 부장을 만나 사용후 핵연료에 대한 이야기를 나누게 되었다. 사용후 핵연료를 재처리하여 MOx 연료를 사용하기 위해서는 한·미 간의 원자력협정 개정이 반드시 필요하다고 설명하고, 그동안 미국의 H&H회사와 로비협정이 있었으며 하버드대학의 조지프 나이 학장과도 대화하고 있다는 등 한국전력의 대 미국 접촉내용에 대해 전반적인 설명을 했다. 이 부장은 적극 찬동하면서 잘 추진해 달라고 격려했다.

로비계약의 종결

내가 정권교체와 더불어 한국전력 사장 임기를 마친 얼마 후인 1998년 5월 5일 반스Michael Barnes 변호사가 로비계약의 연장문제를 협의하기 위해 한국전력에 새로 부임한 사장을 방문했다는 얘기가 들려왔다. 반스 변호사의 설명을 들은 신임 사장은 이 문제를 지난 정부가 핵무기 개발의 음모에 개입한 것의 일환으로 오해했던 듯 그는 국내의 한 유력

신문사 사장을 만나 본인의 자의적 판단으로 정보를 왜곡되게 설명하고 로비계약 내용 사본과 관계 서신의 내용 등 자료 일체를 기자에게 넘겼다.

그 신문에서는 이 기사를 특종으로 생각했는지 1998년 7월 15일자 1면 기사로 한 면 가득히 기사를 실어 내보냈다. 그러나 다른 신문사들은 그 내용의 신빙성에 문제가 있다고 판단한 듯 다른 어느 일간지도 기사화하지 않았다. 이로써 한국전력의 한·미 원자력협정 개정을 위한 노력은 수포로 돌아갔고, 그 후유증으로 한국의 대 미국 로비에 대한 신뢰도도 크게 추락하게 되었다. 지금은 그때보다 더 어려운 시기가 되었다. 북한의 KEDO사업이 중단되었고 북한이 핵실험까지 강행한 마당이라 대북관계 여건이 훨씬 복잡해졌기 때문이다.

그러나 2014년 6월 한·미 원자력협정의 40년 효력이 종료되기 전에 두 나라는 어떤 형태로든 원자력협정 개정에 합의해야 할 시점에 와 있다. 만약 로비계약이 꾸준히 이어졌더라면 이럴 때에 상당히 유리한 협상을 펼쳐나갈 수 있으리라 생각하면서 당시의 로비계약이 중단된 것이 마냥 안타깝게 생각될 뿐이다.

36. 原子爐 계통설계 업무 이관

　발전소 건설 프로젝트에 있어 원가와 공기 그리고 품질은 절대적으로 지켜져야 할 목표의 핵심사항임에 반하여, 연구소 본연의 연구업무는 비용이나 기일이 다소 더 소요되더라도 연구성과를 달성해야 하는 것이 궁극 목표라 할 수 있어 목표지향의 철학에는 큰 차이가 있다. 이런 이유로 원전 건설공기와 건설원가에 절대적인 영향을 미치는 원자로 계통설계NSSS-SD업무는 연구개발 업무에 길들여진 조직에서 담당하기에는 적합하지 않은 면이 있다.

　1985년 7월 영광 3, 4호기의 원전설비 도입과정에서 CE사로부터 원자로 계통설계 기술전수 목적으로 한국에너지연구소KAERI가 담당했던 설계업무는 그 뒤 기술자립이 완성된 만큼 기본전략대로 한국전력기술KOPEC에 넘기고, 노심설계업무는 원전연료KNFC로 이관해야 했다. 그러나 정부는 한국중공업과 에너지연구소 합작회사 설립안에 경도되는가 하면 이 합작회사에 원전 건설 프로젝트를 담당하게 하려는 시도가 대두되고 있었다. 원자력연구소는 북한에 건설될 KEDO의 원전건설 업무도 한국전력이 주계약자로 참여하면 한국형 원전 공급이 변질될 우려가 있다면서 원자력연구소KAERI가 주계약자가 되어야 한다는 주장을 펴기도 했다. 그러나 나는 업무조정에 KAERI가 조직적으로 반발하는 환경 속에서 정부를 설득하고 연구소를 무마하여 당초 1983년에 확정하였던 업무분장안대로 업무조정을 어렵게 끝마쳤다. 그 경과를 돌이켜 보면 다음과 같다.

과학기술처의 원자력행정 일원화 구상

1995년 1월 26일 인터콘티넨털 호텔에서 열린 원자력관련단체 월례조찬회에서 鄭根謨 과학기술처 장관의 원자력정책에 대한 특강이 있었다. 이 자리에선 원자력산업 관계기관 대표들이 모여 원자력안전 확보에 대한 다짐이 있었고, IAEA 전문가들로부터 방사성폐기물 처분장 후보지인 굴업도 조사결과 발표도 있었다.

이 모임 후 정 장관은 나와 둘이 만난 자리에서 과학기술처 산하연구소의 정리방안과 원자력행정 일원화계획에 대한 구상을 설명했다. 전기연구소를 과학기술처 산하기관으로부터 한국전력 소관으로 이관하고, 원자력연구소 조직은 방사성환경관리센터(방사성폐기물 처분장 전담조직)를 분리하여 제2원자력연구소를 설립하며, 원자력병원은 민간에 매각하겠다는 것 등이 주된 내용이었다. 또 현재 통상산업부와 과학기술처 산하로 흩어져 있는 원자력행정 전반은 과학기술처 소관으로 일원화하겠다는 구상도 함께 밝히면서 나의 의견을 타진했다.

나는 행정 일원화란 명분하에 자칫 원자력발전소 설계를 담당하는 한국전력기술KOPEC까지 과학기술처 산하로 이관될 수도 있는 민감한 사항인 만큼 찬동할 수 없으며, 오히려 원자력연구소 소속 원자로 설계사업단의 업무를 KOPEC으로 일원화해야 한다는 점을 강조했다.

1995년 7월 5일에 과학기술처 장관과 오찬을 같이하면서 나는 다시금 원자력연구소에 위임되었던 원자로 계통설계업무는 기술전수가 끝났으니 약속대로 KOPEC으로 이관해야 함을 확인하면서 과학기술처의 협조를 부탁했다. 또한 방사성폐기물 처분장방폐장 사업은 對民대민 설득과 토목공사가 주된 업무로서 연구소 업무로 부적당한 만큼 연구소의 원자력환경관리센터를 한국전력으로 이관해야 한다는 정책방향을 제시하면서 협조도 요청했다. 만약 원자로 계통설계업무를 KOPEC으로 이관하는 일이 내부저항 때문에 어려우면 잠정적으로 연구소에서 분리하여 가칭 원자력발전기술연구소를 설립하면 한국전력이 운영비와 연구비를 전액 부담할 수도 있다고 제안했다. 이러한 나의 제안에 대해 정 장관도 긍정적으로 받아들였다.

설계사업단 한국중공업과 합작안

1995년 8월 25일 과학기술처 장관이 원자력연구소에서 원자로설계사업을 분리하여 한국중공업과 합작회사인 원자력기술주식회사를 설립하는 안을 제시하면서 검토해 달라는 연락을 보내왔다. 안을 받아보니 원자력연구소가 제시한 안으로서, 한국중공업과 원자력연구소가 합작회사를 설립하여 원자력발전소 건설의 주계약자가 되겠다는 내용이었다. 이 합작회사가 원전의 설계와 구매, 종합사업관리까지 모든 것을 담당하면서 해외수출 창구역할까지 전담하는 회사를 설립하겠다는 것이었다.

며칠 뒤 통상산업부 장관을 만나 원자력연구소가 구상한 안에 대한 한국전력의 의견을 개진했다. 나는 한국전력이 출연한 재원으로 원자력연구소가 신설될 원자력기술주식회사에 출자하려는 것은 불가능한 발상이며, 작은 신설회사가 원자력발전소 플랜트를 해외에서 수주하려는 것도 현실성이 없다고 했다. 그러면서 이는 원자력연구소가 지난 4월부터 북한 경수로 건설에 주계약자로 참여해야 한다면서 언론을 부추기는 행동과 軌께를 같이하는 안이라고 설명했다.

그러자 통상산업부 장관은 이와 관련하여 원자력연구소의 원자로 계통설계사업을 분리해 한국중공업의 부설 연구기관으로 하고, 한국중공업이 민영화할 때는 이 연구기관은 정부출자기관으로 법인화한다는 방안을 제시했다. 이외에도 방사성폐기물사업을 연구소에서 분리, 정부 산하의 公團^{공단}으로 개편하고 처분장이 완성된 후에 운영주체를 논의한다는 방안도 제시하면서 1995년 9월 5일로 예정된 원자력산업회의가 주관하는 원자력 관련기관 간담회에서 논의할 것을 요망했다.

그런데 이 잠정안을 간담회에 올리기도 전에 원자력연구소 측이 기자회견을 통해 언론의 관심을 오도하는가 하면 한국중공업도 이에 맞서 기자회견을 함으로써 양쪽에서 서로 我田引水^{아전인수}격 언론플레이를 하는 양상이 되었다. 이렇게 되자 통상산업부는 원자력산업회의가 주관하기로 된 간담회에서 원만한 토론이 어렵고, 이러한 분열상이 언론에 보도되는 것도 좋지 않으니 원자력 관련기관 간담회를 중지하도록 요구하여 간담회는 무산되고 말았다.

설계사업단 분리안

1995년 9월 19일 朴在潤 통상산업부 장관은 원자력연구소의 발전용 원자로 계통설계^{NSSS-SD}사업과 연구개발을 분리한다는 원칙에 합의하고, 통상산업부 에너지정책실장과 과학기술처 원자력정책실장이 만나 다음 3가지 정책안에 대한 세부사항을 협의하기로 했다고 전해주었다.

• 1안 : 연구소의 NSSS-SD사업단을 분리하여 KOPEC에 통합하고 이 회사의 한국전력 지분을 49% 이하로 하며 직원의 처우를 대폭 개선한다.

• 2안 : 연구소의 NSSS-SD사업단을 분리하여 (주)한국중공업 부설 연구기관으로 하되 현재의 위치에서 기기 부품의 설계와 개발도 담당한다.

• 3안 : 연구소 기능을 구분하여 2개의 연구소로 분할한다. 단 추후에 다시 변경할 것을 전제로 하는 안은 수용하지 않는다.

그러나 연구소는 이 3가지 안 모두를 반대했다. NSSS-SD기능을 계속 연구소가 관장해야 할 뿐 아니라 플랜트 수출까지도 원자력연구소가 주도해야 한다는 주장을 되풀이했다. 연구소가 이 같이 업무조정 자체를 정면으로 반대하고 나설 뿐 아니라, 북한의 경수로도 한국전력이 건설하면 한국 표준형 원전 건설은 실패할 것이라면서 원자력연구소가 주도하여 건설해야 한다는 주장을 계속 언론에 퍼뜨렸다.

1995년 11월 9일 밤늦게 과학기술처 장관의 전화가 걸려 왔다. 원자력연구소가 다음날 이사회에서 전격적으로 다음 3건의 특별보고를 하겠다고 하니 이사회를 연기하는 것이 좋겠다는 것이었다. 원자력연구소가 이사회에 보고하려는 내용은 다음과 같았다.

- 정근모 장관이 취임한 후 심혈을 기울여 추진하는 연구소 운영방식의 PBS Project Base System 방식 전환정책을 도입하지 않겠다.
- 핵융합연구를 기초연구소가 중심이 되어 추진한다는 방침 아래 원자력연구소는 이제까지의 KT-2 프로젝트를 중지하도록 하고 있으나 앞으로 이 핵융합연구는 원자력연구소가 계속하겠다.
- 과학기술처가 연구소 업무 중 원자로 계통설계사업 부문을 분리하여 부설기관으로 이관하려고 하는데 이를 수용할 수 없다.

이런 일련의 내용을 보면 원자력연구소가 정부의 지시를 정면으로 거스르면서 북한의 경수로 건설까지 원자력연구소 주도하에 두려고 대언론 로비활동을 하는 것이 확실해졌다. 따라서 장관의 요청대로 그날 이사회는 연기시켰다. 그 후 연기되었던 이사회는 20여일이 지난 11월 30일 원자력연구소에서 개최되었다. 이사회의 일반 의결안건이 끝나자 간사가 원자력연구소 개혁방향에 대한 특별보고를 하겠다고 했다. 나는 이들의 의도를 이미 알고 있던 터라 이사장 직권으로 이 보고를 허락하지 않았다.

구조조정 안 이사회 결의

나는 1995년 12월 7일 과학기술처 장관실에서 원자력위원 임명장을 받았다. 정 장관은 이 자리에서 한국전력 사장으로서 원자력위원으로 선임된 것이 아니라 원자력 정책전문가로서의 위원이란 점을 강조했다. 그러면서 그는 연구소의 원자로 계통설계사업 분리문제를 더 이상 정부에서 조정하기보다는 이사회에서 결정해 달라고 요청하면서 이사장의 결단을 촉구했다. 과학기술처 산하의 22개 연구기관 업무분장 문제를 일일이 장관이 간섭할 수 없으니 원자력연구소 문제는 연구소 이사회에서 다루어 달라는 것이었다. 취지가 옳다는 생각이 들었다. 과학기술처 간부가 이사로 참여하여 의견을 개진할 길이 있으니 이사들의 결의로 기구조직을 개편할 수 있다는 생각이 들었다.

나는 이 지침에 따라 12월 11일 연구소 임시이사회를 소집하고 통상산업부 유창무 과장으로 하여금 연구소업무분장 조정안을 설명하게 했다. 원자로 계통설계사업을 분리하여 KOPEC으로 이관하고, 핵연료의 초기노심 설계와 再裝塡 爐心^{재장전 노심} 설계업무는 KNFC로 이관하며, 방폐장 건설업무는 한국전력으로 이관하는 안이었다. 한국전력이 지금까지 주창한 안을 기초로 하여 통상산업부와 조율한 안이다. 李敎璿 원자력산업회의 부회장이 이 안을 갖고 정부의 합의안을 유도하는 방안을 뒷받침했던 것이다.

과학기술처 측에서 이사로 참여한 김세종 원자력실장이 절충안으로 설계사업의 단계적 분리를 위하여 잠정적으로 연구소 부설기관을 두어 설계사업을 맡길 것을 제의했다. 찬반 의견이 맞섰으나 토론을 거쳐 다수의 의견에 따라 통상산업부가 내놓은 원안대로 구조조정하기로 하고 종결지었다. 다만 소수의견으로 '이사회에서 설계사업을 떼어내어 부설기관화하도록 권고하는 의견이 있었음'이라는 내용을 기록에 남기기로 했다.

12월 11일 이사회에서 한국전력이 당초 제의한 대로 의결된 안은 연구소의 반발 때문에 과학기술처에서 이를 무마하느라 결론내리지 못하고 해를 넘겼다. 그러나 1996년 3월 원자력연구소 이사회가 소장 임기 만료에 따라 후임소장으로 선임된 金聖年 소장은 이사회 안을 수용함으로써 이 문제는 일단락을 짓게 되었다. 리더가 바뀌면 그 조직의 운영에도 변화가 일어나게 마련이다. 신임소장 취임 후 프로젝트 담당에 관심을 가진 일부 연구원의 여론을 잠재우고 원자력연구소가 연구개발 전담조직으로 거듭나려는 새바람이 일기 시작한 것이다. 신임 김 소장은 이사장인 나에게 원자력연구소를 연구중심으로 개편하고 사회에서 존경받는 연구소로 키울 것을 다짐했고, 한국전력도 연구개발비를 적극 지원할 것을 약속했다. 연구소의 사업성업무 이관에 따른 수익결손을 확실하게 보장하는 방편으로 한국전력이 원자력발전량과 연계하는 일정금액을 원자력연구 개발기금으로 출연하기로 했다. 이 기금으로 연구소의 원자력 중장기연구 개발계획이 1997년부터 본격적인 활력을 얻게 되었다.

초기 노심과 재장전 노심 설계업무

원전 계통설계 업무조정 안건은 방사성폐기물 처분사업의 한국전력 이관문제와 함께 원자력위원회 의결을 거쳐야 법적으로 효력을 발생한다. 이 의안을 다룰 원자력위원회 회의가 1996년 6월 25일로 예정되어 있었다. 전날 원자력연구소 일부 직원이 원자로 계통설계NSSS-SD사업 이관에 반발하여 유인물을 작성, 청와대 비서실에 제출하면서 언론사에도 배포했다. 이들이 주장하는 내용의 골자는 원자로 계통설계와 핵연료 초기노심 설계는 따로 떼어낼 수 없는데도 이를 분리하려는 정부 방침은 재검토되어야 한다는 것이었다.

당일 과학기술처 장관은 김성년 연구소장, 김창효 원자력학회장, 이창건 박사, 그리고 나를 불러 이 문제를 협의했다. 이 토론은 오후 늦게까지 격론을 벌였다. 정 장관은 원자로 계통설계와 핵연료 초기노심설계를 분리할 수 없다면 이 업무를 모두 KOPEC으로 보내주고 재장전노심 설계업무만을 분리하여 원전연료(주)로 이관하는 내용으로 조율한 후 회의를 마쳤다.

회사로 돌아왔더니 연구소장의 전화가 걸려왔다. 연구소에 돌아가 상의해 보니 정 장관이 조정한 안은 원안보다도 더 불리하다는 여론이었다는 것이다. 그러니 차라리 이사회 원안대로 원자로 계통설계는 한국전력기술(주)에, 핵연료 설계는 초기노심과 재장전노심설계 모두 원전연료(주)로 이관하도록 원안을 그대로 수용해 달라는 요청이었다. 원자력연구소가 초기노심 설계업무를 핑계로 계통설계 업무이관을 저지하려다가 초기노심설계 업무까지 KOPEC으로 이관될 뻔한 해프닝이었다.

원자력위원회 의결

다음날인 1996년 6월 25일 광화문 정부종합청사 20층 회의실에서 제 245차 원자력위원회가 열렸다. 외부인 출입이 금지되어 있는데도 원자력연구소 측에서 들어와 위원들에게 호소문을 돌리는 등 어수선한 분위기 속에서 회의가 진행되었다.

방사성폐기물 처분장 업무의 한국전력 이관문제는 별 이의 없이 통과되었다. 이어 원자로 계통설계업무 이관문제가 나오자 한 위원이 일부연구소 직원의 주장에 따른 편들기 발언을 시작했다. 그러나 원자력위원회 위원장인 羅雄培 부총리가 회의를 매끄럽게 진행함으로써 원자로 계통설계는 한국전력기술(주)에 이관하고, 핵연료 초기노심 설계와 재장전 노심 설계업무는 원전연료(주)로 이관하되 세부변경사항은 통상산업부가 추후 전문가의 의견을 수렴하여 결정하기로 하면서 원안대로 통과시켰다. 이로써 장기간 논의되어 온 연구소의 구조조정 문제는 매

듭짓게 되었으며, 한국전력은 우리나라 원자력산업을 이끌어가는 주체
로서의 무거운 짐을 지게 되었다.

업무이관 규정 의결

업무이관과 관련된 원자력연구소 규정개정을 위하여 1996년 8월 20
일 대덕에서 이사회를 열고 인사규정과 퇴직금규정에 대한 개정안을
의결했다. 이사회가 끝난 후 나는 연구소 강당에서 계통설계와 핵연료
설계 및 방사성폐기물 관리팀의 실장급 이상 간부 90여 명과 대화를 나
누는 시간을 가졌다. 약 40분간 원자력기술자립의 배경과 과거 연구소
에 설계기술을 전수하도록 한 과정 등을 설명하고, 현재 진행중인 업무
이관의 당위성을 열거하면서 간부들의 협조를 구했다. 이 대화에 앞서
일부 직원들이 현관 앞에서 피켓을 들고 항의성 집회를 열었으나 간부
들의 설득으로 해산했다는 보고를 나중에 받았다.

1996년 12월 16일 연구소 이사회를 열어 오랫동안 끌어오던 원자력
연구소의 업무이관 관련 제반의제를 심의 의결하고 양수도 계약서명식
도 가졌다. 이로서 연구소의 원자로 계통설계업무는 한국전력기술(주)
로, 핵연료 설계업무는 원전연료(주)로, 그리고 방사성폐기물 관리업
무는 한국전력으로 각각 이관되는 것으로 모든 행정업무가 종료되었다.

노조원의 시위와 무마

연구소 구조조정의 대장정이 일단락된 후인 1997년 1월 9일, 대덕에
서 한국전력 환경기술원 개원식과 현판식을 가졌다. 행사가 진행되는
동안 건물 밖에서 노조원들이 집결하여 북을 치며 구호를 연호하는 시
위를 벌였다. 원전연료(주) 직원들로서 원자력연구소에서 이적되어 온
직원과 기존직원 사이에 급여차가 심하니 원전연료회사의 기존직원 급

여도 이적되어오는 직원수준에 맞추어 재조정해 달라는 시위였다.

연구소 간부는 요구내용이 현실성이 없으니 그냥 상경하는 것이 좋겠다고 권유했다. 그러나 나는 연구소 앞 광장으로 나가 그들과 대화를 시도했다. 여러분의 불만이 고르지 못함에 있는 것임을 이해한다고 전제하고, 생산성 향상 없는 처우개선은 회사운영의 부실을 가져오게 되니 우선 생산성 향상에 힘써 달라고 주문했다. 그리고 지금 핵연료공장이 증축중인데 이 공장이 준공되면 생산성 향상이 이루어지게 될 것이고 그때 가면 여러분의 급료도 연구소에서 온 직원과 같은 대우를 받게 될 것이니 조금만 참고 열심히 일하자고 했다. 내 설명이 끝나자 노조위원장이 박수를 유도함으로써 분위기는 금방 뜨거운 환호로 변했다. 이로써 직원들의 동요도 진정되고 연구소 구조조정의 후유증도 종결짓게 되었다. 참으로 어둡고 긴 시간이었다. 캄캄하고 답답했던 긴 터널을 빠져나온 것 같은 그런 기분이었다.

37. 放射性폐기물 처분장 업무 한국전력 이관

원자력발전소가 운영되기 전의 방사성폐기물은 원자력연구소와 의료 산업계 등에서 방사성물질 이용과정 중 배출되는 것과 같은 폐기물이 전부였다. 발생량도 매우 적어 그 당시에는 폐기물 처분장소 문제가 사회적으로 큰 이슈가 되지 않았다. 그러나 1978년 고리원전 준공 이후 사용후 핵연료 등 방사성폐기물의 발생량이 급속히 증가됨으로써 방사성폐기물 처분장放廢場(방폐장)의 입지선정과 안전관리가 큰 사회적 문제로 대두되기 시작했다.

1983년 '방사성폐기물 관리사업 대책위원회'를 구성한 정부는 1984년 10월 13일 원자력위원회를 열어 방사성폐기물의 육지처분 원칙과 소요경비의 발생사업자 부담원칙 등을 의결했다. 그리고 방폐장 시설을 위한 부지선정으로부터 건설까지의 업무는 당연히 원자력발전사업자인 한국전력이 직접 맡아 수행해야 한다는 원칙을 확인했다. 이에 따라 한국전력 입지담당부서에서는 방폐장 건설을 위한 도상검토 결과 경북 영덕군 남정면이 적격지로 판단되어 부지조사를 시행하기 위한 사내 절차작업을 벌이기 시작했다.

방폐장 업무 연구소 관할로

이러한 시기에 한국에너지연구소KAERI 부소장으로서 한국핵연료주식회사KNFC (현재의 한국전력 원자력연료주식회사) 사장을 겸직하던 韓弼淳 박사가 1984년 에너지연구소 소장에 취임했다. 그는 연구소 연구 재원 확보 대책 일환으로 상업용 원전의 기술자립 참여에 강한 의욕을 갖고, 원자로 계통설계 업무를 KAERI가 담당하는 일과 함께 방폐장 업무도 그의 관할하에 있는 KNFC가 맡아 수행할 것을 강력히 희망하며 한국전력이 관할하던 기존정책의 수정을 주장하고 나섰다.

1985년 한국전력 부사장에 취임한 나는 방폐장 업무를 한국전력이 전담하는 것이 正道정도란 생각을 갖고 관계요로를 설득하기 시작했다. 이러한 기피시설을 수용하도록 하기 위해서는 무엇보다 對民대민 설득이 필수적이기 때문이다. 한국전력은 전국적 배전영업망을 통해 전 국민을 상대로 하는 서비스업종이라 국민을 설득하는 데도 상당한 노하우를 지니고 있었다. 지난날 수많은 발전소 부지와 송변전설비의 부지 및 송전선 線下地선하지를 취득하면서 한국전력은 이를 성공적으로 관철한 경험을 지니고 있었다.

그러나 한국전력의 이러한 주장과는 달리 1985년 7월 29일 제 217차 원자력위원회는 방폐장 업무를 KAERI가 전담하도록 하고 기술검토와 관리기준 작성, 비용조달방안 등을 강구토록 했다. 에너지연구소에서 비용조달이 어려워지자 1986년 5월 12일 원자력법을 개정, 방사성폐기물관리기금을 설치하여 정부가 그 기금을 운용토록 했으며, 이 업무 또한 에너지연구소가 전담하도록 변경 지정되었다.

나는 내심 연구소가 과연 이러한 대민업무를 원활하게 수행할 수 있을 것인지가 우려되었다. 연구개발에는 뛰어난 능력을 지니고 있다 하더라도 대민 설득 경험이 없고 工期공기와 예산을 중시해야 하는 대형 토목공사에도 부족한 면이 많을 것 같은 연구소에 이 일을 맡긴다는 것은 아주 잘못된 결정이라는 생각이 줄곧 머리를 떠나지 않았다.

거듭되는 부지선정 실패

1986년 5월 원자력법이 개정되고, 이에 따라 에너지연구소가 방폐장 사업을 본격적으로 시작한 후, 경북 영덕군 남정면이 유력한 후보지로 검토되었던 사실이 노출되면서 반핵단체들이 이곳에 몰려가 주민을 앞세워 집단반발을 일으킴으로써 무산되고 말았다. 정부는 지정방식 또는 공모방식 등 다양한 방법으로 부지선정 작업을 시도했으나 1987년 이후 민주화 소용돌이와 겹쳐 실패를 거듭하게 되었다.

1989년 과학기술처는 다시 태안군 안면도를 방폐장 부지 적격지로 검토하면서 지역개발과 연계하여 이곳에 제 2 원자력연구소도 함께 설치하는 방안을 적극 추진했다. 그러나 이 사실이 1990년 11월 언론에 보도되자 또다시 반핵단체들이 가세하면서 안면도 주민들은 반대투쟁을 넘어 소요사태까지 일으키게 되었다. 따라서 원자력위원회는 결국 1991년 6월 안면도의 제 2 연구소 추진계획을 공식적으로 철회하기에 이르렀다.

굴업도 방폐장 안

안면도의 부지선정이 좌절되자 정부는 1994년 1월 방폐장 주변지역 지원법을 제정하게 되었다. 이 법안에 따라 바다 연안이나 외딴섬에 방폐장을 설치하면 주민의 저항이 적을 것으로 생각하고 가능성 있는 입지를 조사한 결과 1994년 12월 22일 옹진군 덕적도 인근의 굴업도를 그 대상으로 내정했다. 그리고 과학기술처 장관은 이를 시설지구로 지정 고시하기 전에 원자력위원과 사전협의를 위해 1995년 1월 27일 조찬 모임을 열었다. 굴업도 계획을 확정짓기 위한 이 안을 원자력위원회에 상정했을 때 난상토론이 생기지 않게 사전조율을 하기 위하여 만든 자리였다. 이날 모임에는 새로 원자력위원으로 임명된 나를 비롯하여

전 환경처 장관과 이창건 박사, 재경원 정책조정국장, 통상산업부 전력국장 등 관계기관의 주요 인사들이 거의 다 모였다.

과학기술처 장관은 제2 연구소 부지를 굴업도 옆에 있는 덕적도로 결정하려는 구상이었다. 그러나 위원들이 연구원들의 생활불편 등을 들어 반대하자 덕적도에는 굴업도 사업지원을 위한 작은 규모의 연구소를 두어 주민요구에 응하도록 하고 대규모 제2 연구단지는 영흥도에 건설하는 절충안을 채택했다. 이 자리에서 위원들은 중·저준위 폐기물의 처분은 동굴처분 방식으로 하고 용량은 25만 드럼으로 하기로 했으며, 시설은 공사의 편의성 등을 고려하여 설계부서에 맡기기로 했다. 그리고 고준위 폐기물인 사용후 핵연료는 발전소에 저장하자는 안을 제시했으나, 그렇게 되면 원전지역 주민을 자극할 우려가 있을 뿐 아니라 신규원전 입지지정까지 어려워질 가능성이 있어 굴업도로 가져가는 것을 원칙으로 하되 수량과 시기 등은 추후에 결정하기로 했다.

이에 따라 정부는 1995년 2월 27일 덕적도를 방폐장 시설지구로 지정 고시를 했다. 그러나 예상대로 반핵 환경단체와 덕적도 주민들의 강력한 저항에 부딪치게 됨으로써 정부는 다시 진퇴유곡의 입장에 놓이게 되었다.

활성단층 발견

1995년 10월 7일 과학기술처 원자력실장으로부터 전화가 걸려왔다. 방사성폐기물 처분장 부지로 결정되어 그동안 많은 비용을 들여온 서해의 덕적면 굴업도에 활성단층4이 발견되어 부지의 재검토가 불가피

---

4 활성단층(活性斷層) : 과거 35,000년 이내에 지각변동이 있었던 地層의 균열단층을 말한다. 활성단층이 있으면 균열면의 움직임에 따라 땅이 꺼지고 흔들리는 지진이 일어날 개연성이 있다고 본다. 따라서 원전시설이나 방폐장은 활성단층 근처에 건설할 수 없도록 되어 있다.

하게 되었다는 것이다. 자원개발연구소에서 인근 해양의 지질조사를 하던 중 활성단층이 두 가닥이나 발견되었고 1만 년 전에 활동했던 흔적까지 발견됨으로써 방폐장 부지로는 부적격한 것으로 결론이 내려졌다는 것이다.

굴업도 지역은 1995년 1월 논의가 있기에 앞서 한국전력의 내부검토에서도 많은 문제가 나타났던 입지였다. 우선 굴업도에는 공업용수로 쓸 上水源^{상수원}이 전혀 없는 데다 근무직원은 孤島^{고도}의 등대지기처럼 외로운 생활을 할 수 밖에 없어 근무여건도 부적합한 것으로 검토되었다. 그러나 과학기술처의 방침이 이미 정해졌고 또 선정책임이 연구소인 만큼 한국전력으로서는 의견제시 이상 다른 어떤 조치를 취할 수가 없었다. 결과적으로 굴업도의 단층 조기발견은 국가 장래를 위해 다행한 일이라는 생각이 들었다. 1995년 12월 15일 열린 원자력위원회에서 위원들은 굴업도의 활성단층에 대한 원자력연구소^{KAERI}(전 에너지연구소) 채성기 박사의 설명과 연구소의 공식 입장을 청취한 뒤 굴업도의 방폐장 부지지정을 해제토록 결의했다.

방폐장 업무 한국전력 이관

방폐장 부지 선정문제가 논의되는 곳마다 극심한 반대에 부딪치게 되자 1996년 초 김영삼 대통령은 "방사성폐기물 처분장 건설사업은 연구소의 과학자가 담당하기에는 부적합하니 사업경험이 풍부한 한국전력이 전담하는 방안을 검토하라"는 지시를 내렸다.

그동안 특정지역이 일단 방폐장으로 고시되기만 하면 반핵단체들은 즉각 활동을 개시하고 이에 附和雷同^{부화뇌동}한 주민들은 거센 반발을 했다. 그리고 이에 따른 여론에 밀려 방폐장 건설계획은 번번이 취소되는 악순환만 되풀이되었다. 1986년 원자력법개정 이후 10년 동안 동해안 지역, 안면도, 청하, 장안, 굴업도 등을 상대로 부지선정을 시도했으나 허송세월만 한 결과를 초래했으니 대통령이 나설 수밖에 없게 되었던 것이다.

이 방침에 따라 한국전력은 설계업무뿐 아니라 방폐장 관리업무도 이관을 받는 절차에 들어갔다. 교섭능력과 치밀성이 있는 강남지점 李京三 지점장에게 이 인수업무를 겸직으로 맡겼다. 이관업무는 새로 부임한 원자력연구소장의 협조 아래 순조롭게 진행되었다. 통상산업부 장관은 방폐장 사업에 투입될 연구개발기금 규모를 kWh당 1원 20전으로 확정했으며, 연구소가 마련한 토지 6만 5천 평을 한국전력에 무상 이관하고 방폐장 기금으로 건축한 건물 2동은 한국전력이 유상으로 인수하기로 했다.

1996년 6월 25일 광화문 정부종합청사에서 원자력위원회가 개최되었을 때 일부 연구소직원들이 들어와 호소문 연판장을 돌렸으나 주로 원자로 계통설계와 핵연료설계 분할 이관에 관한 의견이었을 뿐 방사성폐기물 처분업무의 한국전력 이관문제는 별다른 이의가 없어 원안대로 가결되었다. 이 결정에 따라 방폐물 관리사업은 공식적으로 통상산업부 주관하에 한국전력이 수행하도록 사업수행 주체가 변경되기에 이르렀다.

이에 따라 한국원자력연구소 내의 원자력환경관리센터 관련업무 및 인력을 한국전력으로 이관하게 됨으로써 1997년 1월 9일 원자력환경기술원 張仁順 원장에게 한국전력 사령장을 수여하고 연구원 11명은 한국전력의 방사성폐기물 관리팀으로 이적시켰다. 그러나 그 뒤에도 부지선정문제는 논의되는 곳마다 반핵단체들이 몰려들어 주민을 선동하는 패턴이 계속됨으로써 순조롭게 진행되지 못했다.

天時逸失의 아쉬움

1998년 9월 지자체를 대상으로 유치공모방식에 의한 부지확보를 추진했으나 이마저 실패했다. 설상가상으로 2001년 4월 전력산업 구조조정으로 원자력업무를 관장하는 한국수력원자력이 한국전력에서 분리됨으로써 판매망 조직의 적극적인 지원도 기대하기 어렵게 되었다.

그렇게 몇 년이 흐른 후 정부는 새로운 방안으로 2003년 2월 산업자원부 장관과 관계부처 장관 공동명의로 최종부지지역 자치단체에 3천억 원 규모의 지원금을 약속하면서 경북 울진 등 4개소를 후보지역으로 발표했다. 이에 더하여 4월에는 국무회의에서 지자체 및 주민대표가 합의하여 시설부지 유치를 신청할 경우 양성자가속기 사업유치에 도움을 주는 것은 물론 한국수력원자력 본사를 이전하는 인센티브를 부여하는 정책까지 발표하기에 이르렀다.

이 정책에 따라 2003년 7월 부안군수와 부안군 의회 의장이 부안군 위도에 방폐장 관리시설 유치신청을 제출했다. 그러나 반핵단체를 위시한 농민회 종교단체 등이 유치반대 조직을 구성, 극렬한 반대로 폭동 사태까지 일으키게 됨으로써 10월 들어 정부는 부안군 위도 방폐장 지정을 백지화하는 결정을 내리게 되었다. 이와 같은 사회적 혼란을 거듭한 끝에 12월에는 다시 방폐장에 고준위 방사성폐기물HLRW은 제외하고 중·저준위 방사성폐기물LLRW만 처분하는 방안을 내놓았다. 부지선정 보완방침으로 주민투표제 도입과 주민의견 수렴절차를 보장한 정책을 수립하여 지지율이 가장 높은 지자체에 우선권을 주기로 한 것이다. 이에 따라 2005년 11월 경주, 군산, 포항, 영덕 등 4개 지역을 대상으로 주민투표를 실시한 결과 경주시가 89.5%의 최다 찬성률을 보임으로써 중·저준위 방폐장 최종후보지로 선정되기에 이르렀다. 참으로 길고 험난한 과정이었다.

지나간 일을 놓고 假定가정하는 것은 부질없는 일이겠지만 만약 1985

년 원자력위원회에서 한국전력의 요청대로 방폐장 건설업무를 발생자인 한국전력으로 하여 건설 운영토록 결정했더라면, 당시는 정부의 중요정책이 강력히 추진되던 시절이라 고준위 방사성폐기물 처분장까지 포함한 방폐장 부지를 결정했을 수도 있었을 것이다. 그렇게 되면 지금 못지않은 과학적 검토를 거쳐 가장 안전한 부지를 선정할 수도 있었을 것이고, 또 그 지역도 실질적 혜택을 누릴 수 있게 되었으리라는 나만의 생각을 해 보면서 쓴웃음을 지었다. 이른바 하늘의 뜻인 天時천시를 놓치게 됨으로써 사회적 경제적 국가적으로 엄청난 갈등과 손실을 끼치면서 반쪽 방폐장 부지를 결정하게 된 것이다. 그리고 앞으로도 고준위 방사성폐기물 처분장을 결정하기 위해 또다시 어떤 어려움을 겪어야 될 것인지 암담한 생각을 떨칠 수 없는 것도 사실이다.

38. 러시아 우라늄 농축공장 인수 논의

소련은 1980년대 말까지만 해도 중국과 더불어 한국의 안보를 위협하는 敵性적성국가였다. 그러나 소비에트연방이 해체되고 세계가 하나의 지구촌으로 가까워지면서 어제의 적이 오늘은 교역대상국으로 바뀌고 있다. 특히 러시아 연해주는 지정학적으로 한반도와 접한 인접지역이고 자원이 풍부하여 자원빈국인 우리나라로서는 결코 관심을 소홀히할 수 없는 중요한 지역이다.

그런 러시아에서 1993년 한국전력에 매우 색다른 제의가 들어왔다. 러시아는 그동안 미국과의 군축협약에 따라 많은 핵무기를 해체했고, 이 과정에서 회수된 고농축 우라늄을 희석시켜 수출하게 되었으니 한국전력이 러시아로부터 우라늄을 구입하기를 바란다는 내용이었다. 누이 좋고 매부 좋은 격이라 한국전력도 약간의 러시아산 저농축 우라늄을 구입하기로 했다. 외화부족에 시달리던 러시아로서는 이러한 상거래를 높이 평가하면서 그들이 보유한 기술을 한국이 더 많이 전수하고 원자력 자재도 구입해 가기를 희망했다. 더욱 중요한 것은 러시아 우라늄 농축공장에 한국전력이 투자할 것을 희망하면서 한국전력 사장을 러시아에 초청까지 해온 것이다.

런던에서 개최된 제21회 우라늄협회 총회에서 필자가 Gold Medal을 수상하고 있다.

우라늄협회 受賞

제21회 우라늄협회Uranium Institute총회가 1995년 9월 8일 런던에서 개최되었다. 우라늄협회는 1975년에 세계 우라늄생산자들이 모여 만든 단체로서 차츰 그 범위를 넓혀 원자력산업 전반으로 범위를 확대했으며, 2001년에는 그 명칭을 World Nuclear AssociationWNA으로 개칭까지 했다. 이 총회는 해마다 세계에서 원자력의 평화적 이용에 가장 크게 기여한 인사에게 Gold Medal을 수상했는데, 1995년에는 나에게 그 영광을 안겨 주었다. 그 후 이 賞상의 권위가 점점 높아져 2003년에는 IAEA의 Hans Blix, Mohamed Elbaradei가 수상했다. 2008년에는 한국의 원자력계 공로를 인정받아 한국수력원자력의 金鍾信 사장을 비롯하여 양명승 원자력연구소원장 등 4명이 공동수상을 하기도 했다. 나는 런던에서의 이 행사를 마치고 러시아로 가는 도중에 터키의 앙카라에 들렀다.

러시아 원자력부 장관

터키에 원전수출 가능성을 타진하기 위해 터키의 몇몇 정부요인들을 만나는 일정을 끝내고 이스탄불 공항을 경유하여 1995년 9월 12일 모스크바에 도착했다.

러시아 원자력부 장관은 출타 중이어서 차관과 면담했다. 그는 한국전력이 최초로 러시아와 농축우라늄 구입계약을 체결한 데 대하여 만족해하면서, 한 걸음 더 나아가 그들의 우라늄 농축공장에 한국전력이 출자해 줄 것을 제의했다. 그러나 나는 이 문제가 국제적으로 매우 민감한 사항이어서 귀국 후 정부와 상의해 연락하겠다고 했다.

그 밖에도 그들은 자기들이 개발한 새 지르칼로이 핵연료 被覆管^{피복}관은 원자로에서 6년간 사용해도 견딜 수 있는 제품이라면서 한국의 핵연료 가공에 이 신소재를 채택해 주기를 희망했다. 또 그들이 보유한 사용후 핵연료 저장설비에 한국의 사용후 핵연료를 저장하는 내용의 계약도 희망했다. 러시아에서 재처리까지 하면 블라디보스토크에서 한국으로 직접 수송하게 되므로 핵물질 운송루트로 인한 국제분쟁을 야기하지 않아 좋을 것이라는 의견도 제시했다.

만찬에는 러시아 외무부 파노브^{Panov} 차관과 극동문제연구소장, 그 밖에 원자력 관계자들이 참석했다. 이 자리에서 나는 한국전력의 러시아 자원수입 전망을 설명하고, 현재 한국전력은 KEDO의 북한 경수로 건설 주계약자로 참가하고 있는데 러시아가 KEDO에 참여하게 되면 러시아의 자원수출에도 크게 도움이 될 것이라고 권고했다. 러시아 외무부 차관은 관심을 나타내면서 이번 러시아 총리가 한국을 방문할 때 이 문제를 꼭 논의하도록 건의하겠다고 말했다.

다음날 주 러시아 金奭圭 대사와 오찬을 같이하면서 러시아 원자력부와 외무부 차관을 만난 내용을 설명했다. 그는 가을에 방한하는 러시아 체르노미르딘^{Viktor Chernomyrdin} 총리는 매우 실력 있는 인물로서 장차 옐친 대통령의 뒤를 이을지도 모르는 중요한 인물이라고 설명했다. 러시아 정부의 원자력부는 그들의 우라늄 농축공장에 한국전력이 투자해 줄 것을 권유하면서 이르크스크Irksk에 있는 농축공장 내부시설까지 안내했다.

러시아 농축공장 시찰

그날 우리 일행은 오후 늦게 이르쿠츠크로 가기 위해 러시아의 한 국내선 공항에 도착했다. 공항의 건물과 시설들은 헐고 낡았으며 관리 또한 허술하기 짝이 없었다. 천정 한쪽이 내려앉아 있고, 깨어진 창유리에는 천막으로 임시가리개를 했으며 청소상태도 엉망이었다. 개인수하물은 비행기에 싣고 내리는 과정에서 분실할 우려가 있어 탁송에 앞서 테이프로 꽁꽁 묶어야 했고, 이 짐을 비행기 탑승대 아래에 줄지어 늘어놓고 탑승객이 자기 짐임을 일일이 다시 확인해야만 했다. 정말 이 나라가 세계적 강국이었는지 의심스러울 정도의 그런 상황들이 계속되었다.

1995년 9월 15일 이른 새벽 농축공장을 가기 위해 이르쿠츠크 공항을 거쳐 자동차로 한 시간 이상 걸리는 앙가르스크Angarsk에 도착했다. 그러나 날이 밝아지기까지에는 많은 시간이 남아 있어 우리 일행은 영빈관 침실로 안내되어 휴식을 취하게 되었다. 방안의 내장은 조잡하고 침구류도 남루하기 그지없었다. 세탁해서 걸어놓은 타월은 닳고 닳아 구멍이 나 있었다. 잠시 눈을 붙이고 나서 우라늄 농축공장을 방문했다. 농축공장 입구에는 여자 경비원이 솜을 누벼 만든 남루한 외투를 입고 서 있었는데 흐트러진 머리 위에 얹혀있는 방한모가 어설프고 얼굴 또한 맥이 빠져있는 모습이어서 처량해 보이기까지 했다.

우리는 먼저 가장 핵심설비인 우라늄 동위원소 원심분리장치로 안내되었다. 수천 개의 원심분리기 회전 실린더가 돌고 있었으나 미국식보다 길이가 짧아보였다. 공장 설비를 구석구석 안내받았으나 가는 곳마다 관리가 안 되어 있고 유지보수도 제때에 하지 않은 모습이어서 한국이 투자하기에는 너무나 시설이 부실해 보였다.

바이칼 호반의 만찬

오후에는 바이칼Baikal 호반에서 베풀어지는 초대연에 참석했다. 미리 대기시켜 놓은 전용선을 타고 쪽빛 바이칼호를 가로질러 한 시간 정도를 항해했다. 이 바이칼호는 包藏水量^{포장수량}이 세계에서 가장 많고 청정하기로 으뜸이라고 했다. 地層^{지층}균열로 형성된 호수여서 선착장 바로 아래의 깊이는 1천 m 이상 되어 면적에 비해 월등히 많은 수량을 포장하고 있다고 했다. 주변의 높은 산에서 유입되는 개울 같은 하천이 2천여 개나 되는데 나가는 강은 앙카라강 하나뿐이란다. 가파른 산이 병풍처럼 호수를 둘러싸고 있고 딱 한곳에 평지와 백사장이 있었는데 이곳에 만찬을 여는 연회장이 있었다.

호반에는 배 한 척이 미리 와 정박해 있었다. 노천에는 木爐^{목로주점}처럼 長卓^{장탁}과 스툴을 놓아 야외 연회장을 임시로 마련했다. 조리사와 요원들이 바이칼 호수에서만 잡힌다는 물고기를 즉석에서 요리했다. 수행원들을 위해 따로 준비된 음식상에서는 우리들보다 더 즐겁고 푸짐한 술판이 벌어진 듯 웃음소리가 계속 이어졌다. 호수 위에 어둠이 덮일 무렵 나는 그들과 헤어져 바이칼호텔에 여장을 풀었다. 이 호텔은 옐친 대통령도 묵고 간 일류호텔이라고 자랑하는데 침대는 어찌나 좁은지 돌아눕기에도 불편할 정도였다.

러시아의 농축공장 투자 제의

귀국 후 1995년 9월 19일 박재윤 통상산업부 장관과 한이헌 경제수석을 방문하여 러시아에서 외무부 차관과 원자력 장관, 그리고 극동문제연구소장 등과 나눈 대화내용을 전했다. 특히 외무부 차관에게 러시아의 KEDO 가입을 요청했더니 이번 러시아 총리의 한국 방문 때 이 문제를 거론하도록 건의하겠다는 언질이 있었음을 전했다. 또 러시아 원자력부가 우라늄 농축공장에 한국의 투자를 희망했다는 사실을 전하면서, 이는 국가안보와 관련된 사항이라 러시아 총리 방한 시 거론할 것에 대비하여 사전에 한국전력의 입장을 정리해 두겠다는 점도 보고했다. 설비는 보잘것없어 투자에 대한 매력은 없지만 한국이 농축설비에 투자한다면 국내에 농축설비를 가지지 않고도 농축기술을 보유하게 되는 기회가 될 수 있고 원자력산업의 국제적 위상도 크게 높아질 것이라는 의견도 덧붙여 보고했다.

또 러시아는 그들이 갖고 있는 사용후 핵연료의 저장시설을 한국에 빌려주어 장기간 저장할 수 있다는 것과, 재처리할 경우 플루토늄 연료를 한국에 수송하는 데도 남의 나라를 거치지 않으니 좋을 것이라는 말들이 있었음을 함께 전했다. 오후에는 한승수 비서실장을 만나 같은 내용을 보고했다. 한 실장은 민감한 반응을 보이면서 만약 미국이 이런 사실을 알게 되면 크게 문제 삼을 수도 있는 만큼 대외비로 할 것을 강조하면서 그 내용을 대통령에게 보고하겠다고 말했다. 주미대사를 지낸 한 실장은 미국이 핵문제에 얼마나 민감한지 익히 알고 있어 미리 이에 대비하는 듯 했다.

우라늄 농축공장 투자문제 또한 안보상 중요한 정보여서 1995년 9월 21일 權寧海 안전기획부장을 방문하여 러시아의 제의내용을 보고했다. 권 부장은 러시아가 제안한 농축공장 합작제의를 매우 긍정적으로 받아들였다. 한승수 비서실장의 견해와는 달리 우리도 이제는 미국에 대하여 할 말은 해야 한다며 정부차원에서 검토하여 러시아 총리 방한 시 논의하겠다고 했다. 또 사용후 핵연료의 저장과 재처리문제에 대해서도 긍정적인 반응을 보였다. 특히 한국전력이 러시아로부터 석탄과 가스, 그리고 농축우라늄 구입 등 자원교역에 대하여 관심을 표명했고, 러시아 외교부 차관에게 KEDO 가입을 권하여 긍정적 답변을 얻어냈다고 전했더니 매우 잘한 처사라며 기뻐했다.

러시아 총리 방한

1995년 9월 28일 러시아 총리의 공식 방한을 환영하는 청와대 만찬에 초청되어 참석했다. 이 만찬에는 극히 제한된 70명 정도의 인사가 참석하였고 경제인 중에는 러시아와 관계가 있는 몇몇 인사만 초청되었다. 이 자리에 한국전력 사장이 초청된 것은 지난번 러시아 방문결과에 따라 한국전력이 러시아 경제 외교에 한몫을 하고 있음을 외무부가 인정한 것으로 생각되었다. 러시아 파노브 외무차관을 리셉션에서 만났더니 그가 나를 이 만찬에 초대하도록 외무부에 요구했다고 했다. 파노브 차관이 주한 러시아 대사에게 나를 소개하자 곧바로 KEDO 일을 주도하는 KEPCO 사장이냐며 반색을 했다.

그 뒤 러시아 총리의 방문을 계기로 한·러 간 여러 현안문제가 논의되었으나 러시아 우라늄농축공장에 대한 투자문제는 국제적으로 민감한 사항이어서 결국 성사되지 못했고, 러시아의 KEDO 참여문제도 실현되지 못했다.

는 KW 당 약 2,000弗 인데 추가 제5호기만의 建設 때문에 당초예정 그대로 보다 계속 늘어나서 4000 弗 근방은 목표로 하고 있다고 한다.

제5부

電力事業 海外에서 活路 찾자

이미 水路나 Tunnel 이 完成 되어 있는 故로 水를 供給하는 ICE가 송금하고 ... 그쪽은 끝냈다는 의견 제시가 있었다. 아나램에 매력이 있는것은 가까운 시일에 ... 이럴수 있고 Tunnel 공사를 이미 끝나있기 ... 그런대로 매력이 있다.

② 또하나의 proj는 Pirris 발전을 민데 이미 ... 을 상당히 해다의 財源 ... 진행을 일때 용량은 127 MW 으로 2003年 ... 목표로 추진중이다. 金大使의 ... 에 의하면 지난번 본다. 橋本 ... 目이 ... 이 水力 完工 財源은 ... 라고 한다.

日本이 ... 한 ... 의 이 Proj ... 는 이유을 ...

③ 2006년에 ... Guayabo 水力은 용량은 최소 234 MW 인데 차후은 ... 있어서 한건의 Greenfield proj 를 하여 ... 가능성이 있는 project이나 ... 는 大統領 ...에 이 proj 는 곧이 2006年 까지 ... 아니라 可能해도 발주 추진 할수도 있다는 의견으로 제시 하였더니 Figueres 대통령은 ... 의 ... 橋 없는 사람을 찾는것은 無理라고 한다.

나는 이음에도 Costa Rica 政府가 원하면 당국의 資金을 ... 별도검토 ... 投入하면 나머지는 proj. financing

筑巢引凤 电力先行

——访韩国电力公社社长李宗勋

本报记者 徐宝康

"韩国电力充足，畅达各个角落"。日前记者采访韩国电力公社时，社长李宗勋这样表示。

韩国自60年代实行"超常规加速发展电力"以来，30多年间平均每年以2.2倍的速度高速增长，名副其实地成为国民经济先行工业和"火车头"。

韩国电力工业较发达。目前，年人均发电量为2910度，全国总装机容量是2700万千瓦，是1961年的66倍，去年发电量为103.63亿度。自70年代核电异军突起，目前已建成9座核电站，发电量占总发电量的43.2%，成为电力工业的主力军。

"韩国电力之所以能高速发展，首先归功于办电机制的不断转变。"李宗勋社长自豪地讲起办电历史。1961年前，韩国电力由于分散经营，投资不足，基建规模太小，总装机容量只有36.7万千瓦，严重阻碍了经济的发展。60年代初，韩国电力企业实行大联合，成立了股份公司，政府大力扶植，其中政府的股份占21%，股份制企业投入运营后，电力发展走上了一个新台阶，70年代初总装机容量达177.6万千瓦。80年代初，随着核电能力的增加，政府决定把股份制转换成民营化的公社体制，并把政府的股份全部售给国民。这一体制的最大特点，是政府在经营上彻底与企业脱钩，让由政府扶植发展起来的企业在市场经济的大潮中自我滚动。经营机制的转换，给企业带来了巨大活力。目前，设备利用率已达64.9%，高出日本6.2个百分点，尤其是核电利用率高达84.4%，超过法国、日本等国。

办电需要巨额资金，尤其是核电。资金从何而来？李宗勋社长快人快语："我们的办法是筑巢引凤"。"所谓筑巢引凤，就是借债办核电，确保还本付息。建立信誉，赢得债主信赖，金凤凰自会飞来"。1978年4月，韩国从国外借贷4亿美元，并引进技术，建起了第一座核电站。能否按合同履行还本付息，成为对筑巢引凤是否成功的严峻考验。经过电力行业的努力和政府的支持，不仅保证了合同的圆满履行，而且还得到了第二笔贷款，成功地打响了第一炮。从此以后，他们又先后实现了核电原料的自给以及核电设备90%以上的国产化，为进一步发展核电奠定了基础。不久前，在国际原子能机构和平利用原子能的一次会议上，韩国的核电利用率和安全性得到公认，并再次得到14.5亿美元的贷款，以发展核电。

谈起今后的发展规划，李社长说，今后10年韩国电力的需要将以每年7%的速度增长，2006年的装机容量将扩大到目前的2倍，办法仍是筑巢引凤，主要发展核电。

采访中，李宗勋社长十分关注中国的电力发展。他希望在核电方面加强同中国的交流与合作。他说，中国的核电潜力巨大，韩国在经营管理上有过许多经验教训，双方的交流与合作有助于推进两国经济的繁荣和发展。

（本报汉城电）

韩国通讯

39. 필리핀 말라야화력 복구사업

1990년대 전력사업의 세계 조류를 되돌아보면 세계경제의 개방화로
에너지와 서비스분야가 개방하게 되자 많은 나라들이 자기 나라 전력
수요의 성장한계를 극복하기 위해 해외시장 진출을 활발하게 추진하기
시작한 것으로 집약할 수 있다. 그 중 개발도상국은 외자유치의 일환으
로 자국의 전력시장을 개방하고 외국업체가 발전소를 건설 운영하여
투자비를 회수한 후 소유권과 운영권을 넘겨받는 BOT 방식이나
BOO[1] 또는 합작방식JVC [2]으로 전력사업을 추진하는 것이 주류를 이루
고 있었다.

1990년 한국전력기술KOPEC 사장에 취임한 나는 곧바로 해외사업처를
발족시키고 전력기술의 해외진출 사업에 박차를 가했다. 그러나
'KOPEC'이란 회사의 지명도가 낮아 뚜렷한 성과를 거두지는 못했다.
한국전력의 'KEPCO'란 브랜드를 가지고 해외에 진출한다면 반드시 성
공할 수 있다는 신념만을 키우는 계기가 되었다. 비록 한국전력이 해외

---

1 BOO(*Built Own and Operate*) : 발전소 투자유치를 함에 있어 발전소 건설 후
  투자자가 소유권을 갖고 수명기간 운영하는 투자방식.
2 JVC(*Joint Venture Company*) : 투자 유치국 회사와 투자자가 합의된 비율에 따
  라 공동으로 출자하여 산업체를 건설하고 영위하는 방식.

전력사업을 통하여 큰 이득을 내지 못하더라도 한국전력이 해외전력사업에 진출하면 부수적으로 국내 관련 산업체들의 수출실적에 많은 도움을 줄 것이고, 나아가서는 이들 산업체의 해외진출에도 도움을 주어 國富^{국부} 신장으로도 연결될 수 있다고 생각했다.

세계화에 따른 위험 감수

나는 한국전력 사장으로 취임하면서 몇 가지 새로운 사업을 시도했다. 그 중 가장 괄목할 만한 성과를 거둘 수 있고, 또 미래에도 한국전력의 기업확장에 크게 도움을 줄 것으로 전망되는 사업이 전력사업의 해외진출이었다. 한국의 전력사업도 머지않아 성장한계에 부딪치게 될 것이 확실한 만큼 세계 전력시장의 변화에 적극적으로 대응하겠다는 생각을 하게 된 것이다. 특히 한국이 WTO와 OECD에 가입함에 따라 전력사업과 통신사업도 개방이 불가피할 것이고, 이에 따라 세계적 기업과도 국내에서 경쟁할 날이 멀지 않을 것이라고 생각했기에 그 생각은 더욱 굳어졌다.

한국전력은 기본적으로 국내에서 가정과 산업계에 값싸고 품질 좋은 전력을 불편 없이 풍부하게 공급하는 일이 일차적 사명이다. 따라서 소관사항이 아닌 해외사업을 추진하는 것은 그에 따른 위험부담이 큰 반면 해외사업을 하지 않는다고 해서 비판받을 일은 전혀 없는 성격의 일이었다. 즉 잘해도 잘했다는 칭찬을 기대하지 못하는 반면, 손실이 발생하면 비난의 표적이 될 수 있는 그런 사업이었다.

따라서 이런 위험부담이 있는 사업은 공기업의 CEO만이 용기를 내서 할 수 있는 정책사항으로서 참모들로서는 건의하기도 어려운 일이다. 나는 한국전력의 전력사업 능력이 세계 어디에 내놓아도 경쟁력이 있다는 확신을 늘 가지고 있었기에 해외사업을 통해 우리의 능력을 실증하여 보고 또 부족한 점은 배양해야 한다는 대의명분을 갖고 큰 두려움 없이 일을 추진할 수 있었다.

한국전력의 기술수준과 Brand Power

우리나라는 1960년대와 1970년대에 해외차관에 의한 전력사업이 불가피함에 따라 세계 여러 나라와 여러 가지 형식의 화력발전소를 건설한 경험을 갖고 있었다. 따라서 한국전력은 세계 각국의 다양한 화력발전기술을 받아들임에 따라 지난 30여 년 동안 양적 질적 면에서 크게 성장할 수 있었다.

특히 1980년대에 와서 시행한 원자력발전소의 기술자립 계획과 표준화사업은 1000MW급 표준 노형을 우리 기술로 설계 건설하는 성과를 거두게 되었다. 그리고 화력발전소도 한국 표준형 석탄화력발전소인 500MW급 설계기술을 도입하고 이를 자체적으로 개발함으로써 보령화력 3, 4호기를 시작으로 약 20여기를 복제로 건설할 계획을 추진했다.

이를 통해 한국전력은 건설 공사비를 획기적으로 절감했고 열효율과 이용률 면에서도 뛰어난 실적을 올리게 되었다. 이와 같은 한국전력의 경험기술과 대외 信認度신인도를 바탕으로 이를 상품화하여 해외에 진출하면 회사의 경영효율도 증대시키고 직원들의 세계화 의식제고와 국제 경쟁력 배양에도 크게 기여할 것으로 생각했다.

해외전력사업은 고부가가치를 창출하는 종합플랜트사업이다. 한국전력 자체의 수익창출은 물론 높은 신인도를 활용하여 국내 기자재 제조업체, 엔지니어링 업체, 플랜트 건설업체, 그리고 운영보수업체들과 동반진출함으로써 一石多鳥일석다조의 효과를 거둘 수 있을 것으로 기대했다.

우선 중국 등 동남아시아 전력기관들과 국제협력 협정을 체결하여 협력교류 활동을 증대하기로 마음먹었다. 투자사업의 재원조달은 한국전력에 부담을 주지 않는 사업금융방식PF 3으로 조달하기로 했다.

---

3 PF(*Project Financing*) : 해외 투자를 함에 있어 투자사업회사의 재정 위험을 피하기 위하여 투자금융기관으로부터 프로젝트의 건전성과 수익성을 담보로 차입하는 방식. 해외의 유수 투자은행으로부터 프로젝트의 수익성에 대한 철저한

또 한편으로는 전력그룹사간의 역량결집을 위해 전력그룹협력회 산하에 해외사업분과위원회를 신설하여 상호협력체제도 구축했다. 이러한 노력의 결과 한국전력은 필리핀 말라야^{Malaya}화력발전소의 성능복구 및 운영사업과 세계 최대 규모의 BOT사업인 필리핀 일리한^{Ilijan}가스복합화력 발전사업을 국제입찰을 통하여 당당하게 수주하는 실적을 거두게 되었다.

필리핀 바탄 원자력발전소

나는 1977년 6월 19일 고리원전 1호기의 역사적인 初臨界^{초임계}를 마치고 본사로 전임되어 고리원전 2호기의 프로젝트매니저^{PM}에 임명되었다. 웨스팅하우스사는 원래 원자로 계통설비를 제조 공급하는 기업이지만 원자력발전소를 플랜트 단위로 공급하기 위해 자체적으로 EPC4를 담당할 기구로서 PSPD5를 설치하여 운영했다. 이 조직은 같은 건물에서 고리원전 2호기와 필리핀의 바탄^{Batan}원전 1호기를 함께 설계하며 프로젝트를 책임지고 있었다.

이 두 원전설비의 설계는 매우 비슷했고, 따라서 PM들은 서로 경쟁적으로 사업을 추진했다. 필리핀 바탄원전은 고리원전 2호기와 공정진도도 비슷하여 출장 갈 때마다 나는 필리핀의 프로젝트에 많은 관심을 가지고 있었다.

고리원전 2호기 사업은 1983년 계획대로 차질 없이 준공했다. 그러나 바탄원전은 공기가 지연되어 1986년 건설이 완료되고 핵연료를 장전하려는 단계에서 국내 政變^{정변}으로 마르코스 대통령이 실각함에 따라 원전 시운전이 중단되고 말았다. 마르코스가 웨스팅하우스사로부터

검증을 받게 되므로 투자의 안전성이 보장되는 이점이 있다.
4 EPC(*Engineering, Procurement, Construction*) : 설계 구매 시공.
5 PSPD: Power System Project Division

많은 뇌물을 받았다는 주장이 시민을 분노하게 했고, 결국 이 사업은 오늘날까지 중도폐기된 상태에서 장기보존 형태로 유지되고 있다.

이렇듯이 필리핀의 바탄원전 프로젝트는 나와 특별한 인연이 있는 사업이었다. 어차피 웨스팅하우스사가 다시 이 사업을 계속하기에는 정치적으로 부담이 될 것이므로, 이 발전소를 복구하여 운영하려면 이 발전소를 속속들이 잘 아는 한국전력밖에 없다는 확신을 가지고 있었다. 나는 이 사업을 한국전력이 맡아 준공하면 양국에 모두 크게 도움이 되리라는 생각으로 KOPEC 사장 재임 시 몇 차례 필리핀을 방문하기도 했었다.

필리핀 정치권과의 접촉

1993년 5월 한국전력 사장으로 첫 인사를 단행하면서 그동안 구상하던 해외사업추진 팀을 발족하고 기술연구원장을 역임한 南廷一 처장을 팀장으로 발령했다. 그러면서 해외사업 수주에 특별한 재능을 가진 것으로 보이는 咸喜公을 1직급으로 승격시켜 필리핀 사업개발을 담당토록 조치했다. 함 처장에게 주어진 첫 미션은 필리핀의 바탄원전을 복구하게끔 필리핀 정부를 설득하고, 한국전력이 이 사업을 수주하도록 하는 일이었다.

함 처장과 부장들에게 곧 필리핀에 가서 영업활동을 하도록 조치했다. 그때 동행하였던 담당 李鍾弼 부장의 보고에 의하면 필리핀 정부 요인들과 만나게 된 경위는 매우 극적이었다고 했다. 이곳에 도착한 한국전력 해외사업개발팀은 마닐라 최고급호텔에 숙소를 정하여 한국전력의 위상이 돋보이도록 노력했다. 마침 이 호텔에서 대통령이 참석하는 행사가 있음을 알고 함 처장은 이날 주최 측과 교섭하여 만찬장에 참석, 몇 명의 수행비서들을 사귀었다. 그리고 이 비서들을 통하여 필리핀 하원의장인 베네시아Venecia 씨를 비롯, 에너지 장관과 국영전력회사 사장들과의 만남의 길을 열게 되었다.

이러한 노력으로 라모스Ramos 대통령의 최측근인 펜손Penson 박사를 내한토록 하여 한국의 원전을 돌아보게 한 후 라모스 대통령에게 원전의 중요성을 전하게 했다. 이어서 필리핀의 실업가이면서 정치력도 있는 컨셉션Raul Conception 씨도 초청하여 고리원전과 한국중공업을 시찰토록 함으로써 확실한 우리 편으로 만들었다.

그 뒤 한국전력을 방문하였던 컨셉션 씨가 정치력을 발휘하여 국제 발전기술 심포지엄Power-Tech. Symposium을 마닐라에서 개최하게 됨에 따라 한국의 발전기술을 필리핀의 정치권에 소개하는 기회를 마련할 수 있었다. 그리고 이를 계기로 라모스 대통령과 한국전력 사장의 접견 기회도 마련됨으로써 나는 1993년 10월 24일 마닐라를 향해 떠났다. 발전 기술 심포지엄의 주빈으로는 정치적 영향력이 막강하다는 상원 에너지 위원회의 알바레즈Albarez 위원장이 초대되었다. 회의장 옆에는 각국의 전시실이 마련되었고 한국전력 부스에는 한국전력의 원전 운영실적과 전원개발사업의 발전상 등을 알리는 홍보물이 전시되었다.

바탄 原電 再開 설득 노력

나는 컨셉션 씨의 주선으로 유력신문의 기자들과 즉석 기자회견을 가졌다. 나는 이 자리에서 필리핀 정부가 부족한 전력공급 충당을 위해 바탄원전의 화력전환을 검토하고 있다는 사실을 알고 필리핀 정부의 이 계획이 얼마나 낭비적이며 국가적 손실인지를 기자들에게 계수를 들어 설명했다. 이 원전사업에는 21억 달러가 이미 투자된 작품인데 화력전환시 쓸 수 있는 것은 터빈 발전기뿐으로 그 값은 2억 달러 미만에 그칠 것이라고 지적했다. 또 원전의 1차 계통은 해외에 매각한다는데 그 기기들은 서로 용접된 것이어서 뜯어내면 고철이나 다름없으며 그런 상거래가 성공한 사례도 없다고 강조했다.

이날 오후에 라모스 대통령은 각국 대표들을 말라카냥궁으로 초청했다. 각국 인사들이 함께한 자리여서 접견이 끝난 뒤 대통령과 독대할 시간을 갖고자 희망했으나 의전상 기회를 갖지 못했다. 안타까움을 금할 수 없었다. 저녁에 컨셉션 씨 私邸^{사저}에서 열린 만찬에는 이 나라 에너지 관련 지도자급 인사 16명이 참석했다. 이들의 관심은 대단하여 질문들이 쉼 없이 쏟아졌다. 3시간 반에 걸쳐 원전의 필요성과 안전성을 설명하고 한국 표준형 원전의 우수성도 자랑할 수 있는 뜻있는 자리가 되었다.

10월 26일 귀국하는 기내에서 현지 조간신문을 펼쳐보니 전날 있었던 기자회견 내용이 큰 제목으로 상세히 보도되었다. 나는 내심 한국 전력기술의 필리핀 상륙을 위한 1차 포석은 성공리에 끝낼 수 있었다고 자위하면서 잠시 눈을 감았다.

그 뒤 두 달 가까이 지난 1993년 12월에 필리핀 에스트라다^{Joseph Estrada} 부통령이 내한했다. 나는 부통령 방한에 앞서 주한 필리핀대사관으로 베네딕토^{Benedicto} 대사를 찾아가 이번 부통령 방문기간에 고리원전을 시찰토록 요망했다. 또 우리 외무부 차관을 찾아가서도 고리를 방문토록 일정조정을 부탁했다. 그러나 의전상 고리 방문은 어렵고, 특별배려로 한국전력을 방문하도록 일정을 조정받았다.

1993년 12월 16일 에스트라다 부통령이 한국전력을 방문했다. 이때 나는 부통령에게 고리원전 2호기와 바탄원전과의 관계를 설명하고, 전력부족문제 해결에 바탄원전 신속복구 준공이 가장 확실한 해법이라면서 정치적 결단을 요망했고 그도 큰 관심을 나타냈다.

바탄원전 재추진 건은 웨스팅하우스사의 뇌물수수 문제가 끊임없이 정치 이슈화되어 사업추진은 쉽게 열리지 않았다. 그러나 이러한 나의 집념이 필리핀에서 원자력발전소 복구사업 재개에는 성공하지 못했지만 부차적으로 한국전력이 필리핀에서 전력사업을 시작하는 계기가 되었다. 짧은 기간에 구축된 인맥을 통하여 필리핀전력회사^{NPC: National}

필리핀 에스트라다 부통령이 한국전력을 방문하여 필자와 함께
필리핀에서 건설이 중단된 바탄원자력발전소 복구준공에 대해 의견을 나누었다.

Power Corporation의 국제입찰 공고내용을 알아내 신속히 대응을 함으로써
두 개의 화력발전사업을 수주할 수 있었던 것이다.

말라야발전소 복구

필리핀에 어느 정도 한국전력의 이미지를 심는 데 성공했다고 생각
될 즈음인 1994년 4월 NPC가 소유한 말라야^{Malaya}화력발전소의 성능복
구 및 운영사업의 업체선정을 위한 국제입찰이 공고되었다는 정보를
입수했다. 1979년 마닐라 동남쪽 60km 지점에 준공된 이 발전소 시설
용량은 각각 300MW, 350MW 2기의 총 650MW이다. 이 발전소는 10여 년
밖에 운전하지 않았음에도 제대로 유지보수를 하지 않아 시설이 노후
하여 반 운휴상태로 있었다. 국제입찰에 붙여진 이 사업은 발전소를 인
수, 3년 동안 성능복구공사를 시행하고 1995년부터 2010년까지 15년
간 NPC로부터 연료를 공급받아 전력을 생산공급하는 사업이었다. 총

투자비는 2억4,250만 달러이고 사업기간 중 예상되는 수입액은 7억 8천만 달러가 되는 프로젝트였다.

발전직군의 엘리트를 현지에 파견하여 설비에 대한 실사와 복구에 소요될 비용 등을 견적하도록 했다. 이들의 귀국보고에 의하면 말라야 발전소 2호기는 우리나라에 이미 건설 운영중인 평택화력 1호기의 보일러 및 터빈발전기의 사양과 용량이 매우 흡사하다는 것이었다. 1960~1970년대에 한국전력은 발전소 건설재원 조달이 어려워 공급자 신용으로 차관을 조달했었다. 세계의 여러 나라 발전소를 도입할 수밖에 없는 실정이어서 미국, 일본, 독일, 프랑스, 이탈리아 등 여러 나라의 발전설비를 도입하여 건설하게 되자 한국이 세계 발전소의 전시장이라는 빈정대는 소리까지 듣게 되었었다.

그러나 이러한 여러 나라 경험이 오늘날의 해외사업 진출에는 긍정적으로 작용하여 정비보수 계획을 수립하는 데 크게 기여하게 된 것은 하나의 아이러니였다. 한국전력은 어느 경쟁회사보다도 발전소 사양을 정확히 알고 있는 만큼 정확한 복구예산과 운영에 대한 전망을 할 수 있었던 것이다.

마침내 1995년 1월 9일, 입찰결과 한국전력이 최저 낙찰자로 결정되었다는 낭보가 들어왔다. 2위인 메랄코^{Meralco}사와의 낙찰차액은 겨우 0.003%라는 아주 근소한 차이였다. 한국전력이 해외사업을 추진한 이후 첫 번째로 성공한 규모 큰 사업이었다.

나는 여기서 필리핀 말라야사업이나 일리한사업의 입찰에서 극적으로 사업을 따내기까지 咸喜公의 역할이 매우 컸다는 사실을 기록하지 않을 수 없다. 앞에서 다루었듯이 나는 그를 1직급으로 발탁하여 필리핀 사업 수주활동에 많은 권한을 위임함으로써 그가 소신껏 활동을 할 수 있었기에 사업수주에 성공했을 것으로 생각한다. 말라야사업 수주시에 본사 내정가격으로는 어렵다는 점을 예견하여 적정수준을 삭감, 입찰함으로써 성공한 사례라든가, 일리한사업의 첫 평가가 무산되고

필리핀 라모스 대통령 임석하에 필리핀 전력회사 델가도 사장과 필자가
말라야화력발전소 복구운영계약 서명행사를 가졌다.

재입찰을 하게 되었다는 정보, 부가가치세와 보험금 부담문제, 총괄보
증 및 부분보증조건의 제시 등 중요 내용들이 모두 현지의 정보수집과
밀접한 관련이 있는 것들이었다. 함희공은 필리핀에서 구축한 여러 인
맥을 통하여 정보를 신속히 입수하여 입찰에 반영함으로써 이 같은 성
과를 이룩할 수 있었다고 생각한다.

　이 사업의 수주가 확실해짐에 따라 사업을 수행할 현지법인과 현지
법인에 출자할 域外持株會社^{역외지주회사·Holding Company} 설립을 추진했다.
1995년 6월 8일 한국전력 사상 처음으로 홍콩에 설립된 이 회사는 모
기업인 한국전력을 위험으로부터 보호하고, 업무의 간소화 및 세금부
담 경감추진 등을 목적으로 하여 출발한 회사였다.

대통령 임석하에 계약 서명

말라야화력발전소의 복구 및 운영계약과 필리핀전력공사NPC와의 기술교류협정 체결서명식 행사는 5월 17일 말라카냥 대통령궁에서 거행되었다. 1995년 5월 16일 나는 이 계약체결을 위해 마닐라 출장길에 올랐다. 1993일 10월 마닐라에서 있었던 발전기술 컨퍼런스 이후 1년 반 만의 방문이었다. 저녁에는 만다린호텔에서 필리핀전력공사의 임원들을 위한 축하 리셉션을 열었다. 그리고 다음날 라모스 대통령 예방에 앞서 관방 장관을 만났다. 비서실장 겸 총무처 장관격의 직무를 맡은 그는 대통령과의 면담을 1시간 내로 끝내달라고 요청했다. 말라카냥궁에서 다시 만나게 된 라모스 대통령은 오랜 知己지기처럼 나를 따뜻이 맞아주었다. 나는 전원개발사업의 차질 없는 수행이 전력확보의 요체라는 사실과, 지금 전력이 남더라도 발전소 건설을 멈춰서는 안 된다는 점을 강조했다. 그리고 원자력발전소 개발로 전력요금 인하에 결정적으로 기여한 한국의 경험도 아울러 설명했다.

이어서 라모스 대통령 임석하에 말라야화력발전소 성능복구 및 운영사업 계약 서명행사가 있었다. 지난해 김영삼 대통령께서 이곳을 내방했을 때 양국 간에 합의한 전력분야 협력사업이 결실되었다는 점에서 라모스 대통령도 흡족해했다.

곧이어 헬기편으로 말라야발전소에 도착했다. 많은 직원들이 환영대열을 이루고 있었고 지방정부는 브라스밴드까지 동원하여 환영 연주를 해 주었다. 나는 발전소를 둘러본 후 종업원들에게 사업계획과 처우문제 등에 대해 설명했다. 저녁에는 전력관련업계 대표와 이번 계약에 공헌한 인사들을 초대하여 만찬을 겸한 파티를 열었다. ADB 부총재인 李鳳瑞 전 동력자원부 장관도 나와서 이번 계약의 성공을 축하해 주었다.

5월 18일에는 필리핀 국회 하원의장인 베네시아Venecia 씨를 만나기 위해 아침 일찍 그의 사저를 찾았다. 큰 정치인답게 크고 호화스러운 집

Malaya 발전소의 새로워진 모습 앞에서 설명을 듣고 있는 필자.

에 살고 있었으며 이른 아침인데도 많은 食客^{식객}들이 들락거리고 있어 이 나라 정치계의 한 단면을 보는 듯했다. 말라야발전소의 송전설비가 100만kW의 송전용량을 보유한 것을 본 나는 그 자리에서 현재의 발전설비 65만kW에 추가하여 인접한 공지에 35만kW 발전소 1기를 더 짓는 방안을 검토해서 이를 한국에 BOT계약으로 발주해 달라고 부탁을 했더니 좋은 생각이라며 검토할 수 있도록 문서화해 달라고 했다. 잘하면 새로운 사업을 하나 더 딸 수 있겠다는 생각을 갖고 귀국 길에 올랐다.

40. 필리핀 일리한 복합화력 受注

　한국전력은 필리핀 말라야화력발전소의 성능복구 및 운영사업 입찰과 공사경험을 통하여 이 지역에서 상당한 노하우를 축적하게 되었으며 새로운 사업에 도전하는 여력도 갖추게 되었다. 때맞추어 필리핀 정부는 건설부지와 발전연료의 무상제공과 함께 생산하는 전력의 전량구입을 보장하는 1,200 MW급 일리한복합화력의 BOT사업을 국제입찰에 붙였다. 한국전력은 즉각 여기에 도전하여 입찰서를 제출했다. 이 발전소는 마닐라 남쪽 150㎞에서 탐사된 팔라완Palawan 지역 천연가스를 개발하여 루손 섬까지 파이프로 끌어들여 발전하는 사업이었다. 가스 또는 경유를 연료로 한 이 발전소는 NPC에 전력을 판매하는 방식의 BOT사업 프로젝트로서는 당시 세계 최대규모의 사업이었다.

　그런데 이 사업은 입찰서류를 사는 비용에만 5만 달러를 요구하여 한국전력 내부에서도 이렇게 많은 돈을 들여가면서까지 입찰을 해야 되느냐하는 문제를 놓고 甲論乙駁갑론을박이 있었다. 그러나 나는 해외사업을 위해서는 이 정도의 비용리스크는 감내해야 한다고 판단하고 참여하기로 결정했다.

EPC업체 Raytheon

한국전력은 일리한사업 EPC업체로서 국내 현대건설을 참여시켜 건설비는 현대건설 견적에 따르고 운영비는 한국전력 견적에 따라 작성하여 입찰했다. 그 결과 한국은 최하위로 평가되어 입찰에 실패했다.

입찰결과 제1 협상대상자로 선정된 CEPA는 세계적인 네트워크를 가진 민자발전사업자였다. 그러나 CEPA가 공급하기로 한 일본 미쓰비시 三菱제 가스터빈은 웨스팅하우스사의 원천기술이라는 사실이 나타나 시비가 벌어졌다. 당시 필리핀정부는 마르코스 정부 때 추진한 바탄원전 건설과 관련하여 웨스팅하우스사와 국제재판 중에 있었기 때문에 웨스팅하우스사 제품을 배척하려는 분위기가 농후했다.

결국 이 문제가 원인이 되어 CEPA의 낙찰에 무효를 선언함으로써 2차 입찰을 실시하게 되었다. 여기서 한국전력은 EPC업체로 세계적으로 권위를 인정받는 레이데온Raytheon(전 Ebasco)사를 끌어들이려고 많은 정성을 기울였다. 이들은 1차 입찰에서 캐나다의 Ontario Hydro와 제휴했다는 이유를 내세워 한국전력과의 사업참여에 냉담한 태도를 보였다. 나는 1996년 7월 17일 한국전력 주식전환 社債사채 발행과 관련하여 뉴욕에 갔을 때 시간을 내어 레이데온사 사장을 만났다. 한국전력이 장차 해외사업을 크게 벌이려는 계획 등을 설명하면서 설득했다. 그 결과 레이데온사가 한국전력과의 전략적 제휴를 받아들임으로써 함께 입찰하게 되었다.

1996년 12월 6일, 다행스럽게도 한국전력의 현지법인 Kephilco가 필리핀 일리한복합화력 BOT사업 2차 국제입찰에서 최저 낙찰자로 결정되었다. 한국전력은 유사 이래 처음 있는 해외 BOT사업 국제입찰에서 성공적인 낙찰을 이루어낸 것이다. 한국전력 모두의 승리였고 자랑거리로서, 해외사업 분야에 자신감을 불어 넣어준 획기적인 사건이었다.

이 사업이 성공한 이면에는 EPC업체로서 레이데온사를 선정한 것이 크게 주효했다. 1997년 말 불어닥친 한국의 외환위기에도 불구하고 이 회사의 명성에 힘입어 그 뒤 프로젝트 파이낸싱PF을 추진하는 데에도 상당한 도움이 되었다. 사업비는 약 7억 달러가 소요되며 투자비는 20년간 전력판매 수익을 통하여 회수된다. 낙찰금액은 8억 3,200만 달러로서 2위인 일본의 마루베니 8억 3,900만 달러와 3위인 일본의 미쓰비시 8억 5,300만 달러와는 큰 차이가 나지 않았다.

七轉八起의 고비

당시 해외사업처의 李起雄 처장이 전해 준 입찰 뒷이야기를 들어보면 국제입찰에서 시사하는 여러 가지 일들이 있었다. 레이데온사는 부가가치세가 면세이므로 삭감할 것을 제의했으나 현지 법률자문 결과 부가가치세는 과세키로 입법 예고된 상태여서 삭감요인이 없었다는 것이다. 그러나 현지법인의 경우를 검토하여 보니 재산보험의 자기부담금을 조금만 더 부담하면(약 5만 달러 수준) 보험유지비용이 상당부분 감소된다는 사실을 찾아냈다. 또 일부 설계변경으로 가격삭감이 가능하여 입찰 당일 서울본사에서 내정했던 價額가액에서 약 800만 달러를 낮춘 금액으로 입찰했는데 이 감액처리가 낙찰의 결정적 요인이 되었다는 것이다. 일부에서는 800만 달러의 삭감만으로는 불안하니 안전하게 2천만 달러를 더 삭감하자는 의견도 있었으나 사업경제성에 대한 위험부담이 너무 커서 800만 달러 삭감만으로 그쳤다는 것이다. 그때 만약 본사에서 사장 裁可재가를 받고 가져간 금액대로 응찰했더라면 100만 달러 차이로 떨어질 뻔했고 반대로 2천만 달러를 더 삭감했더라면 발전소 운영에 어려움이 컸을 것이었다. 당시 일리한사업 입찰업무를 주관했던 李鍾弼 부장은 그 당시를 다음과 같이 보고했다.

"개봉 결과 1위에서 4위까지가 비슷한 가격대로서 전력요금 분야에서는 일본의 마루베니와 0.01센트 차이로 한국전력이 선두인 것이 확인 되었으나, 미화와 현지 페소화의 할인율 변경적용으로 미화로 입찰한 한국전력과 달리 페소화로 입찰했던 일본업체들에게 유리하게 상황이 바뀌었습니다. 그러나 다음날인 1996년 12월 10일, 총괄보증조건 1종 류의 입찰서만 제시했던 다른 경쟁사들을 제치고 한국전력의 부분보증 조건을 NPC가 선택할 것이라는 정보가 들어오면서 그날 저녁 현지 언 론들은 CEPA, 마루베니, Power Gen, Enron 등 세계 유수업체들을 따돌린 다크호스로 한국전력의 떠오름을 일제히 대서특필하게 되었습 니다. 이와 같이 여러 가지의 경우를 다 고려하여 총괄보증 및 부분보 증의 두 가지 경우를 모두 완벽하게 입찰한 것이 또한 결정적인 승리의 요인이 되었습니다.

되돌아보면 계약조건들은 모두 한국전력에게 유리하게 전개되어 사 업성이 더욱 좋아졌습니다. 부분보증조건도 실제로 재원조달 협상과정 에서 총괄보증조건과 大同小異^{대동소이}하게 변경되었고, 환율위험에 대 비하기 위해 전력요금을 미화로 결정한 덕에 상당한 換差益^{환차익}을 보 게 되었습니다. 실제로 현재 다시 입찰 재평가를 해 본다면, 그간 환 율변동으로 현지 페소^{Peso}화로 전력요금을 결정했던 일본업체들에 밀려 한국전력은 4위 이하로 전락하게 되었을 것입니다. 또한, 1997년 말 금융위기 사태로 인하여 아시아에서 모든 사업은 취소, 또는 연기되었 으나 본 사업이 사업성을 계속 확보하고 추진될 수 있었던 것은 든든한 EPC업체인 Raytheon사의 참여로 신용이 든든해졌고, 입찰시부터 사 업구도를 한국전력의 지급보증 없이 재원조달을 하는 사업금융 방식^{PF} 을 전제로 하여 이자율을 11%대로 높게 산정해 놓았었기 때문으로 생 각됩니다."

현지에서 직접 겪은 이 같은 이 부장의 보고처럼 이 사업은 한국전력 의 현지법인 노력과 NPC의 적극적인 협조가 아니었다면 실패할 개연 성도 많았던 사업이었음을 알 수 있다. 그러고 보면 이 일리한사업은 담당자들의 순발력 있는 思考^{사고}로 대처도 잘했고 운도 많이 따랐던 그 런 극적인 사업이었다.

출자와 Project Financing

1997년 8월 1일, 한국전력은 이사회를 열고 필리핀 일리한 BOT사업을 위한 출자를 의결했다. 이 사업에는 총 출자금이 1억 6,400만 달러인데 그 중 한국전력이 51%인 8,400만 달러를 출자하고 나머지 49%는 미국 IPP[1]업체인 밀란트^{Millant}회사와 일본 미쓰비시三菱상사 등이 참여했다. 한국전력이 51%를 출자키로 한 것은 말라야화력발전소의 사업경험을 통해 어느 정도 자신감이 생겨 리스크를 분산하기 위해 취해진 조치였다. 당시 해외사업단장 沈昌生 전무는 출자분산에 대해 다음과 같이 회고했다.

> "한국전력이 이 사업을 주도하면 이보다 훨씬 낮은 출자 지분으로도 경영권을 확보할 수 있습니다. 해외사업에서는 단순히 지분에 대한 배당만이 아닌 모회사의 기술제공 등 다양한 방법으로 수익을 창출할 수 있기 때문에 이는 경영권만 확보하면 가능한 일입니다. 실제로 프랑스 EDF의 해외진출에서는 매우 낮은 지분으로 경영권을 확보하지 않은 상태에서도 상당수준의 수익을 창출하는 것으로 알려져 있습니다."

沈昌生 전무는 이같이 말하면서 이 문제에 대해 상당히 많은 검토와 고심을 하였다고 회고했다. 앞으로의 해외사업에도 많은 참고가 될 수 있는 상황들로 생각한다.

이 사업에 소요되는 나머지 자금은 PF방식으로 4억 9,300만 달러를 차입하고, 공기는 1999년에 착공, 2001년부터 발전을 개시할 예정으로 추진되었다. 한편 이 사업 수주 이후 1997년 하반기부터 국내의 외환사정이 점점 어려워지더니 11월에는 드디어 IMF에 긴급대출 지원을

---

1 IPP(*Independent Power Producer*) : 발전된 전력을 전량 배전회사에 판매하고 배전사업은 하지 않는 독립된 발전사업자.

필리핀 일리한 복합화력 신규건설 계약 서명식을 하고 있다.
〈중앙이 필자와 필리핀 비라이 에너지 장관, 오른쪽이 필리핀 전력회사 델가도 사장,
왼쪽이 심창생 한국전력 대외전력사업단 단장〉

요청하는 사태에까지 이르고 말았다. 그러나 이 사업은 당초 PF방식으로 추진하기로 되어 있었고 국제적 위상이 워낙 건실한 한국전력이 추진했기 때문에 여러 나라에서 관심을 가지고 한국전력과 합작투자를 제의해 왔다. 나는 이런 국제금융시장의 분위기를 보고 이 사업의 성공은 틀림없다는 확신을 갖게 되었다.

외국 IPP업체 참여 희망

1998년 2월 11일, 일본 이도추伊藤忠 상사의 야마무라山村隆志 부사장이 한국전력으로 내방했다. 이들은 일본의 고압애자를 한국전력에 공급하는 회사로서, 이번 방문목적은 한국전력이 추진하는 일리한사업의 프로젝트 파이낸싱에 이도추 상사도 참여하고 싶다는 것이었다. 그러면서 이 제의가 받아들여지면 벨기에에서 자금을 끌어오고 그 나라의 보조기기도 사 주겠다고 했다. 그러나 한국전력의 목표는 보조기기는 가

급적 국내의 중견기업체로부터 구입하려는 계획으로 있었던 만큼 이를 정중히 사양했다.

이어서 2월 17일에는 미국 맥킨지Mackensy사의 한국사무소 베모스키 Bemousky 소장이 신임소장 로버트 펠톤Robert Felton 씨를 대동하고 내방했다. 베모스키 소장은 한국전력이 수주한 필리핀 일리한발전사업에 관심을 갖고 있으며 미국의 한 회사가 이 사업에 자본참여를 희망한다는 정보를 전했다. 미국의 건실한 회사가 동참한다면 한국전력도 재원조달에 好材호재가 될 것으로 생각하고 긍정적으로 검토하겠다고 했다.

1998년 4월 10일에는 金瓊元 사회과학원장의 요청으로 힐튼호텔에서 오찬을 같이했다. 김 원장은 영국의 Power Gen^{PG}회사가 한국전력의 일리한사업에 공동참여할 의사를 갖고 있다면서 한국전력의 의견을 타진해 달라는 부탁을 받고 오늘 이 자리를 마련했다는 것이다. 한국전력의 입장도 처음부터 외국과의 합작을 희망했던 만큼 영국의 발전회사가 참여한다면 국제적 신뢰도 높아질 것이어서 긍정적으로 검토하겠다고 대답했다.

그러나 이렇게 많은 외국업체의 참여희망 의사에도 불구하고 결과적으로는 이토추상사와 영국 PG사도 참여시키지 않고, 필리핀에서 한국전력보다 앞서 IPP사업을 하던 밀란트Millant사와 일본 미쓰비시三菱상사, 九州전력 등이 지분에 참여하게 되었다.

필리핀 사업의 위기 극복

나는 이 일리한사업의 본격적인 추진을 보지 못하고 1998년 4월 한국전력 사장직에서 퇴임했다. 그런데 새로 부임한 한국전력 사장은 국가 외환위기와 정권교체기의 혼란 등을 이유로 지난 정권하에서 이루어진 한국전력의 해외투자를 모두 처분하는 과정에서 필리핀 사업도 정리하고 철수하기로 결정을 내렸다.

그 후 매수자가 나타나 매각절차가 진행되기도 했으나 매각시 예상되는 계약적 손실문제 등을 근거로 하여 해외사업처 金鍾信 처장을 비롯한 여러 간부들이 끈질기게 신임 사장을 설득했다. 그러나 사장이 좀처럼 수용하지 않고 계속 매각할 것을 고집하는 등 사안이 점점 위급해지자 이들은 신임 사장이 필리핀 현장을 방문하게 되면 매각시의 손실문제 등을 실감하여 마음을 돌릴 수 있을 것으로 생각하고 그 대책을 마련했다.

김 처장 등은 말라야화력발전소 복구공사 준공까지 기다릴 수 없다는 판단 아래 1998년 12월 서둘러 보일러 점화식 행사를 추진했다. 이 행사에 에스트라다Estrada 대통령이 참석하도록 특별히 교섭한 후 한국전력 사장도 함께 참석하도록 유도했다. 이 점화식에서 한국전력 사장은 필리핀 정부의 공로훈장을 받는 등의 후대를 받고, 현지를 직접 확인한 결과 투자전망도 밝다고 판단한 듯 그 후 필리핀 발전사업의 매각 후 철수문제는 더 이상 거론하지 않아 예정대로 사업을 추진할 수 있었다고 한다.

다행히 일리한 선행사업인 말라야화력에서 들어오는 수익은 일리한 개발초기의 비용을 조달하는 종자돈 역할을 했다. 출자지분도 대주주 51%를 제외한 49%부분에 세계적 IPP업체인 밀란트와 미쓰비시사가 참여하고 있었다. 이로써 IMF에 지원을 요청할 정도로 악화된 국내 외환사정에도 불구하고 한국전력은 재원조달을 성공적으로 이끌어냄으로써 일리한사업을 계속할 수 있게 되었다. 위기의 고비길이 수차례 가로막았지만 필리핀사업은 그런 어려움 속에서도 불을 꺼트리지 않고 드디어 종착역에 다다를 수 있었던 것이다.

필리핀 再訪問과 감회

일리한 복합화력사업은 국내의 외환고갈 어려움 속에서도 PF방식으로 추진한 덕에 재정문제를 해결하고 우여곡절을 겪으면서 2001년 준공을 보게 되었다. 2004년 3월 韓埈皓 사장이 부임하여 한국전력의 해외사업에 다시 동력이 붙으면서 말라야화력과 일리한복합화력 사업개발과정이 재조명을 받게 되었다. 한준호 한국전력 사장의 배려로 2004년 7월 나와 심창생 전 해외사업단장은 필리핀한국전력 李吉久 법인장의 초청을 받아 두 발전소를 돌아볼 기회가 있었다. 필리핀 전력산업을 위해 한국전력에서 현지에 파견된 임직원을 만나 건설과정의 애로를 청취하고 지난날의 회포를 푸는 등 감개무량한 여행을 했다. 이 기회를 빌려 한준호 사장에게 감사의 뜻을 전하고자 한다. 이때의 감개를 나는 한편의 한시에 담아보았다. 2

곰곰이 생각해 보면 필리핀사업이 한국전력에게 준 효과는 매우 컸음을 알 수 있다. 한국전력의 필리핀사업은 매우 유리한 조건에서 계약이 되었지만 그 뒤 추진하는 해외사업은 수익성이 훨씬 낮은 것으로 알려지고 있다. 특히 2010년 계약이 종료된 말라야사업은 그동안 매년 1,500억 원 전후의 이익을 실현함으로써 한국전력은 그 뒤 이 사업으로 1조원이 넘는 이익을 실현했다는 이야기도 들려왔다. 성공적인 해외사

---

2 菲國韓電設備視察有感
   (필리핀의 한국전력발전소를 시찰하고)
   瞻企宏圖歲月更 南爲萬里海天晴 舟津湖畔風光媚 電廠濱涯日氣淸
   舊廠復元傳異績 新場建設振歡聲 曾謀隣國經營略 就見功成感慨生
   (크낙한 계획 꾸며 세월도 흘렀는데 남국 향한 만 리 바다 하늘 개었다.
   뱃길로 넘은 호반 풍광이 곱고 발전소 곁 펼친 물가 날씨도 맑아
   낡은 설비 복원하여 기적 이뤘고 새로 지은 발전소엔 환호성 올라
   일찍부터 계획했던 해외전력 사업 큰 뜻 성취 이제 보니 무량한 감개)
                                ― 나남출판사 간행 拙著《晚境耽詩》, 172면

필리핀 일리한 복합화력발전소 전경

업의 교훈을 통해 한국전력의 해외사업은 탄력을 받고 있으며, 이러한 해외사업의 노하우가 축적되어 UAE의 원자력발전소 수주도 가능했던 것이 아닐까 생각한다.

41. 베트남 원자력사업 진출 탐색

앞서 기술했듯이 KOPEC 사장으로서 베트남의 전력사업에 진출하고자 현지의 한국 상사를 통해 교섭을 한 결과 전력회사의 부사장급과 차관급 정부고위층을 만날 수 있었다. 나는 이들을 설득시켜 한국 전력산업의 베트남 진출 길을 뚫으려고 많은 노력을 기울였으나 성과를 이루지 못했다. KOPEC 같은 작은 규모의 회사이름으로 해외에 진출하는 것에 대해 한계 같은 것을 느꼈다. 나는 그 뒤 한국전력 사장으로 취임한 후에도 몇 차례 진출을 시도했으나 괄목할 만한 비즈니스를 개발해 내지 못했다.

고위층을 만나 한국의 전력사업에 대한 소개는 했지만 이를 비즈니스와 연결하는 것은 별개 문제였다. 그곳에 직원을 상주시켜 인맥관계를 만들어 놓아야 비즈니스가 개발되는 것이지 1회성의 만남만으로는 일을 이룰 수 없다는 것을 알게 되었다. 사회주의 체제를 오래도록 유지해온 국가라 국민들의 의식변화가 따르지 못했고 시장경제체제가 정착되지 못해 비즈니스 관행에도 어두워 행정이 제대로 작동하기에는 상당한 기일이 소요되었다.

베트남 정부도 개혁개방체제로 바꾸는 도이모이 정책을 펴고 있었으나 각종 행정 미비점을 이용하여 정상배가 날뛰는가 하면 고위정책결정자의 지시가 아래 조직기능에서는 작동되지 않는 경우가 많았다. 발전소 건설 같은 국가적 문제는 하루가 바쁘게 진척이 되어야 할 일임에도 외국자본을 끌어오거나 계약하는 일에 어두워 업무진척 속도는 답답할 정도로 지지부진하기만 했다.

하노이대학 총장

1995년 2월 25일 베트남에서 내한한 Nguyen Hue 박사가 베트남의 원자력발전소 건설과 관련하여 한국전력을 방문했다. 베트남은 지금 원자력발전소의 건설을 바라고 있으나 건설재원이 없어 고민 중이라면서 외국자본으로 발전소를 건설하고, 물자로 그 대가를 상환하는 방법을 고려중이니 이를 한국전력이 맡아주면 좋겠다는 것이었다. 상환 물자로는 천연가스, 원유, 천연고무 등이라면서 그 중 천연가스는 액화설비를 갖추어 수출을 계획하고 있다고 했다. 나는 베트남에 발전소를 지어주고 그 대가로 액화천연가스를 싼 가격으로 직수입할 수 있다면 그것도 한 방법이 될 수 있다는 생각이 들었다. 정부의 승인과 정책적 뒷받침이 있어야 하는 일이었으나 나는 일단 긍정적으로 검토해 보겠다는 언질을 주었다.

그런 과정에서 국회의장 공보비서관인 김기호 씨의 면담요청이 있어 1995년 3월 15일 그를 만났다. 그는 한 달쯤 전 베트남에 갔다가 하노이대학 총장이 한국전력 사장에게 보내는 편지를 가지고와 전해 주면서 며칠 후 다시 베트남에 가게 되는데 그때 나의 답장을 가지고 갔으면 좋겠다는 것이었다. 서신을 펼쳐보니 한국전력의 원자력발전소 건설경험과 관련된 정보를 얻고 싶다는 내용이어서 쾌히 협조하겠다는 답장을 써 주었다.

한 주일 뒤 김 공보관이 베트남에 다녀오면서 다시 하노이대학 총장의 서신을 가지고 왔다. 베트남 서기장이 4월 11일 한국을 방문할 예정인데 방문에 앞서 정부고위 인사에게 한국을 소개할 수 있도록 한국의 전력사업 및 원자력발전의 현황을 담은 비디오테이프를 보내주었으면 좋겠으며, 가능하면 3월 30일에서 4월 1일 사이에 한국전력 사장이 하노이에 직접 와서 서기장을 만나 한국전력의 현황을 설명해 주면 더욱 좋겠다고 했다. 그때 약 1억 5천만 달러 상당의 대 베트남 투자를 권유받게 될 것이라는 내용도 그 편지에 부기되어 있었다.

요구사항은 그 뿐만이 아니었다. 그 나라의 우수한 인력들을 한국에서 훈련시켜 주기를 바란다는 뜻도 들어 있었다. 한국전력이 베트남 공학도에게 전력분야의 기술교육을 실시한다는 것은 베트남에 親韓派^{친한}^파를 심어 놓는 것과 같은 것인 만큼 거절할 이유가 없어 전폭 수용할 뜻을 전했다.

장관급 원자력 세미나

1995년 3월 30일, 베트남 원자력위원회 위원장 초청으로 홍콩을 경유하여 하노이에 도착했다. 공항에는 부위원장과 김기호 씨가 데리고 온 뚜에^{Tue} 박사 등이 영접나와 꽃다발을 걸어주었다. 하노이호텔에 여장을 풀고 나니 金奉奎 주월 한국대사가 찾아왔다. 그는 대사관에 만찬이 준비되어 있다며 나를 초청했다. 베트남 정부에서는 주월 대사가 호텔까지 찾아갔다는 말을 전해 듣고 한국전력 사장의 격을 상당히 높이 평가하면서 만나는 사람마다 정중하게 응대해 주었다.

하노이대학 총장을 예방한 후 서기장을 대신하여 당 제1비서관을 만났다. 3개 회사로 나누어졌던 전력공사가 최근 하나로 통합되었는데, 그 회사의 리엔^{Le Lien} 사장도 만났다. 이어 정부청사로 옮겨 에너지부 장관 및 과학기술환경 장관을 예방했다. 이들이 하는 얘기는 모두가 하나 같이 한국의 발전모델을 배워서 베트남을 발전시키고 싶다는 뜻이었다. 남부의 푸미복합화력 건설을 한국전력이 주도하여 1997년까지 완성시켜 달라는 요청도 있었고, 원자력공학과를 나온 인력들이 전혀 상관이 없는 다른 일에 종사하고 있으니 이들을 훈련시켜 한국전력과 함께 원자력발전계획을 세워나가고 싶다고도 했다. 대화를 하다 보니 모두가 의욕만 앞섰을 뿐 프로젝트에 대한 기본개념은 물론 외국차관에 대한 상식도 부족하여 마치 1960년대 초의 한국 모습을 보는 것 같아 허황하기만 했다.

다음날 이른 아침 이슬비가 내리는 가운데 호치민 묘를 참배한 후 의장병의 안내에 따라 시신안치소까지 돌아보았다. 외국 귀빈들이 하노이를 방문하면 반드시 거치는 코스라고 했다. 베트남은 개혁개방에 따른 경제성장에 가속도가 붙은 듯 3년 전 내가 KOPEC 사장으로 왔을 때 보았던 거리모습에 비해 훨씬 많이 변해 있었다. 주로 자전거만 다니던 하노이 거리에는 오토바이가 많아 졌으며, 허전했던 하노이시도 승용차가 크게 늘어났고 시가지도 훨씬 깨끗해졌다. 많은 도로가 포장되고 네온사인도 눈에 띄게 많아져 프랑스식으로 계획된 도시 본연의 모습을 되찾아가는 것 같았다.

9시부터 현지에서 베트남 원자력위원회 위원장이 초청한 세미나가 열렸다. 나는 세미나 冒頭모두에 한국의 전력현황과 원자력발전소 건설 및 운영실태를 소상하게 설명하고 한 나라가 원전 개발계획을 수립할 때 단계별 유의할 사항 등을 설명했다. 에너지부 장관과 과학기술환경부 장관 등 5명의 각료와 국장급 이상 정책 결정자 등 고위 정책관료 50여 명이 참석하여 나의 발표를 진지하게 경청했다.

Vo Van Kiet 수상과 原電 立地

세미나에서 나는 오프닝 스피치만 끝낸 후 보반 키엣Vo Van Kiet 수상을 예방하기 위해 영빈관으로 갔다. 그곳에 도착하니 베트남 수상이 친히 로비에 나와 나를 맞았다. 키엣 수상은 에너지문제에 많은 관심을

베트남 보반 키엣 수상을 방문한 후 기념촬영
〈왼쪽에서 3번째가 필자, 4번째가 보반 키엣 수상〉

갖고 한국의 전원개발계획, 원자력의 기술도입문제, 계통운영문제, 전력손실 감소대책, 발전연료 에너지믹스 현황 등 여러 분야에서 한국전력의 경험을 듣고자 했다.

키엣 수상은 또 푸미복합화력 건설을 한국전력이 맡아 주었으면 좋겠다며 나의 의견을 물었다. 나는 복합화력 건설에 대해서는 귀국 후 충분히 검토하여 우리의 입장을 밝히기로 하고, 원자력 기술교류는 정부 간의 원자력협력 협정이 선행되어야 하는 만큼 다음 달 방한할 도모이Do Muoi 서기장이 정식 제의하는 것이 바람직하다는 의견을 제시했다.

나는 또 베트남이 원자력발전소 건설계획이 있다면 원전 입지문제를 심각하게 고려해야 할 것이라는 점을 특별히 강조했다. 국민의 생활수준 향상에 따라 원자력 입지 마련도 어려워지게 된 한국의 경험을 이야기하고, 베트남 정부가 뜻이 있다면 한국전력이 한국정부의 KOICA 자금으로 입지조사를 해 줄 의향이 있다고 제의했다. 키엣 수상은 매우 큰 관심을 표명하면서 곧 정부 차원에서 협의하겠다고 약속했다.

많은 얘기들이 오갔다. 당초 30분으로 예정되었던 대담시간이 끝나고 보니 한 시간 이상이 걸렸다. 나는 키엣 수상과의 면담이 끝난 후 호치민시를 경유하여 귀국했다. 그 뒤 안기부 차장과 만났더니 베트남의 수상이 원전입지 조기 마련에 대한 나의 건의에 많은 흥미와 관심을 나타냈다는 사실을 전하면서 한국전력이 대외관계에 큰 기여를 하고 있다며 덕담을 했다.

김영삼 대통령 방문

1996년 11월 19일, 나는 김영삼 대통령의 베트남 공식방문 수행단의 일원으로 베트남을 다시 가게 되어 먼저 푸미발전소 1, 2호기 건설현장을 시찰했다. 푸미 1, 2호기는 이미 건설이 시작되어 주 건물의 철골공사가 완성된 상태였다. 삼성과 한국전력이 앞으로 수주하기로 된 사업은 푸미 2-2호기 사업이었다. 발전소 현장작업은 대부분 수작업으로 이루어지고 있었다. 들통에 콘크리트를 담아 두 사람이 들고 가는 모습이나 무거운 자재를 목도로 운반하는 모습이 마치 수십 년 전 한국 건설공사현장을 보는 것 같아 감회가 새로웠다.

11월 21일에는 베트남 방문단 수행기업인 자격으로 한·월 민간경제협력위원회 3차 합동회의에 참석했다. 개회 세션에는 이 나라 정부요인과 경제계의 지도급 인사들이 대거 참석하여 성황을 이루었다. 이어 나는 미리 약속된 일정대로 베트남 원자력청에서 Nguyen Tien 청장을 만났다. 이 자리에는 Le Van Hong 원자력발전국장과 Bui Van Hung 박사가 함께 참석했다. Nguyen 회장은 Ha Hoc Trac 위원장 일행이 한국에서 원자력교육을 받은데 대해 매우 흡족해하며 감사의 인사를 했다. 그는 한국과의 원자력 협력증진을 위하여 양국에서 2명씩 전문가를 임명하여 베트남 원전의 타당성을 조사해 보자는 제안을 했다. 그러나 베트남의 현재 상황으로 보아 타당성 조사는 너무 이른 감이 있어 나는 즉답을 피하고 검토해 보자는 선에서 대담을 끝냈다. 저녁에는 베트남 키엣 수상이 초청하는 만찬에 참석하고 Dang Ve Chu 산업성 장관을 만나는 등 바쁜 일정을 끝낸 후 다음날 귀국했다.

베트남 고위인사 연수

김 대통령의 방문에 앞서 1996년 10월 22일 베트남 국회 에너지환경 위원회 Ha Hoc Trac위원장이 베트남 정부와 원자력계 주요인사 10명을 인솔하여 한국전력에서 원자력 연수를 받기 위해 내한했다. 이들은 원전 기초교육을 받은 후 KOPEC을 비롯한 원자력관련 산업체와 원자력발전소를 시찰하고 귀국했다.

김 대통령의 방문 이후 한·월 양국 간의 인적 교류는 더욱 활발해졌다. 대통령을 수행하여 베트남에 갔을 때의 약속에 따라 1996년 12월 4일 베트남 산업성의 Nguyen Due Phan 차관 일행 6명이 한국의 전력사업 실태를 알아보기 위해 한국전력을 방문했다. 차관은 산업성의 Tung Hang Son 과 Thai, 그리고 원자력위원회의 Dao Thanh Hoai 씨 등을 대동하여 국내 전력시설과 원자력시설들을 돌아보았다.

그들은 한국의 원자력발전에 대한 깊은 관심 못지않게 한국의 모든 농촌에 전력이 공급되고 있다는 사실에 놀라워했다. 그러면서 베트남의 농어촌 電化率전화율을 1998년까지 80%로 끌어올리려고 하는데 한국의 경험을 배우고 싶다며 많은 자료들을 요구했다. 또한 이틀 뒤에는 베트남 공업부 차관 일행이 내방하여 고리원전과 창원을 둘러본 후 워커힐호텔에서 만찬 모임을 가졌다. 그들 또한 한국의 산업시설에 감명을 받은 듯 놀라워하면서 한국과의 경제협력에 강한 의지를 보였다.

그들이 제일 먼저 꺼낸 말은 원자력과 수력발전의 개발이었다. 베트남 북부에는 수력자원이 많은데 한국이 자본과 기술을 투입하여 BOT 형식으로 건설하여 운영하겠다고 하면 적극 환영할 것이라고 했다. 그러면서 한국전력이 서신으로 정식 요청하면 이미 예비타당성조사를 마친 몇 개의 수력발전 건설지점의 자료를 제공할 터이니 구미에 맞는 사업을 골라 맡아 달라고 했다.

그들은 방한기간 중에 한국전력이 코스타리카의 수력발전사업을 검토하고 있다는 사실을 전해 듣고는 갑자기 관심을 가지게 된 것으로 보였다. 수력발전사업은 비교적 건설기간이 길고 자본회임기간도 길어 민간투자자에게는 매력이 적은 사업으로서, 한국전력과 같이 장기투자 경험을 갖고 있지 않으면 시작하기 어려운 사업이다.

1997년 7월 4일에는 베트남 산업성의 Dang Ve Chu 장관이 베트남 전력회사 부사장을 대동하고 내방했다. 그는 김 대통령을 수행하여 베트남에 갔을 때도 만난 일이 있는 구면이다. 그 전날 월성원전을 돌아본 그들은 오후에는 경제기획원부총리와 통상산업부 장관을 만나기로 되어 있었다. 나는 Dang 장관에게 1995년 키엣 수상을 만났을 때 베트남의 원전건설 立地^{입지} 마련을 위해 한국전력이 KOICA 자금으로 입지 조사를 하기로 했는데, 그 후 베트남 정부의 반응이 없어 진척이 안 되고 있으니 챙겨보도록 부탁했으나 이 제안은 끝내 이루어지지 않았다.

1997년 10월에도 베트남 원자력위원회 부위원장을 단장으로 한 7명이 내한하여 원자력기초교육을 받고 귀국했다. 그들에 대한 원자력교육은 그 뒤로도 계속되어 2004년에는 KOICA 자금으로 원전기술연수 과정을 개설, 14명을 교육시키는 것을 비롯하여 매년 훈련생을 받아들였다. 베트남도 21세기 초에는 원자력발전을 건설하게 될 것이 확실한 만큼 지금부터 한국과 베트남 간의 원자력 인력 네트워크를 만들어 두어야 한다는 생각 아래 한국전력 비용으로 기술훈련을 시키고 고위인사들의 방문도 환대하는 정책을 펴나가게 된 것이다.

그러나 이러한 노력들이 하나의 결과물을 만들어 내기까지에는 넘어야 할 많은 산이 남아 있었다. 베트남의 장관급 인사들은 방한할 때마다 여러 가지 단편적인 제의를 했으며, 한국전력은 이에 대해 현지에 직원을 보내는 등 정성어린 협력을 했지만 진척되는 일은 거의 없었다.

이는 베트남정부가 아직도 시장경제체제에 미흡하고 국제자금을 활용할 수 있는 행정체계가 제대로 자리를 잡지 못했기 때문인 것으로 생각되었다.

베트남 사업의 중단

1998년 3월 23일, 한국전력은 베트남의 푸미발전소 2-2호기 건설사업을 중단하기로 결정했다. 이 사업은 당초 합작 진출하겠다던 삼성건설이 외환위기를 맞아 이를 돌볼 겨를이 없게 되었고 기자재를 공급하기로 한 미국의 GE사도 소극적이 된 것이 주된 이유였지만, 한국전력 자체도 외화 조달이 어려워지면서 어쩔 수 없이 사업 취소를 결정하게 된 것이다.

한편 외환위기를 겪는 와중에 정권조차 바뀌게 되었으니 나 또한 물러날 때가 되었다. 따라서 그동안 구축했던 해외사업 실체들도 나의 사장 퇴진과 더불어 하나둘 기억에서 사라지게 되었다. 아쉽기 이를 데 없는 일이지만, 역사는 이 같은 족적들을 잊지 않을 것으로 확신한다. 그때 그 현장에서 땀과 눈물로 뛰었던 사람들의 신념과 도전의 기록들은 加減^{가감} 없이 후대에 전해질 것으로 믿는다.

42. 중국 原電市場 진출을 향한 丹心

중국은 1980년대 들어와 사회주의체제에 시장경제를 접목시키면서 비약적인 경제성장을 이룩했으며, 여기에 발맞추어 에너지산업도 꾸준히 발전했다. 중국은 1999년 말 기준으로 2억 9876만kW의 발전설비를 보유한 세계 2위의 전력생산국으로 지난 10년간 발전설비 및 발전량 증가율은 연평균 9.3% 및 9.7%를 기록하고 있다.

그러나 중국은 이러한 증가율에도 불구하고 1980년 개방개혁 이래 만성적인 전력부족 현상이 지속되고 있어 특단의 대책이 요구되었다. 특히 동부 연안의 경제개발지구는 내륙지방에 편재된 석탄 및 수력자원의 수송문제와 화석연료 사용에 따른 지구환경문제 등의 영향으로 원자력발전을 선택할 수밖에 없는 처지였다. 따라서 중국은 이 분야에서 앞서가고 있는 한국의 원자력발전 기술에 많은 관심을 가지고 있었다.

原電 관장하는 두 기관

1990년대 초 중국에는 원자력발전사업을 관장하는 기관이 두 곳 있었다. 그 중 기술개발과 발전사업 등 전반적인 핵개발을 관장하는 중국핵공업총공사CNNC는 총 인원이 30만 명에 이른다는 대규모 집단이다.

이곳은 원자력 기초기술 개발로부터 우라늄 농축설비와 플루토늄 추출 설비를 비롯한 핵무기의 개발에 이르기까지 원자력기술을 총괄하는 본산이며, 秦山^{진산}에 자체기술로 30만kW 가압경수로를 개발하여 건설하기도 했다.

또 하나의 원자력발전회사는 1980년대 후반 프랑스로부터 원자력발전소를 도입하기 위해 홍콩자본과 광동성이 합영회사^{JVC} 형태로 설립한 광동핵전공사^{CGNPC}이다. 1990년 내가 한국전력기술^{KOPEC} 사장으로 부임한 후 해외사업개발처를 발족시키면서 광동핵전공사의 大亞灣^{대아만}원전 설비와 울진원전 1, 2호기의 설비가 동일 노형임에 착안, CGNPC 인사의 KOPEC 방문을 요청하는 등 적극적인 관계 정립에 나섰던 곳이기도 하다. 그 결과 Peter 趙^{Chow} 부사장이 방문하여 광동의 품질관리 기술진 교육협약을 체결했음은 이미 15장에서 언급한 바 있다.

廣東核電公司 昝雲龍 사장

나는 한국전력 사장으로 부임한 이후에도 광동핵전공사 채널을 통해 계속 중국 원전시장 진출을 위한 노력을 기울였다. 그 첫 사업으로 1993년 12월 20일에는 대아만에 있는 CGNPC를 직접 방문하여 昝雲龍^{잔운룡}사장과 기술지원 용역계약을 체결했다. 이 계약에 따라 한국전력은 기술진을 광동에 파견하여 원자력발전소 운전을 지원하는 한편, 광동원전 직원들을 한국전력으로 불러 교육훈련을 시키는 등 두 회사 간의 인적 교류를 활성화시켰다. 이 사업을 통한 한국전력의 수입액은 비록 200만 달러 수준에 불과했으나 한국이 원전기술을 중국대륙에 처음으로 진출시켰다는 점에서 큰 의미를 둘 수 있다.

내가 기술지원 용역계약 차 대아만을 방문하였을 때는 다음과 같은 일이 있었다. CGNPC의 昝雲龍 사장은 계약서 서명을 마친 후 강당에 직원들을 모아놓고 나를 소개하는 과정에서 주머니에서 뭔가 접은 종이쪽지를 꺼내 들고 읽기 시작했다. 중국어로 하는 말이라 나는 전혀 알아들을 수 없었다. 그러나 나중에 안 일이지만 1991년 광동원전 趙 부사장이 KOPEC을 방문했을 때 나와 만찬장에서 대화를 나누던 중 양국 간 한자문화의 교류와 한시 등을 화제에 올렸던 일이 있었다. 그 당시 나는 내가 외우고 있던 祖考 多山公의 한시 '綱巖江漲' 한 수를 메모지에 써서 보여준 일이 있었다. 그런데 그 시가 나의 시로 잘못 訛 傳왜전되어 잔 사장이 나의 작품으로 직원에게 소개하게 된 것이다. 그 러나 당시 나는 이런 내용을 모르고 있었고 해명할 기회도 놓쳤으나 아 무튼 그 회사 간부들에게 나에 대한 좋은 인상을 남기기에는 충분한 화 제거리가 되었던 것 같았다.

그런데 그 뒤 알고 보니 실제로 한시를 좋아하는 사람은 잔 사장이었 다. 그는 많은 한시 작품을 남긴 분으로서 우리 두 사람은 이런 공통적 정서를 통하여 금방 가까워지게 되었고 깊은 우의를 나누는 사이가 될 수 있었다.

大亞灣 원자력발전소

晉雲龍 사장에 의하면 대아만발전소는 홍콩 자본과 광동성이 50%씩 출자한 설비로서, 당시 중국은 미국의 수출 규제정책 때문에 프랑스의 원자로를 채택했다고 했다. 시설용량은 100만kW PWR 2기로서 여기서 발전된 전력은 400kV 송전선으로 홍콩에 송전되고, 중국 전력망에는 500kV 송전선으로 연결된다고 했다. 판매가격은 홍콩에는 kWh당 8센트 이며 중국송전망으로부터는 6.5센트를 받고 있어 사업전망도 매우 좋은 편이라고 했다. 발전회사가 배전회사에 파는 가격이 근래 우리나라 한 국수력원자력KHNP이 한국전력에 판매하는 가격의 두 배나 되는 수준이 어서 광동원전은 이 사업으로 막대한 이익을 얻고 있는 셈이었다.

나는 대아만의 후속기 건설은 난턴키Non-Turnkey로 하도록 권유했다.

廣東核電 昝雲龍 사장이 한국전력을 방문한 자리에서
一筆揮之 한시 한 수를 남겨 놓았다.

그래야만 사업주 운영여건을 고려해 발전소를 설계할 수 있고 국산화
도 촉진된다는 점을 적시했다. 이에 대해 잔 사장은 후속 제 2원전은
제 1원전의 미비점을 보완한다는 기본입장을 따를 것이며, 참여업체는
국제입찰에 의하여 선정할 것이라는 입장을 강조했다. 그는 한국의 영
광원전 3, 4호기 건설비가 두 기에 약 35억 달러로 저렴하다는 데 큰 관
심을 표시하면서 한국전력이 CGNPC의 제 2원전 건설에 참여하는 문
제를 북경에 가서 추진하겠다고 말했다.

잔 사장은 그 이듬해인 1994년 6월에 한국전력을 방문했다. 약 1주
일간 원자력발전소 건설현장과 한국중공업의 원자로 설비 제조과정 등
을 시찰하고 본사를 방문한 후 그 감회를 한편의 시1로 지어 휘호로 써

---

1 한시와 관련된 이야기와 풀이는 나남출판사 拙著 《晩境耽詩》에 실려 있다.

  贈李社長訪韓電感謝　　　　　　　　　　廣東原電 昝雲龍
  蒼鷹輕旋韓天地 君子相約事竟成 相看刮目非昨日 傾國壯擧有鐵證
  憂國之士長思慢 不惜鵬程不問金 惟念來日光輝路 韓電勳績耀衆星
  韓光濟釜皆名地 一派繁榮散硝煙 此行密密何勞逸 楊柳依依三五日
  朝起昌原迎旭日 晩棲慶湖落照邊 鴻鵠高飛成兄弟 同舟共濟結情誼

서 남겼다. 이 휘호를 표구한 액자는 집행간부 티타임에 모이는 10층 로비에 상당기간 게시되어 있었다.

잔 사장은 그 후 방한기간 중에 보고 경험한 원자력발전소의 주변환경과 관리방식 등을 大亞灣원전 환경개선과 경영관리에 많이 적용했다. 그리고 직원들에게도 나의 업적을 아주 좋게 소개하면서 한국전력과의 유대강화에 힘쓰도록 지시를 했다는 말을 전해 들었다.

CNNC와의 기술협력

광동원전과의 기술지원 용역계약을 深圳市에서 체결한 다음날인 1993년 12월 22일 나는 중국 전기공업부와 중국핵공업총공사CNNC를 방문했다. 회의 장소인 釣魚臺조어대에서 우리를 환대한 蔣心雄 CNNC 총경리와 한 시간 넘게 상호 관심사에 대한 의견을 교환했다. 그는 한국의 원자력발전이 크게 성장한 것을 높이 치하하면서 秦山원자력발전소의 현황을 자세하게 설명했다.

나는 대아만 후속기에 대해 권유했던 바와 같이 진산의 새로운 원자력발전 프로젝트도 난턴키 방식으로 추진하는 것이 경제적 측면이나 국산화 측면, 기술발전 측면 모두에서 유리하다는 점을 설명하고 진산 후속설비는 단위용량이 더 큰 1천 MW로 격상할 것을 권고했다. 중국이 후속사업을 난턴키 방식으로 추진하기로 결정할 경우 한국전력의 훈련된 인력이 크게 협력할 수 있게 될 것이라는 설명도 덧붙여 말했다. 첫 회합이었으나 매우 세부적인 기술분야까지 이야기를 나눈 끝에 한국전력과의 기술협력 방안을 구체화하기로 합의했다.

이에 따라 그 뒤 CNNC 陳肇博 부총경리가 한국전력을 방문하여 원전기술협력 협정을 위한 실무조정을 거쳤다. 1994년 5월 25일에는 내가 중국을 찾아가 蔣心雄 총경리와 다시 회동, 협정에 서명했다. 이 자리에서 나는 후속 프로젝트를 국제적으로 경쟁을 시키면 건설원가를

절감할 수 있을 것이란 점을 특별히 강조하면서 한국전력과 통합관리
팀IMT: Integrated Management Team을 구성하여 사업을 추진하면 새로운 歐美ᄀ
ᄆ식 관리기법도 도입하는 계기가 될 것이라고 말했다. 蔣 총경리는 내
제의에 적극 찬동하면서 후속원전 건설의 효율적 집행을 위해 한국전력
의 참여를 확대할 생각이라고 언질을 주기도 했다.

차세대 원전 공동개발 제의

나는 한국과 중국 양국은 지역적으로 가장 인접하고 있어 원자력안
전에 대해 특별한 유대관계를 가져야 할 것임을 강조하면서, 한국전력
이 추진하는 1400MW 차세대 원전설계 개발에 중국이 공동 참여할 것을
제의했다. 또한 장차 한·중 양국이 동일한 노형의 원자로를 보유하면
기술교류나 부품 호환 등 여러 면에서 협력 확대가 가능하여 양국 간에
엄청난 시너지효과를 거둘 수 있을 것이라고 말했다.

중국이 앞으로 공동개발에 관심이 있다면 이에 앞서 한국 표준형인
1000MW 원전을 중국이 채택하여 한국과의 기술협력을 확대하는 것이
좋을 것이라고 권고하기도 했다. 장 총경리의 설명에 의하면 중국은
1970년대 초부터 원자력잠수함용 원자로 개발과 같은 국방부문에 자원
과 인력을 주로 동원하다 보니 전력 생산용 원자로 개발부문은 상대적
으로 낙후되었다면서 한국전력의 협조가 필요함을 강조했다.

海陽 原電 기술과 경제성 공동조사

한국전력과 중국핵공업총공사CNNC 간의 원전기술협력 협정에 따라
1994년 10월 초순에는 李玉崙 CNNC 부총경리와 山東省전력공사의 副
總工程師부총공정사 등 9명이 내한했다. 그들은 한국전력 본사와 원자력발
전소 현장, 한국중공업, KOPEC 등을 방문하면서 한국의 원자력 현황

을 샅샅이 살피고 돌아갔다. 그들은 한국의 원자력발전 건설기술을 상당히 높게 평가한 듯 귀국 후 얼마 안 되어 중국이 신규 원자력발전소를 건설할 경우 기술성과 경제성 조사를 해줄 것을 요청했다.

그 뒤 이 조사는 1995년 2월에 시작하여 11월에 완성되었다. 이 용역의 보고회 겸 세미나가 1995년 11월 28일 개최되었으며, 우리나라에서는 한국전력 직원과 관련회사 직원 17명이 팀을 이루어 참석했다. 이 보고서에는 기준이 될 한국 표준형 원전의 시스템과 설비의 특성이 상세히 소개되었으며 발전소 경제수명, 이용률, 총공사비 등 경제성 부문이 상세히 평가되었다. 한국전력은 중요한 내용들로 채워진 이 보고서를 근거로 중국의 CNNC를 비롯하여 정부관계 요로에 한국 원전의 중국 진출 타당성을 집중 홍보했다. 나는 이 무렵에 한국을 방문한 江澤民 주석의 수행 참모에게도 이 보고서를 주면서 읽어볼 것을 권했다.

1995년 11월 14일은 중국의 江澤民 주석이 국빈자격으로 한국을 방문한 역사적인 날이었다. 나는 신라호텔에서 열린 경제인을 위한 오찬 행사나 청와대 만찬 행사에도 초대받아 참석했으나 한국전력 사장이 국가원수와의 대화를 할 기회를 갖는다는 것은 애당초 기대하기 힘든 일이었다. 그런데 다행히도 그런 기회가 왔다. 다음날 제주에서 송별 만찬이 대한상공회의소 金相廈 회장 초청으로 개최되었고, 이 자리에서 자연스럽게 江澤民 주석과 대화의 기회를 가질 수 있게 된 것이다. 이때의 대화 내용은 다음 장에서 따로 다루기로 한다.

海陽 原電 타당성 조사

중국 전력공업부 査克明 차관 일행이 한국에 왔다. 山東省 海陽縣 원전건설에 따른 공동조사 협력각서에 서명하기 위해서였다. 그들은 제주와 영광원전, 창원의 한국중공업 등을 돌아본 후 1996년 3월 13일 본사를 내방하여 서명행사를 했다. 실제로 사업을 집행할 전력공업부가 국가기획위원회에 제출할 항목건의서(프로젝트 계획서)를 작성하기 위해 한국전력과 함께 타당성 조사를 하는 것이므로 중국에 대한 원전 수출문제는 상당히 가시권에 들어와 있었던 셈이었다.

이 공동조사 내용에는 건설 후보지에 대한 부지조사와 환경, 안전성 평가, 기술성 및 경제성 조사를 하는 업무가 포함되어 있었다. 1996년 3월부터 착수한 이 조사는 山東省전력공사와의 밀접한 관계유지가 필수적이어서 9월 3일에는 劉振亞 총경리가 단원 6명과 함께 내방했다. 이들은 한국의 원자력건설과 운영실적을 높이 평가하면서 이 조사가 원전건설과 이어지기를 희망했다.

1997년 5월에 1차 조사결과를 제출했다. 이 보고서에서 양국은 턴키 방식과 난턴키방식의 사업추진체계를 비교 분석하고, 그 장단점과 전제조건 등을 자세히 검토했다. 사업주체와 투자방식으로서는 중국 독자적인 자본투자를 권고하되 중국 측이 선호하는 合營합영·Joint Venture방식이나 BOT방식도 제시하면서 그 장단점을 소개했다. 그 공동조사 결과보고서는 중국의 CNNC를 비롯하여 전력공업부와 국가계획위원회, 그리고 산동성, 광동성, 절강성 등에 제출되었다. 이 조사보고에 이어 1997년 8월에는 보충 공동조사 협력협정을 체결하고 1차 보고서 내용 중 국산화 추진방안을 반영한 경제성 재평가를 실시하기로 하는 등 중국과의 원자력 협력은 계속 이어졌다.

이 무렵 1997년 8월 22일 강경식 부총리를 단장으로 하는 한중 수교 5주년 사절단의 일원으로 중국을 방문했을 때 나는 강택민 주석과의 공식접견 기회가 있었다. 江주석과는 그 전해에 국빈으로 내한했을 때 제주도의 경제인 만찬에서도 직접 대화할 기회가 있어 한국 표준형 원전을 통한 중국과의 협조문제와 신형로 개발에 대한 한·중 공동연구 등을 제의한 바 있었다. 강경식 부총리와의 회담에서 江주석은 "한국의 원자력발전 설비에 대해 보고를 받은 바 있으며, 다음 중국의 원자력발전 개발계획에는 한국이 참여할 것으로 믿는다"라고 확언하기도 했다.

重水爐 시운전

秦山원전 3단계 사업은 우리나라의 월성원전 3, 4호기를 참조발전소로 하여 상해 남서쪽 125km 지점인 절강성 진산에 건설하려는 사업이다. 캐나다의 캔두Candu형 원전 2기를 2003년 준공을 목표로 캐나다원자력공사AECL와 계약협상이 진행중이었다. 월성원전에 캔두형 원전 4기를 보유한 한국전력은 건설경험 및 운영기술을 바탕으로 진산원전 건설사업 참여를 적극 검토했다. 진산원전 측도 고위층과 실무진이 월성원전을 수차 방문하여 한국 중수로 원전의 건설 및 운영기술의 우수성을 확인하고 한국전력과의 협력을 희망했다.

한국전력은 이에 앞서 1996년 1월 중국의 진산핵전공사와 11만 달러 규모의 자문용역계약을 맺었다. 이 용역은 중국 진산핵전공사와 AECL 간 중수로 도입계약 협상 중 진산원전 측에 사업공정, 사업관리체제, 공급범위 및 책임구분, 주요기기 인도일정, 품질보증 및 검사, 운전요원 훈련계획, 경제성 분석, 재원 조달 등 계약서 초안에 대한 전문적 자문을 수행하는 계약으로서, 나는 한국전력의 국제계약 전문가 7명을 현지에 파견하여 용역업무를 수행하도록 했다.

이 사업과 관련하여 1996년 5월 3일, 중국 CNNC의 蔣心雄 총경리가 내방했다. 월성원전과 영광원전 및 창원의 한국중공업을 돌아보면서 발전소 계약에 참고가 될 자료를 얻는 한편 한국전력과는 이 사업에 대한 참여범위를 협의하기 위해 방문한 것이다. 중국 측은 중수로발전소 건설에 캐나다 AECL이 주계약자로 참여한다는 원칙적 합의는 끝난 상태에서 한국중공업에서 구매 가능한 기기내역을 조사하는 한편, 한국전력에는 시운전 지원을 요청했다.

시운전 지원계약을 AECL에서 분리하여 한국전력과 직접 체결할 것인지, 아니면 주 계약에 포함시켜 한국전력이 참여토록 할 것인지에 대해서도 협의했다. 나는 시운전을 중국 CNNC가 맡고 한국전력은 시운전요원 교육훈련과 기술진 파견으로 지원하는 방법을 택하도록 권유했다. 이 건의가 받아들여져 한국전력은 200만 달러 규모의 훈련계약을 체결하게 되었다.

이와 같은 한국전력의 지원 아래 진산핵전공사는 1997년 1월 캐나다 전력공사와 일괄도급방식으로 건설계약을 체결했다. 이 사업에 한국전력이 참여하는 규모는 비록 작았으나 이는 상업적 계약에 따라 추진되는 외국인의 국내훈련으로서 한국전력이 축적한 원전기술의 우수성을 재확인하게 된 것은 물론, 본격적으로 원전기술의 受惠國^{수혜국}에서 提供國^{제공국}으로 전환하는 계기가 되었다는 점에서 그 의미는 크다고 하지 않을 수 없다.

그 후 한국전력의 중국 원전 협력사업은 제대로 연결되지 못했다. 외환위기 때문이었다. 김대중 대통령이 1998년에 중국을 방문했을 때 원자력발전소 수출문제를 논의했고 중국 측도 긍정적 반응을 보여 공동성명에도 이를 포함시켰으나 한국전력 내부의 해외사업 추진동력 상실로 더 이상 진전이 되지 못했던 것이다. 지금 생각해도 안타까운 마음을 금할 수 없다.

43. 江澤民 주석과의 原電 대화

중국과의 원자력발전소 건설협력을 위하여 중국을 몇 차례 오가던 중인 1995년 11월 14일, 중국 江澤民 주석이 국빈자격으로 한국을 방문했던 사실은 앞서 기술한 바와 같다. 신라호텔에서 열린 경제인을 위한 오찬행사에는 헤드테이블 가까이에 앉긴 했으나 많은 사람들의 참석으로 인하여 그냥 바라만 볼 수밖에 없었다. 저녁 청와대 만찬에도 초대되었으나 대화기회는 애당초 기대할 수 없는 상황이었다.

나는 사실 그동안 한국의 원자력발전소 중국 수출문제를 정상회담에서 논의될 수 있도록 백방으로 노력했다. 그리고 경제수석실의 의견이나 黃秉泰 주중대사의 정보를 통해 회담결과 공동발표문에 그 내용이 포함될 것을 은근히 기대했다. 그러나 결과는 기대 밖이었다. 정부발표문에는 원자력에 대해 양국정상 간에 어떤 논의가 있었는지 아무런 언급이 없었던 것이다.

江澤民 주석 만찬

이틀 뒤인 11월 16일 강 주석을 위한 송별만찬이 대한상공회의소 金相廈 회장 초청으로 제주도 중문 신라호텔에서 개최되었다. 나는 만찬

440

장에 입장하면서 리셉션 라인에 서있는 김상하 회장에게 한국원전 수출을 위해 내가 직접 江주석과 잠시 대화할 기회를 마련해 줄 것을 부탁했다. 헤드테이블에는 중국관련 공식직함을 가진 사람들이 자리 잡고 있었다. 한국전력 사장에게 배정된 1번 테이블은 헤드테이블의 바로 왼편 자리였다. 이 테이블에는 중국 외무부 차관 唐家璇, 주석 특별조리 王維澄왕유징, 외교부 亞洲司 司長 王毅, 한국외환은행장 장명선, 동양화학의 이수연 부회장 등이 동석했으며, 왕유징 조리가 바로 내 옆자리에 앉게 되어 나와 많은 이야기를 나누었다.

만찬장의 분위기가 한창 무르익을 무렵 김상하 회장이 江주석에게 한국전력 사장과 대화할 의향이 있느냐고 묻자 江주석은 마침 잘되었다면서 쾌히 수락했다고 한다. 김 회장은 나를 江주석 바로 옆자리인 호스트 자리에 앉게 하여 江주석과 대화할 기회를 마련해 주었다.

江주석은 현재 중국의 전력공급 부족이 심각한 처지라면서 한국의 전력수급실태에 대하여 물었다. 나는 우리나라가 1960년대에 전력난을 극복한 경험과 1970년대 이후 현재까지 무제한 전력공급이 실현된 경험담을 들려주면서 한국은 중국과의 원자력발전 기술협력을 희망한다고 말했다. 그리고 그 일환으로 이미 산동성 海陽하이양에 100만㎾급 한국표준형 원전 건설을 겨냥하여 핵공업총공사CNNC와 함께 海陽원전 건설 부지환경조사를 시행하고 전력공업부와 공동으로 타당성을 조사 중인 만큼 江주석도 관심을 가져주기를 요망했다. 또 한국은 100만㎾ 원전기술 자립을 바탕으로 현재 제3세대 원자력발전 설비로 140만㎾ 원자로를 개발 중이며 이를 바탕으로 발전소 종합설계도 시작하였음을 설명하고, 중국이 海陽 원전을 한국과 함께 건설하게 되면 제3세대의 新型爐신형로 개발도 중국과 합작으로 개발할 의향이 있음을 설명했다. 江주석은 본인도 전기공학과 출신으로 秦山원전 건설책임자로 계획을 주관하였으며 CNNC의 蔣心雄 총경리는 자신의 수하에 있던 사람으로 잘 아는 사이라고 말했다. 그는 한국의 원자력발전소 계통도 잘 알고

중국 江澤民 주석 내한 시 제주 환송만찬에서의 江 주석과 필자.
한·중 간 신형원전 공동개발 협력방안에 대한 대화를 나누었다.

있다면서 중국이 지향하는 PWR는 용량에 따라 루프Loop 1 수를 늘려가
는 爐型노형을 구상하는데 한국의 원자로형은 루프수가 달라 중국이 채
택하기가 어렵다고 말했다.

나는 이에 대해 한국의 2루프 방식과 중국의 3루프 방식에 근본적
차이는 없고 용량 증대에 따라 2루프 방식이 경제적 이점이 많음을 설
명했다. 그는 엔지니어 출신답게 원자로 루프를 그려가면서 이야기를
나누었으며, 원자력발전소의 설비 명칭과 원자로시스템에 대해 완벽하
게 꿰뚫고 있어 대화내용은 매우 전문적이며 실무적으로 흘렀다. 그러
나 그는 자세한 실무적 이야기는 동석한 국가경제무역위원회 王忠禹
주임과 절충하도록 배려해 주었다.

약 20분간에 걸친 강 주석과의 대화를 끝내고 왕 주임과 다음날 조

---

1 루프(Loop) : 원자로에서 발생된 열을 증기발생기로 전달하는 냉각재(Coolant) 가
흐르는 配管回路. 웨스팅하우스사나 프랑스 노형은 약 350MW당 한 배관회로를
장착하나 한국 표준형 노형은 용량에 관계없이 2개의 배관회로로 구성된다.

찬약속을 한 후 원래의 내 자리로 돌아온 나는 다시 왕유징 주석 특별 조리와의 화제를 계속했다. 왕 조리는 특히 漢詩^{한시}에 취미가 많다고 했다. 중국 인사와의 대화를 나눌 때 한시를 화제로 삼으면 좋아한다는 사실을 지난번 광동원전과의 관계정립 과정에서 경험한 바 있는 나는 우리나라 한문학과 七言詩^{칠언시}에 대한 소견을 피력하면서 대화용으로 메모해 가지고 간 七言律詩^{칠언율시} '落照'^{낙조}를 왕 조리에게 보여주었다. 이 시는 어사 朴文洙가 장원급제 때 지었다는 한국의 명시로서 '落照吐 紅掛碧山 寒鴉尺去白雲間…'으로 시작된다. 이를 읽어본 왕 조리는 정말 좋은 시라면서 테이블에 돌려보였다. 중국 사절단은 모두가 하나같이 절찬의 말을 아끼지 않았다. 중국인에게 있어 한시의 위력이 얼마나 큰가를 다시 한 번 확인하는 기회였다.

王忠禹 무역경제위 주임

다음날 黃秉泰 주중대사와 함께 중국경제무역위원회 王忠禹 주임과 조찬을 하면서 산동원전 건설 참여문제를 논의했다. 나는 한국전력이 중국당국의 요청으로 작성하여 지난 주 11월 10일에 제출한 '중국원전 기술 및 경제성 검토보고서'에 이런 내용이 소상히 설명되어 있음을 설명했다. 그는 해당 보고서를 검토해 보겠다고 했다. 나는 이 사업을 위한 자금조달계획을 설명하고, 한국전력이 제의한 원전의 발전단가는 1 kWh당 4.02센트로 예상되어 매우 저렴하다는 사실을 광동원전 사장도 평가했다고 말했다. 또한 한국이 개발하는 제3세대 신형로의 개발에 중국과 협력하여 공동의 노형을 갖게 된다면 유럽이나 미국과 차별성을 갖는 아시아권의 독특한 원자로를 보유하게 될 것이란 점을 강조했다. 왕 위원장은 그 자리에서 우리의 대화 내용을 강택민 주석에게 자세히 보고하겠다는 약속을 하며 헤어졌다.

중국 국무원 鄒家華 부총리가 1996년 12월 한국전력을 방문했다.

한국원전에 부정적인 중국 반응

중국의 鄒家華 부총리가 내한하여 1996년 12월 21일 영광원전을 시찰했다. 추 부총리는 상해 출신이고 공과대학을 나온 70세 고령인데도 활기 있고 의욕에 차 있었다. 그는 영광원전 4호기 격납건물 내부까지 돌아보고는 한국의 원자력산업 발전상에 감탄했다. 그러나 한국 표준형 원전은 중국이 추진하는 30만kW급 루프 수를 60만kW, 90만kW 순으로 늘리는 개발전략과는 맞지 않는다는 점을 거듭 주장했다.

이러한 중국의 입장은 핵공업총공사 李定凡^{이정범} 부사장 내한 시에도 확인되었다. 1997년 4월 2일 원자력산업회의 연차대회 참석차 내한한 그는 내가 중국의 원자력발전 모델로 증기발생기 한 대당 300MWe를 고집하지 말고 한국이 채택하고 있는 500MWe로 변경할 것을 권유하자 그는 금세기 중에는 독자모델을 변경하지 않을 것이라고 했다.

이래저래 한국 표준형 원전의 플랜트 수출문제는 역풍을 맞았다. 더구나 원전기술의 중국 진출에 적극적이던 황병태 주중대사가 경질되고, 국내 금융계는 IMF 전야의 정적에 휩싸여 차관 제공문제도 낙관할 수 없는 처지로 바뀌고 있었다. 그렇다고 해서 손을 놓고 구경만 하고 있을 수는 없는 일이었다. 길이 막히면 새 길을 열어야 한다는 생각으로 가득 차 있었다. 중국의 입장이 이같이 애매한 상태에 있을 때 江澤民 주석이 한중 수교사절단에게 공식석상에서 앞으로의 중국원전 국제입찰에 한국이 참여할 것으로 전망되는 희망적인 말을 남겼다.

韓中修交 사절단

1997년 8월 나는 姜慶植 부총리를 단장으로 하는 한중수교 5주년사절단의 일원으로 참여했다. 8월 19일 신포에서 북한 경수로 건설부지 정지공사 착공식을 마치고 함흥 선덕비행장에서 북경으로 직행한 것이다. 한국에서 직접 보낸 사절단에는 姜慶植 부총리를 비롯하여 嚴洛鎔 제2차관보, 許魯仲 대외경제국장, 李泰植 외무부 통상국장, 文憲相 수출입은행장 등이 참가했고, 주중 대사관에서는 鄭鍾旭 대사, 李元炯 경제담당 公使가 합류했다. 강 부총리는 중국과 한국은 현재 외교적으로 뚜렷한 이슈가 없기 때문에 이번 사절단은 원자력 수출문제에 집중하게 될 것이란 점을 사전에 설명해 주었다.

釣魚臺 5호각에서 李嵐淸 부총리와의 첫 번째 회담이 열렸다. 이 자리에는 葉靑 唐家璇 등 경제계획 관계자들이 대거 참석했다. 1992년 8월 한중 수교 후 5년간의 짧은 기간 동안에 교역규모가 엄청나게 많이 늘어난 점에 쌍방이 만족하면서 양국관계가 크게 발전한데 대해서도 공감했다. 중국 측은 시장경제와 계획경제가 서로 강을 사이에 두고 있는 상황에서 시장경제 쪽으로 건너가다 보면 어쩌다 강에 溺死^{익사}하는 기업이 생길 수도 있다고 비유하면서, 중국은 지난 3년간 大豊^{대풍}을 이루었으나 토지 7%를 갖고 세계 인구의 22%를 먹여 살려야 하는 어려움이 있음을 호소하기도 했다.

양국 간의 산업협력분야에는 경쟁보다는 보완할 부문이 많다면서 인력, 에너지, 교통, 통신, 물류 등을 들었다. 특히 에너지 분야는 화력과 수력에 치중하고 있으며 금년 말 三峽삼협댐이 長江장강을 차단하고 湛水담수를 하여 내년부터 발전을 개시하게 되면 전력수급도 호전될 것이라고 예상했다.

姜 부총리는 한중교역이 작년 말 27억 달러나 되어서 기대보다 큰 성과를 거두었음을 설명했다. 또 한국의 경제사정이 매우 좋지 않아 작년에 무역수지 적자가 237억 달러에 달했고 금년에도 160억 달러의 적자가 예상된다면서, 대기업이 과거의 방법을 답습하다 보니 부실화가 심화되고 있다고 했다. 또한 한국은 에너지 자원이 빈약하여 일찍부터 원자력에 치중하여 기술전수와 국산화에 성공을 했다면서 중국과의 협력을 기대한다고 했다.

이어 한국전력 사장으로 하여금 그동안의 한중관계의 원자력협력 상황을 설명하도록 했다. 나는 그동안 한국전력과 중국의 전력공업부 및 山東省 간에 진행한 海陽원전의 보고서 작성과 이를 계획위에 제출한 경위 등을 설명했다. 그러나 李嵐清 부총리는 원전관계에 대해서는 일체의 언급이 없었다.

그런 가운데 공식행사는 끝나고 이어 환영만찬이 있었다. 여러 가지 화제가 오가던 중 정 대사가 나의 북한 경수로 착공식에 다녀온 이야기와 그곳에서 이곳까지 전세기로 어렵게 오면서 1만 6천 달러나 소요되었다는 이야기로 화제를 유도했다. 나는 이 말을 받아 내가 이곳까지 비싸게 돈 들여서 온 것은 오직 이남청 부총리로부터의 원전에 대한 단 한마디 입장을 듣기 위해서였는데 그 한마디가 없어 서운하다고 웃으며 말했다. 그는 이에 화답하여 미안하다면서 다음 원전 국제입찰에 한국을 참여시키겠다고 해서 모두가 함께 웃음을 터뜨렸다.

조어대 10호각에서 8월 21일 오전에 戴相龍 인민은행장을 만났다. 수출입은행장이 배석함으로써 나는 별로 할 역할이 없는 것으로 알았으나 山東省의 海陽원전 건설추진시의 자금조달문제가 화제의 주된 내용이 되었다. 나는 한국 분은 한국수출입은행이 지원할 것이고, 일부 제3국 공급분의 소요재원은 3국에서 조달할 계획임을 밝혔다. 중국공급 분의 재원은 한국이 상업차관을 조달할 계획임을 설명하고 중국이 한국 원전을 수입하면 한국전력 책임하에 모든 재원을 주선할 것이라고 설명했다. 이 회담이 끝난 후 강 부총리는 인민일보 및 중국 CCTV와 연이어 인터뷰를 가졌다.

CNNC와 국가계획위원회

강 부총리 일행과는 별도로 나는 중국핵공업총공사CNNC의 蔣心雄 총경리와 면담했다. 종전에는 늘 조어대에서 만났으나 이번에는 총공사의 회의실에서 만났다. 그는 중국의 원전계획에 들어 있는 4개의 사업은 이미 프랑스와 계약하여 추진중인 광동 嶺奧링아오 2기, 캐나다 AECL이 참여키로 한 秦山 3, 4호기, 遼寧省에 계획되었다가 浙江省으로 옮긴 러시아 공급 원전 2기, 그리고 자체적으로 개발하여 건설중인 秦山 2호기 등이라고 했다. 그 이후 국산화 방안으로 추진할 원전은 경쟁에 의하여 국산화율 차관조건과 가격조건을 종합하여 선정될 예정이며, 입찰안내는 1999년이나 되어야 추진될 계획이라고 했다.

8월 22일 금요일 아침 조어대 구내에 있는 12호각으로 이동하여 국가계획위원회 陳錦華 주임과 조찬회동을 했다. 葉靑 부주임은 이미 만났던 터라 이 자리에는 나타나지 않았다. 이 자리에서도 나는 李嵐淸 부총리, 陳 주임과 원전문제를 놓고 다시 이야기를 나누었으나 후속 원전은 국산화 위주로 추진할 것이며 이때 한국의 참여가 가능할 것이라는 원론적 이야기만으로 그쳤다.

江澤民 주석 再會

사절단은 이날 3시 江澤民 주석과의 면담이 계획되어 있어 그의 집무실이 있는 中南海로 갔다. 호반도로를 따라가 여러 개의 전각 중 한 건물의 접견장소로 안내되었다. 접견장소에는 涵元殿^{함원전}이란 현판이 붙어 있고 계단 아래까지 붉은 카펫이 깔려 있었다.

江 주석은 건물 앞 계단 위에서 우리 일행을 맞이했다. 이 면담에는 우리 일행 중 姜부총리, 嚴차관보, 文행장, 이태식 국장, 그리고 한국전력 사장인 내가 참석했다. 강 부총리의 말에 의하면 국가주석이 문밖까지 나와서 접견하는 것은 의전상 극히 이례적이라고 했다. 그만큼 정중하게 우리 일행을 접견했다는 것이다. 인사를 마치고 계단에 서서 사진촬영을 한 뒤 접견실로 들어갔다.

접견실은 검소한 편이었고 넓지도 않았다. 강 주석은 지난번 방한 시 김 대통령이 환대해 준 데 대해 감사를 표하고 한국인의 근면성과 산업발전 그리고 국산화에 감명을 받았다며 덕담을 했다. 또 국민소득 1만 달러가 되기까지 경제성장의 속도가 괄목한 것에 대해서도 감명 받았다고 했다. 이어 사절단이 전날 중일 전쟁의 역사가 담긴 蘆溝橋^{노구교}에 다녀온 사실에 대해 이미 보고를 받았는지 유난히 역사의식을 강조하는 말을 많이 했다.

중국은 자원이 많고 한국은 자원이 빈한하다고들 이야기하지만 자원이란 인구 1인당의 자원개념이 중요하다는 점을 이야기하면서 국민 소비수준이 올라가서 자원을 낭비하면 자원이란 항상 모자라게 될 개연성이 있다고 했다. 또 강 주석은 서구에서는 시장경제가 자본주의 하에서만 가능하다는 생각을 갖고 있으나 중국은 독특한 사회주의적인 시장경제 모델을 개발하여 지금까지 잘하고 있다며 앞으로도 이런 방향을 견지할 것임을 강조했다.

나는 山東원전의 건설을 위해 한국전력이 稼行性^{가행성} 검토를 공동으

로 수행하고 있다는 설명을 하고, 장차 한국전력이 중국의 원전건설에
도 참여하여 기술전수와 국산화의 경험을 서로 공유하면서 차세대 원
자로 개발도 공동으로 추진할 것을 희망했다. 그러자 강 주석은 과거
전력분야와 원자력연구소에서 종사한 사실을 상기시키면서 한국의 원
자력발전 설비에 대해 보고를 받았으며, 다음 중국의 원자력발전 개발
계획에는 한국이 참여할 것으로 믿는다고 말했다. 그리고 산동원전에
대한 한국전력의 참여 건은 전기공업부 주임과 한국전력 간의 긴밀한
대화를 통해 해결하도록 하겠다고 말했다.

江주석이 지금까지 말한 내용 중에서 가장 바람직한 대답을 확실하
게 들은 것이다. 그는 그날 대화에서 원자력관계 이야기가 나오자 가장
자신 있게, 그리고 가장 많은 시간을 할애하여 주었다. 30분이 지난
후 그는 말을 정리했다. 강 부총리는 강 주석이 계속 시계를 보며 말했
다면서 원자력 이야기를 너무 일찍 시작한 것 같아 처음에는 맘에 걸렸
으나 강 주석의 이야기가 너무 길어져 미리 원전 이야기를 시작하지 않
았더라면 원자력 이야기는 꺼내지도 못할 뻔했다고 소감을 말했다. 어
쨌든 원자력문제가 가장 떳떳하고 덩치도 큰 좋은 대화였다면서 江澤
民 주석에게서 이 정도 대답을 얻어낸 것에 대해 무척 만족해했다.

胡錦濤 중앙위원 내한

1998년 4월 28일 내가 한국전력 사장직에서 퇴임하던 날 공교롭게도
중국의 胡錦濤후진타오 중앙위원이 한국을 방문했다. 그는 외교적 공식활
동과는 별도로 비공식적으로 한국전력 사장을 면담하기를 희망했다.
나는 이미 퇴직한 상황이라 權寧武 부사장이 호텔에 가서 胡 중앙위원
을 만났다. 그는 만나려고 한 한국전력 사장이 아니어서인지 특별히 유
의할 대화 없이 헤어졌다고 했다. 나의 짐작으로는 江澤民 주석이 한
국을 방문하는 胡 중앙위원에게 한국전력 사장 이종훈을 만나서 좀더

진전된 대화를 해 보도록 배려한 것이 아닌가 생각한다.

胡 중앙위원은 그 후에 중국국가 주석이 되었다. 뒷날 생각하니 만약 그때 나와의 만남이 이루어지고 중국과의 제3세대 원전 공동개발의 비전을 정확히 전달했더라면 중국 원전 수출의 길이 의외로 잘 풀렸을 가능성도 없지 않았을 것이란 생각을 했다.

44. 중국 화력발전사업 진출 협의

延吉市 열병합발전소 사업을 비롯하여 석탄수입과 연계하여 건설하려던 사업 등 중국의 석탄화력 발전설비 투자건설 사업은 중국 측에서 먼저 제의한 것이다. 한국전력으로서도 물물교환 형식으로 추진한다면 매력이 있다고 생각하여 이 제의에 심도 있게 접근을 했다. 그러나 중국의 산업기술이 日就月將일취월장 발전하자 발전설비의 중국기자재 사용 의무화 정책 변경으로 한국전력이 기대한 국내 기자재의 수출 메리트는 크게 줄어들게 되었다. 뿐만 아니라 중국 정부의 지지부진한 인·허가 절차로 일이 지연되던 중 한국이 외환위기를 맞으면서 모든 것이 수포로 돌아가게 되었다.

나는 비록 중도에 멈추어진 사업이지만 이를 기록해 두고자 한다. 한국전력이 중국의 대규모 전력사업에 대한 매력 때문에 여전히 중국 시장을 노크하고 있는 현재의 상황으로 보아 실패의 경험도 하나의 교훈과 자산이 될 수 있다는 생각에서이다.

延吉시 열병합발전소 건설 제의

한국전력이 본격적인 해외 마케팅을 시작하던 무렵인 1993년 6월 26일 중국 조선족 자치주 延吉^{연길}시 朴東奎 시장이 내방하여 연길에 열병합발전소 건설을 제의했다. 중국의 석탄화력발전소 진출은 당초 크게 기대하지 않았으나, 이 지역은 조선족 자치주의 중심지이고 지난날 독립투사의 후예들이 모여 사는 지역이란 점에서 관심을 갖게 되었다.

박동규 시장은 이곳은 석탄을 주 연료로 사용하기 때문에 겨울이면 스모그가 시가지 전체를 뒤덮어 호흡기 환자가 많이 발생한다고 했다. 그 해결책으로 20만kW 정도의 석탄화력발전소를 연길 교외에 건설하고 그 발전소의 抽汽^{추기} 1로 지역난방을 하면 좋겠다는 생각에서 한국전력의 투자를 제의한 것이다. 이 열병합발전사업 제의는 延吉熱電공사와 吉林省 能源總公司, 길림성 전력국, 그리고 한국전력이 참여하는 합작방식으로 건설하여 운영하려는 계획이었다.

나는 그 당시 추진하던 광동원전과의 기술협력계약을 체결하고 1993년 12월 22일 북경에 도착하여 중국핵총공사^{CNNC}와의 업무협조를 마친 후 다시 黃秉泰 주중대사를 만났다. 황 대사에게 중국광동핵전력공사 ^{CGNPC}와 CNNC와의 협력업무 개요를 설명하고 연길발전소사업 참여계획에 대해서도 아울러 설명했다. 이에 황 대사는 중앙정부의 비준 없는 프로젝트는 안 하는 것이 좋고, 하더라도 너무 서둘러서는 안 된다는 말을 했다. 또 중국은 한국정부의 지원을 지나치게 기대하는 편이며, 길림성에서는 조선족의 동태에 대해 경계하는 경향도 있으니 유의하라는 말도 했다.

---

1 抽汽(추기) : 증기를 빼낸다는 뜻으로, 화력발전소에서 공업용 증기나 지역난방용의 熱源用으로 운전중인 터빈 중간단계에서 추출해낸 증기를 일컫는다. 흔히 지역난방의 폐열을 이용한다고 하나, 실은 抽汽하면 그만큼 전력생산이 줄어들기 때문에 엄격한 의미에서 폐열은 아니다.

다음날 전력공업부 趙希正 부부장 및 副司長^{부사장}과 면담했다. 趙 부부장은 山西省 성장이 부탁하는 산서성 석탄화력 프로젝트와 연길시장이 상신한 연길열병합발전에 대하여 매우 긍정적으로 생각한다면서 이를 검토하여 국가계획위원회에 상정하겠다고 했다. 그는 이에 앞서 山西화력 관할회사인 華北전력집단 및 연길전력 관할회사인 東北전력집단과 우선 기술협력계약을 맺을 것을 권고했다.

東北전력공사와 연길발전소 입지

연길 열병합발전사업을 협의하기 위하여 1994년 5월 24일 중국 전력공업부를 방문, 査克明 차관을 만나 연길 열병합발전사업 참여의사를 밝히고 적극적 지원을 약속받은 후 다음날 동북전력 사장과의 기술교류협정서 서명을 위해 심양으로 떠났다. 공항에는 동북전력 비서실장 겸 국제협력관이 마중 나왔으며, 동북전력에 도착하니 黃金凱 사장이 우리들에게 깍듯한 예의를 갖추며 따뜻이 환영했다.

黃 사장은 회사현황을 소상하게 설명했다. 중국에는 크고 작은 전력집단이 55개 있고, 동북전력의 공급구역은 120만㎢이며 인구는 1억, 발전소는 49개소, 시설용량은 2500만㎾, 직원 수는 20만 명이라고 했다. 화북전력은 전력이 연합계통인데 비해 동북전력은 완전 분리된 독립계통으로 구성되었으며 주로 화력발전에 의존했다. 동북전력과 기술교류협정서의 서명행사를 가진 후 급전사령실을 시찰했다. 이 시설은 웨스팅하우스사가 설계하고 설치한 현대적 설비로서 매우 잘 운영되고 있었다.

심양의 발전소를 돌아본 후 연길에 도착하니 朴東奎 시장이 직접 공항까지 나와 영접했다. 다음날 연길시와 한국전력 간의 연길 열병합발전소 합영의향서에 서명한 후 오후에 건설 후보지를 답사했다. 입지조건은 나무랄 데 없이 매우 좋아보였다. 우선 전력을 송전하는 데 필요한 변전소가 인접해 있고, 석탄을 수송하는 철도 인입선이 부지 가까이에 있었다. 공업용수도 1~2㎞ 위치에 있었으며 灰捨場^{회사장}도 가까운 구릉지대를 이용할 수 있고, 부지 전체는 밭으로 된 평지여서 정지공사도 용이할 것 같았다. 여러 면에서 여건은 좋은 편이나 다만 연길시가 省^성정부 및 중앙정부를 움직일 수 있을지 그것이 염려되었다.

길림성 정부의 무성의

1995년 1월 18일, 연길에 다녀 온 李鍾弼 부처장은 연길 열병합발전소 사업이 길림성 정부의 무성의로 난항에 봉착해 있다고 보고했다. 차관문제 등을 원활히 추진하기 위해서는 산업은행과 합작투자할 페레그린사의 협조를 받을 필요가 있다는 의견도 덧붙였다.

그로부터 한 달쯤 뒤 페레그린사의 토스^{Tose} 회장이 한국전력을 내방했다. 홍콩에 본사를 둔 이 회사는 해외에 발전소 건설투자를 전문으로 하는 IPP업체로서 산업은행과 합작입찰한 경험을 가진 회사였다. 장차 한국전력이 연길발전사업 계약을 체결하는 데 정부 측과의 교섭경험이 도움이 될 뿐 아니라 차관을 마련하는 데도 크게 도움이 될 것이라고 하여 연길사업에 동참시키기로 했다.

그러나 연길시 발전소사업은 지지부진했고 박동규 연길 시장은 길림성으로 전보되어 떠나가 버리고 말았다. 이후 1996년 5월 6일, 중국 동북전력 張貴行 사장 일행이 기술교류협정에 의한 연수차 내한했을 때 나는 시간을 내어 그들을 만났다. 나는 그들에게 중국 연길시와 합작으로 추진하는 열병합발전사업이 3년 동안 별 진척이 없으며, 그런데도 최근에는 길림성이 320㎞의 송전선 건설비까지 투자할 것을 요구하고 있어 사업중단을 심각하게 고려하고 있다고 밝히면서 문제해결을 위해 지원해 줄 것을 요청했다.

곧이어 10일에는 연길시의 丁榮泰 신임시장 일행이 회사로 내방했다. 나는 그들에게 연길 열병합발전소 건설이 중국 길림성과 동북전력, 중앙정부들 간의 업무관할과 책임문제로 진척이 없다는 점을 토로하면서 협조를 구했다. 丁시장은 그런 줄 모르고 있었는데 미안하다면서 귀국하면 내용을 확인하여 적극 추진할 것을 다짐했다. 그러나 그 뒤에도 연길시 측은 어떤 회신조차 없었다.

연길사업의 종결

1998년 3월 9일, 결국 한국전력은 그동안 끌어온 연길 열병합발전소 건설사업을 종결처리하기로 했다. 당시 상황은 겨우 길림성의 稼行性^{가행성}(사업타당성) 연구보고서를 심사위에 회부하게 되었으나 1997년 8월 시달된 중국 중앙정부의 '소규모 화력발전 통제지침'에 따라 규제가 강화됨으로써 한국기자재의 수출가능성마저 거의 없어지게 되었다. 사업비의 추가부담과 투자비 회수에 대한 불투명성 등으로 사업 계속이 어려워진 것은 물론 실익도 없어져 더 이상 기대할 것이 없어지게 된 것이다.

돌이켜 보면 북경을 방문했을 때 황병태 대사가 말한 대로 중국에서의 전력사업이 매우 어려울 것이라는 우려가 현실로 다가왔다. 그러나 한국전력은 이 사업을 통하여 중국 전력계와 교분을 갖게 되었고, 이를 계기로 중국 전력시장의 진출기반을 조성하는 데는 도움이 되었으리라 믿는다. 또한 해외사업 추진체제의 정립과 역량 강화에도 이바지할 수 있었다고 생각하면서 앞으로의 대중국사업에 좋은 참고가 되기를 기대할 뿐이다.

석탄화력 건설사업

중국의 석탄화력 건설에 대한 논의는 1994년 5월 24일 CNNC와의 업무협의차 북경에 들렀을 때 중국전기공업부의 査克明 차관을 만나면서 시작되었음은 앞에서 언급한 바 있다. 査차관은 건축학과 출신의 엔지니어로서 그는 이미 한국의 전력계와 전력산업의 능력에 대해 많은 예비지식을 가지고 있었다. 그는 연길 열병합발전소 건설사업에 적극 지원할 것을 약속하면서 한국의 표준석탄화력 발전설비인 50만kW급 석탄화력발전소에 많은 관심을 가지고 있었다.

그는 한국의 석탄화력 실태를 비교적 자세히 알고 있었으며 내용과 성능 및 실적을 높이 평가하면서 한국 표준석탄발전소 2기를 山西省에 BOT방식으로 건설하기 위한 사업에 큰 관심을 표명했다. 한국이 컨소시엄으로 직접 발전소를 건설, 운영하되 건설비는 석탄으로 지불하는 방안을 제시했다. 저녁에 대사관저로 황병태 주중대사를 찾아가 사극명 차관을 만난 내용을 전하고 협조를 구했더니 의외로 탐탁지 않은 표정을 지었다. 석탄화력도 연길 열병합발전사업과 마찬가지로 리스크가 너무 커 여러 외국기업들이 BOT 참여를 꺼리고 있는데 한국전력도 이 점을 잘 참작하여 신중을 기해야 할 것이라고 진심어린 조언을 했다.

華北전력과 기술협정

이어서 화북전력 焦億安 사장을 방문했다. 초 사장은 天津 근처 자징화력 3, 4호기를 한국 표준석탄발전소와 동일한 50만kW 설비로 건설하고 싶다면서 이 프로젝트에 한국의 참여를 희망했다. 그들은 한국전력 설비에 대하여 신뢰감을 갖고 있었고, 계약방식도 황 대사가 걱정하는 BOT방식이 아닌 프로젝트 베이스 발주여서 일단 검토를 해보기로 했다. 중국 측은 외자도입에 정부가 보증을 해 주지 않으나 그들의 경우는 프로젝트 자체를 정부가 비준한 것이어서 외자조달에 정부보증과 동일한 효과가 있다고 설명했다. 그러나 나는 정부보증 유·무에 따라 국제차관이나 채권에 이자 차이가 크고 그 이자의 지불은 결국 건설공사비의 증액요인이 된다는 점을 환기시켜 정부보증을 이끌어낼 것을 권고했다.

나는 일단 석탄화력발전소 건설 프로젝트의 상담문제는 뒤로 미루고 이날 한국전력과 화북전력 간 전력기술교류협정을 체결했다. 그들은 한국전력과의 기술교류협정 체결행사를 위하여 회의실 내장공사도 새로 했을 정도로 이번 서명식에 큰 기대를 거는 것 같았다.

고위층과의 연쇄 접촉

나는 중국의 원자력발전소 건설문제와 화력발전소 건설문제를 협의하기 위해 1995년 10월 23일 중국 국가계획위원회 부주임 葉靑을 만나 1시간 반 동안 산동성 원전문제를 논의했다. 그 결과 江澤民 주석의 한국 방문 시 김영삼 대통령과의 회담 후 공동발표문에 한국의 원전을 산동성에 건설하는 내용이 언급되도록 건의하겠다는 부주임의 언질을 들었다.

다음날 10월 24일 중국 핵공업총공사를 예방하여 蔣心雄 회장을 면담한 나는 산동원전에 대한 의견을 교환했으며, 저녁에는 전력공업부 史大禎 장관이 초대한 만찬에 참석했다. 史장관은 이 자리에서 지난 7월 한국 방문 시에 한국의 화력발전소 건설실적과 운영실태에 많은 감명을 받았다면서 한국전력이 중국의 화력발전소 건설에 적극 참여해 줄 것을 요망했다. 그리고 山東省 海陽원전 진출문제도 긍정적으로 평가하고 있으며, 이 사업의 성공을 위해 적극 협력하겠다고 했다.

다음날은 史장관이 주선하여 중국의 유일한 경제지인 經濟新聞의 房隆德 부주임 및 王忠, 趙槿 기자와 인터뷰를 겸한 조찬을 하면서 한국의 전력성장 역사와 실정 등을 소상히 설명했다.

에이전트 협약

어느 상거래나 마찬가지이지만 중국의 전력사업 진출을 위해서는 무엇보다 현지의 에이전트가 필요했다. 1995년 1월 21일, 중국을 상대로 사업하는 동진인터내셔널의 金聖奎 회장 소개로 鄧小平의 사위인 張宏^{장홍} 박사와 蕭蔓子^{샤오만즈} 사장이 한국전력을 내방했다. 중국 고위층과 폭넓은 교분이 있는 장 박사는 중국산 석탄 수입과 연계시켜 한국전력의 해외전력사업 진출에 관심을 표명하면서 중국에 화력발전소를 건설하는 문제와 원전을 수출하는 문제에 대해 여러 가지 의견을 제시했다. 한편 나는 당시 중국 내에 실력 있는 에이전트를 찾고 있었던 터라 그동안 한국전력을 도우는 일에 여러 가지로 앞장서온 샤오 사장에게 에이전트 역을 맡아주면 좋겠다는 의향을 제시했다.

1995년 11월 28일, 중국 산동성 海陽원전 건설을 위한 경제성 및 기술성 조사내용 보고를 위해 한국전력 직원과 관련회사 직원 17명이 중국으로 출발한 며칠 뒤 김성규 동진 인터내셔널 회장이 나를 찾아와 중국에 다녀온 결과를 알려주었다. 중국에서 張宏 박사를 만났더니 그는 그동안의 진전상황을 전해주면서 중국은 江주석의 한국방문을 매우 흡족해하며 양국관계의 전망을 밝게 보더라고 했다. 또한 장 박사는 강주석의 방한 직전에도 그와 만나 한국의 원자력산업에 대하여 대화를 나누었다고 했다. 그동안의 여러 정황으로 미루어 이들을 에이전트로 계약하는 것이 좋겠다는 생각을 다시 한 번 굳히게 되었다.

1996년 3월 29일, 동진의 金聖奎 회장이 북경 출장에 앞서 에이전트로 활약하는 蕭蔓子 사장과의 대가 지불문제를 협의해 왔다. 한국전력은 국영기업으로서 에이전트 활동을 지원할 현금지급이 어려운 만큼 대신 샤오가 알선하는 중국의 석탄을 수입하겠다고 했다. 우선 1996년부터 연간 30만 톤을 수입하고, 1996년 중 50만kW급 석탄화력 2기의 건설계약이 이루어지면 그 시점부터 1998년까지 매년 100만 톤의 석탄

한국전력 北京사무소를 개설하는 자리에서 趙泰衡 소장과 가져간 휘호를 함께 들어 보이고 있다.

을 수입하겠다고 제의했다. 또 100만kW급 원전 2기의 건설계약이 성립 되면 연간 200만 톤의 석탄을 10년간 수입하겠다는 안을 제시했다.

이 안은 뒷날 샤오 측 요청에 의하여 화력발전소 수출에 성공하면 120만 톤씩 2년간 수입하고, 원전 수출이 성공되면 200만 톤으로 늘리 는 것으로 합의했다. 1995년부터 한국을 위해 열심히 노력해온 보상차 원에서라도 이 정도의 혜택을 주면서 계속 이들을 활용하는 것도 괜찮 은 일이라고 생각했기 때문이다.

北京사무소 개설

중국정부와의 접촉은 주로 주중 한국대사관과 연결 지어 접촉할 수 있었고 또 한편으로는 에이전트인 샤오 사장을 통하여 정부고위층에 메시지를 전달하기도 했다. 그러나 중국이 개방정책을 표방하면서도 사회주의 체제하의 경직된 여러 제도로 인하여 중국 내에서의 활동에는 어려움이 뒤따랐다. 당시에는 연길 열병합발전소 사업과 500MW 화력발전소의 진출, 秦山원자력 기술용역사업 등이 추진되고 있었고, 중국 원전시장의 진출도 가시권에 들어와 있어 현지 연락사무소 설치가 시급하게 되었다.

1995년 8월에 북경사무소 개설문제가 이사회에서 통과됨으로써 10월 15일 원자력 직군 趙泰衡을 소장에 임명하고 주재원 3명을 상주시키는 사무소를 개설했다. 1996년 2월 6일 한국전력의 북경사무소 개소식을 조촐하게 치르는 자리에서 '協力繁榮環黃海 電力興隆通四海'라고 쓴 휘호 액자를 전해 주었다. 이어 북경사무소 개소를 알리기 위해 전력계와 원자력계 및 정부 관계관을 초청한 리셉션과 만찬 모임을 가졌다. 金光東 주중 대리대사가 참석했고 중국 측에서는 전력공업부 査克明 차관과 CNNC 李玉崙 부총경리, 그리고 경제기획위원회 부부장 등이 참석했다.

山西省 석탄화력 발전사업

山西省 발전사업은 중국 산서성 전력국과 한국전력, 그리고 미국의 Palmco사의 합작으로 산서성 左權에 석탄화력발전소 50만kW급 2기를 건설하여 운영하는 사업이다. 투자비 회수는 산서성 석탄을 求償貿易ᵍ상무역하는 형식으로 추진키로 했다.

1996년 2월 28일, 중국 산서성 당서기 胡富國 일행이 방한하여 좌권 화력사업에 한국이 참여해 줄 것을 정식 제의함으로써 이 사업을 공식화했다. 그리고 7월 26일에는 卞學海 전력국장이 내한하여 이 사업협력에 관한 회의록에 서명했다. 같은 해 10월 29일에는 화북전력 谷永良 부사장이 사원 8명과 함께 기술협력회의 참석차 한국에 다녀갔고, 1997년 4월 21일에는 전력공업부 趙希正 차관 초대로 중국 조어대 팔방원에서 CNNC 蔣心雄 총경리 및 화북전력 焦億安 사장 등과 만찬회동을 가졌다.

사업은 이렇게 잘 진척되는 듯했다. 그런데 어느 시점에선가 중국 중앙정부가 전력수급에 여유가 있다는 이유로 제동을 걸기 시작했다. 투자보수율 및 최소 구입전력량 보장 불가, 60만kW급 이하 발전설비의 중국기자재 사용 권장 등 사업추진 여건이 갈수록 악화됨으로써 사업은 중단될 수밖에 없었다.

山東省 석탄화력 발전사업

전력공업부 趙希正 차관의 지원 약속을 받고 1996년 4월 22일 중국 山東省 신규 화력발전사업 교섭을 위해 산동성 濟南에 도착했다. 산동전력국 부국장의 마중을 받아 齊魯賓館에 도착하니 李春亭 산동성장과 劉振亞 전력국장 겸 산동전력 사장이 반갑게 맞이하여 만찬을 나누었다. 이 산동성은 중국에서 경제활동이 가장 활발하고 한국업체도 가장 많이 진출해 있어서 상주 한국인이 1만 7천 명이나 된다고 했다.

李 성장은 한국전력과 산동전력국이 합작하여 산동성 전력문제 해결에 도움을 주기 바란다고 역설했다. 그리고 산동전력공사의 유 사장은 북경에서 당 간부 연수교육 중인데도 나를 만나기 위해 제남에 왔다며 다음날 아침에 조찬회동을 갖자고 했다. 그들이 구상하는 합작회사는 석탄발전소의 건설과 운영뿐 아니라 光通信網(광통신망) 설비의 설치 운영, 해외사업 공동 진출, 발전설비의 제조 등 여러 가지 원대한 계획을 가지고 있었다. 발전소 건설 부지로는 接庄화력, 濱洲화력, 濟寧화력 등 몇 개의 안을 제시했으며 합영의향서를 작성하여 한국전력에 보내겠으니 적당한 사업을 골라 합작회사를 설립하자는 데 의견을 같이했다.

경영권 없는 투자

1997년 8월 4일, 산동에서의 사업진척을 위해 한국전력 실무진이 산동성 제남에서 산동전력 관계자와 실무협의를 가졌다. 한국전력은 한국 표준석탄화력 50만㎾ 2기를 한국전력 주도로 건설하는 방식을 제의했다. 그러나 산동전력은 한국산 설비의 도입을 전제로 하기는 곤란하고 추후 경쟁입찰을 통하여 설비를 결정해야 하며, 산동전력이 51% 이상의 출자로 경영권을 주도해야 한다고 주장했다. 또 재원조달도 프로젝트 파이낸싱 방식이 아닌 각자의 지분비율대로 조달하자는 입장이었다. 한국전력이 발전소의 경영권도 갖지 못하고 한국의 발전설비 기자재 수출에도 기여하지 못하는 사업이라면 굳이 중국에 자본만 투자할 명분이 없어진다. 나는 이러한 우리 측 입장을 고수하면서 중국과 협의하도록 가이드라인을 주었다. 그러나 양사는 결국 진전된 합의를 도출해내지 못한 채 대화를 중단하고 말았다.

이에 앞서 1997년 4월 북경에 도착했을 때 나는 중국 내 에이전트인 샤오 사장의 영향력이 등소평 사후에 현저히 감소되고, 따라서 우리 주장도 관철되기 힘든 상황임을 어렴풋이 감지했다. 우리는 중국의 이런 주장을 수용할 수 없어 시일을 끄는 동안 1997년 말 한국의 외환위기가 몰아닥쳐 해외사업이 전반적으로 중단되면서 이 사업도 추진을 포기하게 되었다.

45. 인도 화력발전사업 진출 노력

　김영삼 대통령의 세계화 선언에 따라 나라 사이에 거리가 가까워지고 국경의 문턱이 낮아져 정상 간 세일즈 외교는 물론, 민간 차원의 인적 물적 교류도 빈번해졌다. 특히 우리나라는 자원빈국으로서 에너지 자원을 포함한 원자재 확보와 제품 및 기술의 수출이 절박한 만큼 정부도 기업도 세계시장을 향하여 활로를 개척해야 했다. 내가 한국전력 사장에 부임하여 해외사업의 추진을 천명한 것도 이러한 이유에서였다.

　한국전력의 해외사업이 本軌道본궤도에 오르자 세계의 전력사업자들 관심은 한국으로 쏠렸다. 나는 해외사업을 추진하면서 반드시 한국전력이 경영권을 확보해야 하고 우리 책임하에 설계하며 국내 기자재를 수출하여 건설해야 한다는 원칙을 철저히 지키도록 했다.

　많은 나라와 상담이 오가고 일거리가 모여든다는 것은 매우 고무적인 일이다. 그러나 모든 해외사업이 다 양질의 사업일 수만은 없다. 특히 국제 비즈니스 마인드가 미약한 사회주의 국가이거나 판매망과 가격이 보장되지 않은 전력사업은 실패를 초래할 우려가 있어 신중에 신중을 기해야 했다.

인도의 重水구입 인연

인도는 전력요금이 국가의 강한 통제하에 있어 매력적인 시장은 아니었다. 따라서 한국전력은 인도시장 개척에 대해서는 관심을 갖지 않고 소극적으로 검토만 하고 있었다. 그런 중에서도 1995년에 월성원전에서 사용할 重水^{중수}를 구매하면서 공급선의 다변화를 위해 인도에서 일부 도입한 일이 있었다. 이를 계기로 인도 정부는 한국전력에 대하여 상당한 호의를 가지게 되었다는 보고를 들은 바 있었다.

이런 차에 그해 10월 16일 인도 전력부의 N. K. P. Salve 장관과 Baijal 국장, Dua 국장, Singh 전력회사 사장으로 구성된 인도 전력사절단 일행이 한국전력을 내방했다. 그들은 인도의 어려운 전력사정을 설명하고 한국전력이 인도에 발전소를 건설하여 운영해 줄 것을 요청했다. 그러나 인도의 전력요금이 해외투자를 유치하기에는 너무나 저렴하고 특히 농업용 전력요금은 거의 무료나 마찬가지여서 인도 진출문제는 매력적 대상이 되지 못했다. 그러나 한국에서 조사단을 파견해 주기를 강력하게 요청하기에 나는 일단 고려해 보겠다는 언질을 주었다.

인도 통상장관

1995년 11월 11일 인도 P. Chidambaram 통상 장관의 한국 방문에 즈음하여 朴在潤 통상산업부 장관이 주최하는 만찬이 여의도 63빌딩 가버너스 챔버에서 베풀어져 나도 이 자리에 초대받아 참석했다. 이 자리에는 주한 인도대사, 대우중공업의 尹英錫 사장, 韓永壽 통상무역국장 등이 합석했다. 인도 통상장관은 인도의 전력사정이 매우 어렵다는 현실을 설명한 후, 한국전력이 인도에 발전소를 건설하여 일정기간 전력을 공급하여 투자비를 회수한 후 인도에 넘겨주는 BOT 방식의 투자를 강력히 희망했다.

그 전달에 내한했던 인도 전력청 장관도 이 같은 요청을 하면서 나의 인도 방문과 시장조사를 제의한 바 있었는데, 통상장관 역시 같은 맥락에서 나의 인도방문을 초청했다. 옆에서 듣고 있던 박 장관도 나에게 한번 다녀오는 것이 좋겠다고 권했다. 그래서 언젠가 한번 다녀와야겠다고 생각하던 차에 그 뒤 생각잖게 대통령의 인도 순방계획이 발표되고 수행경제인단에 한국전력 사장이 포함됨으로써 자연스럽게 인도를 방문할 수 있는 길이 열리게 되었다.

대통령 인도 巡訪

1996년 2월 청와대로부터 인도 방문준비를 하라는 연락이 왔다. 주한 인도대사의 요청이 있었다는 배경설명도 있었다. 해외사업처가 조사한 바에 의하면 인도의 전력사업에 진출할 수 있는 사업으로는 현재 건설이 중단상태에 있는 파니파트화력발전소 건설 再開제개를 인도 HCL사와 공동으로 추진하는 사업과, 인도의 현안과제인 전력난 해소와 전력손실 감소대책을 강구하기 위한 프로젝트에 한국전력이 참여할 수 있을 것이라는 정도의 내용이었다.

나는 1996년 2월 24일 대통령 인도 공식방문 수행 경제인단의 일원으로 인도에 도착했다. 다음날은 공식만찬 이외에 특별히 잡힌 일정이 없어 경제인단 일행은 주변의 관광지를 돌아볼 시간적 여유가 있어 버스로 여정에 올랐다. 노변에는 남루한 차림의 군상들이 게으르게 움직이고 아무렇게나 돗자리를 깔고 누워있는 모습도 많았다. 신성시하는 소 떼는 앙상한 모습으로 대로를 배회하고, 州주의 경계를 넘을 때마다 出入境출입경 수속에 몇십 분씩 시간을 낭비하는 등 여행경로가 매우 불편했다.

어느 한곳에 다다르니 차량이 4차선 왕복도로를 모두 한 방향으로 막고 있어서 꿈쩍하지 않았다. 안내자의 설명에 따르면 농민들이 노상

시위를 하고 있다는 것이다. 이유는 몇 시간 전에 쏟아진 우박으로 많은 피해를 입었으니 이의 피해를 빨리 보상해 달라면서 도로를 점거하고 방화를 하고 있다는 것이다.

군대가 출동하여 한 시간 남짓 후 겨우 진압을 시켰으나 꽉 메워진 차량 행렬로 서로가 오도 가도 못하는 형편이 되었다. 점심시간이 되었으나 먹을 것도 마실 것도 없어 참고 기다렸지만 길이 다시 뚫릴 전망은 전혀 보이지 않았다. 그러나 일행은 다행히 한국중공업 봄베이 지사장의 도움으로 기지를 발휘하여 겨우 그곳을 빠져나올 수 있었다. 즉 2㎞ 떨어진 간이 기차역에 급행열차를 비상정지토록 교섭한 끝에 간신히 수도로 돌아와 인도 대통령이 주재하는 리셉션에 힘들게 참석할 수 있었다. 기본이 제대로 되어 있지 않은 나라에서 우리식으로 생각하고 움직였다가 자칫 수행경제인단 전원이 만찬장에 불참하는 불상사가 일어날 뻔 했다.

인도의 電源 개발사업

당시 인도와는 한국전력과 삼성건설이 합동으로 HCL사와 합작회사를 만들어 파니파트화력발전소 6호기에 참여하기로 교섭중에 있었다. 인도 방문중 나는 HCL 사장과 2월 26일 조찬회동을 가졌다. 그는 이 자리에서 전력부족이 심각한 상태인데도 재원부족으로 전원개발을 못하고 있다면서 파니파트화력발전소 6호기 프로젝트에 한국이 꼭 참여해 줄 것을 강조했다.

이어 인도 통상부 장관을 예방한 자리에서는 파니파트화력 건설 재개문제에 대해 협의했다. 통상장관은 한국전력의 자본참여로 발전소 건설을 재개한다면 모든 편의를 제공할 것이며 합작 파트너도 소개하겠다고 했다. 그 뒤 이 파니파트 화력 6호기 건설 프로젝트는 김영삼 대통령과 라올 인도 총리와의 정상회담에서 양국 간 추진될 중점 프로젝트로 선정되었다.

이날 오찬은 대통령이 참석한 가운데 인도의 경제계 3단체와 한국 및 인도의 기업인들이 자리를 같이했다. 김 대통령의 韓印^{한인} 경제협력에 대한 인사말에 이어 몇 차례 건배를 나누면서 양국 간의 친목을 다졌다.

라울 총리 비서실

같은 날 오후에는 총리공관을 예방하여 비서실장을 만났다. 그날 4시에 김 대통령이 라울 총리를 예방하게 되어 있어 총리 집무실 근처는 삼엄한 경계가 펴져 있었다. 비서실장은 총리께서 한국전력의 인도 重水^{중수}구입과 발전사업 참여계획에 대하여 매우 고맙게 생각하고 있으나 오늘 김 대통령 접견관계로 나를 따로 만나지 못하여 죄송하다는 말을 전했다고 알려주었다.

비서실장과의 회의가 끝나고 대통령 궁 맞은편에 있는 원자력위원회를 예방했다. 위원장은 한국전력이 관례를 무시해가면서까지 월성원전에 사용하는 중수 일부와 인도 산 지르코늄을 수입해 준 데 대해 감사하면서 앞으로도 인도의 重水爐^{중수로} 부품을 수입해 줄 것을 희망했다. 저녁 늦게는 전력공업부 장관을 예방했다. 그는 국영발전회사인 DVC^{Davoda} ^{Valley Corp.}사에서 현재 운영중인 220MW 발전설비와 110MW 발전설비의 성능을 진단하고 복구 후 운영하는 문제에 대해 한국전력이 도와줄 것을 제의하였다. 또한 이미 타당성 검토를 끝낸 신규 그린필드 프로젝트1 (500MW × 2기)에 한국전력이 50~100% 규모의 투자를 해 줄 것을 희망하면서 조사단 파견을 요청했다. 이밖에도 동시에 여러 사업에 대한 요청을 받은 나는 3월 중 실무진을 파견하겠다고 약속했다.

---

1 그린필드 프로젝트(Greenfield Project) : 발전소를 건설하는 프로젝트가 기존발전소 부지가 아닌 완전히 새로운 부지를 개발하여 건설하는 사업.

기술협력 협정 체결

인도에서 귀국한 후 나는 곧바로 沈昌生 대외전력사업단장으로 하여 금 팀을 짜서 인도 현지를 조사토록 조치했다. 이들 조사단은 인도 중 앙정부 산하의 화력발전공사NTPC: National Thermal Power Corp. 와 송전망공사 PGC 및 DVC사 등과 전력분야의 상호 인적 교류 및 정보교환을 위한 기 술협력 협정을 체결할 것에 합의했다. 그리고 1996년 3월 29일에는 뉴 델리에서 한국전력의 심 단장과 인도 중앙정부 전력부 아브라함 차장 간에 전력사업 상호협력을 위한 양해각서MOU를 체결하고 돌아왔다.

이 합의각서에 따르면 신규 대용량 화력발전소 건설 후보사업으로 남부 Tamil Nadu주에 Kovalam 신규 발전소(500MW × 2기) 건설을 추진 하고, 동부 West Bengal주에는 Maithon 신규 발전소(210MW × 4기)와 Meijia 신규 발전소(210MW × 2기)를 인도정부 지원 아래 건설하는 내용 을 포함하고 있었다.

그 후 1996년 8월 HCL사를 방문하여 사업추진 현황 등을 협의하려 하였으나 인도의 총선거 이후 Haryana주의 주지사와 전력청장의 교체 로 동 사업의 최종낙찰자 결정이 지연되어 1997년 2월 초로 연기되었 음을 보고받았다.

외환위기로 사업 중단

인도가 추진하는 발전소 운영사업 및 노후발전소의 설비개선사업으 로는 국영 DVC 산하 Chandrapur 발전소와 Bokaro A 발전소 등 10기 의 발전설비를 대상으로 하고 있었다. 한국전력은 한국형 500MW 표준 석탄화력발전소를 건설할 수 있는 기회로 생각하고 이에 적극적으로 접근했다. 그러나 인도 측 실무진들과의 접촉 결과 나타난 그들의 사업 추진 의지는 예상외로 소극적이었다. 결국은 어떤 성과도 보지 못하고 사업이 중단되는 사태에 이르게 되었다.

파니파트화력발전소 6호기 건설 프로젝트는 김영삼 대통령과 라울 인도 총리와의 회담에서 관심 프로젝트로 선정되기도 한 사업이었으나 인도 현지사업주인 HCL사 측이 재정문제로 사업추진이 어려움을 호소하여 왔고, 한국전력과 삼성도 외환위기로 인해 해외사업에서 철수할 형편이어서 양사 합의하에 사업을 중단시키기로 한 것이다.

또한 인도의 BPL사 라마군담Ramagundam 석탄화력발전소(260MW × 2)와 코르바Corva 석탄화력(535MW × 2)의 운전 및 정비사업도 한국전력이 맡기로 하고, 1998년 3월 계약을 체결하기로 합의하여 준비중이었으나 이 또한 외환위기가 문제되어 인도 측에서 취소를 통보해 왔다. 국가가 부도위기에 처했다는 소문은 국제사회에 일파만파가 되어 한국을 일시에 강타한 것이다. 이로써 인도에서의 사업추진은 모두 허사가 되고 말았다.

46. 밀려오는 전력사업 海外進出 기회

　나의 한국전력 사장 재임중 해외진출사업을 적극 추진하여 성공한 사례도 있었지만, 역으로 한국전력의 해외사업 진출정책에 관심을 갖고 적극적으로 투자와 진출을 요청한 국가들도 많았다. 나는 이들 나라의 제의를 검토한 후 정중하게 거절했거나 또는 사업성이 없어 그만둔 프로젝트가 여러 건 있었다. 1992년 내가 KOPEC사장 재임중에 있었던 러시아의 나호드카^{Nakhodka} 지역 한국공단의 발전소 건설사업 관련 내용은 별도 2부 15장에서 이미 다루었고, 한국전력 사장 재임중과 그 전후의 중국, 필리핀, 베트남, 인도 등 국가에 대한 진출 기회도 앞 장에서 다루었다. 그러나 이외에도 인도네시아, 루마니아, 코스타리카, 레바논, 에콰도르, 터키 등 국가에서도 한국전력의 진출요청이 있었으나 실현되지 않았다. 다만 참고로 기록에 남겨두는 것이 추후 우리나라의 전력사업과 관련한 해외사업 진흥에 도움이 되리라 생각되어 여기 소개한다.

인도네시아와 원자력협력 협정

　동남아 여러 나라들의 경제가 급속도로 발전함에 따라 어느 나라 할

470

것 없이 전력수요가 급증하고 공급부족으로 허덕였다. 흡사 한국이 1960년대와 1970년대 초에 겪었던 현상과 비슷했다.

나는 전력사업 해외진출 두 번째 사업대상으로 인도네시아를 택했다. 필리핀처럼 시장접근이 비교적 쉬운 나라일 것으로 생각한 점도 있었지만, 원자력발전도 다른 나라보다 앞서 도입할 나라로 예측하고 접근했다. 1995년 9월 IAEA가 주관하는 원자력 워크숍Project Engineering Workshop에 참석하여 한국의 원전산업 건설 및 운영 현황을 소개하면서 인도네시아에 관심을 촉구했다. 그 후 1996년 8월에는 한국의 원전산업을 소개하기 위한 워크숍을 개최하여 현황 전반을 소개하고 한국 표준형 원전 KSNP의 제원과 그 운영의 우수성을 설명했다. 또 인도네시아의 원자력청인 BATAN과의 협력방안과 한국의 원자력 기술자립 과정 모델을 제시하는 등 다각적 노력을 기울인 결과 1996년 11월 26일에는 인도네시아의 수도 자카르타에서 인도네시아 원자력청과 원자력 협력협정 서명식을 갖게 되었다. 이때 마침 나는 김 대통령의 마닐라 APEC회의 수행경제인단의 일원으로 참석했다가 하루 시간을 내어 서명행사를 하게 되었다.

당시 부임한 지 얼마 안 된 원자력청장 수브키Subki 박사는 학자풍의 신사였다. 서명식에 앞서 나는 청장에게 한국 표준형 원전과 관련하여 영광원전 3, 4호기의 성능 우수성을 IAEA가 직접 확인했다는 점과 건설비도 비교적 경제적이라는 점을 역설했다. 또한 원자력발전소의 건설은 단순히 전력공급의 안정에 그치지 않고 국내 관련산업의 육성과 품질수준 향상 등에 크게 이바지한다는 점을 한국의 예를 들어 설명했다.

협력협정 서명 후 수브키 청장의 안내로 이들의 시험용 원자로설비인 30MW의 시험로를 시찰했다. 1986년에 준공된 이 원자로를 통해 인도네시아는 이미 많은 인력을 양성했고 상당 수준의 기술을 축적하고 있었다. 우리 일행이 현장에 도착했을 때 이 원자로는 동위원소 생산을 위하여 20MW로 운전중이었다.

표준원전 합동설명회

이어서 나는 인도네시아의 원자력청장을 한국에 초청했다. 그리고 인도네시아에 100만kW 원전 2기를 건설할 경우 필요한 예산과 조달방법, 그리고 대금을 천연가스로 상환하는 방법 등 여러 가지 기술사양 내용을 작성하여 이 나라에서 한국전력 및 관계회사 합동설명회를 가지기로 했다.

그 후 인도네시아에서의 합동설명회를 준비하고 있을 때 이 정보를 듣고 ABB-CE사의 뉴먼^Newman 사장이 한국전력을 찾아왔다. 나는 그에게 인도네시아 원전입찰에 CE사가 참여할 것인지의 여부를 알려주면 한국전력이 CE사와 공동 진출하도록 노력할 것이고, CE사가 참여하지 않으면 캐나다 AECL과 합작하여 참여할 것임을 천명했다. 한국전력은 이제 세계적 기업인 CE사나 AECL과 대등한 입장에서 해외사업 진출을 협의하고 경쟁하는 실력을 갖추게 된 것이다. 국내 전력사업에만 안주하던 1990년대 초에 비하면 몇 년 사이에 이루어진 실로 놀라운 변화였다.

한국전력은 1997년 7월 10일부터 2일간 자카르타에서 한국 표준형 원전인 OPR-1000 건설추진 관련사 합동설명회를 개최했다. ABB-CE와 KOPEC, 한국중공업 등 5개 회사가 공동 참여한 이 설명회에서 한국전력은 주요관계자를 대상으로 OPR-1000의 설계사양 및 운영 경험과 건설비용 및 재원조달방안 등을 전반적으로 설명함으로써 많은 호응을 받았다.

그러나 이 노력 역시 그해 하반기부터 동남아를 휩쓴 외환위기로 좌절되어야만 했다. 인도네시아도 추진할 형편이 못되었지만 한국전력 역시 마찬가지 사정이었기 때문이다.

루마니아 중수로

루마니아와의 전원개발 협력문제는 안기부의 소개로 루마니아 정부의 정보부장 일행이 1995년 11월 17일 한국전력을 방문하면서 관계가 이루어졌다. 루마니아는 1970년대 말 캐나다와의 원자력협정에 따라 캐나다의 중수로발전소CANDU-6 5기를 체르나보다Cernavoda에 건설하기 시작했다. 그러나 1989년 동구권의 민주화 열풍으로 혁명이 일어나 그해 12월 25일 차우셰스쿠가 총살되고 1990년에는 민주화를 이루게 되었다.

새로 들어선 정부도 발전소 건설은 계속 추진했다. 1991년 당시 중수로 1호기가 절반쯤 완성되고 주요 기자재가 이미 발주되었기 때문에 정부의 지급 보증하에 캐나다와 이탈리아에서 차관도입계약을 체결했다. 1호기 건설 및 공정관리 업무를 캐나다의 AECL과 이탈리아의 Ansaldo 컨소시엄으로 이관하여 1996년 3월에 준공할 예정이었다. 그러나 2~5호기 프로젝트는 유보상태에 있었다.

이러한 시기에 루마니아 정보부장 일행이 한국전력을 찾아온 것이다. 그들은 건설하다가 중단된 중수로 체르나보다 원전 중 2기의 건설공사를 한국전력이 인수하여 완공해 주기를 희망했다. 2호기는 주요기기가 현장에 반입된 상태에서 약 7억 달러의 자금이 소요되는데 그 반을 루마니아 정부가 부담하고 나머지 반을 한국전력이 부담하여 완성시켜달라는 것이었다. 한국전력은 이에 대해 루마니아 정부의 공식요청이 있으면 캐나다 AECL과 협의하겠다고 했다. AECL이 찬동한다면 우리 기술진을 보내 우리가 할 수 있는 일과 소요자금, 자금조달 방안 등을 수립하여 정부와 협의하겠다는 사실을 밝힌 것이다.

그러나 정부의 견해는 부정적이었다. 루마니아는 정부보증이 있어도 장래에 대한 불확실성 때문에 투자가 부적절하니 몇 해 더 관망해 보는 것이 좋겠다는 의견이었다.

내가 퇴임한 후에도 2001년 3월 한국전력은 루마니아 산업자원부와 체르나보다 3호기 사업을 공동으로 개발키로 합의하는 협력 양해각서를 체결하고, 2002년 3월에는 사업주인 SNN과 원전사업 기술협력 협정을 체결하는 등 사업진출 기반구축의 끈을 놓지 않고 있었다고 한다. 정부 차원에서도 2003년 7월 양국 간 원전사업 공동협력을 위한 양해각서를 체결하여 국내 원전산업계의 루마니아 진출을 적극 지원했으나 그 전망은 여전히 불확실한 것으로 알려지고 있었다.

코스타리카 대통령 면담

1996년 대통령 남미 공식순방에 앞서 청와대로부터 한국전력 사장이 수행기업인단에 합류하는 것이 좋겠다는 통보를 받았다. 대통령 공식 중남미 순방단은 9월 2일 중미를 방문한 후 칠레로 가게 되어 있었고, 나는 칠레에서 순방단과 합류하기로 되어 있어 1996년 9월 5일 서울을 출발하여 다음날 새벽 칠레의 수도 산티아고에 도착했다. 칠레에서의 공식일정을 끝낸 1996년 9월 7일 저녁, 대통령이 수행 경제인단 전원을 초청하여 만찬을 베풀었다. 만찬이 끝날 무렵 대통령께서 나에게 코스타리카 대통령을 방문하도록 지시했다. 이 말을 들은 통상산업부 장관은 대통령께서 남미 순방도중 중미지역 5개국 정상을 만났는데 코스타리카 피거리스Jose Maria Figueris 대통령이 전원개발에 대한 한국의 경험을 듣고 싶다고 하자, 김 대통령은 마침 한국전력 사장이 동행중이니 귀로에 방문하도록 해 주겠다는 약속을 했다고 그 경과를 말해 주었다.

나는 아르헨티나 부에노스아이레스까지의 공식일정을 끝내고 1996년 9월 12일 코스타리카의 수도 산호세San Jose에 도착했다. 공항 브리지 입구에서 대통령궁 의전장과 주 코스타리카 金昇永 대사가 정중하게 맞아 주었다. Heradura 호텔에 여장을 풀고 오후 4시 김 대사의 안내로 대통령궁을 예방했다.

피거리스 대통령이 크게 환영하며 나를 초청하게 된 동기를 간단히

코스타리카 피거리스 대통령과 기념촬영을 했다.
〈왼쪽에서 3번째가 김승영 주 코스타리카 대사〉

설명한 후 그 자리에 배석한 코스타리카 전력회사 사장에게 전원개발에 대한 현황을 설명하게 했다. 나는 이 설명을 듣고 난 후 한국의 전력사업이 걸어 온 역정과 기술자립과정을 설명하고 전원개발에 소요될 재원조달의 효과적 방법, 전원개발을 위한 합작 투자, 프로젝트 관리의 중요성, BOT방식의 장단점 등을 설명하고 1시간 이상 대통령 앞에서 의견을 교환했다.

전력회사 사장의 설명에 따르면 이 나라는 현재 진행중인 건설공사 중 공정차질로 도움이 필요한 프로젝트가 여러 곳 있었다. Angostura 수력발전소(시설용량 177MW)는 타당성 조사를 끝내고 이미 재원조달을 교섭중이어서 제외하고, 한국의 참여 가능성이 높은 Pirrus 수력발전사업(127MW)에 대한 자료를 요청했다. 이 밖에도 2006년 준공 예정인 Guayabo발전소(234MW)에 대해서도 협력문제를 논의하기로 하고 다음 날 아침까지 관계자료를 넘겨받기로 했다.

귀국 후 코스타리카 대사관으로부터 프로젝트 계획을 보내왔다. 재원조달 교섭중이라던 Angostura 발전소 건설사업은 그동안 재원이 마련되어 자체적으로 추진 예정이고, 자료를 받아온 Pirus 발전소는 지난날 설명과는 달리 일본이 맡을 것 같다면서 한국전력은 2006년 준공 예정인 Guayabo수력발전소 건설 참여를 바란다는 내용이었다.

코스타리카 발전소 건설 기초조사를 위해 李起雄 처장을 1996년 10월 19일 현지로 보냈다. 실무진과 접촉한 결과보고에 의하면 코스타리카 대통령의 요청과 실무진이 말하는 사업내용에 상당한 차이가 있어 이 나라의 사업 역시 쉽지 않겠다는 생각이 들었다. 1997년 말까지 코스타리카와 정보를 교환했으나 한국의 외환위기 이후 교섭이 중단되고 말았다.

터키 원전 진출 노력

터키는 일찍부터 원자력발전소 건설계획을 세우고 에게해 연안 아쿠유Akkuyu에 원전 입지까지 확보해 두고 있었다. 당시 터키는 캐나다 AECL의 중수로 캔두Candu원자로 도입에 상당한 관심을 갖고 교섭하고 있었다. 한국전력은 월성에 캔두형 원전 4기를 운영, 건설중이었으므로 이 원자로에 대한 상당한 노하우를 축적하고 있었다. AECL은 아쿠유 원전의 종합설계와 주요 기자재를 한국에서 공급받기로 하고 한국전력과 제휴하여 공동진출하기로 했다. AECL은 1995년 터키에 원전사업 참여제의서를 제출하기에 앞서 한국의 캔두 원전 건설운영의 성공사례를 터키 정부고위층에게 설명하는 것이 좋겠다면서 한국전력 사장의 터키 방문을 제의했다.

마침 그해 가을 우라늄협회Uranium Institute (WNA의 전신)가 연차총회에서 그해에 원자력 평화이용에 가장 기여한 사람에게 수여하는 포상을 한국전력 사장에게 수여하기로 결정했다. 1995년 9월 8일 나는 이 총회에 참석하여 Gold Medal을 수상하고 귀로에 터키 관계자들을 방문하기로 했다.

다음날은 주말이라 터키의 옛 영화를 상징하는 이스탄불에 들러 몇몇 고적을 관광했다. 과거 오스만제국의 영화를 기리며 감탄을 금할 수 없었다. 그러나 오후에 수도 앙카라로 향하는 기내에서 내려다본 터키의 헐벗은 산야는 너무나 황량했고, 앙카라시 변두리의 산비탈에 다닥다닥 붙은 판잣집 수준의 무질서한 생활환경 모습에는 크게 실망하지 않을 수 없었다.

1995년 9월 11일 오전 AECL의 쿠글러Kugler와 만나 터키 원전의 발주계획과 그 전망 등을 협의한 후 터키 에너지부를 예방했다. 당초 장관을 만나기로 되었으나 갑자기 해외출장을 가는 바람에 차관을 만났다. 그는 원자력발전소 건설에 상당한 의욕을 보이면서 1996년 11월 총선거 전에 원전계약이 되면 정치적으로 유리하니 상호 협조를 하자고 제의했다. 그는 원전건설 사업은 정부차원의 사업이라기보다 국가차원의 사업이기 때문에 비록 정권이 바뀌더라도 정권에 관계없이 추진될 것이라고 자신 있게 설명했다. 그는 한국의 원전 성과에 대하여 많은 정보를 갖고 있었으며 한국이 함께 참여하는 사실에 큰 관심을 표명했다. 오후에는 전력청장을 만나기로 되었으나 그 역시 장관을 따라 외국에 나가고 없어서 부청장을 만났는데, 그도 차관과 마찬가지로 원전 계약을 위한 절차가 하루 속히 진전되기를 갈망하고 있었다.

1995년 10월 12일 AECL과의 사업추진회의를 통하여 AECL과 사업약정Project Agreement체결 시 관계되는 참여범위 및 역할을 확정하고 1996년 초에 발급될 것으로 예상되는 입찰제의서ITB 발급에 맞추어 제출할 최종제의서 내용 등에 대해 협의했다. 이와 함께 차관주선과 수출보험약정 등도 추진하기로 했다.

그러나 터키의 정치일정 탓인 듯 사업추진이 지지부진하다가 1996년 12월 17일에야 입찰제의서가 발급되었다. 이에 맞추어 AECL과 국내 관련회사 간에는 최종제의서 제출을 준비했다. 그러나 실제 입찰집행은 거듭 지연되었고 1997년 말 한국이 외환위기를 맞을 때까지 터키의 원전건설 입찰은 실행되지 않았다. 그 나라 정치권이 워낙 유동적이어서 원전건설 추진 가능성에 회의가 들기도 했다.

그 뒤에도 이 아쿠유 원전은 성사되지 못하고 지연을 거듭하다가 세계적인 원전부흥의 조류를 타고 2010년 들어서야 다시 추진되었다. 한국전력과도 참여조건과 가격문제 등을 놓고 다시 다각적 교섭을 벌였으나 조건이 맞지 않아 계약이 체결되지는 못한 것으로 알려졌다.

레바논

레바논의 전력수자원부 호베이카Elias Joseph Hobeika 장관과 BTB 컨설턴트 마즈달라니Majdalani 사장이 국제종합건설의 전영선 사장 안내로 1996년 5월 15일 한국전력을 방문했다. 이들은 레바논의 전력사정을 소상히 설명하면서 자기 나라에 한국이 차관을 제공해서 발전소를 건설하여 주기를 희망했다. 당시 레바논은 평화가 정착되지 않는 지역으로서 국내 사정은 우리나라의 1950년대와 흡사한 상황으로 짐작되어 건설공사가 어렵다고 결론을 내리고 정중히 이를 사절했다.

에콰도르

주한 에콰도르 대사인 듀크P. Z. Duque 대사가 1996년 11월 11일 대사관의 홍보관을 대동하고 내방했다. 에콰도르는 지난 8월 새 대통령이 취임하여 경제개발과 APEC 국가와의 관계개선에 힘쓰고 있으며, 새 정부는 한국과의 관계 증진을 위해 새 대통령 측근인 듀크 대사를 주한 대사로 임명했다고 했다. 그들은 한국의 원자력발전에 많은 관심을 가지고 말문을 꺼냈으나 나는 그 나라의 여러 형편상 아직은 원전을 건설 운영하기보다는 에콰도르에서 많이 생산되는 천연가스를 이용하여 가스복합화력을 건설 운영하는 편이 좋겠다고 권유했다. 그들은 또 한국전력 사장이 에콰도르를 방문하여 대통령과 에너지문제를 협의하기를 희망했으나 먼저 한국전력 간부를 보내 현황을 파악한 후에 다음 단계를 생각해 보기로 했다.

GE Welch 회장

미국 기업의 경우도 한국전력에 손을 내 밀었다. GE Asia Pacific사의 고란Goran 사장이 이츠James Eats 부사장 및 한국 GE사의 姜錫珍 사장과 함께 1998년 2월 12일 한국전력을 방문했다. 그는 GE사 웰치Welch 회장이 전력산업을 발전시키고자 대단한 의욕을 가지고 있으니, 그 전략의 일환으로 한국전력과 GE사가 합동으로 발전소 보수회사Power Service Company를 설립하여 해외시장에 공동 진출하자는 계획을 설명했다. 세계 최대의 회사인 GE사가 한국전력과 국제 비즈니스를 하자고 제의하는 것을 보고 나는 다시 한 번 한국전력의 위상이 국제수준에 올라와 있다는 자부심을 강하게 느꼈다.

그 뒤 1998년 3월 21일 신라호텔에서 GE사의 프레스코Fresco 부회장을 만났다. 그는 한국의 발전설비 보수서비스업에 진출하기 위해 한국전력기공KPS과 합작회사를 설립하거나, 아니면 자본참여를 통하여 아시아지역에서의 파워 서비스 비즈니스를 하고 싶다는 의욕을 보였다. 나는 GE사의 이러한 제의를 긍정적으로 검토할 의향이 있다고 화답했다. 정부에서도 외환위기 이후 외국자본의 유치를 바라고 있는 터에 GE사와 같은 세계 최대의 회사가 KPS와 합작하여 해외발전소 보수사업에 참여한다면 외국의 경영기법을 도입하는 기회도 될 수 있을 것으로 생각했다.

다음날 집행간부회의에서 GE사와 KPS의 합작이나 투자유치 가능성을 적극 검토해 보도록 지시했다. 정부가 외국 자본의 투자유치를 적극 권장하고 있는 데다 외국의 경영기술과 서비스 기술을 도입할 필요성도 있으며, 앞으로 동아시아 지역의 전력시장이 넓다는 점 등을 고려하여 긍정적으로 검토하도록 조치했다.

해외사업의 축소

1997년 말 국가가 외환위기란 큰 홍역을 겪은데 이어 여야 정권까지 교체되었고, 나 또한 한국전력 사장의 직책에서 물러날 때가 되었다고 생각했다. 그래서 임기가 끝나기 전에 해외사업 중 결과가 불투명한 사업은 일단 정리해야겠다는 생각에서 나는 대외전력사업단으로 하여금 1998년 3월 23일 업무보고를 통하여 해외사업 축소방안을 정리하여 보고하도록 했다.

되돌아보면 그동안 내가 열과 성을 다하여 구축했던 해외사업의 실체들이 나의 퇴진과 더불어 하나둘 사라져 간다는 것은 가슴 아픈 일이 아닐 수 없다. 하지만 역사는 그때 그 현장에서 해외사업을 위하여 열심히 뛰었던 한국전력인들의 신념과 열정과 도전의 기록들을 加減^{가감} 없이 후대에 전해 줄 것으로 확신하면서 서운한 마음을 접었다.

WINNet.

이용태. 김기록   5./2.   만난   보고.

직원.   제6부 ... 에 대한
한전의 만든 會社받는다.

光通信網이
IT 産業의
神經線이다

1. 光 Cable은 KEPCO. 에서 인바시공 等
여러 會社들의 시설 路線
領收 改定 될은.   최근한 5년간 인건라요

※   국제리라는 Win Net.를 통해서 network 된다.

2. 이익배당에 배랑이. 진이터드데
이익 배랑 9.9% 받는다.   따라서 순조있대요,,
計算에   加算 됩이 타당
원가계산 해서 정부승인 받으면. 9.9% 이익배당받는다.

※   株主의 시원록는   이익金에 의해서
삼호 이익이터드록 +등 獎勵 있어야리라. ¥¥.

⑨ 인싸로 정부승인 받으면   영향이 크다.
인리 제약은 한전과 ⑩/N이 專斗에 해야한다.

3. 한진의 Win Net 에의 경영간념
   한진의경영의 導入.

   경영간부. 5 명 간사 / 유,中 한진이
   半数미만의 人을 채용
   한진은 3 倍 数 록히 하여 선발. 임명하며,
   을 상호 發해진다, 〈 이것은 对外秘密〉

4. Win net 사B 운료징수를 한진에 위탁.
   위탁 수수료는 한진에 支拂 .

47. 갖추어진 情報通信 기반시설

전력사업이 국내에서의 전력생산과 공급에 의존하는 것만으로는 성장에 한계가 있음을 나는 시간이 갈수록 절감했다. 탈출구는 해외시장 개척과 정보통신사업 참여란 점도 날이 갈수록 뚜렷해졌다. 그래서 전국에 설치된 우수한 高速光通信網고속광통신망 자원을 활용하여 경영의 다각화를 도모해야겠다는 생각은 당시 나에게는 하나의 신념 같은 것이었다.

한국전력의 정보통신기술은 1950년대에 이미 체신부보다 앞서 있었다. 전력계통 운용과 급전사령 지시, 선로고장의 신속한 자동차단, 전력설비 간의 신호전송용 설비는 전력공급에 필수불가결한 설비로서 당시 신뢰도가 낮은 체신부 전화선에만 의존할 수는 없었다. 따라서 신호데이터를 고주파로 변환, 이를 고압 송전선에 搬送반송하여 전국을 연결한 전력선 반송통신설비1를 자체적으로 설치하여 운용하고 있었다. 6·25전쟁 중에 적의 수중에 들어간 영월발전소와 남한이 굳게 지키던

---

1 전력선 반송통신설비: 우리가 사용하는 전력은 周波數가 60Hz이다. 이 전력송전의 한 변전소에서 통신용 고주파 전기를 고압선에 실어 보내고 다른 지역 변전소에서 이 고주파를 걸러내어 통신용으로 환원하는 이른바 데이터나 음성을 송수신하는 장치를 말한다.

대구변전소 사이에 통화가 가능했던 일화는 이러한 대체통신의 증거로서 지난날 영월발전소 고참직원 사이에 武勇談^{무용담}처럼 남아 있는 이야기다.

OPGW 全國網 활용

전력선 반송통신설비들은 마이크로웨이브와 함께 사용하다가 그 뒤 光纖維^{광섬유}의 기술발전으로 사라졌다. 1980년대 초반부터 기존의 통신방식이 光通信^{광통신}방식에 의한 신호와 데이터 전송방식으로 대체된 것이다. 송전선의 地線^{지선} 2 전선 가운데에 있는 芯^심에 광케이블을 내장_{OPGW 3}하여 전국 변전소 간을 상호 연결, 신호통신에 이용함으로써 과거의 반송전화방식을 대체할 수 있었던 것이다.

한국전력의 주요 송전선로는 광케이블 사용이 도입된 1980년대 이후에 대부분 건설되었다. 이때부터 건설된 모든 송전선은 OPGW를 내장하고 있어 1993년 한국전력이 정보통신사업에 진출하기로 결정할 당시 이미 전국에 4천여㎞의 광케이블과 약 3만 8천㎞의 동축케이블 및 전송장치 등의 시설을 갖추고 있었다. 즉 전국의 모든 도시 변전소간에는 광통신케이블 인프라인 고속통신망이 이미 구축되어 있었던 것이다.

이에 더하여 전국에 널려있는 5백만 본 이상의 전주와 7천여㎞가 넘는 管路^{관로}시설이 있어 배전선로에 광케이블을 병행 가설하면 저렴한 비용으로 전국의 가가호호까지 광통신과 同軸^{동축}케이블로 네트워크가 연결되는 고속통신망을 구축할 수 있게 된다.

---

2 地線: 송전선의 낙뢰피해를 방지하기 위해 철탑의 가장 높은 위치에 架線된 전선으로 雷를 대지로 흡수하기 위해 接地되어 있다.

3 OPGW(*composit overhead ground wire with optical fiber*): 地線用 전력선 芯 안에 光케이블이 내장된 전선. 전국 송전철탑 꼭대기에 가설하여 광케이블을 통해 통신과 데이터를 전송한다.

한국전력은 계통의 확대에 따라 발전, 송전, 배전분야의 자동화설비를 확대 운영해야 했고 원격검침, 냉방부하의 저감, 부하제어를 위해 高速電送網고속전송망구축이 불가피했다. 따라서 한국전력은 이미 전국적인 고속전송망을 구축하는 일에 막대한 비용을 투입하고 있었다. 이 귀중한 전송망의 경제적 활용을 위해서도 한국전력은 정보통신사업에 참여해야만 했다. 이 소중한 자원을 그냥 둔다는 것은 死藏사장시키는 것과 다름없는 일 아닌가. 국가의 정보통신사업 발전을 위해서도 반드시 시행되어야 할 일이었다.

통신설비 일원화의 문제점

1980년대 우리나라 정보통신설비의 운영현황은 체신부와 국방부, 내무부, 철도청 등 국가기관이 직접 관장하는 통신망과 한국전력, 방송공사, 도로공사 등 정부투자기관에서 설치 운영하는 두 시스템이 있었다. 그러나 전두환 대통령 임기중 보안성 취약과 설비운영의 비효율성 등이 문제가 되어 전기통신법을 개정, 각 기관의 설비를 한국통신에 통합하여 일원화 운영하도록 했다.

한국전력은 이때의 개정법에 따라 체신부보다 앞선 1964년부터 구축해 운영하던 마이크로웨이브 장거리 多重다중무선통신망을 한국통신에 이관한 후 회선을 임대해서 사용하게 되었다. 그러나 통신품질과 서비스가 自家자가설비 운영에 비해 현저히 저하되고 비효율적이어서 여러 가지 문제점이 노출되었다.

그 당시 미국 등 몇 나라에서는 새로운 통신시스템 구축방안을 다방면으로 연구한 결과 새로운 시스템인 광통신방식을 개발해 놓고 있었다. 특히 일본에서는 전력회사와 전선메이커가 전력선에 광섬유를 내장할 수 있는 방식을 개발 중에 있다는 정보를 듣고, 우리도 은밀히 국내 개발을 유도하여 양재변전소와 수원변전소 간에 전력선내장 광통신

방식을 시범적으로 설치하기도 했다. 그러나 당시로서는 장거리 통신망을 한국통신 이외의 기관에서는 설치할 수 없도록 규제되어 있어 국가통신조정위원회의 승인을 받아야 하게 되어 있었다.

광통신이야말로 전력선의 電磁誘導^{전자유도} 4 영향으로 인한 통신선상의 장애도 발생하지 않고, 電波越境^{전파월경} 5으로 인한 보안상 취약 우려도 없어 국가 비상시 側方^{측방} 통신망으로 가장 적합한 시설이다. 한국전력은 이런 논리를 내세워 OPGW를 시설하겠다는 계획안을 국가통신조정위원회에 부의하여 어렵게 찬성 결정을 받아냈다.

한편 국가 비상이나 재난발생시 어떤 대체설비 없이 한국통신의 일원화된 통신망설비만으로는 매우 취약하다는 사실을 내세워 한국통신으로부터도 합의를 받았다. 이어 한국전력은 정보통신부, 국가안전기획부와 청와대 등 관계요로에 이런 실상을 설명하고 결국 1차적으로 전국 2,680㎞의 송전선에 의한 광통신설비를 설치할 수 있도록 승인을 받아냄으로써 전국망을 구축하기에 이르렀다.

CATV 전송망 사업자

1990년대에 들어서는 세계적으로 멀티미디어 산업이 더욱 급속히 발전되고, 일본의 모든 전력회사도 정보통신사업에 전력을 경주하는 상황이었다. 우리나라 정부는 미디어산업의 기본인 종합유선방송사업^{CATV}을 육성하기 위하여 종합유선방송법 4조에 따라 3분할 체제, 즉 프로그램공급업^{PP}, 전송망사업^{NO}, 종합유선방송국^{SO} 등은 상호 겸영을 못

---

4 電磁誘導(전자유도) : 전력용 송전선은 電磁波를 발생하여 인근에 전기통신선이 지나가면 電磁氣작용으로 誘導전기가 발생하여 통신선안의 전기波形을 변형시켜 통신잡음을 발생시킨다.

5 電波越境(전파월경) : 마이크로웨이브 등의 공중파에 의한 통신은 북한지역까지 국경을 넘을 수 있어 보안유지에 장애가 된다.

하도록 했다. 즉 프로그램을 생산 공급하는 사업자 PP는 대기업 군에, 전송망운영 사업자인 NO는 한국통신에, 지역방송국 사업자 SO는 방송권역별 지역 중견기업에 사업권을 주기로 한 것이다.

이 법에 의하면 NO사업은 한국통신이 독점으로 공급하게 되어 있었다. 그러나 한국전력이 이미 구축한 전국 광통신망과 한국전력의 배전 전주 및 지하관로를 이용하면 아주 경제적으로 최적의 전송망을 구축할 수 있어 한국전력도 NO에 참여가 가능하도록 정책을 변경시키는 일이 필요하였다. 그리하여 金正夫 정보통신처장을 중심으로 관련 부서 직원 전원이 일체가 되어 외국의 사례들을 들어가며 사업의 경제성과 시간적 효율성을 적극 이해시킴으로써 법안을 통과시킬 수 있었다. 이 법안 통과에 앞서 노태우 정부 때의 孫柱煥 공보처 장관과 徐鍾煥 방송행정국장이 보내준 적극적 후원이 큰 힘이 되었다. 이로서 한국전력도 전국에 걸친 전송망을 이용한 網망운영사업자NO로 지정받게 되었다.

정보통신사업의 확장

한국전력은 세계 최초로 종합유선방송의 전송망을 방송과 통신 모두가 가능한 양방향 통신용 CATV망으로 구축하게 되었다. 따라서 한국전력은 이 시설을 방송전용의 CATV사업에만 한정하는 데 만족할 수 없었다. 한국전력의 사업다각화를 위해서는 정보통신사업까지로 확장하는 문제가 사내에서 꾸준히 제기되었다. 그러나 한편으로는 사내에서도 한국전력의 사업영역을 넘어선 것이라며 지나친 의욕을 나무라는 고위간부까지 있었다. 그러나 나는 이에 개의치 않았다. 정보통신사업이 가까운 미래에 시대의 총아로 성장할 것을 확신하면서 한국전력의 광통신설비 활용을 통해 국가경제에 기여하고 또 IT산업도 발전시킨다는 목표 아래 이들을 적극 지원했다.

金正夫 처장이 주도하는 정보시스템 담당자들은 이 정보통신사업의 추진을 위하여 정부 요로에 그 당위성을 적극적으로 설득하기 시작했다. 그러나 이를 이해시키는 일이 쉬운 일은 아니었다. 한국통신^{현 KT}은 지난날 체신부에서 분화되어 독립한 조직인 만큼 정보통신부로부터 한국전력의 통신사업 진출 허가를 받는다는 것은 KT보호 차원에서 보아도 緣木求魚^{연목구어} 격일 수밖에 없었다.

나는 정보통신사업 진출의 당위성을 찾으려면 전혀 다른 각도의 발상이 필요하다는 점에 착안했다. 독점기업인 한국통신이 이미 보유하던 유선 2천만 가입자와 전국 통신망만으로는 기본적 서비스는 가능하나 고품질의 서비스나 새로운 서비스를 창출하여 국민의 삶의 질을 향상시키기에는 부족한 면이 있다고 생각했다. 몇 해 전 동대문 근처에서 일어난 종로통신구 화재사건이 다시 떠올랐고, 이 사고로 서울의 중추신경이 완전히 마비되는 사건이 함께 연상되었다. 즉 전시나 긴급재난 시, 또는 한국통신의 태업 등으로 통신이 마비될 때를 대비하여 한국전력이 제2 통신사업자가 되어야 하는 당위성이 국가 안보차원에서 접근할 수 있음을 느끼게 된 것이다.

곧바로 1995년 5월 27일 안보당국의 책임자를 면담하고 국가 안보차원에서 정보통신망의 2원화 시스템인 側方^{측방}통신망이 필요하다는 점을 설명했다. 그러면서 한국전력의 정보통신 참여계획을 보고했더니 매우 좋은 착상이라며 동의했다. 이로써 한국전력은 매우 중요한 원군을 확보하게 된 것이다.

한국전력 정보통신 참여

한국전력의 정보통신사업은 크게 4개 분야에 진출을 계획했다. 첫째 회선임대사업 전담, 둘째 국내 이동통신 PCS⁶사업 지분참여, 셋째 국제전화사업 지분참여, 넷째 해외 PCS사업 지분참여였다. 그 후 여기에 인터넷사업도 함께 포함시켰다.

첫째, 한국전력의 회선임대사업은 자체적으로 보유한 전국 광통신네트워크 설비를 이용하는 것이다. 민간업체와 경쟁하거나 특혜를 주는 일이 없으므로 이 사업을 한국전력이 주도하는 데는 전혀 시빗거리가 있을 수 없었다.

둘째, 국내 PCS사업 지분참여는 전국에 산재된 한국전력의 주요 교환국, 무선중계국과 거미줄 같은 網망을 사용하는 일이다. 2중의 투자 없이 많은 수익을 기대할 수 있는 사업이다. 당시에는 PCS사업에 민간업체가 참여하려고 치열하게 경쟁하던 때여서 한국전력은 자칫 시비에 휘말리지 않기 위해 신중을 기했다.

셋째, 국제전화사업 지분참여는 한국전력의 망을 사용하도록 하기 위한 조건으로 경영다각화의 측면에서 추진했다. 이에 대해서는 전력회사는 회선만 임대해 주면 되지 굳이 지분까지 참여할 필요가 있느냐는 반론이 많이 제기되었다.

넷째, 해외 PCS사업 지분 참여는 한국전력이 국내 PCS사업에 참여한다는 전제하에 필요한 기술을 해외 PCS사업을 통해 전수받고 무선망을 통한 전력고객의 계량기 검침기술을 공동개발하자는 취지로 추진을 검토했다.

그러기 위해서는 PCS의 최신 첨단기술이 뒤따라야 했다. 그런데 마침 미국의 필라델피아전력회사PECO가 퀄컴과 공동으로 PCS사업을 하기 위해 넥스트웨이브Next Wave란 회사 창설을 주도하는 과정에서 한국전력의 지분참여를 요청했다. 한국전력이 이 사업에 지분참여를 하면 PCS 회로망을 이용한 활용 증진방안과 운영기술을 전수하겠다고 했다. 당시 이 PCS사업은 국내외를 막론하고 황금알을 낳는 거위 정도로 인식

---

6 이동통신은 당시 PCS〔Portable(또는 Personal) Communication System〕로 통칭되었다.

되어 민간에서도 서로가 경쟁하는 상황이었다. 그래서 한국전력도 이 사업에 참여하기로 했다. 이 사업 참여내용은 다음 장에서 자세히 설명하기로 한다.

끝으로 소규모 인터넷사업도 함께 시작했다. 인터넷사업은 인터넷망과 포털Portal이 기본이다. 본격적으로 세계 최초의 인터넷 포털사업을 하기 위해 당시 데이콤의 천리안과 맞먹는 KISKEPCO Information System을 추진하던 경험을 바탕으로 '아이넷'i-NET이라는 소규모 컨소시엄회사를 설립했다. 그러나 곧바로 미국의 회사에 발행주식의 약 4배 가치로 매각하게 되었다.

LG 텔레콤에 망 제공

당시 국내의 상황을 고려할 때 PCS 사업자로 지정받은 기업의 전송망을 한국전력 망으로 사용하도록 한다면 수익창출에 크게 기여할 수 있었다. 뿐만 아니라 PCS 기술에서 얻어지는 원격검침 등의 실현을 조기에 달성할 수도 있었다. 이 같은 다각적인 포석으로 내부방침을 세우고 LG텔레콤 측과 상담을 시도했다. 그러나 당시 LG그룹의 제조분야에서 한국통신에 연간 수조원의 매출을 올리는 입장이라 한국전력 측의 손을 들어주는 결정을 하기에는 어려운 입장이었다. 그러나 LG 텔레콤이 어차피 한국통신과 같은 사업을 놓고 경쟁하게 될 판국에서 경쟁사의 망을 빌려 쓰는 것이 얼마나 불리하고 모순된 일인가를 자세히 설명했다. 그들은 결국 한국전력 망을 쓰기로 결정하기에 이르렀고, 한국전력도 지금까지 추진했던 사업들에 우선하는 수익을 창출하게 되었다.

정보통신 경쟁

한국전력이 CATV 전송망사업이나 정보통신사업에 참여하고자 했던 근본 취지는 경영다각화 문제도 있었지만 광통신네트워크를 이용한 전력운영의 선진화에 더 큰 목적이 있었다. 송배전 설비의 운영자동화, 원격검침, 배전 및 부하관리의 원격자동화 등을 앞당겨 실현하기 위한 것이었다. 이에 더하여 정보화 사회의 도래에 따른 초고속 전송망의 국가적 수요에 보유자원을 활용하고자 하는 데에도 큰 뜻이 있었다.

한국전력은 이 사업을 추진하면서 국가정보통신망 사업자의 2원화를 실현하여 독점에서 오는 폐단을 막고, 경쟁에 따른 창의력 발휘와 품질 및 서비스 측면에서 한 단계 향상시키는 데 기여하는 등 정보통신(인터넷과 PCS) 1등 국가로의 도약에 큰 역할을 했다.

통신전문회사인 한국통신을 능가하는 기술과 영업력을 발휘할 수 있었던 것도 전 사원의 혼연일체가 된 힘이 있었기에 가능했다. 과거 독점상태의 전력사업 체제에서 경험하지 못했던 새로운 조직력이 생성되어 한 단계 도약하는 계기가 된 점은 또 다른 큰 수확이었다.

48. 情報通信사업의 저항과 극복

　문민정부가 발족하면서 공보처는 멀티미디어의 총아격인 종합유선방송CATV사업의 도입을 국책과제로 선정하여 이를 적극 추진했다. 1991년 서울의 양천구 목동과 노원구 상계동에서의 시범시행을 거쳐 그해 12월 말에 종합유선방송법이 통과되었다. 곧이어 1992년 6월에는 한국전력의 傳送網전송망설비를 활용할 수 있도록 시행령도 제정되었다.

　앞서 언급했듯이 공보처는 CATV사업을 영위할 사업자를 3개의 카테고리로 나누어 영역 간의 벽을 만들었다. 그 중에서 한국전력은 한국통신과 함께 전송망사업자로 선정되었다. 한국전력은 전력사업용 통신망을 전기사업의 선진화와 종합유선방송사업에 양용으로 활용한다면 그 효과를 극대화시킬 수 있다는 판단 아래 전송망사업자로 참여하기로 한 것이다. 초기에는 한국전력과 한국통신 등 5~6개의 사업자가 전송망사업자NO로 등록했으나 결과적으로 경쟁적 전송망의 선택권을 가진 지역방송국사업자SO에게 선택된 NO는 한국전력과 한국통신 두 회사만 남게 된 것이다.

전송망 사업자

한국전력은 1993년 12월 말에 정부로부터 종합유선방송 전송망사업자로 지정을 받았다. 전국 15개 대도시의 54개 지역방송국을 대상으로 경쟁을 벌인 끝에 서초 강서 등 33개 방송국을 확보하고 이들과 전송망사업 계약을 체결하게 되었다. 공보처는 1995년 3월 CATV 상업방송 개통을 목표로 세우고 전송망사업자로 하여금 전국적인 망 확장계획을 조속히 완비하도록 독려했다. 이 계획에 맞추어 한국전력은 光·同軸 하이브리드HFC 1망을 구성했다. 한국전력에서 시설한 전송망은 세계 최초로 광역 雙方向 전송이 가능하도록 설계된 특성을 지니고 있어 방송과 통신이 융합된 멀티미디어 서비스를 제공하는 데 가장 효과적이라는 평가를 받게 되었다.

1995년 3월 5일에 막상 CATV 상업방송을 시작했으나 전송망 확대가 기대만큼 추진되지 않자 종합유선방송위원회는 망 확대에 전력을 기울였다. 유선방송위원회 柳赫仁 위원장과 한국전력 사장, 그리고 한국통신 趙伯濟 사장은 4월 18일부터 매주 화요일마다 조찬을 함께하면서 전송망 확대를 독려하기로 하는 등 CATV방송 정착을 위해 많은 노력을 기울였다.

이듬해인 1996년 3월 5일에는 CATV방송 1주년기념 리셉션과 보고회가 있었고, 한국전력은 이 자리에서 공로패를 받았다. 업무를 착수하고 2년도 안된 사이에 70만호의 시청자를 확보하게 된 것은 공보부가 이 시스템을 3분할로 나누어 경쟁시킨 정책이 크게 주효했던 것으로 평가되었다. 방송은 역시 정치인들의 관심사여서 이날 행사에는 많은 정치인들이 참석했고 기획 이벤트행사도 성공적으로 치러졌다.

---

1 光·同軸 하이브리드: 전송망을 구성함에 있어 주요간선을 光케이블로 구성하고, 구역 내의 광통신단말에서 同軸케이블로 최종 수용가에게 접속하는 방법.

CATV 방송 1주년기념 리셉션에 모인 관계자들 〈왼쪽부터 종합유선방송위원회 柳赫仁 위원장, 필자, 오른쪽에서 두 번째가 吳隣煥 공보처장관〉

이동통신 컨소시엄

한국전력이 CATV의 전송망사업자로 전국적 전송망을 구축하고 이 설비를 이용하여 정보통신사업에 적극 진출하려던 때인 1993년 들어 정부는 제2이동통신 사업자를 선정하는 조치를 취했다. 한국전력은 이를 전국 규모의 광통신망을 활용할 수 있는 좋은 기회로 판단했다. 이동통신 사업자들도 한국전력과의 컨소시엄 구성요구가 있어 한국전력 망을 사용하는 조건으로 株主^{주주}간 협약을 하여 참여를 결정했다.

이 사업은 많은 수익이 기대되어 민간이 주도했으나 이동통신업체가 한국전력의 전송망 사용을 담보하기 위해 포항제철과 코오롱이 주도하는 컨소시엄인 신세기통신에 제3주주로 참여키로 했다. 이 회사는 한국전력의 전송망을 사용하기 위해 상세하게 실사를 한 결과 한국전력의 전송망을 최고의 여건을 가진 통신망으로 평가했다. 이동통신전화는 시내전화와의 연결이 안 되면 半身不隨^{반신불수격} 시스템이 된다. 이러한 약점을 간파한 한국통신은 자기 교환국 간 중계망에 한국통신 전송망을 사용하도록 구속하는 조치를 취했다. 시내전화 가입자뿐만 아니라 타 이동통신사 가입자와 접속이 불가능하다는 것을 이유로 교환국 선로접속을 거절하겠다고 나온 것이다.

이런 상황에서 한국전력과 코오롱, 포항제철 3사는 한국전력의 전송망사용을 잠정 보류하고 우선 한국통신 전송망을 사용할 수밖에 없게 되었다. 포항제철과 코오롱이 주도하는 제2 이동통신인 신세기이동통신이 1996년 4월 1일 '디지털 017'이란 슬로건을 내걸고 개통 기념행사를 가졌다. 李壽成 총리와 李錫采 정보통신부 장관 등이 참석한 가운데 신라호텔에서 호화스런 행사를 치렀다. 한국전력은 제3대 주주이지만 당초 한국전력의 전송망을 쓰려던 계획이 한국통신의 의도적 방해로 무산되어 한국통신의 선로를 쓰게 된 만큼 서운한 생각이 들었지만 어쩔 수 없이 다른 대안을 찾을 수밖에 없게 되었다.

국제전화 사업자

한국전력이 전국적인 전송망을 구성하더라도 이를 이용할 업체를 확보하는 것이 중요한 과제였다. 이동통신 사업자를 대상으로 한 전송망 제공문제는 일시 보류된 상태였으나, 장거리 전화와 국제전화사업 분야에는 참여할 수 있어 지분참여를 통한 전송망 사용자 확보에 노력을 기울였다. 많은 중소기업이 장거리전화와 국제전화사업에 관심을 집중시켰다. 그들은 한국전력과 컨소시엄을 구성하는 것이 사업권 획득과 사업의 효과적 추진에 큰 도움이 될 것이란 판단 아래 여러 곳에서 한국전력과 손잡기를 희망했다.

1996년 3월 26일 경제수석을 방문했더니 그는 한국전력의 정보통신사업 참여문제 얘기를 꺼냈다. 그는 PCS사업은 재벌들이 경합하니 한국전력은 손을 빼는 것이 좋겠다면서 국제전화사업에는 한국전력이 참여해도 무방하지 않겠느냐는 의견을 피력했다.

한국전력의 정보통신분야 참여범위에 대하여 정부와 청와대 등에 수차례 그 당위성을 설명해오던 어느 날 정보통신부 장관실에 KEDO관련 홍보행사 초청장을 전달할 일이 있어 방문했다. 장관은 한국전력의 회선 임대사업 참여를 환영하면서도 국제전화는 컨소시엄을 구성하여 한국전력이 참여함으로써 업체 간의 지나친 경합을 막는 것이 바람직하다는 의견을 피력했다.

이에 앞서 1995년 7월에 일진그룹의 許鎭奎 회장이 한국전력을 내방하여 장거리전화와 국제전화사업 참여에 관심을 표명한 바 있었다. 그는 정보통신부와 접촉해 본 결과 이 사업을 효과적으로 수행하기 위해서는 한국전력과 손을 잡는 것이 좋겠다고 판단, 미리 참여시켜 줄 것을 부탁한 것이다. 나는 한국전력이 구상하는 정보통신사업 참여계획을 간략히 설명하고 앞으로 국제전화사업에 진출하더라도 어느 특정업체를 편들 수 없는 입장이므로 그랜드 컨소시엄 형태로 하면 참여하게 될 것이라고 말했다.

그 후 1996년 3월 28일 일진그룹 허 회장으로부터 국제전화사업 대컨소시엄에 참여하기로 결심했다는 전갈을 받고 김정부 처장에게 후속조치를 취하도록 했다. 일진과 한라의 합작에 동아그룹도 참여하고 대륭정밀, 롯데, 아시아시멘트, 고합, 해태 등 8개 회사가 참여하게 되어 이들이 한국전력에게 참여를 요청하는 형식을 취하게 되면 한국전력도 참여할 명분이 생길 것으로 생각한 것이다.

통상산업부의 참여 반대

한국전력이 민간 8개 회사와 컨소시엄으로 국제전화사업에 참여하기로 했음을 통상산업부 장관에게 보고했더니 장관은 담당자의 검토를 받아 보겠다고 했다. 그런데 1996년 4월 6일 통상산업부 전력국장이 가지고 온 장관의 메시지 회답 내용은 한국전력이 국제전화사업 컨소시엄에 참여하지 않는 것이 바람직하다는 의견이었다.

나는 그 자리에서 전력국장에게 참여의 타당성을 구체적으로 설명했다. 한국전력이 이 컨소시엄에 참여하지 않으면 한국전력의 회선임대사업은 사실상 성립되지 않고 결국 국제전화도 한국통신 회선을 쓰게 되며, 한국통신의 비상시 한국전력의 회로사용계획에도 차질을 가져오게 된다고 말했다. 그렇게 되면 이는 국가통신망의 2원화 정책 포기를 의미하는 것이어서 안보차원에 큰 영향을 미칠 수 있는 사안이란 점을 특별히 강조해 설명했다.

그러면서 나는 이러한 점을 잘 인식하여 우선 전력국장이 장관이 재고할 수 있도록 설득을 잘 해보고 안 되면 다시 연락해 줄 것을 부탁했다. 이러한 우여곡절과 긴박한 고비들을 넘긴 끝에 한국전력은 통상산업부 장관의 동의를 이끌어낼 수 있었다. 한국전력의 적극적인 대정부 설득과 사업 추진업체들의 강력한 요망이 합해져 한국전력의 전송망 사용을 전제로 참여가 확정됨으로써 8개사가 균등 지분으로 새로운 제3국제전화사업자인 온세통신을 탄생시킬 수 있게 된 것이다.

미국 PCS 지분 참여

한국전력이 정보통신분야에 대한 대 정부활동을 하고 있을 무렵인 1995년에는 많은 기업체 또한 이동통신사업인 PCS사업에 참여하기 위해 관심을 집중시키고 있었다. 대부분의 기업이 한국전력과의 컨소시엄에 참여하기를 희망했다. 한국전력이 국내의 PCS에 참여하게 되면 그 컨소시엄에 특혜가 주어지는 결과를 초래하게 되므로 정부는 부정적인 시각에서 신중을 기하고 있었다. 그러나 한국전력이 PCS컨소시엄에 직접 참여하건 하지 않건 새로 발족할 PCS업체가 한국전력의 전송망을 사용하도록 하는 것은 회선임대사업 자체의 성패에 큰 영향을 미치게 되는 문제여서 한국전력은 PCS의 전송망 운영에 대한 기술적 노하우를 확보하는 일에 관심을 쏟지 않을 수 없었다.

이와 같은 결정적 시기에 미국의 필라델피아전력회사PECO가 PCS사업에 진출하려고 투자자를 모으고 있었다. 앞에서도 잠시 언급했듯이 이들은 CDMA, 즉 코드분할 다중접속 무선통신기술을 가진 미국 퀄컴Qualcomm과 PCS사업을 위해 넥스트웨이브Next Wave란 회사 창설을 주도하면서 한국전력의 지분참여를 요청한 것이다.

미국의 그레이스톤Graystone회사의 사장 李炳魯Bruce Lee 박사가 필라델피아전력회사PECO 사장의 서신을 휴대하고 1996년 1월 24일 장유한 박사를 대동하여 내방했다. 편지내용은 "PECO가 미국에서 PCS사업에 참여하기 위해 정부의 사업승인 신청을 받으려 하고 있다. 한국의 포항제철도 이 사업에 이미 참여하기로 했으니 한국전력 같은 큰 회사가 함께 참여해 주면 큰 도움이 될 것이다. 그러니 긍정적으로 검토해 주기 바란다"는 내용이었다.

이들의 설명에 의하면 최소한 5백만 달러에서 최고 2천만 달러 정도 참여하면 미국의 선진화된 PCS사업에 대한 영업 노하우도 전수해 주어 한국에서 장차 PCS사업을 할 때 기술적으로도 크게 유익할 것이라는 권고였다. 며칠 전 뉴욕사무소의 李源滿 소장도 전화로 미국의 PCS사업 열기를 소개하면서 미국 통신사업에 투자하면 매우 유익할 것이라고 건의를 해온 바 있었다. 처음 이 전화를 받았을 때는 별 관심을 갖지 않았는데 이분들의 이야기를 듣고 보니 상당히 유익한 면이 있을 것 같아 담당인 金正夫 처장을 불러 긍정적인 검토를 해 보도록 지시했다.

재정경제원의 거부

한국전력이 해외의 PCS사업에 투자하려면 정부와 사전 협의가 필요하고 이사회에도 부의를 해야 할 사항이다. 따라서 나는 해외 PCS사업

진출과 관련하여 4가지의 정보통신사업 진출문제를 1996년 2월 23일 이사회 안건으로 상정해 놓고 있었다. 그때 김정부 처장이 보고하기를 한국전력의 정보통신사업 참여문제에 대하여 재정경제원에서 반대하고 있으니 경제수석을 만나 설득해 달라는 요청이었다.

나는 바로 청와대 경제수석을 찾아가 의견을 물었다. 그러자 그는 이 문제는 지금까지 별 난관이 없는 것으로 보고받았는데 재정경제원^재_{경원}이 제동을 걸고 있다면 뭔가 혼선이 있는 모양이라면서, 그러나 한국전력의 정보통신사업은 정부가 잘 조정하면 별다른 문제가 없을 것이라며 긍정적인 뜻을 밝혔다. 경제수석으로서는 그대로 추진해도 좋다는 취지의 의견을 제시한 것이다.

안심하고 돌아왔는데 통상산업부에서 다시 정보통신사업 안건의 이사회 상정은 아직 곤란하니 정부 부처 간 협의가 끝난 다음에 시행하라는 취지의 연락이 왔다. 다음날 아침 일찍 과천 정부청사로 통상산업부 장관을 찾아가 이 문제를 놓고 다시 의견을 나누었다. 장관은 한국전력의 전송망회선 임대사업과 해외 PCS 지분참여는 그 타당성을 인정하나 나머지 국제전화사업과 국내 PCS사업 참여문제는 재고하는 것이 좋겠다는 견해를 피력했다. 그리고 이사회에는 4개의 사업을 묶어서 상정하지 말고 분리 상정하되 해외사업 안건만 상정하라고 했다. 회사로 돌아와 이사회 서류를 조정하는 중에 재경원의 張昕錫 국장으로부터 전화가 왔다. 그 역시 내일 이사회에는 정보통신사업 참여안건을 상정하지 말고 정부부처 간 합의가 된 다음에 상정했으면 좋겠다는 전갈이었다.

PECO회사의 PCS 참여 성사여부는 1996년 2월 23일의 경매와 3월 1일 경의 낙찰자 선정에 달려 있었다. 따라서 경매 전에 한국전력이 참여하려면 한국은행의 승인이 있어야 하는 등 여러 가지 복잡한 문제가 남아 있었다. 즉 2월 중에는 이사회를 열어서 승인이 되어야 미국 PCS사업의 참여가 가능해지는 것이다.

해결책을 찾기 위해 오후에 羅雄培 부총리를 만나 상의했다. 그러나 나 부총리는 한국전력이 전력사업 이외의 영역으로 사업을 다각화하는 그 자체를 반대했다. 정보통신사업에의 진출이 여러 곳으로부터 강한 저항을 받고 있다는 느낌을 받았다. 이사회 일정을 2월 28일로 연기하고 정부요로와 협의를 계속했다. 1996년 2월 23일 재경원 金正國 예산실장을 만나서 회선임대사업과 해외 PCS사업 참여배경을 설명하고 정부의 조속한 입장 정리를 요청했더니 사업내용을 이해하겠다며 협조하겠다고 했다. 다만 국제전화사업과 국내 PCS사업 참여는 자칫 어느 민간기업에 특혜를 준다는 시비를 초래할 우려가 있으니 재고할 필요가 있다는 의견을 달았다. 나도 이 점에 대해서는 어느 정도 수긍을 하면서 심도 있는 검토의 필요성을 느꼈다.

재정경제원 차관의 협조

나는 재경원 李桓均 차관을 방문하여 한국전력의 회선임대사업과 PCS 인터페이스 문제 등 기술적 사항을 설명하고 한국전력이 왜 이 사업을 해야 하는지에 대해 자세히 설명했다. 이 차관은 납득이 된다면서 내일 직접 청와대와 협의해 보겠다고 긍정적인 답변을 주었다. 2월 24일 출근하자마자 김정국 예산실장에게 전화를 걸어 결과를 확인했더니 어제 오후 재경원 차관과 청와대 경제수석이 만나 협의한 결과 한국전력의 정보통신사업 참여문제는 의견조정이 이루어졌다는 대답이었다. 통상산업부의 金泰坤 실장과도 전화 확인을 하니 2월 28일 이사회에 회선임대사업 참여와 국제 PCS 사업참여 안건을 상정해도 좋다는 답변이었다. 참으로 힘든 과정이었다.

1996년 2월 28일에 열린 이사회는 미국의 정보통신 PCS 컨소시엄 Next Wave회사에 대한 투자참여 안건을 원안대로 가결시켰다. 이 사업은 훗날 미국 내 사업자 간 M&A 등의 경로를 거쳐 Next Wave회사가 매각되었다. 0.8달러 하던 주가가 한때 15달러 이상 가격을 형성하는 등 선전하던 회사였던지라 한국전력도 출자금액보다 월등히 상회하는 시가로 회수하고 이곳에서의 정보통신사업을 마무리했다.

傳送網사업 중단

CATV사업이 성공적으로 추진되자 CATV방송국도 크게 늘어났다. 1997년 5월에는 1차 지역에서 제외된 전국의 모든 지역으로 확대되어 허가가 났다. 한국전력의 전송망을 이용해 본 1차 지역 33개 지역방송국SO들은 모두가 전송망에 크게 만족해했다. 세계 최초로 방송과 통신을 융합한 초고속 양방향 網망의 힘이었다. 따라서 2차 방송국이 허가된 24개 방송국 중 마산을 제외한 23개 지역 모두가 한국전력과의 계약을 희망하는 쾌거를 올렸다. 제외된 마산의 경우도 한국무선케이블 방송회사와의 섬 지역 무선망 적용협상 때문에 유보했던 것뿐이다.

그러나 1997년 말 외환위기를 맞은 데다 1998년 4월 한국전력의 경영진이 교체됨에 따라 전송망 건설은 중단되고 말았다. 공기업인 한국전력의 전국적인 전송망 임대사용에 대한 전망이 없어지자 전송망사업도 위기를 맞게 된 것이다. PCS 참여업체와 멀티미디어 참여회사들이 크게 당황해했다. 이러한 상황이 되자 한국전력 配電電柱배전전주에 불법으로 사용하던 약 100여 중계유선업체들의 설비까지도 전송망으로 쓰게 되는 지경에까지 이르렀다.

이에 따라 과거 배전전주에 난잡하게 시설된 중계선을 철거 정리하라는 한국전력의 요구에 이들이 불응함으로써 배전전주의 정비계획도 무위로 끝나게 되었다. 오히려 이들 각 업체들은 저마다 자체 케이블망을 확보하기 위하여 막대한 자금을 동원, 한국전력의 전주에 앞다투며 케이블을 포설하기 시작했다. 한국전력이 전송망을 확보하여 이를 이용하게 했더라면 중복투자를 막을 수 있었음에도 한국전력이 이를 중단함으로써 5~6개 사업자가 모두 중복투자를 해야만 했다.

현재 도심 내 전주는 난잡하게 가설된 광케이블 때문에 도시미관을 크게 해치고 있으며 전주는 이들의 무게를 견디기 어려워 몸살을 앓고 있으며 倒壞^{도괴}사고가 보도되기도 했다. 한국전력의 일방적 시설중단은 전송망 시설공사를 위한 자금투자를 불러왔고 이 엄청난 부채를 이겨내지 못한 회사들은 하나둘 도산을 하는 불운을 맞게 되었다. 또한 한국전력의 정보통신사업도 전력운영 선진화라는 커다란 목표를 이루지 못한 채 절반의 성공으로 그치고 말았다.

그 뒤 한국전력은 파워콤을 설립하면서 이 회사에 정보통신 관련시설을 현물 출자했으나 급기야 파워콤도 민간에 불하하게 되었다. 비록 한국전력이 자본투자 사업으로 수조 원의 수익은 얻었으나, 국가의 통신사업에 큰 변혁을 일으키려던 당초의 理想^{이상}은 엉뚱한 방향으로 흘러가면서 한국전력의 정보통신사업은 終焉^{종언}을 고하게 되었다. 그 후로 지역방송사업자^{SO}들이 한국전력 전주를 이용하여 자체적으로 광케이블을 설치하였기 때문에 한국전력 망은 방송용보다는 대부분 파워콤의 초고속 인터넷사업용으로 쓰이게 되었고, 프로그램공급사업자^{PP}들에게 공급하던 방송신호 전송망은 약 80개 정도의 프로그램 회선 전송에 파워콤의 광통신 회선을 사용하게 되었다.

49. 멀티미디어 Thrunet과 MS 제휴

오늘날 우리나라는 인터넷과 이동통신을 비롯한 첨단 정보통신산업이 크게 발달하여 세계에서 으뜸가는 인프라를 구축하고 전 국민이 아주 편리하게 사용하고 있다. 그러나 1990년대 초반, 국민의 IT산업에 대한 인식이 저조하던 때에, 삼보컴퓨터 李龍兌 회장은 이 분야의 선각자였다. 그는 일찍부터 한국을 세계에서 제일 앞서가는 정보통신국으로 만들겠다는 큰 꿈을 가지고 정부 요로에 정보통신시대에 대비한 정책수립을 지속적으로 촉구했다. 뿐만 아니라 여론주도 층에게도 수시로 강연을 통하여 이의 중요성을 주지시키며 참여를 호소했다. 그는 미국이 상당히 높은 국민소득을 올리면서도 계속 성장하는 반면 일본은 정체상태에 머물러 있는 것은 바로 정보통신사업의 경쟁체제에서 뒤지기 때문이라고 주장했다. 이용태 박사의 이러한 철학은 일면 내가 한국전력을 '세계전력사업을 선도하는 초일류 기업'으로 만들겠다는 소신과도 의기투합되는 사고였다.

멀티미디어사업 민간제휴

한국전력이 자체적으로 보유한 거대한 광통신망으로 멀티미디어사업을 하려고 했으나 공기업으로서의 여러 가지 진출규제 때문에 자유로울수가 없었던 것은 앞서 말한 바와 같다. 민간업체와 제휴해서 그들의 창의적 아이디어와 정보수집 능력을 활용해야 멀티미디어산업은 발전할수 있다. 그래서 정보통신처로 하여금 한국전력과 합작회사 설립을 할수 있는 민간회사 검토를 부탁했더니 삼보컴퓨터와 대륭정밀을 추천했다. 삼보컴퓨터 이용태 회장은 정보통신과 멀티미디어에 대한 열정과해박한 지식을 보유하고 있었고, 국내 정보통신업계의 인지도도 매우높은 분이어서 삼보컴퓨터와 제휴하기로 결정했다. 이어 한국전력과 삼보컴퓨터는 각각 9.9%와 10%씩 출자하고 나머지 약 80%는 백 개정도의 중소업체가 참여하는 회사를 설립했다. 이 회사에는 그해 4월 판매사업단장에서 퇴임한 金棋洙 씨를 보내 경영진에 참여시키기로 했다.

멀티미디어회사 운영 얼개

李龍兌 삼보컴퓨터 회장과 1996년 4월 16일에 만나 새로 설립될 정보통신 회선임대회사의 설립 얼개를 놓고 협의한 결과 이 회사를 21세기 체제에 맞는 가장 현대적인 회사를 만든다는 데에 합의했다. 이를테면 모든 문서는 LAN에 의해 Paperless 원칙에 따라 작성하기로 하고, 대내 문서는 모두 영문으로 작성하며, 급여는 가장 발전된 연봉제를 도입하는 것 등으로, 일류회사를 만들기 위해서는 이런 혁신적 조치가 필요하다는 데 의견을 함께했다.

새로 설립될 회선임대회사의 이름을 잠정적으로 Win-Net으로 정하고 새 회사에 대한 한국전력의 경영간섭 정도에 대하여 논의했다. 신설될 회사 본부장 급에 한국전력이 1직급 두세 명을 복수 추천하면 그 회

한국전력과 합작 투자한 두루넷 창립기념식에 모인 관계자들.
〈중앙에 필자와 李龍兌 삼보컴퓨터 회장이 있고, 그 왼쪽에 金棋洙 두루넷 부사장,
金正夫 한국전력 전무, 裵鳳杰 한국전력처장이 서 있다.〉

사 사장이 평가하여 채용하도록 재량을 주고, 그 외에 한국전력은 일체
의 경영간섭을 하지 않기로 했다.

　이용태 회장과 나는 1996년 6월 초 Win-Net회사의 설립성격과 경영
방향에 대한 의견을 나누었다. 이익금은 가급적 내부유보를 통해서 한
국의 정보화 사회를 이끄는 회사로 성장시키기로 했다. 당시에는 한국
전력의 CATV회선을 국제전화 통신망으로 쓸 수 없었지만 앞으로 사업
승인이 나오면 법 개정을 추진하여 회선의 활용도를 높이는 데 공동노
력 하기로 했다.

　신설회사의 이름을 Win-Net으로부터 두루넷Thru Net으로 개명하고
1996년 7월 29일 설립기념 리셉션을 가졌다. 趙淳 서울시장, 姜昌熙
국회 통신과학위원장, 鄭鎬宣 의원, 李鍾贊 의원 등 많은 인사들이 참
석하여 성황을 이루었다. 새 회사 이름은 통신망이 두루두루 연결된다
는 한국어의 이미지와 모든 정보통신이 이 Net를 거쳐 전송된다는
Through의 뜻을 결합한 개념으로 만들어졌다.

시내전화사업 참여

정보통신부는 시내전화 참여업체로 데이콤을 밀고 있었다. 한국전력과 두루넷은 1997년 2월 24일 데이콤 중심으로 추진되는 이 사업에 참여하는 문제를 놓고 논의를 가졌다. 지난날 한국전력이 회로망을 사용토록 하기 위해 온세통신과 신세기통신에 지분참여를 권유했을 때, 만약 이 회사들이 한국전력 통신망을 쓰면 한국통신이 시내전화와의 접속을 거부하겠다고 하여 갈등만 조장함으로써 한국전력의 망을 사용하지 못했던 사례가 있었다. 그래서 나는 한국통신이 출자하고 LG가 대주주인 데이콤이 주도할 업체에 한국전력이 참여하는 데에는 반대했다. 한국전력이 두루넷과 컨소시엄을 구성하여 앞으로 데이콤과 경쟁하겠다는 뜻을 보여주어야 전략상 유리할 것이라는 의견을 제시했다.

이러한 전략과는 달리 제 2 시내전화사업에 데이콤과 컨소시엄을 구성하려는 안을 1997년 4월 7일 한국전력 정보통신본부장이 가져왔다. 그는 이 안에 두루넷도 찬성하도록 하여 3자 합의문에 서명하겠다고 했다. 그러나 나는 한국전력 경영진의 검토의견이 확정되어야 하므로 부사장 책임하에 이 안을 다시 검토하여 보고토록 했다. 그리고 장차 통신시장이 자유화된 후 한국전력이 독자적으로 시내전화사업에 참여하려 할 때에 데이콤과의 이 합의가 걸림돌이 되지 않아야 함을 확실히 해 두도록 했다.

다음날 제 2 시내전화사업 참여문제를 놓고 집행간부들이 검토한 결과 한국전력이 데이콤과의 컨소시엄에 주식참여를 하는 것이 타당하다는 결론을 내렸다. 그러나 나는 데이콤과의 협정내용에 들어 있는 '한국전력의 타 컨소시엄 참여 금지조항'이 자칫 추후에 한국전력이 다른 사업을 하는 데 장애가 될 수도 있다는 점을 우려하여 이 조항은 빼고 협정을 하도록 지시했다. 그리고 협정 전에 통상산업부와 재경원에 사전 설명을 하여 추후 이사회에 부의했을 때를 미리 대비하도록 했다.

말레이시아 Super Corridor

이용태 회장이 두루넷을 통하여 한국의 멀티미디어사회를 구축하고
자 한 원대한 구상과 이론의 원천은 말레이시아의 마하티르Mahathir
Mohamad 수상이 그 나라 정보통신망 구축의 얼개를 만들기 위해 용역을
진행한 맥킨지Mckensey리포트에 근거를 두고 있었다. 이 리포트에는 쿠
알라룸푸르를 중심으로 50㎞ × 20㎞의 넓은 구역에 수퍼코리도Super
Couridor를 구축하여 멀티미디어사업을 하기로 했다는 내용이 들어 있다.
마하티르 수상은 이러한 구상을 실현하기 위해 세계적인 정보통신회사
를 찾아다니면서 말레이시아에 와서 이러한 산업을 일으키면 세금면제
등의 특혜를 주겠다는 보장각서를 직접 서명하고 다닌다는 이야기도
있었다.

이용태 회장의 구상은 한국의 멀티미디어 발전을 선도하여 문서를
모두 전자화하는 전자정부를 구현함으로써 전 국민이 IC 카드를 갖고
상거래를 전부 카드로 결제하며, 사이버 스쿨을 만들어 국민교육을 혁
신하고, 헬스 카드로 국민 건강을 국가가 책임지는 사회를 구현하겠다
는 등의 교과서적 뜻을 지니고 있었다.

레인보우 프로젝트

당시 말레이시아는 인구가 2천만 명에 불과하고 1인당 국민소득도 3
천 달러 수준에 불과했다. 이에 비하면 한국은 정보통신을 추진하기에
훨씬 좋은 여건을 지니고 있다. 이 회장은 한국전력과 두루넷이 중심이
되어 미국 실리콘 밸리의 주요업체를 투자유치 한다면 마이크로소프트
MS사로 하여금 소프트웨어를 담당케 하고, 인텔Intel사는 하드웨어, 시
스코Cisco사는 통신분야를 맡게 하여 교육서비스, 콘텐츠 서비스, 커뮤
니티 서비스, 인터넷 전화 접촉 등의 사업을 전개할 수 있다는 구상을

가지고 있었다. 이를 실현하려는 사업이 이름 하여 '한국 레인보우 프로젝트'였다.

두루넷이 추진하는 멀티미디어 시스템의 장기구상은 교육시스템을 개발하여 보충교육과 국민교육에 활용하고, 농어촌과 소비자를 직접 연결시켜 농촌도 돕고 소비자도 보호를 하며, 통합교통정보시스템을 개발하여 교통문제를 해결하는 문제와, 중소기업의 전자상거래를 실현하는 등의 사업내용을 포함하고 있었다.

이러한 사업들이 실현되면 정치적으로 어려운 문제들도 멀티미디어 시스템으로 상당부분 해결될 수 있을 것으로 예상했다. 인천에 건설하려는 미디어밸리와 연계하여 재벌기업들에게 위의 구상을 한 항목씩 맡긴다면 한국은 금방 선진사회로 발돋움 할 수 있을 것이라고 생각했다. 나는 한국전력과 합작한 두루넷 회사의 회선임대사업이 이와 같은 한국의 멀티미디어사업을 완성시키는 데 주춧돌 역할을 할 수 있겠다는 자신감을 가졌다.

MS와의 사업개발 구상

李龍兌 회장은 21세기를 맞아 지금부터 고속통신망을 구축하고, 대학입시에도 컴퓨터사용 과목을 포함시킨다면 한국은 급속도로 정보통신 산업국가로 발돋움할 수 있게 될 것이라고 말했다. 그는 국내뿐 아니라 미국의 정보통신분야 인사와도 교분이 두터워 재일교포 손마사요시孫正義나 미국의 마이크로소프트MS사의 빌 게이츠Bill Gates와도 깊은 교분을 가지고 있었다.

1997년 7월말 이 회장과 만나 미국에서 성공시킨 비즈니스 결과에 대한 설명을 들었다. 그는 MS사의 회장인 빌 게이츠와 만나 한국전력과 MS사 및 두루넷사 3자 간에 한국의 멀티미디어사업을 함께하기로 약정까지 했다는 것이다. 한국전력의 광통신케이블 회로망이 세계에 유례를 찾지 못할 정도로 전국적인 네트워크를 가지고 있으며, 양방향 통신이 가능한 이 통신망을 이용하여 세계에서 가장 발전된 멀티미디어를 구축하여 세계의 쇼윈도 기능을 할 수 있다는 현실을 설명함으로써 빌게이츠가 이를 수용했다는 설명이었다. 또한 빌 게이츠가 9월에 한국에 와서 이 계획을 공동발표를 할 예정으로 있다고도 했다.

미국 유명 IT회사 투자 권유

이용태 회장이 MS와 약정한 내용을 한국전력이 실무적으로 검토해 본 결과 사업성이 우수하다는 결론이 나왔다. 이에 따라 1997년 9월 25일 미국 MS사 본사에서 빌 게이츠가 참석한 가운데 한국전력과 두루넷, MS 3회사 간의 계약 서명식을 갖기로 했다. 이 계약이 잘 성사되면 국내의 교육방송과 뉴스, 비디오 등을 마음대로 골라 보는 정보통신의 대혁명이 일어날 수도 있는 일이었다. 나는 9월 22일 정보시스템처 裵鳳杰 실장 등을 대동하고, 두루넷의 이용태 회장과 함께 미국으로 향했다.

한편 이 회장은 이 출장길에 휴렛패커드HP사와 인텔사, 그리고 시스코사 등 미국서부의 유명한 정보통신회사 회장을 만나도록 주선했다. 나는 이 정보회사 회장들과의 만남을 통해 지금 인천에 조성되는 미디어밸리에 투자 유치를 권유하면서 이런 IT산업 진흥에는 한국전력의 전국적인 광통신 네트워크가 가장 이상적이라는 설명을 했다.

같은 해 9월 24일, 휴렛패커드HP사를 방문했을 때에는 로렌스 플랫트 Lawrence Platt 회장이 직접 나와서 우리를 맞이했다. 이 회사는 처음 계기제조업에서 출발하여 컴퓨터산업으로 전환한 뒤 크게 성공한 회사이다. 이용태 회장은 약 40분에 걸쳐 우리나라의 멀티미디어 사업계획을 설명하고 이 사업이 궤도에 오르게 되면 한국에 투자와 연구소를 설립할 것을 요청했는데 플랫트 회장은 이에 상당한 관심을 표명했다.

오후에 인텔사 문을 들어서니 앤디 그로브Andrew Grove 회장이 가벼운 옷차림으로 나타났다. 이 회사는 컴퓨터의 가장 중요한 핵심부품인 중앙처리장치CPU를 개발한 기업으로서 미국 컴퓨터의 90% 이상이 이 회사 제품을 내장하고 컴퓨터에 'Intel Inside'라고 표시하고 있을 만큼 위세를 자랑하는 회사이다. 그는 한국전력의 광통신 네트워크에 관심을 갖고 실상을 알고 싶어 했다. 나는 준비한 한국전력의 계통도와 광통신 관련 도면으로 한국전력의 광네트워크망을 설명했고, 이용태 회장은 역시 우리나라의 멀티미디어 사업계획 설명과 함께 본궤도에 올랐을 때에 투자할 것을 권유했다.

시스코사에 도착하니 시스코코리아 사장 洪性源 박사가 미리 와서 우리를 맞았다. 이 회사의 존 챔버John Chamber 회장은 우리를 맞아 인사만 나눈 뒤 헤어지고 샌츠John Shants 부사장이 회사 설명을 하며 현장 안내를 했다. 모두가 분초를 다투는 모습들이었다. 이 회사는 통신장비 생산업체로서 많은 정보를 지시에 따라 경로에 맞도록 스위칭하고, 몇 개 단위로 묶어 한꺼번에 보내는 기술을 가진 기업이다. 이는 멀티미디어에서 도메인을 찾아 연결해 주는 빼놓을 수 없는 설비 중의 하나이다.

IT관련 언론인의 관심

이날 시스코사가 주최한 만찬이 끝난 뒤 MS 본사가 위치한 시애틀로 향발했다. 이곳에 도착하니 국내 주요 일간지 기자들이 미리 도착해 있었다. 이번 한국전력과 두루넷, 마이크로소프트사와의 계약에 대해 한국 경제계도 그만큼 상당한 관심을 보이고 있었다.

다음날 〈조선일보〉의 石琮熏 기자, 〈문화일보〉의 姜一模 차장 등 국내 주요 신문 기자들과 조찬을 함께하면서 한국전력의 정보통신 참여기반에 대한 여러 가지 이야기를 나누었다. 먼저 한국전력이 전국적인 광케이블 네트워크를 갖게 된 배경과 경위부터 설명했다. 발전설비용량이 1천만 kW 되던 해인 1983년부터 송전선을 건설하면서 架空地線가공지선·Ground Wire에 광파이버를 넣다 보니 이제는 전국의 송전선 네트워크에 광파이버를 내장하게 되었다고 했다. 아울러 미국이나 일본 등의 송전선은 광파이버가 개발되기 전에 대부분 건설된 것이어서 이미 송전선로가 갖추어진 뒤에는 광파이버를 내장하기 어렵다는 얘기와 함께, 우리나라는 이들과 달리 광파이버의 전국 네트워크를 형성하는 데매우 유리했다는 점, 그리고 한국전력이 오늘날 정보통신사업 진출에유리한 조건을 선점하고 있다는 점 등을 차근차근 설명했다.

마이크로소프트MS회사

MS사에 도착하니 한국 현지법인 金宰民 사장이 미리 와서 우리를 맞았다. MS사와의 계약서명에 앞서 그는 중국계 태국인인 MS사의 佑부사장으로 하여금 우리 일행과 기자단에게 현황을 소개토록 했다. MS사의 1996년 매출액은 87억 달러였고 1997년에는 113억 6천만 달러에 이를 것으로 전망하면서 추정 순이익이 34억 5천만 달러라고 했다. 매년 26억 달러를 신기술 개발에 쓰고 있으며 최근에는 영국 캠브리지에 MS연구소를 개설했는데 종업원 수는 1만 2천 명이라고 했다.

MS의 설명에 의하면 이제 일반 TV는 더 이상 기술개발의 여지가 없는 것으로 보고 있었다. 또 PC가 각 가정에 보급되고 있으나 다양성Complexity이 제약되어 보급을 방해하고 있어 이 제약을 허무는 것이 자기들의 목표라고 했다. CATV의 화질을 개선하면 HDTV는 무용지물이될 것이라면서, 거실의 TV는 텔레비전, Web, 음악, E-Mail, VTC, Games 등이 동시에 가능한 PC로 바뀌고 방송을 들으면서 인터넷도가능하게 될 것이라고도 했다. 디지털 TV로 비디오와 데이터를 지향하면 PC를 쓰지 않는 시간에 원하는 뉴스를 볼 수 있을 것이라면서 올해부터 개발을 시작한다는 설명도 했다.

마이크로소프트사 빌 게이츠와 한국 레인보우 프로젝트 참여 계약서명을 했다.
〈왼쪽부터 이용태 회장, 빌 게이츠 사장, 필자〉

MS사의 설명이 끝난 후 두루넷의 서병구 부사장이 한국에서 온 기자들에게 두루넷이 지향하는 정보통신의 미래상에 대해 설명했다. 이른바 레인보우 프로젝트Rainbow Project로서 케이블TV망을 이용하여 전국 규모로 멀티미디어 서비스를 제공하는 최첨단 사업이란 점을 특별히 강조했다.

Bill Gates와 협약 서명

서명행사에 앞서 빌 게이츠William H. Gates 사장과 면담했다. 나는 한국의 송전 系統圖계통도를 보여주면서 한국전력의 광통신망이 송전선로를 따라 전국을 커버하게 된 배경을 설명했다. 그는 CATV시청료 징수방안을 물었다. 나는 한국전력의 전력요금과 함께 부과하고 징수한다면서 장차 멀티미디어를 시작하더라도 요금징수에 어려움이 없을 것이라고 하자 매우 만족해했다.

계약서 서명식 장소는 아예 이런 행사를 위하여 스튜디오형식으로 건축되어 있었다. 사방 벽과 천정은 검은색으로 도장되어 빛의 반사를 막았고, 음향 에코방지 효과를 위해 방음설비가 완벽하게 갖추어져 있었다. 세 사람이 앉아 서명할 수 있도록 편리하게 책상이 놓여 있었으며 방송국에나 있음직 한 카메라가 자동으로 작동하고 있었다.

서명이 끝나자 세 사람이 손을 잡고 사진촬영을 했다. 게이츠 사장은 인사말에서 "세계에서 가장 앞선 최신 傳送網^{전송망}을 갖춘 한국에 MS사가 개발한 소프트웨어^{SW}를 직접 제공하여 나의 이상을 실현할 것이다. 한국은 나의 이상을 충분히 수용할 수 있는 쌍방향 통신이 가능한 전국 네트워크와 환경을 세계최초로 갖추고 있는 데 대하여 놀라고 흥분했다"고 연설하여 한국에 대한 투자의지를 확실히 했다.

한국전력 回路網 건설 중단

나는 1998년 4월 새 정부 출범에 따라 한국전력 사장직을 퇴임했다. 그리고 새로 부임한 경영진은 회로망 설치공사를 전면 중단하는 결정을 내렸다. 앞서 언급했듯이 이렇게 되자 한국전력 회로망을 임대하여 이용하려던 여러 업체는 크게 낭패하여 各自圖生^{각자도생}의 방편으로 여러 회사가 앞다투어 한국전력 전주에 광통신망을 설치하게 되었고 회사마다 큰 부채를 떠안게 되었으며 몇몇 회사는 도산하기까지 했다. 한국전력이 한 가지 사업을 중단하는 정책결정이 이렇게 여러 중견기업을 쓰러뜨리는 후유증을 초래하게 된 것이다.

두루넷은 멀티미디어산업계를 앞장서 리드하고 있었을 뿐 아니라 정보통신사업의 붐을 타고 미국 나스닥^{Nasdaq} 상장에 성공했다. 한때 회사의 가치가 현대자동차를 능가하여 업계의 부러움을 사기도 했다. 그러나 한국전력이 전송망 건설을 중단함으로써 두루넷은 자체회로망 설치를 위해 지나친 부채를 지게 되었다. 이에 더하여 정보통신 사업 붐을 타고 한국전력이 또 다른 정보통신사업을 하겠다고 (주)파워콤을 설립함으로써 두루넷과 계약한 한국전력의 회선망 사업을 모두 회수해가게 되었다. 두루넷이 이 같은 환경의 중압을 이겨내지 못하자 모회사인 삼보컴퓨터까지 법정관리로 넘어가게 되었다. 어렵게 성사된 MS와의 약속도 한국전력이 지켜내지 못함에 따라 끝내 실현되지 못했다. 한국의 멀티미디어 총아로 탄생하려던 계획은 이렇게 허무하게 끝나고 말았다. 야심차게 시작하여 우여곡절 끝에 어렵게 성사된 일이 너무나 쉽게 끝난 허망한 꿈이었다.

50. YTN 인수와 經營正常化 지원

 YTN은 연합통신사가 미국의 CNN과 같은 세계적인 뉴스전문 채널을 목표로 설립한 종합유선방송회사이다. 이 회사는 한국전력의 광통신을 이용한 전송망으로 전국 54개 지역방송국(S/O)을 거쳐 방송하고 있었다. 그러나 사업규모에 비해 너무 적은 자본금으로 출발함으로써 1997년의 IMF 금융위기가 오자 퇴출위기에 처하게 되었다. 특히 종합유선방송사업의 핵인 프로그램 공급자로서 YTN이 잘못되면 정부가 추진하는 역점사업에도 차질이 올 것은 불을 보듯 뻔한 일이어서 정부는 이의 대책강구에 나설 수밖에 없었다.

 고심 끝에 한국전력의 출자와 경영참여로 방향을 잡게 되었다. 한국전력과 공보처 관계자가 모여 검토한 결과 한국전력이 직접 매스컴에 참여하는 것은 현행법상 불가능하며 자회사를 통한 간접참여는 가능하다는 결론에 도달했다. 이에 吳隣煥 공보처 장관은 한국전력 자회사가 YTN에 출자하고 대주주가 되어 이를 경영하면 YTN도 살고 한국전력도 회사홍보에 일익이 될 것이라고 권고했다. 한국전력도 이에 어느 정도 긍정적인 생각을 갖게 되었다. 앞으로 한국전력의 광통신망이 전국적으로 확대되면 KBS나 MBC 등 지상파 방송에 맞먹을 정도의 시청률을 올릴 수 있어 한국전력 경영에도 큰 도움이 될 것이라고 생각했던 것이다.

515

YTN 인수의 타당성

한국전력은 수년 전부터 FM방송을 운영하여 회사홍보뿐 아니라 긴급 정전사태가 발생했을 때 신속한 대 국민 정보전달 수단으로 활용하는 방안을 검토했다. 이러한 시점에서 한국전력이 만약 YTN을 인수한다면 FM방송계획과 연계하여 뉴스가치를 극대화할 수 있으므로 유선방송을 보유하는 것도 나쁘지 않겠다는 생각을 했다. 金正夫 본부장과 金暢冀 처장은 FM방송도 이 기회에 겸영이 가능토록 하기 위해 南廷위 공보부 차관을 만나 협의했다. 그리고 청와대와 공보처에 한국전력이 YTN 인수를 적극적으로 검토할 의사가 있음을 전달하고 실무적 접촉을 갖기 시작했다.

姜仁燮 전 청와대 정무수석과 연합통신 金榮一 사장을 초청하여 1997년 7월 23일 신라호텔에서 오찬을 함께하며 YTN 인수문제를 협의했다. 김영일 사장은 YTN 인수여부에 대해 조속히 결론을 내주기를 희망했으며, 이를 위해 현 경영진은 일괄 퇴임하되 나머지 직원은 전원 수용하는 것으로 서로 양해했다. FM방송 허가문제를 인수조건으로 하는 것은 무리가 있다는 데 의견을 같이하고 강 수석과 함께 노력하기로 했다. 또 이러한 내용이 언론에 노출되면 YTN 인수를 갈망하는 신문사의 방해와 반대여론이 나올 수도 있으므로 비공개적으로 인수를 서두르기로 했다.

한국전력의 정보통신사업 진출에 협조적이었던 안기부장을 1997년 8월 1일 면담했다. 그는 한국전력의 인수를 바람직하게 생각하면서, YTN 사장은 정부가 물색할 것이나 전무 등 경영진은 한국전력 간부나 퇴직자로 임명하여 실질적으로 한국전력이 경영에 책임져야 좋을 것이라는 의견을 피력했다. 그리고 공보처 차관과 합의도 보았으니 한번 맡아서 소신껏 해보라고 격려했다. 이어 YTN의 鄭炷年 사장을 만났다. 그는 취임 후 11개월 동안 은행에서 돈 끌어대느라 경영에는 신경 쓸 겨를이 없었다며 그동안의 고생담을 털어놓았다.

인수계약 체결

1997년 9월 2일, 한국전력의 李鳳來 전무 입회하에 연합통신 金榮一 사장과 한국전력의 위임을 받아 YTN에 투자 주체가 될 한국전력정보네트웍KDN 崔大鎔 사장 간에 YTN 주식 인수협약이 체결되었다. 이어 정주년 YTN 사장과 경영개선을 위한 당면 정책방안을 협의했다. 곧 자본금 증자를 해야 하는 시점에서 기존 주주 과반수의 합의를 도출하는 일이 문제였다. 이를 위해서는 대주주인 상업은행과 조선맥주를 상대로 사전 협의가 있어야만 했다. 당시 기존 주주 사이에서는 증자에 대한 매력을 이미 상실했다고 판단하는 분위기가 압도적이었다.

이런 상황에서는 失權株실권주의 처리문제도 큰 현안이었다. 또한 광고주를 끌어들이려면 소비재 산업을 대상으로 해야 하는데 한국전력은 이 분야에는 영향력이 미치지 못하는 것이 현실이었다. YTN의 시청률을 높이려면 상품을 구매하는 소비계층의 시청률을 높여야 하는 데 이또한 쉽지가 않았다.

약 10여 일의 실사를 끝낸 후 연합통신의 김영일 사장과 현안문제를 협의했다. 김 사장은 YTN의 資産實査자산실사가 끝났으므로 국정감사 이전에 정식계약을 체결할 것을 희망했다. 그러나 이를 위해서는 정부투자기관의 출자에 관한 규정개정이 선행되어야 하므로 공보처가 출자제한의 예외조항 적용을 발의해야만 했다. 이사회는 민감한 문제인 만큼 국정감사 이후에 열기로 했다.

1997년 10월 16일 한국전력 국정감사에서 야당 의원들은 한국전력의 문어발식 사업확장을 비판하고 YTN 인수가 정부지시에 의한 것 아니냐고 추궁했다. 그러나 나는 당당하게 YTN 인수에 따라 한국전력이 얻게 될 장점을 합리적 논리로 의원들을 설득함으로써 큰 쟁점 없이 국정감사를 넘길 수 있었다. 다음날 통상산업부 국정감사장에서도 YTN 인수문제를 정치 쟁점화하려는 야당 공세 때문에 나는 여러 번 발언대에 나서야 했다. 그러나 통상산업부 국정감사의 피날레는 한국전력이 YTN의 경영을 맡아 정상화시켜 사태를 안정시키겠다는 답변으로 무난히 막을 내릴 수 있었다.

KDN 통한 출자

한국전력 KDN은 YTN 인수를 위한 출자안을 1997년 10월 17일 이사회에 상정하여 의결하기로 되어 있었다. 그런데 하루 전 장관이 이를 연기하라는 지시를 내려 상정을 보류했다. 지난 국감 때 이 문제를 가지고 야당이 시끄럽게 한 데다 그 주에도 본회의에서 대정부 질의로 거론될 수 있어 이를 연기하는 것이 좋겠다고 생각한 것 같았다.

그러나 재경원에서는 한국전력의 이사회 연기문제에 매우 민감한 반응을 보였다. 10월 28일 金光琳 예산국장의 전화가 왔다. 그는 YTN 출자관계가 한국전력 이사회에서 상정이 보류된 것을 의외로 받아들이면서, 林昌烈 장관이 결정단계에서 소외감을 갖게 될까 봐 연기한 것이 아닌지를 물었다. 나는 그렇게 민감하게 반응할 필요는 없다고 대답했다. 국회 본회의가 남아 있는 시점이라 이 시기에 민감한 사안을 다루는 것은 의원을 자극할 우려가 있어 연기한데 불과하다고 설명했다. 그 뒤 결정단계에서도 몇 곳에 오해가 없도록 조치를 한 후 이사회에 부의하여 의결했다.

경영정상화 방안

1998년 연초 YTN 정주년 사장 및 李大燮 상무와 경영정상화 방안을 놓고 협의했다. 연합통신의 21억 원 채무는 다름 아닌 기사 轉載料

^{전재료}였다. 앞으로 연합통신의 기사를 전재하지 않으면 매달 1억 5천만 원의 경비가 절감될 수 있어 이것부터 정리하도록 했다. 또한 YTN의 경영정상화를 위해 급여 30% 삭감과 인원 25%(140명) 감축안을 제시했다. 그 예로 MBN방송사는 인원 200명으로 24시간 방송을 하고 있다고 예시하면서, 인원 감축 없이는 만년적자를 면할 길이 없다며 협조를 구했다.

한국전력이 YTN을 인수한 후 새로 출범한 '국민의 정부'는 한국전력의 YTN 지원문제에 대해 매우 긍정적이었다. 청와대 朴智元 공보수석의 요청으로 1998년 3월 6일 청와대를 방문하여 면담했다. 그는 YTN 기자들의 주장대로 인원을 10%만 줄이고 급여는 20% 삭감하는 안을 제시했다. 이에 대해 나는 이를 수용하면 적자누적을 피할 수 없으므로 최소한 인원 20% 감원과 급여 30% 감축이 이루어져야 한다고 설명하여 그를 설득시켰다.

한국중공업 출자

급여문제가 가장 급선무였다. 청와대 공보수석은 한국전력이 채무보증을 해서라도 은행에서 대출을 받아 월급은 주어야 하지 않겠느냐고 했다. 그러나 나는 YTN의 은행차입에 대한 채무보증은 한 번 길을 열어주면 계속 휘말릴 위험이 있으므로 이 시기에 增資^{증자}하는 것이 좋겠다면서 한국전력이 출자자를 구해 보겠다고 했다. 그러나 말이 증자이지 IMF사태 이후 자금경색이 극심한 상황에서 유상증자에 응할 기업을 구한다는 것은 그리 쉬운 일은 아니었다.

나는 먼저 한국중공업의 출자를 유도하기 위해 나섰다. 그 결과 한국전력이 한국중공업에 미불로 남아 있던 500억 원을 빠른 시일 내에 지불하기로 하고, 한국중공업은 YTN에 70억 원을 출자하기로 합의를 보았다. 그렇게 되면 은행대출이나 지급보증을 하지 않더라도 YTN의 자금경색이 풀리게 되니 당장 YTN의 인력감축이나 급여삭감과 같은 급진적 조치도 급히 서두르지 않을 여유가 생겼다. 이 문제는 李鳳來 전무와 YTN에 파견 나가 있던 趙東平 처장에게 맡겨 서서히 진행시키 도록 했다.

퇴임 직원 한국전력 수용

1998년 3월 18일, YTN에 경영정상화 임무를 띠고 파견된 趙 처장 의 보고에 의하면 인원감축에 대한 사원협의회 측의 저항이 예상보다 강하다는 것이었다. 나는 그에게 다음 사항을 검토토록 했다.

- 임금 30% 삭감: 급여규정을 고쳐 급여를 확실히 삭감해야 한다. 보 너스 不支給^{불지급} 등 미봉책을 쓰거나 금년도 인건비만 줄이면 된다는 생각은 버려야 한다.
- 인원 20% 감원: 일단 정리해고 목표를 세워 추진하되 IMF사태 때문 에 대량해고가 일어나는 현시점에서 이들을 물리적으로 해고하는 것 은 어렵고 정부도 바라는 바가 아니니 신중히 진행한다.
- 정리대상 직원의 재취업: 정리대상 직원 110명을 한국전력의 자회사 가 임시 채용하여 대외 홍보요원으로 활동하는 방안을 강구한다. YTN의 지방특파원과 같은 일을 맡기면 한국전력 직원과 YTN 직원 간의 협조관계가 이루어지고, 지방 언론인과의 교류를 통하여 한국 전력의 이미지 제고에도 기여할 것이다.
- 새 업무영역 개발: 한국전력 자회사에 내보낸 직원은 3~5년 기한으 로 파견 근무케 하되, YTN 새 경영진은 이들이 일할 수 있는 새로운 업무영역을 개발하고 경영이 호전되면 이들을 점차적으로 복직시킬 것을 약정한다.
- 새 경영진에 정치인 배제: YTN의 새 경영진은 정치인이 아닌 사람 중

에서 경륜과 도덕성 그리고 열의 있는 언론인이 선임되도록 관계기관과 상의한다.

경영 정상화

1998년 3월 20일, YTN 李大燮 상무로부터 朗報^{낭보}가 날아왔다. 사원협의회와 구조개편안에 대해 합의했다는 것이다. 전 사원의 임금 30% 삭감, 지역인력 감축, 무급휴직제 실시, 연월차 휴가 반납 등 대대적인 구조개혁과 자구노력을 하기로 합의했다고 했다. 퇴직자들의 한국전력 관계회사 임시 고용정책이 주효한 셈이었다. 참으로 좋은 아이디어였고 대단한 성과였다.

YTN의 자구노력에 발맞추어 새 정권의 청와대도 YTN 정상화에 힘을 보태주면서 국영기업체들로 하여금 YTN 출자까지 권유하려는 움직임이 일어 YTN은 경영의 중대한 고비를 넘길 수 있게 되었다. 그 후 YTN의 경영은 크게 개선되었고 계속 번영하고 있다.

1SC 協商   97. 8. 25.

o 기능공 임균.   요 8H × 25 Day = 200시간
－ 미숙련공 110方 :   O.T. 1.5倍. 위험 20%
－우 Turnkey. 전직종보다 group 직종이 유리
제7부

A級 : 중개요원. 2진운용관리
평균 가동치. 155方 레벨.
리거기(G) 138方 合意.
북한안 수능시 평균 170方.

o 관리직. 간시원.
총 책임자 (소장) 300方 합의.
중간 반장 (심판) 200方 합의
20元당 1元
안전관리   160方

o 비긴요 인력   간호사 운전사 청소부. 취사보조.
간독급 10元당 1元 씩 두기로 함.
임균은 合意

┌─────────────────────────────────────┐
│ KEDO. 이현수.(外)   서훈 (安)   │
└─────────────────────────────────────┘

o 작업팀수준. : 作主. 版등 작업자. 수차 창법.
근로룰 거별지라.   비룡도 定착 안늘다.

派 리동 보. PP. 3. 2ⅰ

• 경수로기하반감 감선별 3ⅰ국.

　한국 70% 부담.　천둥·화라나ㄷ 협력원ㄷ
이국이 나서기 30% 보광ㄴ 不可ㄴㅇ
점향 나나국이 용흥보광으로용하나 한국ㄴ 바기
ㄱ 보장하나　　　　未 ㄹㅕㅇ

— 日今. 지굼게 PO% 협의수ㄴ 임양ㄴ 변ㅇ.
100% 합의ㄹ ㅣㅇㅑ 한ㄴㄹ 강경. 선리.
　∴ 日·北 명호. 지기 부진.　ㄸㄴ 노리구ㄴㄴ
이둥이 드방 기ㄹㄴ 변ㄴ 日今. 흥 ㅇㅕㄴ.

日今. 1000억ⅠⅤ을 J Exim 에ㅓ 차광ㄴ 이ㄹㄴ
점삭 부ㄴㄴ,　　상한보광이 ㄹㄴㄴ 한ㄹㄴ 不日성.

◦ 6月末 Brussel 에서 会談後ㄴ 문내ㅓ
KEDO늘 拡散 속ㄹ 이ㄴ.

◦ EU. 1500万 ECU.ㄹ LWR 에 한애ㄴㄹ.
이국ㄴ 용용용중에 쓴ㄹㄴ 흐ㄷ광.

◦ 6月 20日 契約.⑫償工程에 ㅏ진.

51. 북한의 NPT 탈퇴와 제네바 합의

북한은 1985년 12월 소련의 권유로 NPT[1] 가입 후 핵안전조치협정[2]을 계속 미루다가 1992년 1월에야 이 협정에 서명했다. 그리고 협정상 의무사항인 14개 신고시설에 관한 최초보고서를 1992년 5월 IAEA에 제출했다. 그러나 IAEA의 핵안전조치협정에 따른 핵사찰 결과 신고내용의 불일치가 발각되어 핵무기개발 의혹을 불러일으킴으로써 북한의 핵개발문제는 국제문제로 비화되었다.

IAEA는 특별핵사찰을 요구했고 북한은 이에 반발하면서 1993년 3월 12일 NPT탈퇴를 선언했다. 북한은 핵무기 개발을 공언하는가 하면 서울을 불바다로 만들겠다는 도발적 발언도 서슴지 않았다. 유엔 안보리는 1993년 4월 의장성명을 발표하면서 5월까지 북한이 NPT에 복귀할 것과 핵안전조치협정을 이행할 것을 요구했다.

---

1 NPT(*Nuclear non-Proliferation Treaty*) : 핵확산금지조약(核擴散禁止條約)을 뜻하며, 비핵보유국이 새로 핵무기를 보유하는 것과 보유국이 비보유국에 대하여 핵무기를 양여하는 것을 동시에 금지하는 조약이다. 2009년 12월 현재 가맹국은 미국 · 러시아 · 중국 · 영국 · 프랑스 등 핵보유국을 비롯한 189개국이다.
2 핵안전조치협정(*Safeguards Agreement*) : NPT에 가입하면 18개월 내에 IAEA (국제원자력기구)와 자국 내의 모든 핵시설과 물질 등 핵 현황에 관한 '최초보고서'를 작성, IAEA에 제출할 의무를 지는 협정이다.

미국은 북한의 이러한 호전적 태도에 일전을 불사한다는 의지를 천명했고 실제로 유사시 한국에 있는 미국 시민의 철수계획까지 마련하는 등 일촉즉발의 상황에까지 이르렀다. 이러한 일련의 위기상황 중 1994년 6월 지미 카터 전 대통령의 평양 방문으로 미국-북한 간에 대화의 물꼬를 트게 되었고, 북한을 회유하기 위한 여러 가지 정책들이 미국무부에서 검토되기 시작했다.

북한 原電건설 정보 입수

1994년 초에 뉴욕사무소의 李源滿 소장이 보내온 자료에 의하면 미국의 대북한 외교현안을 연구하는 기관으로 보이는 노틸러스Nautilus Institute보고서에 매우 중요한 내용이 담겨 있었다. 북한과 미국이 최근 核非擴散핵비확산 문제와 관련하여 북한이 NPT에 복귀하는 조건으로 북한에 원자력발전소를 건설하여 주는 안이 검토되고 있다는 내용이었다.

나는 이 자료를 보고 큰 충격을 받았다. 순간 북한에 원자력발전소를 건설한다면 당연히 우리나라가 개발한 한국 표준형 원전을 건설해야 한다는 생각이 머리를 스쳤다. 그리고 어떻게 이 문제를 풀어나가야 할 것인지 정신을 가다듬고 생각을 거듭했다.

나는 우선 외무부나 청와대가 한국의 원전기술개발 상황을 충분히 이해하고 있는지 의심스러웠다. 그래서 가장 중요한 것이 먼저 관계요로에 한국 원전 기술수준의 실상을 적극적으로 알리는 문제이며, 궁극적으로 북한에 건설될 원전은 반드시 한국 표준형 원전의 단위용량인 100만kW가 채택되어야 한다는 생각이 머리를 가득 채웠다. 북한은 틀림없이 한국의 원자로 도입을 반대할 것이고, 미국이나 EU국가들은 자국의 원자로를 수출하기 위해 적극적 교섭에 나설 것이다. 따라서 이 문제를 극복하기 위해서는 먼저 치밀한 전략과 적극적인 대 정부 설득이 필수적으로 뒤따라야겠다고 생각하면서, 이럴 때일수록 더 치밀하고 냉정한 판단이 필요하다는 마음을 다지고 또 다졌다.

丁渽錫 부총리 월성 방문

원자력위원회 위원장을 맡고 있는 丁渽錫 부총리가 1994년 7월 16일 경주의 한 세미나에 참석한다는 소식을 들었다. 나는 이 기회에 부총리에게 월성원전 방문을 요청하여 함께 월성 방문길에 올랐다. 그리고 많은 이야기를 나누었다. 원자로의 원리에서부터 노형의 차이, 한국 표준형 원전의 탄생과 우수성, 방사성폐기물의 실상, 중국과의 원자력기술협력 증진, 한국전력 사장의 원자력위원회 당연직 타당성 등 전력사업과 한국 원전의 현주소에 대해 충분히 설명할 수 있었다. 그리고 이야기의 말미에 북한에 건설되는 경수로는 반드시 한국 표준형 원전이 되어야 하며 그 건설업무를 주관하는 최적격 사업주체는 바로 한국전력임을 여러 가지 타당성을 들어 자세히 설명했다.

먼저 북한 원전 건설비용을 정부재정으로 부담하기 어려울 경우 전기요금을 3%만 인상해 주면 한국전력에서 재원조달이 가능하며, 한국전력이 부담한 건설비용은 북한 경수로에서 발전되는 전력의 일부를 남한에 逆송전하여 그 전력대금으로 정산하는 방안도 수용할 용의가 있음을 설명했다.

월성원전 시찰이 끝난 후 丁 부총리는 이윤재 비서실장에게 지시하여 민간 원자력위원과 과기처 장관이 함께하는 오찬회동을 준비하도록 지시했다. 나는 7월 22일 11시 원자력위원이 모두 회동한 자리에서 정 부총리에게 보고한 대화내용을 다시 한 번 자세히 설명할 수 있었다.

대통령, 대북 경수로 지원방침 천명

1994년 8월 13일 도하 신문은 일제히 북·미 회담이 급진전되고 있음을 보도했다. 양국은 상호 외교대표부를 설치하여 북한의 255MW 혹

연원자로 건설 중지와 방사화학실험실의 폐쇄를 조건으로 미국은 북한에 200만kW 경수로를 건설하여 제공한다는 데 합의했으며, 이와 함께 북한은 탈퇴를 선언했던 NPT에 복귀하고 미국의 핵위협 제거와 한반도 비핵화 선언의 이행에도 합의했다는 내용이었다.

나는 그동안 물밑에서 움직이던 내용들이 드디어 수면 위로 부상했음을 지켜보면서 출근하자마자 치밀한 자료준비와 함께 정부와의 공동전략 준비를 지시했다. 이날 오후 정보당국의 북한담당 책임자가 북한 경수로 건설에 대한 한국전력의 입장을 알아보기 위하여 내방했다. 그는 앞으로 예상되는 여러 가지 상황에 대처하기 위해 많은 질문을 했고, 나는 준비된 자료를 제시하면서 한국전력의 대처방안을 설명했다. 제시된 내용은 대충 다음과 같은 것이었다.

"보도된 대로 북한에 경수로를 지원한다면 그 원자로의 노형은 한국표준형 원전이 되어야 하고 사업주체도 한국전력이 되어야 한다. 건설비는 3조 원으로 추산되며 그 중 60% 정도를 한국이 부담해야만 한국표준형 원전의 채택이 가능할 것이다.

일본의 자본참여를 늘리면 북한 원전건설의 주도권을 일본에 빼앗길 수 있다. 일본과 미국이 각각 20%씩 비용부담을 할 경우 그 나라의 기자재 일부를 공급하게 할 수 있다. 러시아와 프랑스 등이 참여를 희망하면 그 나라에서도 일부 자재를 구입할 수 있다. 국제적 보장을 위해서 여러 나라가 참여하는 것도 무방하다.

비용조달은 한국전력에 맡긴다. 단 정부가 전기요금의 소폭 인상을 허용하면 한국전력은 독자적으로 재원을 부담할 수 있으며, 한국전력의 신용으로 외자 起債^{기채}도 가능하다. 원조형식이냐 차관형식이냐 하는 문제는 정부 방침에 따르겠다. 한국전력 입장에서는 2기를 동시에 건설하되 발전전력의 반은 남한에 송전할 수 있으면 좋겠다."

이같이 한국표준형 원전 기술수준을 정부에 알리기 위해 다방면으로 설득한 노력이 주효한 듯, 1994년 8월 15일 천안 독립기념관에서 거행된 광복절 기념식에서 金泳三 대통령은 경축사를 통하여 "… 북한이 핵투명성을 보장한다면, 경수로 등 평화적 에너지개발에 우리의 자본과 기술을 지원할 용의가 있으며, 이것은 민족발전 공동계획의 첫 사업이 될 수도 있을 것임"을 천명했다.

이 기념식에 참석하였던 나는 이 경축사를 통하여 한국표준형 원전의 수준과 능력을 대통령도 확실히 인식하고 있다는 것을 알게 되었고 북한에 공급될 경수로는 한국표준형 원전이 채택될 것이란 확신을 갖게 되었다.

한 언론의 왜곡 보도

정부도 한국표준형 원전의 존재와 우수성을 인정한 만큼 한국형 원자로 지원방침은 한발 더 가깝게 다가서게 되었다. 사실 북한으로서도 한국표준형 원전을 채택하면 추후 기술자 훈련과 부품조달의 용이성, 안전운전 등에 유리하다는 사실을 잘 알고 있을 것이다. 그러나 현실은 달랐다. 북한은 체면상 한국표준형 원전은 안전성을 믿을 수 없다는 논리를 들어 강하게 반대하면서 러시아 원전 도입을 요구했고, 미국은 미국대로 자국의 노형 선택을 협상카드로 활용했다.

이처럼 민감한 시기에 국내의 한 유력신문이 1994년 8월 22일자에 국내 원전의 안전성에 심각한 문제가 있다고 보도함으로써 북한에 한국표준형 원전 공급을 반대할 구실을 제공한 격이 되었다. 보도내용은 "한국 원자로에 새로 장전된 원전연료는 웨스팅하우스사가 개발한 연료인데 이 연료는 설계상 종전 연료보다 안전도가 낮아 미국에서 이 연료를 회수 중에 있다"는 왜곡 과장된 내용이었다. 이 연료는 미국 규제기관에서 조사 검토결과 사용해도 지장이 없는 것으로 판명되었고 웨스팅하우스사 관계자가 안전기술원에 와서 해명한 사실이다.

한국전력 핵연료 처장은 이처럼 사실과 다른 왜곡보도가 나갈 것이란 정보를 하루 전날 접하고 이를 해명하기 위한 반박자료를 만들기 위해 다급히 회사에 들어오다가 현관 유리문에 얼굴을 부딪쳐 부상을 입기도 했다.

美·北 제네바 합의

나는 한국표준형 원전을 북한이 수용하는 것이 자신들을 위해서도 얼마나 유익한 일인가를 알려주고 싶은 심정에서 〈중앙일보〉에 기고문을 보냈다. 원전건설은 경제적 측면과 함께 안전성을 고려해야 하며, 검증되지 않는 외국의 경수로를 선택할 경우 북한으로서도 막대한 손실을 가져올 수 있다는 내용 등이었다. 〈중앙일보〉는 기고문을 1994년 9월 7일자 신문에 게재하고 崔喆周 부국장과의 인터뷰 기사를 싣는 등 한국 표준형 원전의 북한 진출에 많은 이해와 관심을 나타냈다.

1994년 10월 14일 제네바에서 들어온 외신에 의하면 미·북한 간의 北核交涉북핵교섭이 거의 합의에 도달하였다고 했다. 미·북 양측은 북한의 흑연감속원자로 및 관련 시설을 경수로 원자력발전소로 대체하기 위해 2003년을 목표시한으로 총 발전용량 2천 MW의 경수로를 북한에 제공하기 위한 조치를 미국이 주선할 책임을 지는 것으로 합의되었고, 또한 북한의 흑연감속원자로 동결에 따라 상실될 에너지를 보전하기 위한 조치로 첫 번째 경수로 완공 시까지 연간 50만 톤의 중유를 공급한다고 전해왔다. 북한은 흑연감속원자로 및 관련시설을 동결하고 궁극적으로 이를 해체하며 이를 감시하기 위해 IAEA가 동결상태를 감사하는 것을 허용하고 협력을 제공하기로 합의했다. (본 합의문은 1994년 10월 21일 서명되었다)

이 합의문에 한국표준형 경수로라고 명시하지는 않으나 한국표준형 원전의 단위용량이 1천 MW이므로 북한에 실제로 건설할 원자력발전소 2기는 사실상 한국표준형 원전이 채택된 셈이었다.

그러나 프로젝트를 수행할 당사자의 의견은 거의 무시된 채 서로 간에 부담할 책임사항과 협의할 의무기간 등은 정해지지도 않았다. 북한이 모든 인·허가권을 가지고 있어 자칫 한국전력 탓으로 돌리면서 얼마든지 건설을 지연시킬 수도 있다. 그동안 미국은 계속 중유를 공급하고 핵개발은 계속될 것도 우려되는 일이었다. 북·미 간 외교는 정상화될 것이나 한국은 인허가 문제로 북한에 매달리는 모양이 될 것이고, 경수로 건설지연의 책임은 고스란히 한국전력에 전가되면서 자금만 계속 투입해야 하는 처지가 될 것이 분명했다.

외무부의 핵 대사가 이러한 문제점을 알고나 있는지 걱정이었다. 할 수 없이 원자력위원회 위원장인 洪在馨 부총리를 10월 20일 방문하여 협조를 구했다. 미국이 평양에 무역대표부를 개설하기 전에 경수로 지원에 대한 기본계약에 북한의 인허가권 양보를 반드시 받아내야 할 것이란 점을 강조하고 협조를 구했으나 부총리는 언뜻 이해가 안 가는 듯 매우 부담스러워하는 기색이었다.

미국主導 전략 봉쇄

북한에 공급될 원자로에 한국 표준형이란 직설적 표현을 사용하지는 않았으나 누가 보아도 한국 표준형 원전을 공급할 수밖에 없다는 사실은 자명해졌다. 그러나 미국의 CE[3]사는 그들의 원천기술이 일부 포함되었음을 앞세워 북한의 거부반응을 무마한다는 명목으로 자기들이 이 사업을 주관하겠다고 나섰다.

나는 이러한 미국의 태도를 접하자 즉시 뉴욕으로 가서 1994년 10월

---

3 CE(*Combustion Engineering*) : 미국의 原電 원천기술 보유회사로 한국전력이 이 회사로부터 기술을 전수받았다. 북한 공급 경수로로 한국표준형 원전 1천 MW 爐型이 채택되고 북한의 거부반응이 있자 이 내용을 잘 아는 그들이 북한 원전 건설을 주도하려 했다.

ABB-CE 간 제3국 및 북한 공동진출을 위한 합의각서 서명식.
뉴만 사장과 필자가 앞자리에 앉아 있다.

27일 CE사의 뉴먼Newman 사장과 장시간 회담을 가졌다. 그는 북한 경
수로 지원사업의 주계약자로 한국전력이 되어야 한다는 나의 주장에
대해 충분히 이해는 하지만 북한이 이를 받아들이지 않을 것이니 CE사
가 주계약자가 되고 한국전력이 하청으로 참여할 수밖에 없다고 맞섰
다. 그는 한술 더 떠 중국에 대한 원전건설도 미국정부가 허락하지 않
으면 한국 단독진출은 어렵다면서 북한 원전은 미국 CE사가 주관하여
야 한다는 주장을 굽히지 않았다. 결국 CE사는 북한 경수로를 미국주
도로 해야겠다는 것이었다.

나는 귀국길에 오르면서 이 기회에 반드시 CE사의 주장을 꺾고 한국
에 대한 인식을 바로잡아야겠다는 생각을 마음속에 다졌다. 귀국하자
마자 즉각 원자력 관련업체에 공동보조를 요청했다. 한국중공업은 CE
사에 보내는 공문을 통해 앞으로 한국전력의 발전소 건설에 CE사와 제
휴하는 일은 없을 것이라고 통고했다. 당황한 CE사 경영진은 즉각 한
국을 방문, 나와의 면담을 요청했다. 그러나 나는 이에 응하지 않았다.
그들이 북한 경수로 건설을 주도하겠다는 의도를 포기하고, 중국 원전
건설사업도 한국전력이 주도권을 가지고 공동진출할 것을 합의하기 전

에는 만나지 않겠다고 공식적으로 통보했다. 초강대국 미국의 세계적 기업인 골리앗 CE사와 동양 조그만 나라의 다윗 한국전력 간에 乾坤一擲 전곤일척의 싸움이 시작된 것이다.

이 같은 한국전력의 강경정책이 받아들여져 CE사는 결국 한국전력이 북한 경수로 사업의 주체가 되는 것에 합의하고, 1995년 3월 9일 한국전력 회의실에서 한국전력과 ABB-CE사 간에 제3국 및 북한 공동 진출을 위한 합의각서 서명식을 가지기에 이르렀다. 한국 표준형 원전을 중국이나 북한에 공급하려면 양사 간에 공동노력이 불가피한 만큼 CE사와의 합의각서 교환은 매우 뜻있는 일이었다.

52. KEDO 발족과 韓電 主契約者 참여

한국전력과 미국 CE사 간에 '원전 해외진출 및 북한 원전건설을 위한 양해각서를 교환함으로써 대 북한 경수로건설은 한국전력이 주계약자로 참여하는 사실에 CE사가 확실하게 합의한 것이 되었다. 1995년 3월 9일 바로 그날, 한·미·일 3국은 북한 경수로 건설과 재원조달을 담당할 한반도에너지개발기구(KEDO)를 설립했다. 이에 앞서 1995년 1월 23일 정부는 대북 경수로사업에 관한 대북조치 및 기본대책과 사업추진계획을 수립하고 이를 총괄 조정할 기구로 경수로사업지원기획단을 설립했다. 그리고 초대 기획단장으로는 崔東鎭 대사를 임명했다.

그 후 미국과 북한 대표단은 쿠알라룸푸르에서 그 전해 10월 21일자 미·북 기본합의문과 관련된 회합을 갖고 1995년 6월 13일 공동 언론 발표문을 내놓았다. 이 발표문에서 북한에 공급된 경수로는 한국표준형 원전임을 공식적으로 확인하였고, 6월 16일에는 KEDO 이사회를 열어 '북한 경수로는 울진원전 3, 4호기를 참조발전소로 하며 한국전력을 주계약자로 한다는 안을 의결했다.

이어서 북한은 KEDO와 경수로 공급을 이행하기 위한 후속 의정서로서 우리 측 근로자의 특권면제 및 영사보호 의정서, 신변안전 및 통행 통신 보장 등의 의정서를 1996년 7월 11일 합의했고, 1997년 1월 8

일에는 발전소 건설부지와 주거 및 여가지역 用水^{용수}취수시설 등 부지
에 대한 배타적 사용권 등에 대해서도 합의했다.

輕水爐企劃團과 KEDO 발족

대북 경수로사업을 총괄 조정할 기구로 설립된 경수로사업지원기획
단은 통일부와 재정경제부, 외교통상부, 산업자원부, 과학기술부 등
관계부처와 한국전력, 원자력연구소 등의 관계기관에서 파견된 인원으
로 구성했다. 이 기구가 담당할 주요업무는 다음과 같다.

- 경수로사업에 관한 기본대책과 사업추진계획의 수립과 총괄조정
- 경수로사업관련 대북조치 및 남북교류협력 기본계획의 수립
- 경수로사업의 재정조달 및 공급을 담당하는 국제 컨소시엄과 관련
  한 업무 및 그 구성국과의 교섭 지원
- 경수로사업에 관한 주요 협정 계약 체결에 관한 기본계획의 수립
- 경수로사업에 관한 소요재원의 조달·상환 계획과 단계별 자금소
  요계획의 수립 및 사후관리
- 경수로사업 타당성 조사 등 사전준비계획과 경수로 설계, 기자재
  제작·시공에 관한 기본계획의 수립
- 경수로사업 관련 기술이전계획의 수립 및 안전규제 지원에 관한
  업무와 경수로 관련 기술, 핵물질, 장비 등의 평화적 이용 보장을
  위한 안전조치계획의 수립
- 경수로사업에 관한 대내외 홍보

북한 경수로 지원과 관련하여 기획단에 한국전력의 입장을 명백히
밝혀 둘 필요가 있어 최동진 기획단장과 만찬회동을 가졌다. 어차피 한
국전력이 이 사업을 주도적으로 관리하게 된 만큼 지금이라도 한국전
력에 건설계약 의향서를 교부해 주면 준비에 착수할 수 있을 것이라며

빠른 시일 내에 행정조치를 취해 줄 것을 요청했다.

앞에서 다루었듯이 1994년 10월 21일 미국과 북한이 제네바에서 합의한 업무를 집행할 목적으로 한국-미국-일본 정부는 1995년 3월 9일 한반도에너지개발기구 KEDO: Korean Peninsula Energy Development Organization를 창립했다. 이 국제기구는 당초 3개국으로 구성되었으나, 같은 해 호주와 캐나다 뉴질랜드가 참가하고, 1996년에 아르헨티나 칠레 인도네시아가, 1997년 이후 EU 폴란드 등이 참가했다.

KEDO 초대 사무총장에는 전 필리핀 대사를 역임한 스티븐 보즈워스Stephen W. Bosworth 대사가 임명되고, KEDO의 집행이사는 3국의 외무부 차관보급 고위관리로 이루어졌다.

KEDO 측에 한국전력 입장 천명

1995년 4월 4일 김영삼 대통령이 북한경수로기획단에게 "북한경수로 사업은 한국이 주도해야 하며, 만약 북한이 한국표준형 원전을 계속 거절하면 한국은 한 푼의 자금도 댈 수 없다"는 강경한 지시를 내렸다. 그러자 북한은 즉각 태도를 바꾸어 새로운 교섭을 제의함에 따라, 뉴욕에 가 있던 경수로기획단 교섭팀이 한국전력과 추진방안에 대한 협의를 요청했다. 나는 대북경수로 건설업무를 주관하는 李重載 처장(후일 한국수력원자력 사장)을 4월 5일 뉴욕에 보내면서 한국전력의 입장을 다음과 같이 요약하여 관철하도록 지시했다.

- 계약서에 '한국표준형 원전'이라고 표기하지 않더라도 부속 협정서류에는 한국이 경수로 공급과 건설의 중심적 역할을 한다는 조항이 반드시 들어가도록 해야 한다.
- 북한에서 요구하는 부두설비와 송전설비 등 추가요구사항은 추후 남북한 간 협의 시 카드로 쓰도록 남겨 두어야 하는 만큼 이번 계

약서에는 포함되지 않아야 한다.

- 남북 간 기술진의 왕래를 확실히 보장하기 위해 KEDO가 발행한 ID카드를 소지한 자는 아무런 제약 없이 출입이 허가되도록 한다.
- 첨부될 기술사양에 울진원전 3, 4호기를 참조발전소로 확실히 규정하고 발전기기와 諸元제원도 이 발전소 기준에 따르도록 명기하여 추후 안전심사문제로 북한측 인허가가 지연되는 일이 없도록 한다.
- 북한이 굳이 '한국표준형 원전'으로 표기하는 데 거부반응을 보여 협상이 어렵게 되면 계약서에 '1천 MW PWR로서 1990년 이후 건설 허가된 노형'으로 표기한다.

여기서 원자로형 표기방법을 '1천 MW PWR로서 1990년 이후 건설 허가된 노형'으로 합의해도 이런 노형은 지구상에 한국형 경수로 외에는 없는 만큼 한국이 이 사업 추진의 중심적 역할을 할 수 있도록 한 것이다.

원자력연구소 주계약 참여 주장

이미 언급했듯이 1960년대에 한국전력이 원자력발전사업 추진주체로 결정된 배경에는 한국전력이 화력발전소 건설관리에 많은 경험을 쌓아 기술이 축적되었고, 원자력발전도 전력사업의 일환으로 추진되어야 한다는 논리가 들어 있었다. 또한 한국전력은 전력판매를 통한 재정기반이 튼튼하므로 외국의 차관을 도입할 때 차관선의 신용평가에 유리하다는 점도 고려되었다. 이런 정부정책이 결정된 이후 원자력발전소 건설의 전반적인 프로젝트 관리업무는 한국전력이 전담하여 왔고 국민들의 인식도 원자력발전소 건설은 한국전력이 전담하는 것이 당연한 것으로 받아들여지게 되었다.

그러나 KEDO사업 논의가 시작되자 원자력연구소의 일부 간부는 원자로계통 설계기술 도입에 자신들이 주도적 역할을 했으니, 북한의 경수로 건설을 연구소가 주도적으로 참여하여야 한다는 주장을 폈다. 북한의 핵위협에 대처하기 위해 미국이 제네바 협의를 진행하는 동안 기술적 조언을 주기 위해 한국전력 대표 이외에 원자력연구소 연구원 대표도 대동했는데, 그 자리에서도 그들은 이 같은 주장을 했다.

한국전력으로서는 일고의 가치도 없는 주장이라고 무시했다. 그러나 그들은 외무부 기자들을 상대로 한국전력이 북한 경수로 건설의 주계약자가 되면 결국 미국 원자로를 북한에 공급하게 될 것이라면서 연구소가 주계약자가 되어야 한국형 원자로를 공급할 수 있다는 주장을 퍼뜨리기도 했다. 외무부 출입 기자들은 경수로 공급이 단순한 기계장치를 공급하는 정도로만 오해한 듯 원자력연구소의 주장이 옳고 한국전력은 비애국적 집단으로 매도하는 기사를 보도하기 시작했다.

羅雄培 통일원 장관 울진 방문

1995년 4월 7일, 나웅배 통일원 장관 겸 부총리가 기자 12명을 대동하고 울진에 건설중인 한국표준형 원전의 압력용기 설치행사에 참석했다. 북한경수로 지원과 관련하여 대내외 홍보를 하기 위해 취해진 포석이었다. 나는 羅 부총리 일행을 안내하면서 통일원 기자들과도 장시간 대화할 수 있는 시간을 가졌다. 며칠 전 한 주요 일간지의 논설위원이 '북한경수로 공급은 원자력연구소 주도하에 추진되어야 한다'는 주장을 폈던 터라 행사에 참여한 몇몇 기자들은 이 논리에 많이 기울어져 있었다. 그러나 그들은 행사와 연계된 일정 중에 나의 설명을 들으며 발전소를 둘러보고 난 후 자신들의 인식이 잘못되었음을 알았으며, 원전건설은 역시 한국전력이 맡아야겠다는 쪽으로 마음을 바꾸게 되었다는 그동안의 소회를 털어놓았다.

나 부총리도 현장을 둘러본 뒤 한국의 원자력산업 수준에 자신감을

첫 한국표준형 원전인 울진원전 3호기 압력용기 설치행사 중 테이프커팅을 하고 있다.
〈중앙에 羅雄培 통일원 장관, 왼쪽에 필자, 장관 오른쪽에 KOPEC 사장 張基玉,
한국전력 鄭甫憲 전무, 동아건설 劉永哲 사장〉

나타내면서 서울에서 준비한 축사내용을 대폭 수정하기까지 했다. "북한은 독일이나 러시아 원전을 도입하겠다고 헤매지 말고 한국에 와서 한국표준형 원전의 실체를 직접 확인하라. 북한이 희망하면 언제든지 원전시설을 볼 수 있도록 전면 공개하겠다"고 축사를 통해 선언했다.

그 뒤 이 선언은 기자들의 주목을 끌었으며 신문에 크게 보도되었다. 다음날에는 지역주민 대표와 지방기자들이 참석한 가운데 오찬이 마련되었다. 이 자리에는 이 지역 국회의원들도 참석하여 원전 찬성발언을 함으로써 분위기를 크게 변화시켰다. 나 부총리의 연설내용이 그만큼 큰 영향을 끼친 것이다.

원자력연구소의 조직적 대응

통일원 장관과 기자단이 직접 울진원전 건설현장을 방문하여 실상을 파악하였으니 통일원이나 언론기관도 북한 경수로 건설은 한국전력이 주계약자로 참여할 수밖에 없다는 의견이 굳어졌을 것으로 생각했다. 그런데 1995년 4월 19일, 한국전력 종합조정실에서 원자력연구소가 작성하여 청와대에 제출한 '북한경수로 지원을 위한 주계약자 역할수행방안'이란 문건을 입수하여 내게 가지고 왔다. 주된 내용은 역시 북한원전 건설의 주계약자는 원자로계통설계를 담당한 원자력연구소가 되어야 한다는 것이었다. 이는 원자력연구소 한 간부의 돌출소행이라기보다는 연구소 전체 이름 아래 조직적으로 나선 것으로 밖에 볼 수 없는 심각한 사안이었다. 나는 더 이상 묵과할 수 없다고 판단, 적극적 대응에 나서기로 했다.

이날 오후 장관의 연락을 받고 통상산업부에 갔더니 원자력연구소의 주계약자 주장을 해명하기 위해 장관이 청와대 비서실장을 만나러 가는데 한국전력 사장도 같이 가자는 것이었다. 韓昇洙 실장과 통상산업부 장관의 회동에 배석한 나는 "북한 경수로는 어떤 새로운 설계에 의하여 건설되는 것이 아니고 한국표준형 원전설계로 건설중인 울진원전 3, 4호기를 복제하여 건설하는 것인 만큼 원자력연구소가 다시 북한 경수로를 설계하고 건설한다는 논리는 사리에 맞지 않는 일"이라는 점을 강력히 주장했다.

한 실장은 "아직 북·미 간에는 어떤 합의도 없는데 국내에서 밥그릇 싸움하는 인상은 좋지 않다. 누가 뭐래도 북한 경수로 건설주체는 한국전력 밖에 없다는 것이 중론이니 한국전력은 그냥 조용히 준비만 하고 있는 것이 좋겠다"고 했다.

KEDO 이사회의 결정

1995년 4월 21일로 예정된 경수로계약 시한이 가까워지자 한·미 간에는 막후교섭이 팽팽한 줄다리기 속에 진행되고 있었다. 4월 14일, 나는 청와대 柳宗夏 안보수석과 만찬을 가지면서 북한 경수로 공급과 관련한 정보를 놓고 많은 의견을 나누었다. 유 수석은 북한 경수로사업에 미국 측이 컨소시엄이나 합작사업^{JVC} 참여를 강하게 주장하는 만큼 그에 대한 장단점을 비교해 달라고 요구했다. 다음날 유 수석이 부탁한 원전계약 형태별 장단점 비교표를 작성하여 급히 발송했다. 한국전력의 의견을 전할 수 있는 채널을 확보한 것 같아 기분이 가벼워졌다.

가루치 미국 핵 대사가 한·미·일 3국의 고위급 회담을 끝내고 1995년 5월 10일 기자회견을 했다. 그는 이 회견을 통해 KEDO와 한국전력은 북한 경수로 지원문제로 협상을 시작했으며, 한국전력이 주계약자가 되는 것에 추호의 의혹도 없다는 점을 못 박았다.

이는 당연한 귀결로서 그 누구도 이의를 제기하지 않았다. 이로서 한국전력 책임 아래 북한 경수로사업을 추진하게 될 전망은 더욱 뚜렷해졌다. 이어서 5월 19일부터 6월 12일까지 말레이시아 쿠알라룸푸르에서 미·북 협의를 거쳐 1995년 6월 13일 이루어진 미·북 공동언론 발표문 내용에 따르면 " … Ⅱ. 경수로사업은 각각 2개의 냉각재 유로를 가진 약 1천 ㎿ 발전용량의 가압경수로 2기로 구성된다. KEDO가 선정하는 경수로의 노형은 미국의 원 설계와 기술로부터 개발된 개량형으로 현재 생산중인 노형으로 한다"라고 확실히 못 박았다. 이는 한국전력이 미국 CE사의 원 설계로부터 개발한 개량형을 지칭하며 2개의 유로 즉 2루프(2-loop)로 된 특징을 가졌으니 어느 다른 노형도 이 기준에 맞출 수 없는 것으로, 가루치가 공언한 내용을 문서로 확실히 보장하게 된 것이었다. 이는 결국 '경수로 爐型^{노형}과 건설의 중심적 역할, 參照^{참조}발전소1등은 KEDO가 결정한다'는 것으로 합의하고 이를 한국 정부가 수용함으로써 극적 타결이 이루어진 것이다.

---

1 參照발전소(*Reference Plant*): 발전소 발주자에게 공급자가 설비의 개요를 문서로 설명하여도 설비가 워낙 복잡해서 개념이 얼른 떠오르지 않는다. 이때 參照되는 발전설비를 제시하게 되는데 이를 參照發電所라 한다. 실제로 공급될 상세설계 내용은 달라져도 전체 얼개는 변하지 않게 공급한다.

KEDO 사무총장 보즈워스 대사가 한국전력을 방문했다.
〈뒤에 심창생 전무, 이원만 전무, 이중재 처장이 보인다.〉

　6월 15일에는 나웅배 부총리와 통상산업부 장관, 과학기술처 장관 등 3장관 회동에서 주계약자는 한국전력으로 한다는 안에 공동서명을 했다. 또 16일에는 서울에서 KEDO이사회를 열어 경수로 노형은 한국 표준형 원전으로 하고 참조발전소는 울진원전 3, 4호기로 하며 주계약자는 한국전력으로 한다는 안을 의결했다.

KEDO 사무총장

　KEDO 사무총장 스티븐 보즈워스Stephen W. Bosworth 대사가 1995년 7월 7일 한국전력을 방문했다. 그가 이번 내한한 것은 한국과 한국전력이 과연 북한에 원자력발전소를 건설할 능력이 있는지를 확인하기 위한 것이라고 했다. 나는 원전건설 프로젝트의 착공에서 준공에 이르기까지 업무흐름의 개요를 소상히 설명했다. 현재의 우리 원전건설 관리능력과 나 자신의 경력, 그리고 이 사업을 주관할 沈昌生 전무의 경력을 설명한 후 원전건설 초기의 기술자립 과정 등을 설명하여 그의 杞憂기우를 완전히 씻어 주었다. 또 사업 전$^{Pre-Project}$ 계약 개념을 설명한 후 북한과 원전공급협정 교섭 전에 한국전력과 KEDO가 사양서와 일반 계약조건 등에 假^{가}합의하고, 이를 근거로 북한과 협의를 끝내야 일이 순조롭게 풀릴 수 있을 것이라는 점을 설명했다.

워커힐 VIP 맨션에서 개최된 이날 만찬이 끝난 후 보즈워스 대사는 "이번 한국전력과의 접촉에서 원전 건설 프로젝트에 관해 많은 지식을 얻었으며, 앞으로의 사업계획에도 크게 도움이 될 것"이라고 말했다. 그런 여러 가지 정황들로 보아 나는 그들의 한국전력에 대한 신임도가 크게 높아졌음을 피부로 느낄 수 있었다. 그리고 KEDO가 한국전력을 주계약자로 선정하면 이 사업을 차질 없이 수행할 수 있다는 것을 확신하는 느낌도 받았다.

외무부 출입기자단

1995년 7월 11일 경수로기획단 崔東鎭 단장으로부터 전화가 왔다. 원자력연구소에서 외무부 출입기자들을 대덕으로 초청하여 북한 경수로 건설을 연구소가 주도해야 한다는 내용의 설명회를 가졌을 뿐 아니라 서울에서도 원자력연구소의 한 간부가 외무부 기자들을 모아놓고 세미나를 개최하는 등 정부 방침을 거스르고 있다고 했다. 그러면서 그는 벌써 외무부 기자들의 인식은 원자력연구소 주장에 편향된 만큼 한국전력에서도 설명회를 가져 그런 인식을 바로잡아 달라는 것이었다.

또한 이 무렵 원자력연구소는 한국전력과 ABB-CE사 간에 체결한 양해각서를 문제 삼아 그 자료를 〈문화일보〉에 제공하여 보도토록 했다. 한국전력이 북한 경수로사업에서 원자력연구소를 배제하여 미국 주도로 사업을 추진하려는 음모를 진행한다는 주장이었다. 참으로 답답하고 끈질긴 행동들이었다.

나는 이대로 넘어갈 수 없었다. 1995년 7월 22일 통상산업부 회의실에서 기자간담회를 가졌다. 통상산업부 출입기자들도 한국전력과 ABB-CE 사 간에 체결한 MOU에 대하여 오해한 듯 상당히 흥분된 상태였다. 그러나 그런 분위기는 오래가지 않았다. 나의 솔직한 설명을 들은 기자들은 몇몇을 제외하고는 한국전력의 입장을 이해하는 분위기가 되었다. 어느 한 기자는 언론이 어떤 하나의 조직이나 개인의 언론플레이에 놀아나는 현실이 안타깝다며 기자들은 이러한 잘못된 시각부터 바로잡아 나가야겠다는 自省論^{자성론}까지 들고 나왔다.

청와대 대책회의

이날 저녁 청와대에서는 비서실장 주재로 원자력연구소에서 제기한 문제로 야기된 사태수습을 위한 회의가 열렸다. 통일원, 외무부, 통상산업부, 과학기술처 차관이 참석하고 경수로기획단장, 한국전력 사장, 원자력연구소 소장도 합석했다. 경수로 기획단장은 한국전력을 주계약자로 선정한 동기와 타당성 설명에 이어 3부 장관이 합의하고 KEDO 집행이사회도 결의한 사항임을 설명하면서 참가국이나 북한에게 국가정책이 흔들리는 듯한 양상을 보여주는 이번 사태를 크게 걱정했다. 4개 부처 차관들도 이 설명에 전적으로 공감하면서 모두가 우려의 뜻을 나타냈다.

이에 원자력연구소 소장은 "북한 경수로사업은 국내사업인 울진원전 건설과는 다르다"고 전제하고 "연구소가 주계약자로 참여하지 않을 경우 미국이 설계변경을 요구하면 대응이 어려워 한국형 경수로가 변질될 우려가 있으며, 미국의 KEDO 자문회사^{PC: Program Coordinator}가 사업을 관리하게 되면 한국의 중심역할이 퇴색될 것"이라는 주장을 피력했다. 그리고 "주계약자는 컨소시엄이 바람직하고 그것이 안 되면 기관협의체라도 구성하여 연구소의 참여기회를 넓혀야 한다"고도 말했다. 지금까지 연구소 간부가 주장하던 내용을 이제는 소장이 공식입장으로 제시하는 것이었다.

이에 대하여 경수로기획단장은 "많은 하청업체를 다루려면 컨소시엄은 안 된다는 것이 이미 검토과정에서 끝난 정책결정이다. 이에 대해서는 다시 시시비비하지 말기 바란다. 또 프로그램 코디네이터는 어떤 이유로도 의사결정 라인에 들지 못하며 그들이 만약 월권행위를 하면 2년마다 하게 되어 있는 계약갱신 때 교체할 수도 있다"라며 연구소의 주장을 가로막았다.

경수로기획단의 시각은 KEDO에 여러 나라가 참여하면 북한 경수로건설도 외국의 참여확대가 불가피하다고 보는 것이었다. 그러니 국내업체는 울진원전 건설체제를 그대로 유지하고 설계와 시공도 울진원전을 옮겨 놓듯이 건설하는 것이 바람직하다고 보고했다. 회의는 기획단장이 외무부와 통일원 기자들을 모아 정부가 한국전력을 주계약자로선정한 경위와 현 계약구조에 문제가 없다는 확신을 심어주기로 하고마무리되었다.

1995년 7월 24일, 정부종합청사 8층 외무부 대회의실에서 북한 경수로 지원을 위한 언론설명회가 있었다. 참석한 기자들은 대부분 외무부와 통일원 기자들이고 간혹 과학기술처 출입기자도 섞여 있었다. 최동진 경수로기획단장이 북한 경수로건설 주계약자로 한국전력을 선정한 당위성과 선정경위를 설명한 후 질의응답 형식으로 3시간 동안 진행됐다.

나는 대북사업을 수행함에 있어 한국전력은 능히 미국의 CE사나 자문회사^{PC} 등을 제어할 수 있으며, 그들에게 밀리지 않을 정도의 기술수준을 갖추고 있다고 설명했다. 또 ABB-CE사와 MOU를 작성한 것은 대 중국 진출을 위한 협정일 뿐이고 북한 진출에는 어떤 구속력도 갖지 않으며, ABB-CE사가 울진원전 3, 4호기 정도로 참여하는 데는 기술료를 지불하지 않는다는 전제가 붙어 있음을 설명했다.

한국전력이 KEDO의 북한 경수로건설 주계약자로 선정되어 공사계약에 서명하고 있다.
〈뒷줄 우측 2번째부터 KEDO 사무차장 Umezu, 최영진 대사, 장선섭 대사,
Cleveland 집행이사, Seki 대사, 한전 이중재 처장, 추권엽, 장영진〉

KEDO 주계약자 韓電지정 협정 체결

1995년 12월 15일 KEDO와 북한 간에 경수로 공급을 위한 협정에
서명했다. 사실상 한국표준형 원전의 수출이 이루어진 것이다. 곧이어
이 사업을 효과적으로 추진하기 위한 프로젝트 사전용역PPS: Pre-Project
Service기관으로 한국전력이 선정되고 계약이 체결됐다.

한국전력과 KEDO간의 주계약자 지정협정은 1996년 3월 20일 뉴욕
헴스리Helmsley 호텔에서 치러졌다. 행사 당일인 20일 아침에는 이 행사
에 참석하기 위해 뉴욕에 온 경수로기획단 김영모 특보 등 간부들과 조
찬을 하고 한국전력 뉴욕사무소를 방문한 후 오후에는 KEDO 사무실
에 가서 보즈워스 사무총장에게 서명에 대한 감사인사를 했다. 나는 이
자리에서 KEDO 총장단 일행이 곧 북한 신포부지 시찰을 위해 북한을
방문할 예정이라는 말을 듣고 몇 가지 당면과제들을 북한과 교섭해 줄
것을 부탁했다. 즉 신포에는 각종 기자재의 현장반입이 필수적이고 각
종 작업선박의 출입도 잦을 것이 예상되는 만큼 公海공해와 신포부지 간

KEDO 북한원전 건설 주계약자로 한국전력이 지정된 것을
축하하는 연회 후 모인 한국전력 임원 일동.

에 自由水路^{자유수로}를 확보하도록 할 것과 속초와 신포 간의 직항로 개
설문제 해결을 요청했다. 내가 상당히 중요하고도 긴급한 사항이라고
강조하자 그도 적극 협조하겠다고 동의했다.

곧이어 보즈워스 사무총장과 함께 헴스리호텔의 서명행사장으로 갔
다. 한국전력이 KEDO로부터 정식으로 주계약자 지정을 받고 북한에
한국 주도로 원자력발전소를 짓는다는 역사적 의의를 갖는 행사였다.
10여 대의 보도진 카메라 플래시 세례를 받으며 들어간 행사장의 서명
테이블 뒤에는 KEDO 참여국 대표들이 입회하여 이 역사적 장면을 지
켜보았다. 이어 가진 리셉션에서 나는 인사말을 통해 감사의 뜻과 함께
최선을 다해 가장 안전한 원전을 건설하겠다고 다짐했다.

한편 3월 29일에는 신라호텔에서 내외 귀빈을 모시고 북한 원전건설
주계약자 지정 기념행사를 개최했다. 정부 측에서 李壽成 총리를 비롯
하여 權五琦 부총리, 통상산업부 장관, 과학기술처 장관, 환경부 장관,
具本英 경제수석, 柳宗夏 안보수석 등이 참석했으며, 그 외에 많은 관

계자와 외국 대사들이 참석했다. 한국전력 창사 이래 가장 많은 국내외 주요 인사들이 모인 축하연이었다. 한국전력은 그 자리에서 정부 고위층과 산업계 및 외국 내빈들로부터 많은 찬사를 받았다. 한국전력의 대외적 위상이 한 단계 크게 높아진 분위기 속에서 나는 이 사업을 반드시 성공적으로 추진하겠다는 각오를 다시 한 번 마음속에 굳게 다졌다.

Bosworth 주한 미국 대사

스티븐 보즈워스Stephen W. Bosworth KEDO 사무총장은 1995년 7월 7일 한국전력을 처음 방문한 이래 서로 간 부단한 대화를 통하여 북한 경수로사업을 원만하게 이끌어갔다. 그는 이 공로를 인정받은 듯 착공식을 몇 달 앞두고 주한미국대사로 임명을 받게 되었다. 나는 이 사업을 계기로 그와 각별한 인간관계를 가지게 되었으며, 그 후 내가 한국전력을 퇴직한 후에도 그는 몇 차례 나를 대사관으로 초대해 사적인 오찬을 하며 환담을 나누기도 했다. 대사는 귀국 후 미국 터프츠Tufts 대학 법대 (Fletcher School of Law and Diplomacy) 학장으로 자리를 옮겼다. 그러던 중 2009년부터 북한 핵문제를 다루는 미국 국무부 대북정책 특임대사로 임명을 받아 다시 활약하기도 했다.

53. 총공사비 推算과 事前작업 착수

한국이 개발한 한국표준형 원전이 최초로 세계적 평가기관으로부터 안전성을 인정받고, 국제컨소시엄인 KEDO로부터도 성능보장에 대한 신임을 받게 됨에 따라 한국전력의 원전건설 프로젝트 수행능력이 세계적으로 인정받게 된 것은 물론, 수출까지 성공하게 되었다. 북한에 원자력발전소를 건설한다는 것은 어쩌면 정상적인 국가에 원자력발전소를 턴키로 수출 건설하는 사업보다도 더 어려운 일이 될 수 있었고, 이 문제들이 우리의 능력을 시험해 보는 크나큰 고비가 될 수도 있었다. 따라서 이 사업에 성공한다면 그 경험은 장차 원전의 해외수출에 결정적인 도움을 줄 수 있는 일이었다.

북한 경수로사업의 주계약자가 한국전력으로 확정은 되었으나 아직도 넘어야 할 산은 많이 남아 있었다. 그런데다 진행되는 일들의 수순을 밟는 일은 더디기만 했다. 북한 잠수정 침투와 같은 엉뚱한 정치적 변수가 생기기도 하고, 국제적 상식이 통하지 않는 북한의 억지에 부딪혀 아까운 시일이 흘러만 갔다. 그러나 이 길이야말로 곧 통일로 가는 첩경이라 믿고 있었기에 우리는 신념을 갖고 도전을 거듭했다.

건설 공사비 韓電 내부 推算額

한국전력이 주계약자로 지정된 후 가장 시급히 해결해야 할 과제는 KEDO가 이 사업에 소요될 비용, 즉 총 공사비 槪算額^{개산액}을 산정하는 일이었다. 이 공사비를 추산할 수 있는 기관은 한국전력밖에 없다. 이 공사비의 많은 부분을 우리 정부가 부담하고, 기타 KEDO 회원국도 일부 분담해야 했으므로 정부로서는 총 공사비의 규모확정이 초미의 관심사일 수밖에 없었다.

1996년 5월 30일 金正次 부처장이 북한 경수로의 총 공사비를 산정하여 보고했다. 71억 달러(한화 5조 5,400억 원)였다. 이는 1996년 1월 기준 불변가로 국내에서의 건설비 43.9억 달러를 기준으로 정하고, 이에 북한 현장의 특수성으로 인한 업무량과 비용증가를 반영하여 56.2억 달러로 계상했다. 준공연도의 예상 경상가격을 예측하면 여기에 2005년까지의 물가상승을 계상한 총 공사비는 67.2억 달러로 불어났다. 또 이에 더하여 북한 기술자 훈련과 준공 후의 초기 수년간 발전소 운영지원에 소요되는 비용까지 모두 계상하여 취합해 보니 71억 달러에 이르렀다.

이 개산액은 공식적으로 결정한 수치가 아닌 내부 검토용임에도 어쩌다 羅雄培 부총리에게 알려지게 되었다. 나 부총리는 나에게 전화로 이 무렵까지 공론화된 국내의 원전건설비는 2천 MW 원자력발전소 경우 40억 달러 수준으로 알고 있었는데 갑자기 71억 달러라니 말이 되느냐고 물었다. 나는 그것은 한국전력 내부에서 검토 중인 수치이며, 앞으로 KEDO와의 협의를 거쳐 다시 확정될 것이라고 설명했다.

다음날 柳宗夏 안보외교 수석과 북한 경수로문제에 대해 협의가 있었다. 유 수석은 공사비는 어차피 확실한 계산이 안 되고 추산하는 것인데 한국전력이 과도한 금액을 제시했다가 언론의 비난이라도 받으면 곤란하다면서 공사비 산정은 신중을 기하고 확정되기까지는 대외비로 처리할 것을 부탁했다. 회사에 돌아와 孔魯明 외무부 장관에게도 전화

를 걸어 현재 정부에서 알고 있는 공사비는 여러 가정하에 試算^{시산}을
한 것이니 추후 확정보고 시까지 기밀을 지켜주도록 요청했다.

KEDO제출 槪算額

정부 관련부처의 여러 의견을 반영하여 북한 경수로 건설비 개산액
을 다시 산정한 결과 총 공사비는 49.2억 달러로 하고 준공 이후의 운
전 지원과 핵연료비 2.2억 달러는 건설공사비와는 별도로 계상했다.
준공 시까지의 물가 상승분과 예비비 등으로 8억 달러를 계상하여 합계
59.4억 달러의 긴축수치를 내놓았다. 앞으로 공사비에 대한 논의가 있
더라도 60억 달러를 초과하는 일은 없도록 한다는 방침하에 한국전력
의 개산 공사비는 1996년 7월 5일 나웅배 부총리에게 보고되었다. 설
명이 끝난 뒤 이 자료는 KEDO의 용역으로 시행한 것이므로 제출 전에
공개를 못하도록 하는 것은 물론, 내부적으로도 관계부처와 대통령에
게만 보고한 후 KEDO의 검토를 거쳐 그 쪽의 양해를 얻어 언론에 공
개하는 수순을 밟기로 했다.

나는 이 개산공사비 계산서를 KEDO 사무총장에게 설명하기 위해
1996년 7월 17일 뉴욕에 도착하여 서둘러 KEDO를 방문하여 보즈워스
총장을 만났다. 그는 3시 반에 러시아 출장을 앞두고 있어 간신히 업무
를 협의할 수 있었다. 보고서 내용을 상세히 들은 보즈워스 총장은 개
산서 내용이 매우 충실하고 설명도 좋았다면서 자체적으로 다시 검토
하겠다며 자리를 떴다.

1주일 뒤 보즈워스 총장이 崔英鎭 차장(현 주미대사)을 대동하고 내
한했다. 그는 1996년 7월 24일 한국전력을 방문하기에 앞서 오전에 權
五琦 부총리를 만났으며 한국전력 방문 다음날에는 유종하 수석과 회
담약속이 되어 있다면서 다음과 같은 구체안을 제시하며 한국전력의
협조를 구했다.

- 한국전력은 개략적 예산안을 작성한다.
- KEDO가 주계약서 초안을 8월 18일까지 검토 완료하고 8월 25일 뉴욕에서 협상한다.
- KEDO 기술자문단으로 Duke Power Engineering 회사를 선정한다.
- 북한에서 업무개시를 하기까지 해결할 사항이 많으나 내년 3월에는 시작이 가능하도록 한다.
- KEDO와 한국전력의 신포사무소 개설 목표일자를 1996년 10월 1일로 하고, 시공업체 장비반입 개시일을 10월 15일로 한다.
- 목표일자에 맞추어 대 북한 업무는 KEDO가 해결하고 건설과 관련된 실무적 문제는 한국전력이 해결한다.

양측은 이 안에 잠정합의했다. 그러나 대북사업은 워낙 변수가 많은 상황이고 보니 이러한 합의가 약속대로 이행될 수 있을지 모두들 걱정이 앞서는 표정들이었다.

시공업체 선정

나는 한국전력의 경수로 관계부서에게 주계약서 초안 검토와 아울러 1996년 10월 초에 계획된 신포원전 건설기구 발족과 한국전력 현지사무소 개설을 위한 준비사항에 만전을 기할 것을 지시했다. 원칙대로라면 KEDO로부터 사전작업착수지시서ATP 1를 받고 나서 시공업체를 선정하는 것이 순서이나 10월 현장 사무소 설치에 맞추어 初期動員초기동원·Initial Mobilization 준비를 위해서는 시공업체를 먼저 선정해 두어야 했다. 당시 국내의 원전건설 실적업체는 현대건설, 동아건설, 한국중공업

---

1 사전작업착수지시서(ATP: Authorization To Proceed) : 공사의 주계약자가 선정되면 구체적인 계약협상과 서명에 앞서 일정한 작업범위를 정하여 계약 전 작업지시서를 발급하고 주계약자는 작업을 착수하게 된다.

및 대우건설 등 4개 건설업체뿐이었으므로 이 4개사를 모두 참여시키기로 했다. 북한에서 원자력발전소 건설에 참여한 실적은 이들 회사가 장차 해외 원전건설에 진출할 경우 매우 중요한 실적으로 인정받게 될 것이라는 점도 고려하였지만, 앞으로 대북경협이 활성화될 경우에 대비하여 국내건설업체의 대 북한 공사경험을 축적한다는 점도 고려했다. 그래서 이들 회사에게 정식으로 사전준비에 나서 줄 것을 요청했다. 다만 현대건설이 원전건설의 경험이 가장 많다는 점을 고려하여 현대건설을 컨소시엄의 리더로 지명하여 통보했다.

초기공사와 事前작업 착수 지시서

1996년 8월 14일에는 안보당국 담당자의 내방을 받고 북한사업을 추진함에 있어 사전 준비사항과 예상되는 문제점들을 놓고 폭넓은 의견을 나눴다. 북한 노동자 고용과 관련한 주의사항과 북한에 파견될 기술진에 대한 사전 보안교육문제, 통신보안문제, 임금문제 등에 대해 협의했다. 담당자는 안보 전문가답게 생각의 폭이 매우 넓다는 생각이 들었다.

KEDO사업이 지닌 성격상 모든 문제가 해결된 후에 착수한다는 것은 어렵다는 생각이 들었다. 초기공사를 어떻게 분할하여 발주할 것인가를 협의하기 위해 심창생 전무를 KEDO에 보내 협의하도록 했다.

그는 1996년 8월 23일 귀국하여 보고하기를 한국 정부가 1996년분으로 KEDO에 출자할 금액은 2,400만 달러인데 KEDO는 이 금액 범위 내에서 내년 6월까지 1차분만 계약하자는 의견을 제시했다고 했다. 한국전력은 일단 이 제의를 수락하되 추가공사 분은 재계약으로 하지 않고 설계변경 형식을 취하기로 합의했다.

KEDO는 9월 7일 한국전력에 초기현장공사 ATP를 발급함으로써 현장공사를 본격화하기 시작했다. 10월 1일을 현지사무소 개설 D-day로 정하고 북한과 합의를 본 해상루트를 통하여 북한 양화부두까지 시험

운항을 할 해로를 답사하는 스케줄도 확정했다.

북한 潛水艇 침투와 사업중단

현지에 사무소 개설을 며칠 앞둔 1996년 9월 18일 생각하지 못한 돌발사건이 발생했다. 북한의 잠수정이 동해바다에 침투하여 국군과 교전까지 벌이게 된 것이다. 피아 간 각각 10여 명의 전사자를 냄으로써 남북관계는 급속히 냉각되어 교착상태에 빠지게 되었다. 정부 또한 KEDO업무와 관련하여 일체의 북한여행을 중지할 것을 요청함으로써 한국전력의 대 북한사업도 일단 중단할 수밖에 없게 되었다.

1996년 10월 22일 스페인 후안 카르로스 국왕의 국빈방문을 환영하는 청와대 리셉션에는 외교사절과 제한된 국내 기업체장만이 초청받았는데 나도 부부동반으로 참석하게 되었다. 나는 이 자리에서 權五琦 부총리와 만나 북한 경수로 문제를 협의했다. 권 부총리는 현재는 남북이 대치상태에 있으나 장기화하지는 않을 것 같으니 대북사업은 준비를 멈추지 말라고 귀띔했다.

또한 다른 정보분석에 따르면 한국전력은 그동안 북한당국에 상당한 신뢰를 쌓은 것 같다며, 예비지질조사에서 한국전력 직원들이 헌신적으로 일하는 모습을 보고 그들이 상당히 감동을 받은 모양이라고 말했다. 한국전력이 국내외에서 인정받고 신뢰를 쌓아가고 있다는 말에 나는 나도 모르게 뿌듯한 자신감이 차올랐다.

54. 新浦건설본부 발족과 부지정지 기공식

　북한 잠수정의 동해침투 교전사태로 KEDO사업은 한때 중대한 위기를 맞았으나, 1996년 12월 29일 북한이 평양방송을 통하여 이 문제를 사과함으로써 관계가 복구되고 대북사업도 다시 활기를 띠게 되었다. 참으로 다행한 일이었다. 그러나 항상 큰 마찰은 하잘 것 없는 조그만 일에서부터 시작되었다는 점을 생각할 때 앞으로 또 어떤 아슬아슬한 고비들이 생길지 모르는 일이어서 불안감은 없어지지 않았다. 일단은 안도의 숨을 내쉬면서 1997년 1월 8일 KEDO와 북한 간에 부지 인수 및 서비스의정서 서명을 하게 되었다.

자료 流出 음모설

　1997년 1월 19일 KEDO와의 업무협의를 위해 뉴욕으로 가는 도중 재경원에서 KEDO에 파견된 국장과 동석을 하게 되었는데 그는 그 자리에서 다음과 같은 말을 전해 주었다.

　"지금 일본은 미국과 협조하여 KEDO 직원을 한 사람 더 늘리려 하고 있습니다. 그리고 그 자리에는 일본 전력회사 원자력전문가를 파견하여 근무시키려 하고 있는데 이를 적극 막아야 할 것입니다."

그러면서 그는 한국전력이 보유한 원전기술 관련 주요 자료를 일본으로 빼돌릴 우려가 있다는 말을 덧붙였다. 일본은 10억 달러 정도의 재정지원을 하면서 주요기기 공급권을 확보하고 있는데, 거기에 더하여 한국의 원전기술 자료까지 빼내가려 한다는 것은 있을 수 없다는 생각이 들었다. 나는 즉각 이에 적극 대처할 뜻을 밝혔다.

나는 또 귀국길에는 KEDO의 사무차장과 동석하여 자연스럽게 폭넓은 대화를 나누게 되었다. 그는 일본이 KEDO의 경비분담금으로 10억 달러를 내기로 하면서 한국전력이 작성한 개략공사비 내용을 일본 측에 제출할 것을 희망하고 있다고 했다. KEDO 국장이 한 말과 거의 같은 맥락이었다.

일본 측에서 이같이 원자력발전소 건설공사비 내역을 상세히 알고 싶어 하는 것은 다분히 원전의 국제시장 경쟁 시에 한국전력의 경쟁력을 평가하려는 의도가 들어 있는 것 같았다. 북한 원전건설을 계기로 한국의 표준형 원전이 세계시장에 당당히 얼굴을 내밀고 있는 시점에서 잠재적 경쟁국가에 이런 중요한 자료가 빠져나가게 된다면 큰일이란 생각에 정신이 번쩍 들었다.

KEDO의 깊은 신뢰

崔英鎭 사무차장은 KEDO가 한국전력의 사업진행 내용에 깊은 신뢰를 가지고 있다면서 이번에 작성한 개략공사비에 대해 KEDO의 기술지원센터TSC가 자세히 검토한 결과 내용에 무리가 없음을 확인하고는 매우 만족스러워 했다고 했다. 고마운 말이었다. 같은 나라 사람끼리도 마찰이 생기기 쉬운 공사비 책정문제라 책임자로서 자칫 무슨 일이 있을까 우려한 것은 충분히 있을 수 있는 일이었기 때문이다. 신뢰가 쌓이면 앞으로의 일도 쾌청할 것 같아 마음은 한결 가벼워졌다.

1997년 1월 28일, KEDO의 보즈워스 사무총장이 내한하여 한국전력 관계자와 오찬회동을 가졌다. 이 회의에서는 부지 조사, 장비 수송, 인력 이동 등의 업무가 북한과의 의정서대로 수행되지 못하는 문제를 해결하기 위한 협의가 있었다. 최영진 사무차장은 북한이 海路해로 개통을 위하여 만반의 준비를 갖추었다고 하나 그래도 다시 한 번 안전에 대한 점검차원에서 사전에 KEDO의 외국 인사를 태우고 시험항해를 해 보는 것이 좋겠다는 견해를 피력했다. 한국인만으로 북한에 항해하는 것은 위험하다는 의식이 아직도 사라지지 않아 苦肉之策고육지책으로 선택한 방안이었다. 보즈워스 총장과는 7차 조사단이 2월 하순 또는 3월 초순에 북한에 가서 試錐시추 · Boring를 하게 되면 늦어도 5월 중에는 실제 기공식을 할 수 있도록 상호협조하기로 합의했다.

전문가팀의 방북

1997년 4월 8일, 북한경수로 협상전문가팀이 동해항에서 신포로 시험항해차 떠나기에 앞서 한국전력 본사 후원에서 간단한 환송행사를 가졌다. 심창생 전무가 14명의 한국전력 팀을 인솔했다. 이들은 그 뒤 북한에서 1주일동안 현장 사무소 개설과 운영문제 등 세부사항 협의를 끝내고 4월 17일 무사히 귀국했다.

이들은 그동안 겪었던 많은 일과 에피소드를 털어놓았다. 북측인사들은 처음에는 무척 서먹서먹해했으나 지내다 보니 서로를 이해하는 폭도 조금씩 커졌고, 따라서 방문성과도 별로 부족함이 없었다는 보고였다. 북한의 의료시설을 알아보기 위해 함께 파견된 成基浩 한일병원장과 이명숙 수간호사는 특별히 많은 환영을 받았다고 했다. 다만 함흥병원 시설조사는 수리중이라는 이유로, 평양병원은 김일성 생일행사 때문에 보여줄 수 없다고 해서 그대로 돌아왔다고 했다. 북한의 의료시설이 너무 낙후되어 있어 일부러 시설조사를 거부한 것이 아닌가 생각되었다.

북한 경수로 협상팀을 이끌고 북한에 갔던 KEDO의 최영진 사무차장도 미국으로 가기 전 인사차 내방했다. 그는 한국전력의 자료가 완벽했고 설명도 잘해 주어 회담이 순조롭게 진행되었다면서 한국전력의 업무능력을 높이 평가하며 북한 방문결과에 상당히 만족해했다. 그리고 첫 회담에서 이 정도의 성과를 올린 것은 자기의 경험에 비추어 처음이라면서 기뻐하기도 했다. 그런 모습에 나도 덩달아 기분이 좋아졌다.

초기 현장공사 本陣 出航

주한 미국대사로 내정된 보즈워스 총장도 북한경수로 건설공사를 착공한 후에 대사로 부임하고 싶다는 뜻을 밝히면서 늦어도 6월까지는 부지착공이 이루어지기를 희망했다. 그러나 북한과의 교섭은 쉽게 추진되지 않았다. 1997년 7월 2일에 가서야 출입과 수송 등 초기공사 절차와 항공 통신 우편 등 19개 양해각서 서명이 이루어졌고, 21일엔 부지의정서 3조 1항에 명시된 바에 따라 新浦원자력발전소가 들어설 부지와 인근부지의 독점적 사용권을 인정하는 부지 인도증이 북한으로부터 KEDO에 발급되었다.

같은 날 7월 21일 한국전력 新浦원자력건설본부를 발족시켰다. 초대 본부장에는 朴英哲을 임명하고 집행간부회의 석상에서 사업소 旗기를 수여했다. 북한 경수로건설에 투입될 한국전력 현지주재원 제1진을 환송하기 위해 귀빈식당에서 오찬모임과 환송행사를 가졌다. 나는 환송사를 통해 북한에서 계약상대와 북한 동포들을 대함에 있어서 항상 그들의 인격을 존중하고 성심을 다하는 모습을 보여줄 것을 당부했다. 일부 한국기업인들이 중국 延吉에 가서 거들먹거리며 조선족을 멸시하여 적대감을 유발한 일들을 예로 들면서 모든 행동을 조심하도록 당부했다. 특히 우리의 행동 하나하나가 통일의 선봉이 될 수 있는 만큼 북한 주민을 불쾌하게 하거나 통일에 장애가 되는 행동은 특별히 자제할 것을 요망했다.

제1진이 도착하자 곧이어 24일에는 금호지구 건설현장 전용 우체국이 개설되었고 남북 간의 우편서비스도 시작되었다. 박영철 초대 본부장은 금호우체국이 설립되자 우편물 제1호를 나에게 보내주었다. 이 역사적 자료인 제1호 봉투는 지금도 내가 소중히 보관하고 있다.

드디어 1997년 7월 25일 신포원자력건설본부에서 근무하게 될 本陣본진 50명과 경수로 원자력발전소 건설에 쓰이게 될 기자재 수송 첫 출항식이 울산항에서 거행되었다. 당초 계획은 권오기 부총리가 주빈으로 임석할 예정이었으나 휴전선 총격사건으로 분위기가 냉각됨으로써 경수로기획단의 張瑄燮 대사가 주빈으로 참석했다. 시공회사에서는 현대의 李來欣, 동아의 劉永哲, 대우의 李一灝 사장과 한중의 鄭正運 부사장 등이 참석했다. 이날 3척의 선박과 바지에 실려 울산항을 떠난 물자는 건설용 중기와 각종 기자재, 임시 사무실과 숙소로 쓰일 컨테이너 등 9,400톤이었다.

南北 간 전화개통

1997년 7월 11일 뉴욕에서 KEDO와 북한 간의 '통신의정서'가 타결됨으로써 정부의 남북교류협력추진협의회가 한국전력을 '남북협력사업 지정기관'으로 승인을 하게 되었다. 이에 따라 7월 31일 금호지구에 나가 있는 신포원자력건설본부와 전화 개통행사를 갖게 되었다. 이 행사장에는 통일부, 재경원, 외교부, 통산부, 과기처 등 정부 각 부처의 관계자와 국내외 기자들이 몰려와 취재경쟁을 벌였다. 경과보고와 인사말에 이어 내가 직접 신포원자력건설본부 박영철 본부장과 전화통화를 한 뒤 KEDO 간부와도 말을 나누었다. 나는 이 통화에서 북한 노무자와 교분을 넓히고 신뢰를 쌓아 남북 협력의 장을 열어나갈 것을 다시 한 번 당부했다. 이번에 개통된 전화회선은 모두 8회선으로 3회선은

남북한 최초로 북한 신포와 남한의 한국전력 간 KEDO 민간전화 개통행사가 열렸다.

한국전력 전용이고 1회선은 현대건설 등 시공업체 전용이며, 나머지 4
회선은 일반 공용으로서 신포에 가 있는 시공업체와 북한 파견 주재원들
이 직접 집으로 전화해서 가족과 통화할 수 있도록 배려했다. 다음날 각
신문은 남북 간 최초 통화장면이 사진과 함께 대대적으로 보도되었다.
〈동아일보〉와 〈한국경제〉는 이를 1면 컬러판으로 보도하기도 했다.

초기 현장공사계약 서명행사

그해 천안 독립기념관에 마련된 광복절 기념식에서 김영삼 대통령은
대북관계에 대하여 무력 포기, 상호 존중, 신뢰 구축, 상호 협력의 4가
지 기준을 세시했다. 또 남북협력의 일환으로 남북이 함께 현장에서 땀
흘려 일하는 데 대해 격려하면서 한국전력인의 노고를 치하했다.

KEDO와의 사전작업협정PWC에 명시되어야 할 공사중지 시의 보상조
항이 KEDO와 북한 간에 합의되지 못했는데 이 문제가 뒤늦게 해결됨
으로써 진행이 한결 수월해졌다. KEDO와 한국전력간의 초기 현장공

한국전력이 KEDO와의 초기 현장공사계약에 서명하고 있다. 신속한 업무처리를 위해
미국에서 KEDO 사무총장이 서명한 서류를 한국에 보내와 한국전력 자체행사로 서명했다.

사계약서를 뉴욕에서 보즈워스 총장이 서명한 후 그 서류를 다음날
FAX로 보내왔다. 이 계약은 통일원의 사업승인을 받기 위해 구비해야
할 중요한 요건이어서 광복절 행사를 마치고 한국전력 본사에서 계약
서 서명행사를 가졌다. 공휴일임에도 집행간부 전원이 참석하였고 행
사장도 규모 있게 꾸며져 뜻있는 서명행사를 거행하게 되었다.

다음날엔 기공식에 가지고 갈 휘호를 마련했다. 김 대통령이 8·15
경축사에서 강조한 내용을 참고하고 통일을 향한 나의 신념을 담아 "相
互尊重 原電建設 信賴構築 統一捷經"이란 글을 세로로 쓰고, 원전 정
식 이름이 확정되지 않은 상황이어서 그 왼쪽 아래에 "肇基東海原電"
이라 부기했다. 이 휘호는 표구되어 그 뒤 신포건설본부가 철수할 때까
지 본부장실에 게시해 놓고 있었다.

기공식 행사 위해 양화항으로

북한 경수로 건설공사 기공식 일자가 마침내 1997년 8월 19일로 확정
되었다. 1997년 8월 18일, 이 행사에 참석하기 위하여 회사 현관에 나

相互尊重原電建設
信賴構築統一捷徑

一九九七·八·十九
肇基 東海原電
韓國電力 社長 李宗勳

왔더니 장도를 기원하는 현수막이 걸려 있고 많은 직원들이 모여 환송채비를 하고 있었다. 한국전력이 KEDO로부터 북한 경수로 건설공사 주계약자로 선정되어 북한 땅을 밟게 된 것은 우리 전력사와 한국원자력발전사에 길이 남을 巨步거보임에 틀림없다. 직원들의 환호성을 들으며 나는 마음속으로 이 사업이 성공함으로써 통일의 길로 이어질 수 있도록 모든 노력을 다하겠다는 다짐을 거듭했다.

직원들의 환송을 받으면서 속초행 비행기를 타기 위해 김포공항에 도착하니 대기실에는 이미 호주대사를 비롯하여 인도네시아, 핀란드, 뉴질랜드, 칠레, 캐나다 대사들이 도착해 있었다. 현대건설의 이내흔·김윤규 사장, 동아건설의 유영철·곽영철 사장, 대우건설의 이일쇄, 한국중공업의 이박일 부사장 등 시공사 대표들도 함께 기다리고 있었다. KEDO측에서는 보즈워스 총장을 비롯하여 최영진 사무차장, 우메즈梅津 차장 등이 나와 있었고, 집행이사로 장선집 단장, 일본의 쓰다, 미국의 클리블랜드Cleveland 등이 잇따라 도착했다. 한국전력에서는 나와 함께 이유형 감사와 최기정 관리본부장, 심창생 전무 등이 참석했다.

동해항에는 한국전력 직원 300여 명이 피켓을 들고 도열해 있었다. 행사에 참석하는 외국 귀빈들에게 한국전력의 총력지원을 다짐하는 자세를 보여주는 것 같아 한결 든든했다. 장선집 단장도 이번 행사는 한국전력이 아니었다면 이룰 수 없었을 것이라는 말로 한국전력의 협조에 감사의 뜻을 표했다. 이번 항해는 연안 항해가 불가능하여 일단 공해로 나갔다가 다시 북한 영해로 들어가 양화항으로 입항해야 했다. 외항선이 필요하여 부산해양대학의 실습선 '한나라호'를 빌려 운항하게 되었다. 저녁 7시 30분 우리를 실은 한나라호는 환송객이 흔드는 손의 물결을 뒤로하고 동해항을 출항했다.

양화항구의 풍경

당일 저녁식사가 끝나고 세미나실에 모여 선상에서의 주의사항과 안전교육을 받았다. 이어 전원이 선실에 있는 헬멧과 구명복을 입고 후갑판에 올라 비상대피훈련을 받았다. 며칠 전 한반도로 접근하던 태풍도 중국대륙으로 들어가 소멸되어 바다는 그저 조용하기만 했다.

어둠이 깃들고 항해가 본궤도에 오르자 보즈워스 총장을 비롯한 10여 명의 인사가 모여 그들이 마련해온 간단한 술과 마른안주로 잔을 기울이며 환담을 나누었다. 다른 한쪽에서는 외국대사들이, 또 다른 쪽에서는 취재기자들이 담소를 나누며 시간을 보냈다. 밤이 깊어져 자리에 누웠으나 흥분이 가시지 않아 늦게까지 잠을 이룰 수 없었다.

1997년 8월 19일 갑판 위로 떨어지는 낙수 소리에 잠을 깨어 보니 아침 비가 내리고 있었다. 옅은 안개 속으로는 멀리 섬이 두어 개 보였다. 우리가 도착할 북한 땅이었다. 안내인으로부터 모두 식당에 모여 검역을 받도록 연락이 왔다. 식당에 이르니 북한 군복을 입은 검역관이 나타나서 우리를 보며 어색한 웃음을 지었다. 입국수속서류 양식을 나누어 주며 기재방법을 일러준 후 다시 그것을 거두어 한 장 한 장 훑어보았다. 콜레라 검사를 한다면서 승객 전원의 맥을 짚어보고 체온을 재기도 했다. 그 사이에 배는 북한의 입항 인도선을 따라 서서히 양화부두로 접근했다. 배가 정박하자 카메라 기자들이 먼저 내리고 그 뒤를 호명에 따라 순서대로 내렸다.

북한의 부두 풍경은 삭막했다. 남한의 부두 앞바다에서는 으레 보이는 양식장 시설이 이곳에서는 전혀 보이지 않았고 太古^{태고}적 바다처럼 그저 단조롭기만 했다. 멀리 몇 척의 배가 보였으나 조업하는 것 같지는 않았고 부두에는 녹슨 배 두어 척이 보일 뿐이었다. 그 선박 뒤로 10여 명의 인부들이 서성거리는 모습이 보였으며, 부두의 구조물에는 김일성 초상을 우러러보는 군중의 대형그림이 게시되어 있었다. 누군가가 이곳에 주민들이 와서 참배한다고 귀띔했다.

산비탈에는 서너 채의 집이 있었으나 인기척은 없고 집으로 이어지는 도로는 차가 다닐 수 없는 오솔길이었다. 한눈에 궁색한 삶의 모습이 엿보이는 풍경들이었다. 부두에는 급조된 듯한 매점이 있었다. 일제 삿포로 맥주와 북한산 맥주를 팔고 있었으며 벽에는 30달러 정가가 붙은 금강산 동양화 몇 점이 걸려 있었다. 매점의 여점원은 교육을 받은 듯 매우 활달한 모습이었다. 일행이 함께 사진을 찍자고 하니 스스럼없이 포즈를 취해 주기도 했다.

비포장 도로

입국수속이 끝났음에도 버스를 오래 기다려야 했다. 사연인즉 비포장도로를 가로지른 조그만 개울을 건너던 버스가 밤에 내린 비로 진흙탕에 빠지는 바람에 크레인으로 끌어올려 오느라고 늦었다는 것이다. 양화부두에서 나와 고갯길을 오르다 보니 이 도로로 장차 어떻게 컨테이너를 옮길 수 있을지 그저 막막하기만 했다. 도로변 산비탈은 모두 옥수수 밭이었다. 키가 1m도 안되었고 옥수수도 달려 있지 않았다. 한발이 계속된 데다 비료도 모자랐으니 농작물인들 제대로 자랄 수 있었겠는가. 그러나 집단부락의 담 안에 기른 옥수수는 키가 제법 크고 열매도 달려 있었다. 집 앞 텃밭이 워낙 좁아서인지 집집마다 높은 장대를 세우고 호박넝쿨을 올렸다. 정성을 들인 개인집 작물과 공동경작지의 작물형태가 현저히 달랐다. 말로만 듣던 공산체제 하의 비능률성을 실감할 수 있었다. 국도에서 현장으로 갈리는 진입로는 이번에 한국전

KEDO 북한 경수로 건설 부지정지 착공식. 〈왼쪽에서 클리블랜드 KEDO 미국 집행이사, 장선섭 경수로기획단장, 필자, 한 분 건너, 보즈워스 KEDO 사무총장〉

력이 북한당국에 수리비를 지불하고 보수했다는 길이었다. 그런데도 노면은 진흙탕이었고 차가 자주 빠져 아예 크레인을 대기시켜 놓고 있는 형편이었다.

부지정지 착공식

며칠 전까지만 해도 북한의 태도는 냉랭했다고 한다. 그런 그들이 마음을 바꾸었는지 이날에는 10여 명의 북한귀빈이 오찬초대에 응했다. 북한 측에서는 이제선 원자력 총국장과 허종 순회대사, 최인화 고문, 정인성 대상사업국 부수석, 주현철, 김명기, 전용만 등이 합석했다. 식당은 경수로사업을 위해 금년에 지은 평양 옥류장의 분점으로, 이날의 오찬이 개관 후 처음 행사라고 했다. 오찬을 끝내고 행사장으로 가는 도중에 기술진의 숙소 방향을 가리키는 한국전력의 큰 입간판이 서 있었다. 그런데 이 간판을 세우는 데도 북한의 시비가 있어 지금까지 미루어 오다가 그날 아침에야 겨우 허용되었다고 했다.

우리 일행이 행사장에 도착하자 바로 행사가 시작되었다. 사회자의 소개에 따라 보즈워스 KEDO대표가 인사하고, 이어서 장선섭 집행이사와 일본의 쓰다 대사가 인사한 다음 미국 클리블랜드 대사가 클린턴 대통령의 축하연설문을 대독하는 순서로 진행되었다. 북한은 이 행사가 한국 주도로 진행되는 모양새를 되도록 피하려는 태도였다. 따라서 한국전력 사장의 인사말은 발파행사가 끝난 뒤 사업설명과정에 넣기로 했다. 이런 절차에 따라 사업설명에 앞서 한국전력 사장이 인사말을 한 후 심창생 전무가 사업설명을 했다. 이어 여인봉 꼭대기에 있는 전망대로 이동했다. 행사 계획에는 중간 능선까지 버스로 이동하게 되어 있었으나 밤에 내린 비로 길이 미끄러워 60m 고지까지 모두 도보로 이동했다. 행사를 모두 끝낸 후 사무실로 돌아와 직원들의 노고를 위로했다.

만찬과 漆夜속 여행

KEDO 주관으로 진행된 리셉션 겸 디너는 서울에서 가져간 뷔페식 음식으로 이루어졌다. 나는 이 자리에 참석한 북한의 허종과 많은 이야기를 나누었다. 개별적으로 만나 보니 공식석상에서 본 인상과는 다르게 대화가 통한다는 느낌을 받았다. 신포 현장에는 숙소가 없어 기공식에 참석했던 사람들은 타고 왔던 선박 하나로호에서 1박한 후 귀국 길에 올라야 했다.

나는 한중 수교 5주년 訪中방중사절단의 일원으로 姜慶植 부총리 일행과 합류하기 위하여 함흥을 경유, 북경으로 가게 되어 있었다. 행사장과 가까운 강상역에서 함경선 마전역까지는 기차로 이동하기 위해 이날 밤 10시 버스 편으로 역에 도착했다. 칠흑 같은 어둠 속 플랫폼에는 3량의 객차가 연결된 열차가 서 있었는데, 우리는 맨 뒤의 객차에 몸을 실었다. 앞의 두 칸은 내부를 들여다 볼 수 없게 창문이 밀폐되어 있었다. 승객이 없는 객차를 모양을 갖추기 위해 연결해 놓은 것으로 짐작되었다. 객차의 의자는 비로드 천으로 씌워져 있었으나 등받이가 직각으로 고정되어 있고 서로 마주보고 앉도록 배치되어 있었다. 우리나라 1950년대의 객차와 비슷한 듯 앉는 자세가 어쩐지 불편했다. 2시간을 멈추지 않고 달려 마전역까지 갔다. 도중에 희미한 불빛 몇 개만 보였을 뿐 어디가 시가지고 어디가 산야인지 알 수가 없었다. 분명히 신포 시가지를 지났을 터인데도 交行^{교행}하는 열차는 딱 한 번 보았을 뿐이었다.

마전리 노동자 휴양소

북한의 유명한 노동자의 휴양시설인 마전리는 전혀 휴양지 같은 느낌이 들지 않았다. 진입도로는 일방통행 도로여서 버스 한 대가 겨우 지나갈 정도의 폭이었다. 구내에는 보안등이나 가로등 하나 없었고 띄엄띄엄 있는 2층 건물에서 가끔 새어나오는 희미한 불빛은 그저 삭막하기만 했다. 우리 일행은 누가 어느 숙소에 묵는지 알려주지도 않았다. 숙소 건물 앞에 버스가 서면 해당 건물에 숙박할 사람을 한 명씩 호명하여 들어가 자도록 했다. 집안에 들어서니 바닥에는 카펫이 깔려 있었고 휴양지 모양도 제법 갖추어져 있었다. 그러나 벽은 불량 페인트로 칠한 듯 옷이 스치니 금방 흰 횟가루가 묻어났다.

건물의 거실 밖은 바로 바닷가 백사장으로 빗속에 파도소리가 들려왔다. 실내등을 끄고 창밖을 내다보니 파도가 부서지는 흰 띠만 보일 뿐 칠흑 세상이었다. 잠깐 눈을 붙인 후 새벽 3시 반에 숙소를 출발하여 선덕공항으로 가는 버스를 탔다. 어둠 속을 달리는 버스는 노면이 고르지 않아 시속 20~30km 정도로 서행하는 데도 심히 덜거덕거렸다. 앞뒤에도 차가 없고 교행하는 차량도 거의 없었으며 길 가는 사람도 전혀 보이지 않았다. 함흥이면 함경남도 도청 소재지인데 어떻게 이처럼 행인이나 차량을 볼 수가 없는지 마치 유령의 도시를 달리는 그런 기분이었다.

함흥 선덕공항

새벽 5시 20분 선덕공항에 도착했다. 금호건설 행정부장으로 미리와 있던 尹凡重 부장이 전세기 요금으로 미화 100달러 지폐 1만 6천 달러를 지불했다. 100달러 지폐 모두를 한 장 한 장 위폐감식기에 넣어 감식했다. 현금 아니고는 결재수단이 없었으니 그런 비능률을 감수해야만 했다. 공항 활주로는 꽤 길었으나 노면이 고르지 않아 이륙 시에는 기체가 몹시 흔들렸다. 우리가 탑승한 항공기는 60석 정원의 소형 러시아제 항공기로서 2명의 스튜어디스가 기내 서비스를 맡고 있었다. 제공된 커피는 밀크도 설탕도 없는 들쩍지근한 맛이었다. 투명한 합성수지 도시락에는 푸석푸석한 빵과 카스텔라, 고기완자 등이 들어 있었는데 입맛에 맞지가 않았다.

비가 내리는 북한 상공은 雲海운해 외에는 아무것도 보이지 않았다. 폐쇄된 사회를 하늘에서나마도 볼 수 없었으니 안타깝기만 했다. 이륙 후 2시간 만에 북경공항에 도착했다. 착륙하는 순간 마치 고향에 온 듯 평안함을 느끼게 된 것은 웬일일까. 북한도 나의 조국인데 왜 시종 불안해야만 했던가. 혹시 있을지도 모를 납치 가능성까지 상상하며 행동해야 했던 정치적 불안이 언제쯤에나 가실 수 있을 것인지 실로 분단 조국에 대한 난감한 생각이 오랫동안 내 마음을 떠나지 않았다.

55. 外換위기와 費用분담 조정

　부지정지를 위한 기공식을 마치고 북경을 다녀왔더니 국내에서는 이 행사가 대대적으로 보도되었다. 덩달아 한국전력의 위상도 크게 제고된 듯 했다. 그러나 그해 세모에 한국은 외환위기를 맞이했고, 이로 인하여 대북사업은 상당한 위기를 맞을 수밖에 없었다. 국가재정이 흔들리니 한국의 비용부담을 줄이기 위한 정부의 고심도 깊어지고 EU국가에서는 KEDO에 약간의 기여를 하는 것을 빌미로 자국의 산업이 북한사업에 참여하기를 희망하는 등 국제적인 관심도 크게 달라졌다.

　북한 경수로공사 기공식은 언론계에서도 비상한 관심을 가지고 집중보도를 했다. 나는 귀국한 후인 8월 27일 저녁에 KBS 보도본부 녹화실에서 약 10분간 북한 경수로 착공의 배경과 의의에 대한 생방송 인터뷰를 했다. 북한에 가 있는 직원들의 생활상과 안전문제, 사업추진상의 애로사항, 현지공사의 진척상황, 북한주민의 실상, 북한 전력사정과 전망 등에 대하여 김진석 앵커와 이야기를 나누었다. 이 대화에서 나는 북한의 전력설비가 획기적으로 개선되지 않는 한 남한 송전선과의 연결이 어려우며 이런 경우에 북한 원전이 건설되더라도 시운전도 할 수 없다는 점을 지적해 말했다.

　1997년 8월 28일 이스라엘 총리를 위한 대통령 주재 국빈만찬에 초청을 받았다. 모두 80명이 참석한 소규모 행사였는데 그 자리에 이례적으로 내가 초청된 것은 북한 경수로 착공이 화제에 오를 것으로 보고 유종하 외무부 장관이 특별히 배려한 것 같았다. 만찬석상에서는 자연스럽게 지난 주 신포에서 있었던 북한 경수로 착공식이 주요 화제가 되었다. 강경식 부총리, 권오기 부총리, 청와대 수석 등 많은 분들이 전날 방송된 KBS 인터뷰를 언급하며 한국전력의 노고를 치하하고 격려했다. 최근 한국전력이 추진한 일들이 하나둘 성과가 나타나면서 회사의 위상이 올라가고 있음을 실감할 수 있었던 자리였다.

비용분담 문제의 대두

미국 국무성의 동아시아 담당 보스Stanley Both 차관이 1997년 9월 11일 내한하여 만났다. 그는 기자회견에서 미국은 북한의 경수로 건설비용을 원칙적으로 부담하지 않는다는 말을 하여 한국 언론의 비판을 받았다. 당초 협의에서 경수로 비용분담은 미국이 '상징적'Symbolic인 선에서 부담하고 일본은 '상당'Significant한 선에서 부담하며 한국이 '주'Central Roll로 부담하기로 되어 있었다.

그 후 미국은 경수로 가동시까지 북한에 제공하는 중유비용 및 핵시설 봉인조치 비용만 부담하고 경수로건설 비용부담에는 빠지려 한 것이 사실이다. 이 문제는 앞으로 경수로 비용협상이 어려워질 것을 보여주는 징조로서 경수로 건설을 주관하는 한국전력으로서는 매우 부담되는 대목이 아닐 수 없었다.

이런 일이 있은 며칠 후 KEDO의 최영진 사무차장이 내한하여 한국전력에서 만났다. 그는 경수로 비용분담문제를 2개월 내에 매듭짓지 않으면 여러 가지로 어려워진다며 조속한 타결을 희망했다. 총 비용은 개산공사비 49억 2천만 달러와 예비비를 합하여 59억 4천만 달러로 잡고 있으나 이를 50억 달러 이내로 조정하면 일이 쉽게 풀릴 것 같다고 말했다. 즉 50억 달러를 기준으로 해서 일본이 25%인 12억 5천만 달러, 미국이 5%인 2억 5천만 달러, 한국이 70%인 35억 달러를 각각 부담하도록 하자는 것이다. 또한 물가변동 등을 고려하여 2002년 경 주요 기자재를 북한에 공급하는 시점에서 총 공사비를 재검토한다는 조건을 붙이면 일본 정부도 국회비준을 받기가 쉬울 것이라는 논리였다. 나는 KEDO의 구상을 일단 수용하고 계수를 재조정하여 다시 논의하기로 했다.

이 무렵 일본의 KEDO 대사가 다카하시^{高橋雅一} 씨로 교체되었다. 관계자를 대동하고 한국전력을 내방한 그는 추정공사비가 너무 비싸니 내려야 한다고 강조했다. 그러면서 금년 말까지 결정되지 않으면 일본 국회에 예산승인 상정이 어려워져 1년을 허송할 가능성이 있는 만큼 한국전력의 성의 있는 대책이 있기를 요망했다.

나는 일본의 원전건설 비용이 ㎾당 3천 달러에 이르는 만큼 일본에서는 槪算額^{개산액}이 비싸다는 이야기를 해서는 안 될 것임을 상기시켰다. 일본 등 KEDO 참가국 기자재의 구매범위를 지나치게 확대하면 새로운 상세설계가 불가피하므로 국내에서 동일한 표준형 원전을 건설하는 것보다 비용이 증가할 수밖에 없다는 점을 설명하면서 일본의 이해와 협조를 구했다.

體制 차이로 인한 갈등

우려하던 남북 간 체제차이로 인한 문제가 터졌다. 신포 공사현장에서 우리 직원들이 임시숙소에서 컨테이너 하우스로 이사하면서 휴지통에 버린 노동신문에 김정일 사진이 실린 사실을 북한 청소원이 발견해 문제가 터진 것이다. 북한당국이 거세게 항의하고 한국 기술진의 통행을 제한하는가 하면 북한 작업인부 전원을 철수시킴으로써 작업이 중단되는 사태까지 이르렀다. 초상을 훼손한 당사자를 색출하여 처벌하라는 것이었다. 우리의 상식으로는 이해할 수 없는 일임에도 영사보호를 못하겠다는 협박까지 해온 것이다.

이 문제는 KEDO와 북한당국 간에 해결하기로 하고 한국전력은 묵묵히 작업준비를 하기로 했다. 그러나 이 내용이 정부에 알려지자 우리 정부는 국제관례상 있을 수 없는 일이라면서 북한으로부터 사과와 재발방지 약속도 있어야 한다는 강경한 입장을 취하게 되었다. 10월 6일자 〈조선일보〉는 1면 머리기사로 북한 경수로공사 중지사실을 대서특필 했으며 뒤이어 거의 모든 신문과 방송이 이를 보도하여 여론을 들끓게 했다. 이런 남한 여론을 의식한 탓인지 북한은 다음날 아무 말 없이 철수했던 인부들을 재투입하여 작업에 임했다. 어떤 사과나 재발방지 약속 없이 서로 조심하는 분위기 속에서 조용히 넘어가게 되었다.

한국의 外換危機 여파

1998년 2월 1일 일요일, 모처럼 맞는 휴일에 柳宗夏 외무부 장관이 전화로 우리 부부를 신라호텔로 초대했다. 나는 그 자리에서 가벼운 마음으로 북한에 가서 보고 느낀 이야기를 화제로 삼았다. 그러나 柳장관은 우리나라가 IMF지원을 받게 된 재정형편을 고려하여 KEDO 비용 중 한국 분담금을 줄일 수 있는 방안이 없겠는가하는 문제를 상의하고 싶어했다. 그는 특히 KEDO사업에서 한국의 분담금을 줄이고 미국과 일본의 분담금을 늘리는 방향으로 나가야 하며, 그러기 위해서는 그들 나라의 기자재를 많이 사 주는 정치적 판단도 필요할 것이라고 말했다. 나는 그의 제의에 상당부분 동의했다.

며칠 뒤 미국에 다녀온 장선섭 경수로기획단장을 만났다. 그는 KEDO 회의에서 한국의 재정형편을 설명하고 설사 비용분담이 결정되더라도 2~3년 사이에는 분담금 지불이 어려우니 우선 미국과 일본의 부담으로 일을 추진할 것을 통고하였다고 했다.

1998년 3월 3일 KEDO의 EU 집행이사[1]인 롱Jean Pierre Long 대사가 주한 EU대사인 로르스테드Tue Rohrsted 주한 영국대사 및 외교관 8명과 함께 한국전력을 찾아왔다. 이들은 EU가 KEDO를 위하여 5년에 걸쳐 7,500만 유로를 제공하려고 하니 그에 상응할 만큼 유럽국가의 기자재 구매를 확대해 달라는 것이었다. 그러나 내가 알고 있는 바로는 EU의 부담금은 미국책임하의 대 북한 중유공급에 쓰이며 북한 경수로 건설 공사비에는 전혀 기여하지 않는 것임에도 이들은 이 사실을 모르는 듯했다. 이들은 나의 설명을 듣고는 앞으로 미국과의 교섭에서 EU의 부담금이 중유공급에 쓰이지 않고 경수로 건설비용으로 쓰이도록 협의하겠으니 EU의 자재구입에 협조해 달라고 다시 요청했다.

나라마다 자국의 이익을 챙기는 데 골몰하는 모습을 다시 한 번 체험했다. 이러한 기류 속에서 북한 경수로사업의 진행이 무척 어려워지고 있었다. 그렇다고 해서 이 사업을 중도에 중단할 수도 없는 일이었다.

여객선 운항개시와 本工事 착수

북한과 KEDO간의 통행의정서가 1996년 7월에 합의서명되었으나 해상통로는 건설현장으로 파견되는 기술진의 사용이 제한되고 물자수송을 위한 인원만 승선하게 되어 있어, 이들 일반 인원은 북경을 경유하는 항공노선을 이용해야 했다. 1998년 2월 9일에야 북한과의 해상 직항로로 오갈 수 있도록 해결되어 다소 사정이 나아졌다. 선박 출항이 계획대로 이루어지면 속초에서 북한 양화부두까지 35노트의 속도로 5시간이면 갈 수 있다고 했다. 한 번 취항에 1,600만 원의 傭船料용선료를 내고 있어 20명 이상이 승선할 경우 북경을 경유하는 항공편보다 훨씬

---

1 KEDO는 초기에 한국을 비롯한 미국 일본으로 구성되었으나 EU가 7,500만 유로를 제공하기로 하고 뒤늦게 1997년 9월 19일 집행이사로 참여하였다.

저렴하게 인원수송을 할 수 있었다.

2월 26일 속초항에서 양화부두까지 가는 여객선이 첫 출항을 했다. 대원소속 273톤 雙胴船쌍동선으로 한국전력 직원 38명과 약간의 화물을 싣고 떠났다. 이 출항은 남북 분단 이후 남북을 오가는 최초의 여객선으로서 매우 의미 있는 운항이었다.

1998년 4월 16일, KEDO의 앤더슨Desaix Anderson 사무총장이 오노 마사키 차장과 최영진 사무차장 등을 대동하고 내방하여 회의를 연 끝에 턴키의 본계약 체결전 사전작업지시서ATP 형식의 本工事본공사 착수에 다음과 같이 합의했다.

- 금호지구 부지정지 공사는 1차 계약기간인 8월 이후에도 중단 없이 계속한다.
- 공사비 부담문제가 해결되지 않는 상황이라도 KEDO와 한국전력 간의 턴키계약TKC을 추진하기 위해 법률고문과 접촉, TKC를 체결한다.
- TKC 지연에 대비한 차선책으로 6월까지 가계약을 체결하고 KEDO에서 ATP를 발행하면 한국전력은 이 지시서에 따라 본공사에 착수한다.
- 공사비 지불은 3개월까지 한국전력이 외상공사를 할 수 있다. 6월에 가계약 체결 시 9월까지 소요자금을 산출해 KEDO에 통보한다.
- 주기기 발주는 본 계약 후에 발주함이 원칙이나 ATP에서 3개월 내 지불을 명시하면 주기기도 한국전력이 미리 발주할 수 있다.

북한 송전 전압문제

이날 KEDO 측과 가진 오찬회동에서는 5월에 있을 북한 향산 회의에서 논의될 의제로 예상되는 북한의 송전전압문제에 대해서도 의견을 나누었다. 나는 다음과 같은 내용으로 북한을 설득하도록 제안했다.

"북한은 송전전압으로 500kV를 주장하고 있으나 남한의 송전전압인 345kV를 양보하지 말아야 한다. 원자력발전소는 기본적으로 외부의 독립된 2개의 송전선과 연결되어야 한다. 이는 원전 내부전원 상실시 수전을 보장하기 위한 後備후비목적의 안전요건이다. 북한은 부전강 계통의 200kV 송전선으로 금호지구에 전기를 공급할 수 있다고 주장할 것이나 후비 송전선은 남한 전력계통과 연결시켜야 안전이 보장된다. 따라서 북한이 송전전압 345kV를 받아들일 수밖에 없다는 점을 그들에게 강력히 설득해야 한다. 장차 남북 간의 전력계통 연결을 위해서도 이 문제를 결코 양보하거나 간과해서는 안 된다."

일들이 첩첩이 쌓여 있었다. 그러나 그 일들은 어쩔 수 없이 넘어야만 할 산들이었다.

56. 설날에 이루어진 新浦현장 방문

1998년 초 정권교체를 앞두고 나도 한국전력을 떠나야 할 시기가 왔음을 온 몸으로 느끼고 있었다. 그러한 시기에 나는 KEDO공사의 원활한 추진을 기원하는 의미에서 설날 북한현장을 방문하여 직원을 위로해 주어야겠다고 생각했다. 그러던 차에 마침 이때 정부의 경수로사업지원기획단장인 張瑄燮 대사도 나와 같은 생각을 갖고 있어 구정 연휴기간에 같이 북한을 방문하기로 했다. 그러다 보니 참가자가 더욱 늘어나 경수로기획단 간부들과 한국전력 간부로 조직된 12명의 방문단이 구성되었다.

고려항공과 直昇機

1998년 1월 26일 대한항공 편으로 북경에 도착하여 1박한 후 이튿날 9시 30분 평양으로 가기 위해 북경공항을 향해 출발했다. 때마침 중국은 구정 전후의 연휴기간인 春節^{춘절}이라 많은 사람들이 북경을 빠져나가 거리는 매우 한산했다.

공항에 도착하니 싸인 보드에 평양행 JS-152라는 전광표시가 눈에 들어왔다. 처음 보는 평양행 고려항공 표시에 묘한 느낌이 들었다. 평

북한 KEDO 건설현장 직원 위문차 평양 순안공항에 도착했다.
〈필자 왼쪽이 張瑄燮 경수로사업지원기획단장〉

양행 탑승구 앞에는 생각보다 많은 승객이 모여 있었는데 대기하는 탑
승객 중 많은 사람들이 꽃다발을 들고 있었다. 동행하던 한국전력 간부
의 말에 의하면 해외에 다녀오는 북한사람들은 김일성 동상 앞에 꽃다
발을 바치고 큰절을 올리기 위해 가지고 간다는 것이었다.

고려항공의 항공기는 140석 정도의 규모였다. 승무원은 매우 친절하
였으나 운영관리는 최하수준이었다. 승객이 탑승하였음에도 기내는 썰
렁한 냉방이었고 화장실에서 나오는 냄새가 코를 찔렀다. 기름을 아끼
기 위해 난방도 환기도 하지 않았기 때문이었다. 공항 탑승좌석을 지정
받을 때 우리 일행에게 배정된 좌석은 앞자리였다. 그러나 탑승한 후
승무원이 우리 일행의 탑승권을 보더니 찢어 버리고 좌석을 새로 배정
하면서 옮겨달라고 했다. 자리를 옮겨 앉고 보니 우리 일행은 모두 비
행기 날개 위의 한 중간에 나란히 배치되었다. 아마도 착륙 시에 북한
땅을 내려다볼 수 없도록 좌석을 다시 배정한 것 같았다.

1월 27일 12시에 북경을 출발한 항공기는 오후 2시 반에 순안공항에

도착했다. 평양 부근에는 수일 전 내린 눈으로 凍土^{동토}를 연상케 했으며 명색이 수도 근처인데도 개발의 손이 닿지 않아 한적한 시골풍경 그대로였다. 공항에는 외교부 직원 김수만이 마중 나와 있었고 보위부에서 나온듯한 이광직과 KEDO의 드로니^{Droney} 씨 등이 합류했다.

우리를 싣고 신포항으로 갈 헬기의 탑승구에는 '1970년 김일성 동지가 돌아보신 直昇機^{직승기}'라는 표지가 붙어 있었다. 이로 미루어 오래된 헬기임을 알 수 있었으나 우리는 모두 불안한 마음으로 탑승할 수밖에 없었다. 그러나 시동을 걸고 한참 동안 이륙준비를 하던 헬기는 올라가다 주저앉기를 거듭하더니 결국 엔진을 멈추고 우리 일행을 모두 내리라고 했다. 우리는 다시 버스로 활주로 반대편에 있는 헬기를 향하여 이동했으나 그 헬기 또한 안 되겠다는 수신호를 보내왔다. 결국 우리 일행은 다시 공항 청사의 귀빈 대기실로 안내되었다. 그곳에서 약 한 시간을 기다린 후 어디선가 온 세 번째 헬기를 타고 순안공항을 이륙했다. 4시 15분경이었다.

헬기에서 내려다본 평양시가지는 서울 강남구 정도의 규모에 불과한 작은 도시로 보였다. 멀리서도 금방 눈에 들어오는 100층짜리 원뿔모양의 류경호텔이 눈 덮인 도심 속에 뼈대만 우뚝 서 있었다. 대동강은 모두 결빙되어 흰 띠를 두른 듯 했으며 평양 근처의 야산에 계단식으로 개발된 택지는 흡사 등고선 지도를 보는 듯한 모습이었다.

헬기는 서산에 지는 해를 바라보며 양화부두를 끼고 고도를 낮추면서 한 바퀴 선회했다. 양화항은 지난번 해상에서 보던 것보다는 꽤나 커보였다. 헬기는 5시 35분 부두의 한 모퉁이에 안착했다.

양화항에는 박영철 본부장과 북한 대상국의 김병기 국장이 마중 나와 있었다.

구내 후생설비

양화항에서 건설현장으로 가는 버스가 출발하자 칠흑 같은 어둠 속에 한 구역의 조명시설이 대낮처럼 밝은 불빛으로 하늘을 비추고 있었다. 남한 직원을 위한 생활구역의 불빛이었다. 숙소에 도착하자 우리는 곧바로 대우계열의 아라코사가 운영하는 구내식당으로 안내되었다. 식당의 음식은 깔끔하고 맛도 일품이었다. 이곳 직원들은 숙소와 식당 문제가 해결되자 생활이 안정되고 일상업무도 활기를 띠게 되었다고 했다. 컨테이너 하우스라 처음 숙소를 마련할 때는 걱정이 되었는데 내부를 잘 꾸며서인지 별로 나무랄 데가 없어보였다. 식당 아주머니들은 모두 남한에서 온 분들로서 매일 3끼 식사를 준비하는 일이 비록 고된 일이기는 했겠지만 연봉 2천만 원 정도의 봉급을 고스란히 목돈으로 만들 수 있어서인지 만족해했다. 식당에는 경비원, 청소원 등도 있었는데 이들 또한 모두 남한 출신이어서 이곳은 완전히 治外法權치외법권 지역처럼 되어 있었다. 북한사람은 허가된 배지를 단 사람만 출입이 가능했으며 臺帳대장에 이름을 적어야 했다. 그러나 점심시간에는 북한 노무자들도 이 식당에서 점심식사를 할 수 있게 되어 있었다.

우리는 식사 후 한국전력 직원끼리 모여 간담회를 가졌다. 본부장의 설명에 따르면 북한 당국자는 남한이 북한보다 생활이 윤택하다는 표시를 내는 것을 싫어한다고 했다. 그 한 예로 자전거를 들었다. 지난번 기공식 때 사장격려금으로 자전거를 사서 전 직원에게 나누어 주었는데, 주말에 가끔씩 이 자전거로 사이클링을 하며 단체로 움직였더니 북한 측에서 마치 주민에게 시위하는 것 같이 보인다며 항의함으로써 자전거 단체이동을 못하도록 했다는 것이다.

설날 위로행사

1998년 1월 28일은 신포에서 맞는 설날이었다. 아침 7시 휴게실에서 차례상을 차리고 고향을 향하여 합동차례를 올렸다. 행사를 마치고 밖으로 나오니 7시 45분으로 동해바다 멀리 새해의 태양이 불끈 솟아올랐다. 맑은 하늘 수평선 위로 낮은 구름이 붉게 물들더니 바다 전체가 황금빛으로 출렁댔다. 가슴 벅찬 장관이었다.

식당에서 떡국으로 설날 아침을 들고 9시부터 표창장 수여식을 가졌다. 신포원전 총무과 조중연 과장을 비롯한 시공사 직원 등 다섯 사람에게 통일원 장관 겸 부총리 표창장을 장선섭 단장이 대신하여 시상했다. 국민의례 차례에서 북한 땅에 태극기를 걸어 놓고 애국가를 부를 때는 참으로 감동적이었다. 나는 격려사를 통해 직원들의 노고를 치하하고 지금 국내는 외환위기로 경제적 어려움을 맞고 있으나 이를 계기로 한국도 세계를 향해 도약할 수 있는 사회로 변화하고 있음을 설명했다. 또한 비록 국내사정이 어렵다 하더라도 KEDO사업은 세계 20여 개국의 합의로 추진되는 사업인 만큼 중단 없이 추진될 것임을 강조하고 신념을 가지고 업무에 임할 것을 독려했다.

오후에는 숙소 근처의 시설들을 돌아보고 발전소가 들어설 입지도 가 보았다. 그동안 건설공정은 많은 진척을 이루었고 외환은행 출장소도 설치되는 등 필요한 시설들이 하나둘 갖추어지기 시작했다. 발전소 부지 외곽에는 화약고, 저유조, 발전실 등이 들어섰고 저유조 뒤 언덕에는 자동기상관측장치도 세워졌다.

발전소 부지의 앞바다는 한국전력이 인수한 구역이어서 해안 닿는 곳까지 갈 수 있었다. 이곳에는 미리 연락한 듯 북한의 보안요원이 나와 안내했다. 그는 김일성대학의 제어공학과 출신으로 장차 원전이 가동되면 원전 제어훈련을 받고 싶다고 했다. 동해바다는 한층 푸르고 맑아 보였다. 명사십리는 원산에만 있는 것이 아니었다. 이곳의 흰 모래도 그곳 못지않은 듯 잘고 정갈하기만 했다.

활기 띤 양화부두

1998년 1월 29일, 10시부터 양화부두를 돌아보았다. 지난해 8월 착공식 때는 비가 내려 視界시계가 흐렸었다. 그러나 이날은 날씨가 화창하고 바람도 한결 부드러웠다. 지난여름 기공식 행사 때와는 달리 길에는 오가는 사람도 많았고 부두도 제법 활기를 띠었다. 부두에는 어선이 한 척 도착하여 잡은 고기를 내리는 모습도 보였다. 양화부두 가까이에 있는 동호인민학교에는 제법 많은 생도들이 뛰어다니고 있었다.

그러나 신작로에는 단 한 대의 자동차나 자전거도 볼 수 없었다. 행인들은 모두 배낭이나 등짐을 지고 빠른 걸음으로 걸어만 갈 뿐이었다. 헐벗은 산허리에는 여러 가닥의 오솔길이 나 있었다. 이웃마을을 갈 때 걸어 다니는 산고개 길을 보니 지난날 내 고향에서 산등성이 오솔길을 건너질러 다니던 기억이 떠올랐다. 지금은 산도 울창해지면서 산길 넘어 다니는 사람도 오솔길도 없어지고 말았지만 이곳 산고개 길은 어린 시절 기억 속에 각인된 그런 산길이었다.

부두에는 어제 평양에서 따라 온 김수만과 이곳 대상국 부단장 김택용이 나와서 우리를 맞이했다. 나는 김택용에게 이곳의 포장계획을 물었더니 부두까지의 계획은 서 있으나 경수로 건설현장으로의 포장계획은 없다는 대답이었다. 아마도 한국전력이 이 도로를 포장해 주어야 자재 수송도 원활할 수 있을 것이라고 기대하는 말투였다.

新北靑 시가지

오후에는 골재채취장과 상수원을 돌아보았다. 발전소 부지에서 18㎞ 떨어진 곳으로 제한구역인 금호지역을 벗어난 지역이다. 이곳은 신북청 시가지 근처를 지나게 되어 있어 북한의 사회 생활상을 단편적이나마 엿볼 수 있었다. 도중에는 제법 깨끗한 마을이 보였다. 알고 보니 이 마을은 이준 열사가 태어난 용정리로서 북한정부가 전시용으로 2~3층의 복합건물을 지어 관리하는 곳이었다.

신포 건설현장에 머무는 4일 동안 우리는 기차도 자동차도 볼 수 없었다. 다만 이날 북청가는 길가에 서 있는 트럭 한 대를 만난 것이 유일하게 본 교통수단이었다. 트럭 위에는 추운 겨울에 포장후드도 없이 짐 보따리를 가득 싣고 그 위에 10여 명의 사람이 타고 있었다. 대화가 오갈 만도 한데 말없이 앉아 있는 얼굴들이 왠지 처연하기만 했다.

마을마다 구호를 새긴 높은 탑이 있었고 아래에는 김일성 초상화나 어린이를 끌어안은 그림이 그려진 참배대가 만들어져 있었다. 앞에는 참배한 흔적인 듯 얼어 있는 꽃다발이 놓여 있었다. 북경공항에서 본 평양행 여객의 꽃다발도 이처럼 마을 참배장소에 올리기 위한 것이었으리라 짐작된다. 북한사람 중 해외여행을 할 정도면 지도층급 인사이다. 그들이 해외에 다녀오면서 꽃다발을 들고 들어와 김일성 탑에 헌화하며 참배하는 것은 쉽게 이해할 수 없는 대단한 정성이라 할 것이다.

골재채취장과 현장시설

골재채취장에는 북한에서 설치한 펌프시설이 있었다. 펌프실은 북한의 요청에 의해 그들 책임하에 설치 운영되고 있었다. 가건물은 거친 나무 막대기로 얽어매어졌고 둘레 벽은 짚을 엮어서 둘러쳐졌다. 엄동설한인데도 보온재가 없어 펌프와 파이프는 짚을 감아 凍破동파를 막고 있었다. 전력을 공급하는 전선도 廢裸電線폐나전선을 이어 쓰고 있었으며 지지물과 조작반도 거친 송판에 나이프 스위치를 붙여 쓰고 있었다.

골재운반 도로는 비포장이어서 골재수송이 본격화되면 먼지공해는 물론 행인들의 교통사고 위험까지 있어 보였다. 골재채취장에서 기존

철도선로까지의 거리가 1.5㎞라고 했다. 이 구간에 간이철도를 개설하고 남쪽에서 기관차와 모래운반용 화물차를 들여와 골재를 철도수송하는 것이 나을 것 같아서 이를 검토해 보도록 지시했다. 또한 取水源^{취수}원도 상류에서 취수하는 것보다 하류에서 취수토록 하여 管路^{관로} 길이를 줄이는 방안을 강구토록 했다.

저녁에는 북한 경수로대상국 간부들을 옥류장에 초대하여 만찬을 열었다. 이 자리에는 북한 측에서 김병기 국장을 비롯하여 정인성, 손문선, 김택용, 윤덕용, 김수만, 이광직 등이 참석했고, 우리 측에서는 서울에서 온 일행과 KEDO 일본 측 차장인 오노 대사, 이와이 씨, 그리고 미국 측의 후그^{Hoog}와 드로니^{Droney} 씨가 참석했다. 김택용이 40도나 되는 들쭉술을 가지고 와 폭탄주를 만들어 돌리는 등 분위기를 조성하여 모두가 질펀하게 취했다.

1998년 1월 30일은 구정 연휴가 끝나고 현장작업이 시작되는 날이었다. 각 사무실의 근무환경을 살펴보고 작업현장도 돌아보았다. 현장에는 건설사무소 건물의 철골공사가 끝나고 외벽 사이딩을 붙이는 작업이 한창 진행중이었다. 철골 구조물을 위한 H형강과 패널은 물론, 사용되는 공구들도 모두가 북한에서는 상상도 못할 발전된 건축자재들이었다. 5월 말로 예정된 건축공사가 끝나면 우리 직원들 집무실은 현재의 컨테이너 사무실에서 이곳으로 옮겨질 예정이었다.

평양과 고려호텔

오후 3시 40분 헬기편으로 양화항을 출발했다. 우리가 타고 갈 헬기가 내리고 오르는 장면을 보기 위해 이곳 아이들이 산언덕에 미리부터 몰려와 있었다. 헬기는 5시 10분 순안공항에 무사히 도착했다. 북한 경수로 대상국의 김성률 씨가 마중 나와 안내했다. 그는 승용차에 동승하여 평양으로 들어가면서 명소와 건물들에 대하여 하나하나 설명했다. 순안공항에서 평양 시내로 들어가는 길은 6차선의 넓은 도로였으나 차선이나 구획선은 없었다. 대중교통이 발달되지 않아 보였으며 퇴근하는 시민들이 먼 거리를 줄을 지어 걸어가고 있었다. 공항에서 고려호텔로 이동하는 동안 단 2대의 트롤리버스를 보았을 뿐이다. 평양은 다른 지역에 비해 시가지가 잘 정돈되어 있었고 5~10층 아파트와 큼직한 건물들이 즐비했다. 시가지는 퇴근하는 시민들로 붐볐는데 두어 곳의 街角^{가각}에서 브라스 밴드가 연주하고 있었다. 퇴근하는 시민들을 위로하기 위한 노력의 하나라고 했다. 그러고 보면 북한관련 뉴스에 가끔 공사장에서 삽질하는 사람들 곁에서도 나팔을 불던 방송장면이 생각나 슬그머니 웃음이 나왔다. 우리는 공업전시관, 개선문, 김일성 경기장, 천리마상, 혁명역사박물관, 김일성 동상, 인민 대학습장, 정부청사, 평양 대극장 등을 경유하여 고려호텔에 도착했다.

여장을 풀고 밖을 내다보니 거리는 온통 어둠에 싸여 있었다. 누가 몇 호실에 투숙했는지도 알려 주지 않아 답답하고 불안했다. 한참 후에 저녁식사를 하라는 연락이 왔다. 아마 그동안 밖으로 나가느냐, 구내에서 먹느냐를 놓고 의논하다가 구내식당으로 결론 난 모양이었다. 주 메뉴는 등심구이와 냉면이었다.

만찬 후 김성률 씨의 안내로 이 호텔 꼭대기에 있는 만장이라는 회전전망대에 올라가 시내를 굽어볼 기회를 가졌다. 이 전망대는 한 바퀴 도는데 45분이 소요되었다. 시가를 내려다보니 불 켜진 가로등 하나 없고 아파트는 불빛이 희미했으며 스산하기까지 했다. 다만 특별히 밝은 곳이 두 곳 있었는데, 이는 주체탑과 김일성 대동상 조명이라고 했다.

이어 지하에 있는 가라오케 노래방에 안내되었다. 소프트웨어 산업이 어느 정도인지 궁금해서 따라가 보았다. 가요집에는 모두 20~30곡 정도 수록되어 있었는데 대부분 중국가요와 일본노래였고 남한의 것으로는 오직 한 곡 '아침이슬'만 수록되어 있었다. 북한 최고의 호텔에 있는 노래방의 수준과 분위기를 가늠할 수 있었다.

서울을 떠나올 때는 평양에 가면 유서 깊은 고적을 볼 수 있을 것으로 기대했다. 그러나 이곳 안내원들은 시간 여유가 있음에도 평양 도착시간을 의도적으로 늦춘 듯 했고 평양 출발시간도 아침 일찍 잡아 놓아 시내를 관광할 수 있는 기회를 원천적으로 봉쇄한 듯 했다. 다음날에는 한국으로 돌아간다고 생각하니 다시 또 온갖 상념들이 찾아들어 그날도 제대로 잠을 이루지 못했다.

凍土 평양을 떠나며

　1998년 1월 31일 이른 아침 호텔 로비에서 안내자를 기다리며 창밖을 내다보니 상록수라고는 한 포기 없는 호텔 정원수가 삭풍에 흔들리고 있었다. 어제 왔던 안내자를 따라 공항으로 출발했다. 차는 어제의 길과는 다른 천리마로를 달리고 있었다. 길거리에는 출근하는 직장인들의 도보행렬이 이어지고 있었고 버스 종점에는 10여 대의 트롤리버스가 멈춰 서 있었다. 근처에는 버스에서 내린 사람들이 모여 있었는데 복장들이 비교적 단정해 보였다. 공항은 난방이 안 되어 매우 추웠다. 공항 데스크 직원은 오버코트에 털모자를 깊숙이 눌러 쓰고 선 채로 발을 구르면서 업무를 처리하고 있었다. 수속을 마치고 2층에 오르니 그나마 몸이 좀 풀리는 듯 했다. 공항 매점에 진열된 상품은 보잘것없는 수준이었는데 김일성 전기 같은 것은 유난히 눈에 띄게 배치되어 있었다.

　닷새 동안의 북한여행을 마쳤다. 내 나름대로 북한의 실상을 볼 수 있었던 값진 기회였다. 에너지문제가 해결되지 않고 있어 공공건물이건 가정이건 추운 겨울을 참으로 어렵게 보내고 있었다. 북한의 정치에 대한 안타까운 마음이 가슴 깊숙이 잦아들었다. 아픈 마음을 어찌하지 못한 채 평양을 떠났다.

KEDO 사업 중단

신포 건설현장을 방문한 3개월 후인 1998년 4월 28일 나는 한국전력 사장직에서 물러나게 되었고 북한 경수로 업무로부터도 손을 떼게 되었다. 그러나 경수로기획단장의 요청에 따라 경수로자문위원회의 기술분과위원장으로 위촉받아 북한 경수로사업이 종료될 때까지 인연을 이어가게 되었다.

그런데 2002년 2월, 드디어 우려하던 일이 터지고 말았다. 북한의 핵 프로그램이 여전히 진행되고 있음을 미국이 탐지해낸 것이다. 핵 포기를 전제로 KEDO사업을 진행하는 마당에 이와 같은 일이 벌어졌으니 참으로 놀랄 일이 아닐 수 없었다. 미국은 즉각 북한의 협정위반을 비난하며 중유 공급을 중단한데 이어 경수로 공사도 중단하게 되었다. 북한 경수로공사는 총 공정진도 34.5%인 단계에서 2006년 1월 마침내 KEDO는 사업종료를 선언하게 되었다. 이에 대하여 북한은 보상을 요구하면서 4천5백만 달러 상당의 남겨진 장비반출을 거부했다. 그러나 2006년 1월 8일, 북한의 요청으로 신포에 나가 있던 우리 기술진 전원은 다행히 무사히 철수할 수 있었다.

허무한 일이었다. 장선섭 경수로기획단장은 이들의 철수를 지휘하기 위하여 북한을 방문, 모든 인원을 이끌고 양화부두를 떠나왔다. 장 단장은 혹시라도 북한사람들이 남한 기술진을 정치적 볼모로 잡아두고 떼를 쓸까 봐 무척 애를 태웠다고 했다. 그러나 북한사람들은 의외로 한국사람들이 곧 돌아와 사업을 다시 추진하리라 기대한 듯 철수팀이 탄배가 보이지 않을 때까지 손을 흔들며 석별의 정을 나타냈다고 했다. 남북관계가 하루 속히 정상화되어 이 북한 경수로가 햇빛을 보아 북한의 에너지문제를 푸는 데 일조가 되기를 기원할 뿐, 별다른 대책이 있을 수 없었다. 어처구니없이 끝난 참으로 허무한 사업의 종말이었다.

KEDO사업의 감회

나는 북한의 원자력발전소 건설관계로 두 차례에 걸쳐 북한 땅을 밟았다. 내가 본 이들의 사는 모습이나 사회상은 1940년대 일본 식민지 압제하에서 내가 몸소 겪었던 상황보다 조금도 나아진 것이 없었다. 굶주려 바짝 마른 시민들의 얼굴, 헐벗은 산과 들, 포장되지 않은 도로, 낡고 보이지 않는 교통수단 등 모든 생활이 그때보다 더 비참하다는 생각이 들었다. 마치 타임캡슐을 타고 60년 전으로 되돌아 간 느낌이었다.

그러나 남측은 광복 전후의 좌우익 다툼, 한국전쟁의 참화, 4·19와 5·16 격변 등 많은 역경을 억척스럽게 이겨내고 오늘날 세계 10위권의 부강한 나라로 발전하지 않았는가. 隔世之感격세지감의 한국을 북한과 비교한다는 것 자체가 무의미한 세상이 되었음을 실감했다.

나는 내 평생 북한 땅을 밟아보지 못할 것으로 생각하며 이날까지 살아왔다. 그러나 한평생을 몸 바쳐 이룩한 원자력 기술자립을 통해 내가 이끄는 한국전력 책임하에 북한 땅에 원자력발전소를 수출하고 건설을 추진할 수 있었던 것이다. 그러나 이제 그 꿈은 산산조각이 난 채 깊은 잠 속으로 빠져들고 말았다. 보람과 긍지와 회한의 세월을 곱씹으면서 나는 오늘도 인간사의 무상함을 다시 한 번 절감하고 있다.

에필로그

너무나 힘든 과정이었다. 흘러간 60년 전의 기억을 풀어내는 일에서부터 한국전력 사장에서 퇴임하기까지 장장 50년간의 기록을 글로써 엮다보니 그 분량이 너무나 방대했다. 욕심이 과한 것 같아 이를 줄이고 또 줄였지만 그래도 너무 두꺼운 책이 된 듯하다. 하고 싶은 이야기, 해야 할 이야기들이 너무나 많았고, 또 감사할 일도 꼭 기록으로 남겨두고 싶은 일들도 많아 내 나름대로의 어떤 사명감까지 느끼면서 집필한 결과이기 때문일 것이다.

　나는 이 책을 쓰면서, 내가 상사와 부하직원에 대한 人福인복이 참 많은 사람이었다는 것을 새삼 절실하게 느꼈다. 신입사원으로 영월화력발전소에 근무할 때부터 본사의 화력건설부에 직원으로 부임한 후에도, 조직내 위 관리자들의 전폭적 신임을 받으며 소신껏 일하는 데 조금도 걸림이 없었다.

　전공과 판이한 부서인 검사실 근무중에는 기업경영의 수련에 눈을 뜨게 된 계기가 있었으며, 고리원자력 건설현장과 본사의 프로젝트매니저 및 원자력건설처장 시절에도 원자력 건설업무 수행에 관한 한은 거의 모든 권한이 주어질 정도로 당시 의사결정권을 가진 윗분들에게서 신뢰와 격려를 받았다. 원자력건설처장이나 부사장으로서 유례없는 장기간의 중요 보직을 담당했음은 지금 생각해도 행운이라는 생각이 든다.

한국전력 사장 취임 후에도 감독관청인 상공부 장·차관과 자원정책실장의 전폭적인 신뢰와 협조를 받은 것은 한전경영의 독립성을 거의 완벽히 유지할 수 있는 원동력이 되었다. 특히 사장으로 일하면서 한전 경영진과 자회사 CEO의 인사에 이르기까지 정부의 간섭이 일절 없었던 것은 매우 고마운 일이었다. 이러한 환경이었기에 사내의 인사질서도 획기적으로 개혁할 수 있었고, 외부청탁 근절도 가능했다고 생각한다.

1984년 공기업 개혁의 일환으로 집행간부제도가 도입되어, 일단 임명된 공기업의 CEO는 경영진을 사내에서 발탁 임용하도록 제도화됨으로써 경영의 자율권이 크게 신장되었다. 나는 한국전력 사장으로서 이런 좋은 여건에서 사내에서 우수한 인사를 발탁하여 경영을 크게 호전시킬 수 있었으니 책에 거론된 여러분들께 이 책을 통하여 감사의 뜻이 전해지기를 바란다.

내가 한국전력을 퇴임한 지도 벌써 14년의 세월이 흘렀다. '星移物換성이물환'이란 옛말이 뜻하듯 별자리가 옮겨가고 세월 따라 세상도 바뀌고 景物경물도 크게 바뀌었다. 그간 한전의 해외 진출 첫 사례인 필리핀에서의 두 개 전력사업은 10년 동안에 1조 원을 초과하는 순이익을 실현하는 개가를 올렸다. 매우 긍정적이고 바람직한 일로서 보람이 느껴지는 사업이다. 지난해 세계 플랜트 수주 역사상 최대의 프로젝트라고 할 수 있는 중동의 UAE 원자력발전소 건설운영 수주 성공도 이렇게 해외에 눈길을 돌린 경영방침이 주효하여 개가를 올릴 수 있었다. 특히 이러한 이면에는 북한 KEDO 경수로건설 사업에 투입되었던 한국전력의 엘리트 원자력건설팀 역할이 크게 작용했다고 생각한다. 그러나 이들 인력도 해가 가면서 퇴직하여 줄어들고 있는 형편이다. 한전의 전문기술인력 수급 부족으로 UAE 원전건설 사업은 한국수력원자력회사한수원에서 인력을 파견받아 추진하고 있는 형편이라 해외의 추가 원전 수주 노력에도 많은 어려움을 겪고 있다니 참으로 안타까운 일이다.

나의 퇴임 이후 정치권과 정부의 개혁정책에는 많은 변화가 있었고, 공기업의 경영자율권도 크게 후퇴했다. 15년간 지탱되어 오던 집행간부제도는 폐지되었고, 공기업 경영자는 공모제도란 미명하에 최고경영자뿐 아니라 자회사의 말단 경영진까지 정치권의 영향하에서 결정되는 체제로 바뀌었으며 그만큼 최고경영자의 자율권도 위축되어 버렸다.

　한국전력도 경영환경 면에서 큰 변화가 있었다. 특히 한국전력은 공기업 구조조정으로 인해 조직 및 지배구조가 크게 바뀌어, 화력발전소는 5개 회사로 분할되어 독립된 발전회사들로 설립되었고, 수력과 원자력발전은 한수원으로 한국전력에서 분리 독립되었다.

　이 상황은 세계로 향하던 한국전력의 브랜드파워Brand-Power를 위축시켰고, 한국전력의 막강하던 발전소 건설팀이 분산됨으로써 세계화를 향한 한전의 빠른 행보에 제동이 걸렸다. 일이란 모멘텀momentum이 붙었을 때 이를 가속시켜 추진해야 하는 법인데 몇 년간의 해외사업 중단은 그 추동력을 상실케 했다. 그런 중에서도 원자력발전소 건설팀은 흩어지지 않고 대부분 한수원으로 이적되어감으로써 국내외의 원자력건설 프로젝트가 지금도 활발하게 추진되고 있는 것은 매우 다행스런 일이다.

　원자력발전사업은 완벽한 안전성 확보SA: Safety Assurance와 광범위한 국민수용PA: Public Acceptance의 두 바퀴에 의해 굴러가는 사업이다. 안전성 확보는 원자력발전 자체 조직내부 기술진의 노력으로 이룩할 수 있는 분야이나, 국민수용은 기술진의 노력만으로는 이룩될 수 없고 전 국민이 대상이 되는 기술외적 요인에 크게 영향을 받는 분야이다. 지난날 한국전력이 원자력사업을 책임지고 건설하고 운영할 시절에는, 반 원전 기류가 대두되었던 고비마다 전국적 업무망을 갖고 있는 한국전력 직원이 총동원되어 원자력을 홍보함으로써 그 고비를 무사히 넘기곤 했다.

　그러나 원자력발전사업이 한국전력에서 분리 독립된 후, 특히 2011년 정부가 한수원과 5개 화력발전회사를 市場型시장형 공기업으로 지정하면서 한국전력과 이들 회사들과의 유대관계와 협력은 단절되고 말았다. 따라서 원자력의 국민수용에도 큰 어려움이 닥치게 되었고 한국전력의 위상도 예전 같지 않게 되었다.

설상가상으로 일본 동북해안의 지진과 해일로 인해 일어난 福島^{후쿠시마} 원전 사고는 원자력발전사업에 대해 치명타를 가했다. 싸늘한 여론은 좀처럼 회복될 것 같지 않고, 이런 상황에서 국가적 조정기능은 극도로 위축되어 있다. 에너지 자원이 불모이다시피 한 나라에서 지난날 에너지강국을 이룰 꿈을 가지고 원자력 기술자립과 국산화를 이룩함으로써 해외수출 시대를 열 수 있는 기반을 닦은 한 엔지니어이자 한전 전 CEO인 나로서는 지금 이 시각에도 참으로 착잡한 마음을 떨칠 수 없다.

최근 이와 같은 분위기 때문에 그간 준비해온 책의 출간 계획을 잠시 망설이기도 하였으나, 지구를 보호하면서 지속가능한 성장을 이루려면 결국 탄산가스 배출을 최소화할 에너지인 원자력발전 외엔 현실적 대안이 없다는 믿음과, 훗날 원자력발전산업이 더 크게 꽃피울 날이 올 것을 기대하면서, 이 책의 기록이 밑거름이 될 수 있을 것이라는 믿음으로 출판을 결행하기로 했다. 그리고 후배들의 노력과 비전 있는 리더들의 혜안으로 에너지강국의 꿈이 다시 웅비할 날이 하루빨리 다가오기를 간절히 기원해 본다.

2012년 가을

盆唐 一隅에서

李宗勳 年譜

1935. 1   경북 안동군 풍산면 하리동에서 출생

1941. 4   풍산공립국민학교 입학. 12월 태평양전쟁 발발

1945. 8   국민학교 5학년. 8월 15일 광복

1947. 9   안동농림학교 농과 입학

1950. 6   안동농림고등학교 입학. 6월 25일 한국전쟁 발발

1953. 4   서울대학교 공과대학 전기공학과 입학(부산 가교사)

1953. 9   서울대학교 서울 환도(제기동 사대부지 임시교사)

1954. 9   서울대학교 공과대학 노해면 신공덕리 본교사 이전

1957. 3   서울대학교 공과대학 전기공학과 졸업

1957. 4   해군 특별교육대 간부후보생과정 입교
          (해군사관학교 부설과정)

1957. 7   해군소위 임관 해군사관학교 교수부
          (해사 전기공학 교관 임명)

1959. 9   해군중위 진급

1960. 9   해군중위 전역

1961. 3   조선전업주식회사 공채 5기 입사. 영월발전소 근무

1961. 7   한국전력주식회사로 전력 3사 통합
          영월발전소 전기작업계 근무

1962. 9   한국전력 재산재평가사무처 파견근무
          영월화력 부산화력 실사업무

1963. 9   한국전력 화력건설부 전기과 근무
          신규 영월화력 건설업무 담당

1965. 5   영월화력발전소 전기보수계장 임명
          9월 신규영월화력 준공

1965. 10	초임간부임용고시 제1기 합격. 4직급 승격
1967. 7	화력건설부전기계장. 인천·군산·서울 화력 건설업무
1968. 12	미국 킬버트엔지니어회사 훈련(미국 펜실베이니아 주)
1969. 7	화력건설부 전기계장 업무복귀
1972. 1	한국전력 감사실 검사역 3직급(현 한국전력 2직급) 승격
1973. 4	한국전력 전원부 전기과장(원자력건설업무 담당)
1974. 4	원자력건설부 기전과장(고리원자력 전기기계건설 담당)
1975. 4	원자력 기초교육과정 입소(원자로 노물리 3개월 교육과정)
1976. 10	고리원자력건설 부임. 사업소발령 부소장 임명
1977. 4	고리원자력건설소 건설 부소장 임명. 2직급 승격
1977. 6	고리원자력 초임계 도달(한국 최초의 원전 초임계)
1977. 7	원자력부 고리 2호기 건설담당 K-2 프로젝트매니저(PM)
1977. 12	고리원전 3/4호기 PM 담당(원전건설 첫 난턴키사업)
1978. 4	대통령표창(고리원전 1호기 건설유공)
1978. 10	한국전력 원자력건설부장 임명. 4개 지역 원전건설업무 총괄
1982. 1	한국전력공사 발족
1983. 4	은탑산업훈장 수훈. 월성원전준공 유공 전력 1천만 kW 돌파 유공
1983. 9	고리원자력 본부장 임명
1984. 6	한국전력집행간부 선임. 고리원자력 본부장 보임
1985. 3	한국전력 부사장 선임
1985. 4	대한육상연맹 부회장
1985. 5	제2회 월드컵마라톤대회 유치. 국제육상연맹 집행위원회의
1985. 6	올림픽조직위 육상경기운영위원장
1985. 9	한국원자력학회 부회장
1986. 1	대한전기학회 부회장
1986. 2	서울대학교 행정대학원 국가정책과정 수료
1989. 5	세계원전사업자협회(WANO) 집행이사
1990. 7	(주)한국전력기술(KOPEC, 현 KEPCO E&C) 대표이사 사장

1991. 6	한국프로젝트관리기술회〔현 한국프로젝트경영협회(KPMA)〕 회장(창립 초대회장)
1993. 4	한국전력공사 대표이사 사장. 2월 김영삼 정부 발족 한국원자력연구소(현 한국원자력연구원) 이사장 한국전기연구소 이사장 한국에너지협의회(WEC 한국지부, 현 에너지재단) 회장 대한전기협회 회장
1993. 5	한국배구협회 회장
1993. 8	금탑산업훈장 수훈(대전엑스포 유공)
1993. 9	한국원자력산업회의 회장
1995. 2	한국엔지니어클럽 회장(2001년 퇴임)
1995. 10	한국공학한림원 이사장(창립 초대이사장, 1998년 퇴임)
1995. 11	국제우라늄협회〔현 세계원자력협회(WNA)〕 Gold Medal 수상
1995. 12	국가원자력위원회 위원
1996. 3	한국과학기술단체총연합회 부회장
1996. 4	한국전력공사 대표이사 사장 연임
1996. 5	96 한국경영대상(한국능률협회)
1997. 11	제1회 최고경영자 대상(안동대학교)
1998. 4	한국전력공사 대표이사 사장 퇴임 (2월 김대중 정부 발족)
2004. 3	한국전력 전우회(電友會) 회장
2006. 12	'한국을 일으킨 엔지니어 60인'에 선정 (서울대/공학한림원/매일경제신문)
2007. 3	한국공학한림원 대상(한국원자력발전기술 자립 기여)
2008. 5	전기문화대상(전기신문사)
2009. 5	한국전력공사 이사회 의장
2009. 10	명예로운 안동인상(안동시장)
2010. 12	한국 100대 기술의 주역 선정 (지식경제부/공학한림원/매일경제신문)

인명색인

598

600